金融教材译丛

FUNDAMENTALS OF MULTINATIONAL FINANCE
5TH EDITION

国际金融
（原书第5版）

迈克尔·H. 莫菲特
(Michael H. Moffett)
雷鸟全球管理学院

阿瑟·I. 斯通西尔
(Arthur I. Stonehill)
【美】 俄勒冈州立大学和夏威夷大学马诺阿分校 著

大卫·K. 艾特曼
(David K. Eiteman)
加利福尼亚大学洛杉矶分校

王 芳 译

机械工业出版社
China Machine Press

图书在版编目（CIP）数据

国际金融（原书第5版）/（美）迈克尔·H.莫菲特（Michael H. Moffett），（美）阿瑟·I.斯通西尔（Arthur I. Stonehill），（美）大卫·K.艾特曼（David K. Eiteman）著；王芳译．—北京：机械工业出版社，2020.9（2022.8 重印）

（金融教材译丛）

书名原文：Fundamentals of Multinational Finance

ISBN 978-7-111-66424-6

I. 国… II. ①迈… ②阿… ③大… ④王… III. 国际金融－高等学校－教材 IV. F831

中国版本图书馆 CIP 数据核字（2020）第 225362 号

北京市版权局著作权合同登记　图字：01-2019-4270 号。

Michael H. Moffett, Arthur I. Stonehill, David K. Eiteman. Fundamentals of Multinational Finance, 5th Edition.

ISBN 978-0-205-98975-1

Copyright © 2015, 2012, 2009 by Pearson Education, Inc.

Simplified Chinese Edition Copyright © 2020 by China Machine Press. Published by arrangement with the original publisher, Pearson Education, Inc. This edition is authorized for sale and distribution in the Chinese mainland (excluding Hong Kong SAR, Macao SAR and Taiwan).

All rights reserved.

本书中文简体字版由 Pearson Education（培生教育出版集团）授权机械工业出版社在中国大陆地区（不包括香港、澳门特别行政区及台湾地区）销售。未经出版者书面许可，不得以任何方式抄袭、复制或节录本书中的任何部分。

本书封底贴有 Pearson Education（培生教育出版集团）激光防伪标签，无标签者不得销售。

这是一部深入剖析国际金融管理的优秀著作。本书以在金融研究领域的权威性、突出反映当代国际新兴市场环境的现实性、阐述错综复杂的国际金融管理的明晰性而著称。本书通过对国际金融环境、外汇风险度量、公司融资、国外投资决策、跨国经营管理、跨国金融管理等的描述，阐明了这样一个基本观点：跨国公司的成功始终依赖于其对投资国国内产品市场、生产要素市场和金融资产市场的缺陷的识别能力以及从中获利的能力。

本书可作为金融学、会计学、财务管理及相关专业本科生与研究生教材。

出版发行：机械工业出版社（北京市西城区百万庄大街22号　邮政编码：100037）			
责任编辑：邵淑君		责任校对：殷 虹	
印　　刷：北京建宏印刷有限公司		版　　次：2022年8月第1版第2次印刷	
开　　本：185mm×260mm　1/16		印　　张：28.5	
书　　号：ISBN 978-7-111-66424-6		定　　价：89.00元	
客服电话：（010）88361066　88379833　68326294		投稿热线：（010）88379007	
华章网站：www.hzbook.com		读者信箱：hzjg@hzbook.com	

版权所有 • 侵权必究
封底无防伪标均为盗版

译者序

与其他国际金融教材不同，本书从跨国公司管理者的角度将企业运作所需要的金融和财务基础知识贯穿于理论与案例分析之中。这个特色吸引了我，于是我决定接受出版社的委托，将这本书翻译成中文。在北京国家会计学院为会计专业硕士和企业财务高管教授金融课程的9年里，我充分了解到公司层面对国际金融知识的需求和兴趣，以及国际金融与财务管理的细微差别，并将这一理解应用到本书的翻译工作之中。

2016年，中国对外直接投资同比增长44%，成为全球仅次于美国的第二大对外投资国。中国及其他新兴市场的成熟，改变了国际金融市场的格局。"在最具成本效益的地方生产，在最有利可图的地方销售，在最廉价的地方融资。"本书的核心理念，也正是中国企业跨国经营的最佳实践。

本书基于2008年金融危机之后的全球金融市场视角讨论新兴市场的成熟以及企业全球化所面临的挑战，内容涵盖跨国并购过程中的最优资本预算问题，投融资风险、外汇风险、合规风险、税收风险、公司治理风险，以及企业跨国经营过程中的组织、市场和领导力问题。

本书延续了之前版本的理论框架，系统地梳理了国际金融领域的经典理论，如比较优势理论、利率平价理论、套期保值理论、最优资本结构理论、投资组合理论以及国际税收理论。本书具有非常高的自我学习和教学价值，具体体现在每章结尾的案例研究和讨论题、大量的图表以及帮助学生巩固所学内容的思考题与练习题。

我要感谢我的研究生团队，本书的翻译出版是集体劳动和智慧的结晶。她们是樊文欣、王文娜、刘娜、王梅、赵欣、赵容、樊一凡、闫丙慧、白玉玲。还要感谢机械工业出版社华章分社的王洪波编辑，没有她的鼓励和坚持，也没有本书的诞生。我们在忠于原文的基础上，力求翻译符合中文规范，但由于水平有限，不足之处恳请读者批评指正。

最后，要感谢我们的家人，他们默默地支持，陪伴我们度过每一个伏案工作的夜晚，让我们能更安心地与本书的作者对话，领略大师的智慧。

王 芳
2020 年 3 月于北京顺义天竺丽苑街 9 号

作者简介

迈克尔·H. 莫菲特（Michael H. Moffett）

雷鸟全球管理学院金融学教授，自1994年以来在此执教。他曾在俄勒冈州立大学（1985～1993年）、密歇根大学安娜堡分校（1991～1993年）、华盛顿布鲁金斯研究所、夏威夷大学马诺阿分校、丹麦奥尔胡斯商学院、芬兰赫尔辛基经济与工商管理学院以及科罗拉多大学博尔德分校担任教学或科研职务。

莫菲特教授在得克萨斯大学奥斯汀分校获得经济学学士学位（1977年）；在科罗拉多州立大学获得资源经济学硕士学位（1979年），并获得该校艺术硕士学位（1983年）；在科罗拉多大学博尔德分校获得经济学博士学位（1985年）。

他独著或与他人合著了许多书、论文以及其他出版物。他同阿瑟·I. 斯通西尔、大卫·K. 艾特曼合著了两本书。他的文章曾发表在《金融与数量分析》《公司财务应用》《国际货币和金融》《国际金融及财务管理》《当代政策》和《布鲁金斯国际经济学研讨论文》等学术期刊上。他曾参与许多文集的编写，包括《现代金融手册》《国际财务与金融手册》和《国际商业百科全书》等。他还与迈克尔·钦科陶、伊尔卡·隆凯宁合著了《国际商务》（原书第7版）和《全球商务》（原书第4版），并同安德鲁·英肯合著了《全球石油和天然气行业：战略、财务和管理》。

阿瑟·I. 斯通西尔（Arthur I. Stonehill）

俄勒冈州立大学金融和国际商务专业荣誉退休教授，曾在此从事教学工作24年（1966～1990年）。1991～1997年，他在夏威夷大学马诺阿分校和哥本哈根商学院任职。1997～2001年，他在夏威夷大学马诺阿分校担任客座教授。他还在加利福尼亚大学伯克利分校、英国克兰菲尔德管理学院以及挪威北欧管理研究所担任教学与科研职务。他曾是国际商务学术协会主席及金融管理协会的西方董事。

斯通西尔教授在耶鲁大学获得历史学学士学位（1953年）；在哈佛商学院获得工商管理硕士学位（1957年）；在加利福尼亚大学伯克利分校获得工商管理博士学位（1965年）。他还在奥尔胡斯商学院（丹麦，1989年）、哥本哈根商学院（丹麦，1992年）以及隆德大学（瑞典，1998年）获得荣誉博士学位。

他曾独著或与他人合著过9本书和25本其他出版物。他的文章曾发表在《金融管理》《国际商务研究》《加利福尼亚管理评论》《金融与数量分析》《国际金融及财务管理》《国际商务评论》《欧洲管理》《投资分析》（英国）、《经济》（丹麦）、《社会经济学家》（挪威）和《金融教育》等学术期刊上。

大卫·K. 艾特曼（David K. Eiteman）

加利福尼亚大学洛杉矶分校约翰·安德森管理研究生院金融学荣誉教授。他曾在中国香港理工大学、日本昭和音乐学院、新加坡国立大学、中国大连大学、芬兰赫尔辛基经济与工商管理学院、夏威夷大学马诺阿分校、英国布拉德福德大学、英国克兰菲尔德管理学院和阿根廷行政发展学院担任过教学或科研职务。他曾担任国际贸易与金融协会、中国经济与管理协会以及西方金融协会的主席。

艾特曼教授在密歇根大学安娜堡分校获得工商管理学士学位（1952年）；在加利福尼亚大学伯克利分校获得经济学硕士学位（1956年）；在西北大学获得金融学博士学位（1959年）。

他曾独著或与他人合著过4本书和29本其他出版物。他的文章曾发表在《金融》《国际贸易》《金融分析》《国际商务评论》《国际管理》《商业视野》《密歇根州立大学商业论题》和《公共事业双周刊》等学术期刊上。

前言

　　本书反映了全球贸易给当今时代带来的巨变。修订后的版本进一步阐述了全球金融市场在全球金融危机爆发五年后进入了一个新时代。在这个时代，新兴市场与其参与者（例如中国、印度、土耳其等）正在改变全球金融格局。本书持续关注企业领导者在跨国经营中所面临的挑战，包含以下三个方面的重点。

　　组织：跨国企业这个术语适用于所有类型的企业组织，包括上市公司、私有企业和国有企业，这些都是当今全球贸易的常见形式。跨国企业的所有者和运营者可以改变企业目标，也可以改变对企业的运营管理。

　　市场：像中国和印度这些国家的市场对于全球制造商来说已不再具有低劳动力成本优势，正日益成为所有行业收入和增长的焦点，例如制造业和服务业。尽管它们仍然被归为新兴国家，但已经成为全球金融与全球金融管理的经济驱动力和主要挑战。

　　领导力：跨国企业的领导者正见证着日新月异的全球金融变迁，新兴市场经济不再处于金融管理的边缘，而是趋于核心地位。随着全球经济资本的快速增长，资金在各国之间流动，跨国企业的领导者面临着更多难以掌控的外汇风险以及政治风险。这些风险可能令人生畏，但若合理利用，它们也提供了创造价值的机会。最后，主要的问题是企业的领导者能否驾驭企业的战略并应对财务上的挑战。

本版更新

　　本书的主题可以被描述为新兴市场的成熟。随着俄罗斯、中国、印度、巴西和土耳其等新兴市场的经济与货币不断涌向全球贸易市场的前沿，主导全球经济的角色在发生变化。由于越来越多的全球商业转向跨越更多国家的数字对接，无论是孟买的初创企业还是蒙特勒成熟的跨国企业，所有企业都承担着类似的货币风险和跨国经营风险。

　　当今世界任何国家都有跨国企业，比如工业化国家和新兴国家，并且跨国企业都在寻找更加廉价的劳动力、原材料和外包制造服务。此外，跨国企业都在抢夺全球市场的客户，以此来销售商品、获取利润、完成资金周转。无论是金砖国家（巴西、俄罗斯、印度、中国），还是其他受欢迎的新兴市场，其人口众多，消费者市场都很广阔。

以下是对本书特征的简短概述。

- 新兴市场货币对全球现金流的贡献越来越大，本书增加了有关货币制度及相关理论和实践变化的内容。
- 由于比特币这类加密货币已经动摇了"货币"传统定义的根基，本书介绍了政府和中央银行面临的挑战。
- 本书新增的内容主要是关于日益复杂的、重要的新兴市场，这些市场对资本流动更加开放，但也受制于政府或中央银行为实现主权目标而采取的突然干预。
- 本书增加了关于主权国家对其货币（例如人民币、俄罗斯卢布、印度卢比、土耳其里拉和南非兰特等货币）和市场等采用的众多不同的货币制度及机制的内容。
- 本书新增了许多货币复杂性主题的案例研究，同时保留了之前版本中受欢迎的一些案例。
- 本书通过新的"国际金融实务"专栏对金融管理行为的细微差别进行了补充。

结构调整后本书更加简洁、紧凑，在确保深度和细节的前提下，通过整合一些概念和主题，对全球金融进行了更深入的探索。

- 关于国际货币体系的章节涵盖了定义货币的基本原则以及宏观经济政策和数字交换的复杂性。
- 关于创建和使用货币以及利率衍生品来进行套期保值与投机的章节也有选择地做了重新编排。
- 关于筹集股权资本和国际投资组合理论的章节被整合到全球成本与资本可用性的统一探索中。
- 对跨国公司利用的资金来源和不断变化的融资结构的章节进行了重新编排，以便将理论和实践相结合并进行更加全面的表述。

国际金融是一个复杂的、不断变化的且历史悠久的主题。我们试图将传统的企业实践与数字实践联系起来，在本书中既使用常见的三个字母的货币代码（USD、CNY、EUR），也使用传统的货币符号（$、¥、£、€），随着俄罗斯和土耳其等国推出自己的新"货币身份"，传统的货币符号正在复苏。

读者对象

本书可作为金融学、会计学、财务管理及相关专业本科生与研究生的教材，也可用于在职教育的课程教学。

读者在阅读本书之前，最好已完成公司理财或金融管理方面的课程或具有相关经验。当然，我们在介绍跨国企业案例前会回顾基本的金融概念，也会回顾相关的国际经济学和国际商务的基本概念。

我们意识到本书的大部分读者生活在美国和加拿大以外的国家或地区，所以我们从商业和新闻媒体中取材，选用了相当数量的非美国的例子、案例研究和国际金融实务。

本书结构

本书进行了重新设计，大量整合了之前与金融管理发展脉络相关的话题，力求在更简洁的框架中传达国际金融领域的关键要素。本书由五部分组成，以企业从本土企业向跨国企业过渡的全球化进程为主线：

- 第一部分介绍国际金融环境；
- 第二部分解读外汇理论与外汇市场；
- 第三部分分析外汇交易；
- 第四部分分析公司全球化融资；
- 第五部分分析国际投资决策。

本书特色

为了使本书尽可能全面，我们运用了大量的特色板块。同时，一个由教授组成的专家小组也对本书中的特色板块进行了认真的审查，这些教授在国际金融教育领域，尤其是本科教育领域都非常杰出。特色板块包括以下内容。

- 有利于学生理解的写作风格，章节结构清晰，每章以学习目标开始，以总结如何实现这些学习目标结束。
- 文字中穿插图表，用多种形式提供与书中呈现的概念和内容相一致的视觉体验，从视觉上吸引读者的注意力。
- 本书虚构了一家美国泰鼎公司，该公司的经营案例为全球化进程提供了有力的框架，并在多个章末问题中得到加强。
- 每章末都有一个案例研究对本章内容进行说明，并融入了跨国金融的背景。同时，本书 17 个案例中有 6 个是新增的。
- 每章的"国际金融实务"专栏都利用真实的商业案例来阐述本章理论，对理论概念进行了补充。
- 每章末的练习题能够评估学生对课程内容的理解程度。本书列出了部分练习题的答案。

致谢

我们非常感谢许多同事对本书进行了多次认真的审阅并提出了修改建议。本书基于这些审阅者提出的大部分修改意见进行了改进。问卷调查的审阅者是匿名的,详细的审阅者名单如下:

Dev Prasad,马萨诸塞大学洛厄尔分校

Anand M. Vijh,艾奥瓦大学蒂皮商学院

Yoon S. Shin,马里兰州洛约拉大学

Raymond M. Johnson,奥本大学蒙哥马利分校

Cheryl Riffe,哥伦布州立社区学院

此外,我们还要感谢瑞德福大学 Rodrigo Hernandez 的认真校对。

我们还要特别感谢培生出版公司为本书出版做出贡献的全体工作人员:Katie Rowland、Kate Fernandes、Erin McDonagh 和 Meredith Gertz,以及我们杰出的项目经理 Gillian Hall。

最后,我们再次将本书献给我们的父母,本尼·鲁斯和霍伊·莫菲特、哈罗德·斯通西尔和诺玛·斯通西尔以及威尔福德·艾特曼和西维亚·艾特曼,是他们鼓励我们成为学者和作者。我们感谢我们各自的妻子 Megan、Kari 和 Keng-Fong,是她们在我们编写本书的这些年里一如既往地支持我们。

迈克尔·莫菲特于亚利桑那州格伦代尔

阿瑟·斯通西尔于夏威夷檀香山

大卫·艾特曼于加利福尼亚州太平洋帕利塞德

目录

译者序
作者简介
前言
致谢

第一部分 国际金融环境

第1章 跨国公司财务管理：机遇与挑战 ………… 2
1.1 金融全球化及风险 ………… 3
1.2 全球金融市场 ………… 3
1.3 比较优势理论 ………… 9
1.4 国际财务管理有何不同 ………… 10
1.5 市场缺陷：跨国公司存在的理论阐述 ………… 12
1.6 全球化进程 ………… 12
本章小结 ………… 15
案例研究 ………… 16
思考题 ………… 19
练习题 ………… 19

第2章 国际货币体系 ………… 21
2.1 国际货币体系的历史 ………… 21
2.2 国际货币基金组织货币制度分类 ………… 27
2.3 固定汇率 vs. 浮动汇率 ………… 30
2.4 欧洲单一货币：欧元 ………… 32
2.5 新兴市场和制度选择 ………… 35
2.6 人民币的全球化 ………… 38
2.7 汇率机制：未来是什么 ………… 40
本章小结 ………… 41
案例研究 ………… 42
思考题 ………… 43
练习题 ………… 44

第3章 国际收支平衡 ………… 46
3.1 典型的国际收支交易 ………… 47
3.2 国际收支会计的基本原理 ………… 47
3.3 国际收支平衡表账户 ………… 49
3.4 国际收支平衡对关键宏观经济变量的影响 ………… 56
3.5 贸易平衡与汇率 ………… 57
3.6 资本流动 ………… 59
本章小结 ………… 63
案例研究 ………… 64
思考题 ………… 66
练习题 ………… 67

第4章 财务目标和公司治理 ………… 71
4.1 谁拥有企业 ………… 71
4.2 管理层的目标 ………… 74
4.3 公开交易与私有化：全球转变 ………… 78

4.4 公司治理 ………………… 80
　　本章小结 …………………… 87
　　案例研究 …………………… 88
　　思考题 ……………………… 93
　　练习题 ……………………… 93

第二部分
外汇理论与外汇市场

第5章 外汇市场 ………………… 98
　　5.1 外汇市场的职能 …………… 98
　　5.2 外汇市场的结构 …………… 99
　　5.3 外汇市场交易 …………… 103
　　5.4 外汇市场的规模 ………… 105
　　5.5 外汇汇率和报价 ………… 108
　　本章小结 ………………… 117
　　案例研究 ………………… 117
　　思考题 …………………… 120
　　练习题 …………………… 121

第6章 利率平价条件 ………… 125
　　6.1 价格和汇率 ……………… 125
　　6.2 利率和汇率 ……………… 131
　　6.3 远期汇率可作为未来即期
　　　　汇率的无偏估计 ………… 139
　　6.4 均衡时的价格、利率和
　　　　汇率 ……………………… 140
　　本章小结 ………………… 141
　　案例研究 ………………… 141
　　思考题 …………………… 143
　　练习题 …………………… 144
　　附录6A 国际平价条件的数学
　　　　　 入门 ……………… 148

第7章 外汇衍生品及互换 …… 151
　　7.1 外汇期货 ………………… 152
　　7.2 货币期权 ………………… 154

　　7.3 期权定价和价值 ………… 161
　　7.4 利率风险 ………………… 163
　　7.5 利率衍生品 ……………… 165
　　本章小结 ………………… 169
　　案例研究 ………………… 170
　　思考题 …………………… 171
　　练习题 …………………… 172

第8章 外汇汇率决定 ………… 177
　　8.1 汇率决定：理论思路 …… 178
　　8.2 货币市场干预 …………… 182
　　8.3 不均衡：新兴市场的汇率 … 185
　　8.4 实际预测 ………………… 192
　　本章小结 ………………… 196
　　案例研究 ………………… 196
　　思考题 …………………… 198
　　练习题 …………………… 198

第三部分
外汇交易

第9章 交易风险 ……………… 204
　　9.1 外汇风险类型 …………… 204
　　9.2 为什么要套期保值 ……… 205
　　9.3 交易风险管理：泰鼎公司
　　　　案例 ……………………… 209
　　9.4 风险控制实务 …………… 217
　　本章小结 ………………… 218
　　案例研究 ………………… 219
　　思考题 …………………… 223
　　练习题 …………………… 223

第10章 折算风险 ……………… 229
　　10.1 折算概览 ……………… 229
　　10.2 折算方法 ……………… 230
　　10.3 泰鼎公司的折算风险 … 233
　　10.4 管理折算风险 ………… 237

| 本章小结 ………………… 239
| 案例研究 ………………… 239
| 思考题 …………………… 242
| 练习题 …………………… 242

第 11 章 经营风险 ……………… 245

11.1 跨国公司的经营风险 ……… 245
11.2 测量经营风险：泰鼎 ……… 249
11.3 经营风险的战略管理 ……… 254
11.4 经营风险的主动管理 ……… 255
本章小结 ……………………… 260
案例研究 ……………………… 260
思考题 ………………………… 263
练习题 ………………………… 263

第四部分
公司全球化融资

第 12 章 全球视角下资本成本及其易得性 …………… 268

12.1 金融全球化及其策略 ……… 268
12.2 国际投资组合理论和分散化 ………………… 270
12.3 境外证券的需求：全球证券投资者的作用 ……… 276
12.4 跨国公司和本土企业资本成本比较 ……………… 279
12.5 解谜：跨国公司资本成本是否比国内同行高 ……… 280
本章小结 ……………………… 282
案例研究 ……………………… 282
思考题 ………………………… 286
练习题 ………………………… 287

第 13 章 全球筹集股权和债务 … 290

13.1 设计获取全球资本战略 …… 291

13.2 最优财务结构 …………… 292
13.3 最优财务结构与跨国企业 ………………………… 293
13.4 在全球范围内募集股权 …… 295
13.5 存托凭证 ………………… 298
13.6 私募 ……………………… 302
13.7 外国上市与发行股票 ……… 303
13.8 全球债权融资 …………… 306
本章小结 ……………………… 311
案例研究 ……………………… 311
思考题 ………………………… 314
练习题 ………………………… 316
附录 13A 外国子公司的财务结构 …………………… 319

第 14 章 跨国公司税收管理 …… 322

14.1 税收原则 ………………… 323
14.2 转移定价 ………………… 330
14.3 泰鼎公司的税收管理 ……… 333
14.4 避税港子公司和国际离岸金融中心 ………………… 334
本章小结 ……………………… 335
案例研究 ……………………… 336
思考题 ………………………… 337
练习题 ………………………… 338

第 15 章 国际贸易融资 ………… 341

15.1 贸易关系 ………………… 341
15.2 单证体系的好处 ………… 344
15.3 关键单证 ………………… 345
15.4 典型贸易中的单证 ……… 349
15.5 帮助出口融资的政府计划 ……………………… 351
15.6 贸易融资方案 …………… 352
15.7 福费廷：中长期融资 …… 355
本章小结 ……………………… 356
案例研究 ……………………… 357

思考题 ………………………………… 360
练习题 ………………………………… 360

第五部分
国际投资决策

第 16 章 对外直接投资和政治风险 ………………………… 364

16.1　保持并转移竞争优势 ……… 364
16.2　OLI 范式和国际化 ………… 367
16.3　投资地点的确定 …………… 369
16.4　国外投资模式 ……………… 370
16.5　评估政治风险 ……………… 373
16.6　公司层面特有政治风险：治理风险 ………………… 376
16.7　国家层面特有风险：转移风险 ………………………… 379
16.8　国家层面特有风险：文化与制度风险 ………………… 382
16.9　全球层面特有风险 ………… 385

本章小结 ……………………………… 388
案例研究 ……………………………… 389
思考题 ………………………………… 391

第 17 章 国际资本预算和跨国收购 ………………………… 393

17.1　国际项目预算的复杂性 …… 394
17.2　项目视角与母公司视角的估值 ……………………… 394
17.3　说明性案例：西麦斯进军印度尼西亚 ……………… 396
17.4　项目融资 …………………… 408
17.5　跨国兼并和跨国收购 ……… 409

本章小结 ……………………………… 414
案例研究 ……………………………… 414
思考题 ………………………………… 419
练习题 ………………………………… 419

部分练习题参考答案 ……………… 423

术语表 ……………………………… 426

第一部分 PART 1

国际金融环境

第1章

跨国公司财务管理：机遇与挑战

> "我将全球化定义为在不考虑国界的情况下，在最具成本效益的地方生产，在最有利可图的地方销售，在最廉价的地方融资。"
>
> ——纳拉亚纳·穆尔蒂，印孚瑟斯公司创始人兼首席执行官

学习目标

1. 检验价值创造的前提条件。
2. 思考比较优势理论及其对国际贸易进行解释和证明的必要条件。
3. 找出国际财务管理的不同之处。
4. 详细论述哪些市场缺陷会促使跨国公司的产生。
5. 思考全球化进程如何使企业从单纯关注国内金融到真正具有国际化视野。
6. 解释造成金融全球化局限性的可能原因。

本书将讨论跨国公司的财务管理问题。跨国公司分为营利性和非营利性企业两种，在多个国家通过经营分支机构、国外子公司或与其他东道国公司合资的企业开展业务。

今天，新的跨国公司在世界各地涌现，而许多老牌的跨国公司正在艰难地维系运营。各行各业都看到了一个与过去截然不同的世界。如今跨国公司不仅依靠新兴市场的廉价劳动力、原材料和外包生产，而且越来越多地依赖新兴市场的销售和利润。无论是新兴的、欠发达的或发展中的市场，还是金砖四国⊖（巴西、俄罗斯、印度、中国），抑或是薄荷四国（墨西哥、印度尼西亚、尼日利亚、土耳其），这些市场人口众多，这些人都是潜在的客户。从长期和短期的角度来看，国际宏观经济环境存在的风险和挑战，使不断变化的全球化市场更加复杂。2008～2009年的全球金融危机已经成为过去，资本在经济中流动的速度日益加快。

本书的重点是如何识别和管理这些风险。这些风险可能发生在全球金融市场的竞争中，但它们仍然是一个管理问题，即跨国公司如何在追求目标的过程中管理这种复杂性。

⊖ 现在，金砖国家包括巴西、俄罗斯、印度、中国和南非。

1.1 金融全球化及风险

回到 20 世纪末和 21 世纪初危机前的宁静时期，不言而喻，人们认为金融全球化是一件好事。但次贷危机和欧元区危机正在动摇这种信念，现在更大的风险是（尤其在欧元区），金融全球化创造了一个以某些危险的方式相互联系的体系。

——对危机恐慌加剧资本管制的讨论，吉莉安·泰德，《金融时报》，2011 年 12 月 15 日

当今主导全球金融市场的主题是与金融全球化相关的风险复杂性，不仅仅是简单的市场好坏，而是如何在快速发展的市场中引领和管理跨国公司。

（1）国际货币体系是浮动汇率和有管理的固定汇率的折中组合，一直受到人们的密切关注。人民币的崛起正在很大程度上改变世界对货币兑换、储备货币、美元和欧元的角色等的看法（见第 2 章）。

（2）包括当前的欧元区危机在内的大规模财政赤字困扰着全球大多数主要贸易国家，使财政和货币政策及最终的利率与汇率变得更加复杂（见第 3 章）。

（3）许多国家经历了持续的国际收支失衡，在某些情况下，出现了危险的巨额赤字和盈余，无论是中国享有的双顺差、欧元区赤字海洋中的德国经常账户盈余，还是美国持续性的经常账户赤字，都将不可避免地影响汇率（见第 3 章）。

（4）所有权、控制权和治理在世界各地存在很大的差异。上市公司并不是占主导地位的全球商业组织，私人企业或家族企业才是普遍存在的组织结构，并且这两类企业的目标和经营模式显著不同（见第 4 章）。

（5）全球资本市场通常用来降低企业的资本成本，更重要的是增加资本的可用性。但全球资本市场已在许多方面缩小了规模，并且对世界上许多组织而言变得不那么开放和易于获得了（见第 1 章）。

（6）当今的新兴市场正面临着新的困境：首先是资本流入，其次是快速和大规模的资本流出。金融全球化导致了资本在工业市场和新兴市场的流入与流出，使财务管理变得更为复杂（见第 5 章和第 8 章）。

这些只是风险复杂性的一些例子。第 1 章仅仅是介绍。第 1 章结尾处的案例研究——比特币：加密货币还是商品，促使你思考当今世界货币在全球范围内流动的方式和原因。

1.2 全球金融市场

商业——无论是国内的、国外的或者全球的，都是市场中个人与公司之间关于产品、服务和资本的交换往来。对这种交易而言，全球资本市场至关重要。2008～2009 年的全球金融危机就是一个例证，它警示人们，市场可能会越来越紧密相连且脆弱。

1.2.1 资产、机构和联系

图 1-1 提供了一张全球资本市场的地图，描述全球金融市场的资产、机构和联系是了解其特征的方法之一。

资产。处于全球资本市场核心的资产（金融资产）是政府发行的债券（如美国国债）。这些低风险或无风险的资产为其他金融资产（如银行贷款、公司债券和股票）的创建、交易和定价奠

定了基础。近年来，从已有的证券中产生了许多额外的证券，这就是金融衍生品，金融衍生品的价值基于标的证券的市值变化。全球金融体系是否健康和安全，取决于这些资产的质量优劣。

全球资本市场是各机构（如中央银行、商业银行、投资银行、非营利金融机构（如国际货币基金组织和世界银行））和证券（债券、抵押贷款、衍生品、贷款等）的集合，这些都通过全球网络——银行间市场联系起来。银行间市场是资本流动的关键渠道系统，各种资本在这个市场上进行交易

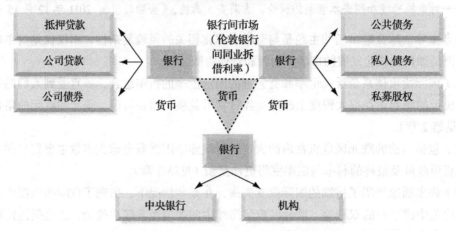

证券交换——全球金融系统中的资本流动，都必须通过一种载体（即货币）进行。货币交换本身就是最大的金融市场。银行间市场必须使用货币来传递和交换证券，其所有定价都基于世界上最普遍的利率——伦敦银行间同业拆借利率（LIBOR）

图 1-1　全球资本市场地图

机构。全球性的金融机构是中央银行，它们提供并控制每个国家的货币供给；商业银行向本地和全球企业提供存款与贷款服务；其他众多金融机构则为了交易证券和衍生品而创建。这些机构形式多样，受许多不同监管框架的制约。全球金融体系的健康和安全依赖于这些金融机构的稳定性。

联系。金融机构之间的联系体现在借助银行间网络进行的货币流动和交换。在全球市场上，货币的即时交换是进行金融交易的首要和必要原因，此外，全球货币市场是世界上最大的市场。货币交换以及随后以货币形式进行的全球范围内所有其他证券的交换，构成了国际银行间网络。在国际银行间网络中，货币的基本价格是伦敦银行间同业拆借利率（LIBOR），它是全球金融体系的核心组成部分。

数千年来，商品交易中的资本流动跨越货币和国界，并以不同形式存在。然而，只有在过去 50 年里，这些资本才开始在数字市场中流动。也只有在过去的 20 年里，这些资本才能够在一天中的任何时刻到达地球最遥远的角落。资本流动的结果是创新产品和服务的爆炸式发展——某些更加优秀，某些则愈发糟糕，正如国际金融实务 1-1 所描述的，这一过程并非没有挑战。

国际金融实务 1-1

伦敦银行间同业拆借利率的问题

"我的承诺就是 LIBOR，这个想法已经不复存在了。"

——英格兰银行前行长默文·金

对于全球金融市场的运作而言，没有哪一个利率比伦敦银行间同业拆借利率（LIBOR）更重要。在全球范围内，LIBOR每天都以不同的期限和不同的货币形式被用于贷款协议、金融衍生品、互换协议。但早在2007年，大西洋两岸的一些银行间市场参与者就怀疑LIBOR存在问题。

LIBOR是在英国银行家协会（BBA）的主持下公布的。每天，由16家主要的跨国银行组成的样本银行被要求提交它们在无担保银行间市场上的估计借款利率，然后英国银行家协会将这些利率进行收集、调整，并采取以下三个步骤发布。

步骤1 参与LIBOR的跨国银行小组必须在伦敦时间上午11:10之前提交它们的估计借款利率，并直接交给汤森路透，后者代表英国银行家协会执行这一过程。

步骤2 汤森路透先去掉提交的估计借款利率中25%的最低利率和25%的最高利率，剩余50%的借款利率按照期限和货币的不同计算平均利率。

步骤3 20分钟后，伦敦时间上午11:30，英国银行家协会发布当天的LIBOR利率。

此流程用于发布由15种不同期限、10种不同货币构成的LIBOR利率。伴随着美元和欧元在世界上被广泛使用，3个月和6个月期限被普遍用于各种贷款与衍生品协议中，其重要性不言而喻。

问题

参与LIBOR的跨国银行小组提交的利率来源是LIBOR的问题之一。首先，参与LIBOR的跨国银行小组提交的利率没有限定为实际借款利率，这意味着它们不是市场交易利率。因为许多银行可能不会每天进行所有期限和货币的交易，所以，采用"估计借款利率"背后的逻辑是避免只报告实际交易。因此，从某种程度来说，每个银行提交利率的来源都是其自由决定的。

其次，银行（尤其是货币市场和银行间的衍生品交易商）的许多利益可能会受当日银行发布的借款成本的影响。2008年9月，当信贷危机全面爆发时，银行对银行间市场的担忧就是一个例子。一家银行报告说，其他银行要求它在当天支付更高的利率，实际上这是自我报告形式的评估，即认为市场风险越来越高。用一位分析师的话说，这就像是"在脖子上挂一个标志，表明我患有传染性疾病"。目前，市场分析师估测在整个金融危机期间，参与LIBOR的跨国银行小组中许多银行的借款利率都比其实际利率低30～40个基点。正如一位金融改革倡导者尖锐的批判："问题是谎言太多，而不是LIBOR有什么问题。"

虽然并不真正知道发生了何种程度的市场操纵，但法院仍坚持对市场操纵进行深入披露。

嗨，伙计们，我们已控制了未来3天的3个月LIBOR利率。我们能否将其固定在5.39，这会让我们收益颇丰。

——巴克莱纽约交易员的邮件，2006年9月13日，

据巴克莱集团、巴克莱银行和巴克莱资本公司报道，CFTC摘要No.12-25，CFTC，P.10

2013年12月，位于伦敦和纽约的部分银行同意就操纵伦敦银行间同业拆借利率向欧盟委员会支付23亿美元罚款。毋庸置疑，越来越多的诉讼、指控和规则将会接踵而至。

1.2.2 货币市场

用一个国家货币表示的另一个国家货币的价格被称为外汇汇率。例如，美元（$或USD）和欧元（€或EUR）之间的汇率可以表示为"1欧元兑1.365 4美元"或1.365 4美元/欧元。这与"EUR 1.00 = USD 1.365 4"是相同的。由于大多数国际商务活动都要求交易双方至少有一方使用与自己的货币不同的货币支付或接受付款，因此，了解汇率对全球业务的开展至关重要。

货币符号。 我们注意到，USD和EUR通常作为美元与欧元的货币符号。这些是当今

世界数字网络中使用的计算机符号（ISO-4217 编码）。长期以来，国际金融领域在财经媒体中使用各种不同的符号，并且通常使用各种缩写词。例如，英镑可以是 £、GBP、STG、ST£ 或 UKL。本书使用简单常见的符号——$（美元）、€（欧元）、¥（日元）、£（英镑），但在阅读商业新闻时应注意！

汇率报价和术语。 表 1-1 列出了 2014 年 1 月 13 日在纽约和伦敦所引用的汇率。表中列出的汇率为特定的国家或地区的货币，举例来说，阿根廷比索兑美元汇率是 6.658 0 比索 / 美元，兑欧元为 9.090 5 比索 / 欧元，兑英镑为 10.907 8 比索 / 英镑。表中所列的汇率被称为"中间汇率"，因为它是做市商购买货币（买入价）和卖出货币（卖出价）汇率的中间价或平均值。

表 1-1 全球货币汇率节选

2014 年 1 月 13 日

国家和地区	货币	符号	代码	货币 =1 美元	货币 =1 欧元	货币 =1 英镑
阿根廷	比索	Ps	ARS	6.658 0	9.090 5	10.907 8
澳大利亚	澳元	A$	AUD	1.104 3	1.507 8	1.809 2
巴林	第纳尔	—	BHD	0.377 0	0.514 8	0.617 7
玻利维亚	玻利维亚诺	Bs	BOB	6.910 0	9.434 6	11.320 7
巴西	雷亚尔	R$	BRL	2.344 6	3.201 2	3.841 1
加拿大	加拿大元	C$	CAD	1.086 6	1.483 6	1.780 1
智利	比索	$	CLP	526.980	719.512	863.351
中国内地	人民币⊖	¥	CNY	6.043 4	8.251 4	9.900 9
哥伦比亚	比索	Col$	COP	1 924.70	2 627.89	3 153.24
哥斯达黎加	科朗	₡	CRC	499.475	681.959	818.291
捷克共和国	克朗	Kc	CZK	20.042 5	27.365 0	32.835 6
丹麦	克朗	Dkr	DKK	5.465 6	7.462 4	8.954 2
埃及	埃及镑	£	EGP	6.956 2	9.497 7	11.396 4
中国香港	港元	HK$	HKD	7.754 7	10.587 8	12.704 5
匈牙利	福林	Ft	HUF	218.680	298.575	358.264
印度	卢比	₹	INR	61.575 0	84.071 5	100.878 0
印度尼西亚	印尼盾	Rp	IDR	12 050.0	16 452.5	19 741.5
伊朗	里亚尔		IRR	12 395.5	16 924.2	20 307.5
以色列	谢克尔	Shk	ILS	3.488 2	4.762 1	5.718 4
日本	日元	¥	JPY	103.365	141.129	169.343
肯尼亚	先令	KSh	KES	86.250	117.761	141.303
科威特	第纳尔	—	KWD	0.282 4	0.385 6	0.462 7
马来西亚	林吉特	RM	MYR	3.263 5	4.455 9	5.346 6
墨西哥	墨西哥比索	$	MXN	12.974 5	17.714 8	21.256 5
新西兰	新西兰元	NZ$	NZD	1.195 7	1.632 6	1.959 0
尼日利亚	奈拉	₦	NGN	159.750	218.115	261.718
挪威	克朗	NKr	NOK	6.121 6	8.358 1	10.029 0
巴基斯坦	卢比	Rs.	PKR	105.535	144.092	172.898
秘鲁	新索尔	S/.	PEN	2.796 5	3.818 2	4.581 6
菲律宾	比索	₱	PHP	44.595 0	60.887 8	73.060 0

⊖ 中华人民共和国的法定货币是人民币，另有香港特别行政区的港元、澳门特别行政区的澳门币和台湾的新台币也属于中国货币的种类。

（续）

国家和地区	货币	符号	代码	货币=1 美元	货币=1 欧元	货币=1 英镑
波兰	兹罗提	—	PLN	3.042 1	4.153 5	4.983 9
罗马尼亚	罗马尼亚列伊	L	RON	3.313 3	4.523 8	5.428 1
俄罗斯	卢布	P	RUB	33.266 0	45.419 8	54.499 7
沙特阿拉伯	沙特里亚尔	SR	SAR	3.750 5	5.120 7	6.144 4
新加坡	新加坡元	S$	SGD	1.265 0	1.727 2	2.072 5
南非	兰特	R	ZAR	10.775 0	14.711 7	17.652 7
韩国	韩元	W	KRW	1 056.65	1 442.70	1 731.11
瑞典	克朗	SKr	SEK	6.498 6	8.872 8	10.646 6
瑞士	法郎	Fr.	CHF	0.902 6	1.232 4	1.478 8
中国台湾	新台币	T$	TWD	30.006 0	40.968 7	49.158 8
泰国	泰铢	B	THB	32.975 0	45.022 4	54.023 0
突尼斯	第纳尔	DT	TND	1.654 8	2.259 3	2.711 0
土耳其	新土耳其里拉	₺	TRY	2.177 3	2.972 8	3.567 1
乌克兰	格里夫纳	—	UAH	8.312 5	11.349 5	13.618 4
阿拉伯联合酋长国	迪拉姆	—	AED	3.673 0	5.014 9	6.017 5
英国	英镑	£	GBP	0.610 4	0.833 4	—
美国	美元	$	USD	—	1.365 4	1.638 3
乌拉圭	比索	$U	UYU	21.605 0	29.498 4	35.395 5
委内瑞拉	强势玻利瓦尔	Bs	VEB	6.292 1	8.591 0	10.308 4
越南	越南盾	₫	VND	21 090.0	28 795.2	34 551.8
欧洲	欧元	€	EUR	0.732 4	—	1.199 9
特别提款权	—	—	SDR	0.650 9	0.888 7	1.066 3

注：许多不同的货币使用相同的符号。这就是当今世界上大多数货币市场都使用三位数货币代码来明确报价的原因之一。所有的报价都来自 2014 年 1 月 14 日英国《金融时报》，并且为中间价。英镑和欧元的报价与其他所有国家和地区货币相同，以每美元、每欧元、每英镑报价。然而，作为这些货币报价的出处，英国《金融时报》将以倒数的形式报价英镑和欧元，这也是货币的行业惯例。

自 20 世纪 40 年代以来，美元一直是大多数货币交易的焦点。世界上大部分货币都是以美元进行报价的，比如墨西哥比索/美元、巴西雷亚尔/美元、港元/美元等。这一报价公约也适用于表 1-1 中列出的其他主要的世界货币。例如，日元通常报价为 103.365 日元/美元、141.129 日元/欧元和 169.343 日元/英镑。

报价公约。受传统和历史的影响，世界上几种主要的货币汇率都遵循一种特定的报价公约。美元和欧元之间的汇率总是被称为"每欧元多少美元"或美元/欧元。例如，表 1-1 中美国一行列出的 1.365 4 美元。同样，美元和英镑之间的汇率总是被称为"每英镑多少美元"或美元/英镑。例如，在表 1-1 中美国一行列出的 1.638 3 美元。此外，过去是英联邦成员国的国家，通常以美元报价，如美元兑澳元或美元兑加元。

1.2.3 欧洲货币和 LIBOR

全球货币和资本市场的主要联系之一是欧洲货币市场及其利率，即 LIBOR。欧洲货币是一国本币在另一国银行中的存款，期限从隔夜到一年以上。定期存单通常是三个月或更长，并以百万美元为单位递增。一笔欧洲美元存单并不是活期存款，它不是根据部分准备金而创建在银行账簿上的贷款，也不能被拥有该笔存款的银行转换为可以签发的支票。欧洲美元存单以电汇的形式存到美国境内代理行的基本账户上，在许多国家，银行大额存单的流通是通过非银行储蓄协会进行的。当协会在商业银行开具支票时，这些存单就被转移了。

任何可兑换货币都可以以"euro-"形式存在（注意不要将"euro-"这种用法和欧元"euro"混淆）。欧洲货币市场包括欧洲英镑（英国以外的英镑存款）、欧洲欧元（欧元区以外的欧元存款）、欧洲日元（日本以外的日元存款）以及欧洲美元（美国以外的美元存款）。

欧洲货币市场主要有两个作用：①欧洲货币存款是一种有效和方便的货币市场工具，可以吸收过量的公司流动性；②欧洲货币市场是公司营运资本所需的短期银行贷款的主要融资来源，包括进出口融资。存放欧洲货币的银行被称为欧洲银行。欧洲银行是金融中介机构，同时也投标定期存款和发放非本币贷款。除了具备一般的银行职能外，欧洲银行是从事欧洲货币业务的主要世界性银行。与"欧洲银行"名称相匹配的欧洲货币业务实际上只是大型商业银行的一个部门，而这个名称正是来自其所履行的欧洲货币运行职责。

现代欧洲货币市场诞生于第二次世界大战后。东欧的美元拥有者，包括苏联各地的贸易银行，都害怕将它们手中持有的美元存在美国，因为这些存款很可能被那些反对社会主义的美国人冻结。因此，东欧的美元持有者将其美元存在西欧，尤其是两个苏联银行：位于伦敦的莫斯科人民银行和位于巴黎的北欧商业银行。这些银行再将这些美元重新存入其他西方银行特别是在伦敦的银行。西欧各国中央银行将额外的美元存到欧洲货币市场，这些银行选择以这种方式来持有美元储备以获得更高的收益率。商业银行也将其美元余额投放于欧洲货币市场，原因是在欧洲美元市场上美元的存款期限是可以商定的。它们发现把美元储备投放在收益率高的欧洲美元市场上是有利可图的。国际难民基金也将美元投放在欧洲美元市场。

虽然欧洲货币市场增长的根本原因是经济效率，但是以下在20世纪五六十年代发生的一些特殊的事件也有助于其增长。

（1）1957年，为应对英镑贬值，英国货币当局强行控制了对非英国居民的贷款。受到英格兰银行的启发，英国的银行开始将美元贷款作为唯一的替代方案，这也使得英国的银行能够保持其在世界金融领域的领先地位。出于这个原因，它们需要美元存款。

（2）虽然纽约是美元的大本营，并且有大量的国内货币和资本市场，但伦敦还是变成了美元的国际贸易中心，主要是由于伦敦在国际货币事务方面具有专长，并且与主要客户在时区和地理位置上都很接近。

（3）对以欧洲为基础的美元市场的额外支持来源于20世纪60年代美国所经历的国际收支困难，这暂时割裂了美国国内资本市场。

不管怎样，最终欧洲货币市场持续繁荣，因为它是一个巨大的国际货币市场，并且政府管制和干涉相对较少。

欧洲货币利率

在欧洲货币市场中，参考利率是伦敦银行间同业拆借利率（LIBOR）。LIBOR是目前在标准化报价、贷款协议和金融衍生品估值方面最被认可的利率。银行间同业拆借利率的使用并不局限于伦敦，大多数国内金融中心为本地的贷款协议创立了自己的银行间同业拆借利率。

这些利率包括 PIBOR（巴黎银行间同业拆借利率）、MIBOR（马德里银行间同业拆借利率）、SIBOR（新加坡银行间同业拆借利率）以及 FIBOR（法兰克福银行间同业拆借利率）等。

吸引存款者和贷款者到欧洲货币贷款市场上来的最主要原因是该市场中较小的利率差价。存贷款利率的差价通常小于1%。导致欧洲货币市场上利差很小的原因很多。低贷款利率之所以存在，主要是因为欧洲货币市场是一个批发市场，在这个市场上，存贷金额在无担保的情况下一般为 500 000 美元或更多。借款者常常是大公司或政府部门，它们因为信用级别高且交易规模大，从而有资格获得低利率贷款。此外，欧洲货币运营机构向参与银行收取的管理费用很低。

在欧洲货币市场上，存款利率比大多数国内货币市场上的利率要高，因为从事欧洲货币交易的金融机构并不需要遵守那些监管和储备金要求，而这些要求往往强加于传统的国内银行和银行业务。因为没有这些费用，它的利率相应地更具有竞争力，存款利率更高，贷款利率更低。在欧洲货币市场上可以避免的第二项主要费用是美国国内存款保险的支付，比如支付给美国联邦存款保险公司（FDIC）的费用以及花费在存款上的评估费用。

1.3 比较优势理论

比较优势理论提供了解释和证明国际贸易的基础，这一贸易是在假设自由贸易、完全竞争、无不确定性、无信息成本以及无政府干预的模型世界中进行的。此理论起源于亚当·斯密的著作，尤其是他1776年出版的重要著作《国富论》(*The Wealth of Nations*)。斯密试图解释为什么劳动分工在生产活动中以及在商品的国际贸易中提高了所有公民的生活质量。斯密的理论基于绝对优势的概念，每个国家都专门生产那些适合的商品，以更少的投入获得更多的产品。由于每个国家都专门生产其具有绝对优势的产品，因此，各国可以生产更多的产品，并以比国内生产的产品更便宜的价格进行贸易。

大卫·李嘉图在1817年出版的《政治经济学及赋税原理》一书中，试图将亚当·斯密的基本思想进一步逻辑化。李嘉图指出，即使一个国家在生产两种产品方面都拥有绝对优势，它在一种产品的生产上仍可能比另一种产品的生产效率相对更高，李嘉图将其称为比较优势。每个国家都将在两种产品中的某一种产品的生产上拥有比较优势，两国将专注于此种产品的生产并交易另一种产品，两国都将从中受益。

虽然19世纪时国际贸易已接近于比较优势模型，但由于众多因素，如今这一模型依然无法实现。各国不会只专门生产由其生产要素决定的最具生产有效性的产品，而且，各国政府会因为许多经济和政治原因干预比较优势，这些原因包括对充分就业、经济发展、与国防有关的工业的国家自给自足和保护农业部门等方面的考虑。政府干预的形式有关税、限额以及其他非关税限制等。

现在至少有两种生产要素——资本和技术，可以在国家间直接自由流动，而不是仅依靠货物和服务贸易这种间接流动。这一直接流动可以是在跨国企业相关子公司和分支机构间发生的，也可以是在无关企业之间通过贷款、许可证和管理合同发生的，甚至劳动力也可以在国家间流动，如进入美国的移民（包括合法的和非法的）以及进入欧盟或其他经济区的移民等。

现代生产要素的内容要比这一简单模型更为丰富。在全球生产设施选址过程中需要考虑的要素包括当地管理能力、能够解决合约纠纷的可靠的法律组织、研发能力、雇员的教育水平、能源、对品牌商品的消费需求、矿产和原材料的可用性、资本可得性、税收差异、支持性基础设施（如公路、港口、通信设备）等。

虽然贸易条件最终由供求关系决定，但是该条件确定的过程不是我们在传统贸易理论中所看到的那样，它们部分取决于寡头垄断市场的管理定价。

欠发达国家逐渐发展并认识到其潜在的机遇，比较优势也随着时间的推移有所转变。例如，在过去150年里，纺织品业的比较优势已由英国转移到美国、日本、中国香港、中国台湾再到中国大陆。比较优势经典模型并没有强调某些特定因素，如不确定性和信息成本的影响、在不完全竞争市场上差异化产品的作用以及规模经济问题。

然而，虽然世界距离经典的贸易模型还有很长一段路要走，但是比较优势基本理论仍然是有效的。在解决了利益的公平分配问题以使消费者、生产商和政治领导人满意的前提下，世界越接近于真正的国际专业化生产，世界的产量和消费量就会增加得越多。但是，完全专业化仍然是一个不太现实的极端情况，正如完全竞争是微观经济学理论里的极端情况一样。

比较优势下的全球外包

如果要解释为什么某些国家最适合出口商品和服务以便给跨国企业和国内企业提供全球供应链支持，比较优势仍是合适的相关理论。然而，21世纪的比较优势更多地基于服务，以及通过电信和互联网实现跨境便利化。但是，一国的比较优势依然来源于其劳动力技能、资本可得性和技术的融合。

例如，印度已发展了高效率、低成本的软件产业。这一产业不仅提供定制软件，而且提供客户呼叫中心支持以及其他技术服务。印度软件产业由跨国企业的子公司和其他独立公司组成。如果你有一台惠普电脑，并且拨打了客户支持中心的号码以寻求帮助，那么你便与印度的呼叫中心取得了联系。接电话的人可能是一个知识渊博的印度软件工程师，也可能是一步步带领你解决问题的程序员。印度有大量受过良好教育、讲英语的技术专家，但他们的薪酬仅是美国同行的一半。如今，国际电信网络的产能过剩和低成本进一步增强了印度地区的比较优势。

全球外包已经延伸到了地球的每一个角落。从马尼拉的金融后台部门人员到匈牙利的信息技术工程师，现代通信已将贸易活动带给劳动者而不是将劳动者转移到经营活动所在地。

1.4 国际财务管理[⊖]有何不同

表1-2阐述了国际和国内财务管理的一些主要区别。

表1-2 国际财务管理有何不同

概念	国际	国内
文化、历史和制度	每个国家都是独特的，跨国企业的管理层并不总是了解它	每个国家都有已知的基本情况

⊖ 本书视不同章节具体内容，将international financial management分别译为"国际财务管理"或"国际金融管理"。

（续）

概念	国际	国内
公司治理	各国的法规和制度都不同	法规和制度众所周知
外汇风险	跨国企业面临由子公司及进出口商和国外竞争对手所引起的外汇风险	面临由进出口商和国外竞争对手所引起的外汇风险（无子公司）
政治风险	跨国企业因国外子公司及其高知名度而面临政治风险	可忽略的政治风险
国内财务理论的修正	由于国外的复杂性，跨国企业必须修正资本预算和资本成本等财务理论	传统财务理论是适用的
国内金融工具的修正	跨国企业使用修正后的金融工具，如期权、远期、互换和信用证	因为面临较少外汇风险和政治风险而较少使用金融工具和衍生品

国际财务管理要求对那些影响公司治理的文化、历史和制度方面的不同点有所了解。虽然本国企业和跨国企业都面临外汇风险，但跨国企业独自面对一些特殊的风险，如政治风险，而这些风险通常不会对本国企业的运营造成威胁。

跨国企业还面临着其他风险，这些风险可以被归类为国内金融理论的延伸。例如，国内关于资本成本、债务和股权融资、资本预算、营运资本管理、税收和信用分析的方法都需要修正，以适应国外环境的复杂性。此外，国内财务管理中使用的许多金融工具在国际财务管理中也得到了修正，例如外汇期权和外汇期货、利率互换和货币互换以及信用证。

本书的主题是分析当跨国公司寻求全球战略机遇和出现新的约束条件时，其财务管理如何发展。本章我们将对与泰鼎公司相关的挑战和风险做一个简要介绍，这家公司由本国企业发展成了真正的跨国企业。我们的讨论将包括该公司在转变为跨国经营的过程中在管理目标和治理方面面临的制约因素。首先我们需要阐明由跨国企业开拓的独特的价值主张和优势。国际金融实务1-2表明，在21世纪，现代跨国公司的目标和责任变得更加复杂。

国际金融实务 1-2

企业责任和企业可持续性发展

可持续发展是一种既满足当代人的需求，又不对后代人满足其需求的能力构成危害的发展。
——《布伦特兰报告》，1987年，第54页

企业的目的是什么？企业的目的肯定是为股东创造利润和价值，但企业有责任在不以牺牲社会及环境为代价的情况下发展。由于全球化，企业在社会中日益增长的责任和扮演的角色给跨国公司面临的领导力挑战增加了一定的复杂性。

迄今为止，这场不断发展的争论已经被一些相互冲突的术语和标签所阻碍，例如企业良知、企业责任、企业社会责任（CSR）、企业慈善以及企业的可持续性等。企业遵循可持续性是目标，社会责任是义务，这样的指导原则可以减少混乱。由此可见，现代跨国企业既追求利润和促进社会进步与环境发展，也遵循可持续发展。

在过去10年中，"可持续性"这个术语在全球商务的背景下发生了很大变化。家族企业的一个传统主要目标是"企业的可持续性"，即企业保持有利可图并且能够长期为子孙后代提供安全和收入保障。环境可持续性的概念虽然范围狭窄，但有一个共同的核心主线——一个公司、一种文化甚至是地球的生存与延续能力。

1.5 市场缺陷：跨国公司存在的理论阐述

跨国企业的优势来自国内市场在产品、生产要素和金融资产方面的缺陷。对于跨国企业来说，产品市场的缺陷转化成了市场机遇。大型跨国企业比当地竞争对手更有能力去发掘一些竞争要素，如规模经济、管理和技术专长、产品差异化和金融实力等。实际上，在国际寡头竞争的市场上，这些要素尤为关键。此外，一旦跨国企业在国外建立了实体企业，它们将比纯粹的国内企业更有能力通过其内部信息网络去识别和利用市场机遇。

为什么企业会变为跨国企业

战略动机驱使企业做出海外投资决定并且转变为跨国企业。这些动机可以概括为以下五大类。

（1）**市场**。在国外市场生产，既满足当地产品需求又满足本国出口需求。美国汽车企业在欧洲生产并满足当地消费需求正是市场动机的一个实例。

（2）**原材料**。在能找到原材料的地方开采，将原材料用于出口或在其所在国进一步加工和销售。从事石油、采矿、种植和森林产业的企业属于这一类。

（3）**生产效率**。寻求生产效率的企业在一个或多个生产要素相对于其生产率被低估的国家或地区生产，位于中国台湾、马来西亚和墨西哥的劳动密集型电子元件生产企业都是出于这一动机。

（4）**知识**。在国外经营以获取技术或管理经验。例如，德国、荷兰和日本企业收购了美国本土的电子工厂，目的就是获取它们的技术。

（5）**政治安全**。在被认为不太可能没收或干预私有企业的国家或地区收购或建立新的业务。

这五种战略动机并不是相互排斥的。例如，在巴西寻求木材纤维的林产品企业，也可能在巴西发现了一个大型市场，用于出口产品。

对于全球寡头竞争产业来说，上述每个战略动机都应再细分为"主动型"和"防御型"。主动型投资是用来提高企业自身的成长性和营利性的。防御型投资是用来阻碍竞争对手的成长性和营利性的。后者的例子包括在竞争对手之前抢先获得市场，或者试图获取原材料资源，然后让竞争对手无法获得这些资源。

1.6 全球化进程

假设泰鼎是一家美国企业，它将作为案例贯穿全书来说明全球化进程——企业经营从国内走向全球的过程中所经历的结构和管理上的改变与挑战。

1.6.1 全球化转变Ⅰ：泰鼎由本国经营阶段进入国际贸易阶段

泰鼎是一家生产和销售一系列电信设备的年轻企业，其最初的战略是在美国市场发展可持续的竞争优势。正如许多其他年轻企业一样，它也受到规模小、竞争对手多、缺乏廉价而充足的资本来源的限制。如图1-2上半部分所示，泰鼎处于早期的本国经营阶段。

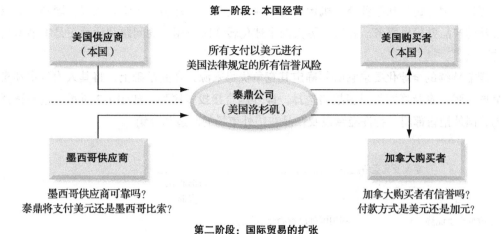

图 1-2 泰鼎公司：全球化进程的开端

泰鼎向美国客户销售产品，收取美元，并从美国供应商处购买生产和服务，支付美元。所有供应商和购买者的信誉是根据美国国内惯例和程序确定的。目前一个潜在的问题是，虽然在业务上泰鼎还没有实现国际化或者说全球化，但它的一些竞争对手、供应商或购买者或许已经实现了国际化。这通常就成为推动像泰鼎这样的企业进入全球化进程的动力。1948 年，詹姆斯·温斯顿在洛杉矶创建了泰鼎公司，生产电信设备。在接下来的 40 年中，该家族企业经营缓慢但稳定地扩张着。然而，20 世纪 80 年代，持续的技术投资需求，要求泰鼎为了竞争而筹集额外的资本。这一需求促成了它在 1988 年的首次公开募股（IPO）。作为在纽约证券交易所公开上市的美国公司，泰鼎的管理层寻求为股东创造价值。

随着泰鼎在美国市场上成为引人注目的竞争对手，通过向一个或多个国外市场出口产品和服务，它迎来了扩大企业市场影响的战略机遇。北美自由贸易区（NAFTA）的形成使泰鼎与墨西哥和加拿大的贸易颇具吸引力。全球化进程的第二阶段如图 1-2 下半部分所示。泰鼎为了应对全球化，它从墨西哥供应商处进口产品并向加拿大购买者出口。我们把全球化进程的这一阶段定义为国际贸易阶段。

产品和服务的进出口对财务管理的要求，在两方面要远高于仅从事国内业务的传统要求。首先，企业将面临直接的外汇风险。泰鼎现在可能需要以外币报价，接受外币支付，或者支付外币给供应商。由于全球市场上货币价值每分每秒都在变化，因此泰鼎将越来越多地面临与这些外币收支相关的价值变化带来的重大风险。

其次，对国外买家和卖家的信誉质量的评估也比过去更重要。降低出口不付款和进口不交货的概率成为国际贸易阶段的主要财务管理任务之一。信用风险管理在国际贸易中难度很大，因为我们对购买者和供应商不熟悉，面临的贸易惯例和法律制度也有所不同，因而在评估上有很大的挑战性。

1.6.2 全球化转变 II：由国际贸易阶段进入跨国阶段

如果泰鼎在国际贸易活动中很成功，那么全球化进程进入下一阶段的时机也就到了。泰鼎需要建立国外销售和服务分支机构，之后通常是建立国外制造经营点或授权国外企业以生产泰鼎的产品并提供服务。和这一更大的全球化转变阶段相关的问题和活动正是本书所要介绍的重点。

泰鼎持续的全球化要求它必须确定其竞争优势来源，在此基础上，将其人力资本和实体向全球扩张。泰鼎将面临很多战略选择，即外国直接投资序列，如图1-3所示。这些选择包括创建国外销售部门、特许经营以及产品在国外市场的制造和分销。

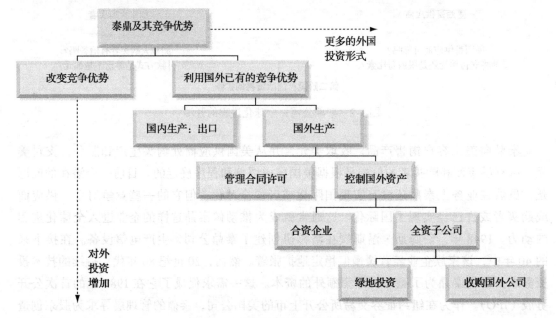

图 1-3 泰鼎的外国直接投资序列

在图1-3中，随着泰鼎向下、向右发展，它在国外市场会以多种形式进行投资，现在它可能拥有自己的分销和生产设备，最终可能还想收购其他公司。一旦泰鼎在国外拥有了资产和企业，那么它便步入了全球化进程的跨国阶段。

1.6.3 金融全球化的限制因素

本章所介绍的国际贸易和国际金融理论一直认为，根据比较优势理论，随着全球市场变得更加开放和透明，资本的自由流动将增加并支持国家和公司的发展。从20世纪中期以来，事实的确如此，而且越来越多的国家追求更加开放和竞争的市场。但是在过去10年里，金融全球化面临着日益增多的限制或者阻碍：组织内部人员影响力增强及自我膨胀。

图1-4说明了这个过程的一种可能的表现。如果公司和主权国家具有影响力的内部人员持续追求公司价值的增加，那么金融全球化会出现一定的持续增长。但是，如果这些具有影响力的内部人员追求的是自身的目标，为的是增加他们私人的权力及影响力或私人财富，或者两者兼具，那么资本将不会流入这些主权国家和公司，结果将是金融无效性的增长和全球化效果的分割，由此产生了赢家和输家。正如我们将在全书中看到的一样，这一阻碍国际金

融发展的壁垒可能会变得更为棘手。

图1-4 金融全球化的限制

资料来源：Constructed by authors based on "The Limits of Financial Globalization," Rene M. Stulz, *Journal of Applied Corporate Finance*, Vol. 19, No. 1, Winter 2007, pp. 8-15.

这一日益增长的问题也属于本书所要讨论的一部分。三大基本要素——金融理论、全球商务、管理层理念和行动结合在一起，就全球化对世界各国和文化的好处这一日益激烈的争论提出了问题或者解决办法。接下来的案例研究会让我们思考，对公司拥有控制权的家族成员是在为他们自己还是为他们的股东创造价值？

接下来我将引用一位同事在全球金融和全球财务管理展望会议上说的一句话。

欢迎来到未来，这将是一场持续的战斗。我们需要领导力、公民权和对话。
——唐纳德·莱萨德，全球风险，《新的视角与机遇》，2011，33

本章小结

1. 创造企业价值要求具备三个关键要素：①公开市场；②高质量战略管理；③资本可得性。
2. 比较优势理论提供了解释和证明国际贸易的基础，这一贸易是在假设自由贸易、完全竞争、无不确定性、无信息成本以及无政府干预的模型世界中进行的。
3. 全球财务管理要求对那些影响公司治理的文化、历史和制度方面的差异有所了解。
4. 虽然本国企业和跨国企业都面临着外汇风险，但跨国企业独自面临着一些对本国企业不会造成太多威胁的特殊风险，如政治风险。
5. 跨国企业力求在全球市场中利用本国产品、生产要素和金融资产的市场缺陷来赚钱。
6. 大型跨国企业比当地竞争对手更有能力去利用一些竞争要素，如规模经济、管理和技术专长、产品差异化和金融实力等。
7. 企业首先涉足国际贸易业务，其次是销售部门和特许经营权的国际合同安排，并最终在国外成立子公司。企业在最后这一阶段真正成为跨国企业。
8. 是否做出投资国外的决策是由战略动机驱使的，并且可能会涉及特许协议、合资企业、跨国收购或绿地投资。
9. 如果公司和主权国家具有影响力的内部人员追求的是自身目标，以增加他们私人的权力、影响或财富，那么资本将不会流入这些主权国家和公司。反过来这又会对金融全球化造成阻碍。

案例研究

比特币：加密货币还是商品

> 已创造的法定货币如纸币和硬币，或者它们的数字版本，是由国家承销的，依照法规或法律实现其应有的价值，至少在原则上应对该国公民负责。另外，比特币是一种社区货币，它需要用户自我监管。对一些人来说，这是一种特性，而不是一个缺陷。但是，在宏大的计划中，必要的开源参与仍然停留在利基追求阶段。大多数人宁愿把这种责任交给当局。在这种心态改变之前，比特币将不会成为现实世界中货币的竞争对手。
> ——比特和鲍勃，《经济学人》，
> 2011年6月13日

比特币是一种开源、对等、数字化的货币。它是一种加密货币，一种使用高级加密技术创建和管理的数字货币。它可能是世界上第一个完全去中心化的电子支付系统。比特币非官方的三个字母货币代码是BTC，其单一货币符号如右图所示。

但比特币是真正的货币吗？它是钱，还是能变成钱？2014年1月，世界各地的许多主要监管机构，如美国联邦储备委员会、欧洲中央银行、中国人民银行都在试图确定比特币是应该被禁止或接受监管，还是任其自由发展。人们对使用比特币的看法各不相同，在很多情况下更是难以预测。监管机构只是其中一个利益相关者；用户和生产者对比特币的潜力持有自己的看法。

1. 生产和使用比特币

比特币是2009年由一个自称中本聪的人发明的。中本聪在互联网上发表了一篇长达9页的论文，概述了比特币系统如何运作。他还提供了数字硬币（比特币术语中的矿）和将比特币作为货币进行数字交易时所需的开放源代码（人们认为中本聪不是真实存在的人，可能是某个相对较小的工作组的无名小卒。中本聪在2012年从互联网上消失了）。

（1）挖矿。比特币的实际开采是一个数学过程。当比特币散列算法应用于一个特定模式时，矿工必须找到产生该特定模式的数据序列（称为区块）。当找到匹配项的时候，矿工就得到一定数量的比特币作为赏金。这种由越来越复杂的计算机进行的重复猜测被称为哈希算法。采矿的动机是显而易见的：赚钱。

比特币软件系统的设计初衷是向全球网络中成功解决了数学问题的矿工（任何人、任何地方，理论上都可以成为网络的一部分）发放25枚比特币作为奖励。问题一旦解决，解决方案将在网络上进行广播，然后下一轮有25枚比特币奖励的比赛即将开始。该系统的协议设计为每10分钟释放一个新的比特币区块，直到所有2100万比特币被释放，随着时间的推移，这些比特币区块增长的速度会变得非常缓慢。如果网络中的矿工需要计算10分钟以上才能找到正确的代码，那么比特币程序就会进行调整，使计算更加容易。如果矿工在10分钟内解决了这些问题，数学代码就会变得更加困难。

随着时间的推移，开采的难度不断增加，比特币的稀缺性也不断增加，类似于许多人认为黄金是货币价值的基础从而造成黄金资

Copyright © 2014 Thunderbird School of Global Management. All rights reserved. This case was prepared by Professor Michael H. Moffett for the purpose of classroom discussion only and not to indicate either effective or ineffective management.

源的稀缺。但最终比特币系统的发行时间（每10分钟）和发行总量（2 100万）都受到限制。理论上，2 100万比特币中的最后一枚将在2140年发放。

短短几年内，比特币开采就成了一桩大生意。在早期阶段，理论上个人可以在笔记本电脑上或在没有计算机的情况下开采比特币，但这种情况已不复存在。截至2014年，比特币的开采已经成为从冰岛到奥斯汀初创公司投资数百万美元的计算机系统的目标，一位记者将其描述为"计算机的军备竞赛"。总量为2 100万的比特币中可能有1 100万已经被开采出来。

（2）用户。比特币一经开采，就被认为是一种几乎匿名的加密货币。㊀比特币最初是发给采矿成功的矿工的，他们可以用比特币购买东西，或者卖给愿意使用数字货币购物或预测其未来升值的非矿工。

每个比特币的所有权都通过数千个网络节点上的数字链时间戳进行验证和注册。与现金一样，这样可以防止重复消费，因为每个比特币交易所都通过分散的比特币网络（目前估计有20 000个节点）进行身份验证。与现金不同的是，比特币系统中发生的每一笔交易都由系统中的两个公钥（交易参与者、比特币地址）来记录。这个名为区块链的记录包括时间、金额和两个近乎匿名的IP地址（公钥不与任何个人身份相关联）。与信用卡和PayPal不一样的是它没有第三方服务商，这是真正的对等点对点交易。

比特币基金会是一个负责管理全球比特币系统的非营利组织。目前，比特币基金会的首席科学家是加文·安德森，他是有薪水的。该基金主要是由营利性公司（如Linux基金会）资助的，这些公司要么开发比特币，要么使用比特币系统。

2. 价值驱动因素和关注

传统货币是由各国政府通过中央银行发行的。它们控制着货币的增长和供应，同时以某种方式隐性地保证其价值。比特币没有这样的担保人、保险人和最后贷款人。如果比特币持有者丢失或删除了其所有权记录，就不会有任何支持或保险，没有人可以起诉，也没有任何机构可以申请追索权。㊁比特币的价值完全取决于用户和投资者在任何时候愿意支付的价格，这使得它在本质上与货币和商品相似。

比特币是一个相当复杂的货币系统组合。像20世纪上半叶使用的金本位制，它是一种基于物权的制度，并且与某种具有内在价值的稀有金属有固定的联系。比特币确实存在数字稀缺性，这最终限制了其可用性。但比特币没有内在价值，它不是由贵金属构成的，它们只不过是数字代码。比特币的价值反映了那些相信其价值的市场人士的供求，它的价值就是一种与当今世界主要货币类似的法定货币。如图1-5所示，该值非常不稳定。多年来，比特币的交易价格一直低于每比特币10美元（使用美元价值，如汇率）。2013年12月，比特币的价格飙升至每比特币1 238美元，随后暴跌。

2013年比特币的价格波动背后的原因使人们洞察了其潜在用途。2013年11月在塞浦路斯发生的银行危机导致许多塞浦路斯公民将他们的钱投入比特币（哄抬价格），以防止他们的钱落入政府的手中。同样，2013年年末，中国公民对比特币的兴趣和使用量激增。有些中国公民不顾国家的资本管制（限制将资金带出该国），通过在中国的众多比特币交易所用人民币购买比特币，然后用比特币在海外投资。中国政府迅速关闭了比特币交易所，禁止它们接收人民币存款。

比特币绕过当局的这种能力使得人们担心比特币可能被用于潜在的非法贸易，比如与毒品和其他非法商业活动相关的洗钱。全球政府对此问题的反应各不相同。德国政府已正式将比特币列为账户单位；印度突袭了一些被认为使用比特币进行非法交易的交易所。到目前为止，英国和欧盟都没有插手干预；韩国不承认

㊀ 比特币并不是唯一的加密货币，此外还有莱特币、瑞波币、MintChip、阿侬币、点点币和零币。
㊁ 实物比特币，又被称为"Casascius币"，可以从casascius.com购买。这些硬币在嵌入硬币的卡片上有一把私人钥匙，并用防篡改全息图密封。

比特币是法定货币。比特币在美国并不违法，因为美国宪法实际上只禁止各州发行货币，而没有禁止私人政党发行。美国联邦储备委员会（Federal Reserve，简称美联储）主席本·伯南克2013年11月在国会上发表讲话时指出，网络货币"可能具有长期前景，特别是如果这些创新能够带来更快、更安全、更高效的支付系统。"

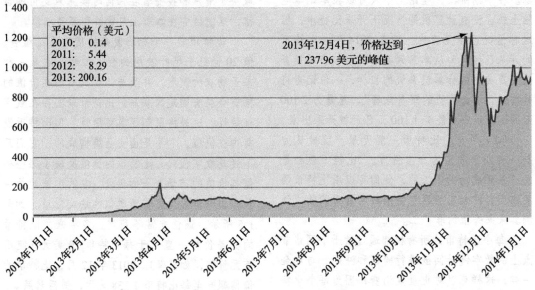

图1-5 以美元计算的比特币价格

比特币接受度扩大并继续增长的例子有：伦敦Pembury酒馆、纽约的EVR酒吧、旧金山的杯子和蛋糕面包店都接受比特币。美国国家篮球协会的萨克拉门托国王队告诉他们的客户，他们将开始接受用比特币购买门票和商品。然而，这些仍然是部分事例，不能作为比特币被普遍接受和使用的证明。在全球范围内，许多老牌金融机构、银行都远离数字货币的介入，因为在全球范围内使用数字货币引发的法律问题仍在不断上演。美国主要银行富国银行（Wells Fargo）要求与比特币活动家举行"峰会"以便了解更多信息。

比特币的承诺存在高峰和低谷。当比特币成为"丝绸之路"（Silk Road，一个贩毒的地下非法网站）上的主要销售货币时，就出现了一个低谷。尽管比特币最终被美国政府关闭，但它用于非法活动的潜在用途影响了公众对其潜力的看法。然而，有些人看到了希望。例如，许多人认为将比特币引入非洲是一种为非洲穷人提供免费金融服务的手段（被称为"飞羚革命"），消除了经济发展的主要障碍之一。

那么，比特币是货币还是商品？比特币是钱吗？许多人认为这是一种打破规则的方式，其他人则认为这是"开放的海啸"。包括英国《金融时报》在内的传统主义者不相信比特币能够奏效。

尽管如此，中本聪还是错过了一个关键点。良好的货币必须长期保持其价值，并且它还必须为人们实际需要的商品和服务提供交换便利。将这两种功能结合在一起需要一种微妙的平衡。如果发行太少，就没有足够的资金来满足经济的支付需求。这会导致通货紧缩和经济衰退。然而，如果发行过多的货币，结果将是通货膨胀，这将侵蚀货币的价值。这就是"私人资金"（银行创建者而非政府当局）从未解决的困境。

——《谨防疯狂的比特币，21世纪的郁金香》，《金融时报》，2014年1月16日

比特币的支持者很快出来解释，在全球范围内要想取得成功，它不必取代所有货币。时

间会证明一切。

讨论题

1. 使用比特币进行交易的成本和收益是什么?
2. 根据经济理论,真正的货币必须能够作为一种记账单位、一种交换媒介和一种价值储存手段。比特币满足这些标准吗?
3. 人们一直期待货币会随着实际经济产出的增加而升值。如果货币增长过快,就会加剧通货膨胀;增长太慢,则会造成通货紧缩。随着时间的推移,比特币产生的影响(如果有的话)将是什么?

思考题

1. 全球化和跨国企业。术语"全球化"近几年来被频繁使用,你如何定义它?
2. 资产、机构和联系。在全球金融市场中,哪些资产在连接构成全球金融市场的主要机构中发挥着重要的作用?
3. 欧洲货币和伦敦银行间同业拆借利率。为什么欧洲货币和伦敦银行间同业拆借利率一直占据着全球金融市场的核心?
4. 比较优势理论。定义和解释比较优势理论。
5. 比较优势理论的局限。理解很多理论的关键过程是知道它们表达了什么以及它们没有表达什么。列举比较优势理论4~5点局限性。
6. 泰鼎的全球化。在阅读本章关于泰鼎全球化进程的描述之后,你如何区分国际、跨国和全球化公司?
7. 跨国公司泰鼎。在全球化进程中的哪个阶段,泰鼎成了一家跨国公司?
8. 泰鼎的优势。泰鼎通过发展跨国业务获得了什么主要优势?
9. 泰鼎的阶段。泰鼎在成为全球性公司的过程中经过了哪些主要阶段?各阶段的主要优势和劣势是什么?
10. 金融全球化。组织或行业内外的个人动机是怎样影响金融全球化的?

练习题

比较优势

问题1~5通过举例说明了比较优势引起的贸易。假设中国和法国分别拥有1 000生产单位。中国可以用一个生产单位(土地、劳动力、资本和技术的组合)生产出10箱玩具或者7箱葡萄酒;法国可以生产2箱玩具或7箱葡萄酒。因此,中国在玩具生产上的效率是法国的5倍,在葡萄酒生产上与法国的效率相同。首先假设没有贸易发生。中国分配800单位来生产玩具,200单位生产葡萄酒;法国分配200单位生产玩具,800单位生产葡萄酒。

1. 生产和消费。中国和法国在没有贸易的情况下分别生产和消费多少?
2. 专业化。假设完全专业化,此时中国只生产玩具,法国只生产葡萄酒,对总产出将会有什么影响?
3. 以中国国内价格进行交易。中国国内价格是10箱玩具与7箱葡萄酒相交换。假设中国生产10 000箱玩具,出口2 000箱到法国。假设法国生产7 000箱葡萄酒,出口1 400箱到中国。这对总产出和消费有什么影响?
4. 以法国国内价格进行交易。法国国内价格是2箱玩具与7箱葡萄酒相交换。假设中国生产10 000箱玩具并且出口400箱到法国。假设法国生产7 000箱葡萄酒并且出口1 400箱到中国。这对于总产出和消费又会有什么影响?
5. 以协定的中间价格进行交易。法国和中国的中间价格可以通过下面的方法计算。这对于总产出和消费会有什么影响?

假设	玩具(箱)	葡萄酒(箱)
中国——每单位生产投入的产出	10	7
法国——每单位生产投入的产出	2	7
中国——总生产投入	1 000	
法国——总生产投入	1 000	

麦瑞克工业——2010

问题 6～10 以麦瑞克工业为基础。麦瑞克是一家美国的跨国制造业公司，在巴西、德国和中国都有全资子公司作为对美国国内生产的补充。麦瑞克在纳斯达克上市交易。麦瑞克已发行 650 000 股流通股。不同业务单元的基本操作特点如下。

商业表现 （当地货币）	美国母公司 （美元，1 000 $）	巴西子公司 （雷亚尔， 1 000 R$）
税前利润（EBT）	$ 4 500	R$ 6 250
公司所得税率	35%	25%
本期平均汇率	—	R$1.80/$

商业表现 （当地货币）	德国子公司 （欧元，1 000 €）	中国子公司 （元，1 000 ¥）
税前利润（EBT）	€4 500	¥2 500
公司所得税率	40%	30%
本期平均汇率	€0.701 8/$	¥7.750/$

6. 麦瑞克的合并收益。麦瑞克必须在开展业务的各个国家支付企业所得税。
   （1）每个国家扣除税收后，麦瑞克公司的合并收益和每股合并收益是多少美元？
   （2）在麦瑞克公司的合并收益中，每个国家所占的比例是多少？
   （3）在麦瑞克公司的合并收益中，有多少来自美国之外的地区？
7. 麦瑞克的每股收益对汇率的敏感性（A）。假设一场巨大的政治危机袭击了巴西，首先影响巴西雷亚尔的价值，接着引起国内经济衰退。如果巴西雷亚尔即将贬值到 3.00 雷亚尔/美元，在其他收益和汇率保持不变的情况下，这对麦瑞克公司的每股合并收益有什么影响？
8. 麦瑞克的每股收益对汇率的敏感性（B）。假设巨大的政治危机袭击了巴西，首先影响巴西雷亚尔的价值，接着引起国内经济衰退。如果巴西雷亚尔即将贬值到 3.00 雷亚尔/美元，并且税前收益由于受到经济衰退的影响也降到 5 800 000 雷亚尔，这将对麦瑞克的每股合并收益有什么影响？
9. 麦瑞克的收益和美元贬值。美元近年来兑换世界其他大部分货币的汇率经历了大幅度波动。
   （1）如果所有外国货币对美元都升值 20%，这对麦瑞克的每股合并收益将有什么影响？
   （2）如果所有外国货币对美元都贬值 20%，这对麦瑞克的每股合并收益将有什么影响？

注意：用最初货币价值除以（1+比例变化）来计算新的货币价值。

10. 麦瑞克的收益和全球税负。所有跨国企业试图最小化它们的全球税负。回到最初的基本假设并回答以下关于麦瑞克全球税负的问题。
    （1）以美元计价，麦瑞克为它的全球业务支付的企业所得税总额是多少？
    （2）麦瑞克公司的实际税率是多少（即总税负占税前利润的比例）？
    （3）如果德国将企业所得税率减少到 28%，并且麦瑞克公司在德国的税前利润增长到 5 000 000 欧元，麦瑞克的每股收益和全球实际税率将会受到什么影响？

第 2 章

国际货币体系

> 价格的起落无时不在、无处不在,随之而来的就是货币购买力的变化。
>
> ——阿尔弗雷德·马歇尔

学习目标

1. 了解国际货币体系如何由金本位制逐渐演化到今天折中的货币安排。
2. 分析理想货币的属性。
3. 解释新兴市场国家面临的货币制度选择。
4. 思考作为欧盟唯一货币的欧元是如何被创造的。

本章以国际货币体系由古典金本位制到目前状况的发展历程为开端。第一部分描述当代的货币制度及其结构和分类、固定汇率和浮动汇率制度以及本章的理论核心即理想货币的属性。第二部分描述欧元的引入和货币统一的路径,包括欧盟的持续扩张。第三部分分析新兴市场的体制选择。第四部分分析基于规则、自由裁量权、合作和独立的汇率制度之间的权衡。本章以俄罗斯卢布轮盘赌这一案例研究作为结尾,该案例考察了一个国家如何管理其货币价值的变化。

2.1 国际货币体系的历史

几个世纪以来,货币是根据黄金、白银和其他有价值的物品来定义的,并且所有这些定义都是由国家之间达成的不同协议来确定的。回顾这些体系的演变(或者如图 2-1 提到的时期),它提供了一个有用的视角来帮助我们理解今天的固定汇率制度、浮动汇率制度、爬行钉住汇率制度以及其他汇率制度,有助于我们评估政府和经营全球业务的商业企业的弱点及其面临的挑战。

2.1.1 金本位制(1876~1913 年)

从大约公元前 3000 年开始,黄金就作为一种交换媒介和价值储藏手段而存在。希腊人和罗马人使用金币并将这种传统从重商主义时期一直延续到19世纪。19世纪末的自由贸易时代，贸易的繁荣导致了对确立国际贸易收支平衡规范体系的需求。很多国家根据黄金来设定本币面值，并试图遵守所谓的"游戏规则"。后来这被称为古典金本位制。19世纪70年代，金本位制作为一种国际货币体系获得了西欧国家的普遍赞同。美国是这个体系的迟来者，直到1879年才正式采用金本位制。

汇率时期	金本位制时期	两次世界大战时期	布雷顿森林体系时期	浮动汇率时期	新兴时期
跨国政治经济学	贸易开放度不断增加，但资本流动性越来越有限	保护主义与孤立主义	逐渐相信经济开放的优点	工业化（主要）国家开放；新兴国家（次要）限制资本流动以维持对经济的控制	越来越多的新兴国家以降低经济独立性为代价向资本开放市场
含义	在对汇率的总体影响中，贸易支配着资本	贸易和资本流动的障碍逐渐增加	贸易越来越受资本支配；该时期以资本流动结束	资本流动主导贸易；新兴国家货币遭受贬值	资本流动促进经济健康增长
	1860	1914	1945	1971	1997 现在

在过去的150年中，各国之间的政治和经济开放程度不断调整。从布雷顿森林体系开始，全球市场已经开始增加商品和资本的公开交换，这使得货币之间越来越难以保持固定甚至稳定的汇率。以新兴经济体增长和发展为特征的最新时代可能面临更多的挑战

图2-1 资本流动的演变

在金本位制下，"游戏规则"简单且清晰：每个国家设定一个汇率，在这个汇率下，一单位的本币（纸币或硬币）能够换算成一定的黄金。比如，美国宣称美元能够以20.67美元/盎司的比率兑换黄金（直到第一次世界大战开始该比率一直有效）。英镑以4.2474英镑/盎司的比率与黄金挂钩。由于双方的货币都能与黄金自由兑换，因此美元兑英镑汇率为：

$$\frac{20.67 \text{ 美元 / 盎司黄金}}{4.2474 \text{ 英镑 / 盎司黄金}} = 4.8655 \text{ 美元 / 英镑}$$

因为各金本位制政府都同意按照各自的固定汇率根据需求买卖黄金，因此各国的货币价值及各国货币之间的汇率就确定下来了。在这种体制下，各国保证充足的黄金储备以支持本币价值是很重要的。这种制度还隐含着限制各国在某种固定汇率下货币供应量的扩张。货币数量的任何增长都被限定在一定的汇率下，这种汇率取决于该国所能获得的额外的黄金数量。

金本位制一直都有效地运行着，直到第一次世界大战爆发中断了贸易流通和黄金的自由流动，从而导致了主要的贸易国中断了金本位制的执行。

2.1.2 第一次世界大战至第二次世界大战（1914～1944年）

在第一次世界大战期间以及20世纪20年代早期，就黄金和货币的关系而言，各国货币被允许在相当大的范围内波动。从理论上讲，一国进出口供需的变化会带来汇率中间价的适度变化。这与黄金在先前的金本位制下所履行的职责是一样的。不幸的是，这种浮动汇率制

并没有以平衡的方式发挥作用。相反，国际投机者卖空劣币，导致劣币价格进一步下跌，超出了实际经济因素所能保证的水平。卖空是一个投机技巧，个人投机者将资产（如货币）卖给另一方，并在将来的某日交割。然而，该投机者并不实际拥有这项资产，当他必须在公开市场买入这项资产进行交割时，他期望这项资产的价格会在交割日之前下跌。

良币正好相反。货币价值的波动不能被相对缺乏流动性的远期外汇市场抵消，除非付出较高的代价。最终结果就是，世界贸易额在20世纪20年代并没有与世界各国国内生产总值的增长成正比，相反，随着20世纪30年代的大萧条的到来，它下降到一个非常低的水平。

1934年，当美元从第一次世界大战前的20.67美元/盎司黄金贬值为35美元/盎司黄金的时候，美国采取了改良的金本位制。与之前的做法相反，美国财政部不再与私人兑换黄金，只与各国央行兑换。从1934年到第二次世界大战结束，从理论上讲，汇率是参照各国货币的黄金价格决定的。然而，在第二次世界大战期间以及混乱的战后时期，主要的交易货币都丧失了与其他货币的可兑换性。美元是为数不多可以继续兑换的货币之一。

2.1.3 布雷顿森林体系和国际货币基金组织（1944年）

1944年，第二次世界大战即将结束，各同盟国为了创造一个新的战后国际货币体系，在新罕布什尔州的布雷顿森林召开会议。布雷顿森林体系建立了以美元为基准的国际货币体系并且准备设立两个新的机构：国际货币基金组织和国际复兴开发银行（即世界银行）。国际货币基金组织帮助解决各国的国际收支平衡和汇率问题。世界银行为各国战后重建提供了资金，从那时起开始支持各国经济发展。国际金融实务2-1提供了对布雷顿森林会议的深刻见解。

国际金融实务 2-1

在布雷顿森林达成协议

各同盟国政府都知道，第二次世界大战带来的毁灭性冲击要求各国采取迅速而果断的政策。因此，第二次世界大战结束前的1944年夏天（7月1日～22日），45个同盟国的代表在新罕布什尔州的布雷顿森林召开了联合国货币金融会议。他们的目的是规划战后的国际货币体系。这是一个很艰难的过程。

布雷顿森林会议主要的政策制定者是英国和美国。英国代表团由约翰·梅纳德·凯恩斯领导，他被称为"英国的经济学之父"。他们认为战后的货币体系应该比战前的金本位制更加灵活。凯恩斯认为，如果像第一次世界大战战后那样试图将货币价值与黄金挂钩，那么将会给许多被战争造成的满目疮痍的经济体带来通货紧缩的压力。

美国代表团由美国财政部货币研究中心主任哈利·怀特和美国财政部部长小亨利·摩根索带领。美国代表团强调固定汇率制下的稳定性，而不是回归金本位制。事实上，虽然美国持有同盟国的大部分黄金，但美国代表团仍认为货币应以平价关系确定，黄金的兑换应该只允许在各国央行间进行。

在实用主义这方，所有成员认为只要成员方有充足的信贷规模来防御货币在国际收支不平衡中的变动，战后货币体系就能稳定和持续，这在世界秩序重建中不可或缺。

经过数周的协商，会议最终设立了三个委员会。第一个由摩根索领导，主要承担监督国际汇率稳定性的职能。第二个由凯恩斯主持，主要负责为各国提供长期建设和发展贷款。第三个负责制定一些细节，比如"银"将在新体系中扮演怎样的角色。

经过数周的商讨，参加者们达成了一个由三部分构成的协议——《布雷顿森林协议》。协议要求如下：①成员方之间实行"可调整的钉住汇率制度"的固定汇率制；②以成员方上交的货币以及黄金为来源，建立国际货币基金组织，保证各国货币稳定；③建立一个为长期项目筹资的银行（即我们现在所知的世界银行）。但在会议众多提议中有一条不被美国所认可，就是建立国际贸易组织以推进自由贸易。

注：平价关系中货币的价值不变，这意味着货币汇率的设定应当等于货币的价值。

在新的国际货币体系中，国际货币基金组织是最主要的机构，至今一直存在。当成员方试图保护其货币免受周期性、季节性或者偶然性事件的影响时，国际货币基金组织会给予它们临时性的帮助。它也援助有结构性贸易问题的国家，但前提是这些国家必须承诺采取足够的措施来解决它们的问题。然而，如果发生持久性的赤字，国际货币基金组织就无法把国家从货币的最终贬值中解救出来。近些年来，国际货币基金组织试图帮助一些面临金融危机的国家。它已经给俄罗斯以及巴西、印度尼西亚和韩国等提供了大量的贷款。

根据《布雷顿森林协议》的原始规定，所有国家都以黄金来确定其货币的价值，但不要求将其货币兑换成黄金。只有美元保持与黄金兑换（35美元/盎司黄金）。每个国家都建立了与美元的兑换关系，并计算出本币的黄金票面价值，以建立理想的美元汇率。参与国同意根据需要购买或出售外汇或黄金，努力将其货币价值保持在票面价值的1%（后来扩大到2.25%）以内。本币贬值不应作为一种贸易竞争手段，但是如果本币太弱以致无法防御时，未经国际货币基金组织的批准，货币贬值的上限为10%，但更大幅度的贬值需要获得国际货币基金组织的批准。这就是金汇兑本位制。

《布雷顿森林协议》的另一项创新就是创建了特别提款权（SDR）。特别提款权是国际货币基金组织创设的国际储备资产，用来补充现有的外汇储备。它作为国际货币基金组织和其他国际或区域组织的一种记账单位，也是一些国家将本国货币汇率与之挂钩的基础。特别提款权最初按照固定的黄金数量来定义，目前，它以四种主要货币的加权平均值来定义：美元、欧元、日元和英镑。国际货币基金组织每5年更新一次各种货币的权重。各个国家以在国际货币基金组织的存款的形式持有特别提款权。这些储备是每个国家国际货币储备的一部分，包括官方黄金储备、外汇和在国际货币基金组织的储备头寸。成员方可以通过转让特别提款权来结算交易。

2.1.4 固定汇率（1945～1973年）

根据《布雷顿森林协议》，由国际货币基金组织监督的货币体系在第二次世界大战后的重建时期及世界贸易飞速发展时期运行得都相当好。尽管如此，大量分散的国际货币和财政政策、不同的通货膨胀率以及各种非预期的外部振荡最终导致了该协议的瓦解。美元是该时期各国央行持有的最主要的储备货币，也是确定汇率的主要依据。不幸的是，美国的国际收支出现了不断持续增长的赤字，这就需要大量美元资本外流来填补这些赤字并满足投资者和企业不断增长的需求。最终，外国投资者持有的大量过剩的美元导致其对美国的信心缺失，因为美国无力履行将美元兑换成黄金的承诺。

对美国的信心缺失在 1971 年的前半年达到了紧要关头。不到 7 个月的时间，由于全球对美国的信心下降，美国有大约 1/3 的官方黄金储备外流，大多数主要货币和美元之间的汇率开始浮动，进而间接地影响了它们相对于黄金的价值。一年半后，美元又再一次受到攻击，在 1973 年 2 月 12 日第二次被迫贬值，此次美元贬值了 10%，为 42.22 美元/盎司黄金。到 1973 年 2 月末，考虑到投机货币的流动，固定汇率制似乎不再可行了。主要的外汇市场在 1973 年 3 月都关闭了，当它们重新开放的时候，大多数货币都被允许在市场规定的范围内波动。票面价值保持不变，到了 1973 年 6 月，美元又贬值了 10%。

2.1.5 浮动时代（1973～1997 年）

自从 1973 年 3 月以来，相对于很少发生变化的固定汇率时代来说，汇率已经越来越不稳定并且不可预测，图 2-2 说明了自 1964 年以来美元名义汇率指数的波动范围，显然，自 1973 年以来，这种货币的波动性有所上升。

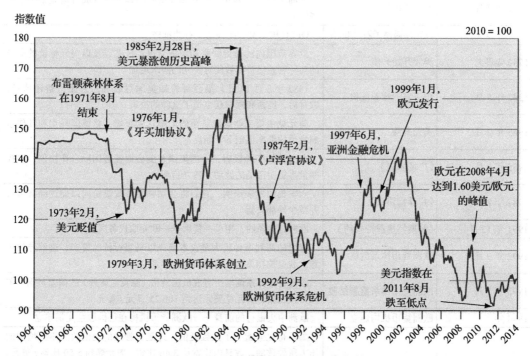

图 2-2　国际清算银行的美元汇率指数

资料来源：BIS.org. Nominal exchange rate index for the U.S. dollar.

表 2-1 总结了自 1971 年 8 月以来影响货币价值的主要事件。近些年来最重要的冲击就是 1992 年和 1993 年欧洲货币体系的重建；新兴市场的货币危机，包括 1994 年墨西哥、1997 年泰国及一系列亚洲国家、1998 年俄罗斯、1999 年巴西的货币危机，1999 年欧元的引入，2001 年土耳其的经济危机，以及 2002 年委内瑞拉和阿根廷的货币危机与变动。

表 2-1　1971～2014 年世界范围内的货币事件

日期	事件	影响
1971 年 8 月	美元浮动	尼克松关闭了黄金交易窗口，禁止美国财政部买卖黄金；临时对进口商品征收 10% 的附加税

(续)

日期	事件	影响
1971年12月	《史密森协定》	十国集团达成妥协意见,美元贬值为38美元/盎司黄金;大多数其他主要货币对美元都升值了
1973年2月	美元贬值	美元的贬值压力不断增加,进一步贬值为42.22美元/盎司黄金
1973年2~3月	货币市场危机	固定汇率不再合理;投机压力迫使国际外汇市场关闭了近两周;后来市场重新对实施浮动汇率的主要工业国家开放
1973年6月	美元贬值	截至当年6月,浮动汇率制继续推动自由浮动的美元下跌了约10%
1973年秋天~1974年	OPEC石油禁运	石油输出国组织(OPEC)实施石油禁运,最终使世界石油价格翻了两番;由于世界石油价格以美元计价,美元的价值恢复了以前的一些强势
1976年1月	《牙买加协议》	在牙买加召开的国际货币基金组织会议使得浮动汇率制合法化,黄金不再作为储备资产
1977~1978年	美国通货膨胀率上升	卡特政府以通货膨胀率上升为代价降低失业率;美国不断攀升的通货膨胀导致美元持续贬值
1979年3月	欧洲货币体系创立	欧洲货币体系创立,为欧洲经济共同体的所有成员建立了一个汇率体系
1979年夏天	OPEC提高了石油价格	OPEC国家又一次提高了石油价格
1980年春天	美元开始升值	世界范围内的通货膨胀和经济衰退的征兆以及以美元标价的资产的实际利差优势都致使对美元的需求增加
1982年8月	拉丁美洲债务危机	1982年8月13日,墨西哥告知美国财政部,它无力偿还债务;数月后,巴西和阿根廷也做了这样的决策
1985年2月	美元暴涨	美元兑主要工业国家货币的汇率达到顶峰,兑德国马克和其他欧洲货币的汇率也创下了新高
1985年9月	《广场协议》	在纽约的广场饭店,十国集团首脑会面签署国际合作协议,以控制世界货币市场的波动并建立目标区
1987年2月	《卢浮宫协议》	六国集团发表声明,它们将会加强经济政策协同以促进经济增长并减少外部失衡
1991年12月	《马斯特里赫特条约》	欧盟订立条约,用单一货币——欧元取代各国货币
1992年9月	欧洲货币体系危机	德国的高利率导致大量资本流入以马克标价的资产,进而导致了意大利里拉和英国英镑退出这一体系
1993年7月	欧洲货币体系重新结盟	欧洲货币体系调整所有成员国货币(除荷兰盾外)的偏差范围,美元持续走弱,日元兑美元达到100.25日元/美元
1994年	欧洲货币机构建立	欧洲中央银行的前身——欧洲货币机构在德国法兰克福建立
1994年12月	比索暴跌	墨西哥比索遭受了大幅贬值,这是有管理的贬值政策不断增加的压力所导致的,数日内比索从3.46比索/美元降到5.50比索/美元。比索的暴跌导致大多数主要拉丁美洲国家货币受到影响,汇率都有所下降,即"龙舌兰效应"
1995年8月	日元暴涨	日元兑美元的汇率达到了空前水平79日元/美元;在接下来的两年时间里日元逐渐开始贬值,降到了130日元/美元
1997年6月	亚洲金融危机	6月,泰铢贬值,紧接着是印度尼西亚印尼盾、韩国韩元、马来西亚林吉特和菲律宾比索,随着亚洲各国货币贬值,亚洲经济陷入衰退
1998年8月	俄罗斯金融危机	8月17日,周一,俄罗斯央行将卢布贬值34%,在接下来的日子里卢布持续贬值,最终导致俄罗斯经济衰退
1999年1月	欧元发行	欧元作为单一的欧洲货币正式发行,11个欧盟成员国发表声明选择加入体系,这将不可撤销地固定它们各自货币的汇率
1999年1月	巴西货币危机	1月12日,巴西政府将其货币贬值8.3%,巴西货币被允许对世界货币浮动

（续）

日期	事件	影响
2002年1月	欧元硬币	欧元硬币和纸币与各国货币同时发行；从1月1日开始的6个月内各国货币逐步退出流通
2002年1月8日	阿根廷比索危机	从1991年开始，通过货币局阿根廷比索与美元的汇率就固定在1:1，1月8日贬值到1.4比索/美元，并开始浮动
2002年2月13日	委内瑞拉玻利瓦尔浮动	从1996年开始钉住美元的委内瑞拉玻利瓦尔由于经济危机开始浮动
2004年2月14日	委内瑞拉玻利瓦尔贬值	委内瑞拉试图处理不断增长的财政赤字，导致委内瑞拉玻利瓦尔兑美元贬值17%
2004年5月	欧盟扩张	又有10个国家加入欧盟，欧盟成员国增加到25个；将来，当这些国家符合条件时，大多数都将采用欧元作为其货币
2005年7月21日	人民币改革	中国政府和央行摒弃了人民币钉住单一美元制度，宣布立即将人民币兑美元汇率由8.28元调整为8.11元，并将汇率制度改为有管理的浮动汇率制；马来西亚宣布其汇率制度将会和人民币做出相似的调整
2008年4月	欧元峰值	欧元兑美元汇率达到峰值1.60美元/欧元。接下来的几个月内，欧元大幅下跌，到2008年年底跌至1.25美元/欧元
2011年秋季	希腊/欧盟债务危机	围绕着希腊、葡萄牙和爱尔兰不断攀升的公共债务水平，人们对欧元未来的担忧日益加剧
2014年1月	新兴市场下调	随着美元利率上升和新兴市场经济发展放缓，众多新兴市场（阿根廷、委内瑞拉、印度和利比亚）遭受重大资本外逃

2.1.6 新兴时代（1997年至今）

1997年亚洲金融危机之后，新兴市场经济体及其货币的广度和深度都有所增长。在这一点上，我们可能最终被证明是错误的，但本章的最后一节指出，在过去的十多年时间里，全球货币体系已经开始接纳一些主要新兴市场货币，首先是中国的人民币。

2.2 国际货币基金组织货币制度分类

如果确实有一个单一的"体系"，那全球货币体系就是汇率制度和安排的折中组合。尽管没有单一的管理机构，但国际货币基金组织自第二次世界大战以来至少扮演了"街头公告员"的角色。我们在这里介绍它目前的货币制度分类体系。

2.2.1 简明分类史

国际货币基金组织多年来一直是汇率分类的中央清算所。成员方向国际货币基金组织提交汇率政策，这些提交的内容是汇率制度分类的基础。然而，1997～1998年，这一切都因亚洲金融危机而改变。在亚洲金融危机期间，许多国家开始采用与对国际货币基金组织承诺的汇率完全不同的做法。它们的实际做法，即它们事实上采取的制度并不是其公开承诺的法律制度。

从1998年开始，国际货币基金组织改变了惯例，并停止收集成员方提交的体制分类意见。相反，它只在内部进行制度分类和报告分析。⊖作为一个原则上不涉及政治的全球机构，

⊖ 这包括停止发布《关于汇率安排和汇率限制的年度报告》，这是金融业数十年以来一直依赖的文件。

国际货币基金组织今天的分析重点是，根据对近期货币价值的事后分析，对货币进行分类，这一分析关注的是其观察到的行为，而不是政府的官方政策声明。

2.2.2 国际货币基金组织 2009 年的事实体系

国际货币基金组织的汇率制度分类方法实际上自 2009 年 1 月起生效，如表 2-2 所示。它基于国际货币基金组织实际观察到的行为和结果，而不是政府的官方政策声明。

表 2-2 国际货币基金组织汇率体系分类

汇率制度分类	2009 年实际制度	描述及说明	国家和地区数量
硬挂钩	无独立法定货币的汇率安排	一国不发行自己的货币，而是使用他国货币作为本国唯一法定货币；或者在一个货币联盟中，各成员使用共同的法定货币	10
	货币局安排	在法律中明确规定本国货币与某一外国可兑换货币保持固定的兑换比率，对本国货币的发行机构加以限制，该限制是指本国货币的发行资金与外汇相对应，并且仍将得到外国资产的充分支持	13
软挂钩	传统钉住安排	某国使其本币与一种主要货币或一篮子货币保持固定汇率，国家当局随时准备通过直接或间接手段维持固定平价。通常这个汇率可以在中间汇率的基础上浮动±1%，也可以在 6 个月内浮动不超过 2%	45
	稳定汇率安排	即期市场汇率在 6 个月或更长时间内保持在 2% 的浮动范围内。保证金稳定性可以通过单一货币或一篮子货币（假设采用统计方法）来满足。由于政府加以调控，汇率保持稳定	22
	中间挂钩：		
	爬行钉住安排	货币以固定利率或根据定量指标（例如通货膨胀差异）的变化而少量调整	5
	类似爬行钉住安排	汇率必须在 6 个月或更长时间内波动维持在 2% 的狭窄幅度内。最小变化率要大于固定汇率所允许的变化率	3
	水平带内钉住汇率安排	货币的价值保持在一定的波动范围内，围绕固定汇率波动幅度至少为±1%，或汇率的最大值与最小值之间的波动幅度超过 2%。这包括第二阶段汇率机制（ERM Ⅱ）体系成员的国家	3
浮动制度	浮动	汇率在很大程度上是由市场决定的，没有确定的或可预测的路径。市场干预可以是直接的，也可以是间接的，并且有助于减缓汇率的波动（但这不是目标）。汇率可能表现出或多或少的波动	39
	自由浮动安排	如果干预只是在例外的情况下发生，并且干预的次数在 6 个月内最多 3 次，每次持续不超过 3 个工作日，这就是自由浮动汇率制度	36
其他	其他管理制度	这个类别是剩余的，当汇率不满足任何其他类别的标准时使用。以政策经常改变为特征的汇率安排属于这一类	12

资料来源："Revised System for the Classification of Exchange Rate Arrangements," by Karl Habermeier, Anamaria Kokenyne, Romain Veyrune, and Harald Anderson, IMF Working Paper WP/09/211, International Monetary Fund, November 17, 2009. Classification includes 188 countries and regions at the time of publication.

分类[⊖]：分类过程首先要确定一国货币的汇率是由市场主导还是由官方行为主导。分类系

⊖ "Revised System for the Classification of Exchange Rate Arrangements," by Karl Habermeier, Annamaria Kokenyne, Romain Veyrune, and Harald Anderson, Monetary and Capital Markets Department, IMF Working Paper 09/211, November 17, 2009，该体系是对国际货币基金组织 1998 年的实际体系的修正。

统有四种基本类别。

类别1：硬挂钩。一些国家放弃行使货币政策主权，如使用其他国家货币的国家（例如津巴布韦使用美元），以及运用货币局制度来限制货币扩张以积累外汇的国家。

类别2：软挂钩。这个类别通常被称为固定汇率。五个子类软钉住制度是根据货币的固定程度来区分的，是否允许改变，若可以改变，在什么条件下允许使用什么类型、数量和干预频率来改变，以及固定利率的变化程度是多少。

类别3：浮动制度。主要由市场驱动的浮动进一步细分为自由浮动（货币价值由不受政府影响或干预的开放市场力量决定）、简单的浮动或政府干预下的浮动，政府偶尔干预市场以追求某种汇率目标。

类别4：其他。这一类包括所有不符合前三类标准的汇率制度。政策频繁变化的国家体系通常是此分类的主要组成部分。

图 2-3 说明了这些主要制度类别在全球市场中是固定的还是浮动的（国际货币基金组织中的类别 4 确实存在，通常被描述为"谁知道？"，并没有在图中显示）。图中的垂直虚线是爬行钉住安排，两侧是一些货币根据其相对稳定性进出的区域。虽然分类制度显得清晰而明确，但实际上在市场中往往很难区分。例如，2014 年 1 月，俄罗斯央行宣布将不再对卢布的价值进行干预，并计划到 2015 年允许卢布自由交易，时间会证明一切。

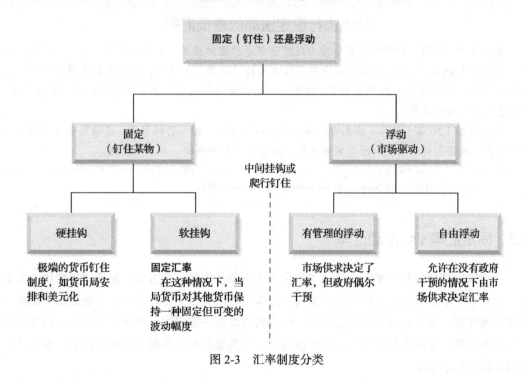

图 2-3 汇率制度分类

2.2.3 全球汇率的折中主义体现

尽管国际货币基金组织试图利用严格的制度进行分类，但今天的全球货币体系在任何意义上都是一个全球性的折中主义者。第 5 章将详细描述，当前的全球货币市场由两种主要货币——美元和欧元主导，然后是大量的体系、制度、货币区和地区。

欧元作为欧盟成员国的单一货币，其本身是一个严格的固定体系。然而，与其他货币相比，欧元也是一种独立的浮动货币。其他遵循严格的固定汇率制度的国家包括厄瓜多尔、巴拿马和津巴布韦，它们使用美元作为官方货币；在中非法郎区，马里、尼日尔、塞内加尔、喀麦隆和乍得等国使用单一货币（与欧元挂钩的法郎），还有东加勒比货币联盟（ECCU），包括使用东加勒比元的一系列国家。

另外就是那些拥有独立浮动汇率的国家，其中包括大部分的发达国家，如日本、英国、加拿大、新西兰、瑞典和瑞士。然而，这一类别也包括了很多非自愿的参与者，如新兴市场国家，它们试图保持固定汇率，但是市场迫使其保持浮动汇率，如韩国、菲律宾、巴西、印度尼西亚、墨西哥、泰国。

很重要的一点是，实际上只有两个类别——有管理的浮动和自由浮动的汇率（仅适用于所覆盖的188个成员的一半）是浮动的。也就是说，虽然当代国际货币体系被称为"浮动汇率制"，但对世界上大部分国家来说并非如此。正如国际金融实务2-2中关于瑞士法郎的报道，即使是世界上最稳定的货币，也必须偶尔"管理"它们的价值。

国际金融实务 2-2

瑞士央行设定法郎的最低汇率

瑞士法郎（CHF）的估值过高给瑞士经济带来了严重的威胁，并造成了通货紧缩。因此，瑞士国家银行（SNB）的目标是实现瑞士法郎的大幅持续贬值。即日起，它将不再容忍欧元兑瑞士法郎的汇率低于最低值1.20瑞士法郎/欧元。瑞士国家银行将以最大的决心执行这一最低汇率，并准备无限制地购买外币。

即使按照1.20瑞士法郎/欧元的汇率计算，瑞士法郎的汇率仍然很高，应该随着时间的推移持续贬值。考虑到经济前景和通货紧缩风险，瑞士国家银行将进一步采取措施。

资料来源："Swiss National Bank sets minimum exchange rate at CHF 1.20 per euro," Communications Press Release, Swiss National Bank, Zurich, 6 September 2011.

2.3 固定汇率 vs. 浮动汇率

一个国家选择何种汇率制度反映了其优先考虑经济中的哪个方面，包括通货膨胀、失业率、利率水平、贸易收支平衡和经济增长。选择固定汇率还是浮动汇率，可能会随考虑重点的改变而改变。虽然有以偏概全的风险，但下面两点在一定程度上解释了为什么各国实行某一种汇率制度。这两点基于这样一种假设前提：在其他所有因素都相同的条件下，各国将会更偏好固定汇率制度。

（1）固定汇率制度为贸易提供了稳定的国际价格，稳定的价格有助于国际贸易的增长，并减轻商业风险。

（2）固定汇率制度本质上是反通货膨胀的，要求一国实行严格的货币和财政政策。然而，这种限制常常会成为一国的负担，该国可能希望实行减轻持续的经济问题（如高失业率或低经济增长率）的政策。

固定汇率制度要求中央银行持有大量的国际储备（硬通货和黄金），以备在该汇率制下的不时之需。随着国际货币市场的规模和交易量的迅速增长，不断增加的储备已经成为很多国家的重大负担。

汇率一旦确定，可能会维持在与经济基础不一致的水平上。随着一个国家经济结构的改变，以及贸易关系和贸易平衡的不断演变，汇率制度本身也应该改变。虽然浮动汇率制度允许这种变化逐渐并有效地发生，但是固定汇率制度必须由政府来改变，而这种改变往往太迟了并且过度引人关注，以至于对整个国家的经济健康来说一次性成本太高。

与货币价值变化相关的术语是特定的。当一个政府正式宣布自己的货币相对于其他货币的价值更低或更高时，分别被称为贬值或升值。这显然适用于由政府控制价值的货币。当一种货币的价值在开放的货币市场（而不是由政府直接操控）中变化时，被称为折旧（价值下跌）或增值（价值增加）。

三元悖论

如果存在理想货币，它将具有被称为"三元悖论"的三个属性（见图2-4）。

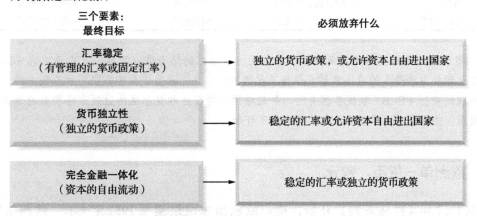

近年来，随着全球资本市场和资本控制日益放松，越来越多的国家追求完全金融一体化。结果正如理论预测的那样：货币波动越大，货币政策的独立性越低

图2-4 三元悖论

（1）汇率稳定。货币的价值根据其他主要货币来固定，因此交易商和投资者能够相对确定本币当前和将来的汇率。

（2）完全金融一体化。货币可以完全自由流动，因此对于可以感知的经济风险或机遇，交易商和投资者可以自由地将资金从一国转移到另一国，或兑换成另一种货币。

（3）货币独立性。每个国家制定国内货币和利率政策以实行其期望的货币政策，特别是当这些政策可能与限制通货膨胀、抵制衰退、促进繁荣和充分就业相关的时候。

这些特性之所以被称为"三元悖论"（也被称为三难选择），是因为一个国家必须放弃其中两个目标：货币独立性、汇率稳定、完全金融一体化。经济因素不允许三个目标同时达到。

许多专家的共识是，资本流动性增加一直在推动越来越多的国家实现完全金融一体化，以刺激其国内经济发展并满足跨国公司的资本需求。结果，这些国家的货币制度被逼得走投无路，要么纯粹浮动（如美国），要么与其他国家结成货币联盟（如欧盟）。国际金融实务 2-3 推动了这场争论的发展。

国际金融实务 2-3

谁在三元悖论/三难中选择什么

2008～2009 年的全球金融危机引发了很多关于货币价值的争论，某些情况下援引一位学者的话称之为"汇率战争"。由于除中国以外的大多数国家的经济增长非常缓慢，而且面临着刺激经济增长和降低失业率的巨大压力，越来越多的论据都有利于弱势货币或被低估的货币。虽然这听起来符合逻辑，但三元悖论使得每个经济体都必须选择自己的道路。下表给出了许多人争论的全球三大经济体的选择。

	选择 1	选择 2	隐含条件 3
美国	独立的货币政策	资本的自由流动	货币价值浮动
中国	独立的货币政策	固定汇率	限制资本流动
欧洲（欧盟）	资本的自由流动	固定汇率	一体化货币政策

欧盟面临的选择显然更为复杂。作为不同主权国家的结合体，欧盟一直在追求统一的货币欧元以及劳动力和资本的自由流动。根据三元悖论的结论，欧盟成员国不得不放弃独立的货币政策，用欧洲央行（ECB）取代各国央行。最近希腊、葡萄牙和爱尔兰的财政赤字和政府债券发行几近崩溃，使人们对这种制度的有效性产生了怀疑。

2.4 欧洲单一货币：欧元

从 1957 年《罗马条约》开始，核心欧洲国家继续遵循 1987 年《单一欧洲法案》、1991～1992 年的《马斯特里赫特条约》和 1997 年的《阿姆斯特丹条约》，它们持续努力将各个国家整合成一个更大、更高效的市场。然而，即使在 1992 年"单一欧洲"计划启动之后，欧洲仍然在真正的市场开放中存在许多障碍，包括各国使用的货币不同。使用不同的货币意味着消费者和企业需要区别对待各个市场。跨境贸易的货币风险依然存在。创建单一货币被认为是超越分离市场的最后途径。

欧盟的 15 个初始成员国也都是欧洲货币体系的成员。新兴市场在各成员国货币之间形成了固定汇率制度，通过双边责任管理偏差，将汇率维持在既定的中央汇率 ±2.5%。伴随着调整，这种固定汇率制度在 1979～1999 年持续有效。在 1992 年和 1993 年的汇率危机中固定汇率制度的弹性遭受了严峻考验，但它仍然保持下来并继续前进。

2.4.1 《马斯特里赫特条约》和货币联盟

1991 年 12 月，欧盟成员在荷兰的马斯特里赫特会面，签订了一项改变了欧洲货币未来的条约。《马斯特里赫特条约》详细规定了用单一货币取代各成员国本币的时间表和计划，并将该货币命名为欧元。条约导致欧洲经济与货币联盟（EMU）的成立。根据欧盟（EU）的说法，欧洲经济与货币联盟是一个单一货币区，在欧盟单一市场（现在被通俗地称为欧元区）中，人员、商品、服务和资本都可以不受限制地流动。

然而，独立的国家货币体系的集成不是一项小任务。为了给欧洲经济与货币联盟做准备，《马斯特里赫特条约》呼吁各成员国财政和货币政策要一体化并相互协同。欧洲经济与货币联盟的形成将会是一个趋同的过程。

在成为欧洲经济与货币联盟的成员前，欧盟的每个成员国都应该达到以下的趋同标准：①在前一年，名义通货膨胀率不应比欧盟通货膨胀率最低的三个国家的平均水平高1.5%以上；②长期利率不应比利率最低的三个国家的平均水平高2%以上；③财政赤字不应超过国内生产总值的3%；④政府债务不应超过国内生产总值的60%。趋同标准如此严格，以至于几乎没有成员国在当时能够满足这个标准，但是有11个国家在1999年前成功地达到了这些要求（希腊在两年后加入）。

2.4.2 欧洲中央银行（ECB）

任何货币体系的基石都是一个强大的、纪律严明的中央银行。《马斯特里赫特条约》于1998年为欧洲经济与货币联盟创建了欧洲中央银行（ECB）这一单一机构（1994年，欧盟成立了欧洲货币研究所（EMI），作为建立欧洲中央银行的过渡步骤）。欧洲中央银行的结构和职能效仿了德国央行，德国央行又以美联储为蓝本。欧洲中央银行是一个独立的央行，它支配着各成员国央行的活动，而各国央行继续管理本国的银行。金融市场干预和欧元发行是欧洲中央银行独有的责任。欧洲中央银行最重要的任务是促进欧盟内部的价格稳定。

2.4.3 欧元的诞生

1999年1月4日，欧盟11个成员国建立了欧洲经济与货币联盟。它们创立了单一的货币——欧元，用欧元取代了成员国各自的货币。这11个国家是奥地利、比利时、芬兰、法国、德国、爱尔兰、意大利、卢森堡、荷兰、葡萄牙和西班牙。希腊当时没有资格加入，但最终于2001年加入了欧元区。1998年12月31日，最终确定了11个成员国货币和欧元之间的固定汇率。1999年1月4日，欧元正式发行。

英国、瑞典和丹麦决定维持其本国货币。英国一直对欧盟侵犯其主权的行为持怀疑态度，并选择不参与。瑞典未能从欧盟成员国中获得很多好处（尽管它是最新加入的成员国之一），也对加入欧洲经济与货币联盟持怀疑态度。与英国、瑞典和挪威一样，丹麦目前选择不参加。然而，丹麦是汇率机制Ⅱ的成员，该机制允许丹麦维持本国货币和货币主权，但将其货币克朗同欧元保持固定汇率。

欧元的官方货币符号——EUR已在国际标准组织注册。€是欧元的官方标志。根据欧盟的说法，€的灵感来源于希腊字母ε，同时提及古希腊作为欧洲文明的来源，能让人记起欧洲（Europe）一词的第一个字母。

欧元将为成员国带来一系列的益处：①成员国在欧元区享受更低的交易成本；②降低与

汇率不确定性相关的货币风险和成本；③欧元区内外的所有消费者和企业都享有价格透明度和基于价格的竞争。采用欧元的主要"代价"是丧失货币的独立性，这是成员国未来数年都将面临的持续挑战。

1999年1月4日，欧元开始在世界货币市场上交易。它的出场很顺利。然而，由于美国经济和美元的强劲表现，以及欧洲经济与货币联盟国家经济部门的疲软，欧元的价值在推出后逐步下滑。从2002年开始，欧元兑美元升值。从那时起，汇率一直保持在0.80美元/欧元至1.60美元/欧元之间，如图2-5所示。然而，它表现出了显著的波动性。

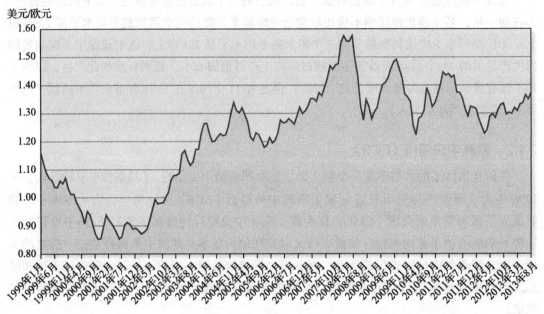

图2-5　美元/欧元汇率

欧元自推出以来，使用范围持续扩大。截至2012年1月，欧盟27个成员国中有17个国家的官方货币为欧元，另外还有5个国家（黑山、安道尔、摩纳哥、圣马力诺和梵蒂冈）可能会加入欧盟。目前使用欧元的17个国家，即所谓的欧元区是奥地利、比利时、塞浦路斯、爱沙尼亚、芬兰、法国、德国、希腊、爱尔兰、意大利、卢森堡、马耳他、荷兰、葡萄牙、斯洛伐克、斯洛文尼亚和西班牙。虽然预计所有欧盟成员国最终都将用欧元取代本国货币，但近年来，新成员国之间的争论日益激烈，全面采用欧元的进程不断推迟。正如国际金融实务2-4所讨论的，持续的欧洲主权债务问题也将继续给欧元的进一步扩张带来严重挑战。

国际金融实务 2-4

欧元和希腊/欧盟债务危机

与典型的经济学101课程中描述的惯常国家的财政结构和货币政策制度以及其他政策相比，欧洲经济与货币联盟是一个复杂的有机体。欧盟成员国没有能力实施独立的货币政策。当欧盟采用单一货币——欧元时，其成员国同意使用单一货币（汇率稳定），允许经济体中的资本自由流动（金融一体化），但放弃本国对货币供应量的控制（货币独立性）。欧洲经济与货币联盟再一次在相互竞争的三元悖论中做出了选择：在这种情况下，组建一个单一的货币政策机构——欧洲中央银行（ECB）代表所有欧盟成员国执行货币政策。

但财政政策和货币政策在某种程度上仍交织在一起，通过向国际金融市场发行债券来筹措资金的政府赤字仍然影响着货币政策。比如，主权债务激增——希腊、葡萄牙和爱尔兰发行的主权债务——可能是以欧元计价的，但这是每个政府的义务。如果这其中一个或几个国家的政府向市场大量举债，就可能导致成本增加，并减少其他成员国的资本供应。最后，如果不能保持货币独立，那么三元悖论中的一个或两个目标可能会失败——资本流动性或汇率稳定。

2.5 新兴市场和制度选择

1997～2005年，新兴市场国家面临越来越大的压力，它们不得不在各种更加极端的汇率体制中进行选择。2.4节提到的越来越大的资本流动性压力已经使得很多国家在自由浮动汇率制度（2002年，土耳其）和固定汇率制度之间进行选择，后者如货币局制度（20世纪90年代阿根廷实行）或美元化（如2000年厄瓜多尔实行）。

2.5.1 货币局制度

当一个国家的央行承诺在任何时候都用外汇储备来支持其货币基础——货币供应时，该国的货币局制度就存在了。这种承诺意味着在事先没有获得一单位额外的外汇储备的情况下，该国就不能注入一单位本币到经济体中。包括中国香港在内的8个国家和地区都使用货币局制度作为稳定其汇率的一种方式。

阿根廷。1991年，阿根廷将其汇率制度由先前的有管理的汇率制变为了货币局制度。货币局制度将比索兑美元的汇率固定在1∶1。阿根廷政府要求其银行体系每发行一单位的比索都需要在阿根廷银行账户上有一单位黄金或美元做支撑，以此来维持固定汇率制度。这种100%的储备体系使得该国的货币政策依赖该国通过贸易或投资来获取美元的能力。阿根廷只有在通过贸易赚够了美元后，它的货币供应量才能扩张。这种要求消除了由于该国货币供应增长过快而带来通货膨胀的可能性。

阿根廷货币局制度允许所有阿根廷人或外国人在阿根廷银行持有美元账户。这些账户实际上是欧洲美元账户——在非美国银行中以美元计价的存款账户。这些账户为存款者和投资者提供了是否持有比索的选择权。

最初市场上很多人对阿根廷能否维持固定汇率制度这一点相当怀疑。阿根廷银行通常以比索标价的账户的利率略微高于以美元标价的账户，这种利差代表了市场对阿根廷金融体系固有风险的评估。储蓄者因为承担一定的风险——将钱存入以比索标价的账户，所以可以取得一定的风险报酬。

市场证明这种怀疑是正确的。2002年1月，经过了几个月的经济和政治骚动以及近3年的经济衰退之后，阿根廷的货币局制度结束了。比索首先从1比索/美元贬值为1.4比索/美元，接着就变为完全浮动了。数日内它的价格疯狂下跌。阿根廷长达10年的严格固定汇率制度结束了。

2.5.2 美元化

一些国家由于通货膨胀进而遭受了数年的货币贬值，于是开始采取措施实行美元化。美元化是将美元作为一个国家的官方货币。巴拿马从 1907 年开始就将美元作为其官方货币。厄瓜多尔在 1998 年和 1999 年遭受了严重的银行危机与通货膨胀危机后，在 2000 年 1 月采用美元作为其官方货币。2000 年 12 月 11 日，《商业周刊》一篇题为《美元俱乐部》的文章很好地总结了美元化的主要特征之一：

> 美元化的一个特征就是合理的货币和汇率政策将不再依赖于国内政策制定者的智慧与修养。它们的货币政策实质上变成了美国所遵循的那些政策，并且汇率永久固定了。

支持美元化的依据从逻辑上来说来源于先前讨论的三元悖论。一个美元化的国家消除了本币兑美元的波动，进而从理论上将会消除未来发生货币危机的可能性。额外的好处是有望和美国及其他美元市场形成更大的包括产品和金融在内的经济共同体。最后这点使得很多国家支持区域美元化，在这个区域中，一些经济上高度一体化的国家也许会从美元化中受益。

但是，有三个主要的依据反对美元化。第一，货币政策自主权丧失。这也正是美元化的关键。第二，这个国家丧失了收取铸币税的权力，即从印发本币中盈利的能力。第三，因为该国央行不再有能力在本国的经济和金融体系中创造货币，故其不能再扮演最后贷款人的角色。在金融危机时代，这种角色承担着为那些处于破产边缘的金融机构提供流动性以拯救它们的责任。

厄瓜多尔。2000 年 9 月 9 日，厄瓜多尔正式用美元取代厄瓜多尔苏克雷作为法定货币偿付手段。厄瓜多尔成为美元的最大采用国，在许多方面它也成为其他新兴市场国家密切关注美元化的一个试验案例。如图 2-6 所示，这是苏克雷在短短两年内大规模贬值的最后阶段。

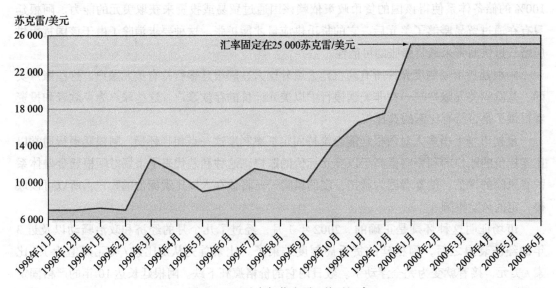

图 2-6　厄瓜多尔苏克雷/美元汇率

1999年，厄瓜多尔的通货膨胀率上升，经济产出下降。1999年3月，厄瓜多尔银行业遭受了一系列毁灭性的"银行挤兑"，金融恐慌下，所有的储户都试图同时取出所有资金。虽然厄瓜多尔的银行体系有一些严重的问题，但事实是，在资金外流的严重考验下，即使最健康的金融机构也会破产。当时，厄瓜多尔的总统哈米尔·马瓦德·维特立即冻结了所有的存款（在20世纪30年代的美国这被称为银行假期，所有的银行都关门）。厄瓜多尔苏克雷的价值在3月初暴跌，仅在1999年就导致该国拖欠超过130亿美元的外债。厄瓜多尔总统迅速提议美元化以拯救日益衰退的经济。

2000年1月，新一任总统就职，苏克雷兑美元的汇率已经降到25 000苏克雷/美元。新总统继续实施美元化倡议。虽然美国和国际货币基金组织并不支持，但在接下来的9个月里厄瓜多尔仍然完成了用美元替代本币的计划。厄瓜多尔美元化的结果尚未知晓。但在许多年后的今天，厄瓜多尔仍在继续努力寻找能保持经济和政治平衡的新的货币体制。

2.5.3 新兴市场的货币制度选择

毫无疑问，对于许多新兴市场而言，货币制度的选择可能介于硬挂钩（货币局制度或美元化）和自由浮动这两个极端之间。然而，多年来许多专家一直认为，全球金融市场将推动越来越多的新兴市场国家走向这两个极端之一。如图2-7所示，如果严格固定和自由浮动这两个极端之间明显缺乏中间地带，那么，所谓的"双极选择"是不可避免的吗？

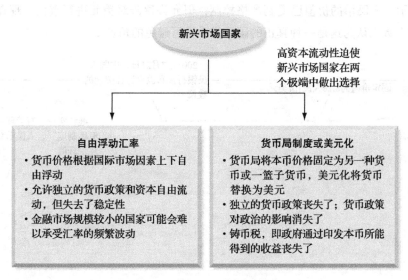

图2-7 新兴市场的制度选择

人们普遍认为，新兴市场国家的三个共同特征使得选择任何特定的货币制度都变得困难：①财政、金融和货币机构薄弱；②允许货币替代的商业倾向和以美元计价的债务；③新兴市场容易受到外部资本流动突然停止的影响。卡尔沃和米什金可能说得最好。⊖

⊖ "The Mirage of Exchange Rate Regimes for Emerging Market Countries," Guillermo A. Calvo and Frederic S. Mishkin, *The Journal of Economic Perspectives*, Vol. 17, No. 4, Autumn 2003, pp. 99-118.

实际上，我们认为，汇率制度的选择对于发展良好的财政、金融和货币机构在新兴市场国家取得宏观经济成功具有一定的重要性。相对于将汇率制度视为首要选择，我们鼓励新兴市场国家更多地关注制度改革，例如改善银行和金融部门监管、财政限制，为可持续和可预测的货币政策建立共识以及增加贸易开放。

在这个有趣的论据的支持下，1999年，墨西哥的一项民意调查显示，相对于浮动汇率制度下的比索，90%的人更偏好美元化。很明显，在很多新兴市场中，很多人都对其领导机构能够实施有效的货币政策缺乏信心。

2.6 人民币的全球化

从逻辑上讲，在实现人民币国际化的最终目标之前，期望中国让人民币完全可兑换是合理的。但中国似乎已经通过建立一个离岸市场来推动人民币在国际贸易和投资中的使用。这种离岸贸易已领先于在岸市场。

——《人民币将于2015年成为全球交易货币》，苏格兰皇家银行约翰·麦考密克，2013年5月3日，《中国简报》

中国人民币正走向全球化。[注]虽然人民币的交易受到中华人民共和国的严密控制，所有在中国境内的人民币和外币（主要是美元）仅能根据中国法规进行，但其影响范围正在扩大。如图2-8所示，人民币的价值已受到严格控制，但允许逐步对美元进行重估。现在它正在迅速发展，大多数人认为这是一种真正的国际货币不可避免的角色。

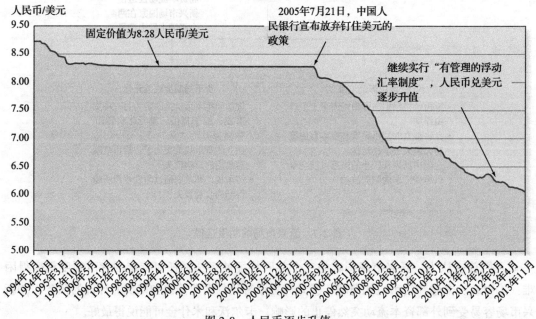

图2-8 人民币逐步升值

⊖ 中国已正式承认人民币（RMB）和元（CNY）为其法定货币。元用于记账单位，而实物货币则被称为人民币。

2.6.1 双市场货币发展

如图 2-9 所示,人民币继续沿中国监管的分割式在岸/离岸双市场结构发展。在岸市场(人民币官方 ISO 代码为 CNY)是一个双层市场,包括零售交易所和银行间批发市场。自 2005 年中期以来,人民币一直实行有管理的浮动汇率制度。在中国国内,人民币通过中国外汇交易系统(CFETS)进行交易,其中,中国人民银行设定了每日人民币兑美元汇率中间价(定盘价)。实际交易允许汇率在每日中间价 ±1% 的范围内浮动。这个内部市场逐步放松了管制,允许银行之间交换可转让定期存单,利率限制越来越少。市场上每天有九种不同的货币同人民币交易或者这九种货币相互进行交易。

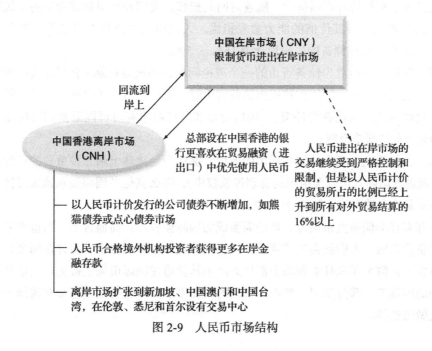

图 2-9 人民币市场结构

人民币离岸市场已经从中国香港离岸市场(账户标记为 CNH,非官方标志)向外增长。这个离岸市场享有政府监管机构优先进入在岸市场的机会,包括获取资金和重新注入资金(称为回流)。麦当劳公司、卡特彼勒和世界银行等机构发行人民币计价债券,即所谓的熊猫债券,推动了这个市场的增长。总部设在中国香港的机构投资者现在可以获得在岸金融存款(计息),从而可以更有效地利用这些离岸存款。中国还将继续推动离岸市场向其他主要区域性和全球性的金融中心(例如新加坡和伦敦)扩张。

2.6.2 理论原则和实践关注点

中国作为全球最大的贸易商和第二大经济体,中国货币不可避免地成为国际货币,但是国际化程度不尽相同。

首先,国际货币必须易于交易(这在技术上被描述为经常账户,将在第 3 章详细描述)。据估计,目前中国所有贸易中超过 16% 的贸易以人民币计价,虽然规模较小,但比 2011 年仅 1% 有了很大增长。中国出口商通常以美元支付,并且不允许将这些美元收益保留在任何银行账户中。出口商被要求以中国设定的官方汇率兑换所有外币,并将其转交给中国政府

(使外汇储备不断积累)。现在,中国政府鼓励进口商和出口商将人民币用于贸易与结算,这是第一种程度的国际化。

第二种程度的国际化是利用货币进行国际投资——资本账户/市场活动。这是中国目前重点关注和保持谨慎的领域。中国市场是世界上许多企业关注的焦点,如果允许企业自由开放地进入市场、获取货币,人们担心人民币的价值会被推高,从而削弱中国的出口竞争力。与此同时,随着美元和欧元等进入利率上升阶段,人们担心大量在中国的存款可能流出中国以寻求更高的回报,即资本外逃。

第三种程度的国际化发生在当货币成为储备货币(也称为锚定货币)时,这种货币将被存放在世界各国央行的外汇储备中。随着时间的推移,美国和欧盟财政赤字的持续困境导致人们对美元和欧元维持其价值的能力愈发担忧。人民币能否或是否应该作为储备货币?到2020年,人民币占全球储备的份额预计为15%～50%。

特里芬难题。货币成为储备货币的一个理论问题是特里芬难题(有时称为特里芬悖论)。特里芬难题是当一个国家的货币被用作储备货币时,国内货币和货币政策目标与外部或国际政策目标之间可能产生潜在的冲突。[⊖]国内货币和经济政策有时可能需要同时收缩并创造经常账户盈余(贸易顺差余额)。

如果一种货币上升到全球储备货币的地位,被认为是地球上两三种重要的有价值的货币之一(可能进入国际货币基金组织的特别提款权中),那么其他各国将要求该国保持经常账户赤字,主要是在全球市场上倾销越来越多的货币。

这意味着作为储备货币国家,该国需要成为国际债权国。简而言之,当世界采用某种货币作为储备货币时,人们就会对该货币的使用性和可用性提出要求,而许多国家并不愿意这样做。事实上,数十年来日本和瑞士都尽力阻止其货币在国际市场上被更广泛地使用,上述这些复杂的问题是一部分原因。然而,中国的人民币最终可能会发现它没有选择——全球市场可能会做出选择。

2.7 汇率机制:未来是什么

所有的汇率机制必须在规则和相机抉择之间权衡,也要在合作和独立之间权衡。图2-10解释了基于政策规则、相机抉择、合作和独立的汇率制度间的权衡。

(1)纵向来看,不同的汇率制度决定政府是否采取严格的干预措施(规则),或者是否选择、何时、多大程度干预外汇市场(相机抉择)。

(2)横向来看,加入某一具体体制的国家的相机抉择取决于该国与其他国家磋商和一致行动(合作),还是在体制中运行但独立行动。

类似金本位制这样的体制结构不要求各国间的政策合作,只需确保所有的成员都遵守游戏规则。实际上,在第二次世界大战前,在金本位制下,这种确保转换成了各国根据需要平价买卖黄金的意愿。1944～1973年的布雷顿森林体系要求各国进行更多的合作,在这

⊖ 该理论的提出者是比利时裔美籍经济学家罗伯特·特里芬(1911—1963),他是《布雷顿森林协议》直言不讳的批评者,也是欧洲货币体系(EMS)发展的强有力的倡导者和合作者。

个体系中，黄金不再是"规则"，各国都被要求高度合作以维持这个以美元为基础的体制。1979～1999年欧洲货币体系的固定汇率制度是这些合作和规则的产物。

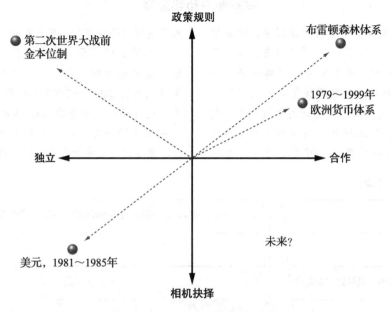

图 2-10　各种汇率体制间的权衡

当前国际货币体系以无规则和不同程度的合作为特点。虽然目前关于新的国际货币体系应采取何种形式的持续争论还没有解决办法，但很多人相信，只有那些采取相机抉择政策以实现国内社会、经济、金融目标的国家一起合作，新的国际货币体系才会成功。

本章小结

1. 在金本位制下（1876～1913年），游戏规则是每个国家都规定其货币单位转换成黄金重量的汇率。
2. 在两次世界大战期间（1914～1944年），货币被允许在较大范围内波动，并以黄金和其他货币计算。供求因素决定汇率。
3. 布雷顿森林体系（1944年）建立了以美元为基础的国际货币体系。在《布雷顿森林协议》的原始条款中，所有国家都确定本币的黄金价格，但是不要求将本币兑换成黄金。只有美元保持与黄金的可兑换性（35美元/盎司黄金）。
4. 1971年8月，各种经济力量导致美元兑黄金暂停。随后大多数主要贸易国的汇率被允许与美元挂钩，从而间接地与黄金挂钩。
5. 如果当今世界上存在理想货币，它将具备三个属性：汇率稳定、完全金融一体化、货币独立性。然而，无论是理论还是实践，货币都不可能同时获得这三个属性。
6. 新兴市场国家必须在两种极端汇率体制间做出选择，即浮动汇率制度或严格固定汇率制度（货币局制度或美元化）。
7. 欧盟的成员国也都是欧洲货币体系的成员国。这个体系试图在以浮动汇率为主体的当今时代在彼此之间形成一个固定汇率制度的安全小岛。欧洲货币体系各成员国相互间的贸易依赖性很强，因此它们从固定汇率制度中受益很多。
8. 欧元通过三种方式影响市场：①欧元区各国享有较低的交易成本；②与汇率不确定性相关的货币风险和成本降低；③欧元区内外的所有消费者和企业都享有价格透明度和基于价格的竞争。

案例研究

俄罗斯卢布轮盘赌[○]

自 1991 年俄罗斯经济开放以来，俄罗斯卢布经历了多次政权更迭。[○]多年来，官方汇率受到高度控制，并且实施了严格的资本管制，而 1998 年的经济危机促使人们转向了严格管理的浮动汇率制。同时通过直接干预和利率政策，卢布在 2008 年之前保持了惊人的稳定。但所有这一切都在 2008 年停止了，当时始于美国的全球信贷危机蔓延到了俄罗斯。

如图 2-11 所示，信贷危机对卢布价值的影响是灾难性的。为了保护卢布的价值，俄罗斯银行在 2008～2009 年花费了 2 000 亿美元，这占其外汇储备的 1/3。虽然市场在 2009 年年初开始平静，但俄罗斯银行决定引入新的、更灵活的汇率制度来管理卢布。

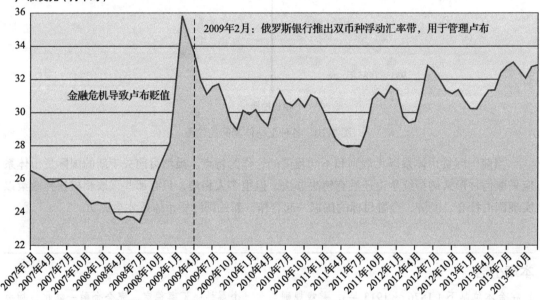

图 2-11 俄罗斯卢布/美元汇率

新体系是卢布的双币种浮动汇率带。双币种篮子由两种货币组成：美元（55%）和欧元（45%），用于计算卢布的中间价。围绕这一篮子汇率，建立了一个中立区，在此区域内不进行货币干预。这个初始中立区域是 1.00 卢布兑一篮子货币。为了达到干预目的，在中立区周围设立了一组操作带边界，包括一个上限和一个下限。

如果卢布保持在中立区，则不会对其进行干预。然而，如果卢布的价值达到上下边界，俄罗斯银行将通过购买卢布（上限）或卖出卢布（下限）进行干预以稳定其价值。每天最多允许银行购买价值 7 亿美元的卢布。一旦达到该限制，银行将以 5 戈比（100 戈比 = 1.00 卢布）的增量移动操作边界。[○]

如图 2-12 所示，在整个 2009 年和 2010 年，

○ Copyright © 2014 Thunderbird School of Global Management. All rights reserved. This case was prepared by Professor Michael H. Moffett for the purpose of classroom discussion only and not to indicate either effective or ineffective management.

○ 俄罗斯货币没有确定的、正确的英文拼写。在新闻业传统中，大多数北美出版物使用卢布（ruble），而欧洲组织则赞成使用卢布（rouble），《牛津英语词典》也支持后者。

○ 自双币种群建立以来，每日外汇干预限额已经多次下调。2014 年 1 月，该限额已缩减至每天 3.5 亿美元。

卢布兑一篮子货币继续下滑（升值）。最后，在 2010 年年底，卢布稳定下来。

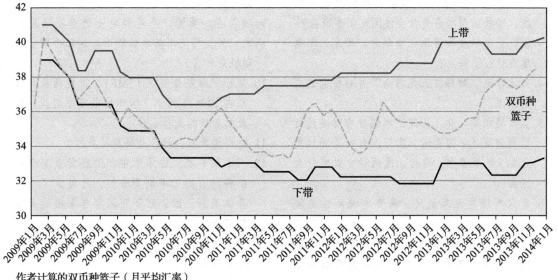

图 2-12 俄罗斯卢布浮动汇率带

作为允许卢布成长为全球货币的持续增长计划的一部分，上下带之间的距离随着时间的推移而不断增加。从浮动带（图 2-12 中的上带和下带之间的差距）开始，每篮子货币的价值只有 2 卢布，截至 2014 年年初，这一带宽扩展到每篮子货币价值 7 卢布。不幸的是，经过数年的不断增长，卢布兑美元和欧元篮子的汇率越来越弱，这让俄罗斯当局感到失望。

2013 年 10 月，俄罗斯银行宣布将中立的"无干预"区域从 1 卢布扩大到 3.1 卢布，这让卢布重新获得了相对稳定性。随后该银行在 2014 年 1 月宣布将开始停止每日干预，最终在 2015 年的某个时候结束了所有干预（结束干预前几个月每日干预平均约为 6 000 万美元，这是历史上相对较小的数额）。然而，如果卢布确实触及其中任何一个边界，该银行承认会重新进入市场以保持卢布稳定。

转向自由浮动的卢布的动力是允许货币价值的变化"吸收"全球经济的变化，并允许央行加大对控制通货膨胀的力量的关注。近年来俄罗斯通货膨胀率一直居高不下，随着美联储宣布在 2008～2009 年金融危机之后放缓/停止宽松的货币政策，通货膨胀压力肯定会继续存在。

俄罗斯银行显然仍在实施其长期货币战略，该战略早在 2009 年就开始实施了。很明显，如果仍将通货膨胀而不是卢布的汇率作为目标，那么俄罗斯和卢布的长期经济前景将得到改善，而卢布可能会从简单的"新兴市场货币"转变为区域货币，最终有一天会成为储备货币。

讨论题

1. 你如何对 1991～2014 年俄罗斯卢布的汇率制度进行分类？
2. 浮动带的建立对卢布投机者的期望有何影响？你认为这些期望是稳定的还是不稳定的？
3. 卢布贬值对俄罗斯的商业贸易和抑制通货膨胀意味着什么？

思考题

1. **金本位制和货币供应。** 在金本位制下，所有国家政府都承诺遵守"游戏规则"，即维护固定汇率制度。这对一个国家的货币供应意味着什么？
2. 贬值原因。如果一个国家实行固定汇率制度，哪些宏观经济变量会使固定汇率贬值？
3. 固定汇率制度和浮动汇率制度。固定汇率制度有什么优缺点？
4. 三元悖论。解释"三元悖论"并分析它成立的原因。
5. 货币局或美元化。固定汇率制度有时通过货币局制度（中国香港）实行，有时又通过美元化（厄瓜多尔）实行。这两种方式有什么区别？
6. 新兴市场的汇率制度。高资本流动性迫使新兴市场国家在浮动汇率制度和货币局或者美元化制度间进行选择。从新兴市场的角度来看，每种制度所带来的主要结果是什么？
7. 阿根廷货币局制度。1991～2002年1月，阿根廷货币局制度是如何运转的？为什么最终它还是瓦解了？
8. 欧元。1999年1月4日，欧盟的11个成员国创立了欧洲经济与货币联盟（EMU）及单一货币——欧元，从此，欧元取代了各成员国的本国货币。试描述欧元影响EMU成员的三种主要方式。
9. 独立者。英国、丹麦和瑞士选择不采用欧元，而坚持使用其本国货币。这三个国家的动机是什么？
10. 国际货币基金组织（IMF）。布雷顿森林体系在1994年创立了国际货币基金组织，它最初的目标是什么？
11. 特别提款权。什么是特别提款权？
12. 汇率制分类。在本章中，国际货币基金组织将所有的汇率制度分类，总结成了八个具体类别。试说明下列国家各采用的是哪种汇率制。
   （1）法国。
   （2）美国。
   （3）日本。
   （4）泰国。
13. 理想货币。理想货币的特征是什么？
14. 布雷顿森林体系的失败。这种固定汇率制度从1945年运行至1973年，为什么最终还是失败了？

练习题

1. 杜波依斯和凯勒。尚塔尔·杜波依斯生活在布鲁塞尔，她可以用1美元兑换0.76欧元。克里斯托弗·凯勒生活在纽约，他可以用1.32美元兑换1欧元，那么美元兑欧元的汇率是多少？
2. 神奇公司。墨西哥比索的即期汇率是12.42比索/美元。如果这家总部位于美国的公司在周一从银行购入了500 000比索现货，那么公司将要在那天付多少美元给银行？
3. 镀金问题。在第一次世界大战前，一盎司黄金的价格以美元表示是20.67美元。同样的一盎司黄金如果在法国出售，则需要410.00法郎，那么法郎兑美元的汇率是多少？
4. 价比黄金。在金本位制下，一盎司黄金的价格是20.67美元，以英镑来表示是3.768 3英镑。如果美元价格变为了42美元/盎司黄金，此时美元兑英镑的汇率是多少？
5. 出口到英国的丰田汽车。丰田在日本生产很多汽车然后卖到英国。丰田汽车的底价是1 650 000日元。日元兑英镑的即期汇率由197日元/英镑变为了190日元/英镑。对于丰田的英国子公司来说，它将如何改变丰田汽车的英镑价格呢？
6. 加元平价。如果美联储前主席艾伦·格林斯潘的回忆录《动荡年代》上市，封面上的标价为26.33加元，而在亚马逊网站的购买价格为23.10美元，则两种货币间的汇率是多少？
7. 墨西哥比索的变化。1994年12月，墨西哥政府正式将比索从3.2比索/美元变为5.5比索/美元。比索价值变化的百分比是多少？试解释这是贬值还是升值？
8. 港币和人民币。港币长期以7.80港币/美元的汇率与美元挂钩。当 2005 年 7 月人民币兑美元的价格从 8.28 人民币 / 美元升值为 8.11 人民币 / 美元时，港币兑人民币的汇率将如何改变？

9. 人民币升值。2005 年 7 月，很多专家认为人民币不仅应该升值，而且升幅应该为 20% 或 30%，如果人民币在升值为 8.11 人民币 / 美元后再升值 20% 或 30%，新的汇率将会是多少呢？

10. 在巴西的印度南新公司。南新是一家印度制药公司，在其快速增长的市场之一巴西，其降低胆固醇的药物一直面临着持续不断的价格问题。该公司所有的产品都是在印度生产的，因此最初的成本和价格都是以卢比来标价的，但是为了在巴西分销，不得不转换为巴西货币雷亚尔。2009 年，每单位该药物标价为 21 900 卢比，用雷亚尔标价为 895 雷亚尔。但是在 2010 年，雷亚尔兑卢比升值了，平均为 26.15 卢比 / 雷亚尔。为了维持雷亚尔价格和以卢比标价的产品的利润，该产品新的卢比价格应该被定为多少？

11. 越南咖啡。很多人都很惊讶，近些年来越南变成了世界上第二大咖啡出口国，仅次于巴西。越南盾是和美元挂钩的，但它并没有被广泛使用。假设你是批发市场上的旅行咖啡买家，如果前往越南购买咖啡，你最喜欢哪一种汇率和外汇佣金？

12. 隧道选择。英吉利海峡隧道从英国和法国之间的英吉利海峡下通过，这是连接欧洲大陆和不列颠群岛的纽带。因此，该隧道一侧是以英镑表示的经济体，另一侧是欧元经济体。如果你在网上查英吉利海峡的铁路票价，你会发现它是用美元来标价的。对于一个经英吉利海峡从伦敦到巴黎的人来说，往返铁路一等舱票价是 170 美元。然而，这种货币中立意味着英吉利海峡两侧的消费者每天以本币支付的票价都不一样。如果在下列日期按照《金融时报》上的即期汇率购买旅行票，那么 170 美元的双程票价以英镑和欧元表示分别为多少？

即期汇率	英镑即期汇率（英镑 / 美元）	欧元即期汇率（欧元 / 美元）
星期一	0.570 2	0.830 4
星期二	0.571 2	0.829 3
星期三	0.575 6	0.834 0

第3章

国际收支平衡

这种因交换（例如商业交易）而产生的依赖是一种相互依存。我们无法在外国人不依赖我们的情况下单方面依赖他们。当今世界，相互依存构成了社会的核心。断绝天然的相互关系不能使自身独立，反而会让自己与世隔绝。

——弗雷德里克·巴斯夏

学习目标

1. 了解各国如何衡量自己的国际经济活动水平，以及如何通过国际收支来衡量经济活动。
2. 探讨国际收支平衡表的两个基本成分（经常账户和金融账户余额）之间的经济关系。
3. 思考国际经济活动的财务维度及其在商品贸易和服务贸易中有何区别。
4. 识别各国在实行国内经济和政治政策的过程中有哪些收支平衡活动。
5. 探讨汇率的变化和波动如何影响贸易平衡。
6. 评价资本流动性的历史，以及在危机时期导致资本外逃的条件。

对一国居民和外国居民之间发生的所有国际经济交易的测量被称为国际收支平衡表（balance of payments，BOP）。本章提供了一种方向，有助于我们理解国际收支平衡表以及与之相关的许多经济、政治和商业问题，但我们的重点不是只描述这些。对贸易和资本流动的深刻理解是跨国企业管理的重要组成部分。事实上，本章的后半部分侧重于更详细地分析国际收支的各要素如何影响贸易规模和价格，以及资本流动、资本管制和资本外逃如何改变国际贸易的成本和在国际上做生意的能力。本章有一个关于全球汇款的案例研究，这是经常账户中如今才被深入探究的内容，以帮助政府监测和调控资本流动。

母国与东道国的国际收支数据对于企业经理、投资者、消费者和政府官员来说非常重要，因为这些数据与其他关键的宏观经济变量相互影响，例如国内生产总值、就业水平、物价水平、汇率和利率。货币和财政政策必须考虑国家层面的国际收支平衡状况。企业经理和投资者需要利用国际收支数据来预测由国际收支活动驱使的东道国经济政策的变化。国际收支数据之所以如此重要，还有以下几方面理由。

（1）国际收支状况是衡量一国外汇汇率压力的重要指标，也是衡量与该国进行贸易或在该国进行投资的企业的潜在外汇收益或损失的重要指标。国际收支状况的改变能够反映外汇管制的实施或取消。

（2）国际收支状况的改变预示着对向外国公司或投资者支付股利及利息、许可费、专利权税或者其他现金支付等管制的实施或取消。

（3）国际收支状况有助于预测一国的市场潜力，尤其是短期的市场潜力。一个国家在处于严重的贸易逆差时不太可能像在贸易盈余时一样扩大进口，但是会欢迎那些促进其出口的投资。

3.1 典型的国际收支交易

国际交易有多种形式。以下所列举的例子均是在美国国际收支平衡表中出现过的国际经济交易活动。

（1）总部位于美国的福陆工程公司，负责在泰国曼谷的主要水处理设施的建设项目。

（2）法国公司圣戈班的美国子公司将利润汇给其巴黎母公司。

（3）一位美国游客在芬兰购买了一条精致的Lapponia项链。

（4）美国政府为其军事盟友挪威购买军事装备提供资金。

（5）一位墨西哥律师通过克利夫兰市的一个投资经纪人购买了一家美国公司的债券。

以上举例仅仅是每年数以万计的国际交易中极小的一部分。国际收支平衡为这些交易提供了一套系统的分类方法。一条有助于理解国际收支平衡表会计账户的经验是：跟踪现金流。

国际收支平衡表是由许多子账户组成的，这些子账户受到投资银行家、农民、政治家和企业高管等群体的密切关注。这些群体持续追踪并分析主要子账户的情况，包括经常账户、资本账户和金融账户。

3.2 国际收支会计的基本原理

国际收支必须平衡。如果没有达到平衡，就意味着某些交易没有被记录或者记录不准确。"国际收支不平衡"的说法是不正确的，因为它不可能不平衡。一国货币的供求可能不平衡，但是供给和需求与国际收支不是一回事。国际收支平衡表的子账户，比如商品和服务账户（任何国家经常账户的子账户）可能是不平衡的（盈余或赤字），但一个国家的整体国际收支平衡表总是平衡的。

表3-1以美国2005～2012年的国际收支平衡表为例，说明国际收支确实平衡。

表3-1 美国国际收支平衡表账户概览⊖

余额	2005年	2006年	2007年	2008年	2009年	2010年	2011年	2012年
经常账户余额	-740	-798	-713	-681	-382	-449	-458	-440
资本账户余额	13	-2	0	6	0	0	-1	7
金融账户余额	687	807	617	735	283	440	568	444

⊖ 表中数据皆为原书数据。

(续)

余额	2005年	2006年	2007年	2008年	2009年	2010年	2011年	2012年
净误差与遗漏	26	-9	96	-55	151	11	-93	-6
官方储备账户	14	2	0	-5	-52	-2	-16	-5

资料来源：*Balance of Payments Statistics Yearbook*: 2013, International Monetary Fund, December 2013.

衡量国际经济活动的实际过程有三个主要方面：①识别什么是国际经济交易；②理解货物、服务、资产和货币的流动是怎样计入国际收支平衡表的借方和贷方的；③理解国际收支会计的簿记程序。

3.2.1 国际经济交易的定义

识别国际交易通常并不困难。货物的出口，如卡车、机器、计算机、电信设备等，显然是一项国际交易。法国葡萄酒、日本相机和德国汽车等商品的进口也很明显是国际交易。这种商品贸易只是每年发生在美国和其他国家的成千上万种国际交易的一部分。

有些国际交易并不那么明显。比如一个美国游客在意大利威尼斯购买了一尊玻璃雕像，被归类为美国进口商品。事实上，美国游客在全球各地购买服务的支出，例如餐饮服务和酒店服务，都作为旅游服务进口项目记录在美国国际收支平衡表的经常账户中。

3.2.2 国际收支平衡表是流量报表

国际收支平衡表经常被人误解，因为许多人从其字面意思推断它是资产负债表，而事实上它是现金流量表。国际收支平衡表通过记录一段时期（例如一年）内的所有国际交易，反映一国和所有其他国家之间持续的购买和支付活动，它不会像一个公司的资产负债表一样将一个国家在特定日期的所有资产和负债的价值加起来（实际上这个总价值是一个国家的净国际投资头寸，将在后面的部分中描述）。国际收支平衡表包括两种主要的商业交易形式。

（1）实物资产交换。将货物（如汽车、计算机、纺织品）和服务（如银行服务、咨询服务、旅游服务）交换为其他货物和服务（物物交换）或者货币。

（2）金融资产交换。将金融债权（如股票、债券、贷款以及公司买卖）交换为其他金融债权或者货币。

虽然我们把资产划分为实物资产和金融资产，但通常在实际操作中会将所有资产简化成可以买卖的商品。一位美国游客在曼谷购买一条手工编织的地毯，与一个华尔街银行家为了投资购买英国政府债券没有什么不同。

3.2.3 国际收支平衡表会计

衡量一个国家的所有国际交易是一项艰巨的任务，在此过程中，错误、误差和统计差异时有发生。主要问题在于复式记账法仅应用于理论，在实践中并未被采用。理论上，单笔买卖交易应计入国际收支平衡表中相应的金融账户。实际上，经常账户、资本账户和金融账户的记录是相互独立的，而不是像复式记账法规定的那样同时入账。因此，借方和贷方之间会有所差异。

3.3 国际收支平衡表账户

国际收支平衡表包括三个主要子账户：经常账户、资本账户和金融账户。除这三个账户之外，官方储备账户反映政府的货币交易，净差错与遗漏账户则用于平衡国际收支平衡表。

3.3.1 经常账户

经常账户包括一年内发生的所有形成收入或支出的国际经济交易。经常账户由四个子账户组成。

（1）货物贸易。货物的进出口被称为货物贸易。商品贸易是最古老、最传统的国际经济活动。尽管许多国家都依赖于货物进口（根据比较优势理论，它们理应依赖于进口），但它们通常也维持货物贸易平衡甚至盈余。

（2）服务贸易。服务的进出口被称为服务贸易。常见的国际服务有银行向外国进出口商提供的金融服务、航空公司提供的旅行服务，以及国内公司向其他国家提供的建造服务。对主要的工业国家来说，这类子账户在过去10年中增长最快。

（3）收入。收入主要是指与前期投资相关的本期收入。如果一家美国公司上一年在韩国开设了一家子公司用于生产金属部件，那么本年度子公司的净收入支付给母公司的部分（股息）构成了本期投资收益。此外，支付给暂住工人的工资和薪金也包含在收入类别中。

（4）经常转移。与实物资产或金融资产所有权的变化相关的财务结算被称为经常转移。任何国家之间的单向转移——作为礼物或赠予的款项，都被称为经常转移。例如，美国政府提供给欠发达国家以帮助其发展的资金就属于经常转移。移民或外来工人向他们的母国进行转移支付是另一种经常转移，这也是本章案例研究的主题。

所有国家都或多或少地进行贸易，其中大部分是货物贸易。许多欠发达国家的服务贸易量较少，或者可列入收入或经常转移的项目较少。经常账户通常主要由上述的第一个子账户，即货物贸易组成。因此，被商业媒体广泛引用的贸易差额仅指货物贸易进出口差额。如果某国是一个较大的工业化国家，由于服务贸易没有包含在贸易差额内，就会产生一定的误差。

图3-1是1985～2012年美国经常账户的两个主要组成部分：①货物贸易；②服务贸易及投资收入。首先最显著的是这些年严重的货物贸易赤字。尽管服务贸易及投资收入账户的余额与货物贸易净余额相比不是很大，但在过去的20多年中始终保持着少量的盈余。

商品贸易是国际贸易的原始核心。货物制造是工业革命的基础，也是国际贸易中比较优势理论关注的焦点。制造业传统上是一个国家雇用工人最多的经济部门。美国贸易差额的下降可归因于钢铁、汽车、汽车零部件、纺织和制鞋等特定行业，造成了巨大的经济与社会混乱。

商品进出口的表现与任一单个产品市场的表现非常相似。对这两者都有影响的需求因素既包括收入，也包括购买者的经济增长率，以及经过汇率变动后消费者眼中的产品价格。例如，美国商品进口反映了美国消费者的收入水平和工业增长情况。当收入增加时，进口需求也相应增加。出口也遵循同样的原则，只是商品流动方向与进口相反。美国商品的出口不受美国居民收入的影响，而是依赖于世界上其他国家中美国产品购买者的收入。当这些购买者所在的国家经济增长时，其对美国产品的需求也会增加。

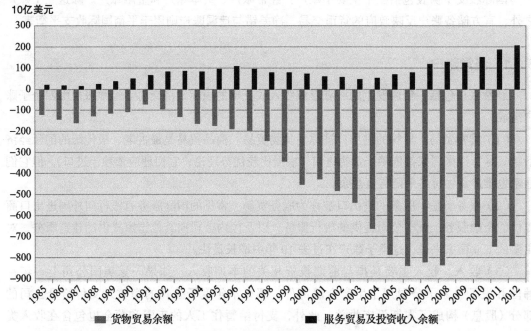

图 3-1　美国经常账户余额

资料来源：*Balance of Payments Statistics Yearbook*: 2013, International Monetary Fund, December 2013, p. 1032.

如图 3-1 所示，美国在服务贸易及投资收入方面一直保持盈余。服务的主要类别包括旅行和客运费、运输服务、美国留学生的支出、外国学生在美留学的支出、电信服务以及金融服务。

3.3.2　资本和金融账户

国际收支平衡表中的资本和金融账户衡量所有与金融资产相关的国际经济交易。资本账户由金融资产的转移、非生产/非金融资产的收购和处置组成。该账户近年来才作为一个单独的项目被列入国际货币基金组织的国际收支平衡表中。资本账户涵盖的资本交易规模相对较小，在接下来关于金融账户的讨论中我们也会对资本账户进行讨论。如国际金融实务 3-1 所指出的，全球账户中仍存有一些谜团！

国际金融实务 3-1

全球经常账户盈余

谎言有三种：谎言、该死的谎言和统计数字。

——作者不详，但通常被认为是考特尼勋爵、查尔斯·迪尔克爵士或马克·吐温

一个国家的盈余是另一个国家的赤字。个别国家可能确实存在经常账户赤字和盈余，但从理论上讲，这应该是一个零和博弈。但根据国际货币基金组织最近的《世界经济展望》，全球目前仍处于经常账户盈余状态。至少从统计数据上看是这样的。

合理的解释是，国际货币基金组织的成员向其报告的统计数据是错误的。这个错误最有可能同时包含偶然和故意两种因素。国际货币基金组织多年来一直认为，最可能的解释是，较富裕的工业化国家的居民在外国投资收入、运输和货物费用上存在漏报。

另外的解释是，国际经常账户活动存在故意误报。长期以来，虚报货价一直是国际贸易中用来规避税收、资本管制或购买限制的策略。其他一些观点，如以避税为目的漏报境外所得或公司内部交易和转移价格的复杂性，也都是可能的解释。

最终，虽然理论上不可能，但数据显示世界上很多国家存在经常账户盈余。正如《经济学人》所指出的，地球人似乎与外星人在贸易中产生了经常账户盈余（《外星人购买路易威登手提包吗？》）。

3.3.3 金融账户

金融账户由四部分组成：直接投资、证券投资、净金融衍生品和其他资产投资。金融资产可以根据多种不同的方式进行分类，包括资产的期限（到期日）和所有权的性质（公有或私有）。金融账户以对资产或公司的控制程度为依据对金融资产进行分类。直接投资被定义为长期投资，投资者对资产具有明确的控制权。相反，证券投资被定义为短期投资，投资者对资产没有控制权。

1. 直接投资

直接投资衡量的是以控制资产为目的，从一个国家分散到另一个国家（比如美国）的资本净额。如果一家美国公司在另一个国家建造了一个新的汽车零部件工厂，或在另一个国家购买了一家公司，那么这在美国国际收支账户中反映为直接投资。当资本流出美国时，在国际收支平衡表中记为负的现金流。相反，如果一家外国公司购买了一家美国公司，资本流入在国际收支平衡表中记为正的现金流。

外国居民在一个国家购买资产总是具有争议的。任何一个国家（包括美国）对外国直接投资关注的焦点主要有两方面：控制权和利润。一些国家限制外国投资者在本国持有资产。这一限制的前提是，本国土地、资产和工业一般应该由该国居民拥有。然而，美国传统上对外国居民或公司能够在美国拥有或控制的资产几乎没有限制（涉及国家安全领域的除外）。在是否应该实行自由国际贸易这一传统论题上，各国已经基本达成一致，但是国际投资是否也有必要自由化，尚未有定论。

对外国直接投资关注的另一个焦点是谁从企业中获取利润。外国公司持有美国公司并最终从这些公司的经营中获利，或者换句话说，是从美国工人的劳动中获利。尽管有证据表明，在美国的外国公司将其获得的大部分利润再投资于其在美国的经营活动（事实上，这一再投资的比例高于美国本土公司），但关于利润可能流失的争论仍在继续。无论实际选择如何，任何一个国家的工人都会觉得他们辛勤工作获得的利润应该留在他们自己手中、留在他们自己的国家。

如何描述外国直接投资也会影响公众的看法。如果大量的资本流入被描述为"资本投资从世界各地涌入，表明人们对美国工业的未来充满信心"，那么资本净盈余必定是正面的。然而，如果资本净盈余被描述为"这将导致美国成为世界上最大的债务国"，那么这一表述

⊖ World Economic Outlook: Slowing Growth, Rising Risks, International Monetary Fund, September 2011.

⊜ Economics Focus, Exports to Mars, *The Economist*, November 12, 2011, p. 90.

的负面含义就非常明显了。上述两种描述本质上都围绕着经济原则。

无论是短期资本还是长期资本，都会流向投资者认为将会在特定风险下获得最大回报的领域。虽然这在会计上表现为"国际债务"，但当大多数资本以直接投资和长期致力于就业、生产、服务、技术以及其他有竞争力的投资的形式存在时，其对国内工业竞争力的影响会与日俱增。美国的净直接投资和净证券投资现金流量如图3-2所示。

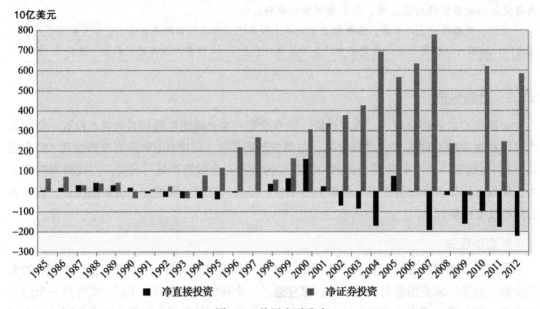

图3-2 美国金融账户

资料来源：*Balance of Payments Statistics Yearbook: 2013*, International Monetary Fund, 2013.

2. 证券投资

证券投资衡量的是流入或流出一国但是没有达到10%控股权门槛的直接投资净余额。如果一个美国居民购买了一家日本公司的股份，但没有达到10%的门槛，我们将这一购买定义为证券投资（在本章中表现为资本流出）。跨国购买或出售债务证券（例如美国国库券）也属于证券投资，因为按照定义，债务证券的持有者不具有所有权或控制权。

证券投资是将资本投资于纯粹为了获取利润（即回报）的活动，而不是控制或管理投资的活动。购买债务证券、债券、生息银行账户及其他相似的证券，仅仅是为了获得回报。这类投资的投资者对债务发行方没有投票权或控制权。外国投资者购买美国政府发行的债券（美国国库券、票据和债券）构成了其在美国的组合净投资。值得注意的是，大多数外国投资者购买的美国债务以美元计价，即以发行国的货币（美元）计价。而大多数由俄罗斯、巴西和东南亚国家发行的外国债务也以美元计价，在这里是以发行国之外的国家的货币计价。那么这些国家必须获取美元来偿还自己的外债，通常以出口的方式进行。

从图3-2中可以看出，在过去几十年里，净证券投资比净直接投资的波动性大得多。各类外国投资者对许多美国债务证券如美国国库券和公司债券的需求一直较高。证券投资的动力始终来自两方面：资本回报和风险。这些债务证券也不同程度地影响了国际投资活动（见国际金融实务3-2）。

国际金融实务 3-2

一国的净国际投资头寸（NIIP）

一个国家的净国际投资头寸是一项年度指标，用于衡量该国公民、公司和政府拥有的海外资产减去外国人（包括公共部门和私人）在该国拥有的资产。鉴于一个国家的国际收支平衡表经常被描述为该国的国际现金流量表，那么净国际投资头寸可以被解释为该国的国际资产负债表。净国际投资头寸是一个国家的境外资产存量减去其境外负债存量。

同样，公司的现金流量与其资产负债表相关，公司净国际投资头寸以国际收支平衡表使用的资本和金融账户为基础进行分类，分为：直接投资、证券投资、其他投资和储备资产。近年来，随着国际资本的流通和跨界越来越容易，资产和证券的所有权交易明显激增。

透彻研究一国净国际投资头寸的常用方法是，计算其占一个国家的总经济规模，即这个国家的国内生产总值（GDP）的百分比。如从图3-3和图3-4中可明显看到，自2005年开始，美国的净国际投资头寸呈戏剧性地增长，到现在平均占美国GDP的25%。

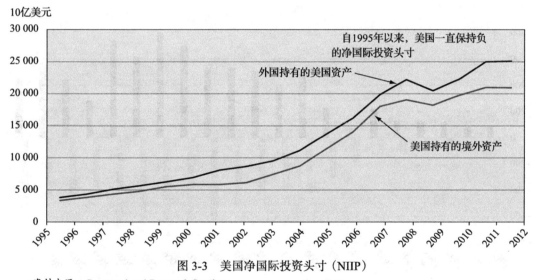

图 3-3 美国净国际投资头寸（NIIP）

资料来源：Congressional Research Service.

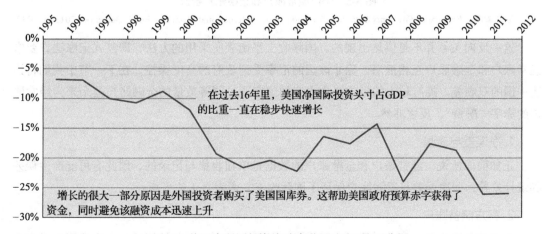

图 3-4 美国净国际投资头寸占美国 GDP 的百分比

尽管一些观察家认为这种增长对美国经济而言是一种风险（称美国为世界上最大的债务国），但这些投资在许多方面代表了外国投资者对美国和美国经济未来的信心。这些投资很大一部分是购买了短期、中期、长期美国国库券，国库券的发行部分是为了给美国政府日益增长的赤字提供资金。因此，这些外国投资者相当于资助了美国政府的预算赤字。

3. 其他资产投资

金融账户的最后一个组成部分包括各种短期和长期交易贷款、各类金融机构的跨境贷款、外汇存款和银行存款以及与国际贸易有关的其他应收账款和应付账款。

3.3.4 净误差与遗漏和官方储备账户

图 3-5 说明了近些年来美国经常账户和金融账户的余额。从图中可以看出国际收支平衡表中一种最基本的经济和会计关系：经常账户和金融账户的反向关系。

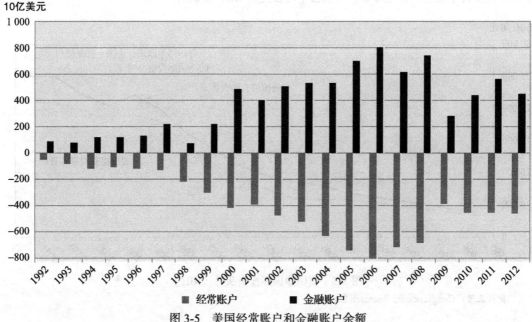

图 3-5　美国经常账户和金融账户余额

资料来源：*Balance of Payments Statistics Yearbook*: *2013*, International Monetary Fund, December 2013, p. 1032.

这一反向关系并不是偶然出现的。国际收支平衡表所采用的方法，即复式记账法，要求经常账户和金融账户互相抵消，除非该国的汇率受到政府的高度操控。在下一节中我们将讲述中国的双顺差。拥有较大的经常账户赤字的国家通过同等数量的金融账户盈余来为经常账户的赤字"融资"，反之亦然。

1. 净误差与遗漏

正如前面所说，经常账户和金融账户的数据是单独收集与记录的，因此有可能产生误差和统计差异，而净误差与遗漏账户保证了国际收支平衡表真正的平衡。

2. 官方储备账户

官方储备账户是一国官方货币当局所持有的储备总和。这些储备通常由在国际贸易和金融交易中使用的主要货币组成（俗称"硬通货"，如美元、欧元、日元，黄金，特别提款权）。

官方储备的重要性通常取决于该国实行固定汇率制度还是浮动汇率制度。如果一国的货币汇率是固定的，该国政府就会通过官方渠道宣布该国货币可以兑换成固定数量的其他货币。例如，人民币兑美元维持了很多年的固定汇率，中国政府有责任维持这一固定汇率，也叫平价汇率。如果在外汇市场上出于某种原因人民币过度供给，那么中国政府需要在公开市场上购买人民币以防止人民币贬值（通过卖掉官方的硬通货储备），直到人民币的过度供给削弱。而在浮动汇率制度下，中国政府没有维持人民币价值稳定的责任，官方储备的作用也削弱了。按照下节所述，中国政府的外汇储备现在仍居世界首位，如果有必要，它可以拥有足够的外汇储备来管理未来数年里人民币的币值。

3.3.5 打破规则：中国的双顺差

图 3-6 记录了近年来全球范围内最令人震惊的国际收支平衡表事件之一——中国近十几年来享有双顺差余额。中国在经常账户和金融账户上的盈余（在商业新闻中被称为双顺差）是非常罕见的。通常情况下，一个国家的经常账户和金融账户之间呈现反向关系，例如美国、德国和英国。这种反向关系不是偶然的，通常表明了大多数大型成熟的工业国家通过金融账户中同等规模的盈余来为它们的经常账户赤字"融资"。而对于一些国家，比如日本，这两个账户的关系是相反的，即经常账户盈余与金融账户赤字相匹配。

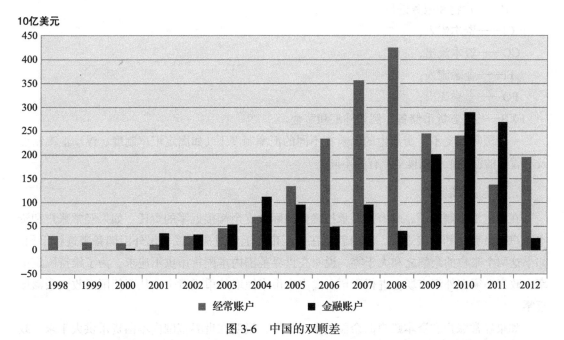

图 3-6 中国的双顺差

资料来源：*Balance of Payments Statistics Yearbook*: 2013, International Monetary Fund, December 2013.

然而，中国同时经历了巨额的经常账户盈余和少量的金融账户盈余。这非比寻常，但也是中国经济增长出色的体现。尽管如此巨大的经常账户盈余通常会造成金融账户赤字，但中国经济发展的积极前景近年来吸引了大量资金流入中国，因此金融账户也处于盈余状态。

中国经济的增长伴随着经常账户盈余的增长，随后导致了外汇储备的增长。中国的外汇储备从 2001 年至 2011 年增长了 16 倍,从 2 000 亿美元涨到 3.2 万亿美元。在国际金融史上还没有出现过像中国这样积累外汇储备的先例。这些外汇储备使中国政府能够成功管理人民币的币值,同时提高中国在世界经济中的竞争力。数量庞大的外汇储备可以使中国政府保证人民币兑主要货币(如美元)维持相对稳定的有管理的固定汇率。

3.4 国际收支平衡对关键宏观经济变量的影响

一国的国际收支与国际金融中的三大宏观经济变量互相影响:汇率、利率和通货膨胀率。

3.4.1 国际收支平衡和汇率

一国采取的汇率制度不同,国际收支会对该国汇率产生重要的影响,反之亦然。国际收支平衡和汇率的关系可以用下式简单说明,这一等式总结了国际收支平衡表的主要数据。

$$\underset{\text{余额}}{\text{经常账户}} + \underset{\text{余额}}{\text{资本账户}} + \underset{\text{余额}}{\text{金融账户}} + \underset{\text{余额}}{\text{储备账户}} = \underset{\text{收支}}{\text{国际}}$$

$$(X - M) + (CI - CO) + (FI - FO) + FXB = BOP$$

式中 X——货物和服务出口;

M——货物和服务进口;

CI——资本流入;

CO——资本流出;

FI——金融流入;

FO——金融流出;

FXB——官方货币储备,例如外汇和黄金。

一国国际收支不平衡产生的影响在不同的汇率制度下(如固定汇率制度、浮动汇率制度及有管理的浮动汇率制度等)有所不同。

1. 固定汇率制度

在固定汇率制度下,政府需要承担确保国际收支余额接近零的责任。如果经常账户和资本账户的余额之和不接近零,政府就要在外汇市场上通过买入或卖出外汇储备来进行干预。如果这两个账户的余额之和大于零,说明在世界范围内本国货币供不应求。为了维持固定汇率,政府必须在外汇市场上进行干预,卖出本币来换取外币或黄金,从而使国际收支余额接近零。

如果经常账户和资本账户的余额之和小于零,说明在世界范围内本国货币供大于求。政府需要用外币和黄金储备来购买本国货币以进行干预。很明显,对于政府来说,拥有足够的外汇储备使其能够有效干预外汇市场是非常重要的。如果一国外汇储备告罄,它将不能买回本国货币,本币将不得不贬值。

2. 浮动汇率制度

在浮动汇率制度下,一国政府没有钉住汇率的责任。理论上,即使经常账户和资本账户余额之和不为零,汇率也不会朝着必须维持国际收支余额为零的方向发展。例如,当一国经常账户赤字数目可观而资本账户和金融账户的余额为零时,该国的国际收支就会出现赤字,此时在世界市场上本国货币就会供大于求。本国货币可以通过降低其价值来消除供大于求的不平衡状况,就像商品市场一样。这样,本国货币会贬值,从而使国际收支重新平衡。

但外汇市场并不总是遵循这一规律,尤其是在短期或中期内。这一延迟被称为J曲线效应(后面会讲到)。赤字在短期内会恶化,但长期内将回归均衡。

3. 有管理的浮动汇率制度

虽然实行有管理的浮动汇率制度的国家仍然依赖于市场来确定其每日的汇率,但是这些国家政府还是有必要采取行动以维持理想的汇率水平。因此,它们经常试图通过影响市场行为的动机来改变市场对本国货币的估值,而不是在外汇市场上进行直接干预。

这些政府会采取的一种方式是改变相对利率,从而影响决定汇率的经济基础。根据前面的等式我们知道,改变本国利率将改变(CI – CO)的值,尤其会改变资本流动的短期组成部分,从而恢复由经常账户赤字导致的不平衡。

利率的改变将对国际资本和汇率变动产生巨大影响。采用有管理的浮动汇率制度的国家可以提高本国利率、吸引外国资本,从而维持该国货币币值。这一举措将改变市场供求力量,并增加本国货币的市场需求。在这一过程中,政府向市场释放出一种信号,即政府将采取行动在一定区间内维持本币价值。但是这一过程会增加本地企业的借款成本,因此经常在国内遭受诟病。

3.4.2 国际收支平衡和利率

除了用汇率来干预外汇市场外,一国的利率相对于其他国家的水平也会对国际收支平衡表中的金融账户产生影响。相对较低的国内实际利率通常会刺激资本外流至其他货币利率更高的国家。但是在美国,情况正好相反。尽管美国国内实际利率相对较低,而且国际收支平衡表的经常账户存在大量赤字,但是美国的金融账户仍然存在金融流入以抵消经常账户赤字,因为美国的经济增长前景更有吸引力,生产创新水平较高,并且被认为政治风险很低。金融账户的资金流入使美国得以在维持较低利率的同时为巨额财政赤字融资。但是,似乎美国金融账户的有利流入正在减少而经常账户余额正在恶化。

3.4.3 国际收支平衡和通货膨胀率

进口可能会降低一国的通货膨胀率,特别是进口低价的商品和服务限制了国内竞争对手可比商品和服务的价格。因此,与没有进口的情况相比,来自国外的具有竞争力的替代品将使本国通货膨胀率维持在更低的水平。

另外,如果更多的低价进口替代品取代了国内生产的产品,就业率和国内生产总值将会降低,经常账户赤字也将更加严重。

3.5 贸易平衡与汇率

一国货物和服务的进出口受到汇率变化的影响。这一传导机制理论上非常简单:汇率的变化改变了进出口的相对价格,而根据价格需求弹性,价格的变化又会改变进出口的需求量。尽管从理论上看这个结论很直接,但是实际的国际业务非常复杂。

3.5.1 贸易和贬值

持续且规模较大的贸易赤字有时会使一国货币贬值。许多国家和地区在不久前都有意令其货币贬值以使其出口商品的价格在世界市场上更具竞争力。然而,这些竞争性贬值通常被认为是自杀式的,因为这样做也会使进口价格相对更高。如此看来,有意使本币贬值来改善贸易平衡到底有没有合理性?可能的结果又是什么?

3.5.2 J曲线调整路径

通过对国际经济的分析可将贸易平衡的调整过程分成三个阶段:①外汇合约期;②汇率传导期;③数量调整期。这三个阶段如图3-7所示。假设在货币贬值前贸易账户余额已经为负,在t_1时期的货币贬值起初导致了贸易状况继续恶化,然后得到改善,这一调整路径很像字母"J"的形状。

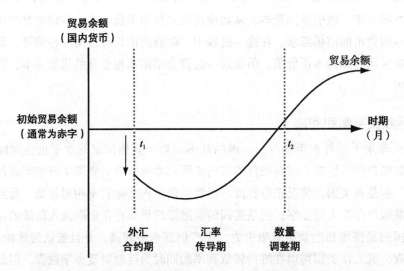

如果出口产品主要以本国货币计价和开票,而进口产品主要以外币计价和开票,那么国内货币突然贬值最初可能导致贸易差额扩大。当汇率变化影响到产品价格之后,市场有时间通过改变需求来响应价格变化,贸易差额将会改善。外汇合约期可能持续3~6个月,接下来的汇率传导期和数量调整期将会再持续3~6个月

图3-7 贸易平衡的调整:J曲线效应

在第一阶段,即外汇合约期,因为所有的进出口合约均已生效,本币贬值预期之外的影响并不确定。无论是盈利还是亏损,签署这些合约的公司都必须履行义务。假设美元突然贬值,而且大多数出口合约以美元标价,大多数进口合约则以外币标价。美元突然贬值将导致贸易赤字在t_1时期进一步扩大,因为美国进口商将花费更多的美元来购买外币以履行进口合约,从而使得进口成本增加,而出口商获取的利润不变。尽管这一阶段的贸易平衡调整路径经常被引用,但没有足够的理由相信美国大多数进口都以外币标价,大多数出口都以美元标价。

贸易平衡调整路径的第二阶段被称为汇率传导期。当汇率变动时，进口商和出口商最终必须将外汇的变动转嫁到产品价格上。例如当美元贬值后，向美国市场销售产品的外国生产商需要采取措施贴补其国内的生产成本，这使得外国公司收取更高的美元价格以获取足够多的本币。此时，外国公司就必须在美国市场上提价。至此，美国的进口价格大幅攀升，汇率变动最终完全转嫁到产品价格上。类似地，美国的出口商品的价格相对于国外竞争者来说更加便宜，因为美元价值更低了。对于美国出口商来说不幸的消息是，它们最终产品的原材料大多数需要进口，从而抑制了美元贬值的积极影响。

第三个也是最后一个阶段，即数量调整期，完成了预期的本币贬值带来的贸易余额调整。汇率传导期之后进出口价格发生变化，美国国内市场和出口市场的消费者将根据新的价格调整需求。进口商品的价格更高，因此进口需求量减少；而出口商品的价格比以前便宜，因此出口需求增加。贸易差额（即出口支出减去进口支出）将得到改善。

这三个调整阶段不是一夜之间完成的，即使像美国这样经历了重大汇率变革的国家，这一调整过程也很漫长。实证研究表明，工业国家从 t_1 时期到 t_2 时期所花费的时间为 3～12 个月，而且在调整过程完成之前经常会出现新的汇率变动，这使得调整过程更加复杂。

3.5.3 贸易调整过程：公式

一国的贸易余额本质上是进出口利润之差，而进口和出口利润分别是进口和出口价格的倍数（$P_x^\$$ 和 P_m^{fc}）。出口价格以美元标价，而进口价格以外币标价。出口和进口的数量分别以 Q_x 和 Q_m 表示。进口支出以美元标价，等于以外币标价的进口支出乘以即期汇率 $S^{\$/fc}$。美国贸易余额也以美元标价，根据以下公式计算：

$$\text{美国贸易余额} = (P_x^\$ Q_x) - (S^{\$/fc} P_m^{fc} Q_m)$$

本币贬值的直接影响是提高了即期汇率 $S^{\$/fc}$，使贸易账户状况恶化（外汇合约期）。一段时间以后，当现行合约均已到期，汇率变动部分或全部转嫁到商品价格上，贸易账户状况将得到明显改善（汇率传导期）。在最后阶段，需求价格弹性充分发挥影响（数量调整期），此时达到实际贸易平衡。最终的贸易余额预计将高于图 3-7 所示的水平。

3.6 资本流动

资本跨国流动的自由程度对一国的国际收支平衡至关重要。美国在过去的 20 年间经历了经常账户赤字，同时保持了金融账户盈余，而中国在过去 10 年中经常账户和金融账户都出现了盈余。但这只是两个国家的情况，也许无法反映改变贸易和资本平衡给许多国家，特别是小国或新兴市场可能带来的挑战。

3.6.1 经常账户与金融账户之间的资本流动

资本流入可以对一国经济的发展做出重大贡献。资本流入可以为新项目的设立、新基础设施的开发与生产力的提高增加可用资金。所有这些都可以刺激总体经济增长、创造就业机会。对于国内的资本持有人来说，有能力向国外投资或许可以获得更多的回报，使投资组合

多样化，并促进国内企业的商业发展。

也就是说，资本自由地流入和流出可能会打破经济活动的平衡。尽管资本自由流动的好处已经久为人知，但其负面影响也是众所周知的。正是出于这个原因，布雷顿森林体系的创建者非常谨慎地规定了经常账户交易中的资本自由流动，仅限于外汇、银行存款、货币市场票据。但是他们并没有规定资本账户交易中的资本自由流动，即对外直接投资和股权投资。

经验表明，与经常账户有关的资本流动可能更加不稳定，因为资本是基于短期利率差额和预期汇率流入或流出一个经济体或一种货币的。这种波动在一定程度上是独立的，不会直接影响实际资产投资、就业或长期经济增长。长期资本流动反映了更根本的经济预期，包括对经济增长前景和政治稳定的看法。

然而，当你考虑到许多新兴市场国家的困境时，问题的复杂性就显而易见了。回忆下第2章的"三元悖论"，该理论指出，任何国家都不能同时做到维持固定汇率、允许完全的资本流动（无论在国内还是在国外）并实行独立的货币政策。许多新兴市场国家通过维持几乎不变的（软钉住）汇率制度来继续发展，同时限制资本流入和流出，这是一种严格的、独立的货币政策。随着经常账户业务活动（货物和服务的进出口）的增长，国家会撤销更多与经常账户相关的资本流动管制。然而，如果一国在短期资本流动中经历了显著波动，资本流动可能影响汇率钉住制度或货币政策目标，那么政府往往会迅速重启资本管制。

在20世纪七八十年代和90年代上半期，资本开放的增长导致许多国家的政治压力显著增加，它们被要求向国际资本开放更多的金融账户科目。但是，1997～1998年亚洲金融危机带来的破坏使这一切陷入停滞。规模较小的经济体发现，无论其增长和发展在外向型贸易战略下多么成功，它们在经济危机和金融危机蔓延时仍然容易遭受突发性和破坏性的资本外流。

3.6.2 资本流动的历史模式

我们需要了解资本流动的历史，以及资本流出（资本外逃）如何造成国际收支平衡的危机。资本是否总能自由流入或流出一国？肯定不是。外国投资者在何种程度上可以在其他国家拥有财产、并购企业或者购买股票和债券，这是极具争议的。

图2-1将过去150年的经济历史划分为五个不同的汇率时代，并将其与资本流动的含义（或缺乏资本流动性）联系起来。这五个汇率时代反映了第2章中所讨论的汇率制度，也反映了工业化国家与新兴市场国家在某一时期政治经济信仰和政策的演变。

1. 金本位制时期（1860～1914年）

随着资本开放日益盛行，贸易和资本开始更自由地流动，这是以工业化国家经济为主导、依赖黄金可兑换性来维持对制度的信心的时代。

2. 两次世界大战时期（1914～1945年）

这是一个紧缩的时代，主要经济大国回归孤立主义和保护主义政策，限制了贸易并且几乎消除了资本流动。灾难性的后果包括金融危机、全球经济大萧条以及日益加剧的国际政治和经济争端，这些争端迫使一些国家陷入第二次世界大战。

3. 布雷顿森林体系时期（1945～1971年）

在布雷顿森林体系下，以美元为基础的固定汇率制度带来了长期的经济复苏以及国际贸易和资本流动的日益开放。许多研究人员（例如 Obstfeld 和 Taylor，2001）认为，正是资本流动的速度和数量的快速增长最终导致了布雷顿森林体系的失败——全球资本再也无法受到控制。

4. 浮动汇率时期（1971～1997年）

在该时期，工业化国家和新兴市场国家之间的分裂越来越严重。工业化国家（主要货币）受到资本流动的影响转向或被迫采用浮动汇率。新兴市场（次要货币）试图在促进经济发展的同时保持对其经济和货币的控制，因此开放了贸易并且仍保持对资本流动的限制。尽管有这些限制，但在1997年亚洲金融危机的冲击下，这个时代结束了。

5. 新兴时期（1997年—）

以中国和印度为首的新兴经济体试图逐步向全球资本开放市场。但是，正如"三元悖论"指导工业化国家那样，资本流动性增加要求新兴市场国家放弃管理货币价值或者放弃执行独立的货币政策。到2011年和2012年，随着资本流动规模和速度的增长，越来越多的新兴市场国家货币被迫升值（或反抗升值）。

2008～2014年，全球资本流动是双刃剑的说法进一步得到印证。2008～2009年的信贷危机始于美国，并迅速蔓延到全球经济，拖垮了一些经济环境与美国相似的工业化经济体和新兴市场经济体。在后信贷危机时期，全球资本流向了新兴市场。虽然这为它们的经济复苏提供了资金和助力，但用一位记者的话来说，这是"负重"。新兴市场货币升值的压力越来越大，这在一定程度上削弱了它们的出口竞争力。但是，就像资本的突然到来一样，资本又突然消失了。2013年年底，美国联邦储备委员会宣布将放缓货币供应量的增长，并提高美国利率。资本再次转移，这次从新兴市场进入了更多的传统工业国家，如美国和欧洲国家。

3.6.3 资本管制

资本管制是一种约束，目的是限制或改变资本流入或流出一国的速度和方向。资本管制可以采取多种形式，有时表现为规定哪一方可以以何种目的进行何种类型的资本交易，即约束了投资的对象、内容、时间、地点和原因。

正是新闻业和学术界媒体的偏见让人们认为资本已经能够自由跨越国界。资本自由进出一个国家，与其说是规则，不如说是例外。多年来，美国的资本流入和流出相对开放，而有些国家比较封闭。对于资本转移，这个世界充满了要求、限制、税收和审批文件。

资本管制的目的五花八门，其中大多数与将国内的货币和金融经济与外部市场隔离有关，或与所有权和利益准入的政治动机有关。如表3-2所示，不管是资本流入还是流出，都可能存在资本管制。虽然资本管制有负面含义（可能是对"管制"一词的偏见），但是"三元悖论"要求，如果一个国家希望维持固定汇率和独立的货币政策，就必须控制资本流动。

表 3-2 资本管制的目的

管制目的	方法	资本流动控制	举例
一般收入/金融战争	对资本外流的控制，使一个国家在固定汇率下承受更高的通货膨胀，同时也能压低国内利率	流出	第一次世界大战和第二次世界大战中的大多数交战国
金融抑制/信贷分配	那些利用金融体系奖励优惠产业或增加收入的政府，可能会利用资本管制来阻止资本流向海外去寻求更高的回报	流出	在发展中国家很普遍
纠正国际收支逆差	对资本外流的控制降低了对外国资产的需求，同时又没有紧缩性的货币政策或货币贬值，使得通货膨胀率比其他情况下更高	流出	1963~1974年美国利息平衡税
纠正国际收支顺差	对资本流入的控制降低了外国对国内资产的需求，同时又没有扩张性的货币政策或货币升值。这使得通货膨胀率比其他情况下更低	流入	1972~1974年德国巴德波特计划
防止潜在的不稳定的资本流入	限制资本流入可以减少在危机期间可能流出一国的资本池，提高了宏观经济的稳定性	流入	1991~1998年智利强制存款政策
防止金融动荡	资本管制可能会限制或改变国际资本流动的构成，从而加剧国内金融体系中扭曲的激励机制	流入	1991~1998年智利强制存款政策
防止实际升值	限制资本流入阻止了货币扩张的必要性和国内通货膨胀的加剧，这将导致货币的实际升值	流入	1991~1998年智利强制存款政策
限制外国对国内资产的所有权	外国拥有某些国内资产会引起不满，尤其是自然资源	流入	《墨西哥宪法》第27条
保留储蓄用于国内	投资国内经济的好处可能不会完全归储户所有，通过限制资本外流，整体经济会变得更好	流出	—
保护国内金融公司	将国内金融部门与世界其他地区暂时隔离开来进行管制，使国内企业得以实现规模经济，在世界市场上参与竞争	流入与流出	—

资料来源："An Introduction to Capital Controls," Christopher J. Neely, *Federal Reserve Bank of St. Louis Review*, November/December 1999, p. 16.

资本管制可能采取各种形式，以反映对贸易的限制，比如，可能只对特定交易征税，可能会限制特定资本交易的数量或规模，也可能完全禁止交易。管制本身倾向于遵循国际收支平衡表中经常账户交易与金融账户交易的基本二分法。

在某些情况下，资本管制的目的是阻止资本外流和货币贬值。1997~1998年亚洲金融危机期间的马来西亚就是一个例子。随着马来西亚货币遭受攻击，资本开始退出马来西亚，此时政府实施了一系列资本管制措施，旨在停止短期资本流入流出，但不妨碍贸易，也不限制长期外来投资。所有与贸易相关的获得外汇的请求都获得了批准，使得与经常账户相关的资本流动得以继续。但是，对内或对外货币市场和资本市场投资的外汇准入受到限制。希望投资马来西亚资产（实物资产而非金融资产）的外国投资者可以自由进入。

资本管制也可以在相反的情况下实施，在这种情况下，人们主要的担忧是大量、快速的资本流入将导致货币升值（从而损害出口竞争力）和货币政策复杂化（资本流入冲击货币市场和银行存款）。20世纪90年代的智利就是一个例子。新的政治和经济稳健性开始吸引国际资本。智利政府以强制存款计划作为回应，该计划对短期（少于一年）资本流入征税并加以限制，同时限制国内金融机构以外币发放信贷或贷款的能力。尽管该计划被认为实现了维持国内货币政策和防止智利比索快速升值的目标，但它给智利公司尤其是小公司造成了巨大的损失。

类似的利用资本管制来阻止本国货币升值的例子有所谓的"荷兰病"。随着 20 世纪 70 年代荷兰天然气工业的迅速发展,人们越来越担心大量的资本流入会刺激对荷兰盾的需求,从而导致货币大幅升值。荷兰盾升值会损害荷兰的制造业,导致其自然资源相关产业的衰落。这是近年来一些规模相对较小、出口部门相对较小的资源丰富的经济体所面临的挑战,包括阿塞拜疆、哈萨克斯坦和尼日利亚的石油与天然气开发。

资本外逃。在国际金融史上,有一个极端问题曾多次引起人们的关注,那就是资本外逃,这是资本管制旨在控制的问题之一。定义资本外逃有点困难,最常见的定义是,因反对或担心国内的政治经济环境和政策而使资本迅速流出该国。迅速甚至非法地将可兑换货币从一个国家转出会带来重大的经济和政治问题,这一问题并不局限于高负债国家。许多负债累累的国家遭受了严重的资本外逃,这加重了它们的债务问题。

有许多方法可以把钱从一个国家转移到另一个国家,有些是合法的,有些则不是。通常的国际支付方法(常规的银行转账)显然是最容易也是成本最低的,而且是合法的。大多数经济健康的国家允许本国货币自由兑换,对于这些国家来说,资本外逃不是问题。相反,持票人转让实物货币(俗称走私,如将现金放在箱子底部带出国境)成本更高,而且是不合法的。这类转移之所以不合法,是因为通常涉及毒品交易或其他非法活动。

3.6.4 全球化的资本流动

尽管有许多好处,但许多新兴市场经济体仍担心资本流入激增可能给它们的经济带来问题。这些资本流入中许多被视为暂时的,反映了利率差异,一旦发达经济体的政策性利率恢复到正常水平,至少部分差异可能被逆转。在这种背景下,资本管制再次受到瞩目。

人们担心的是,大量资金流入可能导致汇率超调(或者仅仅是大幅升值,使经济管理明显复杂化),或者使资产价格泡沫膨胀,从而加剧金融脆弱性和危机风险。更广泛地说,在危机之后,政策制定者再次考虑这样一种观点,即自由的资本流动从根本上讲是良性现象,所有资金流动都是理性投资和信贷决策的结果。而人们的担心更多的是外国投资者可能会受到从众行为的影响,对投资过度乐观;即使资本流动从根本上说没有问题,但在危机到来之后,人们也会认识到危机可能间接造成了破坏,包括泡沫和资产的兴衰。

——"Capital Inflows: The Role of Controls," Jonathan D. Ostry, Atish R. Ghosh,
Karl Habermeier, Marcos Chamon, Mahvash S. Qureshi, and Dennis B.S. Reinhardt,
IMF Staff Position Note, SPN/10/04, February 19, 2010, p. 3.

传统上,人们对资本流入的主要担忧是,资本流入的持续时间短,可能会在短时间内流出,这是政治和经济不稳定的新兴市场的特征。但是,近年来最大的两次资本流动危机发生在最大、最发达、最成熟的资本市场——美国和西欧。2008 年以美国为核心的全球信贷危机和 2011 ~ 2012 年希腊 / 欧盟主权债务危机,都发生在长期以来被认为最成熟、最复杂、最"安全"的市场。

本章小结

1. 国际收支平衡表是一个汇总报表,一个现金流量表,总结了一段时间内(通常是一年)

不同国家间的所有国际经济交易。
2. 虽然从理论上说国际收支平衡表必须平衡，但实际上由于存在统计误差或经常账户资本/金融账户的误报，可能存在大量不平衡的情况。
3. 国际收支平衡表最重要的两个子账户是经常账户和金融账户。这两个账户分别概括了当前国家的贸易和国际资本流动。
4. 经常账户和金融账户通常存在反向平衡关系，当某一账户盈余时，另一个账户就会出现赤字。
5. 尽管大多数国家都在尽力保持经常账户盈余，但是无法确定经常账户和金融账户的平衡或盈余是不是可持续的。
6. 尽管对世界上最大的几个工业国家来说，商品贸易更容易被观察到（例如，货物从港口进入国境），但服务贸易的增长对国际收支平衡产生了更显著的影响。
7. 监测一国国际收支平衡表各个子账户，有助于各级政府与行业决策者在各个层面上发现推动一国国际经济活动的基本经济力量的潜在趋势和动向。
8. 汇率变动会改变进出口的相对价格，而价格变化通过需求价格弹性导致需求量发生变化。
9. 一国货币贬值首先使该国贸易状况恶化，然后才逐步改善——贸易的调整路径呈现字母"J"的形状。
10. 资本大规模快速跨境流动是导致货币危机如此严重的主要原因之一，例如1997年的马来西亚和2001年的阿根廷，各国政府得出结论：它们别无选择，只能对资本流动实施严格的限制。
11. 虽然不局限于高负债国家，但可兑换货币快速有时甚至非法转移出境会导致严重的经济和政治问题。许多高负债国家遭受了严重的资本外逃，这加剧了它们的债务负担。

案例研究

全球汇款

"汇款是直接增加移民家庭收入的重要资金来源，"世界银行发展预测局局长汉斯·蒂莫表示，"这些汇款增加了对卫生和教育领域以及小企业的投资。由于能够更好地跟踪移民和汇款趋势，政策制定者可以做出明智的决定，以保护和利用这一巨大的资本流入，其规模是官方援助量的3倍。"

——"Remittances to Developing Countries Resilient in the Recent Crisis", Press Release No. 2011/168DEC, The World Bank, November 8, 2010.

在过去10年里，国际收支平衡的一个重要领域是汇款。汇款这个术语有点复杂。根据国际货币基金组织的说法，汇款是指外来务工人员从他们工作的国家向其原籍国的人（通常是家庭成员）汇出的资金的国际转移。⊖

根据国际货币基金组织的说法，移民是指一个人到一个国家停留或打算停留一年或更长时间。如图3-8所示，对全球汇款的简要概述如下。

据世界银行统计，2009年有4 140亿美元被汇出，其中3 160亿美元流向发展中国家。这些汇款交易是由超过1.9亿人进行的，大约占世界人口的3%。

2009年，汇款最多的国家是美国、沙特阿拉伯、瑞士、俄罗斯和德国。在世界范围内，2009年接受汇款最多的国家是印度、中国、墨西哥、菲律宾和法国。

汇款构成了一个非常小的现金流，通常可以忽略不计，从美国等国家流出。然而，对于

⊖ "Remittances: International Payments by Migrants", Congressional Budget Office, May 2005.

接受汇款的较小的发展中国家来说，它却代表了一个很大的份额，占这些国家 GDP 的百分比有时甚至超过 25%。在许多情况下，这比流向这些国家的发展资金和援助多。

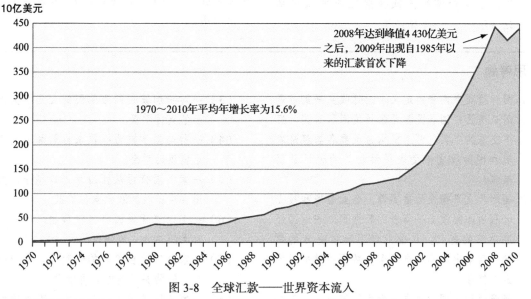

图 3-8　全球汇款——世界资本流入

资料来源：世界银行。

全球汇款的历史记录很短。如图 3-8 所示，汇款在 2000 年后急剧增长，直到 2008～2009 年全球金融危机造成第一次真正的下降。

汇款在很大程度上反映了一个国家（来源国）的移民或外来工作者赚取的收入，然后这些收入被汇给到工作者原籍国（接收国）的家庭或亲人。因此，尽管发展中国家之间有更多的移民工作者流动，但高收入的发达国家仍然是汇款的主要来源。2009 年全球经济衰退导致主要来源国的建筑和制造业等经济活动减少，结果，2009 年汇款现金流下降，然后在 2010 年略有回升。

大多数汇款是通过电汇或各种非正式渠道（有些甚至用手提）进行的小额支付。负责汇编和报告美国国际收支统计的美国经济分析局（BEA）将移民汇款归为经常账户中的"经常转移"。更宽泛的汇款还可以包括移民带到东道国的资本资产和他们带回原籍国的类似资产。

所有这些数值在汇编时一般都记录在国际收支平衡表的金融账户下。然而，"移民"的定义也是有争议的。在另一国工作但不被视为"居民"的个人（例如，为跨国公司工作的外籍人士）向其原籍国汇回的汇款，也可被视为在经常账户的流动汇款下的全球汇款。

日益激烈的争论

随着全球汇款的增加，汇款在国家收支平衡或更重要的经济发展中发挥什么作用或应该发挥什么作用越来越被人们所争论。在某些国家，比如印度，央行和其他银行机构越来越抵制使用在线支付服务如 PayPal 来处理汇款。在其他国家，如洪都拉斯、危地马拉和墨西哥，关于大部分汇款是流向家庭还是主要支付给各种中美洲走私者——人口贩子的争论日益激烈。

例如，在墨西哥，汇款现在是其第二大外汇收入来源，仅次于石油出口。墨西哥政府日益将汇款视为其国际收支的一个组成部分，在某些方面，它取代了日益下降的出口竞争和减少的外国直接投资。但也有越来越多的证据表明，汇款流向了最需要它的人——墨西哥人口中收入最低的一部分人，用于减轻贫困和支持消费支出。引用墨西哥前总统比森特·福克斯的话："在其他国家把收入汇回墨西哥的工作者是英雄。"

讨论题

1. 跨境汇款包含在国际收支平衡表中的哪一项?它是经常账户或金融账户的组成部分吗?
2. 汇款在什么条件下对经济和总体收支平衡有重要贡献?
3. 汇款在像墨西哥这样的国家经济中发挥了什么作用?

思考题

1. 国际收支平衡表的定义。国际收支平衡表是用来衡量一国居民与外国居民间所有国际经济交易的工具。哪家机构为世界各国经济表现和国际收支平衡表提供相关的统计数据来源?
2. 国际收支平衡表的重要性。企业经理和投资者利用国际收支平衡表的数据预测东道国经济政策的变化。从企业经理和投资者的角度,列举出国际收支平衡表数据能够提供的三个信号。
3. 经济活动。国际收支平衡表能够衡量的两类主要经济活动是什么?
4. 平衡。国际收支平衡表为什么总是"平衡"的?
5. 国际收支会计。如果国际收支平衡表被看作一个会计报表,那么它是衡量一国财富的资产负债表、衡量一国盈利的利润表,还是衡量一国资金流动的现金流量表?
6. 经常账户。经常账户由哪些主要子账户组成?以美国为例,举例说明每个子账户的借方和贷方。
7. 实物资产与金融资产。实物资产和金融资产的区别是什么?
8. 直接投资与组合投资。直接投资和组合投资的区别是什么?分别举例说明两种投资方式。跨国企业最可能采取哪种投资方式?
9. 金融账户。金融账户的主要子账户是什么?分析导致单个子账户出现净赤字或净盈余的原因。
10. 交易分类。将下面各项交易归类为经常账户或资本和金融账户的子账户。
    (1) 一家美国食品连锁店从智利进口葡萄酒。
    (2) 一位美国居民购买了一家德国公司以欧元标价的债券。
    (3) 一对新加坡夫妇为他们的女儿在美国上学支付学费。
    (4) 一所美国学校为一位来自新加坡的学生提供助学金。
    (5) 一家英国公司从西班牙进口橘子,并用存在伦敦的欧元支付货款。
    (6) 一个西班牙果园将其销售收入的一半存在纽约的一家银行。
    (7) 一家总部设在伦敦的保险公司以投资为目的购买了美国公司债券。
    (8) 一家美国跨国公司从一家伦敦保险经纪公司购买保险。
    (9) 一家伦敦保险公司支付在美国遭受恐怖袭击的损失。
    (10) 国泰航空公司从洛杉矶国际机场购买航空煤油,以补充其返回中国香港的燃料。
    (11) 一家总部设在加利福尼亚的共同基金在东京和伦敦股票交易所购买股票。
    (12) 美军从南亚的供应商处购买食物以补充其驻军供给。
    (13) 一个耶鲁大学的毕业生在波斯尼亚的国际红十字协会找到工作,其工资以瑞士法郎支付。
    (14) 俄罗斯政府雇用一家挪威搜救公司来打捞一艘沉没的潜水艇。
    (15) 美国政府为在贝鲁特美国大使馆工作的外国服务顾问支付工资。
    (16) 一家挪威海运公司以美元向埃及政府支付苏伊士运河的通行费。
    (17) 一家德国汽车企业支付其在底特律子公司工作的高管的工资。
    (18) 一位美国游客用美国运通卡支付其在巴黎的房费。

（19）一位法国外省游客用美国运通卡支付其在巴黎的房费。
（20）一位美国教授用富布莱特奖学金去国外学习一年。

11. 平衡。国际收支平衡表中各个账户的总结性报表是什么？它们衡量的是什么？
12. 美国的资本流动性。尽管美国经常账户持续赤字，但美元价值在过去20年间还是保持不变甚至稍有上涨。为什么会出现这种情况？
13. 巴西的资本流动性。尽管巴西经常账户偶尔会出现盈余，但巴西雷亚尔在过去20年间仍然周期性贬值。为什么会出现这种情况？
14. 国际收支平衡表分类。为下面所列的各项交易选择合适的国际收支平衡表账户。

（1）一家德国养老基金以投资为目的购买了30年期的美国国债。
（2）斯堪的纳维亚航空公司在纽瓦克机场购买航空煤油，以补充其飞往哥本哈根的燃油。
（3）一些中国香港的学生支付他们在加利福尼亚大学伯克利分校的学费。
（4）美国空军在韩国购买食物以供应其空军工作人员。
（5）一家日本汽车公司支付其在美国工作的高管的工资。
（6）一个美国游客在曼谷餐厅用餐。
（7）一位哥伦比亚的公民向美国走私可卡因，并将收取的现金汇回哥伦比亚。
（8）一家英国公司购买一家意大利跨国公司以欧元标价的债券。

练习题

澳大利亚经常账户

用以下国际货币基金组织提供的澳大利亚国际收支平衡表的数据回答第1～4题。

（单位：100万美元）

项目	2000	2001	2002	2003	2004	2005	2006
货物，贷方（出口）	64 052	63 676	65 099	70 577	87 207	107 011	124 913
货物，借方（进口）	-68 865	-61 890	-70 530	-85 946	-105 238	-120 383	-134 509
服务，贷方（出口）	1 867 7	16 689	17 906	21 205	26 362	31 047	33 088
服务，借方（进口）	-18 388	-16 948	-18 107	-21 638	-27 040	-30 505	-32 219
主要收入：贷方	8 984	8 063	8 194	9 457	13 969	16 445	21 748
主要收入：借方	-19 516	-18 332	-19 884	-24 245	-35 057	-44 166	-54 131
次要收入：贷方	2 622	2 242	2 310	2 767	3 145	3 333	3 698
次要收入：借方	-2 669	-2 221	-2 373	-2 851	-3 414	-3 813	-4 092
项目	2007	2008	2009	2010	2011	2012	
货物，贷方（出口）	142 421	189 057	154 777	213 782	271 677	257 754	
货物，借方（进口）	-160 205	-193 972	-159 216	-196 303	-242 915	-262 966	
服务，贷方（出口）	40 496	45 240	40 814	46 968	51 852	52 672	
服务，借方（进口）	-39 908	-48 338	-42 165	-51 313	-60 994	-64 389	
主要收入：贷方	32 655	37 320	27 402	35 711	42 965	42 097	
主要收入：借方	-73 202	-76 719	-65 809	-8 464 5	-94 689	-80 778	
次要收入：贷方	4 402	4 431	4 997	5 813	7 389	7 357	
次要收入：借方	-4 690	-4 805	-5 799	-7 189	-8 920	-8 783	

注：国际货币基金组织最近调整了它们的项目名称，出口现在都被称为贷方，进口作为借方。

1. 澳大利亚货物贸易余额是多少？
2. 澳大利亚服务贸易余额是多少？
3. 澳大利亚货物贸易和服务贸易余额之和是多少？
4. 澳大利亚经常账户余额是多少？

印度经常账户

用以下国际货币基金组织提供的印度国际收支平衡表的数据回答第 5～9 题。

（单位：100 万美元）

项目	2000	2001	2002	2003	2004	2005	2006
货物，贷方（出口）	43 247	44 793	51 141	60 893	77 939	102 175	123 768
货物，借方（进口）	−53 887	−51 212	−54 702	−68 081	−95 539	−134 692	−166 572
服务，贷方（出口）	16 684	17 337	19 478	23 902	38 281	52 527	69 730
服务，借方（进口）	−19 187	−20 099	−21 039	−24 878	−35 641	−47 287	−58 696
主要收入：贷方	2 521	3 524	3 188	3 491	4 690	5 646	8 199
主要收入：借方	−7 414	−7 666	−7 097	−8 386	−8 742	−12 296	−14 445
次要收入：贷方	13 548	15 140	16 789	22 401	20 615	24 512	30 015
次要收入：借方	−114	−407	−698	−570	−822	−869	−1 299
项目	2007	2008	2009	2010	2011	2012	
货物，贷方（出口）	153 530	199 065	167 958	230 967	307 847	298 321	
货物，借方（进口）	−208 611	−291 740	−247 908	−324 320	−428 021	−450 249	
服务，贷方（出口）	86 552	106 054	92 889	117 068	138 528	145 525	
服务，借方（进口）	−70 175	−87 739	−80 349	−114 739	−125 041	−129 659	
主要收入：贷方	12 650	15 593	13 733	9 961	10 147	9 899	
主要收入：借方	−19 166	−20 958	−21 272	−25 563	−26 191	−30 742	
次要收入：贷方	38 885	52 065	50 526	54 380	62 735	68 611	
次要收入：借方	−1 742	−3 313	−1 764	−2 270	−2 523	−3 176	

5. 印度货物贸易余额是多少？
6. 印度服务贸易余额是多少？
7. 印度货物贸易和服务贸易余额之和是多少？
8. 印度货物贸易、服务贸易和收入账户余额之和是多少？
9. 印度经常账户余额是多少？

中国国际收支平衡表

用以下国际货币基金组织提供的中国国际收支平衡表（除港、澳、台地区）的数据回答第 10～13 题。

（单位：100 万美元）

项目	2000	2001	2002	2003	2004	2005	2006
A.经常账户余额	20 518	17 401	35 422	45 875	68 659	134 082	232 746
B.资本账户余额	−35	−54	−50	−48	−69	4 102	4 020
C.金融账户余额	1 958	34 832	32 341	52 774	110 729	96 944	48 629
D.净误差与遗漏	−11 748	−4 732	7 504	17 985	10 531	15 847	−745
E.储备及相关项目	−10 693	−47 447	−75 217	−116 586	−189 849	−250 975	−284 651
项目	2007	2008	2009	2010	2011	2012	
A.经常账户余额	353 183	420 569	243 257	237 810	136 097	193 139	
B.资本账户余额	3 099	3 051	3 958	4 630	5 446	4 272	
C.金融账户余额	91 132	37 075	194 494	282 234	260 024	21 084	

（续）

项目	2007	2008	2009	2010	2011	2012
D. 净误差与遗漏	13 237	18 859	-41 181	-53 016	-13 768	-79 773
E. 储备及相关项目	-460 651	-479 553	-400 508	-471 659	-387 799	-96 555

10. 中国（大陆）处于净资本流入还是流出？
11. 中国（大陆）A 组和 B 组的总额是多少？
12. 中国（大陆）从 A 组到 C 组的总额是多少？
13. 中国（大陆）从 A 组到 D 组的总额是多少？

俄罗斯国际收支平衡表

用以下国际货币基金组织提供的俄罗斯国际收支平衡表的数据回答第 14～17 题。

（单位：100 万美元）

项目	2000	2001	2002	2003	2004	2005
A. 经常账户余额	46 839	33 935	29 116	35 410	59 512	84 602
B. 资本账户余额	10 676	-9 378	-12 396	-993	-1 624	-12 764
C. 金融账户余额	-34 295	-3 732	921	3 024	-5 128	1 025
D. 净误差与遗漏	-9 297	-9 558	-6 078	-9 179	-5 870	-7 895
E. 储备及相关项目	-13 923	-11 266	-11 563	-28 262	-46 890	-64 968

项目	2006	2007	2008	2009	2010
A. 经常账户余额	94 686	77 768	103 530	48 605	70 253
B. 资本账户余额	191	-10 224	496	-11 869	73
C. 金融账户余额	3 071	94 730	-131 674	-31 648	-25 956
D. 净误差与遗漏	9 518	-13 347	-11 271	-1 724	-7 621
E. 储备及相关项目	-107 466	-148 928	38 919	-3 363	-36 749

14. 俄罗斯正在经历净资本流入吗？
15. 俄罗斯 A 组和 B 组的总额是多少？
16. 俄罗斯从 A 组到 C 组的总额是多少？
17. 俄罗斯从 A 组到 D 组的总额是多少？

欧元区国际收支平衡表

用以下国际货币基金组织提供的欧元区国际收支平衡表的数据回答第 18～21 题。

（单位：100 万美元）

项目	2000	2001	2002	2003	2004	2005
A. 经常账户余额	-81.8	-19.7	44.5	24.9	81.2	19.2
B. 资本账户余额	8.4	5.6	10.3	14.3	20.5	14.2
C. 金融账户余额	50.9	-41.2	-15.3	-47.6	-122.9	-71.4
D. 净误差与遗漏	6.4	38.8	-36.5	-24.4	5.6	15.0
E. 储备及相关项目	16.2	16.4	-3.0	32.8	15.6	23.0

项目	2006	2007	2008	2009	2010
A. 经常账户余额	-0.3	24.9	-198.2	-31.3	-53.6
B. 资本账户余额	11.7	5.4	13.2	8.5	8.2
C. 金融账户余额	-27.9	-1.9	204.4	70.3	77.3
D. 净误差与遗漏	19.0	-22.7	-14.5	12.4	-18.3
E. 储备及相关项目	-2.6	-5.7	-4.9	-59.8	-13.6

18. 欧元区正在经历净资本流入吗?
19. 欧元区从 A 组到 B 组的总额是多少?
20. 欧元区从 A 组到 C 组的总额是多少?
21. 欧元区从 A 组到 D 组的总额是多少?
22. 贸易逆差与 J 曲线调整路径。假设美国有以下进出口量和价格。美国对美元进行了大幅贬值,平均而言,对所有主要贸易伙伴货币贬值 18.00%。货币贬值前和货币贬值后的贸易差额是多少?

初始即期汇率(美元/外币)	2.00
出口价格(美元)	20.000 0
进口价格(外币)	12.000 0
进口数量(单位)	100
出口数量(单位)	120
美元贬值百分比	18.00%
需求价格弹性	−0.90

第 4 章

财务目标和公司治理

美国著名玩具零售商反斗城的首席执行官吉拉德·斯托奇认为，所有的 CEO 都有共同的基本目标，即提升客户价值，谋求股东回报最大化，并建立可持续的竞争优势。"在很大程度上，我相信目标的差别比我所看过的许多文章中的描述都更加细微。我每天都做同样的事情，从早上就开始工作。我努力让公司变得更好。"

——公共 vs. 私人，《福布斯》，2006 年 9 月 1 日

学习目标

1. 考察全球企业不同的所有权结构，以及这些结构如何影响所有权和控制权的分离，即代理问题。
2. 评估两种主要管理目标之间的区别——股东财富最大化和利益相关者资本主义的区别。
3. 根据公司由所有者运营还是由专业管理者管理，区分管理者追求的业务目标的差异。
4. 分析当今全球市场使用的公司治理的目标和形式，以及它是否会吸引或阻止跨国投资。
5. 调查公司治理的趋势如何改变跨国企业的竞争格局。

本章主要探讨法律、文化、政治以及制度的差异如何影响企业在财务目标和公司治理方面的选择。商业企业的所有者及其特性和专业兴趣对公司目标及治理具有重大影响。因此，我们依次研究企业所有权、目标和公司治理。然后，我们探讨治理过程中的失败如何导致世界各地通过监管和其他手段来改进治理。本章的案例研究是奢侈品的战争：LVMH 与爱马仕，看法国爱马仕为维持家族控制而做的斗争。

4.1 谁拥有企业

我们由两个基本问题开始对财务目标的讨论：
- 谁拥有企业？
- 企业的所有者是否管理企业？

在当今的全球商业中，组织以及组织的所有权和控制权在不同国家和文化之间变化很

大。要了解这些企业如何运作以及为什么这样运作，首先必须了解许多不同的所有权架构。

4.1.1 所有权种类

与企业所有权相关的术语可能会被混淆。由国家或政府拥有的企业，是国有企业。私人、私有公司或非政府实体拥有的企业是私营企业。

关于所有权的第二个区别就是术语。私人团体、个人组成的小团体或私营企业拥有的企业被称为私人持有。然而，如果这些所有者希望在资本市场上出售它们在企业中的部分所有权，例如通过在证券交易所上市和交易公司的股票，那么这部分股票就会被公开交易。因此，重要的是要清楚地理解，在公开上市的公司中，股票可以由私人购买和拥有，可以在私人之间进行公开交易。图 4-1 提供了这些所有权区分的简要概述。

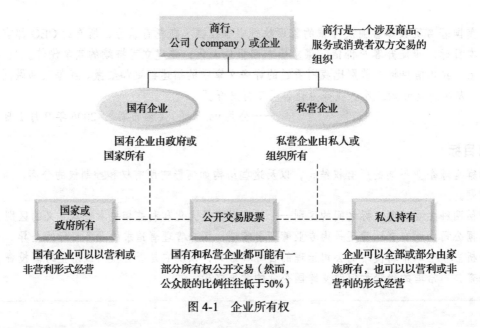

图 4-1 企业所有权

所有权可以由各种不同的团体或组织持有。一个企业可以由单人（独资企业）、两人或两人以上（合伙企业）、一个家族（家族企业）、另外两家公司（合资企业）、数千人（公开上市公司）、政府（国有企业），或者某种组合拥有。

下面三个跨国企业是所有制在全球业务中的不同及其在任何单个企业中如何随时间演进的示例。

（1）巴西石油公司（或巴西石油）是巴西的国家石油公司。巴西石油公司成立于1953年，最初巴西政府拥有 100% 所有权，因此是一家国有企业。然而，随着时间的推移，它将部分所有权卖给了公众，在圣保罗证券交易所公开上市。如今，巴西政府持有巴西石油约 64% 的股份，其余 36% 的股份掌握在全世界私人投资者——股东的手中。

（2）苹果公司成立于 1976 年，是史蒂夫·乔布斯、史蒂夫·沃兹尼亚克和罗纳德·韦恩的合伙企业。1977 年 1 月 3 日，苹果公司在美国成立，罗纳德·韦恩把他的所有权卖给了两个合伙人。1980 年，苹果公司首次向公众公开发售其股票，其股票在纳斯达克股票市场交易。如今，苹果公司已经发行了约 9 亿股股票，并且被认为是股东"广泛持有"的，因为没有一个投资者持有超过5%的股份。近年来，按市值计算（发行的股票乘以股价），苹果公司成为世界上最有价值的上市公司。

（3）爱马仕国际集团是法国跨国奢侈品生产商，1837年由蒂埃里·爱马仕创立，一直以来，由爱马仕家族拥有和经营，是一家家族企业。1993年，公司首次"上市"，向公众出售了27%的股权。然而，该家族仍保留了73%的股份，控制着公司（章末的案例研究详细描述了2010年爱马仕家族为保留其控制权而进行的斗争）。

一旦建立了企业所有权的概念，就更容易理解控制权的所在，因为所有权和控制权是分离的概念。巴西石油公司是一家由巴西政府控制的巴西上市公司。爱马仕国际是一家以家族为基础的法国企业。苹果公司是一家公开上市和被股东广泛持有的企业，所以控制权在于它的董事会和由董事会聘请来管理公司的高级领导团队。持有苹果公司股票的个体投资者可以投票表决每年提交给他们的发行事项，所以他们有一定程度的高层影响力，但苹果公司的日常战略、策略、运营和治理是在高层管理团队和董事会的控制之下。

任何企业，无论企业最初由国家、家族还是私人或机构拥有，都可以选择将其所有权的一部分作为股票在公共市场上交易，如图4-1所示（注意，我们说的是一部分，若一家公司100%被公开发售就不能被定义为国有或私有）。例如，许多国有企业也进行公开发售。中国石油天然气总公司（CNPC）是中国石油的国有母公司，它在上海、香港、纽约证券交易所上市，但多数股权和控制权仍由中国政府持有。

如果公司决定将部分所有权出售给公共市场，它将进行首次公开募股（或称之为IPO）。一般来说，公司最初只向公众出售相对小的一部分，从10%到20%不等，但公司仍然可能由少数私人投资者、家族或政府控制，只是现在它的部分所有权是公开发售的。随着时间的推移，一家公司可能会将越来越多的股权出售给公共市场，最终完全公开发售。或者，私人所有者或家族可以选择保留大部分份额，但可能不保留控制权。公司控制权也有可能改变其公开持股的地位，通过回购股票来减少流通股的数量。

另一家公司的收购表明了改变所有权和控制权的另一种方式。例如，2005年，一家非常大的私人公司，科氏工业集团（美国）购买了佐治亚-太平洋公司（美国）——一家非常大的公开上市的林产品公司所有发行在外的股票。科氏私人持有佐治亚-太平洋公司。

即使一家公司公开上市，它仍然可能被个人投资者或包括主要机构投资者在内的小投资者集团控制。这意味着对该公司的控制与私人持有公司类似，反映了控股的个人投资者或家族的利益和目标。尽管许多公司同时公开发售，许多新兴市场的一个持续特征是家族控股公司的主导地位。许多家族控制的公司可能优于公开上市的公司。本章末尾的案例研究突出了这样的家族式控制企业。

本章后面会讨论股票首次公开发行还有另一个重要意义：公司受到与证券销售和交易有关的许多增加的法律监管和报告要求（大多数国家都有）。例如，在美国，上市意味着公司必须披露相当多的财务和运营细节，至少每季度公布一次，并遵守美国证券交易委员会的相关法律法规以及具体的运营和报告要求。

4.1.2 所有权和管理权的分离

企业财务管理中最具挑战性的问题之一就是所有权从管理权中分离的可能性。在任何所有权结构下，被雇用的或专业的管理层都可以存在，但是在国有企业和被股东广泛持有的公共贸易公司中，这种现象最常见。所有权和管理权的分离使得两种实体可能具有不同的业务和财务目标。这就是所谓的委托代理人问题，或者简称代理人问题。有几种策略可用于协调股东和管理层的利益，最常见的是高级管理层拥有股票或股票期权。这样管理者个人财富的利益就与普通股东相似了。

美国和英国是两个拥有广泛所有权的国家市场。管理层可能持有公司的一小部分股票，但大部分管理层是被聘请的代理人，代表股东的利益。相比之下，在其他全球市场上，许多公司的特点是控股股东，如政府、机构（例如，德国的银行）、家族（例如，在法国、意大利以及亚洲和拉丁美洲）和利益集团（例如，日本的经连会和韩国财阀）。由同一实体拥有和管理的企业不存在代理人问题。

在许多情况下，通过拥有双重投票权、连锁董事会、董事会交叉选举、收购保障措施以及其他在英美市场没有使用的方法来加强所有者对公司的控制。然而，近期在美国和英国出现的巨额股权基金及对冲基金致使一些非常著名的上市公司私有化。

4.2 管理层的目标

随着公司全球化进程的加剧，新的问题出现了，即从高层管理人员的角度看公司的总体目标是什么以及公司治理所扮演的角色等问题，全球有不同的观点和做法。

投资者想要什么？首先当然是业绩，包括丰厚的可预测盈利和持续的增长。其次是透明度、会计责任、开放式交流以及有效的公司治理。公司如果不能在各个领域遵守国际惯例，就不能吸引和维持国际资本。

——"公司治理的美好新世界"，《拉丁金融》，2001年5月

金融学的入门课程通常在股东财富最大化这一管理目标的框架内教授。事实上，每一个商务专业的学生都在大学期间记住了股东财富最大化这一概念。然而，这种方法至少受到两方面的挑战：①股东财富最大化未必是所有管理者都能接受的目标，其他利益相关者也可能有很大的话语权；②这一目标很难实施，与其他崇高的目标一样，创造价值说起来比做起来容易得多。

尽管在英美市场中，股东财富最大化在理论和实践中都是可行的，然而在其他地方未必如此，企业和投资者理念在欧美市场和世界其他市场间存在一些分歧。

4.2.1 股东财富最大化模型

在英美市场中存在着一种理念，即公司的目标应符合股东财富最大化模型（shareholder wealth maximization，SWM）。更确切地说，公司应追求在一定风险水平下股东回报最大化，这一回报由资本利得和股利之和决定。换句话说，公司应追求在一定回报水平下使股东风险最小化。

SWM模型假定股票市场是有效的，这就意味着股价总是正确的，因为它包含了投资者对收益率和风险的预期。市场很快将新信息融入股价当中，因此我们认为股价是宏观经济中

最好的资本分配器。

SWM模型将风险定义为把公司股票加入多元化的投资组合中所增加的风险。该模型认为这一定义普遍适用。投资者可以通过投资组合的多样化来消除总的运营风险。因此，除非会增加破产的可能性，否则非系统性风险即单个股票的风险不是管理层考虑的重点。而系统性风险，即市场风险则不能被消除，这表明股价将随股市的变化而变化。

1. 代理人理论

代理人理论研究的是股东如何激励管理层接受SWM模型中的规定。[注]例如，大量使用股票期权会激励管理层从股东的角度思考问题。这些激励措施是否有效尚有争议。然而，如果管理层在很大程度上背离SWM模型下股东回报最大化的目标，董事会将罢免管理层。在董事会太过软弱或不能采取这一行动的情况下，股市将会通过收购来实现。英美市场中普遍存在的一股一票原则使得这一措施得以实施。

2. 长期和短期的价值最大化

20世纪90年代美国国内外经济一片繁荣，股价不断上涨，SWM模型暴露出一些缺陷。美国的一些大公司追求短期而非长期的价值最大化（例如，关于实现市场预期季度利润的持续争议），而这一战略部分是股票期权的过度使用造成的。

这种短期关注有时会产生扭曲的管理激励。为了追求短期利润增幅的最大化，满足投资者过高的目标，诸如安然、环球电信、南方保健公司、阿德菲亚、泰科电子、帕玛拉特、世通等公司在利润和负债的记录上采取冒险的、欺骗性的、不诚实的手段，最终导致公司破产，同时也造成了对公司CEO、CFO、会计师事务所、法律顾问以及其他相关方的检控。管理层和投资者的这一破坏性的短期目标被准确定义为"不耐烦资本主义"。争论的焦点有时是公司的投资期限，即公司需要投资和运营多久才能获得利润。与"不耐烦资本主义"相对的是"耐心资本主义"，这一观点强调长期股东财富最大化。传奇投资家沃伦·巴菲特通过他的伯克希尔-哈撒韦公司进行投资，他是最成功的、最有耐心的投资家之一。巴菲特主要投资于像可口可乐这样增长缓慢但稳定的主流公司，并成为亿万富翁。

4.2.2 利益相关者模型

在非英美市场中，控股股东同样追求长期股权收益率的最大化。然而，他们更多地受到其他利益相关者的制约。尤其是在英美市场之外，工会的力量更强，政府为保护重要的利益相关群体（如当地社区）、环境和就业等，会更多地干预市场。此外，银行和其他金融机构是比证券市场更重要的债权人。该模型被称为利益相关者模型（SCM）。

1. 市场有效性

SCM模型并不假定股市有效或无效。由于股东受其他利益相关者的制约，公司的财务目标并不只是以股东为中心，所以这一假定无关紧要。但无论如何，SCM模型认为是长期

[注] Michael Jensen and W. Meckling, "Theory of the Firm: Managerial Behavior, Agency Costs, and Ownership Structure," *Journal of Financial Economics*, No. 3, 1976, and Michael C. Jensen, "Agency Cost of Free Cash Flow, Corporate Finance and Takeovers," *American Economic Review*, 76, 1986, pp. 323-329.

忠诚的股东，尤其是控股股东，而非证券投资者会对公司战略产生影响。

2. 风险

SCM模型假定总风险（即操作风险）确实是重要的。公司的目标是在一定宗旨下，创造不断增长的长期利润和股利。风险更多的由产品市场的变化而不是由利润和股价的短期变动来测定。

3. 单一目标和多重目标

尽管SCM模型避免了SWM模型的一个缺陷，即寻求短线回报的短期投机资本，但它同样有自身的缺陷。试图满足多方利益相关者的要求使得管理层没有一个明确的权衡目标，管理层试图通过书面和口头的披露以及复杂的薪酬制度来影响权衡。

4. 计分卡

与SCM模型相反，SWM模型要求一个单一的目标——价值最大化，并有明确的计分卡。迈克尔·詹森认为：管理的目标是使企业总的市场价值最大化。这意味着，如果每投入一美元，企业的股票、债务或其他任何或有债权的市场价值就会超过一美元，那么公司领导层就应该愿意花费或投入更多的钱或资本。

不同的模型都有利有弊，近年来出现的两种趋势使得管理层逐步将重点放在了股东财富的形式上。第一种趋势是，随着非英美市场中企业私有化进程的加快，股东财富的重点在于吸引来自外部投资者的国际资本。第二种趋势是，许多分析人士认为跨国公司逐渐控制了全球工业领域，而这一观点尚有争议。一切都需要用事实说话。

4.2.3 运营目标

股东"价值最大化"说起来是一回事，做起来又是另外一回事。利润最大化的目标并非听上去那么简单，因为在私人公司和上市公司中，所有者或管理层对利润的定义并不相同。换句话说，管理层是追求当期收入最大化还是追求资本增值？抑或两者兼有？

上市公司股东获得的回报包括两个方面：以股利形式表示的当期收入和股价升值带来的资本利得

$$股东回报 = \frac{D_2}{P_1} + \frac{P_2 - P_1}{P_1}$$

式中，期初股价P_1等于股东的初始投资额，P_2为期末股价，D_2是期末支付的股利。理论上，股东获得这两部分收益。例如，在美国市场上，一个多元化的投资者在过去的50年或60年内平均收益率为14%，大体上可划分为2%的股利和12%的资本利得。

通常，管理层认为其对第一部分即股利有最直接的影响。管理层制定战略和运营决策，提高销售额并获得利润，随后以股利的形式将利润发放给所有者。资本利得则复杂得多，但并不直接受管理层的控制。市场份额、利润或其他传统形式的增长并不能直接导致股票升值。很多高层管理人员认为股市变化多端，不总是和预期一致。上市公司的领导者通常会得出这样的结论，公司自身的增长（即销售额和利润的增长）是推动股价上涨的巨大希望。

私人公司关于股东回报的目标函数则相对简单，它追求当期以及可持续的收入最大化。私人公司中不存在股价（私人公司确实有价值，但这并不是我们认为的市场运作方式中由市场决定的明确的价值）。因此，这一类型公司的重点在于产生当期收入和股利收入，并给予所有者一定回报。如果私人所有权归一个家族所有，家族企业的重点则是以较慢的增速维持长期的盈利能力，因此，如果我们想了解管理层的战略和财务目标，首先明确所有权形式以及所有者的利益是至关重要的。表4-1提供了公开上市和私人持有之间各种财务和管理差异的概述。

表 4-1　公开上市与私人持有的对比

组织特征	公开上市	私人持有
创业	不，坚持核心竞争力	是的，做所有者希望做的任何事
长期或短期的焦点	关注短期季度收益	关注长期
关注盈利增长	是的，盈利增长是关键	不，根据所有者的收入需求来定义
充足的资金	良好的资本渠道和资本市场	过去有限但越来越多
领导者素质	专业人员，内外部招聘	变化无常，家族企业缺乏
收益（利润）的作用	向股市发出盈利的信号	支持所有者和家族的收益
领导者是所有者	最低利益，一些人持有股票期权	是的，所有权和管理权常常是相同的

私人持有公司可能比公开上市的公司更不具侵略性（风险更小）。没有公开的股价，外部投资者就无法对与公司业务发展相关的风险和收益进行投机，私人持有公司的所有者和经营者可以选择承担较少的风险。这可能意味着它不会试图以如此快的速度增加销售和利润，因此可能不需要快速增加所需的资本（股权和债务）。麦肯锡的一项研究发现，私营企业的债务水平显著低于公开上市公司（平均债务转股权要少5%）。有趣的是，这些私营企业还享有更低的债务成本，基于公司债券的发行，大约降低了30个基点。

1. 跨国公司的运营目标

跨国公司必须以适合公司不同层次的运营目标为指导。尽管公司的目标是股东价值最大化，但高层管理人员并不总是知道投资者评估公司的依据。因此，大多数公司希望收到投资者对运营目标的积极回应，而这些目标可以通过公司的运作方式加以控制，并希望市场对公司的成就给予回报。跨国公司必须正确平衡以下三个传统的运营财务目标：

- 合并税后收入最大化；
- 全球税负最小化；
- 根据不同的国家和货币，对公司的收入、现金流和可用资金正确定位。

这些目标通常是互斥的，追求一个目标往往会影响其他目标的实现，因此管理层必须在不同目标间做出正确的权衡取舍（这就是为什么雇用人而不是计算机来管理公司）。

2. 合并利润

跨国公司的主要运营目标是税后合并利润最大化。合并利润是指将所有母公司和子公司的利润以母公司所在国货币表示的总和。这并不是说管理层不必追求未来现金流现值的最大化，尽管全球日常管理决策的重点在于当期利润，但制定和实施跨国公司战略的高管们必须高瞻远瞩。

例如，国外子公司有自己的一套财务报表体系：①利润表，记录了公司一年的收入和费用；②资产负债表，汇总产生收入的公司资产和融资来源；③现金流量表，记录了公司一年内现金的流入和流出活动。由于税收和需要向当地政府报告等，这些财务报表最初以当地货币表示，但最后必须与母公司的财务报表整合到一起，然后向股东发布。

3. 公私混合

正如一位分析师所说，全球商业环境是一个"混乱的地方"，包括跨国公司在内的各种公司的所有权，不一定是纯公有的或纯私有的。一项对全球企业的研究发现，标准普尔500指数中 1/3 的公司都是家族企业。这不仅仅是美国的情况，在法国和德国，大约 40% 的大公司受到家族所有权和领导权的严重影响。

换言之，公司可以公开上市，但一个家族仍然对公司的战略和运营决策拥有相当大的权力。这可能是件好事。如图 4-2 所示，在全球四个不同国家和地区，公开上市的家族控制企业（以股东的总收益率衡量）的财务绩效优于非家族公开上市企业。

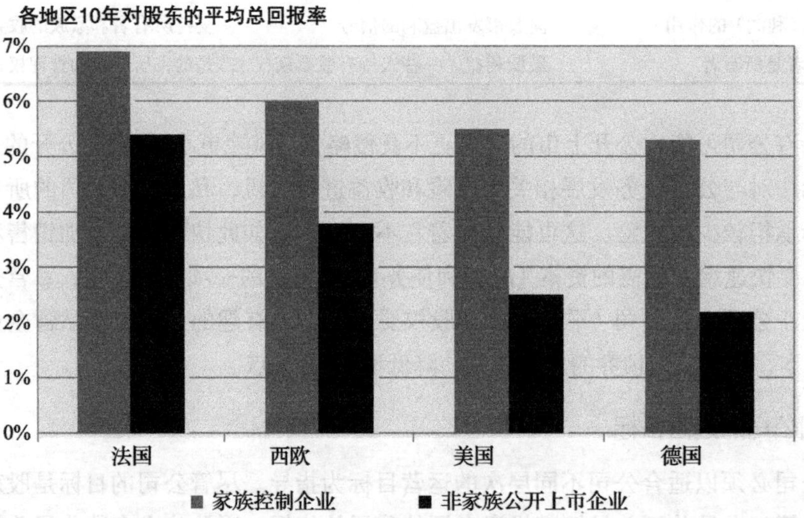

图 4-2 家族的优越表现

资料来源：Author presentation based on data presented in "The Five Attributes of Enduring Family Businesses," Christian Caspar, Ana Karina Dias, and Heinz-Peter Elstrodt, *McKinsey Quarterly*, January 2010, p. 7. Index of public companies by region: France, SBF120; Western Europe, MSCI Europe; United States, S&P500; Germany, HDAX.

家族控制企业为何表现得比其他企业好？瑞士信贷认为，对具有显著影响力的家族股票的表现起关键促进作用的三个因素是：①长期关注管理；②管理层与股东利益之间更好的一致性；③更强调公司的核心业务。

4.3 公开交易与私有化：全球转变

现如今，上市公司陷入了困境：这个在过去 150 年里一直处于资本主义核心地位的组织，面临着其在盎格鲁–撒克逊中心地带的信心丧失以及海外强大竞争者的崛起。近年来，在美国主要证券交易所上市的公司数量持续下降,美国每年需要 360 家新公司上市,来维持一个稳定的状态。但自 2000 年以来,每年新上市的公司平均只有 170 家,即使 Facebook 公司推动的 IPO 热潮也不足以弥补这一差距。

——"Varied Company," The World in 2012, *The Economist*, December 2011, p.31.

上市公司的未来真的面临风险吗?抑或只是美国的上市股票在下跌?图 4-3 展示了全球上市股票情况概览,分别为美国交易所和其他所有交易所的上市公司数量。

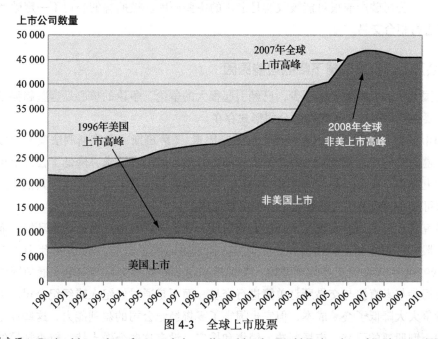

图 4-3　全球上市股票

资料来源:Derived by authors from statistics collected by the World Federation of Exchanges (WFE), www.world-exchanges.org.

根据世界交易所联合会的数据,图 4-3 提出了关于全球股票市场趋势的若干问题。

全球股票市场在过去 20 年中显著增长,在 2008 年达到顶峰。虽然 2008～2009 年全球金融危机的真正残余影响尚不清楚,但很显然,至少到现在为止,尽管有其他因素的存在,但这场危机已经放缓了公开股票市场的增长。

自 20 世纪 90 年代中期以来,美国在全球股票市场中所占的份额稳步地下降。截至 2010 年年底,在全球 54 家股票交易所上市的 45 508 只股票中,美国股票有 5 016 只,占总数的 11.0%。这与 1996 年美国上市公司总数的高峰时期相比明显下降,当时美国在全球 26 368 家上市公司中占 8 783 家,占比 33.3%。

美国公开上市股票减少了 3 767 只(从 1996 年的 8 783 只下降到 2010 年的 5 016 只),14 年来从峰值下降了 42.9%。显然,在美国股票交易所上市对公司的吸引力急剧下降。

4.3.1　上市测量

证券交易所新上市股票的数量是新增股(加入交易所的新公司)减去退市股(退出交易所的公司)的净结果。

（1）新增股。股票交易所增发上市股票有四个来源：①首次公开募股；②上市股票从一个交易所转移到另一个交易所；③大公司的分拆；④小型非交易所（如公告牌）的新上市股票。由于在一个国家内交易所之间的转移通常是零和博弈，并且股票分拆和公告牌的数量很少，因此真正的上市增长来自首次公开募股。

（2）退市股。被摘牌的股票分为三类：①被迫退市，意味着该股票不再满足股票价格或财务估值的交易要求；②合并，两家公司联合之后一方取消上市；③收购，该过程导致上市股票的减少。公司破产或很可能被收购是退市的主要原因。被摘牌的公司不一定破产，而且可以继续进行柜台交易。

4.3.2 公开上市股票数量下降的可能原因

在美国上市的股票数量的减少，已经引起很大的争论，争论的核心是这些趋势是否代表了全球主要企业不再以公开交易的公司形式存在。

美国市场本身可能反映出许多美国的特定因素。《萨班斯-奥克斯利法案》的影响已众所周知。遵从这些规定以及美国对公开发行的各种附加限制和要求，降低了公开上市的吸引力。再加上私募股权市场的持续发展和增长，公司可以在公开上市之外找到其他形式的股权资本，这可能是导致美国股票数量下降的主要原因。

有研究认为，美国股票数量下降的真正责任不在于美国日益严苛的监管环境，而在于导致中小型股票在市场制造、销售和研究支持方面衰退的因素激增。从1996年引入在线经纪业务和1997年引入在线交易规则开始，美国越来越多的股票交易转向电子通信网络，它允许所有市场参与者直接与交易所订单簿进行交易，而不是通过经纪人或经纪公司。虽然这种增加的竞争大大降低了交易成本，但它也损害了零售经纪公司的盈利能力，这些经纪公司一直支持中小型股票的研究、市场制造、销售和推广。没有这些金融支持，较小规模的股票不再被主要的股票公司覆盖和推广。没有调研、营销、推广和覆盖，这些股票的交易量和价值就下降了。

4.4 公司治理

任何公司（包括国内、国际或跨国公司）的治理结构是其生存的根本。近几年，公司治理失败导致的公司欺诈和破产使得这一问题成为政治和商业议论的焦点。公司权力滥用和治理失败已成为全球商业新闻的重点。安然公司由于会计欺诈和不道德的商业行为，最终于2001年秋破产，其公司治理的失败引发了商业道德和文化问题。

4.4.1 公司治理的目标

在英美市场中，公司治理的首要目标是股东长期回报最大化。为了实现这一目标，公司的董事会应致力于此，通过为公司制定并实施一套战略，以确保公司的发展和股权价值的创造。同时，应确保董事会与利益相关者之间保持良好的关系。包括经济合作与发展组织在内的许多组织机构持续不断地完善关于治理的五个主要方面。

（1）股东的权利。股东是公司的所有者，他们的利益应该优先于其他利益相关者。

（2）董事会的职责。公司董事会是对公司负有最终完全法律责任的个体，应对管理进行监督。

（3）给予股东公平待遇。公平待遇特别针对外国股东和少数股东。

（4）利益相关者的权利。公司治理实践中应该正式承认雇员、债权人、社会团体和政府等其他利益相关者的利益。

（5）透明度和披露。应及时公开、公平地报告公司经营和财务状况，并应公正地提供给所有利益相关者。

显然，这些原则的重点在于以下几个方面：股东的权利和角色、披露和透明度以及董事会的责任。下面我们会详细介绍。

4.4.2 公司治理结构

我们首先要理解公司治理的含义。图 4-4 给出了现代公司治理中不同的群体及其职责。现代公司的行为同时受到内外力量的制约。

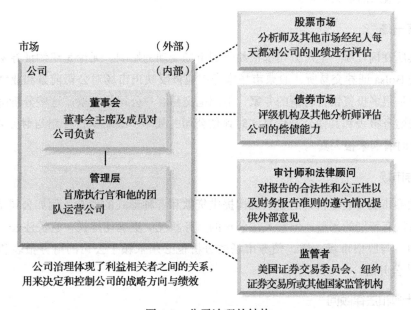

图 4-4 公司治理的结构

内部力量，即公司的管理层（如首席执行官）和董事会（包括董事会主席），他们直接负责决定公司未来的战略方向和执行。但他们并非完全自由行事，而是受制于市场中时刻质疑其决策的正确性和合理性的外部力量。这些外部力量包括：进行公司股票交易的股票市场（股票交易所）、评判公司股票的投资银行分析师、公司的债权人、为公司债务或权益证券进行信用评级的信用评级机构、证明公司财务报告的公平性和合法性的审计师与法律顾问以及监督公司行为的众多监管者，所有努力都是为了确保向投资者提供正确的信息。

1. 董事会

董事会是应为公司治理负责的法律主体，由公司员工（内部成员）及资深的、有影响力的非雇员（外部成员）组成。围绕董事会的争议包括以下几个方面：①内部和外部成员之间的适当平衡；②董事会成员获得回报的方式；③当董事会成员每年花几天时间参与董事会活动时，董事会实际监督和管理公司的能力。外部成员通常是其他重要公司在职或已退休的首席执行官，他们的加入会给公众带来公正、客观的印象，这虽然令人耳目一新，但也会导致其对公司的真实情况缺乏了解等问题。

2. 管理层

公司的高管，即首席执行官（CEO）、首席财务官（CFO）以及首席运营官（COO），不仅对公司业务最为了解，同时也是公司战略和运营方向的创立者与指导者。根据理论，公司的管理层是股东的立约人，即代理人，他们追求价值的创造。这些高管受到来自积极因素如薪水、奖金和股票期权，或消极因素如失业等方面的激励。然而，他们也会有自我充实或个人日程的考虑，这需要董事会和公司其他利益相关者的监督。有趣的是，在《财富》500强企业中，超过80%的公司，其首席执行官也是董事会主席。很多人认为这存在利益冲突，不符合公司及其股东的最大利益。

3. 股票市场

无论其所在国在哪，上市公司都极易受到市场变动的影响。无论是纽约证券交易所还是墨西哥城的Bolsa证券交易所，股票市场本身都应该反映出市场对公司前景和业绩的不断评估。分析师是很多投资银行聘请的专家，他们也交易客户公司的股票。这些分析师被期望能依据公司的财务报表和其他公开信息实时评估公司的战略、战略执行计划与财务表现（虽然这一行为有时看起来很天真）。

4. 债券市场

虽然债券市场（银行和其他金融机构提供贷款和各种形式的债券，例如公司债券）对创造股东价值没有特别的兴趣，但它关注公司的财务状况。更确切地说，它关注公司及时偿还债务的能力。与股票市场一样，债券市场的分析也必须依赖于公司的财务报表和其他资料（公开的和非公开的）。

5. 审计师和法律顾问

审计师和法律顾问负责为公司财务报表的公正性、合法性和准确性提出专业的外部意见。在这一过程中，他们试图确定公司的财务记录和做法是否遵循美国一般公认会计原则（GAAP）。但是审计师和法律顾问是被他们正在审计的公司雇用的，这就形成了一种监管雇主的独特做法。近年来出现的另一个难题是，大型的会计师事务所追求大型咨询业务的发展，往往会造成利益冲突。

6. 监管者

美国和其他地方的上市公司受到政府机构与非政府组织的监管。美国证券交易委员会对公开交易股票市场中的公司和投资者的行为进行谨慎监管。美国证券交易委员会和美国以外的其他类似机构要求公司对其业绩定期进行有序的披露，以便所有投资者能够利用充分、准确和公正的信息来评估公司的投资价值。这种监管的重点在于公司在什么时候、向谁、发布何种信息。

美国的上市公司同样受其所在交易所规则的约束（纽约证券交易所/泛欧交易所、美国证券交易所和纳斯达克证券交易所是三家最大的交易所）。这些机构通常为自律机构，它们为会员公司和自身制定并执行股票交易的行为准则。

4.4.3 公司治理的比较

对公司治理的需求起源于所有权和管理权的分离，起源于不同文件对利益相关者的定义及其意义的看法不同⊖。这使得公司治理实践会因国家或地区、经济和文化的不同而不同。如表 4-2 所示，公司治理体制可以根据企业所有权的演变进行分类。

表 4-2 公司治理体制的比较

体制基础	特点	例子
以市场为基础	有效的股票市场；分散的所有权	美国、英国、加拿大、澳大利亚
以家族为基础	管理权与所有权相结合；家族/多数股东和少数股东	中国香港、印度尼西亚、马来西亚、新加坡、中国台湾
以银行为基础	政府影响银行借贷；缺乏透明度；家族控制	韩国、德国
以政府为基础	企业由国家所有；缺乏透明度；少数股东没有影响力	中国大陆、俄罗斯

资料来源：Based on "Corporate Governance in Emerging Markets: An Asian Perspective," by J. Tsui and T. Shieh, in *International Finance and Accounting Handbook*, Third Edition, Frederick D.S. Choi, editor, Wiley, 2004, pp. 24.4-24.6.

以市场为基础的体制，如美国、加拿大和英国，以相对有效的资本市场为特点，上市公司的所有权比较分散。以家族为基础的体制，如新兴市场、亚洲市场和拉美市场，不仅在公司的初始阶段是家族控股（与非家族式的合伙制或小型投资团体不同），即使上市后仍主要由家族控制。以银行和政府为基础的体制，反映出市场中政府对财产和行业的所有权随时间的推移保持不变，导致企业的公共所有权份额下降，甚至企业的商业行为还会受到严格限制。

因此，在全球公司治理原则和实践的发展过程中，这些体制至少是四个主要因素的函数：①金融市场的发展；②管理权与所有权的分离；③披露和透明度；④法律制度的历史发展进程。

（1）金融市场的发展。金融市场的深度和广度对公司治理实践的演变至关重要。增长相对缓慢的国家市场，如新兴市场，或利用周边资本市场迅速实现工业化的国家市场，如西欧，都不太可能形成大型的上市股市体系。由于没有大量的股票公开交易，在这些市场中仍存在高集中度的所有权，而较少有规范性的治理过程。

（2）管理权与所有权的分离。在公司所有权与管理权尚未分离的国家和文化中，代理人问题尚不明显。而在像美国这样的国家中，所有权已经广泛与管理权分离，要使管理层和所有者的目标一致则困难得多。

⊖ For a summary of comparative corporate governance see R. La Porta, F. Lopez-de-Silanes, and A. Schleifer, "Corporate Ownership Around the World," *Journal of Finance*, 54, 1999, pp. 471-517. See also A. Schleifer and R. Vishny, "A Survey of Corporate Governance," *Journal of Finance*, 52, 1997, pp. 737-783, and the Winter 2007 issue, Vol. 19, No. 1, of the *Journal of Applied Corporate Finance*.

（3）披露和透明度。公司运营和财务业绩披露的程度因国家的不同而有很大不同。信息披露反映了一系列文化和社会因素，包括上市公司所有权的程度、政府认为相对于所有权而言需要对投资者的权利保护的程度，以及以家族和政府为基础的企业对文化的影响程度。另一个和披露相似的概念是透明度，它反映了企业组织内决策过程的可见度。

（4）法律制度的历史发展进程。把《英国普通法》作为法律制度基础的国家要比大陆法（即所谓的《拿破仑法典》）国家如法国和德国，更注重保护投资者的利益。《英国普通法》通常是英国及其前殖民地国家（包括美国和加拿大）法律制度的基础。而《拿破仑法典》通常是法国前殖民地及拿破仑曾统治的欧洲国家，如比利时、西班牙和意大利的法律体系的基础。在投资者保护力度薄弱的国家，控股股东所有制往往是缺少法律保护的一种替代形式。我们没有使用"道德"这一表述。到目前为止，我们假设责任人和领导者是真实、公平地遵守原则和实践，虽然事实并非总是如此。

4.4.4 家族控股与公司治理

虽然对公司治理的讨论大多集中于以市场为基础的体制（见表4-2），但是以家族为基础的体制无疑在世界范围内更加普遍和重要。例如，在一项对13个西欧国家的5 232家公司的研究中，家族控股公司占44%，而股权分散的公司占37%[⊖]。

国际金融实务4-1讲述了一些家族权力的历史。著名的卡特尔家族控制了意大利近60年。

国际金融实务 4-1

意大利交叉控股和 Salatto Buono 的终结

第二次世界大战后的几年里，意大利濒临垮台。为了稳固工业活动，意大利北部的豪门，包括阿涅利家族（以菲亚特集团闻名）、Pesenti 家族、倍耐力家族、Ligresti 家族以及后来的贝纳通家族，组建了 Salotto Buono（字面意思为"精致的客厅"），以相对较少的股份控制意大利的金融、工业和媒体。这种关系的核心是，每个家族企业都相互持有对方大量的所有权和控制权，形成连锁或交叉持股的结构以确保外界无法获得所有权或施加影响。

Salotto Buono 的创始人是 Enrico Cuccia，米兰投资银行的创始人。尤其值得一提的是，塞萨尔·格隆齐曾是意大利金融界的风云人物，他走到哪里都会带着三把红色的椅子，这些椅子最初放在米兰投资银行他的休息室中，后来跟随他放在意大利最大的金融集团忠利保险公司。格隆齐曾两次成为大型金融和会计欺诈案件（包括帕玛拉特商业丑闻）的目标嫌疑对象，但他仍然登上了权力的顶峰。在接下来的半个世纪里，任何想要获得影响力的人都必须通过"三把椅子"，即 **Salotto Buono** 的考验。

但遗憾的是，2008～2009年的全球金融危机打破了很多世界上最后的私人权力堡垒。随着越来越多的既得利益家族更深地陷入债务和破产的深渊，Salotto Buono 也成为受害者之一。

⊖ Mara Faccio and Larry H.P. Lang, "The Ultimate Ownership of Western European Corporations," *Journal of Financial Economics*, 65 (2002), p. 365. See also: Torben Pedersen and Steen Thomsen, "European Patterns of Corporate Ownership," *Journal of International Business Studies*, Vol. 28, No. 4, Fourth Quarter, 1997, pp. 759-778.

4.4.5 公司治理的失败

近年来，公司治理失败的例子越来越多，美国安然的丑闻众所周知。除了安然，世通、帕玛拉特、泰科、阿德尔菲雅、南方保健也被爆出有重大的会计、披露以及高管贪污问题。

在每个案例中，知名的会计师事务所，例如安达信，都是因为咨询业务的丰厚回报或其他利益冲突，无视公司的违规行为或者尽可能将其弱化。此外，证券分析师和银行还游说投资者购买问题公司的股票和债券，尽管他们知道这些公司具有高风险甚至濒临破产。更恶劣的是，大多数因管理不善而导致公司破产的高管，带着在崩盘前变卖股票获得的巨额收益，甚至还有过度丰厚的离职金逃之夭夭。

4.4.6 好的治理与公司名誉

好的公司治理重要吗？这确实是一个困难的问题，现实的答案在很大程度上依赖于历史结果。比如说，只要安然的股价继续上涨，有关透明度、会计公正性甚至财务事实的问题就会被公司的所有利益相关者忽视。但是最终，舞弊、欺诈和一系列公司治理实践的失败导致了公司破产。这不仅摧毁了投资者的财富，也摧毁了许多员工的职业生涯、收入来源和积蓄。因此，好的治理是非常重要的。

公司向投资者市场发出良好治理信号的一种方式是采用和推广一套基本的治理政策与措施。在访问公司官方网站时可以看出几乎所有上市公司都采用了这种方法。这也形成了一组标准化的通用原则，如图 4-5 所述，这组原则可能会成为良好治理措施的共识。董事会的组成、管理层薪酬、公司审计及公开报告和披露等做法已被广泛接受。

尽管世界各国在公司治理中采用了许多不同的文化和法律方法，但对于什么是良好的公司治理，人们已逐渐达成共识。

1. 董事会的组成。董事会应同时包括公司内部与外部成员。更重要的是，它的成员应该拥有真正的经验和知识，不但了解董事会的规则和责任，而且了解公司业务的性质和管理行为。

2. 管理层薪酬。一种与公司业绩（财务或其他方面）相匹配的管理层薪酬制度，受到董事会的严格监督并向股东和投资者公开披露。

3. 公司审计。及时对公司财务成果进行独立审计。主要由外部成员组成的董事会委员会对审计过程进行监督，这将是另一个重大改进。

4. 公开报告和披露。及时公开报告财务和非财务经营成果，投资者可借此评估投资前景。披露应包括透明度和潜在重大负债的报告。

最后需要注意的是，良好的公司内部治理，其质量和可信度仍然取决于一个国家的公司法的质量，即公司法对债权人和投资者（包括少数股东）权利的保护及其执行情况。

图 4-5 日益增强的良好公司治理措施的共识

原则上，良好的治理（在国家和公司层面）与资本成本（低价的）、股东回报（高）和公司效益（高）之间存在联系。另一个相关的方面是国家治理，因为它可能影响国际投资者选择投资的国家。然而令人好奇的是，不仅公司排名之间高度不相关，而且许多学术研究也表明，公司治理排名与其未来可能得到的重述收益、股东诉讼、资产回报以及各种衡量股票表现的方法之间几乎没有任何联系。

证明非英美公司有良好的公司治理的一种方法是选择一个或多个英美董事会成员。Oxelheim

和 Randøy 在研究中选取了挪威和瑞典的一些公司作为样本验证了这一结论。这些公司具有更高的市场价值。英美董事会成员建议建立一个管理体系,以获得更多的监督机会,同时提高投资者的认可度。对相同公司的后续研究发现,首席执行官的薪酬之所以增加,是因为对不良业绩的容忍度降低和监管要求的提高。

4.4.7 公司治理改革

在美国和英国,公司治理的主要问题就是代理理论所要解决的问题:在所有权广泛分散的情况下,公司如何协调管理层和所有者的利益?由于个人股东没有资源或权力去监督管理层,美国和英国市场依赖监管机构来协助监督代理问题和利益冲突。在美国和英国之外,大的控股股东(包括加拿大)占大多数,它们可以在某种程度上比监管机构更好地监督管理层。然而,控股股东也存在另一个代理问题。无论控股股东是重要机构、富有的私人投资者还是家族,都极难保护少数股东(持有少量股份的投资者,因此表决权很小)的利益不受控股股东权力的侵害。

近年来,美国和加拿大的改革已经很大程度地规范化了。其他地方的改革主要集中于采用原则,而不是更严格的法律法规。这种方式更温和,成本更低,也不太可能与其他现行的监管冲突。

《萨班斯–奥克斯利法案》。美国国会于 2002 年 7 月通过了《萨班斯–奥克斯利法案》(SOX)。该法案以两个主要的国会提案命名,有四条主要内容:①上市公司的首席执行官和首席财务官必须保证公司发布的财务报表的真实性;②公司董事会中必须有由独立(外部)董事组成的审计和薪酬委员会;③禁止公司向公司高管和董事提供贷款;④公司必须检查内部财务控制是否存在欺诈行为。

第一条条款,即所谓的签字条款,已经对公司编制财务报表的方式产生了巨大的影响。该条款旨在向公司高管灌输责任感和问责制的意识(从而减少高层管理者将责任推到审计者身上)。公司也在其组织内部推行相同的程序,经常要求业务部门管理者和较低层级的经理在他们的财务报表上签字。无论公司治理改革的形式如何,正如国际金融实务 4-2 中所讨论的那样,良好的公司治理的定义仍待完善。

国际金融实务 4-2

好的全球业务是好的治理吗

在很多情况下,"好的治理"是一个高度政治化的用语。在接受采访时,很多董事和高管都声称追求良好的治理实践对全球商业有益。但他们同时也会声明,像美国的《萨班斯–奥克斯利法案》那样提出严格的报告和披露要求,会妨碍商业的竞争和发展,降低美国境内上市和股权交易的吸引力。最终,这些董事和高管会选择避开公司治理。

⊖ Lars Oxelheim and Trond Randøy, "The Impact of Foreign Board Membership on Firm Value," *Journal of Banking and Finance*, Vol. 27, No. 12, 2003, pp. 2369-2392.

⊖ Lars Oxelheim and Trond Randøy, "The Anglo-American Financial Influence on CEO Compensation in Non-Anglo-American Firms," *Journal of International Business Studies*, Vol. 36, No. 4, July 2005, pp. 470-483.

一种方法不可能适用于所有情况。文化对商业行为有很大影响,很多国家正在寻找适合自己的方式,而不是一味效仿美国和欧洲的做法。例如,一些日本的公司高管指出,日本公司的治理体系与西方国家不同,其在与日本的文化和历史保持同步进化。他们认为在发展和执行全球标准、法规和监督的同时不应该忽视本国的文化背景与历史。

管理绩效不佳通常需要管理层、所有者或两者做出改变。图4-6提供了一些股东对公司业绩不满意时可能采取的行动。根据文化和公认的惯例,很多投资者在长时间内默默忍受股票的不佳表现,这并不罕见,而较积极的反应是卖出他们所持有的股票。为了向管理层表达强烈的不满,他们可能采取的行动是改进管理层或发起收购。

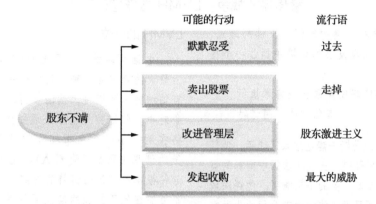

重要的是,上市公司的管理层及董事会清楚,如果他们管理不善,公司就可能被恶意收购。近几年,美国和其他国家中股票及对冲基金的发展使得杠杆收购再次变得普遍,由此加剧了这一威胁。

图4-6 股东对公司业绩不满时可能采取的行动

本章小结

1. 大多数商业公司都是由企业家(私营企业)或政府(国有企业)建立的。不管创始者是谁,如果公司要保持商业化,久而久之可能会选择通过首次公开募股的方式(全部或部分)上市。
2. 美国和英国股票市场以其广泛的股票所有权著称。在世界其他市场中,所有权则主要由控股股东拥有,通常控股股东为政府、机构、家族和财团。
3. 当一个公司被广泛拥有时,它通常由公司聘请的专业人士管理。职业经理人的利益可能与所有者的利益不一致,从而形成代理问题。
4. 英美市场的哲学是公司目标应遵循股东财富最大化模型(SWM)。更具体地说,公司应该努力在给定风险水平下使股东资本收益与股利收入之和最大化。
5. 在非英美市场中,控股股东也在努力实现长期股本收益率最大化。然而他们需要兼顾其他利益相关者的利益,包括雇员、客户、供应商、债权人、政府和社会团体。这就是所谓的利益相关者资本主义。
6. 上市公司的股东回报包括股利形式的当期收入和股价升值得到的资本利得。非上市公司由于没有股价的压力,只需努力使当前和可持续收益最大化。
7. 跨国公司必须做到三个营运目标的平衡:合并税后收入最大化;有效的全球税收支出最小化;对公司的收入、现金流和可用资金正确定位。
8. 公司的利益相关者之间的关系往往会决定和控制策略方向与一个组织的绩效,这被称为公司治理。公司治理的不同维度包括：代理理论；董事会的组成和控制；文化、历史和制度变量。
9. 现存的一个趋势是非英美市场的公司开始变得更加"股东友好化"，英美市场的公司可能也会有同样的变化趋势。
10. 美国、英国和欧盟在公司治理方面的一些积极举措，包括董事会结构和补偿制度、透明度、审计和少数股东权利，现在已经被很多新兴市场所接受。
11. 在一些国家和文化中，这些治理实践被视为过度干预，甚至被认为会损害公司的竞争力。这会导致这些国家的公司越来越不愿意在特定市场上市。

案例研究

奢侈品的战争：LVMH 与爱马仕

> 基本规则是在正确的时间、正确的地点、在一个能够充分长期发展的环境中抓住一个良好的机遇。
>
> ——LVMH 集团董事长兼首席执行官伯纳德·阿诺特

帕特里克·托马斯安静地结束了通话，他努力让自己的手不要颤抖。当他在法国中南部的奥弗涅乡下骑自行车时，他的手机响了。他深深地吸了一口气并试图思考。他的大部分职业生涯在爱马仕国际集团度过，并于 2006 年让·路易·杜马斯退休后担任首席执行官。作为首位非家族成员的首席执行官，执掌着这家拥有 173 年历史的家族企业，帕特里克如今面临着最大的威胁。

LVMH 的地位

电话那端的人正是 LVMH 集团——世界上最大的奢侈品牌公司的董事长兼首席执行官伯纳德·阿诺特，法国首富，自己主要的竞争对手。阿诺特打电话来通知托马斯，LVMH 将在两个小时后宣布其收购爱马仕 17.1% 股份的消息（见参考资料 A）。托马斯在最初几分钟根本不相信阿诺特的说辞，他认为 LVMH 不可能在他不知晓的情况下获得对爱马仕股权的重要控制。阿诺特向托马斯保证，这不是开玩笑，他期待着作为股东参与公司的成功。帕特里克·托马斯开始评估潜在的威胁，如果它确实是威胁的话。

参考资料 A

LVMH 成为爱马仕国际集团的股东

全球领先的奢侈品集团 LVMH 宣布其持有爱马仕国际集团 1 501.6 万股股票，这意味着其持股比例达 14.2%。LVMH 的目标是成为爱马仕的长期股东并保护其家族和作为法国企业的价值，这种价值是这个标志性品牌在全球成功的核心。

LVMH 非常支持创始家族和管理团队执行的策略，他们把爱马仕这一品牌打造成了奢侈品行业的瑰宝之一。LVMH 集团无意发起收购、接管爱马仕，也无意获取董事会席位。LVMH 持有超 3 001 246 股爱马仕国际集团的衍生金融工具，并打算要求将其转换。

如此一来，LVMH 将持有共计 18 017 246 股爱马仕国际集团的股份，占其股本的 17.1%，这笔持股的总成本将达到 14.5 亿欧元。

资料来源：Press Release, October 23, 2010, LVMH.com. Reproduced by permission of LVMH Companies.

⊖ Copyright 2011 © Thunderbird School of Global Management. All rights reserved. This case was prepared by Joe Kleinberg, MBA 2011 and Peter Macy, MBA 2011, under the direction of Professor Michael Moffett for the purpose of classroom discussion only, and not to indicate either effective or ineffective management.

爱马仕国际 爱马仕国际集团是一家价值数十亿美元的法国公司，生产和销售各种奢侈品，包括男女服装、手表、皮革制品、珠宝和香水。1837年，以制造最好的马鞍和马具闻名的蒂埃利·爱马仕在巴黎成立了爱马仕公司。公司开始向欧洲、北非、俄罗斯、亚洲和美洲的贵族阶层提供高端产品，由此赢得了声誉。随着岁月的流逝，公司开始扩大其产品线，生产市场上最好的皮包和丝巾，同时坚持公司的家族控制、代代相传。尽管它在1993公开上市，但蒂埃利·爱马仕的第五代和第六代60名直系后裔仍然控制着公司大约73%的股权。2006年，首席执行官的职位第一次由非家族成员承担，即帕特里克·托马斯。

伯纳德·阿诺特

> 阿诺特是个精明的人。他审视了自己的投资组合，发现了自己所缺失的，即一家仍能生产真正的奢侈品的公司，所以他要去得到那家公司。
>
> ——匿名奢侈品品牌首席执行官
> 就LVMH的公告发表评价

伯纳德·阿诺特因为喜欢接管易受影响的家族企业（给他赢得了"披着羊皮的狼"这个有趣的绰号）而赚了一大笔钱。阿诺特出生于法国卢拜克斯，出身于上流社会，学生时代出类拔萃，毕业于法国著名的工科学校巴黎理工大学，之后从事工程师工作，并接管了他的家族建筑业务。当法国政府开始寻找人来收购破产的布萨克公司时（及其奢侈品系列，由克里斯汀·迪奥所创建），阿诺特迅速收购了这家公司。事实上这是将LVMH最终打造成为奢侈品巨头的第一步，并推动阿诺特成为法国最富有的人。

从那时起，阿诺特开始集结他的竞争对手所称的"邪恶帝国"，捕捉具有优质名望的、易受影响的家族企业。据说，他对LVMH的接管非常具有攻击性和残酷，以至于在最后一次董事会会议之后，LVMH家族收拾好个人物品泪流满面地离开了大楼。除了LVMH，过去的30年中阿诺特还强制收购了一些家族奢侈品品牌，如库克香槟（香槟）、璞琪（时尚）、滴金酒庄（葡萄园）和思琳（时尚）等。

阿诺特唯一的失败是在1999年试图收购Gucci。弗朗索瓦·皮诺的巴黎春天集团充当了Gucci的白衣骑士，将阿诺特击败，并从他手中偷偷得到了这笔交易。这是LVMH历史上唯一一次收购失败。

金融市场管理局（AMF）。阿诺特对LVMH持有爱马仕股份的宣告，令时尚界和爱马仕家族的股东都感到震惊。参考资料B是爱马仕对LVMH主动宣告的公开回应。法国股票市场监管机构，即金融市场管理局（Autorité des Marchés Financiers，AMF）要求所有取得上市公司5%或更高股权比例的投资者公开提交其持股比例和意图文件，但LVMH没有提交这样的公告。

参考资料B

爱马仕通过新闻稿回应：2010年10月24日

爱马仕被告知LVMH集团已经收购了其公司17%的股份。1993年，爱马仕国际公司的股东，埃米尔·爱马仕的所有后裔，决定将公司在巴黎证券交易所上市。这一决定有两个目的：一是支撑公司的长期发展，二是使股东更容易进行股票交易。

在过去的10年中，爱马仕集团实现了10%的净利润年均增长率，持有超过7亿欧元的流动现金，当前财务状况处于强势地位。现在，爱马仕家族的股东持有近3/4的股权，对公司保持着强有力的控制。他们围绕着一个共同的商业愿景团结在一起。爱马仕的股份合伙有限公司制度保证了家族股东对公司的长期控制，家族股东也已确认他们不会出售任何重大股份。股票的上市使一些投资者能够成为公司的少数股东。作为一个家族企业，爱马仕对待股东一如既往地保持最大限度的尊重。

《行政管理》，2010年10月24日，星期日
资料来源：Hermes.com。

在10月24日新闻稿发布后的几天内，LVMH坚称公司在交易中遵守了所有现行的规章制度，并会在规定时间内提交所有必要的文件。金融市场管理局宣布将调查LVMH对爱马仕股票的收购。然而，这对托马斯和爱马仕家族来说并不是什么安慰。即使发现违规行为，LVMH可能受到的惩罚也仅限免除两年的投票权。

股权互换。事实证明，爱马仕家族、公司管理层和行业分析师发现，LVMH通过股权互换（equity swaps）获得了大量所有权。股权互换是衍生合约，进行交易的双方同意在约定日期互换未来现金流。现金流被称为掉期的"腿"。在大多数股权互换中，一条"腿"与浮动利率（如LIBOR，浮动腿）挂钩，另一条"腿"与股票或股票指数（股权腿）的表现挂钩。根据法国当时的法律，公司必须承认何时获得另一公司5%或5%以上的股权，或何时通过衍生品（如股权互换）获得购买另一公司5%或5%以上股权的权利。

但是股权互换工具有一个漏洞，即可以对掉期进行结构调整，使其价值只与股权工具挂钩，这样当合约结束时，可以用现金而非股票结算。使用这种结构，掉期持有者就不需要向金融市场管理局存档，因为他们永远不会拥有股票。

LVMH的收购。众所周知，阿诺特对爱马仕品牌觊觎已久。事实上，20世纪90年代，阿诺特最先收购LVMH时，他曾经拥有过爱马仕15%的股份。当时，他接管LVMH后忙于对公司进行重组和重新定向，因此在当时的爱马仕首席执行官让·路易·杜马斯想要将爱马仕公司上市时，他同意将股份卖给杜马斯。

但从那时起，LVMH和阿诺特的情况不同了。阿诺特已经把他的公司发展为世界上最大的奢侈品集团，年销售额超过550亿美元。他通过品牌的内在增长和战略收购获得这一成绩。他以耐心和精明的商业头脑而闻名，当他发现一个得到长期觊觎的珍宝的机会时，他趁机而入了。

对爱马仕股票的攻击是阿诺特最保守的秘密之一，在他的商业帝国中只有三个人知道股权交换合约的存在。阿诺特于2008年开始采取行动，当时有三批爱马仕的股票——总计1 280万股——被三家独立的法国银行悄悄投入市场。这些股票的来源不明，但很多人怀疑它们来自爱马仕家族成员。

据称，这三家银行联系了阿诺特，并给他24小时的时间来决定是否愿意购买这些股票。阿诺特对持有爱马仕如此大的股份而犹豫不决，尤其是需要向金融市场管理局登记。阿诺特和银行随后制定了策略，通过股权互换，只要他支付现金就能拥有获得股票的权利。在合约到期时，LVMH会根据股价的变动实现收益或损失。不过协议中同时约定，LVMH有权选择取得股票。如果合约要求股权和解，根据法国法律，LVMH将不得不公开承认其在爱马仕的潜在股权地位。

这些合约的设计使得LVMH直到2010年10月才真正持有这些股份，即LVMH公开宣布持有爱马仕股权的时间。在此期间，爱马仕的股价在60～102欧元之间浮动。这就解释了LVMH如何能够以每股80欧元的平均价格收购爱马仕的股票，比10月22日星期五的收盘价176.2欧元低将近54%。

LVMH本来可以延长互换合约的期限，推迟交易和披露，但爱马仕股价在过去几个月内的快速上涨迫使其决定交易（许多分析师认为LVMH的收购策略是市场投机）。如果LVMH推迟清算，它只能计入20亿欧元的账面利润，合约利润确认是在2011年2月发布年终报表时。

公开的战役

尽管LVMH在最初的新闻稿中清楚地表

明公司没有控制爱马仕的意图，但爱马仕的管理层没有相信并迅速采取行动。在爱马仕领导层进行完快速的电话会议之后，爱马仕首席执行官托马斯和执行主席普奇在10月27日接受了《费加罗报》的采访。

"很明显，他（阿诺特先生）的目的是控制公司，爱马仕家族会抵制这一行为。"

——帕特里克·托马斯，
爱马仕集团首席执行官，《费加罗报》，
2010年10月27日

"我们想让他（阿诺特先生）明白这不是正确的运作方式，而且并不友好。如果他以友好的方式进行收购，那么我们希望他友好地离开。"

——普奇先生，埃米尔·爱马仕
公司执行主席，《费加罗报》，
2010年10月27日

第二天，阿诺特在接受同一家报纸采访时立即做出了回应：

"我不明白上市公司主管如何有资格要求股东出售股票。恰恰相反，他应该捍卫所有股东的利益。"

——伯纳德·阿诺特，LVMH集团
首席执行官，《费加罗报》，
2010年10月28日

皮埃尔·戈迪，LVMH集团副总裁。 11月10日，在外界对LVMH的意图进行了大量猜测之后，LVMH副总裁皮埃尔·戈迪接受了《莱斯回声》(LVMH旗下的媒体)的采访来详述交易的方式及原因，以打消媒体对LVMH恶意收购尝试的猜测。在采访中，戈迪被问及为什么LVMH首先选择购买针对爱马仕的股权掉期合约，以及为什么LVMH选择以爱马仕的股票而不是现金来清算合约。

戈迪透露，LVMH从2007年金融危机爆发、股市下跌时就开始关注爱马仕。当时LVMH正准备在奢侈品行业进行金融投资，因为奢侈品行业是他们的专长所在。他们得出结论，爱马仕能比其他潜在投资更好地渡过金融危机。正是由于这个原因，LVMH选择购买以爱马仕的股票作为股权的股权互换。

戈迪认为，以现金支付和结算的股权互换是当时的趋势，几乎每家银行都提供这种衍生品。尽管LVMH在衍生品推出时对爱马仕的持股比例刚好低于5%，但戈迪表示，LVMH从未考虑过关闭掉期交易。一方面，按照合同他们无法做到（根据戈迪的说法）；另一方面，LVMH也不想要求银行进行股权结算。但2010年情况发生了变化，促使LVMH重新评估这份爱马仕股权互换合约。合同本身已经到期，LVMH获得了将近10亿欧元的溢价。据戈迪称，那些与LVMH签订了合约的银行现在想要出售这些股票，而这些股票占爱马仕股本的12%。

戈迪解释说，出售股票并不涉及LVMH，这有些自相矛盾。无论如何，LVMH担心的是股票最终会被谁持有。戈迪强调，当时有传言称"来自其他行业的强大集团"和中国投资基金都对爱马仕的股票感兴趣。LVMH管理层认为爱马仕股价的上涨支撑了这些谣言。此外，市场一直在好转，LVMH有财力支付合同和股票结算。最终LVMH为评估其立场与银行进行了会谈，经过几周的谈判，LVMH在10月与银行达成了一项协议，获得了爱马仕的部分股份。

戈迪解释说，此时"董事会必须在接受大量股权互换或在这家有前景的公司中担任少数股东之间做出选择。担任少数股东意味着我们的权力将非常有限，因为家族控制了一切。经过一场激烈的辩论后，最终董事会选择了股权支付"。戈迪在采访结束时表示，LVMH对爱马仕强烈的负面回应感到惊讶，尤其考虑到LVMH在20世纪90年代初拥有过该公司15%的股份。

爱马仕国际集团及其控制形式的发展。 爱马仕的公司结构是有限合伙制，类似于美国的有限责任合伙公司。在爱马仕的这个案例中，这种结构将权力集中在一个由家族控制的仲裁委员会手中。

除了有限合伙制的公司结构，爱马仕前首席执行官让·路易斯·杜马斯还于1989年成立了一家合伙公司——埃米尔·爱马仕公司。这家公司代表了家族股东的利益（只有爱马仕的直系后代才能持股），并且唯一有权向集团委派管理与制定战略。这种独特的结构使爱马仕家族得以在即使只有一个家族成员作为股东的情况下保留决策权。在杜马斯看到伯纳德·阿诺特收购 LV 时对待威登家族的方式后，就采用了这种公司结构以防恶意收购。

为了进一步抚慰家族成员、减少家族内讧，杜马斯于 1993 年将埃米尔·爱马仕公司 25% 的股份在法国股票市场上市。这样一来家族成员就能够评估他们持有的股份的价值，而且如果他们觉得家族红利不够多就可以卖出部分股权获得现金（一些家族成员的生活挥霍众所周知，杜马斯担心他们的收入不足以承担他们的生活方式）。至少在当时，杜马斯相信他的双层结构将使爱马仕避开潜在的恶意收购。

然而，分析家猜测，埃米尔·爱马仕公司可能只能保护到家族的第六代了，而且以目前的市场价格来看，该公司 0.1% 的股份价值约为 1 800 万欧元，因此有理由担心一些家族成员会"叛逃"。法国金融市场管理局提交的文件指出，爱马仕监事会成员雷纳德·菲的兄弟劳伦特·玛姆亚在 10 月 25 日以每股 189 欧元的股价卖出价值 180 万欧元的股份，这一消息的发布使担心化为现实。

经过激烈的讨论，爱马仕家族决定将他们的股份合并为控股公司形式的信托，以确保其 73% 的股权总能在投票中保持一致，并最终确保家族对公司的持续控制（见参考资料 C）。12 月 21 日，LVMH 集团宣布其在爱马仕的总股权已提高至 20.21%，并且就已超过 20% 的股票份额一事向金融市场管理局提交了所有必需文件。LVMH 还重申，它无意控制爱马仕或公开发售其股票。根据法国法律，一旦 LVMH 的控股比例达到 1/3，它就必须将自己所持有的股份进行公开招标。

参考资料 C

爱马仕家族证实其长期承诺

创建一家拥有 50% 以上爱马仕公司股份的控股公司。

2010 年 12 月 5 日的巴黎，在 3 日的一次会议之后，爱马仕家族成员重申了他们的团结以及对公司控制的稳定性的信心，这种自信部分来自爱马仕家族公司及其股权，整个家族是负责确定公司的战略和管理的唯一普通合伙人。

爱马仕家族决定成立一家独立于埃米尔·爱马仕公司的家族控股公司，以确保家族长期团结一致。这家独立公司将持有由家族成员转让的、占爱马仕国际公司股本 50% 以上的股份，该公司一旦成立将不可撤销。这个新成立的家族控制企业将从家族直接持有的优先股权当中获益。

这种内部股权的重新分类不会影响家族在爱马仕国际公司的股份，也不会影响普通合伙人的权力。该计划将在实施之前提交给法国金融市场管理局以获得最终批准。

资料来源：Press Release, December 5, 2010, Hermes.com.

讨论题

1. 爱马仕国际集团多年来一直是家族控制企业。为什么它要在公开市场上市？上市会给它带来什么风险和回报？
2. 伯纳德·阿诺特和 LVMH 在外界不知情的情况下就获得了爱马仕的大量股权。他们是如何做到的？他们如何避免了法国监管机构对于披露的规定？
3. 爱马仕家族通过成立一个家族股份控股公司来保护自己。这是如何运作的？你认为这种形式会持续多久？

思考题

1. 企业所有权。企业所有权是如何影响企业的目标和治理的？
2. 所有权和经营权的分离。为什么所有权和经营权的分离对于理解组织和领导业务如此重要呢？
3. 公司目标：股东价值最大化模型。解释股东价值最大化模型的假设和目标。
4. 公司目标：利益相关者价值最大化模型。解释利益相关者价值最大化模型的假设和目标。
5. 公司治理。定义下列术语。
   （1）公司治理。
   （2）代理理论。
   （3）利益相关者模型。
6. 营运目标。跨国公司最主要的营运目标是什么？
7. 知识资产。知识资产是公司的无形资产，智力的来源和运用是公司的竞争优势。能够给股东创造价值的一些重要的知识资产是什么？
8. 工会。在德国和斯堪的纳维亚，在众多其他组织当中，工会拥有在董事会或者管理委员会中的代表。与公司价值最大化模型相比，在股东价值最大化模型下工会代表将被如何看待？
9. 关联董事会。在关联董事会制度中，一个公司的董事会的成员也是其他公司的董事会的成员。与公司价值最大化模型相比，在股东价值最大化模型下关联董事会将被如何看待？
10. 杠杆收购。杠杆收购是一项金融策略，在杠杆收购中，一组投资者获得一家公司的投票权，然后通过清算该公司的资产来偿还购买公司股票欠下的债务。与公司价值最大化模型相比，在股东价值最大化模型下如何看待杠杆收购？
11. 高杠杆。与公司价值最大化模型相比，在股东价值最大化模型下应如何看待高杠杆（资产负债比）？
12. 企业集团。企业集团是涉及不相关领域的多元化公司。与公司价值最大化模型相比，在股东价值最大化模型下如何看待企业集团的政策？
13. 风险。与公司价值最大化模型相比，在股东价值最大化模型下风险是如何定义的？
14. 股票期权。与公司价值最大化模型相比，应如何看待在股东价值最大化模型下授予公司管理层和雇员股票期权？
15. 股东不满。如果股东对其所持股的公司不满，可以采取什么行动？
16. 双级普通股。在许多国家，一个公司拥有两种或者更多种类的有不同投票权的普通股是很常见的。在美国，标准是一家公司只有一种普通股，而且是一股一票的。这两种体制各自的优点和缺点是什么？
17. 新兴市场中公司治理的失败。有人声称，公司治理的失败已经阻碍了一些新兴市场中表现突出的公司的发展和盈利。公司治理方面失败的典型原因是什么？
18. 新兴市场中公司治理的提高。近年来，新兴市场上的跨国公司已经改善了其公司治理政策，变得对股东更加友好。你认为是什么促成了这一现象的出现？
19. 成熟市场中公司治理的失败。在美国和欧洲，公司治理失败的主要原因有哪些？
20. 家族所有权。与一个被股东广泛持有的上市公司相比，家族所有权的目标和动机有什么不同？
21. 良好的公司治理的价值。市场认为良好的公司治理具有价值吗？
22. 公司治理改革。当今公司治理改革背后的主要原则是什么？在你看来，这些改革策略会因文化不同而不同吗？

练习题

使用下列计算股东收益率的公式来回答问题，其中 P_t 代表时间 t 的每股价格，D_t 代表时

间 t 的利息。

$$股东回报 = \frac{D_2}{P_1} + \frac{P_2 - P_1}{P_1}$$

1. Emaline 的回报。Emaline，一家位于新奥尔良的航空公司，如果其股价在一年内从 12 美元上升到 15 美元，在下列情况下，股东的投资收益率各是多少？
   （1）公司不支付利息。
   （2）公司每股支付 1 美元的股利。
   （3）假设公司支付股息，将股东的总投资收益率分解为股利收益率和资本利得收益率。

2. Vaniteux 的收益率（A）。斯宾塞·格兰特是一位来自纽约的投资者。他一直密切关注他在 2010 年 2 月对法国企业 Vaniteux 投资的 100 股。在他购买这 100 股股票的时候，股价是每股 17.25 欧元，当时汇率是 1.360 美元/欧元。最近每股股价是 28.33 欧元，此时汇率是 1.417 美元/欧元。
   （1）如果斯宾塞现在将股票卖掉，对他来说股价变动的百分比是多少？
   （2）在这个时期里，欧元的价值相对于美元价值变动的百分比是多少？
   （3）如果斯宾塞现在将股票卖掉，对他来说他将赚多少钱？

3. Vaniteux 的收益率（B）。斯宾塞·格兰特决定不在上题中所述时间里将其持有的 100 股卖掉。他一直在等待，期望在季度收益公布之后，股价有进一步的攀升。他的期望被证明是正确的，在公布之后，股价上涨到了每股 31.14 欧元。现在他想再算一下投资收益率。此时的汇率是 1.311 0 美元/欧元。

4. Vaniteux 的收益率（C）。使用第 3 题提到的价格和汇率，一位巴黎投资者 Laurent Vuagnoux 的总投资收益率是多少？

5. 微软的股息。2003 年 1 月，微软宣布，它将开始每股支付 0.16 美元的利息。根据下表中给出的以往微软股价的信息，在未来持续的每股 0.16 美元的股息将如何改变此时持有微软股票的股东的收益率？

首次交易日	收盘价（美元）	首次交易日	收盘价（美元）
1998（1 月 2 日）	131.13	2001（1 月 2 日）	43.38
1999（1 月 4 日）	141.00	2002（1 月 2 日）	67.04
2000（1 月 3 日）	116.56	2003（1 月 2 日）	53.72

6. Carty 的选择。Brian Carty 是一个杰出的投资者，正在考虑各种投资选择。如果他认为一个权益证券的价格在未来的一年中将从 59 美元涨到 71 美元，每股将获得 1.75 美元的股息，他期望的投资收益率是 15%，那么他应该投资这个权益证券吗？

7. 收购潮流。20 世纪 60 年代，许多企业集团都是由一个高市盈率的企业创造的。它们运用自己较高估值的股票去收购其他股票估值较低的公司，通常是国内不相关行业的公司。20 世纪 80 年代，这些企业集团不再是潮流了，它们失去了较高的市盈率的优势，因此更难找到更低的市盈率的公司来收购。
20 世纪 90 年代，对于那些处于市盈率普遍较高的国家的公司来说，收购那些处于市盈率普遍较低的国家的公司成为可能。分析下列假想的制药行业的公司。

公司	市盈率	股票数	每股市价（美元）	收益（美元）	每股收益（美元）	总市值（美元）
ModoUnico	20	10 000 000	20	10 000 000	1	200 000 000
Modern American	40	10 000 000	40	10 000 000	1	400 000 000

Modern American 公司想收购 ModoUnico，Modern American 提供 5 500 000 股自己的股票，市值为 220 000 000 美元，以及 ModoUnico 10% 的溢价来换得 ModoUnico 的所有股票。

（1）在 Modern American 收购 ModoUnico 之后，前者有多少流通在外的股票？
（2）在收购 ModoUnico 之后，Modern American 和 ModoUnico 的合并收益将是多少？
（3）假设市场仍然按照 40 的市盈率对 Modern

American 进行资本化，则 Modern American 新的市值将是多少？

（4）Modern American 新的每股收益是多少？

（5）Modern American 的股票的新市值是多少？

（6）Modern American 的股票上涨了多少？

（7）假设市场对这场并购持悲观想法，Modern American 的市盈率降到 30。Modern American 的股票的新市值是多少？将有多少百分比的损失？

8. 公司治理：夸大盈利。一些公司，尤其是美国的一些公司，由于会计错误或者欺诈不得不降低其之前公布的收益，假设 Modern American（第 7 题）因故不得不将其收益从之前公布的 1 000 万美元降低到 500 万美元，则在收购之前，它的新的市值是多少？它还能进行这场并购吗？

9. Bertrand Manufacturing（A）。在一些国家，双级普通股是很常见的。假设 Bertrand 制造公司有如下按照账面价值计价的资本结构。A 股每股有 10 份投票权，B 股每股有 1 份投票权。

Bertrand 制造公司	本币（百万美元）
长期债务	200
留存收益	300
缴足的普通股：100 万股 A 类	100
缴足的普通股：400 万股 B 类	400
长期资本总计	1 000

（1）A 类股票占长期资本多大的比例？
（2）A 类股票所具有的投票权份额占总投票权的多大比例？
（3）A 类股票应该得到多大比例的股息？

10. Bertrand 制造公司（B）。假设 Bertrand 制造公司的债务和权益价值都与第 9 题所表述的一样，除了有一点区别：A 类股票和 B 类股票有相同的投票权，都是一股一票。

（1）A 类股票占长期资本多大的比例？
（2）A 类股票所具有的投票权份额占总投票权的多大比例？
（3）A 类股票应该得到多大比例的股息？

11. 王国企业（A）：欧洲销售。王国企业是一家中国香港电子产品的出口商，其所有财务报表都是以港元计价的。这家公司的欧洲销售经理 Phillipp Bosse 被指责工作表现不佳。但是他不同意，他辩解说该公司在欧洲的销售几年来稳步增长。根据下表数据，谁的说法是对的？

	2008 年	2009 年	2010 年
总净收益（港币）	171 275	187 500	244 900
欧洲总销售额占比	48%	44%	39%
欧洲总销售额（欧元）	—	—	—
平均汇率（港币/欧元）	11.5	11.7	10.3
欧洲总销售额（欧元）	—	—	—
欧洲销售额的增长率	—	—	—

12. 王国企业（B）：日元债务。几年前，中国香港王国企业根据长期借款协议购入日元。然而，该公司的新 CFO 认为，原先认为相对较低的"廉价债务"不再是事实。你怎么认为？

	2008 年	2009 年	2010 年
年度日元债务偿还协议（日元）	12 000 000	12 000 000	12 000 000
平均汇率（日元/港币）	12.3	12.1	11.4
年日元债息（港币）			

13. 美泰公司的全球业绩。2001～2004 年，美泰公司（美国）在其主要国际业务地区实现显著的销售增长。在向美国证券交易委员会提交的文件中，它报告了由于汇率变化导致的地区销售额和销售百分比变化。

美泰公司的全球销售额

千美元	2001 年	2002 年	2003 年	2004 年
欧洲	933 450	1 126 177	1 356 131	1 410 525
拉丁美洲	471 301	466 349	462 167	524 481
加拿大	155 791	161 469	185 831	197 655
亚太地区	119 749	136 944	171 580	203 575
国际总销售额	1 680 291	1 890 939	2 175 709	2 336 236
美国	3 392 284	3 422 405	3 203 814	3 209 862
销售额调整	(384 651)	(428 004)	(419 423)	(443 312)
总销售额净值	4 687 924	4 885 340	4 960 100	5 102 786

汇率变动的影响

区域	2001～2002 年	2002～2003 年	2003～2004 年
欧洲	7.0%	15.0%	8.0%
拉丁美洲	-9.0%	-6.0%	-2.0%
加拿大	0.0%	11.0%	5.0%
亚太地区	3.0%	13.0%	6.0%

资料来源：Source: Mattel, Annual Report, 2002, 2003, 2004.

14. 中国采购和人民币

位于科罗拉多州丹佛市的哈里森设备公司的全部液压油管都是从中国购买的。该公司最近完成了整个公司的六西格玛精益生产方案。完成的油田液压系统的成本在一年之内从 88 万美元降到 84.48 万美元，降低了 4%。公司现在担心，该方案中使用的所有液压油管（占总成本的 20%）会受到人民币潜在升值的冲击。如果人民币兑美元升值 12%，将如何影响整个系统的成本？

第二部分 PART 2

外汇理论与外汇市场

第5章

外汇市场

摧毁资本主义制度的最好方法就是让货币贬值。通过持续的通货膨胀,政府可以悄悄地没收公民的大量财富。

——约翰·梅纳德·凯恩斯

学习目标

1. 了解国际货币市场交易的时间、地点、方式和目的。
2. 理解即期、远期、互换以及其他外汇交易方式的定义和区别。
3. 学习外贸交易员、金融机构和各类代理人在进行外汇交易时的报价形式。
4. 分析货币价值变动、交叉汇率以及市场间套汇机会之间的相互影响。

外汇市场为一种货币兑换为另一种货币提供了场所和组织结构,两种货币之间的汇率是确定好的,并且外汇交易是通过现货方式完成的。外汇是指外国的货币,确切地说是一个国家在外国银行的存款余额、纸币、支票和汇票。外汇交易是买方和卖方之间的协议,即将一定数量的一种货币以一个确定的汇率兑换成另一种货币。本章介绍了外汇市场的如下内容:

- 外汇市场的三个主要职能;
- 外汇市场的参与者;
- 外汇市场每日巨大的交易量;
- 外汇市场的地理范围;
- 外汇市场的交易类型,包括即期、远期和互换交易;
- 汇率报价实务。

本章以案例研究(委内瑞拉货币玻利瓦尔的黑色市场)结尾,该案例讲述了一个商人面对的汇率难题,如何在受限的外汇市场换取硬通货。

5.1 外汇市场的职能

货币是人们普遍接受的用于支付商品、劳务和清偿债务的物品。货币的三大基本职能，即价值尺度、贮藏手段和流通手段。外汇市场的职能是参与者通过交换货币在国家间转移购买力，获取或提供国际贸易交易的信用凭证，并尽量减少暴露出来的汇率变动风险。

（1）兑换货币是不可或缺的，因为国际贸易和资本交易通常涉及使用不同国家货币的参与者。通常，每一方都希望以自己的货币进行交易，而贸易或资本交易只能以一种货币结算。因此，总有一方必须使用外币交易。

（2）由于国家之间的货物流通需要时间，需要对在途库存提供融资。外汇市场提供了信用凭证，如银行承兑汇票和信用证，以促成国际贸易。

（3）外汇市场提供了套期保值的功能，将汇率风险转移给其他更愿意承担风险的人。在第9章将对此进行详细说明。

5.2 外汇市场的结构

外汇市场和所有市场一样，随着时间的推移急剧发展。货币交易始于佛罗伦萨和威尼斯街边的货摊上，20世纪发展到伦敦和纽约的交易室，外汇市场的建立基于供求、市场信息和预期以及谈判实力。

如今，国际外汇市场正发生着翻天覆地的变化。这种变化涉及时间、地点、参与者、目的和工具等市场的各个方面。推动外汇市场变化的根本性因素包括：电子交易平台、算法交易的程序和惯例，以及货币作为一种资产类别的作用日益增强。这些因素和其他因素结合在一起，扩大了外汇市场的深度、广度和影响范围。

5.2.1 外汇交易时间

外汇市场遍及全球，交易日的24小时内随时产生价格波动和外汇交易。如图5-1所示，全球的交易日每天早上从悉尼和东京开始；西行至香港和新加坡；接下来是中东；然后转向欧洲的主要市场法兰克福、苏黎世和伦敦；跨越大西洋到达纽约；继续西行至芝加哥；终点在旧金山和洛杉矶。许多大型国际银行在每个主要的地理交易中心都设有外汇交易室，以便为它们的客户和自己（所谓的自营交易）提供24小时的服务。

尽管全球货币交易实际上是一个24小时的过程，但其中的一些交易时段比其他时段更繁忙。从历史上看，19世纪和20世纪的主要金融中心是伦敦与纽约。但就像今天的全球贸易一样，以东京和香港为代表的远东地区正威胁着伦敦与纽约的主导地位。当以这些城市为基础的交易中心重叠时，国际货币市场将呈现出最大的深度和流动性。

5.2.2 交易平台与流程

货币交易有多种方式，包括个人间的交易、交易大厅公开竞价方式交易，以及越来越多的电子平台交易。尽管持续交易确实存在，且越来越普遍，但通常需要一个"收盘价"来满足各种记录和合同需求。收盘价通常作为当天的官方价格或"定盘价"公布，相关的商业活动和投资交易则基于当天的收盘价进行。像中国大陆等施行外汇管制的地区，通常情况下，企业必须将出口所得的外汇按每日收盘价上交给央行。

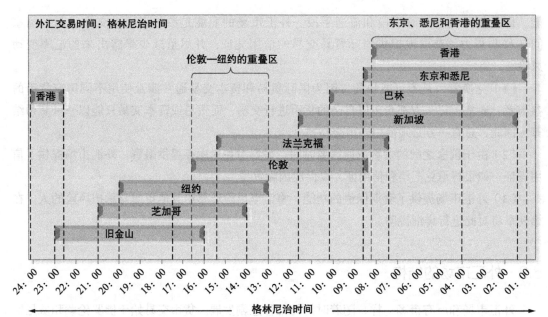

图 5-1 全球货币交易的交易日

高度复杂的电信网络将外汇交易员联系在一起，因此，交易员和经纪人可以即时交换外汇报价。自动化交易作为外汇交易的一种方式日益增长，企业买家和卖家在电子平台上通过由主要交易机构提供或托管的互联网系统进行货币交易。最大的传统外汇信息和交易系统提供商——路透社、德励财富、甲骨文和彭博社仍占据主导地位，但近年来也有很多新的服务提供商涌入外汇市场。

5.2.3 市场参与者

外汇市场在过去十年中最大的变化之一是从两级市场（银行间或批发市场、客户或零售市场）转向单一市场。电子平台和复杂的交易算法的发展为各类和各种规模的交易者提供了进入市场的便利。

外汇市场的参与者可以简单地分为两大类，即用于商业目的的流动性寻求者和以盈利为目的的利润追求者。起初外汇市场是以流动性为目的的市场，是促进货币兑换以进行商业贸易和投资目的的市场，但后期外汇市场的超额增长在很大程度上取决于利润追求者的不断扩张。正如预期的那样，利润追求者通常更了解市场，因为利润追求者希望从未来的交易中获利，而流动性寻求者只希望为交易提供资金保障，从而导致利润追求者通常从流动性寻求者处获利。

外汇市场包含五大类机构参与者：银行和非银行外汇交易商、进行商业或投资交易的公司和个人、投机者和套汇者、中央银行和财政部以及外汇经纪人。

5.2.4 银行和非银行外汇交易商

银行和非银行交易商以"买入价"购入外汇，并以略高的"卖出价"转售外汇，通过差价获取利润。交易商之间的竞争缩小了买入价与卖出价之间的价差，有助于外汇市场在某种意义上成为一个高效的证券市场。

大型国际银行的外汇交易部门往往充当做市商。这些做市商的做法是在任何时候都愿意购买和出售货币，并通过专业的操作来维持市场的活跃。它们与其他银行交易商进行交易，以维持在银行政策限制下的头寸。政策的限制是十分重要的，因为很多银行的外汇部门是利润中心，而个体交易商通过盈利来获得补偿。

对许多机构而言，货币交易是非常有利可图的。美国许多从事货币交易的银行每年的净收益率为10%～20%。对银行的外汇交易员而言，谁能获得更高的收益，谁就能得到更多的奖金。

中小型银行和机构可能会参与，但不会成为银行间市场的做市商。它们向大银行购买和出售货币，不是为了维持大量的头寸，而是为了抵消与客户的零售交易，或寻求短期利润。国际金融实务5-1描述了一个金融外汇交易员的典型生活。

国际金融实务 5-1

外汇市场操作：固定利率解决方案

在银行同业拆借利率设定的混乱中，2013～2014年出现了外汇市场可能操纵基准利率的指控。

很多人关注的焦点都集中在伦敦固定利率上，许多机构和指数用每天下午4点的基准利率来衡量市场价值。市场分析师指出，就在下午4点之前，交易出现了大幅飙升，而在随后的数小时和数天里，这种飙升并未持续下去。据称，交易员们通过电子邮件、使用社交网站甚至打电话，在关键时刻就市场动向和价格报价进行合作。外汇交易员的盘后个人交易也在审查范围内，但这一领域以前很少受关注。

从语音交易（电话）到电子交易被认为是一种可能的解决方案，但货币市场在电子交易方面一直是个谜。固定收益、货币和大宗商品交易是20世纪90年代中期最早采用电子交易的行业之一，但事实证明，市场变化缓慢。然而变化终于来了。到2014年，近75%的外汇交易都是电子交易。解决方案的逻辑很简单：计算机算法不太可能进行欺诈交易。研究表明，电子交易比语音交易更稳定，因为大多数算法代码都是基于回归均值（即市场平均水平）来进行的。就像许多技术解决方案一样，该方案并没有消除问题，可能只是改变了它。电子交易可能仍会促进市场操纵，只不过是一种更复杂的操作。例如，据说有一种正在开发的软件，可以在一些大型电子平台上检测到其他外汇交易员的鼠标移动，人们可以通过一台计算机检测到交易员在执行操作前在出价或要约按钮上的鼠标悬停。唉，无论好坏，交易中似乎总有人为的因素。

5.2.5 进行商业或投资交易的公司和个人

进口商和出口商、国际证券投资者、跨国企业、游客等利用外汇市场来进行商业或投资交易。他们利用外汇市场主要是为了满足基本需求，但很多都附带了商业或投资目的。其中有些参与者利用市场机制来"对冲"外汇风险。

5.2.6 投机者和套汇者

投机者和套汇者在交易市场内部寻求获利机会。他们的操作是为了自身的收益，而不需要为客户提供服务或确保市场的连续性。交易商除了从汇率变动中获利外，还从买卖价差中获利，而投机者则从汇率变动中获利。套汇者尝试从不同市场的汇率价差中获利。大量的投机和套汇行为由大型银行的交易员完成。因此，银行既是外汇交易商，又是外汇市场的投机商和套汇者（但是，银行很少承认投机，它们自称这是"一种积极的立场"）。正如国际金融实务5-2所描述的那样，交易并不是针对弱者的。

国际金融实务 5-2

从事外汇交易的第一天

我在一家位于纽约华尔街的知名投资银行实习。前半程的实习中，我负责及时输入和确认所有的外汇、货币市场、证券和衍生产品交易。后半程的实习经历要有趣得多，我参加了外汇交易培训。

我在即期交易岗位上工作了两个星期，然后调到互换交易岗位上工作了三个星期。从在办公室接受培训的第一天开始，我就想留在那里工作。在培训的前两个星期里，我被分配到即期交易岗位，我的上司是一位女高级交易员（只有23岁），并且雄心勃勃。

第一天上午11点左右，她在日本选举产生新首相之后预测日元升值。她做多日元，并做空美元。可惜，她在不到10分钟里就赔了70万美元。到现在我还不清楚她为什么会做出那样的预测。《华尔街日报》和《金融时报》（在交易室内广为传阅的两份报纸）认为新首相并无扭转日本金融危机的能力。很明显，她的立场是基于情感和本能，而不是基于现实中的基本面。

要了解这70万美元损失带来的影响，你必须知道，每一个交易员需要挣出相当于其工资的8倍收益。据说我的上司每年收入8万美元。这意味着她需要每年挣出64万美元才能保住这份工作。损失70万美元将使她处在一个极为不利的位置，她很清楚这一点，但她仍然很有信心，并且没有动摇过。

在经历了这一天后，我非常震惊。这件事让我明白了作为一名交易员并不是件轻松的事情。这个工作本身充满了压力。它所需的技能与我在校园数年中学到的知识毫不相关。当我看到并亲身经历了这种在前一天晚上步履匆匆结束工作，然后在第二天又接着从事数以亿计的美元交易的生活后，我认为这项艰难的工作不是我的职业道路。

资料来源：Reminiscences of an anonymous intern.

5.2.7 中央银行和财政部

中央银行和财政部通过在市场购买或出售其所持有的外汇储备来影响本国货币的价格，这种做法被称为外汇干预。它们可能采取行动稳定本国货币的价值，因为这是国家的政策规定或者因为政府签订了有关联合浮动汇率的协议。因此，中央银行和财政部的动机不是在外汇市场获利，而是为了稳定本国货币的汇率以确保本国公民的利益。在某些情况下，它们愿意承担外汇交易的损失。正因如此，中央银行和财政部的动机不同于其他市场参与者。

5.2.8 外汇经纪人

外汇经纪人是在没有成为交易主体的情况下，促进交易商之间交易的代理商。他们针对这项服务收取小额佣金。他们通过开放的电话网络与全球数百家经销商保持即时联系。有时，经纪公司可能会为一家银行客户保留十几条或更多这样的业务线，为不同的货币、即期和远期市场设置单独的线路。

随时了解哪些经销商想要买卖任意货币是经纪人的业务。这种能力使经纪人能够在没有透露任何一方的身份之前为客户找到对方，直到达成交易。经销商通过经纪人促成交易并保持匿名，因为参与者的身份可能会影响短期报价。

5.2.9 持续联系结算

2002 年，持续联系结算（CLS）系统诞生。持续联系结算解决了外汇交易双方不能进行结算的问题。持续联系结算系统连接的实时支付结算，使得相关结算在一天内完成，而不是之前的 2 天。

持续联系结算系统将有助于消除外汇市场的欺诈行为。在美国，美国商品期货交易委员会被赋予监管外汇交易欺诈的责任。

5.3 外汇市场交易

外汇市场的交易分为即期交易、远期外汇交易和互换交易。⊖

5.3.1 即期交易

银行间市场的外汇即期交易，通常在购买日之后的第二个工作日进行交割和付款。而加元与美元的交易是在购买日之后的第一个工作日进行结算。图 5-2 提供了通常在全球外汇市场上执行的三种主要类型的场外货币交易的时间图：即期交易、远期交易或远期外汇交易和互换交易。虽然这些类型都存在一些偏差，其中一部分内容将在后面的章节中具体描述，但所有交易都是根据其未来的交付日期来定义的（值得注意的是，这里不包括期货交易；它们与远期合约的时间轨迹类似，但不会在场外交易中执行）。

外汇交易是根据交割的时间（即未来日期）来定义的。按未来交割时间进行分类，原则上有三种主要的场外交易类型：即期交易（可能是隔夜）、远期交易或远期外汇交易（包含单纯的远期交换）和互换交易

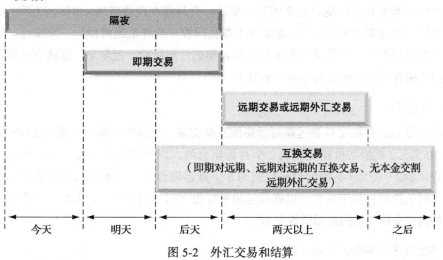

图 5-2 外汇交易和结算

⊖ 外汇市场更广泛的定义包括外汇期权、期货和互换（见第 7 章）。

结算日也称交割日。在交割日,大量美元通过在纽约的计算机结算清算所同业支付系统进行交易,该系统能够计算银行间借款的净余额,以及当天纽约联邦储备银行在下午 6 点之前需支付的款项。其他中央银行和结算服务提供商在世界各地对其他货币以同种方式进行操作。

银行间市场的典型即期交易是这样的:一家美国银行在星期一签订合同,约定将 1 000 万英镑转入伦敦银行的账户,如果即期汇率为 1.842 0 美元/英镑,美国银行将在周三向伦敦银行支付 1 000 万英镑,而伦敦银行将同时向美国银行支付 1 842 万美元。但是银行与商业客户之间的即期交易并不一定需要等待两天才结算。

5.3.2 远期外汇交易

远期交易(通常简称为远期)要求以一种货币的未来价值兑换一定数量的另一种货币,并在某个指定日期进行交割。汇率是在达成协议之时就确定的,但付款和交割需要到期才能执行。远期汇率的期限通常为 1 个月、2 个月、3 个月、6 个月或 12 个月。实际的合同期限可以为若干月,有时也可以约定为一年以上的期限。付款日是在远期合约到期之后的第二个交易日。例如,从 3 月 18 日开始的为期两个月的远期交易将在 5 月 20 日进行交割,如果那天是周末就将在下一个工作日交割。

需要注意的是,我们可以用"购买远期合约"或"卖出远期合约"这两个不同的术语来形容同一种交易。一份 6 个月后交付美元兑换欧元的远期合约意味着买入用美元购买欧元的远期合约或卖出用欧元购买美元的远期合约。

5.3.3 互换交易

银行间市场的互换交易是指在两个不同的日期买入和卖出相同数量的外汇。买和卖的对象是相同的。以下是几种常见的互换交易类型。

1. 即期对远期

最常见的交易方式是即期对远期的互换交易。交易商在现货市场(以即期汇率)购买一定数量的外汇,并在期货市场(以远期汇率)将相同数额的外汇出售给同一家银行。因为只同固定的一方进行交割,交易商没有承担任何预期的外汇风险。近年来,互换交易和远期外汇交易占到了所有外汇市场交易量的一半以上。

2. 远期对远期

另一种更复杂的互换交易是远期对远期的互换交易。交易商出售一份价值 2 000 万英镑并以 1.842 0 美元/英镑的价格交割的 2 个月远期合约,以用来购买美元;同时买进一份相同价值并以 1.840 0 美元/英镑的价格交割的 3 个月远期合约,从而卖出美元买回英镑。买入和卖出之间的价差相当于息差,也就是这两种货币之间的利率平价。因此,一个互换交易可以看作是拥有全额担保的外币借款交易。

3. 无本金交割远期外汇交易(NDF)

无本金交割远期外汇交易最早产生于 20 世纪 90 年代初,现在已经成为一种十分盛行的外汇衍生品。无本金交割远期外汇合约具有和传统的远期合约相同的特点，不同的是该合约只适用于美元，并且外币的远期买卖是不可交割的。以美元为结算货币的特点反映了无本金交割远期外汇交易合约是一种离岸合约的事实。例如，一位墨西哥投资者在纽约进行投资——这一行为已经超出了本国政府（在本例中是墨西哥政府）的监督范围。无本金交割远期外汇在国际上根据国际互换与衍生工具协会（ISDA）设置的标准进行交易。尽管 NDF 设立的初衷是作为一种货币对冲方法，但据估计，现在 70% 以上的 NDF 交易都是出于投机目的。

无本金交割远期外汇交易起初被用于新兴市场货币或受到重大外汇管制的货币，如委内瑞拉的玻利瓦尔。这些货币通常没有公开的现货交易货币市场、流动货币市场或欧洲货币的报价利率。尽管 20 世纪 90 年代无本金交割远期外汇交易大部分集中在拉美国家，近年来，包括人民币在内的许多亚洲货币的交易非常广泛。一般而言，无本金交割远期外汇交易市场通常是为跨境资本流动较大但仍受兑换限制的国家货币而开发的。

无本金交割远期外汇交易的定价反映了基本的利率差异，这与普通的远期合约一样，只是由于用美元结算会加上银行额外收取的一些保费。然而，如果没有可进入或者成熟的设定利率的货币市场，无本金交割远期外汇交易的定价则取决于一个更投机的因素。没有实际的利率，交易商往往根据它们预测的结算期的现货利率来定价。

无本金交割远期外汇是在交易货币母国之外进行交易和结算，因此不受货币母国政府的控制。但在过去这会造成一种尴尬的局面，无本金交割远期外汇交易市场在交易这种货币时充当了灰市。例如，在 2001 年年末阿根廷面临不断升高的放弃 1 比索/美元固定汇率的压力。无本金远期交割汇率市场开始报价 1.05 比索/美元和 1.10 比索/美元，由于无本金交割远期外汇交易在下一年结算，这会造成比索贬值。这增加了对比索的投机压力以及阿根廷政府的愤怒。

然而，无本金交割远期外汇交易已被证明是对传统远期合约的一种不完美的替换。通常无本金交割远期外汇交易的问题包括"在固定日期的固定汇率"。合同末的现期汇率通常用来结算。在金融危机期间，例如 2003 年的委内瑞拉玻利瓦尔，标的货币的母国政府可能会在一个长时期内停止外汇交易。没有一个官方固定汇率，无本金交割远期外汇交易就无法结算。在委内瑞拉的案例中，当官方通告"玻利瓦尔贬值"却仍然禁止外汇交易时问题会雪上加霜。

5.4 外汇市场的规模

国际清算银行与世界各地的中央银行每三年对外汇交易活动进行一次统计。2013 年 4 月，数据显示全球外汇市场每天的净营业额是 5.3 万亿美元。图 5-3 给出了 1989～2013 年国际清算银行的统计数据。

图 5-3 中将全球外汇交易额分为之前讨论过的三类货币工具（即期交易、远期外汇交易和互换交易）以及第四类——期权和其他可变价值外汇衍生工具。自 1989 年以来，外汇市场以惊人的速度增长，年均增长率为 9.6%。

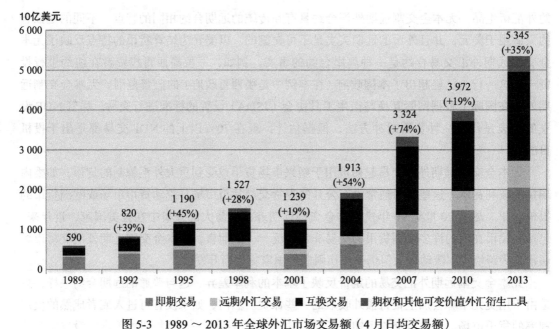

图 5-3 1989～2013年全球外汇市场交易额（4月日均交易额）

资料来源：Bank for International Settlements, "Triennial Central Bank Survey: Foreign Exchange and Derivatives Market Activity in April 2013: Preliminary Results," December 2013, www.bis.org.

截至2013年（4月的每日交易），外汇市场的交易额达到每天5.3万亿美元的历史最高水平。尽管2000～2001年的全球经济衰退明显抑制了市场活动，但2008～2009年的全球金融危机没有抑制市场活动。根据国际清算银行的数据，近年来，外汇快速增长的主要驱动力是电子交易和进入更大的市场所带来的利润增长。

5.4.1 地理分布

图5-4展示了主要国家和地区在1992～2013年全球外汇市场交易中所占的比例。请注意，虽然这些数据被冠以国家或地区的名称，但其实这里的"美国"和"英国"准确地说应该是"纽约"和"伦敦"，因为绝大多数外汇交易都发生在各个国家和地区的主要金融城市。

在传统的外汇市场活动中，英国（伦敦）仍然是世界主要的外汇市场，占全球市场的40.9%。紧随其后的分别是：美国18.9%，新加坡5.7%，日本（东京）5.6%，瑞士3.2%，中国香港目前占全球贸易的4.1%。实际上，英国和美国共同占据了近60%的每日外汇交易。在过去的15年中，亚洲和欧洲的货币贸易相对增长十分明显，主要是因为亚洲经济体和市场的增长，以及引入欧元带来的货币兑换活动的转变。

5.4.2 币种构成

如表5-1所示，2001～2013年全球交易货币构成发生了重大的转变。因为所有的货币都与其他货币进行交易，所以表5-1中所有百分比显示的是该货币与另一种货币的比价。美元继续主导全球贸易，占所有货币交易的85.9%。美元/欧元交易占24.1%，美元/日元占18.3%，美元/英镑占8.8%，美元/澳大利亚元占6.8%。根据国际清算银行的数据，"三巨头"（美元、欧元和日元）继续主导着全球货币交易，占所有被调查交易的92%左右。

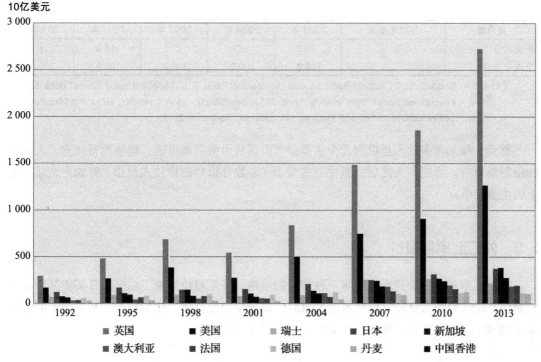

图 5-4 1992～2013 年前十位的外汇市场交易中心所在地（4 月份日均交易额）

注：从左到右外汇市场分别是英国、美国、瑞士、日本、新加坡、澳大利亚、法国、德国、丹麦、中国香港。

资料来源：Bank for International Settlements, "Triennial Central Bank Survey: Foreign Exchange and Derivatives Market Activity in April 2013: Preliminary Results," December 2013, www.bis.org.

表 5-1 不同币种间的每日外汇交易（占总额的百分比）

货币组	与美元相比	2001 年	2004 年	2007 年	2010 年	2013 年
美元 / 欧元	欧元	30.0	28.0	26.8	27.7	24.1
美元 / 日元	日元	20.2	17.0	13.2	14.3	18.3
美元 / 英镑	英镑	10.4	13.4	11.6	9.1	8.8
美元 / 澳大利亚元	澳大利亚元	4.1	5.5	5.6	6.3	6.8
美元 / 加元	加元	4.3	4.0	3.8	4.6	3.7
美元 / 法郎	瑞士法郎	4.8	4.3	4.5	4.2	3.4
合计		73.8	72.2	65.5	66.2	65.1
美元 / 墨西哥比索	墨西哥比索	—	—	—	—	2.4
美元 / 人民币	人民币	—	—	—	0.8	2.1
美元 / 新西兰元	新西兰元	—	—	—	—	2.5
美元 / 俄罗斯卢布	俄罗斯卢布	—	—	—	—	1.5
合计		73.8	72.2	65.5	67.0	72.6
其他币种 / 美元	美元与其他币种相比	16.0	15.9	16.7	18.8	13.3
美元合计		89.8	88.1	82.2	85.8	85.9
货币组	与欧元相比	2001 年	2004 年	2007 年	2010 年	2013 年
欧元 / 日元	日元	2.9	3.2	2.6	2.8	2.8
欧元 / 英镑	英镑	2.1	2.4	2.1	2.7	1.9
欧元 / 法郎	瑞士法郎	1.1	1.6	1.9	1.8	1.3
欧元 / 瑞典克朗	瑞典克朗	—	—	0.7	0.9	0.5
其他	其他货币比其他货币	4.1	4.7	11.2	6.9	8.1

(续)

货币组	与欧元相比	2001 年	2004 年	2007 年	2010 年	2013 年
非美元合计		10.2	11.9	17.8	14.2	14.1
全球合计		100.0	100.0	100.0	100.0	100.0

资料来源：Constructed by authors based on data presented in Table 3, p. 11, of Triennial Central Bank Survey, Foreign exchange turn over in April 2013: preliminary global results, Bank for International Settlements, Monetary and Economic Department, September 2013.

然而，越来越多的人意识到几个主要新兴市场货币的发展迅速，即墨西哥比索、人民币和俄罗斯卢布。可能不久之后，其中一些货币（多数分析师都押注人民币）将成为全球市场上的主要货币。

5.5 外汇汇率和报价

外汇汇率是用一种货币表示另一种货币的价格。外汇报价反映了在公告日买卖某种货币的意愿。在我们深入研究货币交易的术语时，请记住单位价格，比如橙子，如果橙子的价格是 1.20 美元 / 个，那么单价是 1.20 美元，单位是 1 个橙子。

5.5.1 货币符号

报价可以用传统的货币符号或 ISO[⊖]代码。这些代码是为电子通信而开发的。本章中使用的主要代码如下：

币种	传统货币符号	ISO 4217 代码
美元	$	USD
欧元	€	EUR
英镑	£	GBP
日元	¥	JPY
墨西哥比索	Ps	MXN

如今，全球市场上所有机构之间的货币电子交易都使用三个字母的 ISO 代码。虽然在零售市场和商业期刊中没有硬性规定，但欧美期刊有使用传统货币符号的倾向，而亚洲和中东的许多出版物都采用了 ISO 编码。大多数国家的纸币（钞票）仍然使用该国的传统货币符号来表示。如在国际金融实务 5-3 中，俄罗斯等一些国家正试图恢复使用传统的货币符号。

国际金融实务 5-3

俄罗斯货币符号

在一个货币越来越多地由三位数的 ISO 编码识别的时代，俄罗斯政府决定，是时候让俄罗斯卢布拥有自己的符号了。

⊖ ISO 是世界上最大的国际标准组织，ISO 4217 是货币的国际标准，最新版本是 ISO 4217：2008。

2013 年 12 月，俄罗斯央行举行了一场名为"普选"的竞赛，在五种不同的符号中选择一种作为货币新形象。俄罗斯字母 R 以 61% 的得票率胜出。用俄罗斯央行行长的话来说，新符号"体现了货币的稳定性和可靠性"。当被问及新的卢布符号是否会与拉丁字母 P 混淆时，行长说这不是问题，因为美元符号看起来像字母 S。

卢布的新符号已经加入货币符号清单中，与美元 \$、英镑 £、日元 ¥，以及相对年轻的欧元 €一样，作为货币价值的代表。近来，越来越多的国家为了彰显民族自豪感而宣传自己的货币符号。印度在 2010 年宣布了卢比的新货币符号，土耳其里拉在 2012 年也有了自己的新货币符号。

5.5.2 汇率报价

外汇报价遵循许多原则，乍一看可能有点混乱或不直观。每一种货币兑换都涉及两种货币，货币 1（CUR1）和货币 2（CUR2）

$$CUR1/CUR2$$

左侧的货币称为基础货币或单位货币。右侧的货币称为价格货币或报价货币。报价通常表示接收一个基础货币单位 CUR1 所需的价格货币 CUR2 的数量。

例如，最常引用的货币兑换是美元和欧元之间的货币兑换

$$欧元 /1.217\ 4\ 美元$$

指定欧元为基础货币，美元为价格货币，则汇率为 1.217 4 美元 / 欧元。如果你还记得斜杠左侧引用的货币始终是基础货币，而且总是一个单位，便可避免混淆。图 5-5 通过一个使用欧洲欧元和美元的例子，简要概述了世界各地常用的各种货币报价术语。

欧式标价法 1美元的外币价格	美式标价法 1欧元的美元价格
美元/0.821 4欧元 或 美元1.00 = 0.821 4欧元	欧元/1.217 4美元 或 1.00欧元 = 1.217 4美元
美元是基础货币或单位货币 欧元是价格货币或报价货币	欧元是基础货币或单位货币 美元是价格货币或报价货币

$$\frac{1}{0.821\ 4\ 欧元/美元} = 1.271\ 4\ 美元/欧元$$

图 5-5　外汇报价

5.5.3 市场惯例

国际货币市场虽然是世界上最大的金融市场，却沉浸在历史和惯例之中。

1. 欧式标价法

欧式标价法即用一单位美元的外币价格表示汇率，在过去 60 年或更长时间里都是市场惯例。世界上大多数国家都用一单位美元的外币价格来表示外汇汇率。欧式标价法标价意味着一单位美元的外汇报价。

例如，如果苏黎世的交易员，其本国货币是瑞士法郎，要求奥斯陆的交易员对挪威克朗报价，挪威交易员将报价挪威克朗兑美元的价值，而不是瑞士法郎。其结果是，大多数货币

都是按一美元的外汇价格的报价——如日元兑美元、挪威克朗兑美元、墨西哥比索兑美元、巴西雷亚尔兑美元、马来西亚林吉特兑美元、人民币兑美元等。

2. 美式标价法

欧洲条款的使用规则有两个例外：欧元和英国英镑。这两种货币通常都采用美式标价法，即一单位欧元或英镑的美元价格。⊖此外，澳大利亚元和新西兰元通常也采用美式标价法。

几个世纪以来，一英镑等于20先令，而一先令等于12便士。但是乘法和除法对非十进制的货币而言是很难计算的。由于当时英国是世界上无可争议的金融中心，在伦敦约定俗成的外汇标价方法就改成了每单位英镑对应的外币数量。即使在1971年英镑改为十进制后，这一标价方法仍然保持不变。

欧元最初是作为德国马克和法国法郎等国内货币的替代品而推出的。为了便于居民和使用者从这些历史货币过渡到欧元，所有报价均以"每单位欧元的本国货币价格"为基础。欧元兑美元的报价也是如此，因此，"每单位欧元的美元价格"是今天常用的报价形式。

美式标价法用于大多数货币期权和期货，以及零售市场中游客和个人汇款的报价。同样，这主要是由于长期存在的既定做法，而不是一些基本的金融规则。

3. 货币别称

外汇交易商给主要货币起了绰号。Cable 表示美元和英镑之间的汇率，起这个名字是因为美元和英镑之间的交易需要通过跨越大西洋的电缆才能完成。加元单位是 loonie，以一加元硬币上的水禽命名。Kiwi 代表新西兰元，Aussie 表示澳大利亚元，Swissie 代表瑞士法郎，Sing dollar 则表示新加坡元。

4. 直接和间接标价法

直接标价法是以本币表示一单位外币的价格。间接标价法是用外币表示一单位本币的价格。在许多国家的零售交易场所（例如在酒店或机场兑换货币），通常的做法是将本国货币作为价格，外币作为单位。一名走在巴黎香榭丽舍大街的女士可能会看到以下报价：

$$0.821\ 4\ 欧元 = 1.00\ 美元$$

由于在法国，本国货币是欧元（价格）而外币是美元（单位），在巴黎，这个报价是兑美元的直接报价，即一单位美元的价格。口头上，她可能会对自己说，"1 美元等于 0.821 4 欧元"，或"我花 0.821 4 欧元才能得到 1 美元"。这是欧式标价法。

与此同时，一名走在纽约百老汇大街的男子可能会在银行窗口看到以下报价：

$$1.217\ 4\ 美元 = 1.00\ 欧元$$

由于在美国，本国货币是美元（价格）而外币是欧元（单位），在纽约，这个报价是兑欧元的直接报价（一单位外币的本币价格）和兑美元的间接报价（一单位本币的外币价格）。该男子可能会对自己说："每欧元我将支付 1.217 4 美元。"这是美式标价法。

两个报价显然是等价的（至少小数点后四位），一个报价是另一个报价的倒数：

$$\frac{1}{0.821\ 4\ 欧元/美元} = 1.217\ 4\ 美元/欧元$$

⊖ 由于历史原因，英镑指的是一英镑的外币价格。

5. 买入价和卖出价

尽管报纸或杂志上的文章会将汇率表述为单一值，但无论是零售还是批发，买卖货币的市场使用两种不同的汇率，一种用于购买，一种用于销售。图 5-6 举例说明了买入价和卖出价在美元/欧元市场上是如何体现的。

图 5-6 买入价、卖出价和中间价

买入价是交易商愿意用一种货币购买另一种货币的价格。卖出价是交易商愿意以一种货币为标价卖出另一种货币的价格。经销商报出的卖出价稍高于相应的买入价，这两者之间的价差是他们获得的利润。对于那些很少交易、交易量很小或两者兼有的货币来说，买卖价差可能相当大。

在外汇市场上，买入和卖出报价是很复杂的，一种货币的买入价是另一种货币的卖出价。一个交易商试图用欧元买入美元的同时也意味着以美元标价卖出欧元。

《华尔街日报》引用的 47 种货币（加上特别提款权）的收盘价如表 5-2 所示。

表 5-2 汇率：纽约收盘快报

2014 年 1 月 3 日星期五，纽约收盘美元汇率

国家和地区	货币	符号	编码	美元价格	本币/美元
美洲					
阿根廷	比索	Ps	ARS	0.152 6	6.554 7
巴西	雷亚尔	R$	BRL	0.420 8	2.376 4
加拿大	加元	C$	CAD	0.940 3	1.063 5
智利	比索	$	CLP	0.001 889	529.4
哥伦比亚	比索	Col$	COP	0.000 516	1 937.98
厄瓜多尔	美元	$	USD	1	1
墨西哥	比索	$	MXN	0.076 3	13.107 3
秘鲁	新索尔	S/.	PEN	0.356 2	2.807 5

（续）

国家和地区	货币	符号	编码	美元价格	本币/美元
乌拉圭	比索	$U	UYN	0.047 39	21.102
委内瑞拉	强势玻利瓦尔	Bs	VND	0.15 748 031	6.35
亚太地区					
澳大利亚	澳大利亚元	A$	AUD	0.894 7	1.117 7
1个月远期				0.892 9	1.12
3个月远期				0.889 4	1.124 4
6个月远期				0.884 1	1.131 1
中国内地	人民币	¥	CNY	0.165 2	6.051 6
中国香港	港币	HK$	HKG	0.129	7.754 1
印度	卢比	₹	INR	0.016 06	62.254 95
印度尼西亚	卢比	Rp	IDR	0.0 000 826	12 110
日本	日元	¥	JPY	0.009 54	104.85
1个月远期				0.009 54	104.85
3个月远期				0.009 54	104.81
6个月远期				0.009 55	104.75
马来西亚	吉林特	RM	MYR	0.303 2	3.298 5
新西兰	新西兰元	NZ$	NZD	0.827 2	1.208 8
巴基斯坦	卢比	Rs.	PKR	0.009 51	105.205
菲律宾	比索	?	PHP	0.022 4	44.641
新加坡	新加坡元	S$	SGD	0.789 2	1.267
韩国	韩元	W	KRW	0.0 009 476	1 055.3
中国台湾	新台币	T$	TWD	0.033 39	29.949
泰国	泰铢	B	THB	0.030 31	32.992
越南	越南盾	D	VND	0.000 05	21 095
欧洲					
捷克共和国	克朗	Kc	CZK	0.049 3	20.283
丹麦	克朗	Dkr	DKK	0.182 2	5.489 2
欧盟	欧元	€	EUR	1.358 8	0.735 9
匈牙利	福林	Ft	HUF	0.004 546 44	219.95
挪威	克朗	NKr	NOK	0.162 6	6.151 6
波兰	兹罗提	—	PLN	0.325 9	3.068
罗马尼亚	列依	L	RON	0.302 3	3.308 1
俄罗斯	卢布	₽	RUB	0.030 15	33.173
瑞典	克朗	SKr	SEK	0.153 2	6.525 8
瑞士	法郎	Fr.	CHF	1.104 4	0.905 4
1个月远期				1.104 7	0.905 2
3个月远期				1.105 2	0.904 8
6个月远期				1.106 2	0.904
土耳其	新土耳其里拉	₺	TRY	0.459 2	2.177 9
英国	英镑	£	GBP	1.641 7	0.609 1
1个月远期				1.641 4	0.609 2
3个月远期				1.640 7	0.609 5
6个月远期				1.639 4	0.61

(续)

国家和地区	货币	符号	编码	美元价格	本币/美元
中东/非洲					
巴林岛	第纳尔	—	BHD	2.652 7	0.377
埃及	埃及镑	£	EGP	0.143 7	6.957 8
以色列	新锡克尔	Shk	ILS	0.285 2	3.506 4
约旦	第纳尔	—	JOD	1.414 7	0.706 9
肯尼亚	先令	KSh	KES	0.011 51	86.906
科威特	第纳尔	—	KWD	3.542 8	0.282 3
黎巴嫩	黎巴嫩镑	—	LBP	0.000 665 4	1 502.95
沙特阿拉伯	沙特里亚尔	SR	SAR	0.266 6	3.750 5
南非	兰特	R	ZAR	0.093 7	10.675
阿拉伯联合酋长国	迪拉姆		AED	0.272 3	3.673 1

《华尔街日报》在"美元价格"列采用美式标价法报价，在"本币/美元"列采用欧式标价法报价。报价是直接基于即期汇率给出的，部分币种提供了1个月期、3个月期和6个月期的远期利率。路透社在美国东部时间下午4点援引的数据，为100万美元及以上的银行间报价。《华尔街日报》没有说明这些报价是买入价、卖出价还是中间价（买入价和卖出价的平均值）。

交易者报价使用的货币顺序可能会令人困惑（至少本书的作者认为如此）。正如一家主要的国际银行业出版物所指出的那样，欧元/美元是交易员惯用的符号，尽管以反方向表示汇率更精确，即获取1欧元需要支付多少美元。

这就是为什么商业中广泛使用如图5-6所示的货币报价形式——欧元/美元、美元/日元或英镑/美元，以及本书其他部分使用的类似1.217 0美元/欧元、83.16日元/美元和1.555 2美元/英镑的报价形式。

5.5.4 交叉汇率

许多货币两两之间的交易并不活跃，所以它们的汇率是通过其与第三种交易活跃的货币之间的关系来决定的。例如，一位墨西哥进口商需要购买日元来支付其在东京的货款。墨西哥比索和日元分别对美元标价，引用表5-2数据如下所示：

		本币/美元
日元	美元/日元	104.85
墨西哥比索	美元/墨西哥比索	13.107 3

墨西哥进口商可以用13.107 3单位墨西哥比索购买1单位美元，然后用这1单位美元购买104.85单位日元。交叉汇率计算公式如下：

$$\frac{\text{日元/美元}}{\text{墨西哥比索/美元}} = \frac{104.85 \text{日元/美元}}{13.107 3 \text{墨西哥比索/美元}} = 7.999 4 \text{日元/墨西哥比索}$$

交叉汇率也可以以倒数计算，即美元/日元汇率除以美元/墨西哥比索汇率，则汇率为0.125 0墨西哥比索/日元。

交叉汇率经常以矩阵的形式出现在各种金融出版物中，以简化计算。根据表5-2中列式的报价，表 5-3 计算了一些重要的交叉汇率，包括墨西哥比索／日元的计算（汇率为 0.125 0 墨西哥比索／日元）。

表 5-3　2014 年 1 月 3 日主要货币交叉汇率计算

	美元	欧元	英镑	瑞士法郎	比索	日元	加元
加拿大	1.063 5	1.445 2	1.746	1.174 6	0.081 1	0.010 1	—
日本	104.850 3	142.479 0	172.140	115.805 5	7.999 4	—	98.589 8
墨西哥	13.107 3	17.811 3	21.519 1	14.476 8	—	0.125 0	12.324 7
瑞士	0.905 4	1.230 3	1.486 5	—	0.069 1	0.008 6	0.851 3
英国	0.609 1	0.827 7	—	0.672 7	0.046 5	0.005 8	0.572 7
欧盟	0.735 9		1.208 2	0.812 8	0.056 1	0.007	0.692
美国	—	1.358 9	1.641 8	1.104 5	0.076 3	0.009 5	0.940 3

注：交叉汇率是根据第一列"美元"的报价计算的，数据引自表 5-2。

5.5.5　市场间套汇

交叉汇率可以用来识别是否存在市场间套汇的机会。假设有以下汇率报价：

花旗银行美元／欧元报价	1.329 7 美元／欧元
巴克莱银行美元／英镑报价	1.558 5 美元／英镑
德意志银行欧元／英镑报价	1.172 2 欧元／英镑

花旗银行和巴克莱银行间的交叉汇率是：

$$\frac{1.558\ 5\ 美元／英镑}{1.329\ 7\ 美元／欧元} = 1.172\ 1\ 欧元／英镑$$

这一交叉汇率与德意志银行的报价 1.172 2 欧元／英镑不一致，因此在这三个市场存在套汇机会。图 5-7 显示的套汇方法被称为三角套汇。

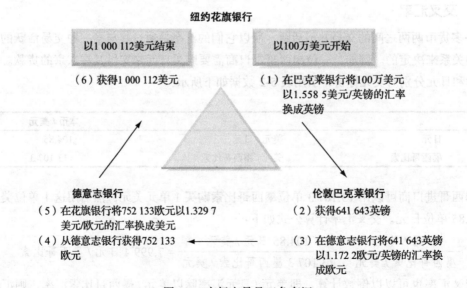

图 5-7　市场交易员三角套汇

纽约花旗银行的一位市场交易员，在巴克莱银行立即将 1 000 000 美元换成 1 000 000 美

元 ÷1.558 5 美元/英镑 =641 643 英镑。同时，在德意志银行将英镑卖出换成欧元，641 643 英镑 ×1.172 2 欧元/英镑 =752 133 欧元。交易员再在花旗银行卖出欧元买入美元：752 133 欧元 ×1.329 7 美元/欧元 =1 000 112 美元。

至此，该交易商可以无风险套汇 112 美元（1 000 112 美元 – 1 000 000 美元 =112 美元）。类似的三角套汇可以持续到市场汇率重新达到平衡，即计算出的交叉汇率等于实际交叉汇率减去所有的交易费用。

5.5.6 即期汇率变动百分比

假设墨西哥比索的汇率从 10.00 美元/墨西哥比索变为 11.00 美元/墨西哥比索。你的本国货币是美元。墨西哥比索价值的百分比变化是多少？计算取决于指定的本国货币。

1. 外币标价法

当使用外币（价格，墨西哥比索）相对本币（单位，美元）的价格标价时，该案例中为墨西哥比索/美元，外币变动百分比的公式为：

$$\%\Delta = \frac{10.00 \text{ 墨西哥比索/美元} - 11.00 \text{ 墨西哥比索/美元}}{11.00 \text{ 墨西哥比索/美元}} \times 100\% = -9.09\%$$

墨西哥比索兑美元汇率下跌 9.09%。由于兑换 1 美元需要更多的比索，且比索兑美元汇率变动为负值，均说明了墨西哥比索的贬值。

2. 本币标价法

当使用本币（价格）相对外币（单位）的价格标价时，汇率为上述标价方式的倒数，外币变动百分比的公式为：

$$\%\Delta = \frac{0.090\ 91 \text{ 美元/墨西哥比索} - 0.100\ 0 \text{ 美元/墨西哥比索}}{0.100\ 0 \text{ 美元/墨西哥比索}} \times 100\% = -9.09\%$$

计算得出相同的百分比变化，比索的价值下降了 9.09%。很多人认为第二种计算方式（本币标价法）更加直观，因为这会使他们记住许多百分比变化计算结果，否则他们必须记住这些汇率，而且这些汇率以本币标价是非常重要的。

5.5.7 远期报价

即期汇率通常是完整的报价（即包括全部数位的标价），远期汇率报价的形式取决于币种，通常为点数报价，即货币报价的后几位数。1 年期及以下的远期汇率称为现金汇率，1 年期以上的汇率称为互换汇率。远期报价基点数表示的并不是汇率，而是远期汇率与即期汇率之间的差异。因此，即期汇率本身是无法以基点数的方式表示的。

如表 5-4 中的即期和远期报价，买入价和卖出价的即期报价是完整报价，而远期报价则是在即期报价上加基点数。如表 5-4 所示，3 个月期日元的远期报价基点数为：买入价 –1.43，卖出价 –1.40。第一个数字（–1.43）是相对即期买入价的变化点数，第二个数字（–1.40）是相对即期卖出价的变化点数。由于即期买入价是 118.27，即期卖出价是 118.37，所以 3 个月远期汇率的计算方式如下：

	买入价	卖出价
即期完整的标价（日元）	118.27	118.37
加基点数（3个月）	−1.43	−1.40
远期完整的标价（日元）	116.84	116.97

表 5-4　欧元和日元的即期和远期报价

	期限	欧元的即期和远期报价（美元/欧元）				日元的即期和远期报价（日元/美元）			
		买入价		卖出价		买入价		卖出价	
		基点数	汇率	基点数	汇率	基点数	汇率	基点数	汇率
现金汇率	即期		1.089 7		1.090 1		118.27		118.37
	1周	3	1.090 0	4	1.090 5	−10	118.17	−9	118.28
	1个月	17	1.091 4	19	1.092 0	−51	117.76	−50	117.87
	2个月	35	1.093 2	36	1.093 7	−95	117.32	−93	117.44
	3个月	53	1.095 0	54	1.095 5	−143	116.84	−140	116.97
	4个月	72	1.096 9	76	1.097 7	−195	116.32	−190	116.47
	5个月	90	1.098 7	95	1.099 6	−240	115.87	−237	116.00
	6个月	112	1.100 9	113	1.101 4	−288	115.39	−287	115.50
	9个月	175	1.107 2	177	1.107 8	−435	113.92	−429	114.08
	1年	242	1.113 9	245	1.114 6	−584	112.43	−581	112.56
互换汇率	2年	481	1.137 8	522	1.142 3	−1 150	106.77	−1 129	107.08
	3年	750	1.164 7	810	1.171 1	−1 748	100.79	−1 698	101.39
	4年	960	1.185 7	1 039	1.194 0	−2 185	96.42	−2 115	97.22
	5年	1 129	1.202 6	1 276	1.217 7	−2 592	92.35	−2 490	93.47

表 5-4 中两年或更长时间的远期汇率被称为互换汇率。如前所述，许多银行间市场的远期外汇交易涉及买入某一期限的合约并同时卖出另一期限的合约（相同数量外汇在同一时间进行相反方向的交易）。这种"互换"是在一定时期内，放弃一种货币而借入另一种货币的方式。换言之，这是短期借入一种货币同时短期贷出等量的另一种货币的行为。如果交易双方愿意，可以收取对方相应货币的利息。然而，对双方而言更简单的做法是只由需要支付较高利率的一方支付双方的利息差。因此，互换利率表示在一个时期的净利息差，而不是利率。

5.5.8　用百分比表示远期汇率报价

远期汇率每年偏离即期汇率的百分比称为远期升水。然而，正如计算即期汇率的百分比变化一样，远期利率的变动可能是正值（溢价），也可能是负值（折价），这取决于指定的本国（或基准）货币。假设我们在后续讨论外币标价法和本币标价法时采用以下即期汇率。

	外币（价格）/本币（单位）	本币（价格）/外币（单位）
即期汇率	118.27 日元/美元	0.008 445 2 美元/日元
远期汇率（3个月）	116.84 日元/美元	0.008 558 7 美元/日元

1. 用外币表示的标价法（间接标价法）

当使用外币（价格）相对本币（单位）的价格标价时，日元兑换美元的即期和远期汇率，远期合约的期限（90天），以及远期升水的计算公式如下：

$$f^{日元} = \frac{即期汇率 - 远期汇率}{远期汇率} \times \frac{360}{90} \times 100\% = \frac{118.27 - 116.84}{116.84} \times \frac{360}{90} \times 100\% = +4.90\%$$

这一利好信号表明，日元兑美元的远期汇率升水为4.90%。

2. 用本币表示的标价法（直接标价法）

当使用本币（美元）相对外币（日元）的价格标价时，即期和远期汇率为前述汇率的倒数，日元远期升水的计算公式如下：

$$f^{日元} = \frac{即期汇率 - 远期汇率}{远期汇率} \times \frac{360}{90} \times 100\% = \frac{\frac{1}{116.84} - \frac{1}{118.27}}{\frac{1}{118.27}} \times \frac{360}{90} \times 100\%$$

例如，

$$f^{日元} = \frac{远期汇率 - 即期汇率}{即期汇率} \times \frac{360}{90} \times 100\% = \frac{0.0085587 - 0.0084552}{0.0084552} \times \frac{360}{90} \times 100\% = +4.90\%$$

计算结果与之前的溢价相同，日元兑美元的远期汇率升水为4.90%。

本章小结

1. 外汇市场有三大职能：购买力转移、提供贷款以及最小化外汇风险。
2. 过去10年外汇市场最大的变化之一就是从两级市场（银行间市场或批发市场，以及客户或零售市场）转变为一级市场。电子平台和复杂交易算法的发展为各类及各种规模的交易者提供了进入市场的便利。
3. 从地域上看，外汇市场遍布全球，在任意工作日的任意时间都有货币交易和价格变动。
4. 外汇汇率是以其他货币表示的某种货币价格。外汇标价是以特定价格购买或出售某种货币的意愿表现。
5. 外汇市场的交易分为即期交割、两个工作日之后交割、在未来约定的某一天进行远期交割或互换三种形式。
6. 欧式标价法表示1美元对应的外币价格，而美式标价法表示1单位外币对应的美元价格。
7. 标价可以是直接的也可以是间接的。直接标价法表示1单位外币对应的本币价格，而间接标价法表示1单位本币对应的外币价格。
8. 直接和间接标价法不是美式与欧式标价法的同义词，因为本币根据使用国不同会做相应改变，但是欧式标价法总是1单位美元的外币价格。
9. 交叉汇率表示两种货币之间的汇率关系，通过被考察货币与第三种货币的关系计算出来。当交叉汇率与两种货币实际的标价汇率不同时，存在市场间套汇机会。

案例研究

委内瑞拉货币玻利瓦尔的黑色市场[⊖]

传言说委内瑞拉总统查韦斯曾因在1992年试图发动政变而在监狱中度过了一年半的时

⊖ Copyright © 2004 Thunderbird School of Global Management. All rights reserved. This case was prepared by Nina Camera, Thanh Nguyen, and Jay Ward under the direction of Professor Michael H. Moffett for the purpose of classroom discussion only and not to indicate either effective or ineffective management. Names of principals involved in the case have been changed to preserve confidentiality.

光。在狱中，他是个勤奋的阅读者，但是可惜的是他在狱中所阅读的书都太缺乏经济学知识，并且太过马基雅维利主义。

——"Money Fun in the Venezuela of Hugo Chávez," *The Economist*, 2004 年 2 月 13 日

在 2004 年 5 月 10 日的傍晚，当圣地亚哥（人名）打开位于委内瑞拉首都加拉加斯的办公室窗户时，立刻被来自广场的声音震惊了。汽车在鸣笛，抗议者在敲打着手中的锅碗瓢盆，街上的小贩赶紧收起自己的财物。自从 2002 年查韦斯上台实施新的经济政策以来，这种抗议的景象和声音就成为加拉加斯城市生活的一部分。圣地亚哥十分怀念过去加拉加斯单纯的生活。

圣地亚哥的药品经销生意一度非常成功，现在却陷入困境。自从 2003 年 2 月实行资本管制以来，美元就很难买到了。他不得不寻找其他更昂贵且不怎么合法的途径来获得美元，这使得他的生意利润下降了 50%。而委内瑞拉货币玻利瓦尔的贬值（再次贬值）也直接增加了圣地亚哥的经营成本，压榨其所剩无几的利润。但他无法找到能够卖给他美元的人。他的客户急需药品，但是圣地亚哥如何用美元支付总价达 30 000 美元的订单呢？

政治动乱

委内瑞拉总统查韦斯自从 1998 年上台之后的执政表现充其量只能说是乱哄哄的。在他不断地被召回、辞职又重新上台的过程中，政治动乱已经对委内瑞拉的整体经济，尤其是其货币造成了严重损害。2001 年推翻查韦斯政权的行动短暂胜利后，他又立刻重新上台，拉开了闭关锁国的经济和财政政策序幕。

2003 年 1 月 21 日，玻利瓦尔的价值降到历史最低点，即 1 853 玻利瓦尔 / 美元。第二天，查韦斯总统下令停止美元交易达两周之久。几乎是同时，一个将委内瑞拉货币玻利瓦尔兑换成其他货币（主要是美元）的非官方黑色市场开始出现。各种各样的投资者纷纷退出委内瑞拉市场，还有一些人急需抛出玻利瓦尔，换取硬通货来维持生意（例如圣地亚哥），

这些大量的资本外逃导致黑市上玻利瓦尔的价值直线下降至 2 500 玻利瓦尔 / 美元。随着玻利瓦尔市场的崩溃和汇率的下跌，委内瑞拉国内的通货膨胀率每年高达 30% 以上。

资本管制和外汇管理委员会

委内瑞拉政府在 2003 年 2 月 5 日宣布通过《2003 年外汇管理条例》。该条例规定了以下措施：

（1）官方规定玻利瓦尔的买入价为 1 596 玻利瓦尔 / 美元，卖出价为 1 600 玻利瓦尔 / 美元。

（2）成立外汇管理委员会（CADIVI）来控制外汇的流通渠道。

（3）实行严格的价格管控来克服由玻利瓦尔贬值和进口紧缩（资本管制所引起的）带来的通货膨胀。

CADIVI 是委内瑞拉民众获取外币的官方途径也是最便宜的途径。但是为了从 CADIVI 处购买美元，申请者必须填写一堆表格，然后证明他们在最近三年按时缴纳了税款，提供其商业和资产所有权证明、公司资产的租赁合同以及最近社会保险的支付凭证。

但是，购买外币还有一个未明示的非官方规定：只有查韦斯的支持者才能获得 CADIVI 的批准。2003 年 8 月，反对查韦斯政权的请愿书广为流传，并已收集了 100 万人签名。尽管政府声称请愿是无效的，但 CADIVI 仍然根据请愿书上的签名建立了一个注明姓名和社会安全号的数据库，在决定谁能够买到硬通货时进行身份的交叉比对。援引查韦斯说过的一句话："不会给任何反叛者（激进分子或政变支持者）美元，玻利瓦尔属于全体人民。"⊖

圣地亚哥的抉择

圣地亚哥没能通过 CADIVI 购买美元来支付进口货款。因为他在要求查韦斯总统下台的请愿书上签了名，因此在 CADIVI 的数据库里被认为是反查韦斯政权的支持者，现在他无法得到许可将玻利瓦尔换成美元。

出现问题的交易是圣地亚哥从他位于美国的供应商进口 30 000 美元药品，并需要用美元支付。圣地亚哥将把这批药品卖给委内瑞拉一个很大的药品分销商。这已经不是他第一次

⊖ "Venezuela Girds for Exchange Controls," the *Wall Street Journal* (Eastern edition), February 5, 2003, p. A14.

寻求其他途径来满足其美元需求了。自从实施了资本管制,圣地亚哥每周都要利用各种方法买到美元。除了官方渠道(CADIVI),他不得不通过灰色市场或黑市来购买。

灰色市场:国家电话有限公司的股份

外汇管制实施3个月后,即2003年5月,机会之门向委内瑞拉人敞开——投资者可以通过加拉加斯股票市场来躲避严格的外汇管制。这一漏洞绕过了政府部门的监管,允许投资者在加拉加斯证券交易所购买本地龙头企业——国家电话有限公司(CANTV)的股份,然后将它们换成可在纽约证券交易所交易的、以美元标价的美国存托凭证(ADR)。

CANTV在纽交所的美国存托凭证发行人是纽约银行,也是美国存托凭证发行商和管理者当中的佼佼者。在委内瑞拉外汇管理条例通过之后,为了评估在新的货币管制下交易的合法性,纽约银行终止了CANTV美国存托凭证交易。5月26日,在确定了在新条例下交易合法后,纽约银行恢复了CANTV股票的交易。CANTV的股票价格和交易量在接下来的一周开始飞涨。⊖

CANTV的股票价格是计算外汇灰色市场交易量的主要途径。例如,2004年2月6日,CANTV在加拉加斯证券交易所的收盘价是每股7 945玻利瓦尔。同一天,CANTV的美国存托凭证在纽约证券交易所的收盘价是每份18.84美元。每份美国存托凭证相当于7股CANTV股票。灰色市场的汇率计算如下:

$$灰色市场汇率 = \frac{7 \times 7\,945 玻利瓦尔/股}{18.84 美元/股}$$

$$= 2.952 玻利瓦尔/美元$$

当日的官方汇率是1 598玻利瓦尔/美元。这意味着灰色市场中玻利瓦尔的标价比委内瑞拉政府宣称的低了46%左右。图5-8显示了从2002年1月至2004年3月玻利瓦尔的官方汇率和灰色市场汇率(利用CANTV的股票计算得出)。两种汇率从2003年2月,即资本管制后开始出现偏差。⊖

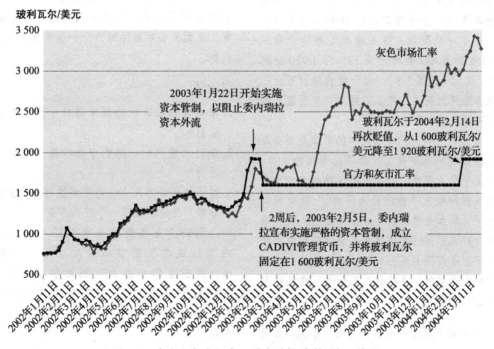

图5-8 官方和灰市汇率,委内瑞拉玻利瓦尔/美元

⊖ 事实上,由于CANTV作为汇率机制使用,其股价在2002~2004年持续上涨。委内瑞拉个人和组织使用CANTV ADR作为获取美元的方法,这一方法通常被描述为"不违法"。

⊖ 摩根士丹利资本国际(MSCI)于2013年11月26日宣布,他将以CANTV Telefonos de Venezuela D在当地市场的股价和美元计价的ADR为基础计算的名义汇率,来替代委内瑞拉玻利瓦尔的标准即期汇率。

黑色市场

委内瑞拉获取硬通货的第三种方式是通过快速发展的黑色市场。同全世界的黑市一样，委内瑞拉的黑市也是看不见的非法市场。黑市非常复杂，主要由委内瑞拉的股票经纪人或银行家提供服务，他们同时还拥有离岸美元账户。黑市经纪人的选择非常关键，因为当交易没能成交时是没有追索权的。

圣地亚哥需要在委内瑞拉的经纪人账户中存入玻利瓦尔才能在黑市上购买美元。黑市的汇率由当天的存款决定，通常在灰色市场汇率的基础上有20%左右的浮动。存入玻利瓦尔后，圣地亚哥就可以在委内瑞拉境外的美元账户中拥有事先约定的美元。一笔交易大约需要两个工作日完成。黑市汇率为3 300玻利瓦尔/美元。

2004年年初，查韦斯总统要求委内瑞拉央行从210亿美元外汇储备中给他"几十个亿"。他争辩说这些钱还是人民的，他只是想投资一些在农业部门。央行拒绝了。在寻求资金未果后，查韦斯政府在2004年2月9日宣布了另一轮贬值。官方玻利瓦尔的价值从1 600玻利瓦尔/美元下降17%至1 920玻利瓦尔/美元（见图5-8）。由于委内瑞拉石油出口全部用美元购买，其从石油出口中所赚取的玻利瓦尔也随之增加17%。

查韦斯政府声称玻利瓦尔的贬值是有必要的，因为玻利瓦尔是"价值不断变化的货币，而不是一成不变的，如果不贬值将损害出口并且造成国际收支平衡的巨大压力。"财政部部长托拜厄斯如是说。但是分析师指出，委内瑞拉政府对该国国际收支平衡具有很强的操控能力：石油是该国主要出口品，而政府控制了进口所需的硬通货，央行的外汇储备现在已经超过了210亿美元。

不知查韦斯先生是否知道美元存款和盈利在三年内减半对委内瑞拉造成的冲击有多大。也许学政治科学出身的查韦斯相信玻利瓦尔贬值越多，人民越富有。但是一个不可避免的结论是他认识到贬值是完成其玻利瓦尔"任务"的有效途径，这有助于重塑其长期受欢迎的形象，帮助他在倒阁时重新执掌政权。

——"Money Fun in the Venezuela of Hugo Chávez," *the Wall Street Journal* (eastern edition), February 13, 2004, p. A13.

远水解不了近渴

5月10日下午，圣地亚哥从CADIVI处收到确认信，被告知他上次购买美元的申请终于通过，他将以1 920玻利瓦尔/美元的汇率收到10 000美元。圣地亚哥将他的好运归结为他向CADIVI内部人员许诺每单位美元多付500玻利瓦尔以加快批准他的申请。圣地亚哥戏称："查韦斯的追随者也需要赚钱。"街道上的喧闹声随着黄昏的到来落下帷幕。现在圣地亚哥需要做出决定。任何一种选择都不完美，但是如果他想要继续做生意，美元是必须要得到的——尽管需要付出点代价。

讨论题

1. 像委内瑞拉这样的国家为什么要实施资本管制？
2. 在以上案例中，灰色市场和黑色市场有何区别？
3. 对圣地亚哥的几个备选方案进行金融方面的分析，并向其推荐一个可行方案。

后记。 查韦斯总统于2013年去世，委内瑞拉玻利瓦尔自本案发生以来不断贬值，并被重新命名为玻利瓦尔富尔特，但它仍然是一种被政府高估和限制兑换的货币，因此它继续以官方和非官方的双重身份存在。

思考题

1. 定义以下名词。
   （1）外汇市场。
   （2）外汇交易。
   （3）外汇。

2. 外汇市场的三大职能是什么？
3. 识别每一类外汇市场参与者买卖外汇的动机。
4. 定义各类外汇交易。
   （1）即期交易。
   （2）远期外汇交易。
   （3）远期对远期的互换交易。
5. 根据2001年外汇市场的交易量，回答以下问题。
   （1）对2001年即期交易、远期交易和互换交易的规模进行排序。
   （2）对外汇市场交易量最大的五个地区进行排序。
   （3）对三种最主要的货币进行排序。
6. 定义以下外汇标价并举例说明。
   （1）买入价。
   （2）卖出价。
7. 将以下间接标价法转化为直接标价法，直接标价法转化为间接标价法。
   （1）欧元：1.22欧元/美元（间接标价法）。
   （2）俄罗斯：130卢布/美元（间接标价法）。
   （3）加拿大：0.72美元/加元（直接标价法）。
   （4）丹麦：0.1 644美元/丹麦克朗（直接标价法）。
8. 回答外汇市场的有关问题。
   （1）其地理位置在哪？
   （2）交易系统的两种主要类型是什么？
   （3）外汇市场的交易活动是如何联系起来的？
9. 在银行间市场标价时，美式和欧式标价法有什么区别？
10. 定义并举例。
    （1）用直接标价法表示美元兑墨西哥比索的汇率，其中美国是母国。
    （2）用间接标价法举例表示日元兑人民币的汇率，其中中国是母国。

练习题

1. 艾萨克·德·佩里斯住在巴西里约热内卢。在西班牙上学期间，他遇到了来自危地马拉的胡安·卡洛斯·科德罗。暑假期间，艾萨克决定去危地马拉市看望胡安·卡洛斯几周。艾萨克的父母给了他4 500巴西雷亚尔零花钱。艾萨克想把它兑换成危地马拉格查尔（GTQ）。他收集到以下汇率信息：

   危地马拉格查尔的即期交叉汇率为10.579 9格查尔/欧元

   巴西雷亚尔的即期交叉汇率为0.446 2欧元/巴西雷亚尔

   （1）巴西雷亚尔兑换危地马拉格查尔的交叉汇率是多少？
   （2）艾萨克的雷亚尔可以兑换多少危地马拉格查尔？

2. 利用2010年9月16日日元/美元的即期和远期买入价和卖出价，回答下列问题。
   （1）计算每种到期日的中间价。
   （2）计算每种到期日的每年远期升水值。
   （3）哪种到期日的远期升水最大？哪种最小？

期限	买入价 （日元/美元）	卖出价 （日元/美元）
即期	85.41	85.46
1个月	85.02	85.05
2个月	84.86	84.90
3个月	84.37	84.42
6个月	83.17	83.20
12个月	82.87	82.91
24个月	81.79	81.82

3. 在毕业旅行中，你决定从德国慕尼黑出发，前往俄罗斯莫斯科。你离开慕尼黑时钱包里有15 000欧元。如果你想用所有欧元兑换俄罗斯卢布，你得到以下报价：

   欧元的即期交叉汇率为1.321 4美元/欧元

   俄罗斯卢布的即期交叉汇率为30.96卢布/美元

   （1）欧元兑换俄罗斯卢布的交叉汇率是多少？
   （2）你的欧元可以兑换多少俄罗斯卢布？

4. 在莫斯科待了一个星期后，你收到了来自日本朋友的电子邮件。他可以帮你买一张很优惠的机票，并希望你下周在大阪与他见面，继续你的毕业旅行。你的钱包里还有45万卢布。为了准备这次旅行，你想把你的俄罗斯卢布换成日元，你得到以下报价：

俄罗斯卢布的即期交叉汇率为130.96俄罗斯卢布/美元

日元的即期交叉汇率为84.02日元/美元

（1）俄罗斯卢布兑换日元的交叉汇率是多少？
（2）你的俄罗斯卢布可以兑换多少日元？

5. 加拿大出口商维多利亚出口公司，将在未来12个月内收到6笔12 000欧元的贷款。该公司既有加元头寸，也有美元头寸，它可以决定在不同期限内何种货币兑换欧元。在远期市场上，哪种货币可以提供最优惠的汇率？

期限	远期天数	买入价（加元/欧元）	卖出价（美元/欧元）
即期	—	1.336 0	1.322 1
1个月	30	1.336 8	1.323 0
2个月	60	1.337 6	1.322 8
3个月	90	1.338 2	1.322 4
6个月	180	1.340 6	1.321 5
12个月	360	1.346 2	1.319 4

6. 1997年7月的亚洲金融危机重挫了东亚的货币市场。

（1）在7～11月以下哪种货币贬值最厉害？
（2）哪种货币在危机的前5个月所受的影响最大？

国家和地区	货币	1997年7月（每单位美元）	1997年11月（每单位美元）
中国内地	人民币	8.40	8.40
中国香港	港币	7.75	7.73
印度尼西亚	印尼盾	2 400	3 600
韩国	韩元	900	1 100
马来西亚	林吉特	2.50	3.50
菲律宾	比索	27	34
新加坡	新加坡币	1.43	1.60
中国台湾	台币	27.80	32.70
泰国	泰铢	25.0	40.0

7. 利用以下彭博社提供的交叉汇率表回答以下问题：

货币	美元	欧元	日元	英镑	瑞士法郎	加元	澳大利亚元	港币
港币	7.773 6	10.297 6	0.092 8	12.285 3	7.916 5	7.698 7	7.658 4	—
澳大利亚元	1.015	1.344 6	0.012 1	1.604 2	1.033 7	1.005 3	—	0.130 6
加元	1.009 7	1.337 6	0.012 1	1.595 8	1.028 3	—	0.994 8	0.129 9
瑞士法郎	0.981 9	1.300 8	0.011 7	1.551 9	—	0.972 5	0.967 4	0.126 3
英镑	0.632 8	0.838 2	0.007 6	—	0.644 4	0.626 7	0.623 9	0.081 4
日元	83.735	110.923 8	—	132.334 8	85.275 1	82.928 1	82.494 9	10.771 8
欧元	0.754 9	—	0.009	1.193	0.768 8	0.747 6	0.743 7	0.097 1
美元	—	1.324 7	0.011 9	1.580 4	1.018 4	0.990 4	0.985 2	0.128 6

（1）日元兑美元汇率是多少？
（2）每单位日元可兑换多少美元？
（3）每单位欧元可兑换多少美元？
（4）每单位美元可兑换多少欧元？
（5）每单位欧元可兑换多少日元？
（6）每单位日元可兑换多少欧元？
（7）每单位美元可兑换多少加元？
（8）每单位加元可兑换多少美元？
（9）每单位美元可兑换多少澳大利亚元？
（10）每单位澳大利亚元可兑换多少美元？
（11）每单位美元可兑换多少英镑？
（12）每单位英镑可兑换多少美元？
（13）每单位瑞士法郎可兑换多少美元？
（14）每单位美元可兑换多少瑞士法郎？

8. 利用2010年12月10日美元/欧元的即期和远期买入价和卖出价，回答下列问题。
（1）计算每种到期日的中间价。
（2）计算每种到期日的每年远期升水值。

(3) 哪种到期日的远期升水最大？哪种最小？

期限	买入价（美元/欧元）	卖出价（美元/欧元）
即期	1.323 1	1.323 2
1个月	1.323 0	1.323 1
2个月	1.322 8	1.322 9
3个月	1.322 4	1.322 7
6个月	1.321 5	1.321 8
12个月	1.319 4	1.319 8
24个月	1.314 7	1.317 6

9. 安德烈亚斯·布罗斯齐奥是瑞士信贷驻瑞士苏黎世的分析师。他收到了瑞士法郎对美元的即期、1个月远期、3个月远期和6个月远期的汇率报价。

即期汇率：
买入价：1.257 5 瑞士法郎/美元
卖出价：1.258 5 瑞士法郎/美元
1个月远期：10～15
3个月远期：14～22
6个月远期：20～30

(1) 分别计算买入价和卖出价，以及买入价和卖出价之间的价差。
(2) 从即期到6个月远期汇率价差的变化，你能得出什么结论？
(3) 6个月的瑞士汇票利率是多少？

10. 汇率信息如下所示（你可以在如下汇率情况下买卖）。假设你最初拥有1 200万瑞士法郎。你能够进行三角套汇吗？如果能，计算瑞士法郎的套汇利润，并给出计算步骤。

富士银行	92.00 日元/美元
拉什莫尔银行	1.02 瑞士法郎/美元
布朗克银行	90.00 日元/瑞士法郎

11. 利用2010年12月10日美元/澳大利亚元的即期和远期汇率回答以下问题。
(1) 计算每种到期日的中间价。
(2) 计算每种到期日的每年远期升水值。

(3) 哪种到期日的远期升水最大？哪种最小？

期限	买入价（美元/澳大利亚元）	卖出价（美元/澳大利亚元）
即期	0.985 10	0.985 40
1个月	0.981 31	0.981 65
2个月	0.977 45	0.977 86
3个月	0.973 97	0.974 41
6个月	0.962 41	0.962 95
12个月	0.939 60	0.940 45
24个月	0.897 70	0.899 00

12. 一家在纽约运营的公司财务部同时联系纽约花旗银行和伦敦巴克莱银行，获得了以下汇率报价。

纽约花旗银行	伦敦巴克莱银行
0.755 1-0.756 1 美元/欧元	0.754 5-0.757 5 美元/欧元

请说明，该公司财务部如何根据以上两个不同的汇率利用100万美元或等值的欧元进行无风险套汇。

13. 委内瑞拉政府于2002年2月正式发行玻利瓦尔。几周之内，玻利瓦尔的价值就由之前的固定778玻利瓦尔/美元降至1 025玻利瓦尔/美元。
(1) 玻利瓦尔是否贬值了？
(2) 玻利瓦尔的价值变化百分比是多少？

14. 委内瑞拉的政治和经济危机在2002年后期与2003年早期更加严重。2003年1月1日，玻利瓦尔的汇率为1 400玻利瓦尔/美元。到2月1日，其价值下降到1 950玻利瓦尔/美元。许多货币分析师预测说在2003年夏初玻利瓦尔的价值将在2月1日的基础上再下降40%。
(1) 玻利瓦尔的价值在2003年1月的变化百分比是多少？
(2) 如果货币分析师的话是正确的，那么玻利瓦尔在2003年6月相对于美元的价值是多少？

15. 如果美元的即期汇率是1.330 0 欧元/美元，3个月远期汇率是1.340 0 欧元/美元，计算美元的远期升水（美元是本币）。

16. 如果美元的即期汇率是 1.580 0 美元/英镑，而 6 个月远期汇率是 1.555 0 美元/英镑，计算美元的远期贴水。

17. 利用即期汇率 12.45 比索/美元和 0.755 0 欧元/美元，计算墨西哥比索和欧元的交叉汇率。

18. 利用即期汇率 500.29 科朗/美元和 1.02 加元/美元，计算哥斯达黎加科朗和加元的交叉汇率。

19. 利用以下汇率报价，计算在花旗银行的市场交易商如何利用 100 万美元进行市场间套汇获利。

花旗银行报价	1.590 0 美元/英镑
国民威斯敏斯特银行报价	1.200 0 欧元/英镑
德意志银行报价	0.755 0 美元/欧元

20. 受金字塔之旅的启发，花旗银行的交易员鲁梅恩德·希隆想知道他能否利用利比亚第纳尔和沙特里亚尔进行市场间套利。他有 100 万美元，收集的报价如下。是否有套利机会？

花旗银行报价	1.932 4 美元/第纳尔
科威特国家银行报价	1.940 5 沙特里亚尔/第纳尔
巴克莱银行报价	0.266 7 美元/沙特里亚尔

第6章

利率平价条件

> 只要资本能自由流向对其运用最有利可图的国家，利润率就不会有任何差异，商品的实际价格或劳动价格，除把它运往各个销售市场所需要的额外的劳动成本外，也不会再有其他的差别。
>
> ——大卫·李嘉图，《政治经济学及赋税原理》，1817年，第7章

学习目标

1. 了解国家价格水平及价格水平的变动如何决定货币间汇率。
2. 了解利率如何反映一国货币的通货膨胀。
3. 解释货币远期市场是如何反映市场参与者对未来即期汇率的预期的。
4. 分析在均衡状态时，即期、远期货币市场上的利率差异及预期通货膨胀差异情况。

汇率的决定因素有哪些？汇率变动可预测吗？这些是跨国企业管理者、国际组合投资者、进出口商以及政府官员们每天必须应对的问题。本章讲述与汇率决定有关的核心金融理论。第8章会介绍关于货币估值的另外两个主要的理论学派，并把这三种不同的理论结合用于解决各种实际问题。

将汇率、价格水平和利率联系在一起的经济理论被称为国际平价条件。很多人认为，这些国际平价条件组成了国际金融界特有的金融理论的核心部分。对照大家在现实生活中看到的情形，这些理论并不总是对的，但它们是理解当今世界国际商业活动运行及筹资的关键。另外，有时错误并不在理论本身，而在于它被解释或运用于实践的方式。本章最后以案例研究——渡边太太和日元套利交易为例，说明如何将国际平价条件的理论和实践结合起来，为愿意承担风险的人带来不寻常的获利机会！

6.1 价格和汇率

如果同质的商品或服务在两个不同的市场上出售，不限制该商品在市场间的销售，并且转运商品无运输成本，则两个市场中该商品的价格应相等。这被称为"一价定律"。

竞争市场的一个主要原则是如果允许产品或服务在市场间转移，并且无运输成本，那么同一商品在各市场中价格会相等。如果两个市场位于两个不同的国家，则产品价格可能以不同的货币标价，但产品价格应该仍相等。比较价格只需将一种货币转换为另一种货币。例如

$$P^{美元} \times S = P^{日元}$$

以美元标价的产品价格，乘以即期汇率，等于以日元标价的产品价格。相反，如果两种产品的价格都是以本币标价的，并且产品在低价市场竞争过高价市场上是有效的，则汇率可表示为相对的国内产品价格

$$S = \frac{P^{日元}}{P^{美元}}$$

6.1.1 购买力平价和一价定律

如果一价定律对于所有产品和服务均成立，则购买力平价汇率可从任何单个价格中获得。通过比较以不同货币标价的同质产品，人们可决定存在于有效市场中的"真实的"或购买力平价汇率。这是绝对购买力平价理论。绝对购买力平价理论认为，即期汇率是由相似产品集的相对价格决定的。

由《经济学人》首次提出（见表6-1），从1986年开始定期计算的"巨无霸指数"，是一价定律的绝好实例。假设巨无霸在所有所列国家和地区中是完全相同的，该指数可比较当前货币交易的市价是否接近以本币计价的巨无霸所暗含的汇率。

表 6-1 指导汇率的巨无霸指数

国家和地区	币种	（1）巨无霸当地货币价格	（2）2013年7月的实际美元汇率	（3）以美元计价的巨无霸价格	（4）隐含的购买力平价	（5）相对美元低估/高估比率[②]
美国	美元	4.56	—	4.56	—	—
英国	英镑	2.69	1.494 5[①]	4.02	1.695[①]	−11.8%
加拿大	加元	5.53	1.051 3	5.26	1.213	15.4%
中国	人民币	16.00	6.134 1	2.61	3.509	−42.8%
丹麦	克朗	28.50	5.800 6	4.91	6.250	7.7%
欧元区	欧元	3.62	1.285 8[①]	4.66	1.258[①]	2.2%
印度	卢比	90.00	59.980 0	1.50	19.373	−67.1%
日本	日元	320.00	100.110 0	3.20	70.175	−29.9%
挪威	克朗	46.00	6.128 1	7.51	10.088	64.6%
秘鲁	新索尔	10.00	2.783 0	3.59	2.193	−21.2%
俄罗斯	卢布	87.00	32.938 9	2.64	19.079	−42.1%
瑞士	法郎	6.50	0.967 4	6.72	1.425	47.3%
泰国	泰铢	89.00	31.275 0	2.85	19.518	−37.6%

① 这些汇率表示每1美元对应的当地货币金额，美元/英镑和美元/欧元除外。
② 相对美元低估/高估比率，除英国和欧元区按（实际−隐含）/（隐含）计算外，其余均按（隐含−实际）/（实际）计算。

例如，在表6-1中，在中国一个巨无霸卖16.00元（本币），而相同的巨无霸在美国要4.56美元，实际即期汇率为6.134 1元/美元。因此，在中国，一个以美元计价的巨无霸的价格为

$$\frac{\text{以元计价的中国巨无霸的价格}}{\text{即期汇率}} = \frac{16.00\text{元}}{6.143\ 1\text{元/美元}} = 2.61\text{美元}$$

即表6-1中第（3）栏的值。然后，我们用中国巨无霸的实际价格（16.00元）比美国巨无霸以美元计价的价格（4.56美元）计算隐含购买力平价汇率

$$\frac{\text{以元计价的中国巨无霸的价格}}{\text{以美元计价的美国巨无霸的价格}} = \frac{16.00\text{元}}{4.56\text{美元}} = 3.509\text{元/美元}$$

即表6-1中第（4）栏的值。原则上，巨无霸指数说明人民币和美元间的汇率应该依据该理论。

现在比较隐含购买力平价汇率3.509元/美元和此时的市场实际汇率6.1341元/美元，人民币相对于美元被低估或高估的幅度计算如下

$$\frac{\text{隐含汇率} - \text{实际汇率}}{\text{实际汇率}} = \frac{3.509\text{元/美元} - 6.134\ 1\text{元/美元}}{6.134\ 1\text{元/美元}} \approx -42.8\%$$

本例中，巨无霸指数指出人民币相对于美元被低估了42.8%，如表6-1第（5）栏所示。《经济学人》很快发现，尽管该指数指出人民币相对于美元被极大地低估了，但购买力平价理论会指出长期内的币值走向，而并非现值。

巨无霸指数是一价定律的实际应用，并且能很好地测定估值，明白这一点至关重要。首先，产品本身在各市场中是近似相同的。这是因为产品的一致性、流程的优化以及麦当劳的品牌形象和商誉。同样重要的第二点是，产品成本中大部分为本土原料成本和投入成本。这意味着该产品在各国的价格代表了该国国内的成本和价格，而并非受汇率影响的进口价。然而，该指数仍有局限性。巨无霸不能跨国交易，且各国家市场的成本和价格都受到各种其他因素的影响，比如房地产租金和税金。

该定律的一个不太极端的形式是在相对有效的市场中一篮子商品的价格在每个市场中是相同的。用价格指数取代单一产品价格得出两国间的购买力平价汇率，如下所示

$$S = \frac{PI^{\text{日元}}}{PI^{\text{美元}}}$$

$PI^{\text{日元}}$、$PI^{\text{美元}}$分别是日本和美国以本币表示的价格指数。例如，如果购买相同的一篮子商品在日本要花1 000日元，而在美国则需要花10美元，购买力平价汇率如下

$$\frac{1\ 000\text{日元}}{10\text{美元}} = 100\text{日元/美元}$$

6.1.2 相对购买力平价

将绝对购买力平价的假设放松一点，就可以得出相对购买力平价。相对购买力平价认为购买力平价理论在决定当前即期汇率时用处不大，而一定时期内两国物价的相对变化决定了该时期内汇率的变化。更具体地说，如果两国间的汇率在开始时处于平衡状态，那么从

长远来看，两国之间通货膨胀率差异的任何变化都会被即期汇率相等但方向相反的变化所抵消。

图 6-1 显示了相对购买力平价的一般情况。纵轴表示外币即期汇率的变化百分比，横轴表示通货膨胀预期率的变化百分比（外币相对本币）。对角线表示汇率变动和相对通货膨胀率变动的均衡位置。例如，点 P 代表一个平衡点，在这个平衡点，日本的通货膨胀比美国低 4%。因此，相对购买力平价预测日元相对于美元将每年升值 4%。如果当前的市场预期处于图 6-1 的 W 点或 S 点，那么就会认为本国货币要么是弱势（点 W），要么是强势（点 S），市场不会处于均衡状态。

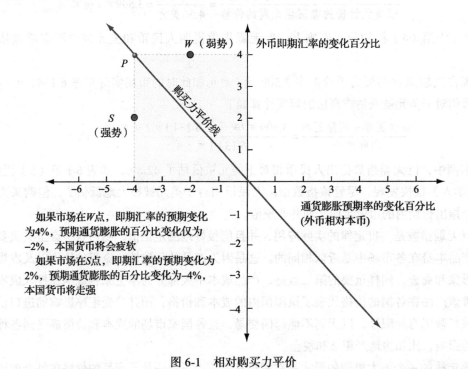

图 6-1　相对购买力平价

购买力平价的主要逻辑是，如果一国经历比其贸易伙伴国更高的通货膨胀率，且其汇率不变，则其出口的商品和服务与其他国家制造的商品相比竞争力减弱，从国外进口的商品与国内的高价商品相比竞争力增强。这些价格变动会导致国际收支经常账户赤字，除非被资本、资金流量所抵消。

6.1.3　购买力平价的经验检验

关于购买力平价的绝对形式和相对形式以及一价定律，研究者做了很多实验。⊖这些实验在很大程度上并没证明购买力平价理论预测未来汇率走向的正确性。现实中，商品和服务在各国间流动的费用并不是零，事实上，很多服务是"不可进行贸易的"，例如理发。很多

⊖ See for example, Kenneth Rogoff, "The Purchasing Power Parity Puzzle," *Journal of Economic Literature*, Vol. 34, No. 2, June 1996, 647-668; and Barry K. Goodwin, Thomas Greenes, and Michael K. Wohlgenant, "Testing the Law of One Price When Trade Takes Time," *Journal of International Money and Finance*, March 1990, pp. 21-40.

商品和服务的质量在不同国家是不一样的，反映了不同国家消费者的消费品位差异以及制造资源的不同。

从这些实验中可以得出两个一般性结论：①购买力平价理论在长期能更好地成立，但短期较差；②该理论更适用于通货膨胀率较高、资本市场不发达的国家。

6.1.4 汇率指数：真实汇率和名义汇率

由于任何国家都与很多国家进行贸易活动，所以我们需要追踪并评估该国货币价值相对于所有其他国家货币的币值，来决定相对购买力，目的是发现其汇率相对于购买力平价汇率是否被低估或高估。解决该问题的主要方法之一是计算汇率指数。这些指数是通过对本国与贸易伙伴之间的双边汇率进行贸易加权得出的。

名义有效汇率指数是在加权平均的基础上，用真实汇率算出目标货币价值随时间变化的指数。该指数并未指出货币的真实价值抑或与购买力平价相关的东西。名义有效汇率指数简单地计算了币值与随机选择的基期的联系，却被用于构造实际有效汇率指数。实际有效汇率指数指出货币的加权平均购买力是怎样相对于某随机选择的基期变化的。图 6-2 描绘了 1980～2012 年美国、日本和欧元区的实际有效汇率指数。

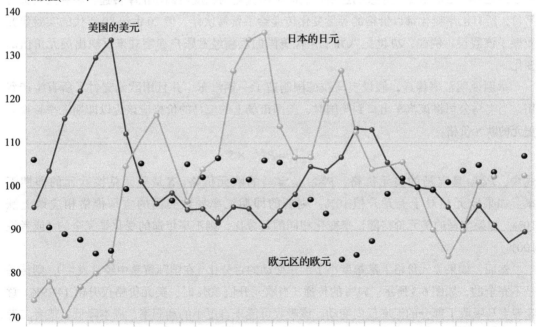

图 6-2　美国、日本和欧元区的实际有效汇率指数

资料来源：*International Financial Statistics*, IMF, annual, CPI-weighted real effective exchange rates, series RECZF.

名义有效汇率指数 $E_N^{美元}$ 乘以美元成本比率 $C^{美元}$，再除以外币成本 $C^{外币}$（后两者均为指数形式），即得美元的实际有效汇率指数 $E_R^{美元}$。

$$E_R^{美元} = E_N^{美元} \times \frac{C^{美元}}{C^{外币}}$$

如果汇率变化正好抵消了通货膨胀率的差别，假设购买力平价成立，所有真实有效汇率指数都维持在 100。如果汇率比差别通货膨胀率证明得要高，则该指数会大于 100。如果实际有效汇率指数高于 100，则从竞争角度认为货币被高估了。价值低于 100 的指数暗示了货币被低估。

图 6-2 显示了美元、日元和欧元的真实有效汇率在过去 30 年里的变动。20 世纪 80 年代初期，美元指数价值大大高于 100（高估），1988～1997 年至 100 以下（低估），之后再次升到 100 以上。根据这一指数，美元自 2006 年以来一直被低估。在 2006 年之后的这段时间里，欧元指数一直保持在 100 以上，而日元则从被严重低估到近年来略微被高估。

除了衡量与购买力平价的偏差之外，一个国家的实际有效汇率是重要的管理工具之一，它可以预测一国的国际收支和汇率的上行或下行压力，同时也能反映出该国的出口产品是否具有很强的竞争力。

6.1.5 汇率传递

不完全汇率传递是一国长期实际有效汇率指数偏离其购买力平价水平——均衡水平 100 的原因之一。由汇率变化导致的进出口商品价格变化的幅度被称作汇率传递。尽管按购买力平价，所有汇率变化都以价格的等量变化传递给了贸易伙伴，但 20 世纪 80 年代的实验研究质疑了该假设。例如，20 世纪八九十年代美国的巨额经常账户赤字并未反映出美元价值的变化。

举例说明汇率传递，假设宝马在德国制造了一辆汽车，并且用欧元支付了所有生产费用。当宝马公司将该汽车出口到美国时，美国市场上的宝马的价格应该为以即期汇率转换为美元的欧元价格：

$$P_{BMW}^{美元} = P_{BMW}^{欧元} \times S$$

式中，$P_{BMW}^{美元}$ 是宝马的美元价格；$P_{BMW}^{欧元}$ 是宝马的欧元价格；S 是美元兑换欧元的即期汇率。如果欧元相对于美元升值 10%，则新的即期汇率导致美国的宝马价格相应地上涨 10%。如果宝马的美元价格随汇率变化相同的百分比，则汇率传递的变化是完全的（或者说 100%）。

然而，如果美元价格上涨幅度小于汇率变动的百分比（在国际贸易中经常发生），则传递是不完全的，如图 6-3 所示。71% 的传递（当欧元升值 20% 时，美元价格仅升值 14.29%）意味着宝马吸收了部分的汇率反向变动。该吸收可能来自更小的利润率、成本降低，或者二者都有。

例如，当欧元升值时，进口到德国的零部件和原材料花费的欧元更少。所有汇率变动最终反映在贸易品价格中也可能需要一些时间，包括之前签订的合同的履约期。很明显，宝马会在主要出口市场上提高汽车的价格，避开欧元升值的影响。

需求的价格弹性理论在决定传递的期望水平时是有用的。回想一下，商品需求的价格弹性是该商品价格的百分比变化导致的商品数量的百分比变化传递是测量进出口商品价格对于汇率变动的反应的。假设在德国生产、在美国出售的一辆宝马车的美元价格和欧元价格以即期汇率计算如下

$$P_{BMW}^{美元} = P_{BMW}^{欧元} \times S^{美元/欧元} = 35\,000\text{欧元} \times 1.00\text{美元}/\text{欧元} = 35\,000\text{美元}$$

如果欧元相对美元升值20%，从1.00美元/欧元升至1.20美元/欧元，则美国市场上的宝马的价格理论上应该是42 000美元。但如果美国的宝马价格没有上升20%，例如，只上涨到40 000美元，那么汇率传递是不完全的。

$$\frac{P_{BMW,2}^{美元}}{P_{BMW,1}^{美元}} = \frac{40\,000\text{美元}}{35\,000\text{美元}} = 1.142\,9，即增长14.29\%$$

传递程度用反映在美元价格中的汇率变动比例来测量。本例中，宝马的美元价格只上涨了14.29%，而欧元相对美元上涨了20%。传递是不完全的：14.29% ÷ 20.00%，大致为71%。只有71%的汇率变动被传递到了美元价格上。剩下的29%被宝马公司吸收了。

图6-3 汇率传递

$$需求的价格弹性\,e_p = \frac{\Delta Q_d\%}{\Delta P\%}$$

式中，Q为需求量；P为商品价格。如果e_p的绝对值小于1.0，则该商品相对"缺乏弹性"；如果大于1.0，则意味着相对"富有弹性"。

一件相对富有弹性的德国商品，也就是说，该商品的需求量对于价格变化的反应相对迟钝，通常意味着高度的传递性。这是因为美国市场上更高的美元价格对于消费者对该商品的需求量影响不显著。美元收入会上升，但欧元收入会保持不变。然而，如果欧元20%的升值幅度导致美元价格上涨高于20%，则美国消费者会减少宝马的购买量。如果美国宝马的需求价格弹性大于1，则宝马总的美元销售收入会下降。

6.2 利率和汇率

我们已经了解不同国家的商品价格是怎样通过汇率联系起来的。现在我们来思考利率是如何与汇率联系起来的。

6.2.1 费雪效应

以经济学家欧文·费雪命名的费雪效应认为，各国的名义利率等于其要求的真实收益率加上对预期通货膨胀率的补偿。从$(1+r)(1+\pi)-1$得到更加正式的形式：

$$i = r + \pi + r\pi$$

式中，i是名义利率；r是实际利率；π是资金借出期的预期通货膨胀率。最后的组合项由于价值相对较小，经常被忽略。则费雪效应缩写为（大概形式）

$$i = r + \pi$$

费雪效应在美国和日本的应用形式如下：

$$i^{美元} = r^{美元} + \pi^{美元}；\quad i^{日元} = r^{日元} + \pi^{日元}$$

其中，以美元和日元标价的金融工具的名义利率、实际利率及预期通货膨胀率以上标美元或日元标注。我们需要预测未来的通货膨胀率，而不是借助过去的，但预测未来是困

难的。

实验检验显示,费雪效应通常存在于短期政府证券中,例如短期及中期国库券。该检验使用了事后的全国性通货膨胀率。基于更长期证券的比较受到债券到期前市值波动所带来的金融风险的影响。对私人发行证券的比较受发行人信用状况的影响。由于过去的通货膨胀率并非未来预期通货膨胀率的准确测度,因此所有这些检验都是不确定的。

6.2.2 国际费雪效应

即期汇率的变化与不同国家资本市场上对应利率差异之间的关系即国际费雪效应。即期汇率应该以与两国间利率差异相同的幅度但相反的方向变化。严格来说,即

$$\frac{S_1 - S_2}{S_2} = i^{美元} - i^{日元}$$

式中,$i^{美元}$ 和 $i^{日元}$ 是对应的国家利率,S 是间接标价的即期汇率(例如美元的间接标价汇率是日元/美元),期初为 S_1,期末为 S_2。这是行业通用的大致形式。精确的计算式如下

$$\frac{S_1 - S_2}{S_2} = \frac{i^{美元} - i^{日元}}{1 + i^{日元}}$$

国际费雪效应成立的原因是,投资者必须得到补偿或处罚来抵消汇率的预期变化。例如,如果持有美元的投资者买了一份 10 年期、利率为 4% 的日元债券,而不是一份 10 年期、利率为 6% 的美元债券,投资者希望在这 10 年里日元相对于美元每年至少升值 2%。如果不这样的话,持有美元的投资者继续持有美元更划算。如果在这 10 年里,日元升值了 3%,则持有美元的投资者会多获利 1%。然而,国际费雪效应预测,在资本流动无限制的条件下,投资者不会在乎自己持有的债券是美元债券还是日元债券,因为全世界的投资者都会看到同样的机会并且相互竞争直到机会消失。

实际检验支持国际费雪效应假定的关系,尽管存在大量短期偏离。然而,近来的研究者提出了一个更加严肃的质疑,认为大多数主要货币存在外汇风险补偿,而且,对非抵补套利(简略说法)的投机活动会使货币市场扭曲。因此,汇率的预期变化可能会一直大于利差。

6.2.3 远期汇率

远期汇率是在当前报价并在未来某日交割的汇率。一份货币远期汇率合约载明了该外币会在将来确定的日期被买进或卖出的汇率(通常是在 30 天、60 天、90 天、180 天、270 天或者 360 天后)。

任何确定到期日的远期汇率都能用两种标的货币以到期日相同的欧元利率比例调整得到。例如,瑞士法郎兑美元的 90 天远期汇率($F_{90}^{瑞士法郎/美元}$)可用当前即期汇率($S^{瑞士法郎/美元}$)乘上 90 天欧洲瑞士法郎存款利率($i^{瑞士法郎}$)与 90 天欧洲美元存款利率($i^{美元}$)的比例得到

$$F_{90}^{瑞士法郎/美元} = S^{瑞士法郎/美元} \times \frac{\left[1 + \left(i^{瑞士法郎} \times \frac{90}{360}\right)\right]}{\left[1 + \left(i^{美元} \times \frac{90}{360}\right)\right]}$$

假设即期汇率为 1.480 0 瑞士法郎/美元，90 天的欧洲瑞士法郎存款利率为每年 4.00%，90 天的欧洲美元存款利率为每年 8.00%，则 90 天的远期汇率为 1.465 5 瑞士法郎/美元，即

$$F_{90}^{瑞士法郎/美元} = 1.480\,0\,瑞士法郎/美元 \times \frac{\left[1+\left(4.00\% \times \frac{90}{360}\right)\right]}{\left[1+\left(8.00\% \times \frac{90}{360}\right)\right]}$$

$$= 1.480\,0\,瑞士法郎/美元 \times \frac{1.01}{1.02} = 1.465\,5\,瑞士法郎/美元$$

远期升水或贴水指以年度百分比表示的即期汇率和远期汇率间的差异。当用的是本币的外币价格时，参见瑞士法郎/美元的例子，年百分比升贴水公式为

$$f^{瑞士法郎} = \frac{即期汇率 - 远期汇率}{远期汇率} \times \frac{360}{天数} \times 100\%$$

代入瑞士法郎/美元的即期、远期汇率，以及到期日，则

$$f^{瑞士法郎} = \frac{1.480\,0\,瑞士法郎/美元 - 1.465\,5\,瑞士法郎/美元}{1.465\,5\,瑞士法郎/美元} \times \frac{360}{90} \times 100\% = +3.96\%/年$$

符号为正表示瑞士法郎对美元远期升水为每年 3.96%（多花 3.96% 的美元来买 90 天的远期法郎）。

如图 6-4 所示，欧洲美元远期汇率组的远期升水产生于欧洲美元利率和瑞士法郎利率之间的差异。因为任何期限的远期汇率均由该期限的利率得出，所以货币的远期升水、贴水通常是明显的。利率更高的货币（该例中指美元）在远期会折价出售，利率较低的货币（该例中指瑞士法郎）在远期会溢价出售。

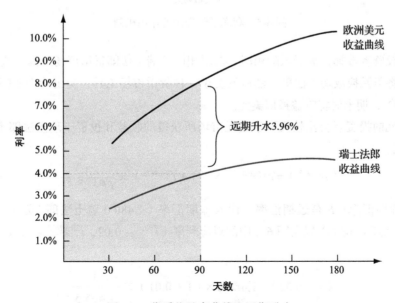

图 6-4 货币收益率曲线和远期升水

用三个可观测的数据可计算出远期汇率：即期汇率、外币存款利率，以及本币存款利率（而非未来的即期汇率）。然而，管理者常将该数据和其他数据一起，用于预测，就像接下来

的章节里描述的那样。

6.2.4 利率平价

利率平价理论提供了联系外汇市场和国际货币市场的纽带。该理论认为，风险相同、期限相同的证券的名义利率差异应该等于负的去除交易成本的外汇远期升贴水。

图 6-5 显示了利率平价理论的作用机制。假设一个投资者有 100 万美元，如果投资者选择投资于美元货币市场工具，则可赚美元利率。期末可得（$1 + i^{美元}$），其中 $i^{美元}$ 是美元利率。

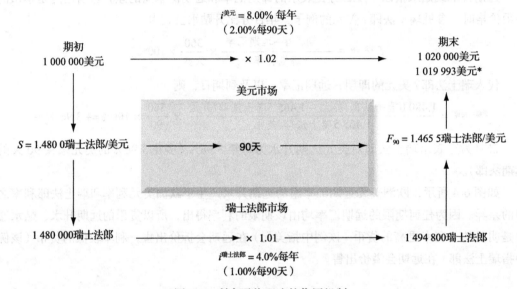

图 6-5 利率平价理论的作用机制

但是，投资者选择投资于风险相同、期限相同的瑞士法郎货币市场工具。这要求投资者以即期汇率将美元换成瑞士法郎，然后投资于一种货币市场工具，卖出瑞士法郎远期（避免汇率变化风险），期末时将收益换回美元。

持有美元的投资者会比较投资于美元市场所获得的收益和投资于瑞士法郎市场的收益。收益比较如下

$$(1+i^{美元}) = S^{瑞士法郎/美元} \times (1+i^{瑞士法郎}) \times \frac{1}{F^{瑞士法郎/美元}}$$

式中，S 是即期汇率；F 是远期汇率。代入即期汇率（1.480 0 瑞士法郎/美元）、远期汇率（1.465 5 瑞士法郎/美元）以及图 6-4 中的对应利率（$i^{美元} = 0.02$，$i^{瑞士法郎} = 0.01$），利率平价条件如下

$$(1 + 0.02) = 1.480\,0 \times (1 + 0.01) \times \frac{1}{1.465\,5}$$

等式左边为投资者投资于美元可得的总收益。等式右边是投资者以即期汇率将美元兑换成瑞士法郎，投资于瑞士法郎货币市场，同时以当前 90 天远期汇率价格卖出瑞士法郎本金与利率总额，兑换回美元所得的总收益。

忽略交易成本，如果两种可选货币市场投资机会所得的美元收益相等，则即期、远期汇率处于利率平价状态。交易是抵补的，因为将瑞士法郎兑换回美元的汇率在90天后是确定的。如图6-5所示，要想两种投资机会收益相等，则利率差必须被即期和远期汇率差完全抵消（大致形式）

$$\frac{F}{S} = \frac{(1+i^{瑞士法郎})}{(1+i^{美元})}$$

即

$$\frac{1.465\ 5 瑞士法郎/美元}{1.480\ 0 瑞士法郎/美元} = \frac{1.01}{1.02} = 0.990\ 2 \approx 1\%$$

6.2.5 抵补套利

即期和远期汇率市场并非同时处于利率平价理论描述的均衡状态。当市场不在均衡状态时，存在无风险套利机会。套利者识别出不均衡，利用该状态投资于在抵补基础上获利最多的货币。这种行为被称为抵补套利。

图6-6描述了很可能在一家大的国际银行的套利部门工作的货币交易员实施抵补套利活动所采取的步骤。货币交易员叶宏可使用其在银行持有的任何数量的主要欧洲货币来从事套利投资活动。早市行情显示套利机会存在，即将100万美元兑换成日元，投资于6个月的欧洲美元，然后卖出换回美元的远期，可创造比欧洲美元投资机会多4 638美元（1 044 638美元 – 1 040 000美元）的利润。汇率市场和欧洲市场瞬息万变，如果叶宏再多等哪怕是几分钟，获利机会都可能消失。

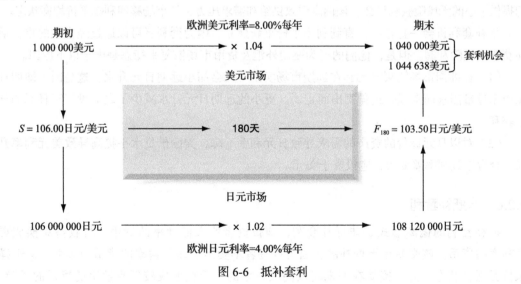

图6-6 抵补套利

叶宏进行了以下交易活动。

第一步：以即期汇率106.00日元/美元将100万美元换成1.06亿日元；

第二步：将1.06亿日元投资于6个月的欧洲日元，年获利4.00%，或者180天获利2%；

第三步：同时以103.50日元/美元的180天远期汇率卖出未来的日元收益（108 120 000日元）兑美元的远期，此举将总的美元收入锁定在1 044 638美元；

第四步:计算年利率 8.00%,或者是 180 天 4% 的欧洲美元的资金成本(机会成本),本金加利息共计 1 040 000 美元。抵补套利的利润为 4 638 美元(1 044 638 美元 – 1 040 000 美元)。

注意,所有利润以交易起始的货币计量,但交易商可以从事以美元、日元或者其他任何主要币种计量的投资活动。

1. 经验法则

抵补套利活动获利的唯一条件是利率平价不成立。根据相对利率和远期升水,叶宏也可以从日元开始,投资于美元,卖出美元兑日元的远期,则最终利润以日元计量。但叶宏如何决定从美元还是日元开始呢?

关键是比较利率差和日元的远期升水(抵补的成本)。例如,在图 6-5 中,180 天利率差是 2.00%(美元利率高 2.00%)。180 天的远期日元升水如下

$$f^{日元} = \frac{即期汇率 - 远期汇率}{远期汇率} \times \frac{360}{180} \times 100\% = \frac{106.00 日元/美元 - 103.50 日元/美元}{103.50 日元/美元} \times 200\% = 4.830\ 9\%$$

换言之,通过投资于日元,再以远期汇率卖出日元收益,叶宏年获利为 4.83%;如果他继续投资于美元每年仅获利 4%。

2. 套利经验法则

如果利率差大于远期升水(或者即期汇率的预期变化),则投资于利息率更高的货币。如果利率差小于远期升水(或者即期汇率的预期变化),则投资于低收益的货币。法则假定利润大于任何已发生的交易成本。

抵补套利过程驱使国际货币市场朝着利率平价均衡运行。从均衡状态的微小偏离为套利者们提供了小的无风险获利机会。该偏离引致供给和需求压力,使市场移回利率平价均衡状态。

抵补套利机会一直存在,直到利率平价重新建立,因为套利者可以通过经常性的重复活动获取无风险利润。但是,他们的行为驱使外汇及货币市场恢复平衡态是出于以下原因。

(1)在即期市场购买日元和在远期市场卖出日元会缩小远期日元升水。这是因为即期日元由于过量需求而走强,过量卖出而走弱。更小的远期日元升水减少了之前投资于日元的外汇获利。

(2)对以日元标价的资产的需求导致日元利率下降,美国借贷水平提高导致美元利率升高。合力导致利率差变大,应投资于美元。

6.2.6 非抵补套利

抵补套利的偏离形式是非抵补套利,即投资者购入低利率的货币,将收益兑换成更高利率的货币。该交易是无抵补的,因为投资者不卖出更高收益率的货币的远期,而选择保持无抵补状态,并且接受在期末将较高收益率的货币兑换成较低收益率的货币的风险。图 6-7 为一个非抵补套利者在进行"日元利差交易"时采取的步骤。

"日元利差交易"是非抵补套利的古老应用。日本国内外的投资者,利用日元的超低利率来筹资。投资者将所筹到的资金兑换成诸如美元、欧元等其他货币。然后,他们将这些美元或欧元收益再投资于收益率更高的美元或欧元市场(图 6-7 中是每年 5.00%)。期末,该例中是一年后,投资者将美元收益在即期市场上换回为日元。结果是获利足以支付最初的借款。

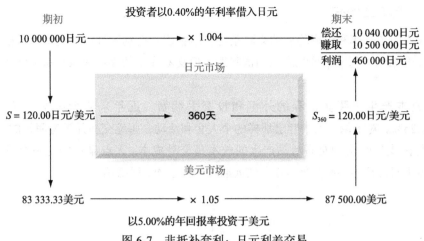

图 6-7 非抵补套利：日元利差交易

诀窍在于年末的即期汇率不能比年初的变化大。如果日元相对美元大幅升值，就像 1999 年年末那样，从 120 日元/美元到 105 日元/美元，这些无抵补的投资者在把美元换成日元来偿还所借日元时就会损失惨重。高回报的确伴随高风险。

本章结尾的案例研究详细描述了最常见的套利交易结构之一——澳元/日元汇率。国际金融实务 6-1 还展示了外币住房抵押贷款如何将无辜的房主变成外汇投机者。

国际金融实务 6-1

匈牙利的抵押贷款

没有人比匈牙利的房主更了解利率和货币之间的联系。他们可以选择用当地货币（匈牙利福林）或外币（例如瑞士法郎）进行抵押贷款。许多人会选择利率相对较低的瑞士法郎。

但不管实际利率本身如何，福林兑瑞士法郎的汇率下降 40% 以上，导致抵押贷款债务偿还额大幅增加。这些借款人现在正试图让自己的抵押贷款被认定为"违宪"，从而摆脱不断增加的债务负担。

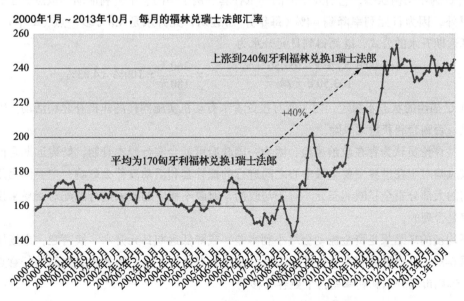

6.2.7 利率和汇率均衡

图 6-8 说明了利率和汇率均衡的必要条件。纵轴表示有利于外币的利率差,横轴表示该货币的远期升贴水。利率平价线表示均衡状态,但交易成本的存在使该线呈带状而不是一条细线。

交易成本产生于买卖证券的外汇和投资手续费。近年来典型的交易费用为每年 0.18%～0.25%。对于像前例中叶宏那样的个人套利活动,每笔交易并没有明显的交易成本;相反,银行因支持叶宏的交易活动产生的成本是交易成本。X 点显示的是一个可能的均衡点,在该点上日元证券利率降低 4% 会被远期日元升水 4% 所抵消。

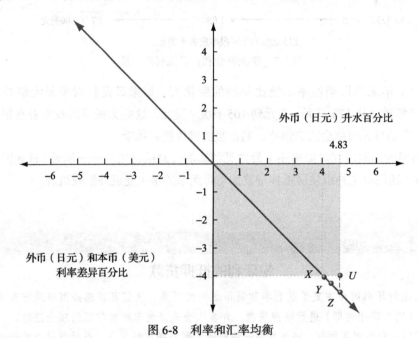

图 6-8　利率和汇率均衡

点 U 为不均衡状态,它引发了前面非抵补套利例子中的利率套利活动。该点位于利率平价线以外,因为日元利率降到 -4%(每年),而远期日元升水是 4.8% 多一点(每年)。用之前计算远期升水的公式,继而得到日元升水为

$$\frac{106.00 \text{日元/美元} - 103.50 \text{日元/美元}}{103.50 \text{日元/美元}} \times \frac{360 \text{天}}{180 \text{天}} \times 100\% = 4.83\%$$

点 U 描绘的状态不稳定,因为所有投资者都有动机实施同样的非抵补套利活动。除非银行失误,否则套利获益无风险。

一些评论员认为存在政治风险,因为一国政府可能会实行资本管制,妨碍远期合同的执行。该风险对于在世界主要金融中心之间进行的抵补套利活动没什么影响,主要因为用于抵补套利的大部分资金是欧洲美元。对于与政治、财政不稳定的国家进行的配对交易来说,这种顾虑是合理的。

不均衡的净结果是资金流动会缩小利率差,或降低远期日元升水。换言之,市场压力会导致图 6-8 中 U 点移向利率平价带。均衡可能在 Y 点达到,或者是 X 和 Z 之间的任意点,这取决于远期市场升水和利率差哪个更容易移动。

6.3 远期汇率可作为未来即期汇率的无偏估计

一些预测者相信主要浮动货币的外汇市场是有效的,而且远期汇率是未来即期汇率的无偏估计。

图 6-9 说明了远期汇率在估计未来即期汇率上的"无偏估计"的意思。如果远期汇率是未来即期汇率的无偏估计,则 t_2 时刻未来即期汇率的期望价值等于在 t_2 时刻交割的当前可得的远期汇率,$E_1(S_2) = F_{1,2}$。

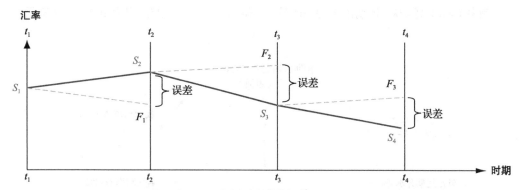

期限为 t,$t+1$ 时到期的当前远期汇率 (F_t,$t+1$) 可作为未来到期日时即期汇率的估计值。因此,t_2 期的预期即期汇率为 F_1,实际即期汇率为 S_2。数轴上,估计值与实际即期汇率值间的距离是预测误差。

远期汇率被称作未来即期汇率的无偏估计,指的是远期汇率以大概相同的频率、幅度高估或低估未来即期汇率。因此,远期汇率经常性、有序地估错未来即期汇率。误差总和为零

图 6-9 远期汇率是未来即期汇率的无偏估计

直觉上,未来可能的真实汇率是以远期汇率为中心分布的。但是,无偏估计并不意味着未来即期汇率会等于远期汇率所估计的。无偏估计只意味着平均来看,远期汇率会以同样的频率和幅度高估和低估未来实际即期汇率。事实上,远期汇率从不等于未来即期汇率。

关于二者关系的基本理论是基于外汇市场有效的假设。市场有效假定:①所有相关信息会快速反应在即期和远期外汇市场上;②低交易成本;③以不同货币标价的金融工具相互之间完全可替代。

对有效外汇市场假设的实际研究产生了矛盾的结果。但是研究者达成了拒绝有效市场假设的共识。看起来,远期汇率不是未来即期汇率的无偏估计,而它用来预测汇率也的确是有价值的。

如果有效市场假定是正确的,财务主管就别想通过预测未来汇率而一直获利,因为当前远期市场上的报价反映了关于未来可能汇率的所有可获得的信息。尽管未来汇率会与当前远期市场报价所含的预期大相径庭,但是我们现在不知道未来实际报价会怎样偏离今日的远期汇率。偏差的期望值是零。因此,远期汇率是未来即期汇率的"无偏"估计。

使用更长的分析期对外汇市场的有效性进行检验,我们得出,汇率市场有效性要么是不可测的,要么即使可测也是非有效的。更进一步说,外汇预测服务的存在和成功意味着管理者愿意为预测信息付费,即使他们可以免费使用远期汇率作为预测。在许多情况下,购买这些信息的成本对于财务主管们来说是保险费,因为当他们自己的预测被证明是错误的,他们很可能会被解雇。如果他们购买了被证明是错误的专业建议,该错误也是预期不到的。

如果外汇市场无效，企业会谨慎地花费资源来预测汇率。这是与认为外汇市场有效相反的结论。

6.4 均衡时的价格、利率和汇率

图 6-10 用美元和日元同时描绘了均衡状态的所有基础平价关系。日本和美国的预期通货膨胀率分别为 1% 和 5%，两者相差 4%。美元市场上的名义利率（一年政府公债）为 8%，比日元名义利率（4%）高 4%。即期汇率为 104 日元/美元，一年期远期汇率为 100 日元/美元。

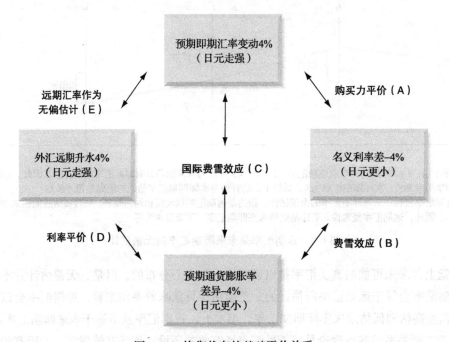

图 6-10 均衡状态的基础平价关系

关系 A：购买力平价。根据相对购买力平价理论，从现在起的一年即期汇率 S_2 预计为 100 日元/美元

$$S_2 = S_1 \times \frac{1+\pi^{日元}}{1+\pi^{美元}} = 104 日元/美元 \times \frac{1.01}{1.05} = 100 日元/美元$$

该变化为 4%，与预期通货膨胀率差异数量相等，符号相反（1%–5% 或 –4%）。

关系 B：费雪效应。实际收益率为名义利率减去预期通货膨胀率。假设市场是有效、公开的，各种货币的实际收益率应该是相等的。美元市场上的真实利率为 3%（$r = i - \pi = 8\% - 5\%$），日元市场上为 3%（即 4% – 1%）。注意 3% 的实际收益率没显示在图 6-9 中，而在费雪效应关系式中——名义利率差等于预期通货膨胀率差，即 –4%。

关系 C：国际费雪效应。该例中 4% 的即期汇率预期变化等于负的名义利率差异

$$\frac{S_1 - S_2}{S_2} \times 100\% = i^{日元} - i^{美元} = 4\% - 8\% = -4\%$$

关系 D：利率平价。根据利率平价理论，名义利差等于负的远期升水。该例中，日元的

名义利率（4%）比美元的名义利率（8%）少 4%

$$i^{日元} - i^{美元} = 4\% - 8\% = -4\%$$

远期升水为 4%

$$f^{日元} = \frac{S_1 - F}{F} \times 100\% = \frac{104 日元/美元 - 100 日元/美元}{100 日元/美元} \times 100\% = 4\%$$

关系 E：远期汇率作为无偏估计。最后，如果假定日元一年期的远期汇率 100 日元/美元是未来即期汇率的无偏估计，则未来即期汇率的预测值为 100 日元/美元。

本章小结

1. 平价条件一直被经济学家用来解释汇率的长期趋势。
2. 在自由浮动汇率条件下，即期汇率的预期变动、一国通货膨胀率差异、利率差异以及远期升贴水相互间直接成比例并相互决定。这些变量中一个变，则其他变量都变，并反过来影响先变的变量。
3. 如果同质产品或服务在两个不同的市场上出售，并且无运输成本和销售限制，则两个市场中的产品价格应相同。该情形被称为符合一价定律。
4. 绝对购买力平价认为，即期汇率是由商品集的相对价格决定的。
5. 相对购买力平价认为，如果两国货币间的即期汇率开始处于均衡状态，则长期内通货膨胀率差异变动会抵消即期汇率变动。
6. 费雪效应得名于经济学家欧文·费雪，该效应认为各国的名义利率等于要求的实际收益率加上预期通货膨胀补偿。
7. 国际费雪效应常被称为"开放条件下的费雪效应"，认为两国间的即期汇率应该是与利率差异等量但方向相反的变动。
8. 利率平价理论认为，具有相同风险及到期日的证券的利率差异应该与不考虑交易成本时的外汇远期升贴水数量相等、符号相反。
9. 当即期、远期外汇市场不处于利率平价均衡时，存在无风险套利机会。这种情形被称为抵补的利率套利。
10. 一些预测者认为，对于主要的浮动货币而言，外汇市场是有效的，远期汇率是未来即期汇率的无偏估计。

案例研究

渡边太太和日元套利交易⊖

这些储蓄超过 1 500 万亿日元（约 16.8 万亿美元），被认为是世界上最大的可投资财富池。其中大部分是在普通的日本银行账户中存入的；还有巨额资金以现金的形式存放在家中的木制橱柜里。但从 21 世纪初开始，家庭主妇，通常被统称为"渡边太太"，渡边一个普通的日本姓氏，她们开始寻求更高的回报。

——《购物、烹饪、清洗……玩日元套利交易》，《金融时报》，2009 年 2 月 21 日

在过去的 20 年里，日元的利率一直保持在全球最低水平。多年来，日本央行的货币当局一直在不懈地打击股市崩盘、通货紧缩压力、流动性陷阱和经济衰退，所有措施都是将日元计价利率维持在每年 1% 左右或更低的水平。在规模和需求都很复杂的金融行业，这些低利率催生了一种被称为日元套利交易的国际金融投机活动。

在教科书中，这种交易策略被更正式地归

⊖ Copyright 2014 © Thunderbird School of Global Management. All rights reserved. This case was prepared by Professor Michael Moffett for the purpose of classroom discussion only, and not to indicate either effective or ineffective management.

类为非抵补套利。这是一种相当简单的投机头寸：在便宜的地方借钱，然后投资到不同的货币市场，以获得更高的利息回报。唯一真正的诀窍是正确地操纵市场，这样当高收益市场中的货币兑换回原来的货币时，汇率要么保持不变，要么朝着投机者的方向变化。"赞成"意味着高收益货币对借入货币的力度有所增强。正如莎士比亚所说："嗯，这就是问题所在。"

日元的可用性

但是为什么关注日本呢？难道没有其他主要货币的市场利率周期性地低吗？日本和日元对投资者与投机商进行套利交易活动具有独特的吸引力。

首先，日本几十年来一直是世界上储蓄率最高的国家之一。这意味着大量的资金积累在私人储户手中，这些储户传统上非常保守。这些资金，无论是放在橱柜里，还是放在储蓄账户里，都赚不了多少钱（事实上，考虑到目前极低的利率水平，橱柜和银行之间的实际差别很小）。

推动日元套利交易的第二个因素是日本金融业的庞大规模和复杂程度。日本经济不仅是世界上最大的工业经济体之一，而且是在一个具有强大国际构成中成长和发展的经济体。人们只需考虑丰田或索尼的规模和全球覆盖范围，就能理解日本商业和国际金融业基础设置的发展和成熟程度。然而，日本银行业一直在寻找新的、多样化的投资，以平衡经常令人沮丧的国内经济。因此，它寻找有吸引力的外国投资者和外国借款人。多年来，跨国公司已经找到了购买日元计价债务的途径，而这种债务依然是以极低的利率获得。

日元套利交易的第三个推动者是日元本身的价值。长期以来，日元一直被认为是亚洲最国际化的货币，并被广泛交易。然而，随着时间的推移，它变得极其不稳定。但这不仅仅是波动，波动本身可能会在一夜之间破坏利率套利。关键在于日元兑美元等其他主要货币的价值变动趋势相对较长，如下面这个例子中的澳元。

澳元/日元汇率

2000～2013年，日元和澳元即期汇率趋势如图6-11所示。这种即期汇率变动和长期的周期性趋势提供了许多长期的利率套利机会。

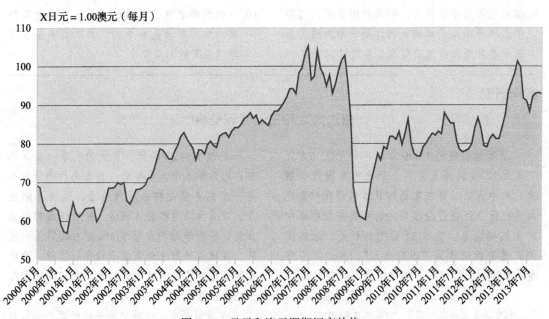

图6-11 日元和澳元即期汇率趋势

澳元升值的两个时期是显而易见的。在此期间，做空日元和做多澳元（并享受相对较高的澳元利率）的投资者可以而且确实获得了丰厚的回报。至少事后是显而易见的！

但短期持有期（比如一年）又如何呢？在短期持有期中，投机者对现货利率的长期趋势没有准确的判断，只是猜测。根据图 6-12，考虑一年内的投机活动。如果投资者观察 2009 年 1 月的汇率（见图 6-11），就会发现日元汇率已达到近期的历史低点——对澳元的强势地位。押注日元可能会反弹，再次对澳元贬值，投机者可以以每年 1% 的利率借入 5 000 万日元 1 年。然后，投机者可以以 60.91 日元/澳元的价格兑换 5 000 万日元，然后以每年 4.50% 的利率将 820 883 澳元存入一年。即使汇率不变，投机者也可以合理地获得每年 3.50% 的利差。

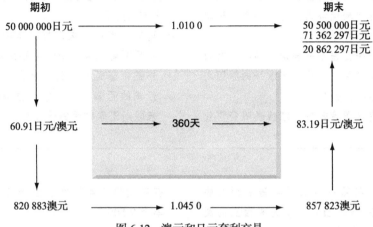

图 6-12 澳元和日元套利交易

结果，一年后的 2010 年 1 月，日元兑澳元的即期汇率下跌到 83.19 日元/澳元。通过一年期的日元套利交易，5 000 万日元投资赚取了非常可观的 2 086 296.83 日元的利润，收益率为 41.7%。

2009 年金融危机之后

2008～2009 年的全球金融危机使美国联邦储备理事会和欧洲中央银行采取了宽松的货币政策。为了维持高水平的流动性和支持脆弱的商业银行体系，两家央行都将利率维持在接近于零的水平。如今，在疲软的全球经济中看到盈利机会的全球投资者，正在同样地利用美国和欧洲的低成本资金作为非抵补套利活动的本金。但让这种"新兴市场套利交易"如此独特的不是利率，而是投资者正在做空美元和欧元这两种全球核心货币的事实。

考虑图 6-12 中列出的策略，投资者以极低的利率借入 2 000 万欧元，比如每年 1.00% 或 180 天 0.50%。2 000 万欧元兑换成印度卢比，目前的即期汇率是 60.467 2 卢比 = 1.00 欧元。由此产生的 1 209 344 000 印度卢比以计息存款形式存入一家试图吸引资本的印度银行。2.50% 的利率并不是特别高，但比美元、欧元甚至日元市场的利率都要高。但这第一战略的关键组成部分不是为了赚取更高的卢比利息（尽管这确实有帮助），而是投资者对卢比兑欧元汇率走势的预期。

讨论题

1. 为什么美元和欧元这些传统核心货币市场的利率如此之低？
2. 为什么这种"新兴市场套利交易"与传统的无担保套利方式如此不同？
3. 为什么许多投资者卖空美元和欧元？

思考题

1. 购买力平价。定义以下名词。
 （1）一价定律。
 （2）绝对购买力平价。
 （3）相对购买力平价。

2. 名义有效汇率指数。解释如何构建名义有效汇率指数。
3. 实际有效汇率指数。用什么公式把名义有效汇率指数转换成实际有效汇率指数？
4. 实际有效汇率：日本和美国。图6-2比较了日本和美国的实际有效汇率。如果比较实际有效汇率是主要的决定因素，那么日本或美国在出口上有比较优势吗？哪个国家在进口上有比较优势？解释原因。
5. 汇率传递。汇率传递不完全是一国实际有效汇率长期偏离购买力平价均衡水平的原因之一。汇率传递指什么？
6. 费雪效应。定义费雪效应。经验表明费雪效应在实际中在多大程度上成立？
7. 国际费雪效应。定义国际费雪效应。经验表明国际费雪效应在实际中在多大程度上成立？
8. 利率平价。定义利率平价。利率平价与远期汇率间的关系如何？
9. 抵补套利。定义抵补套利和非抵补套利。二者有何差异？
10. 远期汇率是未来即期汇率的无偏估计。一些预测者认为，对于主要的浮动货币而言，外汇市场是有效的，远期汇率是未来即期汇率的无偏估计。怎么理解远期汇率是未来即期汇率的无偏估计？

练习题

1. 特丽萨·纳恩打算一年以后去马来西亚的槟榔屿度假30天。目前一套马来西亚的豪华套房外加餐食的费用是1 045林吉特每天，汇率为3.135 0林吉特/美元。目前度假30天的花费为1万美元。酒店通知她，客房费用的上涨将受限于马来西亚生活成本的上涨。马来西亚的预期通货膨胀率为每年2.75%，而美国的通货膨胀率预计为1.25%。
   (1) 特丽萨需要准备多少美元为一年后的30天假期买单？
   (2) 美元成本上升的比率是多少？为什么？

2. 2002年1月，阿根廷比索开始浮动。2003年1月29日，其汇率为3.20比索/美元。当年，阿根廷的年通货膨胀率为20%。美国同期的年通货膨胀率为2.2%。
   (1) 如果购买力平价成立，2003年1月的汇率是多少？
   (2) 阿根廷比索被低估的百分比是多少（以年为单位）？
   (3) 被低估的原因是什么？

3. 德里克·托什正在研究美国/日本的金融条件是否符合新的平价。当前的即期汇率为89.00日元/美元，而360天的远期汇率是84.90日元/美元。预计日本的通货膨胀率是1.000%，美国是5.900%。欧洲日元的年存款利率为4.700%，欧洲美元的年存款利率为9.500%。
   (1) 用以上的数据绘图并计算，美国和日本间的国际平价条件是否成立？
   (2) 日元兑美元的预计年汇率变化是多少？

4. 特里·拉莫罗在澳大利亚的悉尼和亚利桑那州的菲尼克斯拥有房产。他每年至少两次往返于这两个城市之间。由于经常出差，他想买一些新的、高质量的行李箱。他已经做了调查，决定购买一套Briggs & Riley的行李箱三件套，该品牌在菲尼克斯和悉尼都有零售店。特里是一个金融专业的学生，他想用购买力平价来确定不管他在哪里购买，他是否支付同样的价格。
   (1) 如果菲尼克斯的行李箱三件套价格是850美元，而悉尼的三件套价格是930澳元，如果即期汇率为1.094 1澳元/美元，按购买力平价计算，行李箱的价格是否相等？
   (2) 如果一年后菲尼克斯的行李箱价格保持不变，且购买力平价成立，则一年后悉尼的行李箱价格是多少？美国的通货膨胀率为1.15%，澳大利亚的通货膨胀率为3.13%。

5. 2010年10月，星巴克在克罗地亚的萨格勒布开设了第一家分店。在萨格勒布，一大杯香草拿铁的价格是 25.70 库纳。在纽约市，一大杯香草拿铁的价格是 2.65 美元。克罗地亚库纳和美元之间的汇率是 5.628 8 库纳/美元。根据购买力平价，克罗地亚库纳是否被高估或低估？

6. 假设日本大阪的美规尼桑的出口价格是 2 150 000 日元，汇率是 87.60 日元/美元。美国的年预期通货膨胀率为 2.2%，日本的年通货膨胀率为 0.0%。使用这些数据回答下列汇率传递问题。
   （1）年初美规尼桑的出口价格是多少（用美元表示）？
   （2）假设购买力平价成立，年末的汇率应该是多少？
   （3）假设汇率变化完全传递，则年末美规尼桑的美元价格是多少？
   （4）假设 75% 传递，则年末美规尼桑的美元价格是多少？

7. 瑞士信贷东京的外汇交易员北野武·卡玛达正在发掘抵补利率套利机会。他想投资 5 000 000 美元或等额日元，进行美元和日元间的抵补利率套利。以下是当时的汇率和利率。抵补套利是否存在可能性？如果可能，如何实现？

可套利基金	5 000 000 美元
即期汇率	118.60 日元/美元
180 天的远期汇率	117.80 日元/美元
180 天的美元利率	年利率 4.800%
180 天的日元利率	年利率 3.400%

8. 瑞士信贷东京的外汇交易员北野武·卡玛达发现日元兑美元的汇率走势稳定，而且在过去的一周里，美元和日元的利率都相对固定。北野武考虑进行无抵补利率套利，以节省远期抵补的成本。北野武的很多同事及其计量模型预计即期汇率会在 180 天后接近 118.00 日元/美元。用问题 7 中的数据，分析非抵补套利的可能性。

9. 海蒂·詹森是一位摩根大通的外汇交易员，他可以与丹麦同行以抵补套利的操作方式，投资 500 万美元或等值外币的银行短期资金。利用下面的报价，海蒂·詹森能否获得套利交易的利润？

可套利基金	5 000 000 美元
即期汇率	6.172 0 克朗/美元
3 个月远期汇率	6.198 0 克朗/美元
3 个月期美元利率	年利率 3.000%
3 个月期丹麦克朗利率	年利率 5.000%

10. 海蒂·詹森在利率发生变动后，重新评估同一市场套利的潜在利润（注意，只要利率差异不完全等于远期溢价，就一定有可能以某种方式实现抵补套利）。

    | 可套利基金 | 5 000 000 美元 |
    | 即期汇率 | 6.172 0 克朗/美元 |
    | 3 个月远期汇率 | 6.198 0 克朗/美元 |
    | 3 个月期美元利率 | 年利率 4.000% |
    | 3 个月期丹麦克朗利率 | 年利率 5.000% |

11. 海蒂·詹森在利率发生变动后，再一次重新评估同一市场套利的潜在利润（注意，只要利率差异不完全等于远期溢价，就一定有可能以某种方式实现抵补套利）。

    | 可套利基金 | 5 000 000 美元 |
    | 即期汇率 | 6.172 0 克朗/美元 |
    | 3 个月远期汇率 | 6.198 0 克朗/美元 |
    | 3 个月期美元利率 | 年利率 3.000% |
    | 3 个月期丹麦克朗利率 | 年利率 6.000% |

12. 路易斯·平托是纽约一家银行的外汇经销商，他拥有 100 万美元（或等值的瑞士法郎）的短期货币市场投资，他是否应该投资 3 个月期的美元或者瑞士法郎并进行抵补套利交易。他面临的情况如下表所示。

    | 可套利基金 | 1 000 000 美元 |
    | 即期汇率 | 1.281 0 瑞士法郎/美元 |
    | 3 个月远期汇率 | 1.274 0 瑞士法郎/美元 |
    | 3 个月期美元利率 | 年利率 4.800% |
    | 3 个月期瑞士法郎利率 | 年利率 3.200% |

13. 沿用问题 12 中相同的数值与假设条件，路易斯·平托现在决定通过非套利的未来美元票据——一种非抵补套利操作，来谋求美元 4.800% 的收益率。评估这个决定。

14. 在问题 12 和问题 13 所描述的交易发生一个月后，他又拥有 100 万美元（或等值的瑞士法郎）可以进行 3 个月的投资。市场情况如下表所示。他是否应该再进行一次抵补套利交易？

可套利基金	1 000 000 美元
即期汇率	1.339 2 瑞士法郎/美元
3 个月远期汇率	1.328 6 瑞士法郎/美元
3 个月期美元利率	年利率 4.750%
3 个月期瑞士法郎利率	年利率 3.625%

15. 挪威国家石油公司在货币市场与石油化工市场都占有巨大份额和重要地位。尽管是一家挪威公司，但它在全球经营石油市场，将美元而不是挪威克朗作为其功能货币。阿里·卡尔森是该石油公司的一位外汇交易员，他手上有 300 万美元（或者等值的挪威克朗）可以立即使用。市场情况如下表所示，他能否在未来的 90 天内进行套利。

可套利基金	3 000 000 美元
即期汇率	6.031 2 克朗/美元
3 个月远期汇率	6.018 6 克朗/美元
3 个月期美元利率	年利率 5.000%
3 个月期挪威克朗利率	年利率 4.450%

16. 相距超过 3 000 海里和 5 个时区的伦敦与纽约，货币与外汇市场都是非常有效率的。市场情况如下表所示。

假设	伦敦	纽约
即期汇率	1.326 4 美元/欧元	1.326 4 美元/欧元
一年期国库券利率	3.900%	4.500%
预期通货膨胀率	未知	2.00%

(1) 金融市场预示着欧洲下一年的通货膨胀率将为多少？
(2) 估计一年后美元与欧元的远期汇率。

17. 你打算一年后去法国霞慕尼的白朗山滑雪度假。你正在协商租赁庄园相关事宜。庄园主希望保护其实际收入不受通货膨胀率与汇率变动的影响，目前一周的租金为 9 800 欧元（圣诞节期间），该租金将随着法国生活水平的变动进行相应调增。你需要基于购买力平价进行预算。法国来年的预期通货膨胀率为 3.5%，美国的预期通货膨胀率为 2.5%。目前的即期汇率为 1.362 0 美元/欧元。你需要预算多少美元用于支付一周的租金？

即期汇率	1.362 0 美元/欧元
美国来年的预期通货膨胀率	2.500%
法国来年的预期通货膨胀率	3.500%
目前庄园的一周租金为	9 800.00 欧元

18. 东亚公司是一家子公司遍布亚洲的丹麦公司，主要以美元债务资助其曼谷子公司，因为相对泰铢而言，美元资本的成本更低、可用性更强。东亚公司的财务主管正在考虑向银行申请一年期贷款 250 000 美元。目前的即期汇率是 32.06 泰铢/美元，一年期的美元基础利率是 6.75%。一年期的泰铢贷款利率为 12%。

(1) 假设泰国和美国未来一年的预期通货膨胀率分别为 4.3% 和 1.25%，根据购买力平价理论，在泰铢体系中，有效的资金成本是多少？
(2) 如果东亚公司的外汇顾问认为，泰国政府为了推动其在美元市场上的出口竞争力，在未来一年泰铢将贬值 5%，那么在泰铢体系中，有效的资金成本是多少？
(3) 如果东亚公司泰铢贷款的年利率为 13%，这种情况是否比上述两种情况节约成本？

19. 设想纯金猎鹰最近被发现，它是马耳他骑士们最初打算送给西班牙国王的贡品。猎鹰身 14 英寸高、纯金、重约 48 磅。假设由于国际政治紧张局势的加剧，黄金价格已经上升到440美元/盎司。猎鹰目前由伊斯坦布尔的一位私人投资者持有，关于猎鹰的购买和回归本土的相关事项，他正积极与马耳他政府进行洽谈。猎鹰的销售和付款仪式将在一年后举行，双方正在就价格和货币付款进行商讨。投资者已经决定，销售价格仅为猎鹰的实物价值，即黄金价值。

目前的即期汇率为0.39马耳他货币/美元。马耳他来年的预期通货膨胀率约为8.5%。而美国的通货膨胀严重衰退，预期通货膨胀率仅为1.5%。如果投资者以美元价值为依据，那么一年以后他接受以马耳他货币付款（假设购买力平价），还是接受有保证的美元付款（假设一年后黄金价格为每盎司420美元）更合适呢？

20. 克雷顿·摩尔是伦敦一家国际货币市场基金的经理。与许多货币基金不同的是，克雷顿·摩尔的基金属于激进型的基金，他在全球范围内寻找有相对较高收益率的投资，但也存在一定的风险。该基金以英镑计价。克雷顿目前正在马来西亚评估一个相当有趣的投资机会。自1997年亚洲金融危机以来，马来西亚政府已实施了大量的货币和资本限制措施，以维护马来西亚林吉特价值的稳定。7年以来吉林特的即期汇率基本保持在3.80林吉特/美元左右。2005年，马来西亚政府允许吉林特对几个主要货币的汇率浮动。目前的即期汇率是3.134 85林吉特/美元。180天期限的当地货币定期存款利率为8.900%。在伦敦的欧洲货币市场，类似的180天期限的英镑定期存款利率为4.200%。当期英镑的即期汇率是1.582 0美元/英镑，180天的远期汇率是1.556 1美元/英镑。你有什么好的建议给他？

21. 1999年，《经济学人》报道，他们使用当地的啤酒价格建立了一个指数（或标准），用来评估非洲的货币价值。选择啤酒而不是巨无霸，是因为麦当劳并没有渗透到南非以外的非洲大陆，而啤酒满足了构建合适的货币指数所需的大部分产品和市场特征。南非投资银行为非洲复制了购买力平价的过程，就像《经济学人》的巨无霸指数。

该指数比较了撒哈拉以南非洲地区375毫升瓶装纯啤酒的价格。作为购买力平价的衡量标准，啤酒的质量需要在不同国家之间保持相对一致，并且必须具备当地生产、投入、分销和服务的大量要素，才能真正提供相对购买力的衡量标准。啤酒首先以当地货币定价（在当地人的酒馆里购买，而不是在高价的旅游中心）。然后将价格转换为南非兰特和相对于当地货币价格的兰特价格，来衡量当地货币相对于南非兰特是否被低估或者被高估。使用表格中的数据，完成个别货币是否被低估或高估的计算。

啤酒价格

国家	啤酒品牌	当地货币	当地货币价格	兰特价格	隐含购买力平价率	即期汇率（当地货币/兰特）
南非	Castle	兰特	2.30	—	—	—
博茨瓦纳	Castle	普拉	2.20	2.94	0.96	0.75
加纳	Star	塞地	1 200.00	3.17	521.74	379.10
肯尼亚	Tusker	先令	41.25	4.02	17.93	10.27
马拉维	Carlsberg	克瓦查	18.50	2.66	8.04	6.96
毛里求斯	Phoenix	卢比	15.00	3.72	6.52	4.03
纳米比亚	Windhoek	纳米比亚元	2.50	2.50	1.09	1.00
赞比亚	Castle	克瓦查	1 200.00	3.52	521.74	340.68
津巴布韦	Castle	津巴布韦元	9.00	1.46	3.91	6.15

附录 6A　国际平价条件的数学入门

本章用纯粹的数学表示国际平价条件。这些内容供相关读者参考，学习如何利用额外的理论与定义一步一步地推动不同条件下的结论。

一价定律

一价定律可简单地表述为：当贸易开放且交易费用为零，商品完全可以替代时，两种货币之间的均衡汇率是由任意一种商品 i 在两种不同计价货币下的价格所决定的，例如

$$S_t = \frac{P_{i,t}^{美元}}{P_{i,t}^{瑞士法郎}}$$

式中，$P_{i,t}^{美元}$ 和 $P_{i,t}^{瑞士法郎}$ 分别表示同一商品 i 在 t 时刻以美元和瑞士法郎计价的不同价格，即期汇率几乎等于两种计价货币下同一商品价格的比率。

购买力平价

决定两国汇率的更一般的形式是采用两种价格指数的绝对购买力平价理论。每一种价格指数反映相同的一组商品在该国的货币成本。汇率等同于相同的一组商品在两个国家的购买力比率，可表示为

$$S_t = \frac{P_t^{美元}}{P_t^{瑞士法郎}}$$

式中，$P_t^{美元}$ 和 $P_t^{瑞士法郎}$ 分别表示 t 时刻以美元和瑞士法郎计价的价格指数，如果 π 表示每个国家的通货膨胀率，$t+1$ 时刻即期汇率表示为

$$S_{t+1} = \frac{P_t^{美元}(1+\pi^{美元})}{P_t^{瑞士法郎}(1+\pi^{瑞士法郎})} = S_t \left[\frac{(1+\pi^{美元})}{(1+\pi^{瑞士法郎})}\right]$$

从 t 时刻到 $t+1$ 时刻的变化表示为

$$\frac{S_{t+1}}{S_t} = \frac{\dfrac{P_t^{美元}(1+\pi^{美元})}{P_t^{瑞士法郎}(1+\pi^{瑞士法郎})}}{\dfrac{P_t^{美元}}{P_t^{瑞士法郎}}} = \frac{S_t\left[\dfrac{(1+\pi^{美元})}{(1+\pi^{瑞士法郎})}\right]}{S_t} = \frac{(1+\pi^{美元})}{(1+\pi^{瑞士法郎})}$$

从 t 时刻到 $t+1$ 时刻的即期汇率变化表示为

$$\frac{S_{t+1}-S_t}{S_t} = \frac{S_t\left[\dfrac{(1+\pi^{美元})}{(1+\pi^{瑞士法郎})}\right]-S_t}{S_t} = \frac{(1+\pi^{美元})-(1+\pi^{瑞士法郎})}{(1+\pi^{瑞士法郎})}$$

这个方程式在通货膨胀率相对较小时，可以将右边的分母省去，近似表达为

$$\frac{S_{t+1}-S_t}{S_t} = (1+\pi^{美元}) - (1+\pi^{瑞士法郎}) = \pi^{美元} - \pi^{瑞士法郎}$$

远期汇率

远期汇率是指私人代理通过银行与其他金融机构在进行外汇与外债交易时签订的合约汇率。远期汇率与即期汇率的年度差额的百分比称为远期溢价。

$$f^{瑞士法郎} = \left[\frac{F_{t,t+1}-S_t}{S_t}\right] \times \left[\frac{360}{n_{t,t+1}}\right]$$

式中,$f^{瑞士法郎}$是瑞士法郎的远期溢价,$F_{t,t+1}$是t时刻签订合同时约定在$t+1$交割时刻的远期汇率,S_t是即期汇率,$n_{t,t+1}$是签订合同日(t)与交割日($t+1$)之间的天数。

抵补套利与利率平价

抵补套利的过程可以描述为,当一个投资者在现货市场用本币兑换外币时,投资于货币计息工具,并签署一份远期合约,以"锁定"将外币收益(毛收益)兑回本国货币的未来利率。抵补套利的净收益率表示为

$$净收益率 = \left[\frac{(1+i^{瑞士法郎})F_{t,t+1}}{S_t}\right] - (1+i^{美元})$$

式中,S_t和$F_{t,t+1}$表示即期汇率与远期汇率(美元/瑞士法郎),$i^{瑞士法郎}$是以瑞士法郎计价的货币工具的名义利率(或收益率),$i^{美元}$是以美元计价的货币工具的名义利率(或收益率)。

如果投资者拥有明确的收益率,即抵补套利风险为零,利率平价理论成立,可表示为

$$(1+i^{美元}) = \left[\frac{(1+i^{瑞士法郎})F_{t,t+1}}{S_t}\right]$$

或者表示为

$$\frac{(1+i^{美元})}{(1+i^{瑞士法郎})} = \left[\frac{F_{t,t+1}}{S_t}\right]$$

如果上述方程式两边的百分比差额可以计算(远期汇率与即期汇率的年度差额的百分比为远期溢价),远期溢价与相对利差的关系可表示为

$$\frac{F_{t,t+1}-S_t}{S_t} = f^{瑞士法郎} = \frac{i^{美元}-i^{瑞士法郎}}{1+i^{瑞士法郎}}$$

如果这些值并不相等(因此市场处于非均衡状态),存在获得无风险利润的可能。此时私人代理商将利用这样的套利机会进行抵补套利,最终抵补套利利润为零,市场重新回到均衡状态。

费雪效应

费雪效应表明，所有的名义利率都可以分解为隐性的实际利率（收益率）和预期通货膨胀率

$$i^{美元} = [(1+r^{美元})(1+\pi^{美元})] - 1$$

式中，$r^{美元}$表示实际利率，$\pi^{美元}$表示预期通货膨胀率，对于以美元计价的资产，上式又可写为

$$i^{美元} = r^{美元} + \pi^{美元} + r^{美元}\pi^{美元}$$

类似于购买力平价方程，该函数有一个已被广泛接受的近似表达式。由于$r^{美元}\pi^{美元}$数值很小，经常可以一并省去，表达式变为

$$i^{美元} = r^{美元} + \pi^{美元}$$

国际费雪效应

国际费雪效应扩展了本国利率与国际货币市场的关系。如果当前存在利差，且两种货币的实际利率相等（比如$r^{瑞士法郎} = r^{美元}$），投资者可以通过抵补套利寻求资金在国际上的高收益率。

$$\frac{S_{t+1} - S_t}{S_t} = \frac{(1+i^{美元}) - (1+i^{瑞士法郎})}{1+i^{瑞士法郎}} = \frac{i^{美元} - i^{瑞士法郎}}{1+i^{瑞士法郎}}$$

如果名义利率可以分解为实际利率和预期通货膨胀率，即期汇率的变化可表示为

$$\frac{S_{t+1} - S_t}{S_t} = \frac{(r^{美元} + \pi^{美元} + r^{美元}\pi^{美元}) - (r^{瑞士法郎} + \pi^{瑞士法郎} + r^{瑞士法郎}\pi^{瑞士法郎})}{1 + r^{瑞士法郎} + \pi^{瑞士法郎} + r^{瑞士法郎}\pi^{瑞士法郎}}$$

国际费雪效应将产生一系列额外的影响，如果满足以下要求：①资本市场可以自由进入和退出；②资本市场具有可以接受的替代投资机会；③市场代理人就这些可能性具有完整和平等的信息。

鉴于这些情况，国际套利具有利用所有潜在的无风险获利机会的能力，直到市场之间的实际收益率相等（$r^{瑞士法郎} = r^{美元}$）。因此，即期汇率的预期变动率将降至与预期通货膨胀的差额相等。

$$\frac{S_{t+1} - S_t}{S_t} = \frac{\pi^{美元} + r^{美元}\pi^{美元} - \pi^{瑞士法郎} - r^{瑞士法郎}\pi^{瑞士法郎}}{1 + r^{瑞士法郎} + \pi^{瑞士法郎} + r^{瑞士法郎}\pi^{瑞士法郎}}$$

如果写出近似形式（通过消除分母以及r和π的交互项），即期汇率的变化率可表示为

$$\frac{S_{t+1} - S_t}{S_t} = \pi^{美元} - \pi^{瑞士法郎}$$

注意：上述讨论的是国际费雪效应对购买力平价的影响的近似形式的相同点（其可能存在的唯一差别在于事前事后，即预期通货膨胀率）。

第 7 章

外汇衍生品及互换

除非衍生品合约有质押担保或是附带保证,否则其最终价值取决于订约方的履约能力。尽管在合约正式达成之前,订约双方会随时在各自的损益表上记录盈亏——其数额通常巨大,即使实际上并没有任何钱转移。只要是人(或者有时可以说是疯狂的人)能想得到的,就都可以成为衍生品交易的标的。

——沃伦·巴菲特,《伯克希尔-哈撒韦公司年报》,2002 年

学习目标

1. 解释外汇期货如何进行报价、定价,如何被用于投机操作。
2. 说明外汇期货与远期合约的差别。
3. 分析外汇期权如何报价,如何被用于投机操作。
4. 从损益是否无限的角度分析看涨期权和看跌期权的区别。
5. 解释外汇期权如何进行定价。
6. 解释利率风险以及如何管理它。
7. 解释利率互换以及如何用它来管理利率风险。
8. 分析如何用利率互换和交叉货币互换来同时管理外汇风险与利率风险。

21 世纪的跨国公司金融管理都需要考虑如何利用金融衍生品。金融衍生品的价值都是由一项资产衍生而来,比如说一只股票或是一种货币,衍生品也因此而得名。如今,它们是一种有效的商业工具,主要被用于两种目的,即投机和套期保值。跨国公司的财务经理购买这些金融衍生品可能出于两个原因:一是因为预期盈利而增加仓位,这便是所谓的投机;二是利用这些金融工具来降低对公司现金流进行日常管理的不确定性,这是所谓的套期保值。然而,在有效操作这些衍生品之前,财务经理需要对它们的基本原理和定价有一个清晰的了解。在本章我们将介绍如今在跨国金融管理中常用的几种外汇金融衍生品工具:外汇期货、外汇期权、利率互换以及交叉货币利率互换。我们将把注意力集中在其定价基础和其用于投机操作的具体途径上。关于这些外汇衍生品如何被用于套期保值的内容将在第 8 章予以介绍。第 9 章将会介绍利率互换的定价和具体用途,利率互换是当今各大企业使用最频繁的衍生品。

在正式开始讲授衍生品知识之前，我们需要告诫读者，衍生品在那些经验丰富和能力显著的财务经理手中是一项强有力的工具。然而如果滥用的话，它们也具有极强的破坏力。整个20世纪90年代就充斥着这种例子，财务经理对他们所交易的衍生品失去了控制，从而导致整个公司蒙受巨大损失，甚至直接倒闭。如果对其加以正确利用并且合理监督，金融衍生品可强化和保护公司财务状况。

7.1 外汇期货

外汇期货合约与远期合约相似，它要求在预先指定的未来时间和特定地点按照指定的价格交割标准数量的外国货币。与其相似的还有商品期货合约（这些商品包括猪、牛、木材等）、有息存款期货合约和黄金期货合约。

绝大多数国际货币中心都存在着外汇期货市场。在美国，最重要的外汇期货市场是位于芝加哥的国际货币市场（IMM），它是芝加哥商品交易市场的一个分支。

7.1.1 合约细节

合约细节是交易所基于要交易的具体期货而专门确立的。举例来说，在芝加哥的国际货币市场上，大多数的期货合约细节都被标准化，以在芝加哥国际货币市场交易的墨西哥比索期货为例说明，如表7-1所示。

表7-1 墨西哥比索期货（本金500 000比索；10比索/美元）

到期	开盘	高	低	结算	变化	历史价格		未平仓合约
						高	低	
3月	0.109 53	0.109 88	0.109 30	0.109 58	…	0.110 00	0.097 70	34 481.00
6月	0.107 90	0.107 95	0.107 78	0.107 73	…	0.108 00	0.097 30	3 405.00
9月	0.106 15	0.106 15	0.106 10	0.105 73	…	0.106 15	0.099 30	1 481.00

注：每一份合同规模都是500 000比索。"开盘"指交易日的开盘价。"高"是指一个交易日中的最高价。"低"是指一个交易日中的最低价。"结算"是指该交易日的结算价。"变化"是指前一个交易日结算价的变化。位于"变化"右端的"高"和"低"表明一个特定的合约（以到期日标记）在其交易史上所出现的最高价和最低价。"未平仓合约"表明了在交易市场中现有的合约数目。

（1）合约规模。每一份期货合约用来交易500 000墨西哥比索。这叫作合约规模，也叫作名义本金。进行交易的货币，无论是哪一种，其数量都必须是货币单位的偶数倍。

（2）汇率的标注方法。通常采用美式标价法，即以美元为单位去标价外币，通常也称直接标价法。在本例中，汇率标注符号为$/MXN，使用的是美元符号$和ISO 4217编码中的比索符号MXN。

（3）到期日。合约的到期日只能规定在1月、3月、4月、6月、7月、9月、10月或12月的第3个星期三。

（4）最后交易日。合约可以在星期三到期日前的倒数第2个工作日进行交易，即如果没有假期干扰，这一天通常是星期一。

（5）担保保证金和维持保证金。期货购买者必须向交易所存入一定数量的保证金，这笔保证金被称为担保保证金或初始保证金。这一要求类似于履行保证。该保证金可以是银行出具的信用证，也可以是国库券或现金。除此之外，交易所还要求购买者持有一定的维持保证金。期货合约的价值是逐日计算，而每日合约的价值变动就会引起相应的现金支付。**逐日盯市**（mark-to-market）是指合约的价值都要用每天的结算价格进行重新计量，而支付的现金金额也被称为追加保证金。

（6）交割。大概只有 5% 的期货合约会在交割日实际交割。大多数情况下，期权买方和期权卖方在交割日前通过持有相反头寸抵消其原有的头寸。比如说，如果一方买入了期权合约，该方就可以选择卖出一份具有相同交割日期的期权合约来进行平仓。这个全部的买/卖或卖/买的过程被称为完整交易。

（7）佣金。顾客支付给经纪人佣金让其执行完整交易，然后再提出一个单一报价。这一操作有别于银行间同业拆借市场，后者中交易员通常提出报价，但不会收取佣金。

（8）作为反方的票据交换所。所有的交易合约都存在于客户与票据交换所之间，而不是存在于两个客户之间。这样一来，客户就不会担心某一特定持有反方头寸的客户会出现违约。票据交易所是由交易所所有成员所持有并为之提供担保的。

7.1.2 外汇期货的具体操作

为了展示以投机为目的的外汇期货具体是如何实施的，我们将注意力集中在芝加哥商品交易所（CME）的墨西哥比索期货交易上。表 7-1 展示了《华尔街日报》关于墨西哥比索期货交易的相关细节。每一份合约的规模都是 500 000 比索，而且是以 1 比索多少美元进行报价。

任何希望在比索对美元汇率变动中谋利的投机交易者都可以采取以下策略。请记住期货合约的原理是期货买方要在未来指定的时间以指定的价格购买特定数量的外汇，如果是期权卖方，他就要在未来指定的时间按照指定的价格卖出特定数量的外汇。

1. 空头头寸

假设有一位投机者安博·麦克莱恩女士，她在国际货币交易公司任职。如果她认为墨西哥比索对美元的汇率会在 3 月出现下跌，那么她就会卖出一份 3 月到期的期货合约，从而进入一个空头头寸。通过卖出这份合约，安博就锁定了以固定价格卖出 500 000 墨西哥比索的权利。如果比索对美元的汇率正如她所料在到期日出现下跌，安博就会以高于市场现货价格卖出比索，从而获得收益。

从表 7-1 中找到墨西哥比索期货的报价，安博以结算价格卖出一份 500 000 比索的合约，报价为 0.109 58 美元/比索。在 3 月到期日时，她所持仓位的价值就是

到期价值（空头头寸）= – 名义本金 ×（即期汇率 – 期货合约规定汇率）

应注意，由于持有仓位是空头，所以名义本金应该以负数表示。如果即期汇率在到期日是 0.095 00 美元/比索，那么在结算时她所持仓位的价值就是

价值 = –500 000 比索 ×（0.095 00 美元/比索 – 0.109 58 美元/比索）= 7 290 美元

安博的预期实现了：墨西哥比索相对于美元贬值了。我们可以说"安博以 0.095 00 美元的价格买进 1 比索，再以 0.109 58 美元的价格卖出"。

对于安博来说，进行投机所做的一切就是预期比索对美元的未来汇率将如何变化。在这

个例子中,她认为该汇率在 3 月到期的期货合约中会下跌。

2. 多头头寸

如果安博·麦克莱恩认为比索相对于美元的价值会在近期上升,她就可以持有一个多头头寸,买进 3 月到期的比索期货合约。购买这份合约意味着安博要在将来到期日以固定价格购买墨西哥比索。在到期日,安博所持有期货合约的价值为

$$\text{到期日价值(多头)} = \text{名义本金} \times (\text{即期汇率} - \text{期货合约规定汇率})$$

再次使用表 7-1 中列出的 3 月墨西哥比索期货结算价格,0.109 58 美元/比索。如果到期日的即期汇率是 0.110 0 美元/比索,那么安博的预期就是正确的。这样一来,她所持有的仓位的价值为

$$500\ 000\ \text{比索} \times (0.110\ 00\ \text{美元/比索} - 0.109\ 58\ \text{美元/比索}) = 210\ \text{美元}$$

在这个例子中,安博在一份合约中实现盈利 210 美元。我们可以说"安博以 0.109 58 美元的价格买进 1 比索,再以 0.110 00 美元的价格卖出"。

但如果安博对未来汇率的预测出错将会出现什么情况呢?举例来说,如果墨西哥政府宣布墨西哥国内的通货膨胀率急剧上升,3 月到期日时 1 比索的价格下跌到 0.080 00 美元,则安博所持有的合约在到期日的价值是

$$500\ 000\ \text{比索} \times (0.080\ 00\ \text{美元/比索} - 0.109\ 58\ \text{美元/比索}) = -14\ 790\ \text{美元}$$

这样一来,安博·麦克莱恩将会蒙受巨大的投机损失。

不同的期货合约还可以组合起来成为一个更复杂的仓位。当我们对这些合约进行组合时,组合价值仅仅是各合约价值的直接加总。

7.1.3 外汇期货与远期合约

外汇期货合约与远期合约有几大方面的不同。个体客户会发现期货合约更加适合投机行为,因为他们通常接触不到远期合约。而在商业界中,由于期货合约价值在整个合约期间采用逐日盯市法进行计量,期货合约通常被认为效率低且繁重。尽管这并不要求当事方每日都需进行现金的收支,但它确实导致了来自金融中介更多的追加保证金通知。

7.2 货币期权

货币期权合约(foreign currency option)是给予期权购买者(多头方)一项权利而非义务去买进或卖出特定数量的外汇,并且按照指定的价格和一定的时间范围(在到期日之前)。在这个定义中最重要的一条是"而非义务",也就是说,期权的持有者拥有一项有价值的选择权。

从很多方面来说,购买一份期权就相当于购买一张音乐会的门票。购买者有权利出席音乐会,但并不是必须如此。音乐会门票的购买者所冒的风险仅仅是他买门票所付出的。与之类似,一份期权合约的购买者不会损失比他购买此项期权所支付的更多。如果这个音乐会门票的购买者后来决定不出席音乐会——这个决定是在音乐会举办日之前做出的,他还可以把这张门票卖给其他想去的人。

7.2.1 期权原理

一共有两种基本的期权,即看涨期权和看跌期权。一份看涨期权是一项购买外汇的权利,而看跌期权是一项卖出外汇的权利。期权购买者被称为持有者,而期权销售者被称为卖方。

每一种期权都有3个不同的价格元素:①期权执行价,即可以进行外汇买卖的汇率点;②期权费用,即期权本身的费用、价格或是价值;③市场上实际的即期汇率。

一份美式期权给予购买者在期权购买日和到期日之间任何时间执行期权的权利。一份欧式期权则只能在到期日被执行。尽管有这些差别,美式期权和欧式期权的定价几乎都是一样的,因为期权持有者在正常情况下都会在到期日前就将期权出售。所以,当这些期权被执行时,期权的时间价值仍会高于其内在价值。

期权费用是购买期权的成本,一般而言由购买者预先支付给出售者。在场外交易市场中(期权由银行提供),期权费用被表示为交易额的百分比。而在期权交易所中,期权费用是一单位外汇的价格,由本国货币标记。

当期权的执行价格等于现时市场价格时,该期权被称为**平值期权**(at-the-money,ATM)。不考虑期权费用,行权能够带来盈利的期权合约被称为**实值期权**(in-the-money,ITM)。同样,不考虑期权费用,行权不能带来盈利的期权合约被称为**虚值期权**(out-of-the-money,OTM)。

7.2.2 外汇期权市场

在过去30年间,用于套期保值和投机操作的外汇期权在整个外汇市场中相当繁荣。美国的一些银行提供了交易规模达到或超过100万美元的外汇期权产品,条款也相当灵活。银行市场,或者说场外交易市场提供了专门为顾客定制的外汇期权产品,交易目标涵盖所有主要的交易货币,到期期限长达一年,有的甚至达到两三年。

1982年费城股票交易所在全美国范围内首次引进标准化的外汇期权合约。芝加哥商品交易所和其他一些交易所也争相跟随。交易所内所交易的合约通常对于投机者和那些无法接触到场外交易市场的个体交易者很有吸引力。银行也在交易所内进行交易,因为这样一来它们可以抵消与客户和其他银行进行期权交易的风险。

外汇期权市场的繁荣是其他种类期权盛行和期权定价理论发展的结果。原始的期权定价模型由布莱克和斯科尔斯在1973年提出[一],随后被扩展、改进并被很多公司商业化。

1. 场外交易市场中的期权

场外交易市场期权绝大部分由银行开出,一般是美元对英镑、瑞士法郎、日元、加元以及欧元。

场外交易市场期权最大的好处是它们的条款按照公司的特定要求进行设定。金融机构可选择不同的期权数量(名义本金)、执行价格和到期日进行期权买卖交易。虽然场外交易市场

[一] Fischer Black and Myron Scholes, "The Pricing of Options and Corporate Liabilities," *Journal of Political Economy*, Vol. 81, No. 3, May–June, 1973, pp. 637–654.

在早期不太具有流动性,但随着市场的不断发展扩大,现在已经颇具流动性了。另外,期权购买者必须衡量卖出期权的银行履行期权合约的能力。随着跨国公司对期权和互换等金融工具的使用日益增加,对手风险(即与交易对手有关的金融风险)在国际市场中越来越受到重视。交易所交易期权则更受个体交易者和金融机构的青睐。

假如一位投资者希望在场外交易市场中购买期权,他通常会在一家重要货币的中央银行货币期权柜台上提出认购请求,标明货币种类、到期日、执行汇率,并要求银行告知买卖方报价。银行通常会花几分钟到数小时的时间对期权进行定价并回复该认购请求。

2. 有组织交易市场中的期权交易

世界范围内的很多有组织交易市场都可以进行实体货币期权交易,这其中包括费城股票交易所和芝加哥商品交易所。

交易所交易的期权是通过结算所进行结算的,所以买卖双方不会直接进行交易。结算所充当每一份期权合约的反方,并保证履行合约。相应地,结算所的义务就是交易所所有成员的义务,通常包括很多银行。以费城股票交易所为例,结算所业务的提供者是期权结算公司。

7.2.3 货币期权报价和价格

表 7-2 是《华尔街日报》瑞士法郎期权的报价。《华尔街日报》的报价针对的是费城交易所前一天完成的交易。表中给出了不同执行价和到期日的各种期权,而其中前一天没有发生实际交易的期权没有显示期权费金额。以美元为标的资产的货币期权执行价和期权费通常采用直接标价法(美元/英镑、美元/日元等)进行标价。

表 7-2 瑞士法郎期权报价   (美分/瑞士法郎)

期权与标的	执行价	看涨期权——最终到期日			看跌期权——最终到期日		
		8月	9月	12月	8月	9月	12月
58.51	56.0	—	—	2.76	0.04	0.22	1.16
58.51	56.5	—	—	—	0.06	0.30	—
58.51	57.0	1.13	—	1.74	0.10	0.38	1.27
58.51	57.5	0.75	—	—	0.17	0.55	—
58.51	58.0	0.71	1.05	1.28	0.27	0.89	1.81
58.51	58.5	0.50	—	—	0.50	0.99	—
58.51	59.0	0.30	0.66	1.21	0.90	1.36	—
58.51	59.5	0.15	0.40	—	2.32	—	—
58.51	60.6	—	0.31	—	2.32	2.62	3.30

注:每一份期权等于62 500瑞士法郎。8月、9月和12月都是期权到期日。

表 7-2 展现了用以区分任意外汇期权的 3 种价格。比如,表示 8 月 58.5 看涨期权的 3 种价格如下:

(1)即期汇率。在表 7-2 中,"期权与标的"列中的 58.51 美分或 0.585 1 美元是前一个交易日结束时瑞士法郎对美元的即期汇率。

(2)执行价。表 7-2 中的"执行价"一列表明了期权执行时 1 瑞士法郎所需支付的美元。标明 58.5 的 8 月瑞士法郎看涨期权意味着 1 瑞士法郎需支付 0.585 0 美元。表 7-2 中列示了 9 种不同的执行价格,从 1 瑞士法郎 0.560 0 美元到 1 瑞士法郎 0.600 0 美元,尽管当日实际存在的执行价比这里列示的要多得多。

(3)期权费。期权费是期权的价格或购买期权的成本。8 月到期 58.5 瑞士法郎看涨期权的价格为每瑞士法郎 0.5 美分。当日没有 9 月和 12 月的 58.5 瑞士法郎看涨期权在进行交易。期权费是期权的市场价格,所以对于期权来说,期权费、成本、价格和价值这几个称谓是没有区别的。

在这个例子中,8 月到期 58.5 看涨期权费用是每法郎 0.50 美分,8 月到期 58.5 看跌期权费用也是每瑞士法郎 0.50 美分。由于费城股票交易所一份期权合约包含 62 500 瑞士法郎,在本例中,一份看涨期权合约(或看跌期权合约)的总成本就是 62 500 瑞士法郎 × 0.005 0 美元 / 瑞士法郎 = 312.50 美元。

7.2.4 看涨期权的买方

就其所产生的风险类型来说,期权与其他所有的金融工具都不相同。期权持有者可以选择行权,也可以选择放弃行权。只有当执行期权会产生收益时持有者才会选择执行它,这就是说期权是实值期权。在看涨期权的例子中,当目标货币的现价上升时,持有者可能获得的收益是没有上限的。当现价下降时,持有者会放弃期权,他所承受的损失不会超过其所支付的期权费用。

汉斯·施密特是瑞士日内瓦的一位货币投机者。汉斯购买看涨期权的仓位如图 7-1 所示。假设他购买了上述 8 月到期的瑞士法郎看涨期权,该看涨期权执行价为 0.585 美元 / 瑞士法郎,期权费用为 0.005 美元 / 瑞士法郎。竖轴衡量了在到期日,相对于不同的法郎即期汇率,期权买方所能够得到的盈利或遭受的损失。

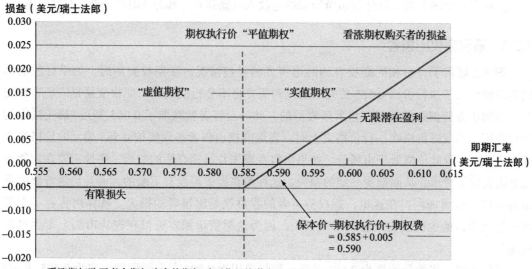

看涨期权购买者在期权为实值期权时可获得的潜在盈利无上限;而在期权为虚值期权时,损失金额有限,最大金额为期权费

图 7-1 看涨期权购买者的损益

在所有低于执行价 0.585 美元 / 瑞士法郎的即期汇率水平上，汉斯将不会执行期权。这是显而易见的。因为假设即期汇率为 0.580 美元 / 瑞士法郎，他会选择在现货市场上以 0.580 美元的价格买进瑞士法郎，而不会靠执行期权来买进瑞士法郎。此时他的整体损失就只限于他购买期权的支出，即 0.005 美元 / 瑞士法郎的期权费。当法郎处于更低的价格水平时，他的损失也就只限于原先 0.005 美元 / 瑞士法郎的期权成本。

相反，在所有高于执行价 0.585 美元 / 瑞士法郎的即期汇率水平上，汉斯将会行使期权，对每单位瑞士法郎支付执行价格。比如说，如果到期时即期汇率是 0.595 美元 / 瑞士法郎，他会行使该看涨期权，以 0.585 美元的执行价格而不是 0.595 美元的市场价格买进法郎。在买进法郎的同时他可以在现货市场上以 0.595 美元的价格卖出这笔法郎，从而取得的毛收益为 0.010 美元 / 瑞士法郎，净收益为 0.005 美元 / 瑞士法郎（扣除了 0.005 美元 / 瑞士法郎的期权费）。所以，当即期汇率高于执行价格时，在执行价为 0.585 美元、期权费为 0.005 美元，以及即期汇率为 0.595 美元的水平上，汉斯的收益为

$$收益 = 即期汇率 - （执行价格 + 期权费）$$
$$= 0.595 - （0.585 + 0.005）$$
$$= 0.005（美元 / 瑞士法郎）$$

此外，汉斯也可以选择在期权交易所行使一份反向的货币期权合约来实现上述收益，这样就省去了他进行实际货币交割的麻烦。由于法郎的美元价格可以无限上升，所以潜在收益是没有上限的，如图 7-1 右上方所示。由此，看涨期权购买者就拥有一份吸引人的损益组合，要么是有限损失，要么是无限的潜在盈利。

请注意，在保本价 0.590 美元 / 瑞士法郎的价格水平上，汉斯行使期权不会得到任何收益，也不会遭受任何损失。此时现货市场中的法郎卖价 0.590 美元刚好等于期权费 0.005 美元加上行使期权的支出 0.585 美元。尽管如此，在此价格上汉斯仍然会选择行使期权，这是因为只有行使期权他才能够收回期权费。当现行市场价格位于执行价和保本价之间时，行使期权并在现货市场上卖出目标货币所带来的毛收入只能弥补一部分（而非全部）期权费用。

7.2.5 看涨期权出售者

图 7-2 展示了一份相同期权合约的出售者的损益情况。在期权到期时，如果标的货币的现时价格低于执行价格 0.585 美元，期权购买方将不会行使期权。期权交易是一场零和交易，即购买方所损失的就是出售者所收益的。此时出售者就赚取了 0.005 美元 / 瑞士法郎的期权费用。当现时价格在执行价格之上时，看涨期权出售者必须要按 0.585 美元的价格交割标的货币，尽管此价格低于市场价。如果出售者事先并不拥有标的货币，则他需要在现货市场上购买这笔货币，从而遭受一定的损失。这种潜在损失是没有下限的，而且会随着标的货币的价格上升而加剧。在这里，期权持有者的收益就是出售者的损失。就算出售者事先拥有这笔货币，他也会遭受机会成本的损失，因为这笔货币原本可以在现货市场上卖到更多的钱。

举例来说，当执行价格为 0.585 美元，期权费用为 0.005 美元，即期汇率为 0.595 美元 / 瑞士法郎时，看涨期权出售者的收益为

$$收益 = 期权费 - (即期汇率 - 执行价)$$
$$= 0.005 - (0.595 - 0.585)$$
$$= -0.005（美元/瑞士法郎）$$

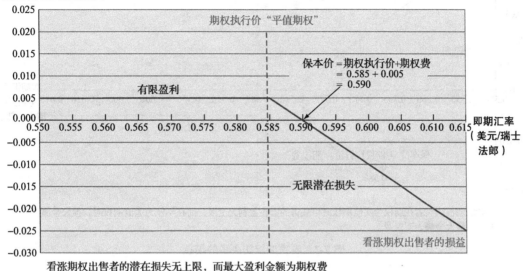

图 7-2　看涨期权出售者的损益

从这个例子可以看出，要使看涨期权出售者受损，即期汇率需高于或等于执行汇率。当即期汇率低于执行汇率时，看涨期权购买者将会放任期权过时，而出售者将会赚取期权费。期权出售者所能得到的最大收益不会高于期权费用。由此看涨期权出售者的损益情况则不那么吸引人，要么面临有限收益，要么面临潜在无限损失。但通过采取抵消手段，出售者的损失程度是可以被限制住的。本章将在后面讨论这一点。

7.2.6　看跌期权购买者

图 7-3 展示了汉斯作为一个看跌期权购买者的损益情况。看跌期权的基本特征与我们上述讨论的看涨期权相似。然而，当目标货币的市场价格在到期日下降时（不同于看涨期权的市场价格上升），看跌期权的购买方将会行使期权，卖出标的货币。举例来说，如果瑞士法郎即期汇率下降到 0.575 美元/瑞士法郎，汉斯就会与出售者按 0.585 美元/瑞士法郎的价格进行交割。由于瑞士法郎的现时市场价格为 0.575 美元，而期权费为 0.005 美元，所以汉斯能够获得收益 0.005 美元。

显而易见，当现货价格低于执行价时，在执行价为 0.585 美元，期权费为 0.005 美元，即期汇率为 0.575 美元/瑞士法郎的水平下，看跌期权购买者的收益为

$$收益 = 执行价 - (即期汇率 + 期权费)$$
$$= 0.585 - (0.575 + 0.005)$$
$$= 0.005（美元/瑞士法郎）$$

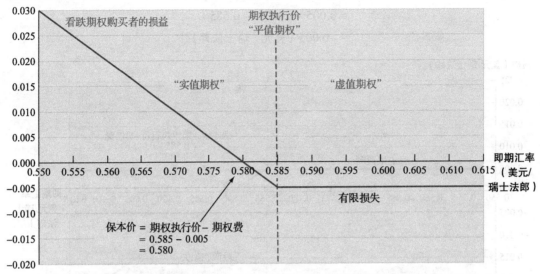

图 7-3 看跌期权购买者的损益

看跌期权购买者在期权为实值期权时可获得的潜在盈利无上限；而在期权为虚值期权时，损失金额有限，最大金额为期权费

看跌期权的保本价是执行价格减去期权费，在这个例子中是 0.580 美元。当即期汇率持续下跌并低于执行价格时，潜在的盈利能力也持续上升，汉斯的最大盈利为 0.580 美元/瑞士法郎，此时法郎价格跌为零。当市场汇率高于执行价 0.585 美元时，汉斯选择不行使期权，损失期权费 0.005 美元。看跌期权购买者面临着几乎没有上限的盈利和有限的损失。与看涨期权购买者一样，看跌期权购买者的潜在损失不会超过其预先支付的期权费。

7.2.7 看跌期权出售者

图 7-4 展示了出售看跌期权给汉斯的人的损益。注意买卖双方在亏损、执行价和保本价之间的对称关系。如果法郎的即期汇率下降到 0.585 美元/瑞士法郎以下，汉斯将会行使看跌期权。在 0.585 美元的价格之下，看跌期权出售者的损失会超过其所得到的期权费（0.005 美元），这将带来净亏损。当即期汇率位于 0.580 美元/瑞士法郎和 0.585 美元/瑞士法郎之间时，出售者会损失部分期权费，但不是全部。如果即期汇率高于 0.585 美元/瑞士法郎，汉斯将不会行使期权，这样出售者将锁定 0.005 美元的期权费收益。

在执行价格为 0.585 美元，期权费为 0.005 美元以及即期汇率为 0.575 美元/瑞士法郎的水平上，看跌期权出售者的收益为

$$\text{收益（损失）} = \text{期权费} - （\text{执行价} - \text{即期汇率}）$$
$$= 0.005 - (0.585 - 0.575)$$
$$= -0.005 \text{（美元/瑞士法郎）}$$

亏损只有在即期汇率低于执行价时才会发生。在即期汇率高于执行价的水平上，购买者会放任期权过期，因为此时期权是虚值期权，而出售者则锁定期权费收益。看跌期权出售者的损益情况与看涨期权出售者的损益情况差不多：有限的盈利潜力和无限的亏损可能。

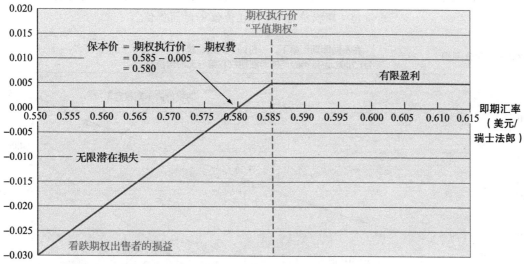

看跌期权出售者的最大潜在盈利为期权费,而潜在损失金额无限

图 7-4　看跌期权出售者的损益

国际金融实务 7-1 讲述了史上最大型的货币期权投机之一——安德鲁·克里格对新西兰元进行的操作。

国际金融实务 7-1

新西兰的几维、奇和克里格

1987 年,31 岁的安德鲁·克里格在纽约银行家信托做外汇交易员。在 1987 年 10 月美国股市崩盘后,全球外汇市场迅速抛售美元。世界许多其他币种——包括像新西兰元(在货币市场中被称为 kiwi)一样处于稳定、开放、工业化市场中的小币种——成为人们逐利的首选。随着全球外汇交易员摒弃美元而购入 kiwi,kiwi 的价值急速上升。

克里格认为市场反应过度,从而高估了 kiwi 的价值。因此,他做空 kiwi,笃定其价值最终会回落。他这一单做得极大,并且综合运用即期、远期和期权市场进行了交易(克里格获得了近 7 亿美元的投资规模许可,而当时其他交易员的投资规模都被限制在 5 000 万美元以内)。代表纽约银行家信托投资的克里格被指控做空了 2 亿 kiwi——比当时整个新西兰的货币供应总量还多。事实证明他的判断是正确的。kiwi 随后下跌了,克里格可以为纽约银行家信托从外汇市场上赚取数百万美元的收益。讽刺的是,当几个月后年度红利宣布时,克里格得知他为纽约银行家信托所赚取的 3 亿美元中仅能获得 300 万美元的红利,随后他便从纽约银行家信托辞职了。

最后,新西兰中央银行向银行家信托提出控诉,当时纽约银行家信托在任的首席执行官查理斯·S.桑福德貌似戏谑地评论说:"对于银行家信托来说,我们并没有采取太大的头寸,但对于这个市场来说,我们的头寸也许过大了。"

7.3　期权定价和价值

图 7-5 显示了标的资产是英镑的欧式看涨期权的损益状况。看涨期权允许持有者以 1.70

美元/英镑的执行价格购买英镑。该期权 90 天后到期。看涨期权的价值由两部分组成

总价值（期权价格）= 内在价值 + 时间价值

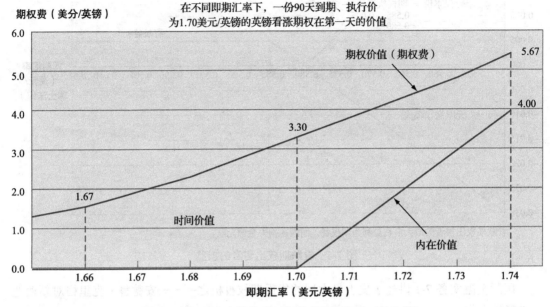

图 7-5　期权的内在价值、时间价值和期权费（总价值）

任何货币期权的定价都包含 6 个元素。比如，某欧式看涨期权的价格为 0.033 美元/英镑（每英镑 3.3 美分），即期汇率为 1.70 美元/英镑。该价格是由以下假设计算出的：①即期汇率：1.70 美元/英镑；②期限：90 天；③相同到期日的远期汇率：1.70 美元/英镑；④美元利率：8.00% 每年；⑤英镑利率：8.00% 每年；⑥波动率，即每日即期汇率波动的标准差：10% 每年。

内在价值是期权立即行使所带来的收益。它在图 7-5 中用实线表示，在即期汇率到达执行价之前它都为零，之后开始线性上升（与即期汇率进行 1：1 的上升）。虚值期权的内在价值为零，即如果执行汇率高于市场汇率，行使期权将不会得到任何收益。如果即期汇率高于执行汇率，那么内在价值大于零，因为如果期权被行使，内在价值将是其所带来的最小收益。在到期日，期权价值将等于其内在价值（零时间剩余意味着时间价值为零）。

（1）当即期汇率是 1.74 美元/英镑时，期权为实值期权，内在价值为 1.74 美元/英镑～1.70 美元/英镑，即每英镑 4 美分。

（2）当即期汇率为 1.70 美元/英镑时，期权是平值期权，内在价值为 1.70 美元/英镑～1.70 美元/英镑，即每英镑 0 美分。

（3）当即期汇率为 1.66 美元/英镑时，期权是虚值期权，没有内在价值。这时，代表内在价值的实线位于水平坐标轴上。几乎没有人会在这个即期汇率水平上行使这份看涨期权，人们还不如在现货市场购买更为便宜的英镑。

由于基本资产的价格，即汇率有可能在现在与到期日之间的这段时间内发生对看涨期权购买者有利的变动，所以期权存在时间价值。如图 7-5 所示，时间价值是位于期权总价值和其内在价值之间的那部分。一位投资者在今天可能买入一份虚值期权（内在价值为零），因为

他认为即期汇率会在到期之前发生巨大变动,以至于期权成为实值。所以,期权价格总是高于其内在价值,因为内在价值在今天和到期日之前这段时间内总有上升的可能性。

如果想有效地将货币期权用于投机或是风险管理(后面的章节会提到),交易者需要了解期权的价值,即期权费是如何依据不同的构成而不同的。下面对影响期权价格的几种因素进行分析,表7-3对其进行了总结。

表7-3 期权价值影响因素总结

符号	定义	解释
Δ	由于即期汇率的小幅变动所引起的期权费的预期变化	Δ 值越大,越有可能是实值期权
θ	由于距到期日的时间的小幅变动所引起的期权费的预期变化	在离到期日大约30天以前,期权费对时间量相对不敏感
λ	由于波动率的小幅变动所引起的期权费的预期变化	波动率越大,期权费越高
ρ	由于国内利率的小幅变动所引起的期权费的预期变化	国内利率升高会导致看涨期权的期权费升高
φ	由于外国货币利率的小幅变动所引起的期权费的预期变化	外国货币利率升高会导致看涨期权的期权费降低

虽然平时很少提到,但标准的国际货币期权都是围绕远期汇率进行定价的。因为市场即期汇率和国内外利率都已经计算在期权费之中了,如果不选择使用特殊的汇率作为执行汇率定价,那么远期汇率就可以说是期权定价的中心。期权定价公式用于计算一种以远期汇率为中心的主观概率,但这不意味着市场预期的远期汇率就与未来实际的即期汇率相等,它只是期权协议定价框架下的产物。

对远期汇率的关注也会为管理头寸的交易者提供有用信息。当市场中出现一种外国货币期权的价格时,该价格在衡量外国货币与本国货币之间的相对价值方面,并没有看涨或是看跌的倾向。如果交易者对未来即期汇率的走势拥有特殊的预期,这种预期就会发挥作用,因为交易者不会天生就喜欢与市场对抗。

7.4 利率风险

所有公司——无论在国内还是国外、大或小、杠杆经营还是非杠杆经营,都在某方面对利率波动具有敏感性。虽然理论上和实践中存在着各种各样的利率风险,但本书主要关注非金融公司的财务管理。因此,我们的讨论主要限于跨国公司所面临的利率风险。金融公司,例如银行面临的利率风险,则不在本书的讨论范围内。

非金融公司拥有的最大的单项利率风险就是债务。在跨国公司的债务结构中,不同的债务具有不同的到期日、不同的利率结构(例如固定或浮动利率),还有不同的标价货币。利率具体是由货币确定的。每种货币都有自己的收益率曲线和信用风险溢价。因此,对于跨国公司来说,多种货币构成的复杂的利率风险是一个非常重要的问题。如表7-4所示,甚至对利率的计算也根据不同国家和货币而有所不同。国际金融实务7-2也提供了一个在当今市场中利用固定和浮动利率工具的案例。

表 7-4 国际利率计算

实例	存续期中所计天数	天数 / 年	1 000 万美元，年利率 5.5%	
			采用的天数	利息支付（美元）
国际	实际天数	360	28	42 777.78
英国	实际天数	365	28	42 191.78
瑞士（欧洲债券）	假设每月 30 天	360	30	45 833.33

注：在计算国际利率的时候会因为在计算期限时使用的天数和对一年包含的天数的定义（出于财务目的）不同而有所区别。本例应用一笔本金为 1 000 万美元、年利率为 5.5%、期限为 28 天的贷款，充分说明了用不同的计算方法得到的不同的一个月的利息支付。

国际金融实务 7-2

固定利率还是浮动利率的世界

《国际清算银行季度报告》2009 年 3 月对新发行和在外流通的国际债券，按发行者、工具类型以及发行币种等属性进行了详细的分类。其中的数据让我们发现了国际证券市场上一些有趣的现象。

- 截至 2008 年年底，共有总值为 22.7 万亿美元的、各类机构发行的国际债券处于流通之中。
- 市场上的债券依旧主要由金融机构发行。按美元价值，各发行者的发行总额分别为：金融机构发行 17.9 万亿美元，占流通债券总值的 79%；政府发行 1.8 万亿美元，占 8%；国际组织发行 0.6 万亿美元，占 3%；以及公司发行 2.4 万亿美元，占 10%。
- 在流通的债券中，固定利率债券仍占大多数，有 64% 是以固定利率发行的，34% 是浮动利率的，而大约 2% 是与股权挂钩的。
- 欧元依旧是国际债券的主要发行币种，全部国际债券的 48% 是以欧元发行的；仅次于欧元的发行币种是美元，占 36%；以英镑发行的债券占 8%；以日元发行的债券占 3%；而瑞士法郎发行的债券仅占不到 2% 的比例。
- 这些数据继续支持了国际债券市场长久以来的两个基本特点。
- 欧元是国际债券的主要发行币种，说明长期利用国际债券市场的机构多处于欧元区——西欧。
- 固定利率发行依然是市场的基础。2003～2006 年，浮动利率发行的债券有些许的增加，但 2007～2008 年的国际信用危机以及各国央行为此而压低利率，为各类发行者在更长时期内发行固定利率债券创造了新机会。

资料来源：Data drawn from Table 13B, *BIS Quarterly Review*, March 2009, p. 91, www.bis.org/statistics/secstats.htm.

对于跨国公司来说，第二大普遍存在的利率风险在于其所持有的利率敏感性的证券。与公司资产负债表右边的负债不同，公司拥有的可出售的证券组合是在资产负债表的左边一栏。这些证券代表了公司将来可能的收益和利息流入。不断增加的竞争压力促使财务经理们同时加强了对资产负债表的资产项目和负债项目的管理。

信用风险和重新定价风险

在描述最普遍的对利率风险定价的管理以前，区分信用风险和重新定价风险是很重要的。信用风险，有时也叫展期风险，指的是当借款者再次借贷的时候，会被贷款者更改其信用等级的可能。这可能导致借款者的借款费用、利率、信用额度承诺的改变甚至遭到拒绝。

重新定价风险，指的是当重新订立金融合约时，合同规定的利率被改变的风险。

思考以下3种公司借款者考虑的不同的借款策略。每种策略都是为了提供一笔3年的100万美元的融资。

（1）策略1：借入为期3年的100万美元的贷款，支付固定利率。

（2）策略2：借入为期3年的100万美元的贷款，支付浮动利率LIBOR + 2%，每年重新确定利率。

（3）策略3：借入为期1年的100万美元的贷款，支付固定利率，然后每年将贷款展期。

虽然最少的资金成本通常是决策的主要标准，但并不是唯一的标准。如果公司选择策略1，那么它可以确定在未来3年内拥有这笔资金并且需要支付的利息是已知的。这个战略使得这笔债务的现金流的可预测性最大化了。不过在某种程度上，公司也失去了在这期间如果利率降低，公司可能得到的节约成本的好处。当然，它也消除了在这期间利率可能上升而增加债务成本的风险。

策略2提供了策略1所不能提供的灵活性（重新定价风险）。它同样保证了公司在3年内可以确定拥有这笔资金，这消除了信用风险。然而重新定价风险却存在。如果第二年或者第三年LIBOR显著上升，那么这将完全传递给借款者。不过信用溢价仍然是固定的（反映了信用水平在未来3年内被锁定）。在这种情况下，资金成本的灵活性来自未来的LIBOR既可能上升也可能下降。

策略3提供了更多的灵活性和风险。首先，公司在收益曲线上选择了较短期限的借款。如果收益率曲线像主要工业市场的通常情况那样向上倾斜，那么基础利率应该会低一些。但是收益率曲线上期限较短的部分具有更高的波动性，它比长期利率对短期事件的反应更明显。这个策略还使公司面临着在重新借款时信用等级可能发生显著变动的可能。一般来说，信用评级是建立在一个公司能够在经济条件恶化的情况下满足其债务义务的前提下的。高信用等级（投资级）的公司可能比低信用等级（投机级）的公司更倾向于选择该策略。这个策略对于财务状况较差的公司来说是不合适的。

虽然前面的例子只是部分表现了公司在做资金决策时面临的复杂性，但它证明了在很多方面信用风险和重新定价风险是不可避免地交织在一起的。利率风险是一个复杂的概念，在管理利率风险之前对其进行恰当的度量是至关重要的。我们现在开始描述利率风险最常见的形式——公司负债、浮动利率贷款。

7.5 利率衍生品

和外汇一样，利率也有衍生品，比如期货、远期和期权。另外，还有更重要的利率互换。

7.5.1 利率期货

与外汇期货不同，利率期货相对来说被财务经理和非金融公司的财务主管所广泛使用。利率期货被广泛使用是来自于这个市场相对较高的流动性、使用的简便性以及大多数公司都面临着这种标准化的利率风险。两种使用最广泛的期货合约是在芝加哥商品交易市场交易的欧洲美元期货和在芝加哥期货交易所交易的美国国债期货。为了说明如何运用期货合约来管理利率风险，我们来关注一下 3 个月的欧洲美元期货。表 7-5 给出了两年内的欧洲美元期货价格（实际上交易可长达 10 年）。

表 7-5 欧洲美元期货价格

到期日	开盘价	最高价	最低价	结算价	收益率（%）	未平仓合约
6月10日	94.99	95.01	94.98	95.01	4.99	455 763
9月	94.87	94.97	94.87	94.96	5.04	535 932
12月	94.60	94.70	94.60	94.68	5.32	367 036
3月11日	94.67	94.77	94.66	94.76	5.24	299 993
6月	94.55	94.68	94.54	94.63	5.37	208 949
9月	94.43	94.54	94.43	94.53	5.47	168 961
12月	94.27	94.38	94.27	94.36	5.64	130 824

注：《华尔街日报》的典型发布形式。只有常见的季度到期日。所有合同都是 100 万美元一份。未平仓合约是还发行在外的合约数。

期货合约的收益率是根据结算价格来计算的，就是那个交易日的收盘价。例如，根据表 7-5 中到期日为 2011 年 3 月的欧元期货报价，我们可以看到前一个交易日的结算价格是 94.76，年收益率为 5.24%。

$$收益率 = (100.00 - 94.76)/100.00 = 5.24\%$$

既然对于每份 3 个月的合约来说名义本金是 100 万美元，那么 1 个基点实际相当于 2 500 美元（$0.01 \times 1\,000\,000$ 美元 $\times 90/360$）。

如果一个财务经理希望利用 2011 年 3 月到期的期货合约来对一笔浮动利率支付进行套期保值，他需要卖出一份期货合约，采取空头头寸。这种战略叫作卖空，是因为他卖出了他并不拥有的东西（就像卖空股票那样）。如果到了 3 月像这位经理担心的那样利率真的上升了，那么期货价格将会下降，他可以平仓并得到利润。期货的利润大体上可以抵消债务的利息支付增加而带来的损失。如果他的判断是错的，利率实际上出现下降，引起期货价格上升，那么期货的损失也会抵消由利息支付减少而带来的成本的节约。所以通过卖出一份 2011 年 3 月到期的期货合约，他可以将利率锁定在 5.24%。

显然持有利率期货头寸可能是——或者按照一般的观点来看仅仅就是出于投机的目的而购买的。虽然那不是这里讨论的管理背景下所主要关注的，但上面的例子也体现了任何认为利率会朝某个方向变动的投机者都可以通过持有期货头寸来追逐利润。

像前面所提到的那样，非金融公司最普遍的利率风险是债务的应付利息。但这种风险并不是唯一的利率风险。随着越来越多的公司更加激进地管理整个资产负债表，资产项下的利息收益也受到了更多的关注和研究。如果财务经理想要通过计息证券获得更多的利息，他们可能寻找利率期货市场的第二种用途：锁住未来的利息收益。表 7-6 概括了这两种基本的利率风险和使用利率期货的策略。

表 7-6 用于一般风险敞口的利率期货策略

风险敞口或头寸	期货操作	利率	结果
未来某一天支付利息	卖出期货（空头）	如果利率上升	期货价格下降，卖出获利
		如果利率下降	期货价格上升，卖出亏损
未来某一天收取利息	买入期货（多头）	如果利率上升	期货价格下降，买入亏损
		如果利率下降	期货价格上升，买入获利

7.5.2 远期利率协议

远期利率协议(forward rate agreement，FRA)是银行间对一笔名义本金的利息支付进行买卖的交易合约。合同由现金结算。FRA 的买方获得在规定的一段时间内将利率锁定在协议价格的权利。合同中规定了在利率上升到协议水平以上的情况下，FRA 的卖方将要向买方支付根据名义本金计算得出的增加的利息费用，但是如果利率降到协议水平以下，买方需要向卖方支付这笔差价。典型的合约期限有 1 个月、3 个月、6 个月、9 个月和 12 个月，就像传统的远期货币协议那样。

像外汇远期协议那样，远期利率协议对于独立的风险是非常有用的。它是公司合约性的承诺，几乎不具有灵活性。即使类似前面那样出现 LIBOR 下降对公司有利的变动，也还是将利率锁定在一个固定的水平。当公司计划在未来某个时间投资于证券而又担心利率会在投资之前出现下降的时候也会使用远期利率协议。因为远期利率协议的期限和货币种类受到限制，所以在大型工业经济体和货币区之外没有得到广泛的使用。

7.5.3 利率互换

互换是通过合约性的规定来交换一系列的现金流。这些现金流通常是与债务相关的利息支付，就像前面所描述的浮动利率贷款一样。利率互换和货币互换的不同如下所示。

(1) 如果协议规定一方用一笔固定的利率支付与另一方交换一笔浮动的利率支付，这就叫作利率互换。

(2) 如果协议是规定交换债务的货币，例如，用瑞士法郎支付的利息交换用美元支付的利息，这就叫作货币互换。

(3) 一笔单独的互换可以结合利率和货币两个方面。

在任何情况下，互换是用来改变公司应该发生的现金流，就像用现有的债务产生的浮动利率支付来交换一笔固定利率支付。互换本身并不成为新的资金来源，只是改变应该发生的现金流。通常所说的香草互换(plain vanilla swap)就是参与双方交换一笔名义本金的固定利率和浮动利率。这种类型的互换形成了世界上最大的单项金融衍生品市场。

参与双方可能会因为各种不同的动机进入互换市场。例如，下面是一种非常普遍的情况。一家信用良好的公司借款者现在有一笔浮动利率的债务需要支付。借款者在考察了目前的市场状况和形成对未来的预期之后可能得出利率将要上升的结论。为了防止公司的利息支付增加，公司财务部可能参与一笔互换协议，付固定利率/收浮动利率。这意味着公司将会向交易对手支付固定利息，并从对方那里收取浮动利息。公司从对方那里收到的浮动利息就用来偿还公司的债务利息。所以对于公司来说，现在实际的净效果就是支付固定利率。通过使用衍生工具，公司就将浮动利率负债转化成了固定利率负债。这样做就避免了通过以新债换旧债而带来的成本和麻烦。

类似地，预计利率会下降的具有固定利率债务的公司可以将固定利率债务交换成浮动利率债务。在这种情况下，公司将参与付浮动利率/收固定利率的互换交易。表 7-7 给出了在两种情况下建议公司应该使用的利率互换策略的总结。

表 7-7 利率互换策略

头寸	利率预期	互换策略
固定利率债务	利率上升	不采取行动
	利率下降	支付浮动利率，收取固定利率
浮动利率债务	利率上升	支付固定利率，收取浮动利率
	利率下降	不采取行动

利率互换的现金流是根据一笔名义本金计算而得的利息，因此也叫作息票互换。进入互换交易的公司制定好名义本金从而使互换交易产生的现金流能够满足其管理利率风险的需要。

利率互换是公司和交易对手之间合约性的承诺，完全独立于公司的利率风险。也就是说，公司可以因为任何它认为合理的理由而进入互换交易，并可以制定大于、等于或小于其需要管理的头寸的名义本金。例如，一家账面上有多种浮动利率负债的公司可能只在利率互换市场上为 70% 的本金参与互换，如果它愿意的话。至于为什么参与利率互换，持有多少头寸，这完全是由管理者自行决定的。同时还应该注意到，利率互换市场填补了市场有效的空白。如果所有公司都可以自由且公平地参与资本市场，而不管利率结构或者标价货币，那么很可能互换市场就不存在了。互换市场不仅存在，而且能够繁荣并为各方参与者带来利益，在某种程度上是因为由比较优势带来的众所周知的"免费的午餐"。

7.5.4 货币互换

既然所有的互换利率都是从各种主要货币的收益率曲线推导而来的，那么各种货币之间的固定换浮动利率互换协议使得公司可以进行多种货币的互换。表 7-8 列举了欧元、美元、日元和瑞士法郎这几种典型货币的互换利率。这些互换利率是在各个货币市场中政府债券收益率的基础上，加上各个市场上适用于投资级借款者的信用溢价而得到的。

表 7-8 利率互换和货币互换的报价

年	欧元		瑞士法郎		美元		日元	
	买入价	卖出价	买入价	卖出价	买入价	卖出价	买入价	卖出价
1	2.99	3.02	1.43	1.47	5.24	5.26	0.23	0.26
2	3.08	3.12	1.68	1.76	5.43	5.46	0.36	0.39
3	3.24	3.28	1.93	2.01	5.56	5.59	0.56	0.59
4	3.44	3.48	2.15	2.23	5.65	5.68	0.82	0.85
5	3.63	3.67	2.35	2.43	5.73	5.76	1.09	1.12
6	3.83	3.87	2.54	2.62	5.80	5.83	1.33	1.36
7	4.01	4.05	2.73	2.81	5.86	5.89	1.55	1.58
8	4.18	4.22	2.91	2.99	5.92	5.95	1.75	1.78
9	4.32	4.36	3.08	3.16	5.96	5.99	1.90	1.93
10	4.42	4.46	3.22	3.30	6.01	6.04	2.04	2.07
12	4.58	4.62	3.45	3.55	6.10	6.13	2.28	2.32
15	4.78	4.82	3.71	3.81	6.20	6.23	2.51	2.56
20	5.00	5.04	3.96	4.06	6.29	6.32	2.71	2.76
25	5.13	5.17	4.07	4.17	6.29	6.32	2.77	2.82
30	5.19	5.23	4.16	4.26	6.28	6.31	2.82	2.88
LIBOR	3.031 3	3.093 8	1.312 5	1.437 5	4.937 5	5.062 5	0.125 0	0.218 8

注：这是《金融时报》发布的典型叫价形式。买卖差价根据伦敦市场的收盘价而来。美元是对3个月的LIBOR叫价；日元对6个月的LIBOR叫价；欧元和瑞士法郎对6个月的LIBOR叫价。

注意表 7-8 中的互换利率并不是依据信用等级来分级的。这是因为互换市场本身不受单个借款者信用风险的影响。参与互换的某个负有以 LIBOR 和一定的价差来定价的支付义务的单个借款者会保留这个价差。这份固定的价差，即信用溢价的部分还是由公司自身承担。例如，低信用等级的公司可能需要支付超过 LIBOR 3% 或者 4% 的溢价，而其他一些规模巨大且财务状况良好的跨国公司可能实际上只需要支付 LIBOR 的成本就能筹集到资金。互换市场并不区分参与者的等级，互换的固定利率和浮动利率都依据各自的货币市场而定。

货币互换最常见的动机是用需要的货币种类产生的现金流来替代不需要的货币种类产生的现金流。想得到的货币很可能是公司未来的营业收益（现金流入）会产生的货币。公司经常会为它们不产生可观收益或者自然现金流的货币筹集资金。公司这样做的原因在于成本，特定的公司可能会在特殊情况下发现某种货币的资本成本对它们来说很有吸引力。然而在筹集了这种货币以后，公司可能会希望将它产生的支出置换成公司未来会产生营业收入的货币。

货币互换市场对于跨国公司具有重大意义。一家希望将一笔 10 年期，固定利率为 6.04% 的美元现金流置换出去的跨国公司，可以换得固定利率为 4.46% 的欧元，3.30% 的瑞士法郎，或者 2.07% 的日元。它不仅可以用固定利率与固定利率进行互换，还可以与各种货币的浮动利率 LIBOR 进行互换。表 7-8 中所报价的互换都是可能的。

7.5.5 操作谨慎性

在之后的章节中，我们会展示衍生品如何被用来减少与跨国财务管理行为有关的风险。然而，任何金融工具或技术（包括金融衍生品）的使用者需要依据重要的原则来进行实践，这一点很重要。由于滥用金融衍生品而最终倒闭的公司数量并不在少数。这里送上一句警言：千万不要成为被很多人称为"赌徒困境"的受害者，即混淆了运气和天分。

由金融衍生品操作不慎带来的巨大的公司金融灾难依然困扰着当今全球的商业界。如同现代社会中的其他顽疾一样，罪魁祸首并不是科技，而是人类自身的操作失误。

本章小结

1. 外汇期货合约是标准化的远期合约。与远期合约不同，期货合约的交易发生在有组织的交易所中，而不是发生在银行和客户之间。进行期货交易通常要求缴纳保证金，并且大多数期货合约以通过持有相反头寸而平仓。

2. 相对于外汇期货而言，财务管理层一般更倾向于外汇远期，原因是远期合约更易于操作和仓位持有。而金融投机者则更倾向于外汇期货而不是远期合约，因为期货市场的流动性更好。

3. 外汇期权是这样一种金融合约，它给持有者以权利，而非义务，持有者按照事先指定好的价格，在双方预先约定的到期日或之前购买（看涨期权）或出售（看跌期权）特定数量的外汇。

4. 对于持有者而言，货币期权作为一项投机工具是基于以下原因：当标的资产的价值上升（看涨期权）或下降（看跌期权）时，期权的价值也随即上升。而当标的货币的价格向相反的不利方向移动时，期权持有者的损失仅限于期权费用。

5. 对于出售者而言，货币期权作为一项投机工具，是来自期权费用。如果期权——无论看涨期权还是看跌期权——到期时为虚值期权，期权的出售者就赚取了（或保留了）全部的期权费用。

6. 投机是建立在对未来价格预期上的一种追求盈利的行为。在外汇市场中，一方根据对未来形势的判断而持有相应仓位，等到汇率发生变化之后再进行清仓。如果当事方判断正确，则会得到一笔盈利。

7. 外汇期权的定价，即确定期权费用的价格，是一项非常复杂的计算，它包括即期汇率、执行汇率、远期汇率（主要取决于即期汇率和息差）、现时波动率，以及到期日。

8. 期权的总价值是内在价值和时间价值的加总。内在价值取决于期权的执行价格和某一时刻的即期汇率，而时间价值衡量了期权内在价值在到期日之前的变动。

9. 非金融公司拥有的最大的单项利率风险就是债务。在跨国公司的债务结构中，不同的债务具有不同的到期日、不同的利率结构（例如固定或浮动利率），还有不同的标价货币。

10. 利率的波动性越来越剧烈，再加上世界范围内公司对于短期和可变利率债务的运用的增多，促使很多公司积极地管理它们的利率风险。

11. 对于非金融跨国公司来说，主要的利率风险来源是短期借款和投资，还有长期负债来源。

12. 公司在利率风险管理中使用的技术和工具在很多方面看起来都与货币风险管理类似。用于利率风险管理的主要工具包括：远期利率协议、远期互换、利率期货和利率互换。

13. 利率互换与货币互换市场使得那些在某些货币和利率结构的融资上受到限制的公司可以获得相对较低的资金成本。这反过来使得这些公司可以更有效地管理它们的货币风险和利率风险。

14. 交叉货币利率互换使得公司可以同时改变偿付债务带来的现金流的标价货币和利率结构（固定利率换成浮动利率或者浮动利率换成固定利率）。

案例研究

麦当劳公司的英镑风险

麦当劳公司在全球 100 多个国家拥有投资。它根据各个国家的货币和市场状况来决定投资于国外子公司的、具有一定风险的股权资本是否需要套期保值。

英国子公司的风险

由于对英国子公司的所有权及经营权，麦当劳母公司有 3 种不同的英镑风险敞口。

第一，英国子公司拥有的股权资本是属于母公司以英镑标价的资本。

第二，除了对英国子公司的股权投资，母公司还提供了一笔为期 4 年金额为 1.25 亿英镑的公司内部贷款。这是一笔英镑贷款，并且年利率为固定的 5.30%。

第三，英国子公司向母公司支付销售总额的固定比例作为权利金。这也是用英镑支付的。所以这 3 个敞口合起来对麦当劳来说是一个重大的风险敞口。

另外一个技术细节使得情况更为复杂。当母公司向英国子公司提供内部贷款时，根据美国财务和税法实践，它必须指明这笔贷款是不是在该国的永久性投资（虽然表面上看起来把 4 年当作"永久的"不合逻辑，但母公司可以继续将贷款展期，永远不真正清偿）。如果不将它作为永久投资，那么根据 FAS #52，由贷款产生的外汇利得和损失直接计入母公司的损益表。然而如果指明是永久性投资，那么内部贷款产生的外汇利得和损失只计入合并的资产负债表的累计折算调整的账户（CTA）。到目前为止，麦当劳选择将贷款作为永久性投资。出于合并的目的，英国子公司的职能货币是当地货币，即英镑。

安卡·戈比是财务部门的经理，也是麦当劳的股东。她最近正在检查目前麦当劳用来处理英镑风险敞口的对冲策略。公司目前是利用美元和英镑的货币互换来对冲英镑的风险敞口。这个货币互换协议规定的期限是 7 年,麦当劳公司将支付英镑,获得美元。像所有的货币互换那样,协议要求麦当劳公司定期支付英镑利息并在协议到期时一次性偿付本金(名义本金)。麦当劳将这笔高额的本金支付当作对它在英国子公司的股权投资的套期保值措施。

根据 FAS #52,一家公司可以选择接受外币标价的债务产生的利息并将其直接计入母公司的损益表。麦当劳公司过去一直是这样做的,因为将利息支付包含在内而受益。

FAS #133,即 1998 年 6 月发布的关于衍生工具和套期保值交易的会计准则,最初是打算从 1999 年 6 月 15 日之后的一个财政年度(对于大多数公司来说这意味着 2000 年 1 月 1 日)开始,对所有财政季度都生效。然而这个新的准则是如此复杂,并对美国的跨国公司具有潜在的实质性的影响,以至于数十家主要公司都与财务会计准则委员会进行交涉,要求推迟准则强制执行的时间。由于准则的复杂性,再加上 Y2K(2000 年)风险控制的工作负担,财务会计准则委员会只好将 FAS #133 的强制执行日期无期限地推迟了。

需要讨论的事项

安卡·戈比希望考虑 FAS #133 对于当前应用的套期保值策略的潜在影响。在 FAS #133 的约束下,公司必须对整个的货币互换头寸进行逐日盯市,包括本金,并将其计入其他综合性收益账户(OCI)。但 OCI 实际上是美国通用会计准则下的收益形式,在财务报告的附注中记录,而并不是在报告的每股收益中使用的收益度量标准。虽然麦当劳公司已经将互换的利息支付计入了收入,但之前并没有将互换的本金的现值计入 OCI。在安卡看来,这对于 OCI 来说是个重大的风险。

安卡·戈比还希望重新考虑当前的策略。她首先将当前策略的利弊分别列举出来,与其他可以选择的策略做比较,然后再决定现在是否需要采取措施。

讨论题

1. 货币互换是如何有效地对冲麦当劳在英国子公司的三项主要风险的?
2. 货币互换如何对冲向国外子公司的长期股权投资风险?
3. 安卡以及麦当劳公司应该担心 OCI 吗?

思考题

1. 期权以及期货。解释外汇期权与外汇期货之间的差别,并说明两者分别应该在何时使用最为合适?
2. 期货交易地点。在《华尔街日报》中找出美国外汇期货合约的交易场所。
3. 期货术语。解释下列期货术语的意义及其在国际商务中的重要性。
   (1) 名义本金。
   (2) 保证金。
   (3) 逐日盯市。
4. 期货交易。一份报纸中列出了前一天的交易中美元兑欧元的外汇期货价格:

月份	12 月
开盘价	0.912 4
结算价	0.913 6
价格变动	+0.002 7

	(续)
月份	12 月
最高价	0.914 7
最低价	0.909 8
估计交易量	29 763
未平仓合约	111 360
合约规模	125 000 欧元

上面的条款都指代什么?

5. 看涨期权与看跌期权。标的资产同为英镑的看跌期权与看涨期权有什么差别?
6. 看涨期权合约元素。若报纸上登出在交易所进行交易的一份以英镑为标的货币的美式看涨期权的执行价为 1.460,到期日为第二年 3 月,现价为 3.67,这些条件对于作为一位潜在买主的你意味着什么?
7. 期权成本。在问题 6 中,如果你选择让期权过期，那么你所支付的期权费会怎么样？如果你选择行使期权，这些费用又将怎么样？
8. 购买欧式期权。除了期权是欧式期权之外，其他已知条件与第6题一致，在这种情况下你的购买有什么不同？
9. 出售期权。既然出售期权所得的期权费用是一定的，而潜在的损失却是无限的，在这种情况下，为什么还会有人出售期权？
10. 期权定价。期权合约的价值是其内在价值和时间价值的加总。请解释这句话的含义。
11. 信用风险和重新定价风险。从借款公司的观点来看，什么是信用风险和重新定价风险？解释一个公司为了使二者最小化而可能采取的步骤。
12. 远期利率协议。一家拥有浮动利率贷款的商业公司如何运用远期利率协议来降低利率风险？
13. 欧洲美元期货。报纸上说一份6月的欧洲美元期货的结算价格是93.55，它的年收益率是多少？这代表多少美元？
14. 对一份利率互换协议违约。史密斯公司和琼斯公司参与了一个利率互换，史密斯向琼斯支付固定利率，琼斯向史密斯支付浮动利率。现在史密斯破产了，从而无法完成它所剩余的利息支付。那么这对琼斯公司的财务损害是什么？
15. 货币互换。为什么一家需要用英镑偿还利息的公司想要将这些支付交换成用美元支付的利息？
16. 对手风险。在有组织的交易所里进行的互换是如何消除互换协议中的对手可能不能完成协议的风险的？

练习题

1. 安博·麦克莱恩。本章所提到的外汇投机商安博·麦克莱恩现在出售了8份6月到期的期货合约，每份合约的规模为500 000比索，其报价由表7-1中的结算价给出。
   （1）如果到期日即期汇率是0.120 00美元/比索，届时她所持有仓位的价值是多少？
   （2）如果到期日即期汇率是0.098 00美元/比索，届时她所持有仓位的价值是多少？
   （3）如果到期日即期汇率是0.110 00美元/比索，届时她所持有仓位的价值是多少？

2. 保罗的看跌期权。保罗出售了一份以日元为标的货币的看跌期权合约，其执行价格是0.008 000美元/日元（125.00日元/美元），期权价格为0.008 0美分/日元，6个月后到期。期权的规模是12 500 000日元。当到期日的即期汇率为110日元/美元、115日元/美元、120日元/美元、125日元/美元、130日元/美元、135日元/美元、140日元/美元时，保罗的损益分别是多少？

3. 黑河投资。杰米·罗德里格斯是芝加哥的黑河投资的外汇交易员，他利用下列英镑期货进行投机操作。

英镑期货，美元/英镑（CME）

（一份合约=62 500英镑）

到期日	开盘价	最高价	最低价	结算价	价格变动	历史最高价	未平仓合约
3月	1.424 6	1.426 8	1.421 4	1.422 8	0.003 2	1.470 0	25 605
6月	1.416 4	1.418 8	1.414 6	1.416 2	0.003 0	1.455 0	809

（1）如果杰米购买了5份6月到期的英镑期货，到期日的即期汇率是1.398 0美元/英镑，则他所持有仓位的价值是多少？
（2）如果杰米卖出了12份3月到期的英镑期货，到期日的即期汇率是1.456 0美元/英镑，则他所持有仓位的价值是多少？
（3）如果杰米购买了3份3月到期的英镑期货，到期日的即期汇率是1.456 0美元/英镑，则他所持有仓位的价值是多少？

（4）如果杰米卖出了12份6月到期的英镑期货，到期日的即期汇率是1.398 0美元/英镑，则他所持有仓位的价值是多少？

4. 萨莉·施纳德尔。萨莉·施纳德尔在印度尼西亚的雅加达为基斯通基金进行外汇交易。她将全部的精力和时间都投在了美元对新加坡元的交叉汇率上。该汇率的现时价格为0.600 0美元/新加坡元。经过审慎思考后，她认为在未来90天内，新加坡元相对美元会升值，可能会达到0.700 0美元/新加坡元的水平。她有如下两种期权可供选择。

期权	执行价	期权费
新加坡元看跌期权	0.650 0美元/新加坡元	0.000 03美元/新加坡元
新加坡元看涨期权	0.650 0美元/新加坡元	0.000 46美元/新加坡元

（1）萨莉应该购买新加坡元看涨期权还是应该购买新加坡元看跌期权？
（2）利用你（1）中的答案，回答萨莉的保本价格是多少？
（3）如果90天后的即期汇率是0.700 0美元/新加坡元，利用你（1）中的答案，求解萨莉的总利润和净利润（包括期权费）。
（4）如果90天后的即期汇率是0.800 0美元/新加坡元，利用你（1）中的答案，求解萨莉的总利润和净利润（包括期权费）。

5. 刀锋资本（A）。克里斯托夫·霍夫曼是日内瓦刀锋资本的外汇交易员。克里斯托夫的初始金额为1 000万美元，他投机操作所得利润必须以美元计量。美元兑欧元的即期汇率为1.335 8美元/欧元，而30天的远期汇率是1.335 0美元/欧元。
（1）如果克里斯托夫认为欧元还将继续走高，而且他预测30天后即期汇率会达到1.360 0美元/欧元，他应该怎么做？
（2）如果克里斯托夫认为欧元将会贬值，而且他预测30天后即期汇率会达到1.280 0美元/欧元，他应该怎么做？

6. 刀锋资本（B）。克里斯托夫·霍夫曼认为在未来3个月中，瑞士法郎相对美元会升值。他有100 000美元的初始资金。即期汇率是0.582 0美元/瑞士法郎，3个月远期汇率是0.564 0美元/瑞士法郎，他希望即期汇率在3个月内能达到0.625 0美元/瑞士法郎。
（1）如果采用纯粹现货市场投机策略，请计算克里斯托夫的预期收益。
（2）如果他进行3个月瑞士法郎远期的买或卖，请计算克里斯托夫的预期收益。

7. 查维兹S.A.。查维兹S.A.是一家委内瑞拉公司，它希望借800万美元，8个星期。纽约、英国和瑞士的潜在贷款方的报价为6.250%的年利率。它们分别使用国际的、英国的和瑞士的欧洲债券的利率定义（天数计算惯例）。那么查维兹应该从哪里借款？

8. 博特尼湾公司。澳大利亚的博特尼湾公司希望在欧洲美元市场借款3 000万美元，期限两年。据调查发现有3种可能。
（1）以5%的固定利率借款3 000万美元，期限2年。
（2）以LIBOR+1.5%的利率借款3 000万美元。LIBOR现在为3.5%，利率每6个月更新一次。
（3）以4.5%的利率借款3 000万美元，期限1年，在第1年年末的时候公司将协商新的1年期贷款。

比较上述3种选择并做出推荐。

9. 瓦蒂奇资本。肯奇塔·海恩斯是洛杉矶瓦蒂奇资本的一位外汇投机商。她最近的投机操作是基于美元兑日元汇率会大幅走高的猜测。即期汇率为120.00日元/美元。现在有两种到期日都是90天的日元期权供她选择：

期权	执行价	期权费
日元看跌期权	125日元/美元	0.000 03美元/新加坡元
日元看涨期权	125日元/美元	0.000 46美元/新加坡元

（1）肯奇塔应该购买看涨期权还是看跌

期权？

（2）利用（1）中的答案，得出肯奇塔的保本价。

（3）如果90天到期后即期汇率为140日元/美元，利用（1）中的答案，得出肯奇塔的总利润和净利润（包括期权费）。

10. **看涨期权收益。** 假设一份以欧元为标的货币的看涨期权执行价为1.250 0美元/欧元，期权费为每欧元3.80美分，3个月到期。期权规模为100 000欧元。试计算在以下欧元即期汇率水平下，在到期日之前行使期权所得的损益。

（1）1.10美元/欧元。
（2）1.15美元/欧元。
（3）1.20美元/欧元。
（4）1.25美元/欧元。
（5）1.30美元/欧元。
（6）1.35美元/欧元。
（7）1.40美元/欧元。

11. **贝克街公司的疑问。** 亚瑟·道尔是贝克街公司的外汇交易员，该公司是一家私募投资公司，总部位于伦敦。该公司的客户大多为富有的私人投资者，他们每人出资250 000英镑，打算进行外汇投机操作。投资者期望的年化收益率超过25%。虽然公司位于伦敦，但所有的账户和预期都是以美元标价的。亚瑟坚信在未来30～60天内英镑会严重贬值，可能会降到1.320 0美元/英镑，而即期汇率为1.426 0美元/英镑。亚瑟希望购买一份英镑看跌期权，这样就能实现其顾客25%的收益率。你会推荐他购买如下哪种看跌期权？结合执行价、到期日和期权费来证明你的结论。

执行价	期限	期权费
1.36美元/英镑	30天	0.000 81美元/英镑
1.34美元/英镑	30天	0.000 21美元/英镑
1.32美元/英镑	30天	0.000 04美元/英镑
1.36美元/英镑	60天	0.003 33美元/英镑
1.34美元/英镑	60天	0.001 50美元/英镑
1.32美元/英镑	60天	0.000 60美元/英镑

12. **逆向投资者卡兰德拉。** 卡兰德拉·帕那加科斯在多伦多的CIBC外汇基金工作。她是一位逆向投资者——与众多预测相反，她认为在未来90天中，加元相对于美元会升值。已知即期汇率是0.675 0美元/加元。现在，卡兰德拉有如下两种期权可以进行选择。

期权	执行价	期权费
加元看跌期权	0.700 0美元	0.000 03美元/新加坡元
加元看涨期权	0.700 0美元	0.000 49美元/新加坡元

（1）卡兰德拉应该选择购买看涨期权还是看跌期权？
（2）利用（1）中的答案，回答卡兰德拉的保本价是多少。
（3）如果90天后即期汇率是0.760 0美元/加元，利用（1）中的答案计算卡兰德拉的总收益和净收益（包括期权费）。
（4）如果90天后即期汇率是0.825 0美元/加元，利用（1）中的答案计算卡兰德拉的总收益和净收益（包括期权费）。

13. **袭击行动。** Raid Gauloises是一家快速增长的法国体育用品和冒险比赛装备公司。该公司决定通过欧元浮动利率贷款借款2 000万欧元，为期4年。它必须在两家银行有竞争力的贷款要约之间做出决定。

巴黎银行提供了4年期债务，前期启动费为1.8%。索邦银行提供的贷款在相同的期限和本金下息差更高，但没有前期贷款启动费用。两家银行都在每年年底重新调整利率。

欧元LIBOR目前为4.00%。Raid的经济学家预测，LIBOR将每年上升0.5个百分点。然而索邦银行官方预测，欧元的LIBOR将以每年0.25个百分点的速度上升。Raid Gauloises的资本成本为11%。你向Raid Gauloises推荐哪种贷款方案？

14. **施法诺汽车公司。** 意大利的施法诺汽车公司最近以浮动利率为基础获得了一笔为期4年的500万欧元贷款。然而，它现在在担心利息成本的上升。尽管最初在获取贷款时，公司相信欧元区的利率会呈下降趋势，但近期的经济指标显示通货膨胀压力日益加大。分析师预测，欧洲央行将放缓货币增长，推高利率。

施法诺现在正在考虑是否寻求一些针对欧元LIBOR上升的保护，并正在考虑与一家保险公司签订远期利率协议（FRA）。根据协议，施法诺将在每年年底向保险公司支付其初始利息成本（6.50%）与LIBOR下降导致的利息成本下降之间的差额。相反，保险公司将支付施法诺初始利息成本与LIBOR上升引起的利息成本上升之间差额的70%。

获得浮动利率贷款需花费100 000欧元，在初始贷款时支付。如果LIBOR上升或下降，施法诺的年融资成本是多少？施法诺使用12%的加权平均资本成本。你建议施法诺购买远期利率协议吗？

15. 克莱斯勒有限责任公司。戴姆勒-克莱斯勒出售的克莱斯勒有限责任公司，现在为私人持股公司，它必须在3个月以后支付浮动利率贷款的利息。它希望通过购买一份利率期货合约来锁定这些利息支付。从现在开始3个月的利率期货的结算价格是93.07，6.93%的年收益率。

（1）如果3个月以后的浮动利率是6.00%，克莱斯勒将会盈利还是亏损？

（2）如果3个月以后的浮动利率是8.00%，克莱斯勒将会盈利还是亏损？

16. CB解决方案公司。CB解决方案公司的财务主管希瑟·奥莱利认为利率将会上升，因此她想把未来的浮动利率支付换成固定利率。目前她为500万美元的债务支付利息，期限还有2年，每半年支付一次。目前LIBOR是每年4.00%。希瑟今天刚付了利息，所以下一次支付是6个月后。

希瑟发现，她可以将目前的浮动汇率支付换成年利率7.00%的固定利率支付（CB解决方案公司的加权平均资本成本为12%，希瑟计算为每6个月6%，半年复利）。

（1）如果LIBOR从明天开始每半年上升50个基点，那么这笔互换交易使得希瑟为公司节约或者花费了多少成本？

（2）如果LIBOR从明天开始每半年下降25个基点，那么这笔互换交易使得希瑟为公司节约或者花费了多少成本？

17. 鲁维亚和巴拉圭。鲁维亚制造公司和巴拉圭产品公司都在以尽可能低的成本寻求资金。鲁维亚更倾向于浮动利率借贷的灵活性，而巴拉圭则想要固定利率借贷的安全性。其中鲁维亚是更有信誉的公司。鲁维亚因为拥有较好的信用评级，所以在两种借贷方式中的借贷成本都较低。现在它们面临如下的利率结构。

鲁维亚想要浮动利率债务，能以LIBOR + 1%的利率借贷。同时，它可以借入8%的固定利率贷款，并互换为浮动利率贷款。巴拉圭想要固定利率债务，能借入12%的固定利率贷款。同时，它可以借到LIBOR + 2%的浮动利率贷款，并互换为固定利率债务。它们应该怎么做？

18. 泰鼎公司的交叉货币互换：瑞士法郎兑换美元。泰鼎公司签订了为期3年的交叉货币利率互换协议，接受美元并支付瑞士法郎。然而，泰鼎公司决定在一年后解除互换，因此还剩下两年的清算成本。使用以下假设的利率，进行解除协议的计算。

假设	数值
名义本金	10 000 000 美元
瑞士法郎兑美元的即期汇率	1.500 0 瑞士法郎/美元
美元兑欧元的即期汇率	1.120 0 美元/欧元

互换利率	3年期买入价	3年期卖出价
美元	5.56%	5.59%
瑞士法郎	1.93%	2.01%

19. 泰鼎公司的交叉货币互换：日元换欧元。利用本章表7-8中给出的互换利率，假设泰鼎公司参与了一个收取欧元支付日元的互换协议，名义本金为500万欧元，即期汇率为104日元/欧元。

（1）计算互换协议期间内欧元和瑞士法郎的所有本金和利息支付。

（2）假设一年以后泰鼎公司想要解除互换协议，并用欧元结算。假设日元的2年期固定利率现在是0.80%，欧元的2年期固定利率现在是3.60%，即期汇率是114日元/欧元。那么现在互换协议的净现值是多少？谁应向谁支付多少？

20. 法科尔。法科尔公司是2000年从通用汽车独立出来的美国汽车零件供应商。公司年销售额为260亿美元，为了追求多元化的销售基础，公司已经开始向传统汽车制造以外的市场拓展。作为全面多元化努力的一部分，公司希望将债务组合的标价货币也多元化。假设法科尔为此参与了一个7年期、5 000万美元的交叉货币利率互换，支付欧元、收取美元。使用表7-8中的数据计算。

（1）计算互换协议期间内两种货币的所有本金和利息支付。

（2）假设3年以后法科尔决定解除互换协议。如果4年期的欧元固定利率现在已经上升到5.35%，4年期的美元固定利率下降为4.40%，即期汇率为1.02美元/欧元。那么现在互换协议的净现值是多少？谁应向谁支付多少？

为你的期权定价

本书的网站上有一个名为FX期权定价的Excel工作表可供下载。该工作表有5个电子表格，用于为下列5种货币定价：美元/欧元、美元/日元、欧元/日元、美元/英镑和欧元/英镑（美元/欧元见下表）。使用工作表中的内容来回答第21~25题。

定价欧元货币期权

	一家美国公司想要买卖欧元外币		一家欧洲公司想要买卖美元外币	
	变量	数值	变量	数值
即期汇率（本币/外币）	S_0	1.248 0美元	S_0	0.801 3欧元
执行汇率（本币/外币）	X	1.250 0美元	X	0.800 0欧元
本币利率	r_d	1.453%	r_d	2.187%
外币利率	r_f	2.187%	r_f	1.453%
时间（年，每年365天）	T	1.000	T	1.000
等量天数		365.00		365.00
波动性	s	10.500%	s	10.500%
看涨期权溢价（每单位外币）	c	0.046 1美元	c	0.036 6欧元
看跌期权溢价（每单位外币，欧洲定价法）	p	0.057 0美元	p	0.029 5欧元
看涨期权溢价	c	3.69%	c	4.56%
看跌期权溢价	p	4.57%	p	3.68%

21. 美元/欧元。上表显示，以1.25美元/欧元的价格买入欧元1年期看涨期权的成本是0.063 2美元/欧元，或4.99%。但前提是当即期利率为1.267 4美元/欧元时，波动率为12.000%。如果即期利率降至1.248 0美元/欧元且看涨期权的波动率降至10.500%时，同样的看涨期权的成本是多少？

22. 美元/日元。假设初始价值如"FX期权定价"工作表中所示，那么以本国货币计算的日本公司购买期权卖出750 000美元的溢价费用是多少？

23. 欧元/日元。一家法国公司因为对一家日本半导体公司的出口销售而预计将在90天内收到1 040万日元。购买期权，以0.007 2欧元/日元的价格卖出日元，总共要花多少钱？

24. 美元/英镑。假设"FX期权定价"工作表中美元/英镑交叉汇率的初始值相同，如果期限从90天变为180天，那么英镑看涨期权的价值还会增加多少？增长率是多少？

25. 欧元/英镑。如果欧元利率从"FX期权定价"工作表中列出的初始价值变为4.000%，看涨期权溢价将如何变化？

第8章

外汇汇率决定

> 预测者的羊群效应表明每一只"羊"看上去都像是独立思考者。
>
> ——埃德加·R. 费德勒

学习目标

1. 检验为何货币的供求可被视为投资者投资组合中的一种资产选择。
2. 汇率决定的三种主要方法为平价条件法、国际收支法以及资产市场法，尝试用它们来解释新兴市场的多次货币危机。
3. 详述中央银行如何直接以及间接干预外汇市场。
4. 观察预测者如何把技术分析和三种主要理论方法结合起来预测汇率。

是什么决定了货币之间的汇率？这个问题很复杂。公司和代理机构需要外汇来购买进口商品，或通过出口来赚取外汇。投资者需要外汇来投资国外的外币有息证券、债券等固定收益证券、上市公司的股票，或者国外市场的其他新型混合工具。还有游客、移民工人和货币方面的投机者。所有这些经济因素每天都有外汇的供给和需求，也会进行外汇买卖。本章提供了一个涵盖这些因素和原理的基本的理论框架。

第6章分析了将汇率、通货膨胀率和利率结合起来的利率平价条件，为全球金融市场和国际金融活动的管理提供了一个理论框架。第3章详细分析了一国的国际经济活动和收支平衡如何影响汇率。本章建立在前述两种关于汇率决定的学派上，并把汇率决定的讨论延伸到了另一个主流学派：资产市场法。本章会关注政府对外汇市场的干预，讨论一些实践中用于外汇预测的方法，最后以案例研究"2010年的日元干预"结束。这一案例研究了日本政府如何一次又一次试图干预外汇市场。

图8-1回顾了汇率的众多决定因素。该线路图首先以三大思路构成骨架（购买力平价法、国际收支法和资产市场法），接下来按这些方法中的单个驱动因素来组织。乍一看，三套理论让人望而生畏，但记住，这些并不是排斥性的理论，而是互补的。如果没有各种方法合在一起的深度和广度，我们就无法理解复杂的全球市场。

```
                    ┌─────────────────┐
                    │   购买力平价法   │
                    │ 1. 相对通货膨胀率│
                    │ 2. 相对利率      │
                    │ 3. 远期汇率      │
                    │ 4. 利率平价      │
                    └─────────────────┘
```

该货币有没有高度发达的　　　　　　　　　　有没有完备的安全的银行
流动的货币市场和资本市场？　即期汇率　　系统支持货币交易活动？

```
┌─────────────────┐              ┌─────────────────┐
│   资产市场法    │              │   国际收支法    │
│ 1. 相对实际利率 │              │ 1. 经常账户余额 │
│ 2. 经济增长预期 │              │ 2. 组合投资     │
│ 3. 资产的供需   │              │ 3. 外国直接投资 │
│ 4. 政治稳定性预期│             │ 4. 汇率体制     │
│ 5. 投机和流动性 │              │ 5. 官方货币储备 │
│ 6. 政治风险和控制│             └─────────────────┘
└─────────────────┘
```

图 8-1　汇率的决定因素

最后，要注意，即期汇率的大部分决定因素也会受即期汇率变化的影响。换言之，它们不仅是相互联系的，而且相互决定。

8.1　汇率决定：理论思路

> 基本上有三种汇率理论：第一种认为汇率是货币的相对价格（货币方法）；第二种认为汇率是商品的相对价格（购买力平价法）；第 3 种是债券的相对价格。
> ——鲁迪格·多恩布什，《汇率经济学：我们的立场是什么》，
> *Brookings Papers on Economic Activity* 1，1980，pp. 143~194.

多恩布什教授对汇率理论的三种分类是个好起点，但某些方面不够完备（以我拙见），它无法覆盖所有理论和方法。因此，秉承传统且完备的信念，我们修正了多恩布什的三个类别。接下来回顾了很多不同的但相互联系的汇率决定理论及其用于商业预测的相对有用性。

8.1.1　购买力平价法

> 在国际经济学家外衣下，隐藏着对汇率理论中国际购买力平价理论变体的根深蒂固的信念。
> ——保罗·克鲁格曼，1976

在所有汇率决定理论中，被最广泛接受的是购买力平价理论。该理论认为长期均衡汇率是由国内价格相对于国外价格的比率决定的（见第 6 章中的解释）。购买力平价理论是汇率理论中历史最久也是被最广泛接受的。大多数汇率决定理论在自身的框架中蕴含了购买力平价的因素。

购买力平价理论有许多不同的版本：一价定律、绝对购买力平价，以及相对购买力平价（在第 6 章中详细讨论过）。其中，相对购买力平价理论被认为是在解释影响汇率值的因素时最相关的。本质上，这种理论认为不同国家间相对价格的变化会随时间变化从而导致汇率的变化。

举例来说，如果现在日元和美元之间的即期汇率是 90 日元/美元，且日本和美国的物价会在将来分别变化 2% 和 1%，那么下一阶段的即期汇率会是 90.89 日元/美元。公式如下

$$S_{t+1}=S_t \times \frac{1+\Delta 日本物价}{1+\Delta 美国物价}=90.00 日元/美元 \times \frac{1.02}{1.01}=90.89 日元/美元$$

虽然购买力平价似乎具有符合常识的核心要素，但事实证明，它对汇率的预测相当差。这些问题既有理论上的，也有实证上的。理论问题主要在于它的基本假设，即唯一重要的是相对价格的变化。然而很多货币的供求是由其他因素导致的，包括投资激励和经济增长。实证问题主要是决定各国使用何种价格口径或指数，以及是否有能力用选定的指数预测价格的变化。

8.1.2 国际收支法

在购买力平价理论之外，决定汇率最常用的理论方法大概是国际收支法，它涉及外汇市场上货币的供给和需求。这些外汇流动反映了记录在一国国际收支中的经常账户和金融账户交易（见第 3 章中的描述）。基本的国际收支法认为，当经常账户活动引起的净外汇流入额等于金融账户活动引起的净外汇流出额时，汇率达到均衡。

因为国际收支交易是国际经济活动中最经常使用和报告的，所以国际收支法继续保持相当的流行度。贸易顺差或赤字，服务活动的经常账户增长，以及最近越来越增长且变得日益重要的国际资本流动，继续巩固了这一理论。

该理论强调货币和资本流动而非货币或者金融资产的存量，引起了对国际收支方法的批判。在该理论中，货币或金融资产的相对存量对决定汇率不起作用，这是在随后的货币和资产市场法中发现的不足之处。奇怪的是，现在国际收支法多半被学术界所抛弃，而大众从业者——市场参与者，包括货币交易者，仍然根据该理论的不同变体进行决策。

8.1.3 货币法

狭义的货币法认为，汇率是由一国货币存量的供给和需求、货币存量的预期水平及增长率决定的。债券之类的其他金融资产被认为与汇率决定不相关，因为本国和外国的债券被视为完全替代品。一切都是基于货币存量的。

货币法认为，货币供给和需求的改变是通货膨胀的主要决定因素。相对通货膨胀率的变化预计将通过购买力平价效应改变汇率。货币方法也假设长期和短期内价格均有弹性，因此通货膨胀压力的传递机制影响迅速。

汇率决定的货币模型的一个弱点是，实体经济活动被降低到只通过货币需求的变化来影响汇率。货币法忽略了很多因素，这些因素被学科专家们公认对汇率决定起重要作用，包括：①短期至中期内购买力平价不成立；②货币需求随时间相对变化；③经济活动水平和货币供给似乎相互依存而并非相互独立。

8.1.4 资产市场法（债券的相对价格）

资产市场法有时被称作债券的相对价格或者是组合平衡法。资产市场法认为汇率是由多种金融资产的供给和需求决定的。金融资产供给和需求的变化会改变汇率。货币及财政政策的变化会改变预期收益和金融资产的相对风险，进而引起汇率变化。

近年来，很多宏观理论的发展聚焦于货币及财政政策变化是如何改变存量金融资产的收益和风险，进而引起汇率变动的。经常被引用的蒙代尔－弗莱明的著作就归属此类。货币替代理论遵循相同的基本假设，即组合平衡和再平衡框架。所谓货币替代是指个人及商业投资者改变其组合中货币资产组成的能力。

不幸的是，在过去50年里，所有的研究在短期和长期预测汇率方面的能力是令人遗憾的。尽管学者专家和实践者都同意，在长期，诸如购买力和外部平衡都会引起货币价值的变动，但没有理论证明其在短期和中期的有用性。

汇率的宏观决定情况很差。结果表明，在基于诸如货币供给、真实收入、利率、通货膨胀率和经常账户余额等标准基础因素的模型中，没有一个模型能成功地解释或预测汇率的大致变动，至少在短期或中期没有过。

——杰弗里·弗兰克尔和安德鲁·罗斯，《名义汇率实证研究综述》，
NBER Working Paper No.4865, 1994.

8.1.5 技术分析

基础理论的不准确预测导致技术分析的发展及流行。技术分析认为，研究过去的价格有助于理解未来的价格变动。技术分析的主要特点是假设汇率或者任何受市场驱动的价格都遵循趋势，并且这些趋势可用来分析未来短期和中期的价格变动。

技术分析的大多数理论将公允价值和市场价值区分开来。公允价值是价格最终会达到的真实长期价值。而市场价值受大量变动及行为的影响，这些变动和行为受广泛的市场参与者的预期和信念影响。

8.1.6 预测汇率的资产市场法

资产市场法假设外国投资者是否愿意持有货币形式的债权取决于一系列的投资驱动因素的考虑。如图8-1所示，这些驱动因素包括如下方面。

（1）相对实际利率是投资者选择外国债券和短期货币市场工具的主要考虑因素。

（2）对经济增长和盈利能力的预期是跨境证券投资和外国直接投资的重要决定因素。

（3）资本市场流动性对外国机构投资者来说尤为重要。跨境投资者不仅关心资产购买的难易程度，而且关心以公平市场价值快速卖出那些资产的难易程度。

（4）一国的经济和社会基础设施是该国应对突如其来的外部冲击的能力，以及在瞬息万变的世界经济环境中保持繁荣的能力的重要指标。

（5）政治安全对外国组合投资者以及直接投资者来说尤为重要。对政治安全的展望通常反映在一国证券的政治风险溢价上，用来评估对该国的外国直接投资。

（6）公司治理实践的可信度对于跨境组合投资者来说非常重要。如果一家公司的治理水

平较差，则会降低外国投资者的影响力，导致公司对股东财富目标的关注度下降。

（7）传递被定义为一国的危机蔓延至其邻国和其他有相似特征的国家，至少在跨境投资者眼中是这样。传递会导致无辜的国家遭受资本外逃以及随之而来的本币贬值。

（8）投机会引起外汇危机或者使现有危机恶化。我们通过本章后面的3个描述性案例——亚洲危机、俄罗斯危机和阿根廷危机，来研究该影响。

外国投资者是否愿意持有证券及直接投资于高度发达的国家主要取决于相对实际利率和对经济增长及盈利能力的展望。假定图8-1中描述的所有其他驱动因素都满足。

例如，1981～1985年，尽管美国经常账户赤字扩大，但美元走强。美元升值的部分原因是美国相对较高的实际利率。然而，另一个因素是外国资本大量流入美国股票市场和房地产市场，这来自对美国长期增长和盈利的良好预期。

1999～2000年，同样的周期在美国重现。尽管经常账户余额继续恶化，但股票和房地产价格上涨导致的外国资本流入、低通货膨胀率、较高的实际利率，以及对未来经济前景持续的"盲目乐观"，美元在名义上和实际意义上都升值了。随后，2001年9月11日美国发生恐怖袭击之后，泡沫破裂了。恐怖袭击及其后果导致了人们对美国长期增长和盈利能力的展望，以及政治风险水平的消极重估。更低的预期收益导致美国股市暴跌，进而加强了这种消极展望。对几家大公司治理失败的一系列揭露进一步破坏了经济体，包括夸大会计收益、内部交易，以及管理层的腐败。

对美国经济失去信心导致了外国资本大量从美国证券市场撤离。正如国际收支法和资产市场法预测的那样，美元贬值了。确实，其名义利率在2002年1月中旬到7月中旬相对欧元贬值了18%。

美国以及其他高度发达国家的经验说明了为什么一些预测者相信汇率受经济预期的影响比经常账户的影响要大。一位学者以一则趣闻总结了该观点。

> 很多经济学家否认一种观点，即汇率的短期行为是在流动的市场中决定的。汇率是在有效金融市场上交易的资产的价格。的确，汇率是两种货币的相对价格，因此它是由持有货币的意愿决定的。像其他资产价格一样，汇率是由对未来的预期而不是当前的贸易流量决定的。
>
> 与其他资产价格的比较会说明这一方法。想一下在波尔多股票交易所交易的一家酿酒厂的股价。晚春的一场霜冻导致了歉收，无论在数量上还是质量上。收获之后，酒最终卖出去了，但收入远少于前一年。最终销售当天，股价并没有受这种变动的影响。首先，低收益已经在酒厂股价中折让了几个月。其次，股价受对未来预期而不只是当前预期的影响。股价基于对未来收益的预期，股价变化的主要诱因是对这些预期的修订。
>
> 相似的推理过程可用于汇率：同期的国际资金流动对汇率影响很小，仅限于未被预测到的部分。只有关于未来经济预期的新闻会影响汇率。由于经济预期本身不稳定，而且被很多变量影响，特别是政治变量，因此汇率的短期走向并不稳定。
>
> ——布鲁诺·索尔尼克，*International Investments*, 3rd Edition, Reading, MA: Addison Wesley, 1996, p. 58. Reprinted with permission of Pearson Education, Inc.

预测汇率的资产市场法同样适用于新兴市场。然而在这种情况下，很多额外变量也影响汇率的决定。如之前所描述的，这些变量有不够流动的资本市场、较差的经济和社会基础设施、政治不稳定、公司治理、传递效应和投机。

8.2 货币市场干预

> 关于汇率，目前没有一个被普遍接受的方法来估计官方干预对汇率市场的影响程度。在任何时候，许多相关的因素都会影响汇率，而且在如此多相互依存的变量同时起作用时，没有一个量化模型能够说明干预和汇率之间有何因果关系。
>
> ——迪克·南托，《日本的货币干预：政策问题》，
> *CRS Report to Congress*，July 13，2007，CRS-7.

一国货币的价值关系到政府的经济和政治政策与目标，并且有时会超越单个国家，可能反映某种形式的集体国家利益。虽然许多国家早已摆脱了固定汇率的价值，但许多浮动汇率货币的政府和中央银行当局仍然私下或公开宣称，无论当时的货币市场是否同意，它们的货币的价值"应该"在它们的关注之下。外汇干预——对一国货币的市场价值进行主动管理、操纵或者干预，是货币估值和预测的一个不可忽视的组成部分。

8.2.1 干预动机

有一个长期存在的说法是"银行家担心的是通货膨胀，而民选官员担心的是失业。"这一原则在理解对货币市场干预的各种动机方面实际上是非常有用的。取决于一个国家的中央银行是一个独立的机构（如美国联邦储备委员会），还是其民选政府的附属机构（就像英格兰银行多年来那样），该银行的政策要么对抗通货膨胀，要么对抗缓慢的经济增长，但很少两者兼而有之。

历史上，政府追求货币价值变化的主要动机是保持该国货币的廉价，这样外国买家就会发现它的出口商品很便宜。这种长期被称为"以邻为壑"的政策导致了许多年来的竞争性贬值。然而它并没有过时。2012 年和 2013 年，许多国家的经济增长缓慢以及持续的就业问题导致一些政府（以美国和欧盟为首）努力压低其货币价值。

另外，本国货币贬值将大大降低其人民的购买力。如果由于各种原因被迫持续购买进口产品（例如因为没有国内替代品而依赖石油进口），货币贬值可能会造成高度通货膨胀——在极端情况下会使该国人民贫困（如委内瑞拉的情况）。

人们经常注意到，大多数国家希望看到汇率稳定，并避免与操纵货币价值有关的纠葛。不幸的是，这也意味着他们对当前汇率对国家间竞争力的影响感到满意。美国认为人民币被低估了，这使得中国对美国的出口过于便宜，反过来又导致美国的经常账户赤字和中国的经常账户盈余不断增加。

国际货币基金组织的基本原则之一（第 4 条）是鼓励成员方避免进行"货币操纵"以获得相对于其他成员方的竞争优势。国际货币基金组织将操纵行为定义为"对外汇市场某个方向长期大规模的干预"。看来许多国家政府经常选择无视国际货币基金组织的建议。

8.2.2 干预方法

一个独立的或集体的政府和中央银行可以通过多种方式改变其货币的价值。然而应当指出的是，一国所采用的市场干预方法在很大程度上取决于该国的经济规模、其货币的全球贸易规模以及其国内金融市场发展的深度和广度。干预方法主要包括直接干预、间接干预和资本管制。

1. 直接干预

直接干预指国内货币对外币的主动买卖。这一般要求一国央行像货币市场中的其他交易者一样行事，尽管它是个大交易者。如果目标是增加本国货币的价值，那么中央银行将利用其外汇储备购买本国货币，在其可承受的限度内耗用储备，将外汇控制在可接受的水平。

如果目标是降低本国货币的价值以对抗货币在外汇市场上的升值，中央银行将出售自己的货币以换取外币，通常是换取美元和欧元等主要硬通货。尽管出售本国货币的能力没有实际限制（理论上它可以持续不停地"印钞"），但各国央行对它们可能通过干预改变货币供应的程度持谨慎态度。

直接干预是多年来被使用的主要方法，但从20世纪70年代开始，世界货币市场的增长使得任何一个参与者，即使是一国央行，都发现自己没有足够的资源来推动市场。正如一位交易员在数年前所说："我们在银行发现自己只不过是市场海滩上的一粒沙子而已。"

解决市场规模挑战的一个办法是偶尔采取协调干预措施。在几个主要国家或某个集团（如工业化国家八国集团等）都认为某一特定货币的价值与其集体利益不符时，各国可以共同努力，干预并推动某一货币的价值朝着预期的方向发展。1985年9月的《广场协定》是十国集团成员在纽约市广场饭店签署的一项协定，这是此类协调干预协定之一。当时成员国集体得出结论，货币价值变化得太不稳定或太极端，无法进行健全的经济政策管理。当然，协调干预的难点是在各国之间达成协议。事实证明，这是使用该原则的一个主要症结所在。

2. 间接干预

间接干预是指经济或金融基本面的变化，它被认为是资本流入和流出特定货币的驱动因素。鉴于全球货币市场相对于中央银行财政资源增长得更快，所以间接干预的发展合乎逻辑。

最明显和最广泛使用的因素是利率。按照先前关于平价条件的讨论中概述的财务原则，较高的实际利率会吸引资本。举例来说，如果一国央行希望"捍卫其货币"，它可能会遵循紧缩性货币政策，这将推高实际利率。该方法使得外汇干预不再局限于使用国家持有的外汇储备。相反，它仅限于该国是否愿意为了吸引资本流入，提高对其货币的需求而承受较高的实际利率对国内带来的影响。

在一个希望其货币贬值的国家，特别是在其货币价值相对于主要贸易伙伴的货币不断升值的情况下，中央银行可以努力降低实际利率以降低资本收益率。

由于间接干预使用货币政策工具（经济政策的一个基本维度），因此它影响的幅度和程度可能远远超出货币价值。过度刺激经济活动，或持续的货币供应增长超过实际经济活动的需要，可能会引起通货膨胀。使用诸如利率这样广泛的工具来操纵货币价值需要确定当下情况的重要性，在某些情况下，它可能需要做出以牺牲国内经济政策目标为代价追求国际经济目标的选择。

3. 2014年土耳其危机

同样重要的是，干预可能而且经常是失败的。2014年土耳其的货币危机就是一个激烈的间接干预的典型例子，这一做法最终只能减缓资本外逃和货币崩溃的速度。土耳其在2012年和2013年全年都处于一定程度的货币稳定，但土耳其经济（所谓的"脆弱五国"之一，另外还有南非、印度、印度尼西亚和巴西）的经常账户赤字和通货膨胀不断增加。2013年第四季度，美联储宣布，它将放缓其债券购买（锥形计划，本质上是更严厉的货币政策），新兴市场对此越来越焦虑，资本开始退出土耳其。图8-2表明土耳其里拉的下行压力越来越大。

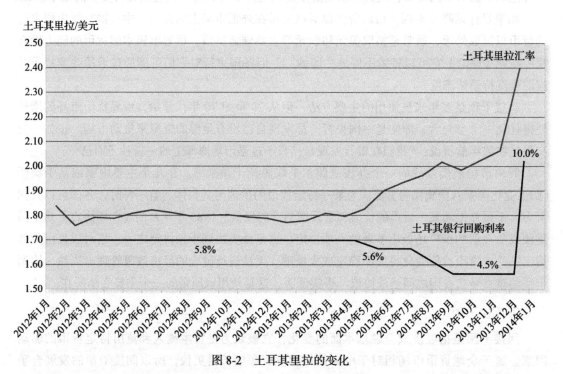

图8-2 土耳其里拉的变化

然而，土耳其当时处于国内政治纷争之中，因为土耳其总统认为央行应该通过降低利率来刺激土耳其经济。较低的利率为短期资本外逃提供了额外的激励。2014年1月初，压力加剧，导致土耳其银行回购利率一周从4.5%突然升至10.0%。尽管前几个小时里拉兑美元（和欧元）的汇率有所回升，但在几天内，里拉再次走弱。在这种情况下的间接干预不仅被证明是失败的，而且所做的努力最终可能在短期内恶化了土耳其的政治和经济不稳定。⊖

4. 资本管制

资本管制是指政府对外币准入的限制。这涉及限制本币兑换外币的能力。当准入和兑换需要被允许时，交易通常只发生在政府或中央银行的官方指定下，并且只在指定汇率下才会

⊖ 其中一个最著名的失败案例发生在1992年，当时英国试图保卫英镑的价值。英国央行为了在欧洲货币体系内捍卫英镑的价值，在6小时内3次上调关键利率，最终退出了欧洲货币体系。据说，英国遭受了"屈辱性"的失败，尽管这是一场货币战争而不是军事战争。

发生。

通常，政府将限制进入商业贸易的外汇。例如，政府只允许兑换硬通货用于购买进口品，出于投资目的——特别是在短期投资组合中，投资者需要不断进出有息账户，买卖证券或其他基金，往往受到禁止或限制。

了解货币市场干预的动机和方法，对于未来汇率的确定性分析至关重要。尽管最终往往无法确定微妙的干预能否成功，但这似乎是一个市场活动不断增长的领域，特别是对于那些试图获得更高水平的经济收入和财富的国家而言。国际金融实务8-1提供了可能形成有效干预的最佳做法的总结。

国际金融实务 8-1

有效干预的经验法则

众多货币交易员认为，有许多因素、特点和策略决定了干预的有效性。

（1）不要逆风而行。当市场正朝着一个方向大幅移动时，比如2010年秋季日元走强，局面很难扭转。在强劲的市场运动中，被称为"顺风"的干预很可能导致代价高昂的失败。外汇交易员认为，各国央行应该非常谨慎地安排干预时间，选择交易量较轻、方向接近平缓的时刻。不要逆风而行，了解它。

（2）协调时间和活动。可以好好利用不同地理位置的市场和交易中心，可能的话，还有其他中央银行的交易员或同事。如果市场认为干预活动反映的是基层的运动，而不是单个交易实体或银行的单一活动，那么市场更有可能受到影响。

（3）利用好消息。特别是在试图平息货币贬值时，拿捏干预的时机，使其与一国货币市场的积极的经济、金融或商业新闻一致。交易员经常争辩说，"市场希望庆祝好消息"，货币可能也是如此。

（4）别小气。压倒它们。交易员担心错过这一时刻，而一次大规模的、协调一致的、适时的干预可能会让他们担心自己走错方向。成功的干预在很多方面都是一场心理之战，并无决定的把握。如果干预看起来正在逐渐产生预期的效果，那么就将更多的资产投入到这场战斗中。别太小气了。

8.3 不均衡：新兴市场的汇率

尽管汇率决定的三个学派（购买力平价法、国际收支法及资产市场法）使我们能容易地理解汇率，但事实很少如此。在中长期，巨大的、流动的资本和货币市场遵从我们到现在为止提到的很多原则。然而，在更小且缺乏流动的市场中经常出现似乎违背理论的行为。问题不在于理论本身，而在于理论中所含假设的相关性。对新兴市场危机的分析阐明了很多这类矛盾。

全球经济在相对安静了数年后，20世纪90年代后半期，一系列货币危机震撼了所有新兴市场。1997年7月的亚洲金融危机、1998年8月俄罗斯卢布的崩溃和2002年阿根廷比索的下跌是新兴市场经济失败的极端案例，每一次都有其复杂的诱因。这些危机也说明了资本外逃日益严重，以及短期内货币和证券市场上的国际投机行为。我们将分析每场危机来研究其特定的诱因及结果。

8.3.1 1997年亚洲金融危机

在1998年由米尔肯研究所主办的一次会议上，一位发言者指出，世界对印度尼西亚经济问题的关注令人无法理解，因为"印度尼西亚的国内生产总值大约相当于北卡罗来纳州的规模"。然而，下一位发言人指出，他上次检查时，"北卡罗来纳州并没有2.2亿人口"。

亚洲金融危机的根源来自该地区经济的巨大变化：很多亚洲国家从净出口国向净进口国转变。从1990年的泰国开始，远东经济快速增长，进口开始大于出口，进而要求大量净资本流入来支持其货币。不论适用于制造企业，还是水利工程，抑或基础设施改进，甚至是房地产投机活动，只要资本持续流入，该地区的钉住汇率就可以维持。然而当投资资本不再流入时，危机就不可避免地发生了。

危机最明显的根源是过量资本流入泰国。在经济飞速增长、利润提高的背景环境下，泰国企业、银行以及金融公司发现美元债更便宜，因此开始在国际市场上筹资。泰国银行持续在国际范围内融资，对国内各种投资项目和企业放贷，超出了泰国经济的可支持程度。随着资本大量流入泰国市场，资金流向了各种投资项目。随着投资泡沫越来越大，一些市场参与者质疑泰国经济是否有能力来清偿债务。于是泰铢受到攻击。

1. 货币崩溃

1997年5月～6月，越来越多的谣言传遍全球外汇交易商，称泰铢疲软，一些主要投资者推测泰铢会下跌。泰国政府和中央银行直接（使用强势货币储备）以及间接地（通过提高利率试图阻止资本的持续外流）干预外汇市场。之前几年时间自由流入泰国的外国资本开始停滞。

6月底至7月初的第二轮投机性袭击超出了泰国当局的预期。1997年7月2日，泰国中央银行最终允许泰铢浮动（本例中是下跌）。几个小时内，泰铢相对美元下跌了17%，相对日元下跌了12%以上，如图8-3所示，到11月，泰铢从25泰铢/美元跌至40泰铢/美元，跌幅约为38%。

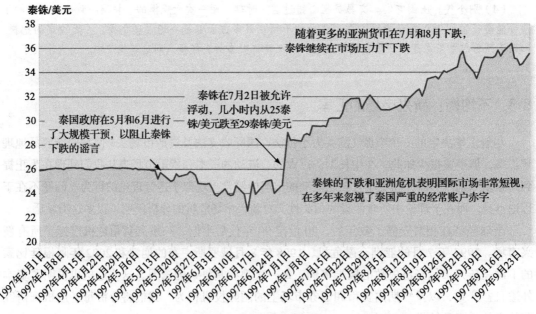

图8-3 泰铢和亚洲危机

几天内，很多毗邻泰国的亚洲国家，有的与泰国有相似的特征，有的没有，都遭到了货币交易者和资本市场的投机袭击，在亚洲这被称为龙舌兰酒效应㊀。随着7月泰铢的贬值，数月内菲律宾比索、马来西亚林吉特及印度尼西亚卢比都下跌了。

1997年10月底，中国台湾货币出人意料地出现了15%的竞争性贬值。台币的贬值似乎加剧了这场危机的势头。尽管港币幸免于难（大幅耗减了外币储备），但韩元没这么幸运。1997年11月，历史上一直稳定的韩元从900韩元/美元跌至1 100韩元/美元以上。除港元外，唯一没有贬值的货币是人民币。

2. 原因的复杂性

这场亚洲金融危机（它不仅仅是货币崩溃），除了传统的国际收支困难之外，还有许多根源。每个国家的原因是不同的，但也有一些具体的内在相似之处，因此可以进行比较。这些相似之处包括：公司社会化、公司治理和银行稳定性。

（1）公司社会化。快速增长的出口驱动型亚洲国家一直只注重稳定性。由于政府和政治在商业领域的影响，即使在失败的情况下，人们也认为政府不会允许企业倒闭、工人失业或银行倒闭。然而过去几十年没有受到挑战的做法，如终身就业，现在已不再可持续。

（2）公司治理。在远东商业环境下经营的许多公司往往是由家族或与该国执政党或国家机构有关的团体控制的。这种趋势会导致任人唯亲。任人唯亲意味着少数股东和债权人的利益最多只能排在公司治理首要目标的后面。

（3）银行稳定性。世界各地几乎无一例外地放松了对银行监管结构和市场的管制。银行在商业体系中的核心地位在很大程度上被忽视了。当亚洲各地的公司倒闭时，政府的金库被掏空，银行倒闭。没有银行，商业活动的流通就停滞了。

亚洲金融危机对全球经济产生了影响。货币危机迅速演变成地区经济衰退，经济放缓又导致了世界范围内对很多产品的需求大幅下降，尤其是商品。全球石油、金属以及农产品市场下跌。商品出口收入下降，其他新兴经济体的增长前景也下降了。

事后，国际投机者兼慈善家乔治·索罗斯和其他对冲基金进行的大规模投机成为此次危机的起因，受到了许多批评。然而，索罗斯很可能只是信使。国际金融实务8-2详细介绍了索罗斯的辩论。

国际金融实务 8-2

乔治·索罗斯是亚洲金融危机的罪魁祸首吗

对泰国来说，把自己的困境归咎于索罗斯就像谴责殡仪馆埋葬了一个自杀者一样。

——《经济学人》，August 2, 1997, p 57。

在1997年7月亚洲金融危机开始后的几周里，包括泰国和马来西亚在内的一些国家的官员指责国际金融家乔治·索罗斯造成了这场危机。特别直言不讳的是马来西亚总理马哈蒂尔·穆罕默德，他一再暗示索罗斯参与了与缅甸加入东南亚国家联盟（东盟）有关的政治议程。马哈蒂尔

㊀ 龙舌兰酒效应是用来描述1994年12月墨西哥比索危机迅速蔓延到其他拉美货币及股市的名词，它是金融恐慌的一种。

在一些公开演讲中指出，索罗斯可能是在发表政治声明，而不仅仅是在进行货币价值投机。马哈蒂尔认为，马来西亚、泰国、菲律宾和印度尼西亚的穷人将为索罗斯攻击亚洲货币付出巨大的代价。

乔治·索罗斯可能是全球历史上最著名、最成功的货币投机者。诚然，他对1992年欧洲金融危机和1993年法国法郎下跌负有责任。在1997年泰铢和马来西亚林吉特下跌后，他再次受到巨大关注。

9年后的2006年，马哈蒂尔和索罗斯第一次见面。马哈蒂尔道歉并撤回了以前的指控。在索罗斯1998年出版的书《全球资本主义的危机：开放的社会危机》（第208～209页）中，索罗斯如下解释了他在这场危机中的作用。

1997年起源于泰国的金融危机因其范围和严重性而特别令人不安……到1997年年初，索罗斯基金管理公司清楚地看到，贸易账户和资本账户之间的差异正在变得难以维持。我们在1997年年初卖空泰铢和马来西亚林吉特，期限从6个月到1年不等（也就是说，我们签订了合同，在未来日期交付我们目前没有的泰铢和马来西亚林吉特）。随后，马来西亚总理马哈蒂尔指责我造成了这场危机，这是完全没有根据的指控。危机期间或几个月前，我们并不是货币的卖方；相反，当货币开始贬值时我们是货币的买方——我们购买林吉特是为了实现我们早先的投机活动带来的利润（事实证明我们买得太快了。我们因为担心马哈蒂尔会实施资本管制所以放弃了大部分潜在收益。他确实这么做了，但是是在很久之后）。

——From *The Crisis of Global Capitalism* by George Soros, copyright©1998. Reprinted by permission of Public Affairs, a member of The Perseus Books Group.

8.3.2 1998年俄罗斯卢布危机

1998年8月的卢布危机是俄罗斯总体经济状况持续恶化的结果。1995～1998年，俄罗斯借款者（包括政府和非政府借款者）在国际资本市场上大量借款。偿还这笔债务很快就成了一个日益严重的问题，因为偿还美元债务需要赚取美元。令人惊讶的是，俄罗斯的经常账户有很健康的贸易顺差，但却没有进入内部投资和外债还本付息。当硬通货币收益快速流出时，资本外逃加速。最后，在1998年春季，甚至俄罗斯的出口收入也开始下降。俄罗斯的出口主要以大宗商品为主，自1997年亚洲危机爆发以来，全球大宗商品价格一直在下跌。

俄罗斯货币卢布在有管理的浮动汇率制度下运行。这意味着俄罗斯中央银行设定了一个交易区间，然后不断调整。理论上，汇率可以每月1.5%的速度下滑。央行每天都会自动宣布一个愿意以之买卖卢布的官方汇率，它总在官方规定的区间内。如果卢布汇率在规定区间内受到压力，央行就会以买卖卢布的方式干预市场。通常是耗用该国的外汇储备来买入卢布。

1. 八月的崩溃

1998年8月7日，俄罗斯中央银行宣布其外汇储备在7月的最后一周减少了8亿美元。基里延科总理说，俄罗斯将再发行30亿美元的外国债券，以帮助其偿还不断增加的债务，比预定发行额多10亿美元。8月10日，由于投资者担心人民币贬值，俄罗斯股市下跌超过5%，但人民币是1997～1998年唯一没有贬值的亚洲货币。世界各地的分析人士推测，国际市场正在等待俄罗斯政府是否会像当时一直向国际货币基金组织承诺的那样增加税收收入。1998年，俄罗斯平均每月税收为10亿美元，低于纽约市。

接下来的几天，一系列的新闻向全世界保证，政府已经控制了一切。政府声明，这次恐慌是心理上的，而不是财政上的。鲍里斯·叶利钦总统承诺："不会出现贬值——这是坚定且明确的。贬值意味着灾难和崩溃。相反，一切照常进行。"

事实证明，"照常"的意思是贬值。8月17日星期一，俄罗斯中央银行宣布，卢布将从6.30卢布/美元跌至9.50卢布/美元，跌幅为34%。政府随后宣布90天暂停偿还所有外债、俄罗斯银行和所有私人借款者的债务，以避免银行业崩溃。如图8-4所示，卢布持续下跌。俄罗斯中央银行为了试图解释对其卢布贬值的管理提出的批评，透露其在过去8周里花费了88亿美元来捍卫卢布的价值。8月28日，在开市10分钟后，因为卢布持续下跌，莫斯科货币交易所关闭。

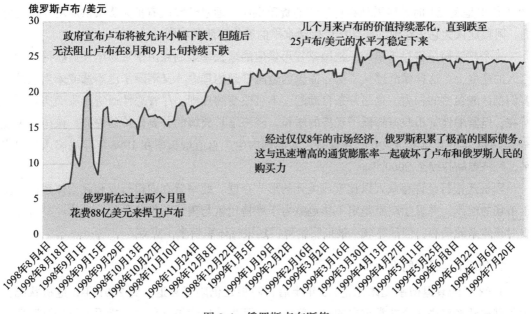

图8-4 俄罗斯卢布贬值

2. 事件后续

很难说危机何时开始或结束，但对俄罗斯人民和俄罗斯经济而言，经济状况继续恶化。更令人关切的是俄罗斯社会遭受的损失。对许多人来说，卢布的崩溃和俄罗斯失去进入国际资本市场的机会，使人们对自由市场经济的好处产生了疑问，而这种好处一直是西方民主拥护者所倡导的。

8.3.3 2002年阿根廷比索危机

现在，大多数阿根廷人都在指责腐败的政客和外国恶魔的弊病，但很少有人会向内检视，关注主流的社会观念。比如"viveza criolla"，这是一种阿根廷的文化怪癖，它会为任何狡猾的能很快逃脱惩罚的人鼓掌。这是阿根廷大规模逃税背后的一个原因：每三个阿根廷人中就有一个这样做，而且许多人喜欢吹嘘这一点。

——安东尼，《一个曾经傲慢的国家的吹嘘让它失去了货币》，
《华盛顿邮报》，2002年3月13日

阿根廷的经济起起落落历来与阿根廷比索的稳健息息相关。作为南美洲最南端的居民，

他们通常认为自己比拉丁美洲人更像欧洲人。在 20 世纪 80 年代，他们饱受恶性通货膨胀、国际债务和经济崩溃的折磨。到了 1991 年，阿根廷人民已经受够了，开始进行经济改革。他们对快速解决问题并不感兴趣，而是对持久的变化和稳定的未来感兴趣。他们差点就做到了。

1. 货币发行局

1991 年，阿根廷比索以 1∶1 的汇率钉住美元。这一政策从根本上背离了传统的确定货币汇率的方法。阿根廷当时采用了货币发行局的制度（而不仅仅是一种决心）以限制阿根廷经济体中的货币增长。在货币发行局制度下，中央银行只有在增加其持有的硬通货币储备（在本例中是美元）时才能增加银行系统的货币供应。通过消除政府扩大货币供应增长率的能力，阿根廷认为它正在消除破坏居民生活水平的通货膨胀的根源。

这个想法简单得过于单纯：把国家货币供应的增长率限制在由于贸易增长而获得美元净流入的速度上。这样做既遵从了保守谨慎的金融管理的理念，又消除了已当选或未当选的政客们批评或褒奖的权力。这是一条自动的、不可改变的规则。尽管恶性通货膨胀确实是问题所在，但紧缩性货币政策降低了经济的增长。经济增长放缓的首要代价是失业。该国的失业率于 1994 年上升至两位数并一直保持。实际国内生产总值增长率在 1998 年年底陷入衰退水平，经济萎缩持续至 2000 年。

阿根廷银行允许存款人以比索或美元的形式存钱。此举旨在向银行业和政治体系提供基于市场的纪律，并显示政府坚定不移地致力于维持比索与美元的价值平价。虽然此举旨在建立对该体系的信心，但最终该法被证明给阿根廷银行体系带来了灾难。

2. 2001 年经济危机

1998 年的衰退似乎无休无止。3 年半后，阿根廷仍陷于衰退。到 2001 年，危机状况揭示了阿根廷经济中 3 个非常重要的根本问题：①阿根廷比索被高估；②货币发行局制度取消了宏观经济政策中的货币政策选项；③阿根廷政府预算赤字情况失控。与此同时，通货膨胀尚未消除，世界市场正在密切关注。

南美洲的大部分主要经济体现在都陷入了衰退。同时随着经济活动放缓，进口额下降，目前大多数南美货币兑美元汇率都在下跌，但由于阿根廷比索仍与美元挂钩，阿根廷的出口价格越来越高。

3. 货币发行局和货币政策

许多政策制定者认为，阿根廷日益低迷的经济增长需要扩张性的经济政策，但货币发行局的基本前提是，对金融体系的货币供应不能快于经济体获得美元储备的速度。该条规则使货币政策无法用作宏观经济政策，而只能使用财政政策。

然而，政府开支并没有放缓。随着失业率的上升、贫困及社会动荡的加剧，不管是阿根廷国内中心城市布宜诺斯艾利斯，还是周围省市的政府都面临着日益增长的扩张性支出需求，以缩小经济和社会差距。政府开支持续增加，但税收没变。阿根廷进而向国际市场寻求帮助，为政府开支赤字筹资。该国的外债总额开始急剧上升。只有国际货币基金组织的一些注资在帮助减缓其外债总额飞涨。然而，到了 20 世纪 90 年代末，阿根廷外债总额翻了一番，而经济的盈利能力却没有了。

随着经济状况继续恶化，银行挤兑现象日益严重。存款人担心比索会贬值，于是排队取款，包括阿根廷比索和美元现金余额。同时比索被兑换成美元，再一次为货币危机火上浇油。政府担心日益严重的资金流失会导致银行倒闭，因此关闭了银行。消费者每周提取的金额不能超过250美元，然后他们开始使用借记卡和信用卡进行购买及进行社会中需要的日常交易。

4. 贬值

2002年1月6日星期日，在其总统任期内的第一个法案里，杜阿尔德将比索从1.00比索/美元贬值到了1.40比索/美元。但经济阵痛仍在继续。贬值后的两周，银行仍然处于关闭状态。2月3日，阿根廷政府宣布比索浮动，如图8-5所示。政府不再试图将币值固定或控制在某一特定水平，而允许市场发现并决定汇率。㊀

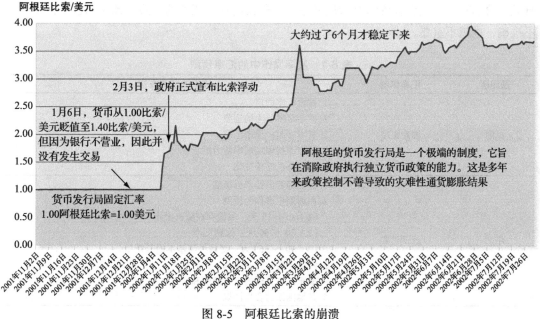

图 8-5 阿根廷比索的崩溃

马丁·费尔德斯坦曾任哈佛教授，同时也是白宫经济顾问委员会成员，他总结了阿根廷带来的刻骨铭心的教训。㊁

> 事实上，对于自身承担的风险，阿根廷人不比国际货币基金组织了解得少。他们的风险是可计算的，可能带来好的结果。然而，国际货币基金组织的人确实鼓励阿根廷实行固定汇率制和货币发行局制度。尽管国际货币基金组织和所有外国的经济学家相信浮动汇率制优于固定但可调的汇率体系（在后者中，政府时常会对货币

㊀ 不幸的是，这不是阿根廷最后一次货币危机。阿根廷在2013～2014年再次遭受资本外逃，其货币价值迅速恶化。第2章描述了由资本管制和黑市（蓝色市场）交易所突显的这场危机。

㊁ "Argentina's Fall," Martin Feldstein, *Foreign Affairs*, March/April 2002. Reprinted by permission of FOREIGN AFFAIRS, (81, 2002). Copyright 2002 by the Council of Foreign Relations, Inc. www.ForeignAffairs.com

进行官方贬值），但国际货币基金组织以及一些外国经济学家开始相信完全固定汇率（国际金融中的行话称"硬钉住"）的货币发行局体制是在长期内可行的经济政策。阿根廷的经验证明这种观点是错误的。

8.4 实际预测

市场上有很多外汇预测服务，其中许多是由银行和独立的金融机构提供的。此外，一些跨国公司自己也有预测能力。预测可以基于经济计量模型、技术分析、直觉和一定程度的胆量。

表 8-1 总结了各类预测期、汇率体制以及建议的预测方法（记住，如果作者能经常预测到汇率变动，那肯定不会写书了）。预测服务是否物有所值，既取决于预测的动机，也取决于所需的准确性。例如，一家跨国企业用长期预测进行在日本的投资活动，或者可能筹集以日元标价的资金。或者投资组合管理者考虑分散长期日元证券的风险。预测期越长，预测越不准确，也越不重要。

表 8-1 实际操作中的汇率预测

预测期	汇率体制	建议的预测方法
短期	固定汇率	1. 假设汇率固定 2. 固定汇率压力的迹象 3. 资本管制；黑市汇率 4. 政府维持固定汇率能力的指标 5. 官方外汇储备变化
短期	浮动汇率	1. 捕捉趋势的技术分析法 2. 用远期汇率作为预测 　（1）小于 30 天：假设存在随机游走 　（2）30～90 天：远期汇率 　（3）90～360 天：将趋势与基本面分析结合 3. 考虑了通货膨胀的基本面分析 4. 关于汇率目标的官方声明和协议 5. 其他国家的合作协议
长期	固定汇率	1. 基本面分析 2. BOP 管理 3. 控制国内通货膨胀的能力 4. 获取用于干预活动的硬币储备的能力 5. 贸易顺差的能力
长期	浮动汇率	1. 关注通货膨胀基本面因素和购买力平价 2. 总体经济健康指标，如经济增长和稳定性 3. 长期趋势的技术分析，新研究表明长期技术"波"的存在可能性

短期预测的目的通常是希望在三个月内对冲应收账款、应付账款或股息。在这种情况下，长期经济基本面可能没有市场上的技术因素、政府干预、新闻以及交易者和投资者的一时冲动那么重要。鉴于大多数汇率变化相对较小（尽管每日波动率可能较大），所以预测的准确度至关重要。

预测服务一般分析经济基本面用以进行长期预测，有些用同样的基本面模型进行短期预测。也有人用与分析证券相似的技术分析进行短期预测。他们试图将汇率变化与其他各种变量联系起来，不管该联系是否有经济依据。该预测能否一直有用或者使投资者盈利，取决于人们是否相信外汇市场是有效的。市场越有效，汇率越可能"随机游走"，即过去的价格行为不能揭示未来。外汇市场越无效，预测者越有可能走运，会发现至少在短期内成立的关键联系。但是，如果联系果真一致，则其他人也会很快发现该联系，市场吸收了该消息会重新变得有效。

8.4.1 技术分析

技术分析者习惯上被称为图表分析者，他们关注价格和成交量，找到预计会持续到将来的过去的趋势。技术分析最重要的因素是未来的汇率是基于当前汇率的。与股价波动相似，汇率波动可被分为3个阶段：①随机的日波动；②几天到几个月的短期波动；③长期波动，其特征是长期趋势的上下起伏。由于近年来对浮动汇率下货币变动的长期"波动"的可能性的研究的发展，长期技术分析获得了新的普及。

预测期越长，预测准确度越差。对长期汇率的预测必须基于决定汇率的经济基础变量，而企业的预测需求很多是短期或中期的，可以用理论性不太强的方法达到。时间序列法不涉及理论或诱因，只是从最近的过去预测未来。预测者自由地混用基本面分析和技术分析，想必是因为预测就像钉马掌：要靠近才行！国际金融实务8-3简短地分析了JP摩根大通——著名的货币预测者，在三年期间预测得多么"准确"。

国际金融实务 8-3

JP 摩根大通预测美元/欧元汇率

世界上有许多不同的外汇预测服务和服务提供商，其中JP摩根大通是世界上最具声望的外汇预测服务提供商之一。下图中以90天为单位，展示了摩根大通对2002～2005年美元/欧元即期汇率的预测准确性的回顾。该图显示了该期间的实际即期汇率和摩根大通对同期即期汇率的预测。

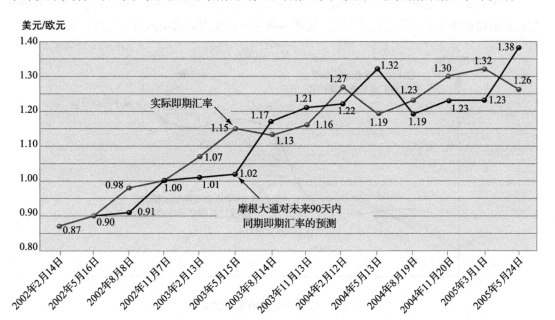

图中显示有好消息也有坏消息。好消息是，摩根大通在 2002 年 5 月和 11 月准确预测了实际的即期利率。坏消息是，在那之后它开始出错。令人有些担心的是预测出现方向错误的情况。例如，2004 年 2 月，摩根大通预测即期汇率将从目前的 1.27 美元/欧元变为 1.32 美元/欧元，但实际上，美元在接下来的三个月内大幅升值，收于 1.19 美元/欧元。事实上，这是一个巨大的差异。然后，在 11 月，摩根大通预测即期汇率将从目前的 1.30 美元/欧元变至 1.23 美元/欧元，但事实证明，实际即期汇率为 1.32 美元/欧元。我们可能从中吸取的教训是：不管预测者多么专业和有声望，也不管他们过去预测得有多准确，任何人对任何事情的预测都是有挑战性的。

注：这一分析使用了发表在《经济学人》印刷版上的汇率数据。正如《经济学人》所指出的，汇率预测的来源是摩根大通。

8.4.2 交叉汇率的预测一致性

跨国企业财务管理者必须经常预测本国货币与公司经营活动所在地货币间的汇率，不只是决定是否对冲或投资，同时也作为以本国货币编制多国经营预算的一部分。这些经营预算用来评价外国分公司管理者的业绩。单个预测行为隐含的交叉汇率的合理性可用来检验原始预测是否符合实际。

8.4.3 预测：怎么想

显然，由于有这么多的理论和方法，预测未来汇率的工作让人望而生畏。以下是我们的想法及经验。

（1）根据几十年的理论和实践经验，汇率确实遵循之前章节里提到的基本原则和理论。从长远来看，基本原则确实适用。因此，货币价值遵循一条基本均衡路径。

（2）短期内，一系列随机事件、制度摩擦及技术因素可能导致货币价值显著偏离其长期基本路径。该行为有时被称作扰动。因此，我们可以清楚地预计到偏离长期路径的现象不仅会发生，而且会有一定的规律性和持久性。

图 8-6 描绘了这种预测思想的综合。货币的长期均衡路径，尽管事后看定义相对明确，但在短期路径中并不总是显而易见的。汇率本身可能以周期或波动的形式背离长期路径。

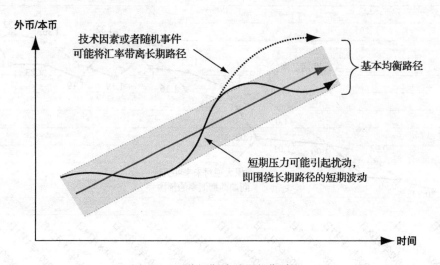

图 8-6 区分短期波动和长期路径

如果市场参与者一致认为有一般长期路径，并且持有稳定预期，则币值会定期回归长期路径。然而，至关重要的是，当币值升到长期路径之上时，大多数市场参与者认为币值被高估了，进而卖出货币，导致价格下跌。同样，当币值降到长期路径以下，市场参与者会买进货币使其价值升高。这就是稳定预期的含义所在：市场参与者不断通过买卖活动回应币值与长期路径的背离，促使币值回到长期路径。

如果出于某种原因，市场变得不稳定了，如图 8-6 中虚线表示的偏离线，汇率可能会更久地偏离长期路径。这些不稳定波动的起因，例如薄弱的基础设施（比如银行系统）以及能控制经济行为的政治、社会事件，通常是投机行为和市场无效的结果。

8.4.4 汇率动态学：理解市场波动

尽管有关汇率决定的各种理论清楚、完整，货币市场在日常交易时并没有太关注理论——它们不读这方面的书！困难在于理解哪种基本变量在何时驱动市场。

显示汇率变动的动力混乱的一个例子是所谓的"超调"现象。假设当前美元与欧元的即期汇率如图 8-7 所示，是 S_0。美联储宣布实行扩张性货币政策，降低美元利率。如果以欧元计价的利率保持不变，汇率市场基于利率差异预测的新即期汇率为 S_1。汇率的这种直接变动是典型的市场对于新闻、可观察到的经济和政治事件的反应。因此，此次美元/欧元价值的变动是基于利差的。

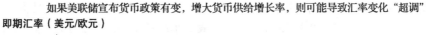
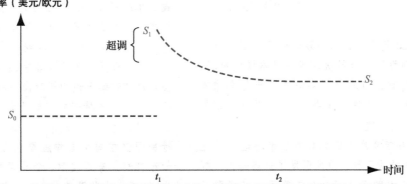

美联储在时间 t_1 宣布了扩张性货币政策，该消息立即导致美元利率降低，外汇市场立即回应低利率，美元价值从 S_0 降到 S_1。新汇率是基于利差的，但是在随后几周内，随着货币政策的基本价格开始影响经济，购买力平价开始发挥作用，市场向美元的长期价值移动，在时间 t_2 时移动至 S_2，比 S_0 走弱，但不如最开始的 S_1 弱

图 8-7　汇率动态学：超调

然而，该货币政策变化对价格的影响开始慢慢影响经济体。随着中期、长期的价格变化，购买力平价构成了市场波动的动力，即期汇率从 S_1 向 S_2 变动。尽管 S_1 和 S_2 都是市场决定的汇率，但它们反映了不同的理论依据。结果是，最初较低的美元价值 S_1 经常被称为长期均衡价值 S_2 的超调。

当然，这只是一系列事件、市场反应之一。货币市场每天每小时都会收到新消息，导致在短期内进行汇率波动预测困难重重。长期内，如图 8-7 所示，市场通常会回归汇率决定的基本路径。

本章小结

1. 解释汇率的经济决定因素的主流学派有三种：平价条件法、国际收支法，以及资产市场法。
2. 确定汇率的资产市场法表明，外国人是否愿意以货币形式持有债权，部分取决于相对实际利率，部分取决于一国的经济增长和盈利的前景。
3. 汇率危机的重演，不仅显示出货币价值对通货膨胀和经济增长等经济基础因素的敏感性，也表明许多新兴市场货币在不断扩张的全球金融网络中的脆弱程度。
4. 汇率预测是全球业务的一部分。所有业务都必须对未来形成某种期望值。实践中对汇率的短期预测往往侧重于时间序列趋势和当前的即期汇率。超过一年的长期预测需要回到对汇率基本面的分析，如国际收支、相对通货膨胀率、相对利率以及购买力平价的长期特性。
5. 在短期内，各种随机事件、制度摩擦和技术因素可能导致货币价值显著偏离其长期基本路径。从长期来看，汇率似乎遵循基本均衡路径，这与汇率确定的基本理论是一致的。

案例研究

2010年的日元干预⊖

> 必要时，我们将果断采取措施，包括干预措施，同时继续密切关注今后外汇市场的走势。
> ——日本财务大臣野田佳彦，2010年9月13日

近20年来，日本因频繁干预外汇市场而一直受到批评。贸易伙伴指责日本操纵市场，日本则辩称，日本的经济结构天生是全球性的，依靠国际竞争力维持生计，而货币稳定是日本唯一的愿望。

2010年9月，日本对外汇市场进行了近几年来的首次干预，再次引发了这场辩论。据报道，日本购买了近200亿美元，以换取日元，来阻止日元继续升值。财政部官员曾公开表示，82日元/美元可能是他们容忍日元升值的上限。

如图8-8所示，日本央行于9月13日进行了干预，当时日元汇率接近82日元/美元（日本银行在执行日本货币政策方面是独立的，但作为日本财务省的附属组织机构，它必须代表日本政府进行外汇业务）。据报告，日本官员向美国和欧盟当局报告了他们的活动，但注意到他们并没有请求批准或支持。

此次干预引发了从北京到华盛顿到伦敦的公众对"汇率干预的新时代"的强烈抗议。尽管自由市场支持者对市场干预总是不屑一顾，但人们认为，日本此举尤其令人沮丧，因为当时美国仍在向中国施压要求人民币升值。正如经济学家努里埃尔·鲁比尼所指出的那样，"我们所处的世界是一个人人都希望货币贬值的世界"，在这个市场上，所有国家都希望通过极低的利率和相应的弱势货币价值来刺激国内经济，这是"一场全球性的低谷竞争"。

具有讽刺意味的是，如图8-8所示，这

⊖ Copyright © 2011 Thunderbird School of Global Management. All rights reserved. This case was prepared by Professor Michael Moffett for the purpose of classroom discussion only, and not to indicate effective or ineffective management. This Mini-Case draws from a number of sources including "Japan's Currency Intervention: Policy Issues," Dick K. Nanto, CRS Report for Congress, July 13, 2007; IMF Country Report No. 05/273, Japan: 2005 Article IV Consultation Staff Report, August 2005; "Interventions and the Japanese Economic Recovery," Takatoshi Ito, paper presented at the University of Michigan Conference on Policy Options for Japan and the United States, October 2004; "Towards a New Era of Currency Intervention," Mansoor Mohi-Uddin, *Financial Times*, September 22, 2010; "Currency Intervention's Mixed Record of Success," Russell Hotten, BBC News, September 16, 2010.

次干预似乎基本上没有成功。当日本央行开始在日元升值的市场中购入美元时（所谓的逆风战略），它希望要么日元停止升值，要么改变即期汇率走势的方向，要么两者兼而有之。但这几种追求似乎都失败了。正如一位分析师所言，这最终是"长期问题的短期解决方案。"尽管日元连续几天大幅下跌（1美元兑更多日元），但在一周内又再次走上了升值的轨道。

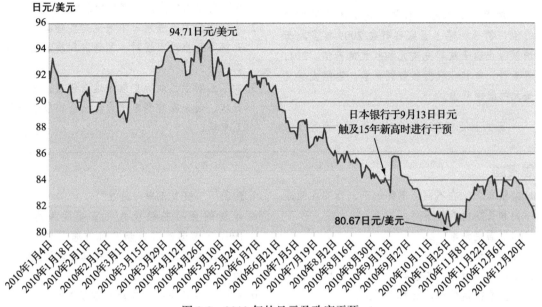

图 8-8 2010 年的日元及政府干预

如图 8-9 所示，日本的频繁干预一直是许多研究的主题。国际货币基金组织在 2005 年 8 月的一项研究中指出，1991～2005 年，日本银行干预了 340 天，美国联邦储备委员会干预了 22 天，欧洲中央银行干预了 4 天。尽管国际货币基金组织从未发现日本的干预是官方的"货币操纵"，但伊藤隆敏在 2004 年的分析中得出结论，市场汇率中平均有 1 日元/美元的变动（约占 1%）是由于日本的长期干预导致的。

图 8-9 日本的货币干预历史

目前尚不清楚日本是否会冲销这一干预,这意味着通过购买国内债券来抵消货币供应中多余的日元的影响。虽然这是历史上的趋势,但考虑到日本目前的通货紧缩因素,这可能是不必要的。

然而,日本的干预并不是试图操纵市场的唯一例子。瑞士国家银行在2009年多次干预以阻止瑞士法郎兑美元和欧元的升值。2011年1月,智利积极抛售智利比索,以阻止其兑美元的继续升值。

历史上没有通过抛售日元进行干预并立即成功地阻止了日元原有长期上涨趋势的案例。

——摩根大通外汇策略师佐佐木融

讨论题

1. 日本央行能否持续干预以试图阻止日元升值?其干预能力是否有任何限制?
2. 为什么日元走强对日本来说是件坏事?货币升值不是全球市场对一国经济和政策信心的表现吗?
3. 如果汇率干预的历史效果这么糟糕,你觉得日本、瑞士或智利等国为什么会持续干预外汇市场?

思考题

1. 期限预测。在不同汇率体制下,预测在短期内和长期内有何不同。
   (1) 固定汇率。
   (2) 浮动汇率。
2. 汇率变动动力。"超调"是什么意思?它的产生原因是什么以及怎样纠正?
3. 基本均衡。货币价值的"基本均衡路径"是什么意思?什么是"扰动"?
4. 预测的资产市场法。解释如何用资产市场法预测未来即期汇率。预测时资产市场法与BOP法有何区别?
5. 技术分析。解释如何用技术分析预测未来即期汇率。预测时技术分析法与BOP、资产市场法有何区别?
6. 预测服务。有很多汇率预测服务。泰鼎公司CFO玛利亚·冈萨雷斯(Maria Gonzalez)正考虑是否要每年支付20 000美元来购买该种服务。价格包括在线获取预测服务的汇率预测经济计量模型。当决定是否购买时,玛利亚应该考虑哪些因素?
7. 交叉汇率的预测一致性。解释跨国企业使用的"交叉汇率一致性"的含义。跨国企业如何使用"交叉汇率一致性"?
8. 薄弱的金融基础设施。基础设施薄弱是1997年泰国新兴市场危机的原因之一。给基础设施薄弱下定义,解释其如何影响一国的汇率。
9. 投机。猖獗的投机活动加重了1997～2002年的新兴市场危机。是投机者导致了危机,还是他们只是在回应市场薄弱的信号?一国政府怎样管理外汇投机?
10. 对外直接投资。对外直接投资进出新兴市场加剧了汇率的波动性。描述在过去十年中该现象的一个具体的历史实例。
11. 1997年泰国危机。1997年泰国危机的主要原因是什么?我们从中学到了什么?泰国最终采取了什么方法使经济恢复正常?
12. 1998年俄罗斯危机。1998年俄罗斯危机的主要原因是什么?我们吸取了什么教训?俄罗斯最终采取了哪些措施使其经济正常化?
13. 2001～2002年阿根廷危机。2001～2002年阿根廷危机的主要原因是什么?我们从中学到了什么?阿根廷最终采取了什么方法使经济恢复正常?

练习题

1. 特雷巴克舞曲(俄罗斯舞)。2009年1月2日,俄罗斯卢布以29.00卢布/美元的价格交易。

2010年12月11日，其价值下跌至31.45卢布/美元。其价值变化的百分比是多少？

2. 世界中心。厄瓜多尔苏克雷在整个1999年遭受了高度通货膨胀。其价值从5 000苏克雷/美元变至25 000苏克雷/美元。其价值变化的百分比是多少？

3. 雷亚尔的情形。2008年1月24日（星期四），巴西雷亚尔汇率为1.80雷亚尔/美元。其价值在2009年1月26日星期一跌至2.39雷亚尔/美元。其价值变化的百分比是多少？

4. 加元。加元相对美元的价值近年来变动很大。用下图中1980～2010年年末的加元/美元汇率估计以下时期内加元相对美元的价值变化百分比。

资料来源：PACIFIC Exchange Rates © 2010 by Prof. Werner Antweiler, University of British Columbia, Vancouver BC, Canada.

（1）1980年1月～1985年12月。
（2）1986年1月～1991年12月。
（3）1992年1月～2001年12月。
（4）2002年1月～2006年12月。
（5）2007年1月～2008年12月。
（6）2009年1月～2010年12月。

5. 从巴黎到东京。日元–欧元交叉汇率是全球贸易和商业中比较重要的货币价值之一。下页上图显示了从1999年1月欧元推出到2010年年底的交叉汇率。估计日元价值在以下3个时期的变化。
（1）1999年1月～2001年8月。
（2）2001年9月～2008年6月。
（3）2008年7月～2010年12月。

6. 里拉贬值。2001年2月，土耳其遭受严重政治和经济危机，土耳其政府将里拉正式贬值。2月21日，土耳其政府宣布里拉贬值20%。2月20日的即期汇率为68 000里拉/美元。
（1）贬值20%后的汇率是多少？
（2）里拉跌到100 000里拉/美元后，相对贬值前，汇率变化的百分比是多少？

7. 6年轮回。多年来，墨西哥因每6年举行一次总统选举和发生货币贬值而闻名于世。1976年、1982年、1988年和1994年的情况都是如此。在1994年12月20日的货币贬值中，墨西哥比索的价值正式从3.30比索/美元贬为5.50比索/美元。贬值的百分比是多少？

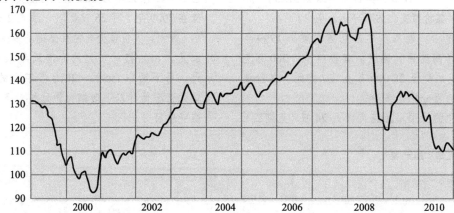

资料来源：PACIFIC Exchange Rates © 2010 by Prof. Werner Antweiler, University of British Columbia, Vancouver BC, Canada.

8. 破碎的官殿。泰国泰铢于 1997 年 7 月 2 日被泰国政府从 25 泰铢 / 美元降至 29 泰铢 / 美元。泰铢贬值的百分比是多少？

9. 预测阿根廷比索。如下图所示，2002 年 1 月初，阿根廷比索币值在几天里从固定汇率时的 1.00 比索 / 美元变到 2.00 比索 / 美元。大幅波动了一段时间后，比索币值似乎稳定在了 2.0～2.5 比索 / 美元。如果你在预测阿根廷比索的未来，你将如何利用图中的信息——比索在贬值后几周内自由浮动的价值——来预测它的未来价值？

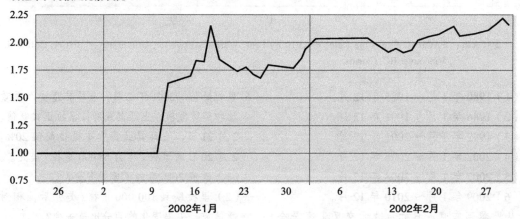

预测泛太平洋金字塔

使用 2007 年 10 月 20 日《经济学人》（印刷版）中包含的经济、金融和商业指标的表格来回答问题 10～15。

预测泛太平洋金字塔：澳大利亚、日本和美国

国家	国内生产总值				工业产品	失业率
	上季度	本季度	2007 年预测值	2008 年预测值	最近季度	最近
澳大利亚	4.3%	3.8%	4.1%	3.5%	4.6%	4.2%
日本	1.6%	−1.2%	2.0%	1.9%	4.3%	3.8%
美国	1.9%	3.8%	2.0%	2.2%	1.9%	4.7%

(续)

	消费品价格			利率	
国家	年前	最近	2007年预测值	最近3月期	最近1年期政府利率
澳大利亚	4.0%	2.1%	2.4%	6.90%	6.23%
日本	0.9%	−0.2%	0.0%	0.73%	1.65%
美国	2.1%	2.8%	2.8%	4.72%	4.54%

	贸易差额	经常账户		货币单位价值（每美元）	
国家	过去的12个月（10亿美元）	过去的12个月（10亿美元）	预测2007年（占GDP的百分比）	2017年10月	年前
澳大利亚	−13.0	−47.0	−5.7%	1.12	1.33
日本	98.1	197.5	4.6%	117	119
美国	−810.7	−793.2	−5.6%	1.00	1.00

注：除非特别强调，百分比是指一年内的百分比变化。

资料来源：Data abstracted from *The Economist*, October 20, 2007, print edition. Unless otherwise noted, percentages are percentage changes over one year. Recent Qtr = recent quarter. Values for 2007e are estimates or forecasts.

10. 当前即期汇率。以下交叉汇率的当前即期汇率是多少？
    （1）日元/美元汇率。
    （2）日元/澳元汇率。
    （3）澳元/美元汇率。
11. 购买力平价预测。假设购买力平价成立，消费价格的预期变化是预测通货膨胀的一个很好的代表，则预测下列交叉汇率。
    （1）一年内的日元/美元汇率。
    （2）一年内的日元/澳元汇率。
    （3）一年内的澳元/美元汇率。
12. 国际费雪效应预测。假设国际费雪效应适用于下一年，使用各国货币的政府债券利率预测未来的即期汇率。
    （1）一年内的日元/美元汇率。
    （2）一年内的日元/澳元汇率。
    （3）一年内的澳元/美元汇率。
13. 隐含实际利率。如果名义利率是政府债券利率，当前消费价格的变化被用作预期通货膨胀，则按货币计算隐含的实际利率（即经预期通货膨胀修正的名义利率）。
    （1）澳元实际利率。
    （2）日元实际利率。
    （3）美元实际利率。
14. 远期汇率。使用即期利率和3个月利率，计算下列组合的90天远期汇率。
    （1）日元/美元汇率。
    （2）日元/澳元汇率。
    （3）澳元/美元汇率。
15. 现实经济活动与苦难。计算一个国家的痛苦指数（失业率+通货膨胀率），然后用它来预测未来一年的即期汇率。
    （1）一年内的日元/美元汇率。
    （2）一年内的日元/澳元汇率。
    （3）一年内的澳元/美元汇率。

第三部分 PART 3

外汇交易

第9章

交易风险

> 在一个人的生命中,有两次是绝对不能进行投机的:一次是他没钱的时候,一次是他有钱的时候。
> ——"Following the Equator", *Pudd'nhead Wilson's New Calendar*,马克·吐温

学习目标
1. 区分公司面临的三种主要外汇风险。
2. 分析套期保值在防范交易风险中的优势和劣势。
3. 了解公司在规避重大交易风险时所采取的其他措施。
4. 评估外汇风险管理的制度实践和关注点。

外汇风险衡量的是一家公司的盈利能力、净现金流量和市场价值因汇率变动而变化的可能性。财务经理的一项重要任务是衡量外汇风险并进行管理,最大限度地提高公司的盈利能力、净现金流量和市场价值。本章对交易风险进行了深入讨论——这是两大类主要会计风险的第一类;接下来的章节将重点讨论折算风险,即两大主要会计风险中的第二类,以及经营风险。本章的案例研究是班伯里英派克斯(印度),是关于印度当前的风险管理问题。

9.1 外汇风险类型

外汇汇率的变动会给一家公司带来什么?公司外汇风险有两种不同的分类,一种是基于会计的外汇风险,另一种是由经济竞争力引起的外汇风险。会计风险,具体可分为交易风险和折算风险,是由以外币计价的合同和账户产生的。经济风险,也称经营风险,是由汇率决定的公司全球竞争力的变化而导致的公司价值的潜在变化。图9-1展示了三种主要的外汇风险类型:交易风险、折算风险和经营风险。

交易风险衡量的是在汇率变动前发生但在汇率变动后才结算的未偿金融债务价值的变化。因此,交易风险解决的问题是现有合同约定的负债产生的现金流的变化。

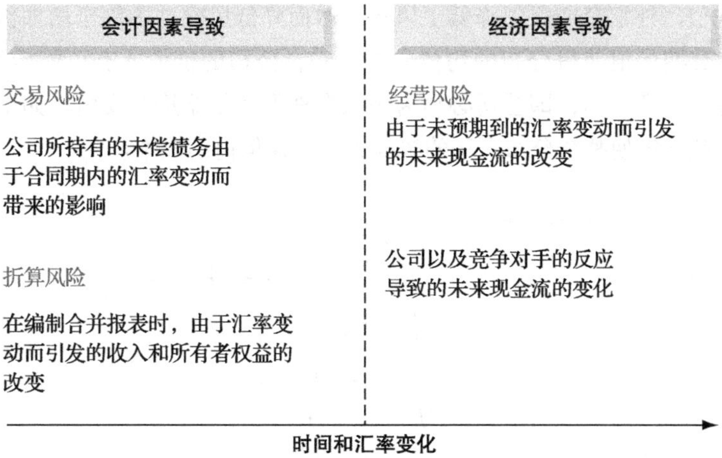

```
会计因素导致                    |    经济因素导致

交易风险                            经营风险
公司所持有的未偿债务由              由于未预期到的汇率变动而引发
于合同期内的汇率变动而              的未来现金流的改变
带来的影响

折算风险                            公司以及竞争对手的反应
在编制合并报表时，由于汇率变         导致的未来现金流的变化
动而引发的收入和所有者权益的
改变
                        时间和汇率变化 →
```

图 9-1 公司外汇风险类型

折算风险衡量的是在编制合并报表时，将外国子公司的财务报表折算为统一的报告货币时可能引发的所有者权益的改变。

经营风险又被称为经济风险、竞争性风险或者策略性风险，其衡量的是未预期到的汇率变动带来的公司未来经营性现金流的变化，从而引起公司现值的改变。这种价值改变受到汇率变动引起的公司未来销量、价格及成本变动的影响。

交易风险和经营风险都来源于未预期到的未来现金流的改变。它们的不同之处在于，交易风险涉及的未来现金流取决于已经签订的合同；而经营风险涉及的未来现金流是预期的，尚未被合同约定的，外汇汇率变动引发的国际竞争力的改变很可能引起经营风险涉及的未来现金流发生变化。

9.2 为什么要套期保值

跨国公司的大部分现金流都对汇率、利率和商品价格变化很敏感。第9～11章专门探讨个别公司价值和未来现金流对汇率的敏感度。我们首先探讨是否应该管理汇率风险的问题。

9.2.1 套期保值的定义

很多公司试图通过套期保值来规避外汇风险。所谓套期保值就是公司持有一种仓位，即无论是获取资产，还是持有一个合约，或者一种衍生品，它通过升值（或贬值）来抵消已有仓位的价值贬值（或升值）。所以，套期保值使得资产持有者免受损失，但也由此消除了由于被套期保值的资产价值上升而带来的任何盈利。现在的问题是：公司采取套期保值策略，从中得到了什么？

根据金融理论，一家公司的价值是它所有未来预期现金流的净现值。预期现金流这一事实显示出未来的不确定性。如果与这些现金流相关的货币价值随着汇率变动而变化，公司通过采取套期保值策略可以减少未来现金流价值的变动。所以，外汇风险可以被定义为未预期到的汇率变动所导致的预期现金流的变化。

图 9-2 展示了个体公司预期净现金流的分布状况。套期保值策略能够使该分布更加集

中,并靠近其均值。外汇套期保值降低了风险。然而降低风险并不等于增加价值或收益。在图 9-2 中,只有套期保值使得分布的均值向右移动,公司的价值才有可能增加。而事实上,套期保值并不是"免费"的,即公司必须为采取套期保值策略进行支付。如果要增加公司的价值,套期保值就必须使整个分布右移的幅度大于套期保值的成本。

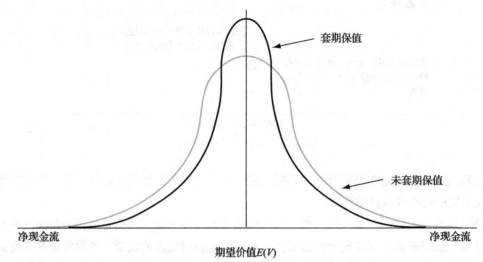

套期保值减小了预期现金流分布的方差,方差的减小意味着风险的降低

图 9-2 套期保值策略对公司预期现金流的影响

9.2.2 套期保值的优势和劣势

减小公司现金流的方差是否为外汇风险管理提供了足够的理由?

1. 优势

套期保值策略的支持者列出了如下观点。

(1)降低未来现金流的风险增强了公司对未来的规划能力。如果公司能够更精确地预测未来现金流,它就能够采取一些以前可能不会采取的特定投资或经营活动。

(2)降低未来现金流的风险也减少了公司现金流会低于某个临界值的可能性。为了保持其偿债能力和持续运营能力,公司需要保证具有足够的现金流。这一最小的现金流临界值,通常也被称为财务危机临界点,位于期望现金流分布中心偏左的位置。而套期保值则降低了公司现金流下降到这一点的可能性。

(3)相对于个体股东而言,管理层在对公司实际外汇风险的认识上具有比较优势。无论公司对公众的披露程度如何,管理层在公司所面临的实际风险和公司业务的潜在回报等方面始终具有更广阔、更深入的认识。

(4)由于结构和机制上的不完整,市场总是不均衡的,未预期到的外在冲击也是一样的(比如石油危机或者战争)。管理层能够比股东更清楚地认识到非均衡形势,从而抓住时机,采取有选择性的套期保值来维护公司价值。有选择性的套期保值是指对单个大型的风险敞口进行的套期保值,或者当公司对汇率变动有一个确定的预期时才偶尔采取的套期保值。

2. 劣势

反对外汇套期保值的观点如下。

（1）相对于公司管理层，股东们更擅长分散外汇风险。如果股东们不愿意接受特定公司的外汇风险，他们就可以通过分散投资组合，并以一种满足其自身偏好和风险承受度的方式来管理外汇风险。

（2）外汇套期保值并没有增加公司的预期现金流。相反，外汇风险管理消耗公司资源，从而减少了现金流。所以，套期保值对公司价值的影响是双重的，既减少了现金流（从而降低公司价值），又降低了方差（从而增加公司价值）。

（3）管理层经常采取套期保值策略以牺牲股东利益来维持自身收益。金融学中的委托代理理论普遍认为公司管理层相对于股东更倾向于规避风险。

（4）管理层不可能精确把握市场。如果市场处于均衡状态，套期保值的预期净现值为零。

（5）管理层想要降低变动性的需求有时是出自会计上的考虑。管理层可能会认为，相对于套期保值增加的更高的现金成本，他们往往会因为财务报表中出现的外汇损失而遭受严厉批评。外汇损失会在损益表中单独列出或者以脚注的形式出现，但是更高的套期保值成本会隐藏在经营费用或者利息费用中。

（6）有效市场理论者认为，投资者能够识别公司的"会计面纱"，这样一来他们在估计公司市值的时候就已经将外汇因素考虑在内。套期保值策略只会增加公司成本。

9.2.3 交易风险的度量

交易风险是指用外币计量的金融负债结算而产生的损益。交易风险可由以下几种情况导致：

- 赊购或赊销以外币计价的产品或服务；
- 用外币进行借贷或偿还；
- 参与未履约的外汇远期合同；
- 以其他方式取得的由外币计量的资产或负债。

最常见的产生交易风险的情况是公司持有以外汇计量的应收或应付账款。图 9-3 展示了交易风险的产生，整个交易风险包含报价风险、未结订单风险和未结账风险。

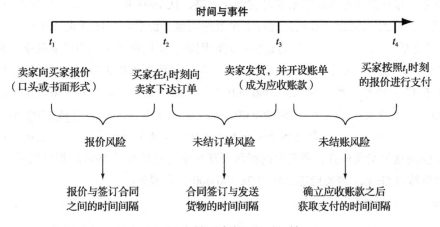

图 9-3　交易风险产生的时间轴

一开始产生交易风险是卖家对潜在买家以外币报价（t_1）。该报价可以是口头的，可以是电话报价，也可以是书面竞价或者价格清单形式。这就是报价风险。订单的下达（t_2）将报价时（t_1）的潜在风险转变为实际风险，该风险被称为未结订单风险，因为商品此时还没有发货或者没有开票。未结订单风险一直要持续到货物已经被发送且开账单之时（t_3），此时风险变为未结账风险，它要一直持续到卖家获得支付为止（t_4）。

1. 赊销或赊购

假设美国的泰鼎公司，向比利时买家赊销了共计 1 800 000 欧元的商品，60 天内进行支付。即期汇率是 1.120 0 美元/欧元，泰鼎公司预期收到 2 016 000 美元（1 800 000 欧元 × 1.120 0 美元/欧元 = 2 016 000 美元），并在公司账目中计入 2 016 000 美元销售额。会计上规定，外汇交易按交易日有效的即期汇率计算入账。

因为泰鼎公司所收到的支付款有可能不同于入账的 2 016 000 美元，交易风险由此而产生。举例来说，当支付时，如果欧元出现贬值，汇率变为 1.100 0 美元/欧元，那么泰鼎公司所得到的支付为 1 980 000 美元（1 800 000 欧元 × 1.100 0 美元/欧元 = 1 980 000 美元），比预期收入少了 180 000 美元。

交易结算：1 800 000 欧元 × 1.100 0 美元/欧元 = 1 980 000 美元
交易入账：1 800 000 欧元 × 1.120 0 美元/欧元 = 2 016 000 美元
外汇收益（损失）　　　　　　　　　　　　　　= 180 000 美元

如果欧元升值，汇率变为 1.300 0 美元/欧元，那么泰鼎公司所收到的支付款为 2 340 000 美元（1 800 000 欧元 × 1.300 0 美元/欧元 = 2 340 000 美元），比预期收入多了 180 000 美元。因此，风险敞口指由此产生的美元结算与入账销售额相比出现亏损或盈利的可能性。

通过要求比利时买家以美元支付，泰鼎公司可以避免交易风险。当然，如果泰鼎公司只接受美元支付，该交易也不大可能会发生。即使比利时买家同意用美元支付，交易风险也并没有消失，而是转移给了买方，因为它在未来 60 天内所要兑换的美元应付账款的数量是不确定的。

2. 借进和贷出

导致交易风险出现的第二种情况是在以外币进行资金借贷时。例如，1994 年，百事可乐公司在美国以外的饮料瓶供应商是墨西哥的 Gemex。1994 年 12 月中旬，Gemex 持有 2.64 亿美元债务。那时墨西哥新比索采取钉住美元策略，从 1993 年 1 月 1 日新比索发行日开始，到 1994 年 12 月 22 日结束，其间只进行了少量的调整，价格为 3.45 比索/美元。在 1994 年 12 月 22 日之后，由于墨西哥国内的经济和政治因素，新比索开始采用浮动利率，并在一天之内贬值到 4.65 比索/美元。而在其后的 1 月，汇率大致维持在 5.50 比索/美元左右。

1994 年 12 月中旬美元债务：264 000 000 美元 × 3.45 比索/美元 = 910 800 000 比索
1995 年 1 月中旬美元债务：264 000 000 美元 × 5.50 比索/美元 = 1 452 000 000 比索
以墨西哥新比索表示的美元债务增加量： 541 200 000 比索

为了偿还这笔美元债务，所需要的墨西哥新比索竟然增加了 59%！如果用美元来计量，比索贬值意味着 Gemex 需要偿还额外的 98 400 000 美元债务。

3. 未履约的外汇合约

当一家公司购买一份远期合约时，交易风险就出现了。这种风险往往用于对冲现有的交易风险。举例来说，一家美国公司可能会想要抵消在 90 天内购买 1 亿日元以支付进口的交易风险。抵消以上交易风险的一种办法就是在远期市场上购买到期日为 90 天的 1 亿日元远期合约。这样，公司就消除了日元相对于美元可能出现的任何变动。因此，远期合约的交易收益（或损失）可以抵消应付账款的潜在交易损失（或收益）。

4. 合约对冲

外汇风险可以由合约对冲、经营对冲和金融对冲来管理。其中，主要的合约对冲涉及远期、货币、期货和期权市场。经营对冲使用经营性现金流量，即来自公司经营活动的现金流，并包括风险分担协议和提前或推迟结算。金融对冲使用筹资性现金流量，即来自公司筹资活动的现金流，并且包括特定类型的债务和外汇衍生品，比如互换。经营对冲和金融对冲会在后面章节详细描述。

自然套期保值是指一笔用于冲销的经营现金流，它是日常商业行为所产生的应付账款。金融性套期保值是指一项用于冲销的债务，比如贷款，或是某种类型的金融衍生品，比如利率互换。正如金融上将现金流区分为经营现金流和金融性现金流，套期保值也能够以同样的方式进行区分。之后的例子展示了契约型套期保值如何规避交易风险。

9.3 交易风险管理：泰鼎公司案例

玛利亚·冈萨雷斯是泰鼎公司的首席财务官。她刚与一家英国公司帝豪公司达成了出售涡轮发电机的协议，该协议价值 1 000 000 英镑。这一单协议的规模对于泰鼎公司而言是非常大的。泰鼎公司目前没有外国客户，因此这单销售带来的外汇风险非常值得关注。销售在 3 月进行，在 6 月进行支付。为了分析面临的外汇风险，玛利亚收集了财务与市场信息，如图 9-4 所示。未知的交易风险就是 90 天结束时应收账款的实际美元价值。

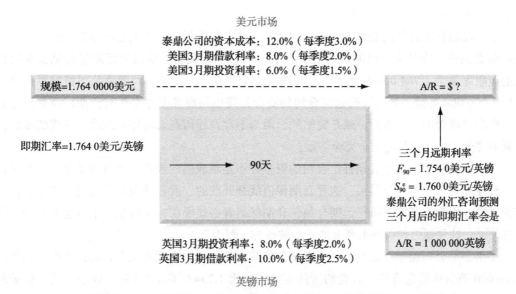

图 9-4 泰鼎公司的交易风险

泰鼎公司的利润率并不高。尽管玛利亚和泰鼎都乐于见到英镑升值，但是他们还是不愿意看到英镑贬值带来的损失。当玛利亚对这个合同进行预算时，她认为可接受的最小盈利对应的销售价为 1 700 000 美元；泰鼎公司出于财务和战略目的都想达成此次交易。可接受的最低美元对英镑的汇率，即预算率，应该确认为 1.70 美元/英镑。在这一汇率之下的任何汇率都将导致泰鼎公司不能在交易中盈利。

下面有四种选项可供泰鼎公司用于风险管理：①不采取套期保值策略；②在远期市场中进行套期保值；③在货币市场中进行套期保值；④在期权市场中进行套期保值。

9.3.1 未套期保值

玛利亚有可能选择接受此交易风险。如果她相信外汇咨询师的意见，她期望在 3 个月后收到 1 760 000 美元（1 000 000 英镑 × 1.76 美元/英镑 = 1 760 000 美元）。然而，这部分资金是存在风险的。如果英镑贬值到 1.65 美元/英镑，那么她就将获得 1 650 000 美元。但是，外汇风险并不是单边的，如果该交易未被套期保值，而英镑的表现比咨询师所预测的还要强劲，那么泰鼎公司的收入可能会多于 1 760 000 美元。未套期保值方法的原理如下。

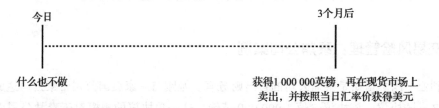

9.3.2 远期市场套期保值

一份"远期市场套期保值"包括一份远期（或期货）合约以及履行合约的资金来源。进入远期合约的时间是交易风险产生之时，在泰鼎公司的案例里是在 3 月将对帝豪公司的销售列为应收账款时。

当一项以外汇计价的销售发生时，它就从入账日期开始，以即期汇率进行记录。在泰鼎公司的案例中，交易发生时的即期汇率为 1.764 0 美元/英镑，所以公司对于这笔交易所记录的应收账款为 1 764 000 美元。履行合约的资金将在 6 月到账，即帝豪公司将向泰鼎公司支付 1 000 000 英镑。如果履行远期合约的资金是现成的而且也是在那时到期，该套期保值就被称为已覆盖的、完美的，或是完整的，因为不存在任何剩余的外汇风险。现成的或即将收到的资金与即将支付的资金完全一致。

在一些情况下，履行远期外汇合约的资金并不是现成的，或者由于收款延迟而必须于将来某日在现货市场上进行购买。这种套期保值就是开放的，或者是未加覆盖的。这里存在一定的风险，因为为了能够履行远期合约，套期保值者必须要在将来以某个不确定的即期汇率买进外汇。这种延迟购买外汇资金的行为被称为"覆盖"。

如果泰鼎公司希望在远期市场上套期保值其交易风险，它需要在今天卖出 3 个月到期的 1 000 000 英镑的远期合约，该合约所约定的汇率为 1.754 0 美元/英镑。这是一项已覆盖的交易，从此公司不会再面临任何外汇风险。3 个月后，公司将从英国买家那里收入 1 000 000 英镑，并将这笔资金移交给银行，用以履行远期合约，然后收回 1 754 000 美元。正是由于远期市场的报价与公司的 3 月期预测不同，这样一来，泰鼎公司的利润表上将记录一笔 10 000 美元的外汇损失（记账 1 764 000 美元，到账 1 754 000 美元）。

远期市场套期保值的原理如下所示。

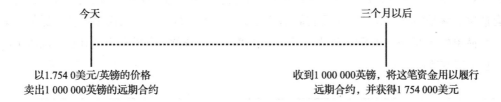

如果玛利亚对未来汇率的预测与远期汇率的报价相同，即 1.754 0 美元／英镑，那么无论公司采取套期保值与否，它所实现的收入都是一样的。然而，当交易被套期保值后，其确定性的收入会不同于没有采取套期保值情况下的未确定性收入。永远不要低估结果的可预测性价值（以及 90 天的安稳睡眠）。

9.3.3 货币市场套期保值

与远期市场套期保值一样，货币市场套期保值也包括一份合约和履行该合约的资金来源。在这里合约是一份贷款协议。寻求货币市场套期保值的公司借入一种货币，并将收入换成另外一种货币。用于履行合约的资金，即用于偿还贷款的钱，能够从公司运营中产生，即应收账款。

一项货币市场套期保值可以覆盖单份交易，如泰鼎公司的 1 000 000 英镑的应收账款，也可以覆盖重复交易。对重复交易进行套期保值被称为匹配。它要求公司将预期的外汇现金流入与流出按照货币类型和到期日进行匹配。举例而言，如果在相当长一段时间内，泰鼎公司有多笔针对英国买家并以英镑计价的销售，那么它就有可预测的英镑现金流入。货币市场套期保值策略就要求公司借入英镑，其金额和到期日都与预期英镑现金流入相匹配。如果英镑贬值或者升值，英镑现金流入的外汇效应就可以大致被公司偿还贷款的英镑本息流出所抵消。

货币市场套期保值的结构有点类似于远期市场套期保值的结构。两者的差别在于货币市场套期保值的成本是由利率差决定的，而远期市场套期保值的成本是由远期汇率报价的形成决定的。一家私有公司在不同国家市场中所面临的利率差别不同于这些市场之间的无风险国债利率差或欧洲货币利率差。在有效市场中，利率平价能够保证两者成本相同，但并不是所有的市场在任何时候都是有效率的。

为了在货币市场中进行套期保值，玛利亚需要立即在伦敦借入英镑，将其转换为美元，再在 3 个月后用销售所得收入偿还这笔英镑贷款。她借入的金额只需保证还款时本息支付的数额等于销售收入即可。年借款利率为 10%，则 3 个月期借款利率为 2.5%，那么现在所应借款为

$$\frac{1\,000\,000 \text{英镑}}{1 + 2.5\%} = 975\,610 \text{英镑}$$

玛利亚现在应该借入 975 610 英镑，在 3 个月后用销售所得偿还本息，其中利息为

24 390 英镑。泰鼎公司应该在借入英镑后及时将其按照 1.764 0 美元 / 英镑的汇率转换为美元，并收入 1 720 976 美元。

如果泰鼎公司选择在货币市场进行套期保值，它实际上就是创造了一项以英镑标价的负债，或者一项以英镑标价的贷款，用这项贷款来抵消以英镑标价的应收账款。那么，货币市场套期保值就是将资产和负债按照它们标价货币的类型进行匹配，从而进行套期保值。如果用一张简单的 T 型账户来显示泰鼎的资产负债表，英镑贷款（应付本金额利息）抵消了以英镑标价的应收账款。

资产		负债与所有者权益	
应收账款	1 000 000 英镑	银行贷款（本金）	975 610 英镑
		应付利息	24 390 英镑
	1 000 000 英镑		1 000 000 英镑

贷款作为资产负债表的套期保值，抵消了以英镑标价的应收账款。

为了比较远期套期保值和货币市场套期保值，我们需要分析泰鼎公司将会如何在未来 3 个月中使用贷款。需要注意的是，贷款是现在流入，而远期合约的收入是 3 个月后流入。为了方便比较，我们需要计算贷款流入的未来值和远期合约流入的现值。由于 3 个月后的美元价值不确定，因此在这里我们采用未来值。

因为远期合约收入和贷款收入都是相对确定的，所以我们可以从中选取能够带来更多美元的那种收入。这样一来，这种选择结果就取决于对贷款收入的投资或使用收益率。

对贷款收入进行投资的假设利率至少有三种比较符合逻辑的选择。第一，如果泰鼎公司的现金流充足，那么贷款收入可以投资于美国美元货币市场工具，年收益率大致为 6%。第二，玛利亚可以用英镑贷款的收入偿还泰鼎公司另一笔具有相同金额的美元贷款，贷款利率假设为每年 8%。第三，玛利亚可以将贷款收入投入到公司运营中，12% 的资本成本率比较合适。财务领域一般根据资本的持续时间计算资本成本，因此我们这里使用 12% 的加权平均资本成本（即每季度 3%）来计算货币市场套期保值下的收入未来值

$$1\ 720\ 976\ 美元 \times 1.03 = 1\ 772\ 605\ 美元$$

这里存在一种保本利率，使得泰鼎公司在选择远期套期保值和货币市场套期保值时没有任何偏好。假设 r 是未知的 3 月期投资利率，以小数表示，它使得远期套期保值的收入等于货币市场套期保值的收入。因此

$$贷款收入 \times (1+r) = 远期收入$$
$$1\ 720\ 976\ 美元 \times (1+r) = 1\ 754\ 000\ 美元$$
$$r = 0.019\ 2$$

我们将该 3 个月期（90 天）利率转换为相对应的年度利率（假设为 360 天），即

$$0.0192 \times \frac{360}{90} \times 100\% = 7.68\%$$

也就是说，如果贷款投资年收益率能够高于 7.68%，玛利亚将偏好货币市场套期保值。如果年投资收益率低于 7.68%，她将偏好远期套期保值。

整个货币市场套期保值的过程如下所示

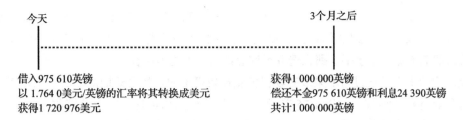

货币市场套期保值的贷款收入是现成的,也就是在初始阶段,该收入可以被换算为未来值与其他套期保值策略相比较。

9.3.4 期权市场套期保值

玛利亚也可以通过购买一份看跌期权来覆盖1 000 000英镑的风险。这项操作使她在英镑升值实现盈利的同时又锁定了英镑的贬值风险。玛利亚可以从银行购买一份3个月到期1 000 000英镑的平值看跌期权(ATM),执行价为1.75美元/英镑,期权费为1.50%。该期权成本是

$$期权规模 \times 期权费 \times 即期汇率 = 期权成本$$
$$1\,000\,000\ 英镑 \times 1.5\% \times 1.764\,0\ 美元/英镑 = 26\,460\ 美元$$

因为我们在比较不同套期保值方法时使用的是未来值,所以很有必要计算期权费用3个月后的未来值。在这里我们使用年度12%或是每季度3%的资本成本。因此期权费用在6月的未来值是 26 460 美元 × 1.03 = 27 254 美元,相当于每英镑 0.027 3 美元。

当6月收回1 000 000英镑时,其美元价值取决于那时的即期汇率。汇率上升时的盈利空间是没有上限的,这与无套期保值时的情况一致。只要汇率高于1.75美元/英镑,泰鼎公司就将不会行使期权,并按即期汇率将英镑兑换为美元。如果汇率为1.76美元/英镑,那么泰鼎公司会在现货市场上将1 000 000英镑兑换为1 760 000美元。净收益为1 760 000美元减去期权费用27 254美元,即1 732 746美元。

与未套期保值策略不同的是,汇率贬值的风险在期权套期保值中得到了很好的控制。如果英镑贬值到1.75美元/英镑以下,玛利亚就将行使期权(看跌期权),即以1.75美元/英镑的价格卖出1 000 000英镑,收入1 750 000美元,实现净收益1 722 746美元(减去期权费用后)。虽然这一结果要低于英镑贬值时采取远期或货币市场套期保值所带来的结果,但期权套期保值的潜在盈利没有被限制。所以,期权套期保值和远期或货币市场套期保值哪个更好,取决于管理层的风险厌恶程度。

平值看跌期权套期保值的原理如下。

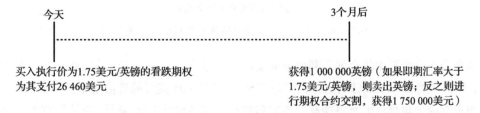

我们可以计算出英镑的交易价格的范围,它定义了期权套期保值的保本价,并可与其他套期保值策略进行比较。该范围的上限是通过与远期汇率相比较得出的。为了覆盖0.027 3美元/英镑的期权费用,英镑必须要升值到1.754 0美元/英镑的远期汇率之上。因

此，英镑的保本即期汇率上限为 1.754 0 美元 + 0.027 3 美元 = 1.781 3 美元。如果英镑即期汇率上升到 1.781 3 美元 / 英镑以上，则期权套期保值收入将会大于远期套期保值收入。如果英镑即期汇率低于该水平，那么选取远期套期保值则更为明智。

该范围的下限是通过与不采取套期保值相比较得出的。如果即期汇率低于 1.75 美元 / 英镑，玛利亚将行使期权，并以 1.75 美元 / 英镑的价格卖出英镑。则每英镑收入为 1.75 减去 0.027 3 美元的期权费用，即 1.722 7 美元 / 英镑。如果即期汇率低于 1.722 7 美元 / 英镑，则行使期权所带来的净收入将大于不采取套期保值策略而在现货市场中卖出英镑的收入。如果即期汇率高于 1.722 1 美元 / 英镑，不采取套期保值策略带来的收益会更大。

外币期权有多种对冲用途。对于建筑公司或其他出口商来说，看跌期权是有用的。因为当它们必须以外币提交固定价格的投标时，后面才知道其投标是否成功。同样，如果可能需要潜在的未来外汇支付，则看涨期权对于对外国公司的出价进行对冲是有用的。无论哪种情况，如果投标被拒绝，损失仅限于期权的成本。

9.3.5 不同策略的比较

图 9-5 展示了泰鼎公司 1 000 000 英镑的应收账款在不同到期即期汇率水平下的价值和套期保值策略。图中给出了在可能的汇率变动下公司对套期保值的选择。

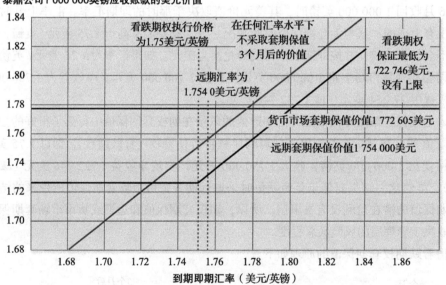

图 9-5 泰鼎公司不同套期保值策略选择的现金流价值

如果公司认为汇率将会朝不利的方向变动——移动至 1.76 美元 / 英镑的左边，那么货币市场套期保值将是一个最佳的选择，保证了至少 1 772 605 美元的价值水平。

如果泰鼎公司预计汇率将朝有利的方向移动，即移动至 1.76 美元 / 英镑的右边，套期保值的选择将会更加复杂。公司在未套期保值、货币市场套期保值和看跌期权之间选择。

不进行套期保值是最不可接受的选择。如果玛丽亚对未来即期汇率的预期被证明是错误的，并且即期汇率跌至 1.70 美元 / 英镑以下，就不会达到她的预期。看跌期权提供了一个独特的选择。如果汇率变动有利于泰鼎公司，那么除了前期成本外，看跌期权与不进行套期保值提供同样的上涨潜力；如果汇率变动不利于泰鼎公司，那么看跌期权将下行风险控制在 1 722 746 美元。

9.3.6 策略选择与相应结果

与所用试图对交易风险进行套期保值的公司一样，泰鼎公司必须在汇率发生变动之前决定采取哪项策略。玛利亚将如何进行选择呢？她的选择必须基于两个原则：①泰鼎公司战略中所表露出来的对风险的容忍程度；②她对汇率未来 90 天内变动方向（和程度）的预期。

泰鼎公司的风险容忍度是管理层对交易风险的认识和资金交易行为特定目标的结合。很多公司认为，外汇风险仅仅是商业国际化的一部分，所以它们的分析都是建立在无套期保值策略的基础上的。然而，其他一些公司却认为外汇风险是不可接受的，这样它们的分析就建立在完全远期合约覆盖的基础上，或者要求远期合约完全覆盖所有的交易风险，无论其他套期保值策略的价值如何。这些公司的财务部门往往作为整个公司的成本或服务中心来运行。另外，如果一家公司的财务部门是以盈利为中心运行的，它就可以容忍更多的风险。

如果玛利亚预测英镑会升值，那么对诸多套期保值策略的最终选择将取决于公司的风险容忍度、预期，以及对其预期的信心。对契约型套期保值的交易风险管理需要做出管理上的判断。

9.3.7 对应付账款的管理

对于应付账款的管理，公司需要在未来某时支付一笔外汇，这与应收账款的管理具有相似之处，但并非完全相同。如果泰鼎公司有一笔在未来 90 天内到期的 1 000 000 英镑应付账款，其面临的套期保值策略如下。

（1）不采取套期保值。泰鼎公司可以在 90 天之后将美元兑换为英镑进行支付。如果泰鼎公司预期 90 天后的即期汇率为 1.760 0 美元/英镑，则这笔支付预期花费 1 760 000 美元。然而，这笔支付是不确定的，因为 90 天后的即期汇率可能会与预期值相去甚远。

（2）采取远期市场套期保值。泰鼎公司可以买进 1 000 000 英镑的远期合约，锁定汇率为 1.754 0 美元/英镑，美元成本为 1 754 000 美元。这比不采取套期保值的预期成本要低 6 000 美元，因此，此策略明显优于第一种选择。

（3）采取货币市场套期保值。应付账款和应收账款的货币市场套期保值是全然不同的。在这个案例中如果采取货币市场套期保值，泰鼎公司会以即期汇率兑换美元，并将所换英镑投资于以英镑标记的计息账户，到期时间为 90 天。到期后，再用英镑投资所得本息偿还 1 000 000 英镑的应付账款。

为了确保 90 天后本息之和刚好是 1 000 000 英镑，泰鼎公司按 8% 的年贴现率（或者 2% 的季度贴现率）将这 1 000 000 英镑进行贴现，从而确定现在所需的英镑数量

$$\frac{1\,000\,000 \text{英镑}}{1+\left(8\% \times \frac{90}{360}\right)} = 980\,392.16 \text{英镑}$$

在即期汇率为 1.764 0 美元/英镑的水平上，兑换这笔 980 392.16 英镑所需要支付的美元为 1 729 411.77 美元。

$$980\,392.16 \text{英镑} \times 1.764\,0 \text{美元/英镑} = 1\,729\,411.77 \text{美元}$$

最后，为了将货币市场套期保值与其他套期保值策略进行比较，这笔 1 729 411.77 美元的成本必须换算为 90 天之后的未来值，这样才与其他策略成本支付时间相一致。如果现在这笔美元成本所采取的利率是泰鼎公司的平均资本成本，即 12%，那么货币市场套期保值的成本是 1 781 294.12 美元。

$$1\ 729\ 411.77\text{美元} \times \left[1 + \left(12\% \times \frac{90}{360}\right)\right] = 1\ 781\ 294.12\text{美元}$$

这要比远期市场套期保值的成本高，因此并不具有吸引力。

（4）期权套期保值。泰鼎公司可以购买一份 1 000 000 英镑的看涨期权来覆盖其同等金额的应付账款。一份 6 月到期、以英镑为标的、执行价为 1.75 美元/英镑的到价看涨期权费用为 1.5%，或

$$1\ 000\ 000\text{ 英镑} \times 1.5\% \times 1.764\ 0\text{ 美元/英镑} = 26\ 460\text{ 美元}$$

这笔期权费用，无论期权最终行使与否，都会在期初支付。按 12% 的利率计算 90 天后的未来值，可得到其期末总成本为 27 254 美元。

如果 90 天后的即期汇率低于 1.75 美元/英镑，公司将放弃行使期权，而在现货市场上购买 1 000 000 英镑。在理论上，如果期权未被行使，看涨期权套期保值的总成本会略低于其他套期保值策略，除了不采取套期保值策略，这是由于其期权费用早已支付。如果 90 天后即期汇率超过了 1.75 美元/英镑，期权将被行使，而看涨期权套期保值策略的总成本如下。

行使看涨期权（1 000 000 英镑 × 1.75 美元/英镑）	1 750 000 美元
看涨期权费用（90 天后未来值）	27 254 美元
看涨期权套期保值总成本最大值	1 777 254 美元

（5）应付账款套期保值策略选择。图 9-6 展示了泰鼎公司管理 1 000 000 英镑应付账款所采取的四种套期保值策略。其中，远期套期保值和货币市场套期保值的成本是确定的。看涨期权套期保值的成本以最大值计算，而不采取套期保值策略的成本是高度不确定的。

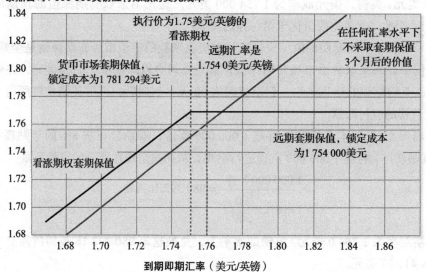

图 9-6 针对一项应付账款的不同套期保值策略的价值

与泰鼎公司的应收账款情形一样,其最终选择的套期保值策略与玛利亚对汇率预期的信心和其风险容忍度有关。远期套期保值提供了支付应付账款的最小确定性成本。如果美元相对英镑升值,汇率最终低于 1.75 美元/英镑,看涨期权无疑是成本最低的套期保值策略。然而,如果给定预期即期汇率为 1.76 美元/英镑,远期套期保值策略才是最佳选择。

9.4 风险控制实务

控制风险的方法如此之多,几乎与全球公司的数量差不多。近年来,一份对美国、英国、芬兰、澳大利亚和德国公司的风险控制调查显示,没有一种风险控制的方法可以称得上是最佳的。下面我们尝试总结这些调查所得到的基本结果,并将其与我们在业界的个人经历结合起来。正如国际金融实务 9-1 中说明的,风险控制有很多不同的方法。

国际金融实务 9-1

套期保值与德国汽车工业

德国领先的汽车制造商长期以来一直是世界上最大的货币套期保值倡导者之一。宝马、奔驰、保时捷和保时捷的母公司大众汽车等公司基于它们的结构性风险,积极地对外汇收益进行套期保值:虽然它们在欧元区制造,但它们的销售越来越依赖美元、日元或其他外国货币(非欧元)市场。

然而,各个公司套期保值的情况大相径庭。一些公司,例如宝马,明确表示它是"为了保护收益而进行套期保值",而不是投机。另一些公司,例如之前的保时捷和大众汽车,有时从套期保值中获得的收入占比超过 40%。

以赚钱为目的而进行套期保值给全球的监管机构、审计师和投资者带来了难题。如何定义套期保值,以及套期保值是否只是"成本"而不是"利润",推迟了 2008 年后金融危机时期美国和欧洲许多监管工作的实施。如果一家上市公司(例如汽车制造商)能够始终如一地从对冲中获取利润,那么它的核心竞争力是汽车制造和装配,还是对汇率变动进行套期保值或投机?

9.4.1 什么样的目标

对于绝大多数公司而言,财务部门直接负责管理交易风险,往往被视为成本中心。通常并不指望它能够给公司增加收益(与不指望它能够为公司增加价值这种说法还是有所差别的)。外汇风险管理者在管理资金的过程中出现保守性的失误是可以被容忍的。

9.4.2 什么样的风险

在以外币来计价应收和应付账款时,交易风险就已经存在了。然而,很多公司并不允许把针对报价和未结订单风险进行套期保值这一做法视为一项政策。其中的理由很明显:在对交易入账之前,风险发生的可能性都小于 100%。保守的套期保值政策要求:只有当风险实际存在时,才能够采取契约型套期保值策略。

然而,越来越多的公司并不只是积极地对未结订单风险进行套期保值,它们还开始有选择地对报价和预期风险进行套期保值。虽然目前当事方之间并没有签订任何合约或协定,但基于历史趋势和持续的商业关系，这些合约是可以被预期到的，其中就存在预期风险。虽然从表面上来看，对预期风险进行套期保值未免显得过于投机，但是对预期到的未来外汇应收或应付账款进行套期保值无疑是最保守的一种做法，它保护了公司未来的运营收入，使其免受未预期到的利率变动的影响。

9.4.3 什么样的契约型套期保值

正如所预期的，交易风险的管理模式一般都分布在一条期权线的两侧，即使用期权和不使用期权。那些不使用期权的公司几乎全部依赖于远期和货币市场套期保值。国际金融实务9-2说明了市场条件如何改变公司的套期保值策略选择。

国际金融实务 9-2

2009 年信贷危机和选择波动

2008 年年末和 2009 年年初，全球信贷危机对企业外汇套期保值产生了一系列影响。货币波动率上升到几年来的最高水平，并一直居高不下。这导致期权费用大幅上涨，以致许多公司在其风险管理计划中使用货币期权时更具选择性。

美元兑欧元的波动是一个很好的例子。2007 年 7 月，交易最广泛的货币交叉点的到期期限从 1 周到 3 年的隐含波动率低于 7%。截至 2008 年 10 月 31 日，1 个月的隐含波动率已达 29%。虽然这看起来是高峰期，但 2009 年 1 月 30 日的 1 个月隐含波动率仍超过 20%。

这使得期权费非常高。例如，2009 年 1 月底，欧元兑美元 1 个月看涨期权的期权费从 0.009 6 美元/英镑上涨至 0.028 6 美元/英镑，波动率为 20%，而不是 7%。对于 100 万英镑的名义本金而言，价格从 9 580 美元上涨到 28 640 美元。这会使财务部门的预算出现漏洞。

很多跨国公司建立了一套相当严格的交易风险管理措施，这套措施要求采取有比例的套期保值策略。它要求利用远期合约覆盖现有交易风险的一定比例（比如 50%、60%、70%）。随着风险到期日的延长，公司所要求的远期合约覆盖率随之下降。而剩余的部分风险根据公司的风险容忍度，以及对汇率的预期变动和信心程度而进行有选择的套期保值。虽然很多公司不愿意承认，但这种有选择的套期保值模式其实是一种基于外汇市场的高度投机。一个很重要的问题仍然存在，一家公司或一位财务主管是否能够持续性地预测未来汇率的变动方向。

本章小结

1. 跨国公司面临三种类型的外汇风险：交易风险、折算风险、经营风险。

2. 交易风险衡量的是在清算以外币标记的金融性负债时的损益。

3. 折算风险衡量的是，在编制合并报表时，将外国子公司的财务报表折算为统一的报告货币时可能引发的所有者权益的改变。

4. 经营风险，又被称为经济风险，衡量的是未预期到的汇率变动带来的公司未来经营性现金流期望值变化从而引起的公司现值的改变。

5. 关于公司是否应该对外汇风险进行套期保值的理论辩论仍在继续。理论上，套期保值降低了公司现金流入的波动性。它并没有增加公司的现金流。事实上，套期保值的成本会减少公司的现金流。
6. 交易风险可以通过采取契约型套期保值来控制，包括远期、期货、货币市场工具和期权。
7. 对套期保值工具的选择取决于公司对外汇风险的容忍度和对交易风险存在期内汇率变动的预期。
8. 总体上，如果汇率预期会朝对公司有利的方向移动，比较合适的套期保值是那些既具有上涨的潜力同时可保护公司免受重大不利汇率变动影响的种类。
9. 总体上，如果汇率预期会朝对公司不利的方向移动，比较合适的套期保值是那些锁定汇率的种类，比如远期合约套期保值和货币市场套期保值。
10. 风险管理实务要求公司财务部门认清目标，即它应该是成本中心还是利润中心？
11. 财务部门必须合理选取契约型套期保值的种类，并判断需要进行套期保值的外汇风险比例。此外，财务部门还需要决定公司是否应该买卖外汇期权，这在历史上一直是一项很具有风险的策略。

案例研究

班伯里英派克斯（印度）[○]

2010年11月即将结束，一家名为班伯里英派克斯私人有限公司（以下简称班伯里）的印度纺织公司的首席执行官艾德希·拉普拉坐在独立办公室思考公司财务报表。看起来2010年将会以销售额的小幅增长和利润的小幅下滑而结束。虽然班伯里的利润是正的，但达到1.5%的销售收益率还是远远不够。现在有两个问题：与土耳其公司进行短期的销售预期谈判，并增加整体盈利能力，这是一个更大的长期问题。

拉普拉认为，整体盈利能力（或者缺乏）是两个价格力量的结果。首先是棉花价格的快速上涨。纺织行业的一个主要成本驱动因素是，2010年棉花价格大幅上涨。第二个问题显然是印度卢比兑美元升值。班伯里的销售全部以美元计价开发票，而美元正在下跌。

班伯里纺织

班伯里成立于1997年，是一家生产和出口服装面料的家族企业。如表9-1所示，该公司预计2010年销售额接近24.28千万卢比（印度数字系统中一个单位是1 000万）或540万美元。销售额持平，营业收入下降，其实前景黯淡。

表9-1 班伯里的销售额和收入

	2006	2007	2008	2009	2010 预测	2011 预测
销售额（美元）	5 000 000	5 100 000	5 202 000	5 306 040	5 412 161	5 520 404
平均汇率（卢比/美元）	44.644 3	41.754 8	43.697 6	46.899 7	44.862 4	45.250 0
销售额（卢比）	223 221 500	212 949 480	227 314 915	248 851 684	242 802 523	249 798 282
已售产品成本（卢比）	151 790 620	144 805 646	159 120 441	216 500 965	235 518 447	242 304 333
棉花成本	57 680 436	55 026 146	60 465 767	84 435 376	124 824 777	128 421 297
直接人工	19 732 781	28 961 129	38 188 906	47 630 212	49 458 874	48 460 867
编织费用	44 019 280	40 545 581	31 824 088	47 630 212	32 972 583	33 922 607
可变费用	30 358 124	20 272 790	28 641 679	36 805 164	28 262 214	31 499 563

[○] Copyright © 2010 Thunderbird, School of Global Management. All rights reserved. This case was prepared by Kyle Mineo, MBA '10; Saurabh Goyal, MBA '10; and Tim Erion, MBA '10, under the direction of Professor Michael Moffett for the purpose of classroom discussion only, and not to indicate either effective or ineffective management.

（续）

	2006	2007	2008	2009	2010 预测	2011 预测
营业收入	71 430 880	68 143 834	68 194 475	32 350 719	7 284 076	7 493 948
净收入	11 161 075	10 647 474	11 365 746	7 465 551	3 642 038	3 746 974
销售收益（占销售额的百分比）	5.0%	5.0%	5.0%	3.0%	1.5%	1.5%
成本占比（占销售额的百分比）	68%	68%	70%	87%	97%	97%
棉花成本占比（占已售产品成本的百分比）	38%	38%	38%	39%	53%	53%
直接人工成本占比（占已售产品成本的百分比）	13%	20%	24%	22%	21%	20%

班伯里的销售几乎全部出口，主要销往中东（50%）、南美（30%）和欧洲（10%）。班伯里的产品包括一系列由黏胶、棉和羊毛制成的混纺织物。该公司在印度经营了两家编织工厂。

该公司在过去五年的销售增长缓慢，平均每年为2.5%。然而，管理层对在竞争激烈的商业环境中2006年和2007年的利润率为5%感到满意。现金流量保持相对可预测，拉普拉通过使用远期合约管理外汇风险。由于国际棉花价格以美元计价，因此选择对所有国际销售开具美元发票有助于其进一步稳定原材料成本。所有事情都考虑到了，班伯里2011年的盈利预测看起来惨不忍睹。

印度纺织工业

印度纺织业在过去几年一直对印度的GDP贡献很大。2005年取消配额制后，政府希望到2012年纺织品出口达到500亿美元，但到2010年，它们的销售额仅达到220亿美元。

这个行业既是资本密集型的，又是劳动密集型的，还受到严格的管制。公司在竞争激烈的市场利润较小，2008～2009年的全球经济衰退进一步打击了印度的工业。印度纺织工业面临诸多挑战，包括原材料和劳动力成本上涨，来自中国和其他亚洲国家的竞争以及卢布升值。

（1）原材料和人工成本上涨。纺织品中使用的主要原料是棉花和其他天然多基的纱线。季风不稳定，加上近年来棉花出口增加，导致棉花价格大幅上涨。在过去的12个月中，棉花价格涨幅超过75%。各种政府计划和限制也导致了纺织工业中熟练劳动力日益稀缺。

（2）来自中国和其他亚洲国家的竞争。印度和中国占全球纺织品生产的大部分。由于低廉的劳动力成本、强有力的政府支持和基础设施，中国在与巴西、俄罗斯、印度的竞争中一直保持领先。因此，中国纺织品在全球市场的定价更具竞争力，并阻止印度公司推动价格上涨。印度公司目前正在遭受利润下降，丧失向其他国家输出的订单。印度的大部分低价值市场已经转移到孟加拉国，因为其成本比印度低50%。

（3）卢比升值。近年来，卢比兑美元汇率变得越来越不稳定，在过去两年中汇率升值近20%。这种升值使孟加拉国和越南等国在全球战线上更具竞争力。11月初，卢比已经升值到了44卢比/美元，达到三年多来最强。现在徘徊在45卢比/美元左右。卢比兑美元的进一步走强很可能使许多印度纺织公司失去业务。

（4）棉花价格高得出奇。棉花市场近期一直"疯狂"。印度的季风促使许多农民种植更多的棉花以满足更高的需求。尽管产量增加，但过去一年棉花价格仍持续猛涨，达到1.50美元/磅，如图9-7所示。来自中国的需求增加以及美国库存减少推动价格上涨。

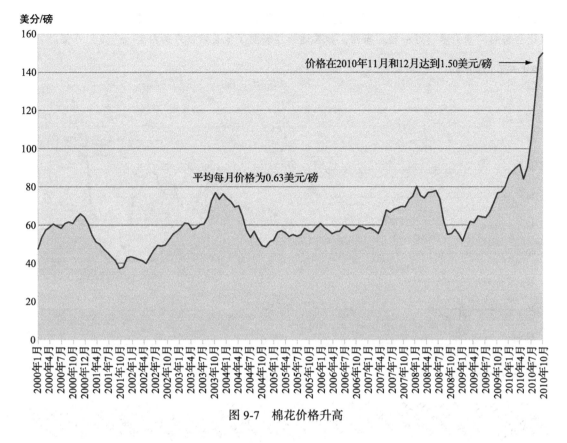

图 9-7　棉花价格升高

虽然大多数市场分析师仍然认为棉花价格异常高,必须尽快下降,而且预言者也预测其会下跌,但价格仍然很高。让拉普拉更害怕的是,市场分析人士现在认为棉花价格已经永久地上升到很高的水平。

拉普拉正在考虑使用棉花期货,这是他的一些竞争对手已经采用的做法。对期货价格的研究为他提供了一些数据,说明他现在可能在未来一年内将棉花价格锁定的美分/磅:113.09(2011年3月);102.06(2011年7月);95.03(2011年10月)。尽管期货可以消除棉花价格进一步上涨的风险,但他仍然担心他会锁定顶部的价格。

发票货币

作为印度纺织出口商,拉普拉从来没有选择发票货币——一直是美元。但也许时代已经改变了?一段时间以来美元兑卢比汇率一直在下跌,如图9-8所示。因此出口销售产生的卢比越来越少。问题是,作为世界上被称为"新兴市场"的出口商,它的硬通货选择曾是美元、欧元和日元。卢比相对它们在走强。

但未来会带来什么?这三种硬通货都处于有记录以来的低回报率——名义利率收益率,预计在不久的将来也不会有太大变化。它们受到中央银行的严密监控,在2008~2009年信贷危机之后,三个中央银行都将流动性注入各自的货币体系。最直接的可能是三个市场的通货膨胀率上升。不幸的是,这无济于事,因为通货膨胀的上升可能只会推动美元、欧元和日元兑卢比进一步下跌。

土耳其销售

拉普拉当前的问题是向土耳其客户销售了25万美元的纺织品。合同允许将发票的货币从土耳其里拉改为美元或欧元,但他必须在工作日结束时做出决定。

发票的预期结算日期为2011年1月30日。不管他选择哪种货币(卢比不是其中一种选择),他仍然必须决定如何对它进行套期保值。

拉普拉从当地银行收集了美元、欧元和土耳其里拉的远期汇率(见表9-2)。他观察到近期的美元报价。远期合约可以锁定卢比汇率,这比当前的即期汇率稍好一些。当然,如果远期汇率被视为可能的汇率变动的指标,这确实表明了他长期以来的希望——美元升值。

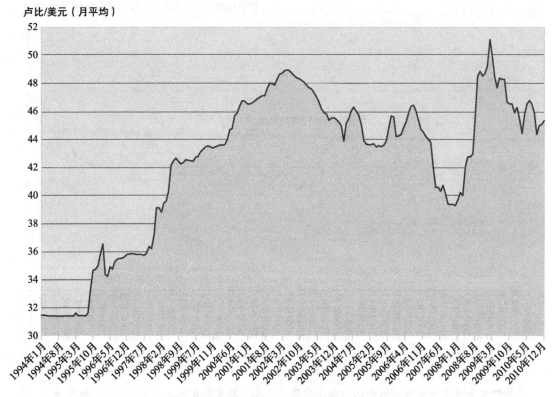

图 9-8 印度卢比/美元即期汇率

表 9-2 远期汇率报价

交叉货币	符号	即期汇率	远期汇率的银行报价		
			30 天	60 天	90 天
印度卢比/美元	USD/INR	45.830 0	46.12	46.70	46.11
印度卢比/欧元	EUR/INR	60.961 1	61.70	61.90	62.20
日元/印度卢比	INR/JPY	1.825 0	1.81	1.81	1.80
印度卢比/土耳其里拉	TRY/INR	30.719 2	30.96	30.95	30.87
土耳其里拉/美元	USD/TRY	1.479 3	1.49	1.48	1.48

他还考虑过某种形式的货币市场套期保值——借入土耳其里拉借款对冲应收账款。虽然他向土耳其销售五年多了,但他从未在那里借过款,只在安卡拉有过一笔银行交易。如果他向土耳其银行提供销售记录,他可以使用 250 000 美元的应收账款作为抵押品。据银行家称,在土耳其,具有类似信用质量的公司,国内贷款利率约为 14%。但他的银行家还告诉他,作为一家小型的外国企业,土耳其市场将向他收取额外 300 个基点的信用点差。但如果他确实能早日获得资金,国内印度存款利率平均为 10.4%。

货币期权在印度成为套期保值的一种选择。印度的国家证券交易所于 2010 年 10 月在孟买开设了外汇期权市场。由于没有选择经验,拉普拉想知道一个期权是否会提供比远期合约更好的效果。至少现在,期权市场仅限于卢比/美元期权。尽管拉普拉可以看到期权合约可能提供的上行潜力,但他想知道,如果需要行使合约,会损害他多少微薄的利润。表

9-3 列出了拉普拉考虑过的美元看涨和看跌期权报价。

表 9-3 美元货币期权报价

执行价（卢比/美元）	看跌期权费用（卢比/美元）	看涨期权费用（卢比/美元）
44.00	0.005	1.890
45.25	0.035	0.440
60 天到期，每份合约 1 000 美元的报价		

资料来源：印度国家证券交易所，nseindia.com。

时间到了

拉普拉拿起笔记，是时候召开家族会议了。时代艰难，家族的生计受到威胁。有两件事需要迅速整理出来。随着 2010 年的最后一次重大销售——向土耳其的出售——他知道他需要保护这笔交易的价值免受货币损失。另外，他需要找到一条长期保护业务的可持续发展之路。随着印度经济的持续增长，许多分析师预计印度卢比兑美元汇率在可预见的未来将走强。竞争激烈，拉普拉想知道他的印度经营（家庭的生计）能够盈利多久。

讨论题

1. 你认为哪个因素对班伯里盈利能力的威胁更大，棉花价格还是卢比价值上涨？
2. 你认为拉普拉应该用棉花期货来对冲棉花成本吗？你会推荐什么？
3. 你认为拉普拉应该为对土耳其的销售选择哪种发票货币？
4. 你在对冲土耳其销售收款方面会提出什么建议？

思考题

1. 外汇。定义以下术语。
   （1）外汇风险。
   （2）外汇风险的三种类型。
2. 套期保值和货币风险。定义以下术语。
   （1）套期保值。
   （2）货币风险。
3. 反对货币风险管理的观点。列举 6 个反对公司采取积极的货币风险管理计划的理由。
4. 支持货币风险管理的观点。列举 4 个支持公司采取积极的货币风险管理计划的理由。
5. 交易风险。产生交易风险的四种主要交易形式是什么？
6. 交易风险的时间轴。描述因赊销产品而产生的风险的时间轴，定义并解释报价风险、未结订单风险和未结账风险。
7. 借款风险。列举一个因借入外币而产生的交易风险的例子。
8. 现金平衡。当持有的外汇现金达到平衡时，交易风险为什么不存在了？
9. 契约型套期保值。四种常用的对冲交易风险的合约工具是什么？
10. 决策标准。最终，财务人员必须要选择策略管理交易风险。说明两个决策标准。
11. 比例对冲。很多跨国公司的交易风险管理计划要求比例对冲。解释和列举比例对冲如何实施。

练习题

1. 宝洁（印度）公司。宝洁（印度）公司是宝洁在印度的分公司。该公司的大部分卫生用品生产线都是从一家日本公司进口的。由于大部分印度企业都缺乏经营性现金，因此印度的进口付款条款通常规定 180 天及以上付款。宝洁公司想要为其 850 万日元的应收账款套期保值。尽管不存在印度卢比兑日元的期权市场,不过远期汇率是可以使用的。另外在印度,对于宝洁这样的公司,通常的做法是与外汇中间商做交易。在这个例子中,中间商能够锁定即期汇率,但是需要收取4.85%的手续费。请利用下面的汇率及利率数据,设计一个套期保值的方案。

即期汇率	120.60 日元/美元
180 天远期汇率	2.400 日元/卢比
180 天后即期汇率期望值	2.600 0 日元
180 天印度卢比投资利率	8.000%
180 天日元投资利率	1.500%
货币中间商的汇率	4.850%
宝洁(印度)资本成本	12.000%

2. 泰国暹罗水泥集团。暹罗水泥集团是一家位于曼谷的水泥制造商。1997年发生的亚洲金融危机给暹罗集团带来了巨大的损失。该公司从20世纪90年代中期起就开始实行激进的增长策略,这使得公司承担了大量的外汇负债(主要是美元负债)。1997年7月,泰铢的固定汇率为25.0泰铢/美元,金融危机开始后泰铢开始大幅贬值,导致暹罗集团仅利息费用一项就超过了9亿美元(当时美元平均利率为8.40%)。假设暹罗集团在1997年6月持有利息率为8.40%的负债50 000 000美元,偿还期限为一年,偿还时的即期汇率稳定在42.0泰铢/美元。那么在这场交易中,暹罗集团遭受的外汇损失为多少?

3. 百特仑医疗器械公司。布伦特·布什是百特仑医疗器械公司的财务总监。最近,该公司的日本客户沼田联系布什,提出了一项新的付款条款建议。沼田每两个月就会预订价值12 500 000日元的产品。沼田提出愿意以日元现金交付货款,但是希望能够得到购买价格4.5%的折扣。现在这家公司的付款条款为30日内付款,提前付款或现金付款都不能享受折扣。利用下面的数据和预估的沼田的资本成本,布伦特·布什会比较上述建议和用远期合约来对冲日元风险。布伦特·布

什应该接受沼田的建议吗?

即期汇率	111.40 日元/美元
30 天远期汇率	111.00 日元/美元
90 天远期汇率	110.40 日元/美元
180 天远期汇率	109.20 日元/美元
沼田的加权平均资本成本	8.850%
百特仑的加权平均资本成本	9.200%

4. 巴西航空工业公司。巴西航空工业公司是世界上制造支线飞机的两大主要生产商之一(另一家是加拿大庞巴迪公司)。支线飞机比空客和波音制造的传统民用飞机要小一些,平均座位为50~100个。巴西航空工业公司与一家美国地方航空公司签订了一项协议,将在一年后生产并交付四架价值8 000万美元的飞机。尽管巴西航空工业公司将收到以美元支付的货款,但由于其一年后需要向境外供应商支付进口货款2 000万美元(这些零件将在年内陆续交付),该公司仍然面临着外汇风险。当时巴西雷亚尔的即时汇率为1.824 0雷亚尔/美元,但雷亚尔近三年内一直在升值。外汇远期合约很难找到对手并且通常价格很高。花旗银行巴西分行为该公司提供了一份远期汇率报价,并声称该报价是根据当时欧洲美元4.00%的利率和巴西政府债券10.50%的债券利率制定的。请为巴西航空工业公司的外汇风险找到解决办法。

5. 维佐尔制药公司。维佐尔是一家总部位于美国的跨国制药公司。公司目前正在衡量一项出口销售方案,该方案计划将其降胆固醇的药物销往印度尼西亚一家潜在的分销商。该销售计划总价值约为16.5亿印尼盾,按照当时的即时汇率——9 450 印尼盾/美元折算,约合17.5万美元。尽管对于维佐尔公司来说,这并不是一笔大买卖,但公司政策要求所有销售都必须达到规定的最低利润率。在这个例子中,最低利润率要求公司至少收回16.8万美元。当时印尼盾的90天远期汇率为9 950 印尼盾/美元。该汇率看起来并不具有吸引力,但维佐尔仍然联系了几家大银行,询问其印尼盾远期的报价。但是货币

分析师普遍认为，印尼盾汇率将保持相对平稳，并且很有可能在未来的 90～120 日内跌至 9 400 印尼盾/美元。请根据以上信息分析维佐尔公司的这项销售计划，并提出套期保值建议。

6. 美泰玩具公司。美泰玩具公司是一家总部位于美国的公司，该公司每年的销售额大约 2/3 是以美元收回的（在亚洲和美洲），1/3 以欧元收回（在欧洲）。9 月，美泰玩具公司将一笔大玩具订单发往安特卫普的一个大经销商（主要是芭比娃娃和风火轮赛车）。3 000 万欧元的应收账款于 90 天后支付，这是欧洲玩具行业的标准做法。美泰公司的财务部门收到了如下市场报价。公司的外汇咨询师相信欧元汇率将在 90 天后变为 1.420 0 美元/欧元。美泰的管理层并不在外汇风险管理上采用货币期权进行套期保值。请为美泰指出哪一项套期保值策略是最好的选择。

即期汇率	1.415 8 美元/欧元
瑞士信贷 90 天远期报价	1.417 2 美元/欧元
巴克莱银行 90 天远期报价	1.419 5 美元/欧元
美泰资本成本	9.600%
90 天欧洲美元利率	4.000%
90 天欧元利率	3.885%
90 天欧洲美元借款利率	5.000%
90 天欧元借款利率	5.000%

7. 波卡特公司。波卡特公司是总部位于美国的工业器具制造商。它购买了一家为重型机械制造塑料螺丝和螺母的韩国公司。收购价格为 75 亿韩元，其中 10 亿韩元已经支付，剩下的 65 亿韩元将在 6 个月后支付。当时韩元即时汇率为 1 110 韩元/美元，韩元 6 个月远期汇率为 1 175 韩元/美元。6 个月韩元利率为 16%，6 个月美元利率为 4%。波卡特公司可以按照以上利率投资，或者高于上述利率 2% 的利率进行借贷。6 个月韩元看涨期权，执行价格为 1 200 韩元/美元，合约费用率为 3.0%，6 个月韩元看跌期权，执行价格为 1 200 韩元/美元，合约费用率为 2.4%。

波卡特公司能够按照以上利率进行投资，或者按照高于上述利率 2.00% 的利率进行借贷。另外，该公司的加权平均资本成本为 10%。请比较波卡特公司能够选择的解决外汇风险的办法。你会推荐哪种，为什么？

8. 奥科特公司。奥科特公司是美国一家制造、销售并安装纯净水设备的公司。4 月 11 日，公司向日本长崎市出售一套系统，用于长崎市著名的格洛弗花园的安装（普契尼笔下的蝴蝶夫人曾在这里等待平克尔顿上尉归来）。该销售价值 20 000 000 日元，3 个月后支付。

即期汇率	118.255 日元/美元（结算中间汇率）
1 个月远期汇率	117.760 日元/美元，费用每年为 5.04%
3 个月远期汇率	116.830 日元/美元，费用每年为 4.88%
1 年期远期汇率	112.450 日元/美元，费用每年为 5.16%

货币利率	美国	日本	息差
1 个月	4.875 0%	0.093 75%	4.781 25%
3 个月	4.937 5%	0.093 75%	4.843 75%
1 年	5.187 5%	0.312 50%	4.875 00%

注意，由于报价的时间差别，日元外汇折现的利息差变动非常小。比如，118.255 日元/美元的即期汇率是一个汇率范围的中间值。4 月 11 日，在伦敦交易的日元即期汇率在 118.30 日元/美元和 117.550 日元/美元之间。

奥科特公司日本竞争者目前正以高于日本货币利率 2 个百分点借入日元。奥科特公司的加权平均资本成本为 16%，而且公司希望对此应收账款采取保护措施。

九州银行的三个月期权：

- 规模为 20 000 000 日元，行使价格为 118.00

日元/美元,看涨期权费用率为1%。
- 规模为 20 000 000 日元,行使价格为 118.00 日元/美元,看跌期权费用率为3%。

(1) 采取其他套期保值策略的损益是多少? 你推荐采取哪一种套期保值策略,为什么?

(2) 在比较远期套期保值和货币市场套期保值策略时,使两者损益相等的再投资汇率是多少?

9. 南面公司。南面公司是加拿大一家专门生产雨衣的公司,它并没有对其交易风险进行有选择性的套期保值。但是,在交易日期确定的前提下,所有以外币计价的现金流都要采用下列的远期合约覆盖公式:

南面公司要求的远期覆盖	0～90天	91～180天	>180天
支付远期覆盖的百分数	75%	60%	50%
收入远期覆盖的百分数	100%	90%	50%

南面公司预计在下一年有多笔丹麦克朗流入。其中,90天后,公司将收到3 000 000 克朗;180天后,公司将收到2 000 000 克朗;一年后,公司将收到1 000 000 克朗。利用以下的即期和远期汇率,计算公司政策所要求的远期合约覆盖金额。

即期汇率(克朗/加元)	4.70
3个月远期汇率(克朗/加元)	4.71
6个月远期汇率(克朗/加元)	4.72
1年远期汇率(克朗/加元)	4.74

10. 泛美旅游。泛美旅游是一家位于夏威夷檀香山的100%私人公司。它与台中旅游(中国台湾一家私有旅行社)签订了一份合约。该旅行社专门为进入美国和加拿大的游客提供服务。根据合约,泛美旅游公司将收购台中旅游50%的股份。此次收购价为700万新台币,3个月后支付。

泛美旅游老总托马斯·卡森认为新台币汇率在未来3个月内或者保持不变,或者会经历稍微贬值。在目前即期汇率为35新台币/美元的水平上,这笔收购仅值200 000美元。但是如果现在就支付,托马斯·卡森仍然需要进行借款。中国台湾非居民的利息存款受到政府管制,利率定为每年1.5%。托马斯·卡森在夏威夷银行的借款权限为200 000美元,利率为每年8%。此外,他并不认为公司具有可靠的加权平均资产成本,因为公司目前根本就没有流通股票,而且公司的竞争对手都是私营公司。由于此次收购会用尽他全部的贷款权限,他正在思考是否应该对此交易风险进行套期保值。下表是夏威夷银行为他提供的报价。

即期汇率	33.40 新台币/美元
3个月远期汇率	32.40 新台币/美元
3个月新台币存款利率	1.500%
3个月美元贷款利率	6.500%
3个月看涨期权	不存在

分析每种策略的成本和风险,并为托马斯·卡森推荐一种最合适的策略。

11. 克罗诺斯。克罗诺斯是波士顿一家手表公司,它向全球很多公司出口手表,以外币出售给商店和经销商。克罗诺斯在财务上是非常保守的。它为每笔交易提供了至少70%的套期保值覆盖率,绝大多数是通过远期合约,偶尔也使用期权。克罗诺斯的外汇政策是,如果贬值即将发生,套期保值的覆盖率将由70%上升至120%。

克罗诺斯不久之前向其北美主要经销商发送了一批货物。货物价格为1 560 000 欧元,90天后支付。现在的即期汇率是1.222 4美元/欧元,90天远期汇率是1.227 0美元/欧元。克罗诺斯的财务经理玛尼·赫尔南德斯具有非常出色的预期汇率变动的经验。目前他认为在未来90～120天之内,欧元相对美元会出现贬值，汇率大概会降到 1.16 美元/欧元的水平。

(1) 分别在玛尼预测成功（1.16 美元/欧元）和预测失败（1.26 美元/欧元）的情况下评估克罗诺斯的套期保值策略。你会做出什么样的推荐？

(2) 对一项交易风险进行 120% 的套期保值意味着什么？

(3) 什么样的交易风险管理政策会被一家公司认为是最为保守的？克罗诺斯应该怎样进行比较？

12. **Lucky 13 牛仔**。位于得克萨斯州圣安东尼奥的 Lucky 13 牛仔正在危地马拉附近建造一家新的加工厂。最后一笔建筑资金的支付将在 6 个月后进行，共计 8 400 000 格查尔（危地马拉货币名称）。Lucky 13 的加权平均资本成本为每年 20%。今天的汇率和利率报价如下所示。

6 个月到期的建筑支出	8 400 000 格查尔
现时即期汇率	7.000 0 格查尔/美元
6 个月远期汇率	7.100 0 格查尔/美元
格查尔 6 个月利率	14.000% 每年
美元 6 个月期利率	6.000% 每年
Lucky 13 的加权平均资本成本	20.000%

Lucky 13 的财务经理对危地马拉的经济表示担忧，并思考是否应该对其外汇风险进行套期保值。经理的预期如下。

预期最高汇率	8.000 0 格查尔/美元，这说明出现了严重的货币贬值现象
预期汇率	7.300 0 格查尔/美元
最低预期汇率	6.400 0 格查尔/美元，这说明格查尔升值了

Lucky 13 能够采取哪一种实际策略进行支付？你会挑选哪一种，为什么？

13. **伯顿制造公司**。杰森·斯特德曼是伯顿制造公司的财务经理。伯顿制造公司是一家美国制造商，它为存货管理提供手提电脑系统。伯顿的系统包含可定制的低成本存货活动条码硬件（该条码标签发射出一种频率极低的无线电波）和跟踪电波的用于存货管理的软件。伯顿制造公司不久前向英国大都会公司出售了此条码系统，价格为 1 000 000 英镑。以下是伯顿制造公司在这次出口销售不同阶段的汇率。假设每个月有 30 天。

日期	事件	即期汇率（美元/英镑）	远期汇率（美元/英镑）	天数
1 月 1 日	伯顿制造公司对英国大都会公司的报价	1.785 0	1.777 1	210
3 月 1 日	签订销售合约 合约规模	1.746 5 1 000 000 英镑	1.738 1	180
6 月 1 日	产品向大都会公司发出	1.768 9	1.760 2	90
8 月 1 日	大都会公司收到产品	1.784 0	1.781 1	30
9 月 1 日	伦敦国际金融交易所支付	1.729 0	—	—

(1) 此次销售产生的外汇收益（损失）是多少？

(2) 现在假设杰森决定购买一份远期合约来对此风险进行套期保值。采取远期合约套期保值的外汇收益（损失）是多少？

14. **米加金属**。米加金属是位于密歇根州底特律的一家材料和金融公司。该公司专营贵金属和特殊材料，这些产品应用于很多行业一系列色素加工过程中，包括化妆品、设备以及高光度金属织物仪器。米加金属在不久前刚从摩洛哥购买了价值 6 000 000 迪拉姆的磷酸盐，6 个月后支付。市场中的报价如下。

假设	价值
从摩洛哥购买一批磷酸盐	6 000 000 迪拉姆
米加金属的资本成本	14.000%
即期汇率	10.00 迪拉姆/美元
6 个月远期汇率	10.40 迪拉姆/美元

规模为 6 000 000 迪拉姆，行使价格为

10.00 迪拉姆/美元的 6 个月看涨期权现在在阿尔马格哈鲁银行有售，费用率为 2%。规模为 6 000 000 迪拉姆，行使价格为 10.00 迪拉姆/美元的 6 个月看跌期权费率为 2%。对米加金属可能采取的交易风险套期保值策略进行比较。你推荐使用哪一项策略？

15. **玛利亚·冈萨雷斯与泰鼎**。本章中所讲述的泰鼎公司与英国帝豪公司完成了第二笔金额更大的电子通信设备销售业务。此次销售总价值为 3 000 000 英镑，90 天后支付。玛利亚知道泰鼎公司在英国境内只能以 14% 的贷款利率进行贷款（出于英国银行的信用考量）。给定以下的汇率和利率，泰鼎公司采取哪种交易风险套期保值最为合适？

假设	价值
90 天的应收账款	3 000 000 英镑
即期汇率	1.762 0 美元/英镑
90 天远期汇率	1.755 0 美元/英镑
90 天美元存款利率	每年 6.0%
90 天美元贷款利率	每年 8.0%
90 天英镑存款利率	每年 8.0%
90 天英镑贷款利率	每年 14.0%
90 天英镑看跌期权执行利率	1.75 美元/英镑
费用率	1.5%
90 天英镑看跌期权执行利率	1.71 美元/英镑
费用率	1.0%
泰鼎公司的加权资本成本	每年 12.0%
玛利亚预期 90 天即期汇率	1.785 0 美元/英镑

16. **太阳能涡轮**。太阳能涡轮公司是美国卡特彼勒集团的全资子公司。它于 5 月 1 日向荷兰雷贝卡·特威勒格出售了一个 12 千瓦的压缩涡轮，价值 4 000 000 欧元，其中 2 000 000 欧元于 8 月 1 日支付，剩下的 2 000 000 欧元于 11 月 1 日支付。太阳能涡轮公司在 4 月 1 日收到了该笔销售的美元报价 4 320 000 美元，这是在即期汇率 1.080 0 美元/欧元的基础上计算出来的。

等到 5 月 1 日订单已经收到并入账时，欧元汇率升值为 1.100 0 美元/欧元，则该笔销售实际价值 4 000 000 欧元 × 1.100 0 美元/欧元 = 4 400 000 美元。太阳能涡轮公司从汇率的有利变动中实现获利 80 000 美元。然而，公司财务经理仍然在考虑公司是否应该采取套期保值策略，以防欧元汇率出现不利变动。以下有四种选择。

(1) 在远期市场进行套期保值。3 个月远期汇率报价为 1.106 0 美元/欧元，6 个月远期汇率报价为 1.113 0 美元/欧元。

(2) 在货币市场进行套期保值。太阳能涡轮公司可以在法兰克福分行借到年利率为 8% 的欧元。

(3) 利用外汇期权进行对冲。8 月到期看跌期权的执行价为 1.100 0 美元/欧元，每份合约的费用率是 2.0%，11 月到期看跌期权的执行价为 1.100 0 美元/欧元，费用率是 1.2%。8 月到期看涨期权执行价格为 1.100 0 美元/欧元，费用率是 3.0%，而 11 月到期看涨期权执行价格为 1.100 0 美元/欧元，其费用率是 2.6%。

(4) 什么也不做。太阳能涡轮公司可以坐等 8 月和 11 月收回的销售收入，并期望欧元能够持续现阶段的升值行为，届时在现货市场上抛出欧元买进美元。太阳能涡轮公司估计其资本成本为每年 12%。作为一家小公司，太阳能涡轮公司无法申请长期贷款。美国的国库券利率为每年 3.6%。太阳能涡轮公司应该怎么做？

第10章

折算风险

> 笔胜于剑，但比不上精打细算。
>
> ——乔纳森·格兰锡

学习目标

1. 解释国外子公司的功能货币的含义。
2. 解释将外币形式的财务报表折算为母公司货币形式的财务报表时两种主要方法的理论和实践的区别。
3. 理解像折算这样的会计概念如何对跨国公司产生价值影响。
4. 分析管理折算风险的成本和收益。

折算风险——第二类会计风险，产生的原因是编制合并财务报表时，以外币形式编制的国外子公司的财务报表必须要折算为母公司的报告货币，如美国的外国子公司必须将本地的欧元、英镑、日元等重新用美元来表述后，价值才能被合并到母公司以美元为货币的资产负债表和损益表中。这个会计过程被称为"外币折算"。折算风险就是与上次折算时相比汇率变化所造成的母公司的净值和报告净收入增加或者减少的可能性。

尽管外币折算的主要目的是编制合并财务报表，但折算后的报表也被管理层用于评估外国子公司的业绩表现。尽管这种评估从以各自本币表示的财务报表中便能看出，但是把所有子公司的财务报表都用一种共同的货币重新表述后会给管理层带来更多的便利。

本章将回顾当前主要的折算方法，并且以案例研究——拉荷亚工程服务，说明折算是如何产生的及其如何影响跨国公司的财务业绩。

10.1 折算概览

对于子公司来说，利润表和资产负债表需要为了合并而折算。国外子公司的现金流量表不需要折算。合并现金流量表由合并利润表和合并资产负债表得出。因为每个跨国公司合并的结果都是由各子公司经营情况构成的，包括国外子公司。由于汇率的变化，不同时期合并净收入和合并净价值变化的可能性还是很高的。

如果折算时单个报表上的每一项都采用相同的汇率，那么折算就不会产生不均衡。但是如果单个报表的不同项目采用的是不同的汇率，那么就会导致不均衡。在重新衡量不同的项目时会采用不同的汇率，这是因为许多国家的折算原则经常是复杂的历史和现在市场价值的折中。那么问题是应该怎么处理这个不均衡？

10.1.1 子公司的特点

现在的大多数国家根据外国子公司业务运作来指定其所使用的折算方法。例如，一家外国子公司可以被分类为综合外国实体或者一个自给自足的外国实体。一个综合的外国实体是指其作为母公司的扩展来经营，现金流和主要商业链都和母公司高度相关。一个自给自足的外国实体是指独立于母公司在当地的经济环境中经营的公司。这个不同对于折算非常重要。一家外国子公司原则上应该使用维持经济生存的基础货币来衡量。

一家公司拥有这两种类型的外国子公司是很常见的。例如，一个美国的制造商在美国制造零部件然后用船运到西班牙的子公司进行最后加工、集合装配然后再销往欧盟，这个美国制造商可能将西班牙的子公司归类为综合外国实体。经济经营部门的主导货币可能是美元。然而，同样是这家美国母公司，也在委内瑞拉拥有农业市场公司，它的现金流和经营部门与美国母公司（或者和美元）的关系不大。委内瑞拉的子公司可能使用委内瑞拉的货币单位玻利瓦尔来购买几乎所有的材料和花费所有的经营成本，同时专门在委内瑞拉销售。由于委内瑞拉的子公司经营部门相对独立于它的母公司，它的功能货币就是委内瑞拉的货币单位玻利瓦尔，因此它将被归类为一个自给自足的外国实体。

10.1.2 功能货币

一家外国子公司的功能货币就是其经营和产生现金流的主要经济环境中所使用的货币单位。换句话来讲，就是这家外国子公司的日常经营活动所使用的主导货币。需要特别注意的是，一家外国子公司的地理位置和它的功能货币可能是不同的。一家美国公司的新加坡子公司的功能货币可能是美元（如果是综合外国实体）、新加坡元（如果是自给自足子公司），或者第三种货币，例如英镑（也是一个自给自足的子公司）。

美国并不把外国子公司分为综合的或者自给自足的，而是要求确定子公司的功能货币。管理层必须评估每一个子公司的属性和目的来为其决定合适的功能货币。如果一个美国公司的外国子公司决定使用美元作为它的功能货币，它本质上就是母公司的一个延伸（等同于大部分国家所称的综合外国实体）。如果外国子公司的功能货币不是美元，那么这个子公司就被认为是一个独立于母公司的实体（等同于自给自足的外国实体）。

10.2 折算方法

主要有两种基础的折算方法被广泛采用：现行汇率法和时态法。无论哪种方法被采用，一种折算方法不仅要指出单个资产负债表和利润表的项目使用哪个汇率来重新衡量，而且要指出不均衡被记在什么地方，记在当期损益或者资产负债表的权益公积账户中。

10.2.1 现行汇率法

现行汇率法是当今世界上应用最广泛的一种方法。这种方法下,所有财务报表的项目除了少部分外都使用当期的汇率折算。项目包括以下几种。

(1) 资产和负债。所有资产和负债都使用当期的汇率来换算,也就是说,使用资产负债表日期的汇率。

(2) 利润表项目。所有的项目包括折旧和销售成本都使用各种收入、费用、收益和损失发生日期的实际汇率换算或者使用一定时期内的合适的加权平均汇率来换算。

(3) 分配。支付的股利使用支付日期的汇率来换算。

(4) 权益项目。普通股和实收资本账户都使用历史汇率换算。年末的留存收益包括年初的留存收益加上或者减去年内的收益或者损失。

折算调整导致的利得和损失都不包括在合并的净收入的计算中。相反,折算利得和损失是单独列报的,且在一个单独的权益保留账户中累积(在合并财务报表中),名称是累计外币报表折算差额(CTA)。这个保留账户在不同的国家有很多不同的名字。如果外国子公司以后被出售或者清算,累计外币报表折算差额账户中累积的过去几年的折算利得或者损失将作为总的出售或者清算的利得或损失的一部分被报告。总的利得或损失作为出售或者清算发生期间的净收入或者损失的一部分。

10.2.2 时态法

在时态法下,特定的资产和负债是按照与项目的创造相一致的时间的汇率来换算的。时态法假定许多单个项目,例如存货、净设备和厂房,经常被重置来反映市场价值。如果这些项目没有被重置而是按照历史成本计价,暂时法就成为货币性/非货币项目的折算方法。这种转换方法现在仍被一些国家采用。项目包括以下几种。

(1) 货币性资产(主要为现金、可出售证券、应收账款和长期应收账款)和货币负债(主要为流动负债和长期负债)都以当期的汇率折算。非货币性资产和负债(主要为存货和固定资产)都是以历史汇率折算的。

(2) 利润表的项目。它们都以收益期间的平均汇率折算,除了折旧和销售成本等直接与非货币性资产和负债相联系的项目外,这些账户以历史汇率折算。

(3) 分配。股利按照支付日期的汇率折算。

(4) 权益项目。普通股和已付资本类项目是按照历史成本来换算。年末的留存收益包括年初的留存收益加上或者减去年内的任何收益或者损失,加上或者减去折算带来的不均衡。

在时态法下,折算利得或者损失都直接计入当期的合并收入中,并不计入权益性保留账户中。因此,折算造成的外汇交易利得或损失增加了合并收益的不确定性。

10.2.3 美国折算的步骤

美国是在功能货币的基础上而不是以特征区分外国子公司的。注意以下术语:在美国的会计和折算准则中,使用当前汇率法被称为"折算",使用时态法被称为"重新衡量"。美国折算的主要原则总结如下。

（1）如果美国公司的外国子公司的财务报表是以美元为货币形式的，那么不需要折算。

（2）如果外国子公司的财务报表是以本地货币报告的，本地货币又是功能货币，那么使用现行汇率法来折算。

（3）如果外国子公司的财务报表是以本地货币报告的，美元是功能货币，那么使用时态法来重新衡量。

（4）如果美国公司的外国子公司的财务报表是本地货币形式的，本地货币和美元都不是功能货币，那么报表必须使用时态法重新衡量为功能货币形式的，然后使用现行汇率法折算为美元。

（5）美国折算准则为在恶性通货膨胀的国家经营的外国子公司的财务报表的折算提供了特殊条款，如图10-1所示。这些都是累计通货膨胀已经高达100%或者时间已经超过3年的国家。这些子公司的财务报表必须使用时态法转换为报告货币。

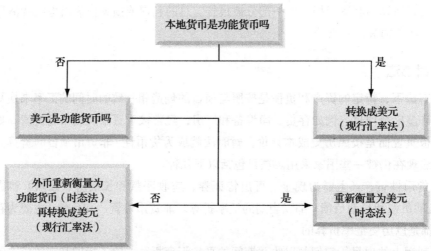

图10-1 美国折算的步骤

最后要强调的一点是，功能货币的选择是由子公司的经营部门的经济现实来决定的，而不是管理层任意决定偏好的程序或者结果。自从许多美国的跨国公司有了很多的外国子公司后，一些子公司以美元作为功能货币，一些子公司使用外币作为功能货币，外汇的利得和损失可能都到了当期的合并收益或者在权益性保留账户中进行了累计。

10.2.4 国际折算实例

世界上许多大的工业国家使用国际会计准则委员会发布的基本折算程序。一个外国子公司或者是一个综合外国实体，或者是一个自给自足的外国实体。综合外国实体使用时态法（或者其中有一些变化）来重新衡量。自给自足的外国实体使用现行汇率法折算，也称为闭市汇率法。

10.3 泰鼎公司的折算风险

图10-2展示的泰鼎公司总部位于美国，在美国有商业业务，同样在欧洲和中国有子公司。公司公开上市，并且在纽交所挂牌交易。

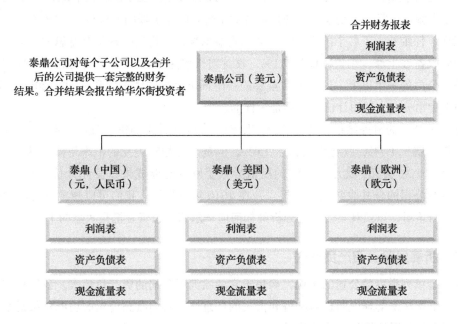

图10-2 泰鼎公司：美国跨国公司

泰鼎公司的每个子公司——美国、欧洲和中国子公司，都有自己的财务报表，都是以当地的货币（美元、欧元和人民币）来表示的，但是子公司的利润表和资产负债表需要被折算为美元，即公司在合并和报告中使用的货币。总部在美国的公司，其股票又在纽交所上市，因此泰鼎公司需要用美元来报告其最后的结果。

10.3.1 泰鼎公司的折算风险：利润表

表10-1是泰鼎公司的经营单位2009年和2010年的销售额和收益情况。

表10-1 泰鼎公司的财务情况，2009～2010年

	销售额（百万，当地货币）			平均汇率（美元/欧元，元/美元）			销售额（百万美元）		
	2009	2010	变化	2009	2010	变化	2009	2010	变化
美国子公司	280美元	300美元	7.1%	—	—		280.0	300.0	7.1%
欧洲子公司	118欧元	120欧元	1.7%	1.400 0	1.320 0	−5.71%	165.2	158.4	−4.1%
中国子公司	600元	600元	0.0%	6.830 0	6.700 0	1.94%	87.8	89.6	1.9%
总计							533.0	548.0	2.8%
	收益（百万，当地货币）			平均汇率（美元/欧元，元/美元）			收益（百万美元）		
	2009	2010	变化	2009	2010	变化	2009	2010	变化
美国子公司	28.2美元	28.6美元	1.4%	—	—		28.2	28.6	1.4%
欧洲子公司	10.4欧元	10.5欧元	1.0%	1.400 0	1.320 0	−5.71%	14.6	13.9	−4.8%
中国子公司	71.4元	71.4元	0.0%	6.830 0	6.700 0	1.94%	10.5	10.7	1.9%
总计							53.2	53.1	−0.2%

（1）合并销售额。2010 年，该公司在美国的销售额为 3 亿美元，欧洲子公司的销售额为 15 840 万美元，中国子公司的销售额为 8 960 万美元（人民币 6 亿元，汇率是 6.7 元人民币/美元）。2010 年全球销售额为 54 800 万美元，相对于 2009 年销售额增长率为 2.8%。

（2）合并收益。2010 年，该公司的利润从 2009 年的 5 320 万美元下降到 5 310 万美元。虽然不是大幅度下降，但是华尔街的投资者对于合并收益下降的反应也不会很好。

然而，仔细看一下各个国家的销售额和收益情况，会得出一些很有意思的见解。美国的销售额和收益在上涨，销售额增长 7.1%，收益增长率为 1.4%。因为美国的销售额和利润占据了整个公司的一半以上，这是非常重要的。中国子公司的销售额和利润在 2009 年和 2010 年以当地货币——人民币计价的金额是一样的。

欧洲子公司的财务结果更震人心。在欧洲，以欧元计价的销售额和收益在 2010 年增长了，销售额增长 1.7%，收益则增长了 1.0%。但是欧元相对美元的汇率下降，从 1.40 美元/欧元下降为 1.32 美元/欧元。5.7% 的贬值导致了欧洲经营成果以美元计价后价值下降了。因此，泰鼎公司的合并收益以美元报告，在 2010 年下降了。我们可以想象到在泰鼎公司内部的讨论与争辩，以及观察公司的分析师如何向华尔街的投资者汇报收益的下降。

10.3.2 折算风险：资产负债表

我们继续列举泰鼎公司的案例，聚焦于它的欧洲子公司的资产负债表。我们将使用时态法和现行汇率法来解释说明折算利得和损失的任意性。泰鼎欧洲公司的功能货币是欧元，它的母公司泰鼎公司的报告货币是美元。

假设泰鼎（欧洲）公司获得的厂房和设备以及长期负债还有发行的普通股都是发生在过去汇率是 1.276 0 美元/欧元的时候。目前拥有的存货是上个季度平均汇率是 1.218 0 美元/欧元时购买或者制造的。2010 年 12 月 31 日星期一闭市时，当期的即期汇率为 1.200 0 美元/欧元。新年假期过后，2011 年 1 月 3 日重新开市时，欧元相对美元的汇率下降到了 1.000 0 美元/欧元。

1. 现行汇率法

表 10-2 解释了使用现行汇率法带来的折算损失。贬值之前的资产负债表上的资产和负债按照当期的汇率 1.200 0 美元/欧元进行折算。股本按照历史汇率 1.276 0 美元/欧元进行折算，留存收益使用一个综合汇率进行折算，这个综合汇率等同于使得过去每年的留存收益增加值都使用当年的汇率进行折算。

表 10-2 泰鼎（欧洲）公司欧元贬值后的折算损失：现行汇率法

资产	欧元	2010 年 12 月 31 日		2011 年 1 月 2 日	
		汇率（美元/欧元）	折算账户（美元）	汇率（美元/欧元）	折算账户（美元）
现金	1 600 000	1.200 0	1 920 000	1.000 0	1 600 000
应收账款	3 200 000	1.200 0	3 840 000	1.000 0	3 200 000
存货	2 400 000	1.200 0	2 880 000	1.000 0	2 400 000
净厂房和设备	4 800 000	1.200 0	5 760 000	1.000 0	4 800 000
合计	12 000 000		14 400 000		12 000 000
负债和净权益					

（续）

资产	欧元	2010年12月31日		2011年1月2日	
		汇率（美元/欧元）	折算账户（美元）	汇率（美元/欧元）	折算账户（美元）
应付账款	800 000	1.200 0	960 000	1.000 0	800 000
短期银行贷款	1 600 000	1.200 0	1 920 000	1.000 0	1 600 000
长期负债	1 600 000	1.200 0	1 920 000	1.000 0	1 600 000
普通股	1 800 000	1.276 0	2 296 800	1.276 0	2 296 800
留存收益	6 200 000	1.200 0[①]	7 440 000	1.200 0[②]	7 440 000
CTA	—		136 800		1 736 800
合计	12 000 000		14 400 000		12 000 000

① 贬值之前的美元留存收益是以前所有年份的留存收益的增加值的和，以每年的汇率进行折算。
② 使用与欧元贬值前相同的汇率折算成美元。

留存收益和累计外币报表折算差额账户必须使得资产负债表的负债和所有者权益部分与资产部分相平衡。举个例子，我们在12月31日的资产负债表中假定了两个数字。如表10-2所示，贬值前的美元折算报告了一个相对于以前期间的累计折算损失136 800美元。这个均衡是过去几年内将欧元财务报表折算成美元的累计利得或者损失。

在贬值后，泰鼎公司按照新的汇率1.000 0美元/欧元折算资产和负债。权益类账户包括留存收益折算后与贬值前一样，结果累计的折算损失上升到了1 736 800美元。这个账户中增加的1 600 000美元（从累计损失136 800美元增加到了1 736 800美元）是使用现行汇率法进行测算的折算损失。

折算损失是减少的权益，以母公司的报告货币衡量，属于净风险暴露资产。风险暴露资产就是资产价值随着功能货币的贬值而减小，随着功能货币的升值而增加的资产。这里的净风险暴露资产指的是风险暴露资产减去风险暴露负债。如果风险暴露资产超过了风险暴露负债，那么净风险暴露资产是正的（"买"）；如果风险暴露资产小于风险暴露负债，那么净风险暴露资产是负的（"卖"）。

2. 时态法

在时态法下，相同账户的折算证明了折算利得和损失都是很随意的。这个在表10-3中得到了说明。在贬值前的欧元资产负债表中，货币性资产和货币性负债是按照当期汇率来折算的，但是其他资产类和权益类账户是按照历史汇率来折算的。对于泰鼎（欧洲）公司来讲，存货的历史汇率与净厂房和设备的不一样，因为存货是相对较近的日期采购的。

表10-3 泰鼎（欧洲）公司欧元贬值后的折算损失：时态法

资产	欧元	2010年12月31日		2011年1月2日	
		汇率（美元/欧元）	折算账户（美元）	汇率（美元/欧元）	折算账户（美元）
现金	1 600 000	1.200 0	1 920 000	1.000 0	1 600 000
应收账款	3 200 000	1.200 0	3 840 000	1.000 0	3 200 000
存货	2 400 000	1.218 0	2 923 200	1.218 0	2 923 200
净厂房和设备	4 800 000	1.276 0	6 124 800	1.276 0	6 124 800
合计	12 000 000		14 808 000		13 848 000
负债和净权益					
应付账款	800 000	1.200 0	960 000	1.000 0	800 000

(续)

资产	欧元	2010年12月31日		2011年1月2日	
		汇率（美元/欧元）	折算账户（美元）	汇率（美元/欧元）	折算账户（美元）
短期银行贷款	1 600 000	1.200 0	1 920 000	1.000 0	1 600 000
长期贷款	1 600 000	1.200 0	1 920 000	1.000 0	1 600 000
普通股	1 800 000	1.276 0	2 296 800	1.276 0	2 296 800
留存收益	6 200 000	1.243 7	7 711 200①	1.243 7	7 711 200②
折算利得（损失）	—				160 000③
合计	12 000 000		14 808 000		13 848 000

① 贬值之前的美元留存收益是以前所有年份的留存收益的增加值的和，以每年的汇率进行折算。
② 使用与欧元贬值前相同的汇率折算成美元。
③ 在时态法下，160 000 美元的折算损失将通过利润表进入留存收益而不是作为一个单独的项目列在这里。因此，在时态法下，最终的留存收益实际是 7 711 200 美元 – 160 000 美元 = 7 551 200 美元。

在时态法下，折算损失并不在一个单独的权益账户中累计，而是直接进入了每个季度的利润表中。因此，在贬值前的折算美元资产负债表中，留存收益是以前所有年份的累计收益按照每年的历史汇率折算的结果，加上以前所有年份的折算利得或者损失。在表 10-3 中，在贬值前的美元资产负债表中没有出现任何折算损失，因为发生的任何损失都包括在留存收益中。

贬值的结果就是立刻造成 160 000 美元的折算损失。这个数在表 10-3 中作为一个单独的项目列报，目的是作为本书的举例引起读者注意。在时态法下，160 000 美元的折算损失将进入利润表中，减少了报告的净收入和留存收益。最终的留存收益实际上是 7 711 200 美元减去 160 000 美元，即 7 551 200 美元。其他使用时态法的国家并不一定要求利得或者损失在利润表中体现。

10.3.3 管理的启示

在泰鼎公司案例中，在现行汇率法下折算损失或者利得更大，因为存货、净厂房和设备与所有的货币资产一样注定是被暴露的。当净风险暴露资产更大时，折算的利得或者损失就更大。

如果管理层预期到外汇贬值，将通过减少净风险暴露资产来降低折算风险。如果管理层预期到了外汇升值，就应该增加净风险暴露资产来获利。

正如国际金融实务 10-1 中所描述的，交易风险、折算风险和经营风险可以影响商业经营单位的价值，在这个案例中是指国外子公司的价值。

国际金融实务 10-1

外国子公司估值

跨国公司的子公司对整个公司的价值贡献是全球财务管理争论不断的话题。当对合并后公司的总收益有重大影响时，大多数跨国公司按照个体或者区域报告海外业务对总收益的影响。

由于汇率变动导致子公司价值的变动可以分解为特定子公司收入和资产的变动

$$\Delta 子公司的价值 = \Delta 资产的价值 + \Delta 收益的价值$$

子公司收益

子公司的收益一旦以母公司的本国货币重新衡量，将直接对公司的合并收入有影响。汇率的变化会给全球公司的子公司的收入价值带来波动。如果个别子公司一直是合并收入中相对重要的组成部分，跨国公司的报告收入（和每股收益）可能单纯由于折算而改变。

子公司资产

子公司净资产报告币种的变动计入合并收入或权益。
- 如果外国子公司被指定为"功能货币为美元"，则重新衡量会通过影响当期合并收入带来交易风险。
- 如果外国子公司被指定为"功能货币为当地货币"，折算会导致折算调整，并且在综合权益中报告为折算调整。它不会改变当前报告的合并净收入。

10.4 管理折算风险

降低折算风险最主要的方法是资产负债表套期保值。一些公司已经在远期合约市场上试着控制折算风险。这意味着公司在远期合约市场上进行投机，以期会有现金利润的出现来抵消折算的非现金损失。成功取决于公司对未来汇率的准确预测，因为这样的套期保值策略在一个可能的未来预期即期汇率范围内不能生效。另外，这样的套期保值策略（比如投机）将会增加税收负担，但是折算损失并不会带来税收收入。

10.4.1 定义资产负债表套期保值

资产负债表套期保值策略要求在公司的合并资产负债表中暴露的外汇资产和负债是相等的。如果每一种货币都能实现这个结果，净折算风险将为零。汇率的变动将会改变风险暴露负债的价值，价值的变动和风险暴露资产的价值变动的变化数量相同，但是方向相反。如果公司使用时态法折算，那么这个零风险暴露的状态叫作货币均衡。完整的货币均衡不能通过现行汇率法来实现，因为总资产必须和相同数量的负债相匹配，但是资产负债表的权益部分必须按照历史汇率来折算。

资产负债表套期保值的成本取决于相对借款成本。如果外汇借款成本在经过外汇风险调整后比母公司的借款成本高，那么资产负债表套期保值的成本会非常高；反之亦然。然而，正常的经营部门已经决定了特定的资产负债表账户的数量和货币形式。因此，资产负债表套期保值是一种折中的方法，其中资产负债表的账目被改变了，目的是达到某种程度的外汇保护，可能的成本是利息费用或者经营效率。

为了实现资产负债表套期保值策略，泰鼎公司必须选择其中之一：①减少风险暴露欧元资产，同时不减少欧元负债；②增加欧元负债，同时不增加欧元资产。做到这点的一个方法是将现存的欧元现金转换为美元。如果泰鼎（欧洲）公司没有足够大的欧元现金余额，它可以借入欧元，将这些借入的欧元转换成美元。另外的一个子公司可以借入欧元换成美元。也就是说，套期保值的本质是让母公司或者它的任何一个子公司创造欧元负债，然后用得来的现金转换成美元。

1. 现行汇率法

在现行汇率法下，泰鼎公司应该借入 8 000 000 欧元。第一步的最初效果是在泰鼎（欧洲）公司的资产负债表上增加一个风险暴露资产（现金）和一个风险暴露负债（应付票据），而对净风险暴露资产没有直接的影响。以下的步骤可以采取两种形式：①泰鼎（欧洲）公司可以将得来的欧元换成美元，然后持有美元；②它可以将借来的欧元转移到泰鼎公司，或者作为欧元股利，或者作为公司内部债务的支付款。然后，泰鼎公司可以将欧元换成美元。当然，在一些国家，当地的货币管理当局不会允许它们的货币这么自由地进行兑换。

另外一种可能是泰鼎公司或者其姊妹公司借入欧元，因此使欧元债务不在泰鼎公司的账户上体现。然而，消除欧元风险仍然需要进行第二步，借入方要将欧元转换为美元或者其他非风险暴露资产。任何此类借款需要与所有其他欧元借款相互合作，以避免一个子公司借入欧元来减小折算风险的同时另外一个子公司在支付欧元贷款的可能性（注意，欧元可以通过简单延迟现存欧元债务的归还而被"借入"，目标在于增加欧元债务）。

2. 时态法

如果使用时态法进行折算，只需要借入较小的数量 800 000 欧元。和以前一样，泰鼎（欧洲）公司可以使用贷款所得来购买美元。然而，泰鼎（欧洲）公司还可以使用贷款所得在欧洲购买存货或者固定资产。在时态法下，这些资产并不被认为是风险暴露的且在欧元贬值时美元价值不会减少。

10.4.2 什么时候使用资产负债表套期保值法

如果一个公司的子公司使用当地货币作为功能货币，那么当使用资产负债表套期保值法时，应该注意以下的情形。

（1）外国子公司即将被清算，因此，累计外币报表折算差额的价值应该被实现。
（2）公司有债务契约或者银行合约说明公司的债务／权益比例应该保持在一定的范围内。
（3）在特定的受到折算损失或者利得影响的利润表和资产负债表的基础上评估管理层。
（4）外国的子公司在恶性通货膨胀的环境中经营。

如果公司使用母公司的本地货币作为外国子公司的功能货币，那么所有的交易利得／损失都转移到了利润表中。对合并收入进行套期保值来降低它的不确定性，这对于投资者和评级机构来说可能是很重要的。

最后，会计风险是个非常引人注目的话题，跨国公司有多种复杂的选择。正如国际金融实务 10-2 所描述的，尽管出于最好的目的和结构，经营主体本身可能决定套期保值的结果。

国际金融实务 10-2

业务决定套期保值结果

通用汽车亚洲公司是美国通用汽车公司的地区子公司，它在包括韩国的大宇汽车公司在内的多个公司中拥有重要的公司权益。通用汽车在 2001 年获得了对大宇汽车公司业务的控制权。以后几年对大宇来说非常好，截至 2009 年，通用大宇向全球 100 多个国家出售汽车部件和车辆。

大宇的成功意味着它预测了全世界买家的销售额（应收账款）。更为明显的是，全球汽车行业现在更多地使用美元作为其跨境交易合同货币。这意味着大宇并没有几十种外币需要管理，只有一种——美元。因此，韩国的大宇于2007年年底和2008年年初签订了一系列远期外汇合约。这些货币合约锁定了该公司预期从国际市场收到的许多以美元计价的汽车销售应收账款的韩元价值。在很多人看来，这是一种保守和负责任的货币套期保值政策，直到全球金融危机以及随后全球汽车销售的崩溃。

大宇的问题不在于韩元兑美元汇率大幅上涨，问题是大宇的销售与其他所有汽车行业的参与者一样，已经崩溃。销售没有发生，因此潜在的风险——大宇的预期美元应收账款没有发生。但通用汽车仍然需要按约交割远期合约，这将耗费通用大宇2.3万亿韩元。通用汽车的大宇公司现在已经破产，它的权益被货币套期保值的失败所摧毁。通用汽车亚洲公司急需资金，而在其非常成功的中国和印度企业中出售权益是唯一的解决方案。

本章小结

1. 母公司为编制合并财务报表将外国子公司的外币形式的财务报表折算为母公司的报告货币导致了折算风险，折算风险是折算过程中产生潜在的损失或者利得的可能性。
2. 外国子公司的功能货币是指子公司经营和产生现金流的主要经济环境的货币。换句话来说，它是外国子公司在日常的经营活动中使用的主要货币。
3. 现在被大部分国家使用的折算的两种主要方法是现行汇率法和时态法。
4. 折算的技术问题包括什么时候在利润表中确认利得或者损失，功能货币和报告货币的区别以及对处于恶性通货膨胀国家的子公司的处理。
5. 折算利得和损失与经营利得和损失非常不同，不仅仅在大小上，而且在标志上也不同。管理层需要决定哪个更重要，从而决定需要先管理哪种风险。
6. 管理折算风险的主要方法是资产负债表套期保值法，它需要有相同的风险暴露资产和风险暴露负债。
7. 即使管理层选择采取一个积极的套期保值策略，几乎不可能同时抵消交易风险和折算风险。如果一定要选择，大部分的管理者将选择抵御交易损失，因为这些是已产生的损失，而不是抵御折算风险。

案例研究

拉荷亚工程服务[⊖]

米根·奥康娜任职工程技术设备部门后，要处理远多于其预想的问题。从2004年3月当了部门的财务总监后，米根发现拉荷亚工程技术设备部门的拉丁美洲子公司是最近损失的来源和影响收入增加的威胁。日益严重的问题中相当不平常的部分是，损失和威胁都来自货币折算。

拉丁美洲的子公司

拉荷亚是一家跨国工程服务公司，在电力系统的设计和建造方面有很高的声誉。由于拉荷亚的大部分业务都被称为"服务"，因此使用或者拥有较少的实物资产，这与工程设备部门不同。这一特定的商业单位被指拥有和操纵着非常高成本和专业性很强的用于特定电力传送和分布系统构建的重型设备。用米根的话来说，她管理着一家大部分都是咨询师的公司的"大洛铁"。

拉荷亚最近的活动集中在了四个国家——阿根廷、牙买加、委内瑞拉和墨西哥。不幸的是，过去几年这些国家的货币的价值不太好，特别是相对于美元来讲。这些国家中每一个拉荷亚的子公司都使用当地的货币作为功能货币。

[⊖] Copyright © 2010 Thunderbird School of Global Management. All rights reserved. This case was prepared by Professor Michael Moffett for the purpose of classroom discussion only, and not to indicate either effective or ineffective management. This case concerns a real company; names and countries have been changed to preserve confidentiality.

每个子公司都从对当地的服务合约中获得大部分收入，许多经营花费也在当地发生。但是，每一个单位都在这个专业设备——所谓的"大烙铁"中进行了投资，这就导致拉荷亚每年完成海外活动合并以进行财务报告，出现了净风险暴露资产。折算利得和损失（最近几年的大部分损失都是由于阿根廷比索、牙买加元、委内瑞拉玻利瓦尔和墨西哥比索相对美元贬值造成的）已经在公司合并报表的累计外币报表折算差额账户中进行了累计。但问题是已经晚了。

平时，这些折算损失对于拉荷亚和米根来说不会是个大的管理问题，除了2003年的秋天在阿根廷出现了一个小的文档填制错误。拉荷亚和许多近几年在阿根廷经营的跨国公司一样，已经完全放弃了在危机后严重萧条的阿根廷从事任何有希望的实际商业活动。在2003年的夏天拉荷亚实质上已经在这里停止经营了。但是它在布宜诺斯艾利斯的法律顾问犯了个错误。当地的法律顾问填写纸质说明时说拉荷亚是在进行清算，没有停止当前的经营活动并封存拉荷亚工程在阿根廷的现有资产。尽管看起来仅有小小的区别，但是根据美国的有关规定，拉荷亚必须在当前收益中实现阿根廷子公司长期增长的累计折算损失。这个数额非常大：2003年的第四季度损失700万美元。拉荷亚的管理层非常不高兴。

拉荷亚2004

由于最近的一次经历，拉荷亚仔细查看了它在世界各地的各种各样商业单位的折算利得和损失。公司在拉丁美洲的经营部门又成为焦点，因为虽然美元本身相对欧元非常弱势，但是许多拉丁美洲的货币相对美元都贬值了。牙买加、委内瑞拉和墨西哥每一家子公司都提出了它们各自的问题和挑战，但是都给拉荷亚的折算调整带来了威胁。

牙买加

公司从一开始就很担忧牙买加的业务和合约。公司最初同意用牙买加元来接收收入（使用当地的货币作为功能货币），但是在2003年年初牙买加元贬值后，公司重新商议了一个风险共担合约。合约重新构建了一种关系，这种关系是尽管拉荷亚将仍然使用当地货币进行支付，但当这些花费开成发票后，这两个公司会共同承担2003年第四个季度的任何汇率的变化。无论如何，牙买加元的持续贬值（见图10-3）已经为在牙买加的拉荷亚带来了很大的折算损失。

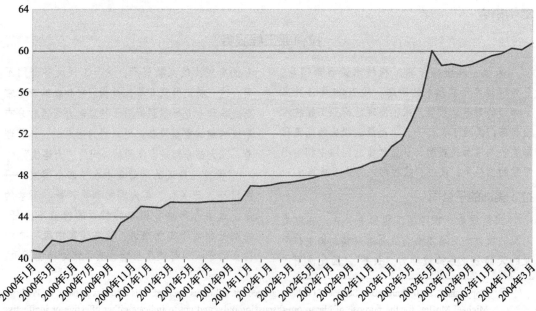

图10-3 牙买加元兑美元

墨西哥

尽管墨西哥比索在许多年内非常稳定，但在 2002 年和 2003 年已经开始相对美元贬值了（见图 10-4）。米根看这种情况看得越深入，她就变得越沮丧。拉荷亚在 2000 年年初才刚刚在墨西哥拥有子公司经营业务，然而墨西哥的折算损失比她想象中增长得更快。

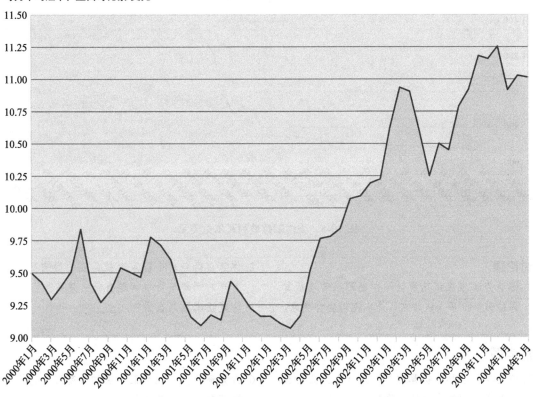

图 10-4 墨西哥比索兑美元

当她意识到墨西哥公司的财务报告每个季度好像都将折算损失写上去，她变得非常激动。当她开始询问问题时，首先是通过电话，然后是面对面。当地的财务总监停止了这段谈话（通过翻译传达），宣称他们完全听不懂她在说什么。米根不是刚刚从事国际金融的人，她知道墨西哥的财务报表的确经常根据政府公布的与货币相关的资产价值指数来调整外汇计价的账户。她在想这个调整是不是折算损失快速增长的来源。

委内瑞拉

如图 10-5 所示，委内瑞拉前总统查韦斯的持续政治危机开始对委内瑞拉玻利瓦尔有了影响。拉荷亚不仅仅因委内瑞拉经营部门带来的美元收入越来越少，而且也因提供服务的政府机构延迟支付而遭受困扰。平均发票结算期限超过了 180 天，玻利瓦尔的贬值加重了这些损失。折算损失在一个功能货币为当地货币的子公司中积累。委内瑞拉的拉荷亚财务总监提出了一个提议，包括将当前在委内瑞拉的账目使用货币改为美元，同时他们建议出于会计和合并的目的将子公司变为离岸（挪出委内瑞拉），建议搬到开曼群岛或者近海的安的列斯。

总而言之，当米根升职成为这个部门的财务总监后，她就开始逐渐认识到她犯了个很大的错误。她再一次将眼光放在了太平洋，看看她能采取什么措施来管理这些风险，还有就是她应该立刻采取什么行动。

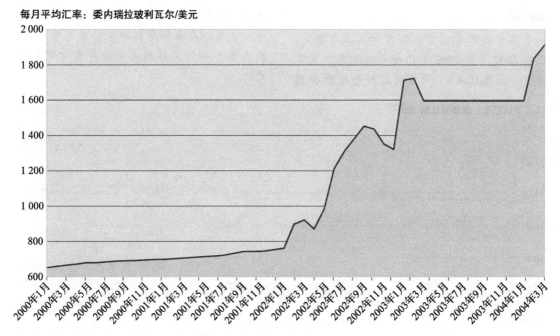

图 10-5　委内瑞拉玻利瓦尔兑美元

讨论题

1. 你认为米根应该花费时间和资源来管理折算风险吗？很多人认为这只是单纯的会计现象。
2. 你怎么区分单个国家对拉荷亚的影响？它们各自的问题与货币问题有什么关系？
3. 你建议米根怎么做？

思考题

1. 使用其他名称。折算的意思是什么？为什么折算风险被称为会计风险？
2. 转换金融资产。编制合并财务报表时，折算和转换意义相同吗？
3. 中心问题。在对外国子公司编制合并财务报表时，什么是最主要的问题？
4. 自给自足的子公司。自给自足的外国子公司和综合性的外国子公司有什么不同？
5. 功能货币。什么是功能货币？什么是非功能货币？
6. 折算资产。在现行汇率法和时态法下的折算资产有什么主要区别？
7. 折算负债。在现行汇率法和时态法下的折算负债有什么主要区别？
8. 恶性通货膨胀。什么是恶性通货膨胀？对处于恶性通货膨胀国家的外币财务报表进行折算的结果是什么？
9. 外汇交易损失的其他名称。交易风险和折算风险产生的损失有什么主要区别？

练习题

1. 泰鼎（欧洲）公司（A）。使用本章中泰鼎（欧洲）公司的事实，假定在表 10-2 中，2006 年 1 月 2 日的汇率从 1.200 0 美元/欧元下降到了 0.900 0 美元/欧元，而不是 1.000 0 美元/欧元。在新汇率下，使用现行汇率法重新计算泰鼎欧洲公司 2006 年 1 月 2 日的折算资产负债表。
  （1）折算利得或者损失的数量是多少？
  （2）它将出现在财务报表的哪里？
2. 泰鼎（欧洲）公司（B）。使用本章中泰鼎

（欧洲）公司的事实，假设和泰鼎（欧洲）公司（A）一样，2006年1月2日的汇率在表10-2中从1.2000美元/欧元下降到了0.9000美元/欧元，而不是1.0000美元/欧元。在新的汇率下，使用时态法重新计算泰鼎（欧洲）公司2006年1月2日的折算资产负债表。

（1）折算利得或者损失的数量是多少？
（2）它将出现在财务报表的哪里？
（3）为什么时态法下折算损失和利得与现行汇率法下的折算损失或者利得不一样呢？

3. 泰鼎（欧洲）公司（C）。使用本章中泰鼎（欧洲）公司的事实，假设和泰鼎（欧洲）公司（A）一样，2006年1月2日的汇率在表10-2中从1.2000美元/欧元升到了1.5000美元/欧元。使用现行汇率法和新的汇率计算泰鼎（欧洲）公司2006年1月2日的折算财务报表。

（1）折算利得或者损失的数量是多少？
（2）它将出现在财务报表的哪里？

4. 泰鼎（欧洲）公司（D）。使用本章中泰鼎（欧洲）公司的事实，假设和泰鼎（欧洲）公司（A）一样，2006年1月2日的汇率在表10-2中从1.2000美元/欧元升值到了1.5000美元/欧元。使用时态法和新的汇率来计算泰鼎欧洲公司2006年1月2日的折算财务报表。

（1）折算利得或者损失的数量是多少？
（2）它将出现在财务报表的哪里？

5. 特里斯坦·纳瓦加（A）。特里斯坦·纳瓦加是一家美国制造公司在乌拉圭的子公司。1月1日的资产负债表如下。美元和乌拉圭比索的汇率是20比索/美元。使用现行汇率法确定特里斯坦·纳瓦加对母公司1月1日的折算风险的贡献。

资产负债表 （单位：比索）

资产		负债和所有者权益	
现金	60 000	流动负债	30 000
应收账款	120 000	长期债务	90 000
存货	120 000	股本	300 000
净厂房和设备	240 000	留存收益	120 000
	540 000		540 000

（1）使用现行汇率法，确定特里斯坦·纳瓦加对母公司1月1日的折算风险有多大贡献。
（2）如果12月31日的汇率是20比索/美元，计算特里斯坦·纳瓦加对母公司折算损失的贡献。假设所有乌拉圭比索的账户与年初保持不变。

6. 特里斯坦·纳瓦加（B）。使用5题中的资产负债表，如果12月31日的汇率是22比索/美元，计算特里斯坦·纳瓦加对母公司折算损失的贡献。假设所有乌拉圭比索的账户与年初保持不变。

7. 特里斯坦·纳瓦加（C）。如果12月31日的汇率是12比索/美元，使用现行汇率法来计算特里斯坦·纳瓦加对母公司折算利得或者损失的贡献。假设所有乌拉圭比索的账户与年初保持不变。

8. 曼谷设备有限公司（A）。曼谷设备有限公司是一家美国公司的泰国子公司，是一家检测地震设备制造商。曼谷设备主要为全球的石油和天然气产业制造设备，即使最近全部商品的价格都在上升，包括铜，但是它的业务开始迅速扩张。产品主要销往美国和欧洲的跨国公司。3月31日曼谷设备的资产负债表以千泰铢表示如下。

曼谷设备有限公司资产负债表，3月31日 （单位：千泰铢）

资产		负债和所有者权益	
现金	24 000	应付账款	18 000

(续)

资产		负债和所有者权益	
应收账款	36 000	银行贷款	60 000
存货	48 000	普通股	18 000
净厂房和设备	60 000	留存收益	72 000
	168 000		168 000

资产负债表折算成美元的汇率为:

40.00 泰铢/美元	4月1日贬值25%后的汇率
30.00 泰铢/美元	3月31日汇率,贬值25%之前。所有的存货都是按照该汇率买入的
20.00 泰铢/美元	厂房和设备买入的历史汇率

泰铢在3月31日与4月1日之间从30泰铢/美元贬值到了40泰铢/美元。假设这两天的资产负债表项目没有发生变化,计算在现行汇率法与时态法下的折算利得和损失。从风险暴露账户的价值变动的角度来解释折算利得或者损失。

9. 曼谷设备有限公司(B)。使用为曼谷设备有限公司提供的原始数据,假设在3月31日与4月1日之间泰铢从30泰铢/美元升值到了25泰铢/美元。假设这两天的资产负债表项目没有发生变化,计算在现行汇率法与时态法下的折算利得和损失。从风险暴露账户的价值变动的角度来解释折算利得或者损失。

10. 开罗铸锭有限公司。开罗铸锭有限公司是一家从事铝加工自动化引擎滑轮的英国跨国公司跨地中海铝业的埃及子公司。跨地中海铝业的报告货币是英镑。开罗铸锭12月31日的资产负债表如下。在资产负债表制作日,埃及镑和英镑的汇率是5.50埃及镑/英镑。

(单位:埃及镑)

资产		负债和所有者权益	
现金	16 500 000	应付账款	24 750 000
应收账款	33 000 000	长期债务	49 500 000
存货	49 500 000	投资资本	90 750 000
净厂房和设备	66 000 000		
	165 000 000		165 000 000

在现行汇率法下,12月31日开罗铸锭有限公司对跨地中海的折算风险的贡献多大?如果下季度末汇率为6.00埃及镑/英镑,跨地中海的折算风险损失是多少。假设所有资产负债表项目季度末的值与年初相同。

第 11 章

经营风险

风险管理的本质在于最大限度地扩大我们能控制结果的领域，同时最大限度地减少我们完全无法控制结果的领域，我们并不知道因果关系。

——彼得·伯恩斯坦，《与天为敌》，1996

学习目标

1. 了解经营风险是怎样由经营和筹资现金流过程中未预期到的变化所引起的。
2. 分析未预期的汇率变动怎样通过影响数量、价格、成本和其他关键性的因素来改变经济体的经济状况。
3. 评价管理经营风险的各种战略决策。
4. 详述公司在管理经营风险中使用的保护性政策。

本章说明一段时间内公司面临的经济风险，也就是我们所说的经营风险。经营风险，又称经济风险、竞争风险，也被称为战略风险，它衡量的是未预期的汇率变化所引起的未来现金流变化从而导致的公司现值的变化。经营风险的分析评估了汇率的变化对公司未来几个月甚至几年的经营活动及其相对其他竞争对手的地位的影响，是为了公司在面对未预期的汇率变化时能识别相应的战略决策和经营策略。

经营风险与交易风险是有联系的，因为它们都与未来的现金流有关。它们的不同点在于现金流的管理重点和当汇率变化时现金流变化的原因。我们先重温一下泰鼎公司的结构，以及这如何决定它可能面临的经营风险。本章将继续在经营风险的管理中应用一系列策略和结构。最后以案例研究——丰田汽车在欧洲的经营风险结束。

11.1 跨国公司的经营风险

跨国公司的结构和经营状况决定了它面临的经营风险的特点。图 11-1 展示了泰鼎公司的基本结构和经营货币。作为一家美国上市公司，其最终所有的财务指标和价值必须要合并，并以美元表示。第 10 章描述了公司的会计风险——折算风险。然而在实际操作中，即在合并过程中，各个子公司的功能货币整体上决定了公司的经营风险。

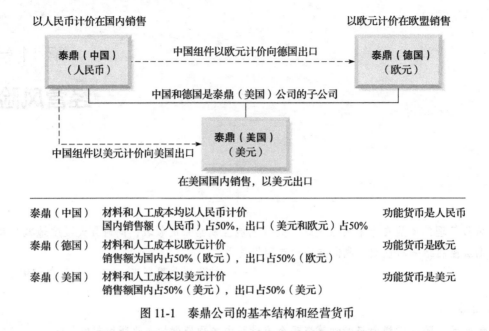

图 11-1 泰鼎公司的基本结构和经营货币

各个经营主体的净经营风险均反映货币现金流入及现金流出在市场上的竞争地位。应收账款是销售的现金流收益，应付账款是与购买劳动力、材料和其他投入相关的持续经营成本。一般来说，净收益实际上是每个企业的生命线，也是企业随着时间的推移创造价值的来源。

例如，泰鼎（德国）公司有本地销售和出口销售，但所有销售均以欧元开具发票。因此所有经营性现金流入都是其本国货币——欧元。在成本方面，劳动力成本以本地欧元表示，以及许多物质投入采购都以本地欧元表示。它也从泰鼎（中国）购买零部件，但也以欧元开具发票。泰鼎（德国）公司的功能货币显然是欧元，所有现金流入和流出均以欧元计价。

泰鼎（美国）公司与泰鼎（德国）公司的结构相似。所有来自国内和国际销售的现金流入均以美元计价。所有来自国内和国际的成本、人工和材料均以美元开出发票，这也包括从泰鼎（中国）购买的。因此，很明显泰鼎（美国）的功能货币是美元。

泰鼎（中国）公司的情况更为复杂。现金流出、人工和材料都来自国内，以人民币计价。然而，现金流入产生于三个不同的货币区域，因为该公司以人民币在当地进行销售，并以美元出口到美国和以欧元出口到德国。最终来看，虽然有美元和欧元的现金流入，但主要货币现金流是人民币。

11.1.1 静态与动态经营风险

衡量像泰鼎一样的公司的经营风险时，需要预测和分析公司未来的所有交易风险以及来自全世界的竞争对手和潜在竞争对手的未来风险。短期的汇率变化会影响当前和即时合同，通常称之为交易。但是长期来说，随着价格的变化和竞争对手的反应，企业更基本的经济和竞争驱动因素可能会改变单位的所有现金流量。下面这个简单的例子可以很清晰地解释这一点。

假设泰鼎公司的三个经营单位规模大小基本一致。2012 年，美元相对于欧元在贬值。

每个经营单位的经营风险需要被静态（交易风险）和动态（并非由合约规定的未来商业交易）监测。

（1）泰鼎（中国）。由于人民币升值，以美元计价的销售将导致短期内人民币收益减少。以欧元计价的销售可能保持大致相同的人民币收益，这取决于人民币兑欧元汇率的相对变动。总体盈利能力将在短期内下降。从长远来看，这取决于公司产品的市场和竞争性质，可能需要提高其出口产品的销售价格，甚至提高对其美国母公司的出口价格。

（2）泰鼎（德国）。由于该业务单位的现金流入和流出均为欧元，因此不存在即刻的交易风险或变化。如果泰鼎（中国）确实最终推动零部件销售价格上涨，那么它的未来投入成本可能会上升。泰鼎（德国）短期内盈利能力不受影响。

（3）泰鼎（美国）。如同泰鼎（德国）一样，泰鼎（美国）公司的现金流入和流出都是以当地货币计价的。美元价值的下跌不会对其产生直接影响（交易风险），但可能会在中长期内发生变化，因为中国子公司试图重新获得利润率，因此来自中国的投入成本可能会随着时间的变化而上升。但是与德国子公司一样，泰鼎（美国）短期盈利能力不受影响。

泰鼎公司的最终结果可能是公司短期内盈利能力的下降，主要是由于中国子公司的利润下降，即短期交易/经营风险的影响。然而，短期内美元下跌可能会对折算风险产生积极的影响，因为以人民币和欧元计价的利润与收入可以折算为更多的美元。华尔街的投资者可能会喜欢看到这一两个季度的结果。

11.1.2 经营活动和融资活动现金流

跨国公司的现金流可以分为经营活动现金流和融资活动现金流两种。泰鼎公司的经营活动现金流产生于公司之间（无关的公司之间）和公司内部（同一个公司的部门之间）的应收账款和应付账款、新设备和机器的租赁费、技术与知识产权的特许使用费和许可证费用以及种类繁多的服务使用费。

融资现金流产生于公司之间和公司各部门之间的借贷活动（本金和利息）与股东权益（新的股权投资和分红）。每一种现金流都在不时地以不等的数量或者不同的面额货币存在，然而每一种发生的可能性都不同。图11-2总结了泰鼎（中国）和泰鼎（美国）的各种现金流发生的可能性。

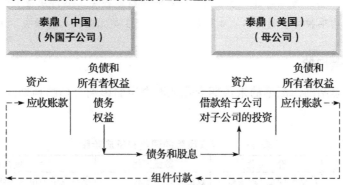

图11-2 母公司与子公司之间的融资和经营现金流

11.1.3 预期与未预期的现金流变化之比较

经营风险对企业长期的健康比其他交易风险或者折算风险引起的变化更加重要。然而，经营风险不可避免地带有主观的因素，因为它取决于在一个任意长的时间段内对未来现金流变化的估计。因此，它不是来源于会计过程，而是来自经营分析。计划应对经营风险是全面的管理责任，它取决于融资、营销、采购和生产战略的交互作用。

外汇汇率中已经预期到的变化并不包括在经营风险的定义当中，因为管理层和投资者应当已经在他们对未来经营结果和市场价值的估计中考虑到了这方面的变化。不同观点的"预期变化"如下。

- 从管理层的角度来看，预算财务报表已经反映了已预期到的未来汇率变化的影响。
- 从债务服务的角度来看，用来摊销债券的预期现金流应该已经反映了国际费雪效应。预期的利率和本金的偿还金额应该是预期汇率的函数，而不是现存汇率的函数。
- 从投资者的角度来看，如果外汇市场是有效的，那么，外汇汇率预期的变化信息将被广泛了解到，并且反映了公司的市场价值。只有外汇汇率未预期的变化，或者在一个非有效市场中，才会引起市场价值的变动。
- 从更广泛的角度来看，经营风险不仅仅是公司未来现金流对外汇汇率未预期变化的敏感度，也是对其他宏观经济变量的敏感度。这种因素被称为宏观经济的不确定性。

我们会在国际金融实务 11-1 中深入探讨。第 6 章描述了汇率、利率和通货膨胀率的平价关系。然而，这些变量经常处于互相不均衡的状态。因此，利率和通货膨胀率中的未预期的变化同时也会对未来现金流产生不同的影响。

国际金融实务 11-1

预期贬值：福特和委内瑞拉

了解经营风险的关键在于经营风险不包括预期的汇率变化。假设市场已经考虑了这个价值变化，但是这个假设合理吗？

考虑福特汽车公司案例。2013 年 12 月，福特公司对委内瑞拉货币发生的进一步贬值公开化，这对于福特公司的财务结果来说意味着什么。在证券交易委员会的备案中，福特公司报告了其对委内瑞拉有 8.02 亿美元的投资。预计委内瑞拉货币玻利瓦尔将从 6.3 玻利瓦尔 / 美元下跌到 12 玻利瓦尔 / 美元，公司最终可能会遭受 3.5 亿美元的财务损失。公司从过去的经验中推断。今年早些时候，当委内瑞拉将玻利瓦尔从 4.3 美元贬值到 6.3 美元时，已经损失了 1.86 亿美元。

11.1.4 测量经营风险

正如表 11-1 总结的，汇率的未预期变化从四个层面影响公司的预期现金流，均取决于使用的时间维度。

表 11-1 经营风险的调整和反应阶段

阶段	时间	价格变化	数量变化	结构变化
短期	1 年以内	价格是固定 / 约定好的	数量是约定好的	没有竞争的市场变化
中期：均衡	2～5 年	汇率变化的完整传递	数量对价格有部分反应	现有竞争对手开始部分反应

（续）

阶段	时间	价格变化	数量变化	结构变化
中期：非均衡	2～5年	汇率变化的部分传递	数量对价格有部分反应	现有竞争对手开始部分反应
长期	5年以上	完全灵活变化	完全灵活变化	新进入者的威胁和多变的竞争对手反应

（1）短期。第一层面的影响是在一年的经营预算中的预期现金流。收益或亏损取决于预期现金流面额货币。这些都是现有的交易风险和预期风险。面额货币不能改变现有义务，甚至是隐含的义务，如购买或销售承诺。除了真实或隐含的义务外，公司短期内很难改变销售价格或重新谈判要素成本。因此，公司实现的现金流将与预算中的预期现金流不同。然而，随着时间的变化，价格和成本可以改变，从而反映汇率变化带来的新的竞争情况。

（2）中期：均衡。第二层面的影响是预期的中期现金流，例如以2～5年为预算，假设外汇汇率、国内通货膨胀率和国家利率平价条件成立。在均衡条件下，公司应该能够随时调整价格和要素成本，以维持预期的现金流水平。在这种情况下，预期现金流的面额货币并不像现金流的来源那么重要。国家货币、财政和国际收支政策决定是否存在均衡条件，以及是否允许公司调整价格和成本。

如果均衡持续存在，公司可以自由调整价格和成本以维持其预期的竞争地位，则其经营风险可能为零。它的预期现金流将实现，可以预期汇率变化，因此其市场价值不变。然而也有可能存在均衡条件，但公司不愿意或无法调整运营以适应新的竞争环境。在这种情况下，公司会面临经营风险，因为它实现的现金流会与预期的现金流不同。这样，公司市场价值也有可能被改变。

（3）中期：非均衡。第三层面的影响是假设非均衡条件下预期的中期现金流。在这种情况下，公司可能无法调整价格和成本以反映汇率变化导致的新竞争现实。主要问题是现存竞争对手的反应。公司实现的现金流不同于预期现金流。公司的市场价值可能会因为未预期的结果而发生变化。

（4）长期。第四层面的影响是预期的长期现金流，即5年以上。在这个战略层面上，公司现金流将受到现有竞争者和潜在竞争者（可能的新进入者）在非均衡条件下对汇率变化反应的影响。事实上，所有受到国际竞争影响的企业，无论是纯粹的国内企业还是跨国企业，只要外汇市场不能持续平衡，其就会长期处于外汇经营风险之中。

11.2 测量经营风险：泰鼎

图11-3展示了泰鼎公司在欧元价值发生未预期变化时所面临的困境，欧元对这家德国子公司具有重要的经济意义。泰鼎公司的主要报表利润（报告给华尔街的收益和每股收益）都来自欧洲的子公司。如果欧元出人意料地贬值了，泰鼎（德国）公司的价值将怎么变化呢？

在金融学中，价值产生于经营现金流。如果泰鼎公司希望试图测量泰鼎（德国）公司随着未预期的汇率变化而面临的经营风险，就要通过估计汇率对泰鼎（德国）公司的经营现金流的影响。具体来说，价格、成本和数量如何变化？后面将介绍短期内和中期内随着欧元对于美元——泰鼎公司的本国货币的贬值，这些价值将如何变化。

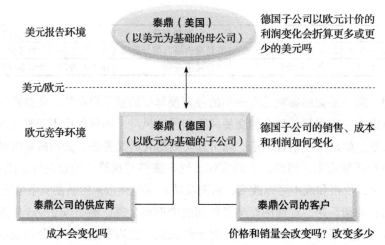

图 11-3 泰鼎公司和泰鼎（德国）公司

11.2.1 基础案例

泰鼎（德国）公司在德国生产并在德国国内销售，出口和所有的销售都以欧元计价开发票。表 11-2 总结了当前泰鼎（德国）公司 2014～2018 年的收入和经营现金流的最低预测（假设当前是 2013 年）。假设销售量是每年 100 万单位，每单位销售价格为 12.80 欧元，每单位直接成本为 9.60 欧元。德国的公司所得税是 29.5%，汇率是 1.20 美元/欧元。⊖

表 11-2 泰鼎（德国）的价值：基准分析

假设	2014	2015	2016	2017	2018
销量（单位）	1 000 000	1 000 000	1 000 000	1 000 000	1 000 000
单位销售价格（欧元）	12.80	12.80	12.80	12.80	12.80
单位直接成本（欧元）	9.60	9.60	9.60	9.60	9.60
德国公司税率	29.5%	29.5%	29.5%	29.5%	29.5%
汇率（美元/欧元）	1.200 0	1.200 0	1.200 0	1.200 0	1.200 0
利润表	2014	2015	2016	2017	2018
销售收入（欧元）	12 800 000	12 800 000	12 800 000	12 800 000	12 800 000
已售产品直接成本（欧元）	-9 600 000	-9 600 000	-9 600 000	-9 600 000	-9 600 000
现金经营费用（固定，欧元）	-890 000	-890 000	-890 000	-890 000	-890 000
折旧（欧元）	-600 000	-600 000	-600 000	-600 000	-600 000
税前利润（欧元）	1 710 000	1 710 000	1 710 000	1 710 000	1 710 000
所得税费用（欧元）	-504 450	-504 450	-504 450	-504 450	-504 450
净收入（欧元）	1 205 550	1 205 550	1 205 550	1 205 550	1 205 550
用于估值的现金流					
净收入（欧元）	1 205 550	1 205 550	1 205 550	1 205 550	1 205 550
加折旧（欧元）	600 000	600 000	600 000	600 000	600 000
净运营资本的变化（欧元）	0	0	0	0	0

⊖ 为了简化起见，该分析假设泰鼎（德国）没有债务，因此没有利息支出。我们假设在所示的 5 年内不需要额外的资本支出，同时还假设没有终值，泰鼎公司的价值是通过未来五年的现金流进行评估的。由于持续经营，净营运资本（应收账款 + 存货 + 应付账款）在一般情况下不会增加。在后续情况中，假设应收账款周转天数为 45 天，库存基于销售成本计算的周转天数为 10 天，应付账款周转天数为 38 天。

（续）

利润表	2014	2015	2016	2017	2018
以欧元计价的自由现金流	1 805 550	1 805 550	1 805 550	1 805 550	1 805 550
以美元计价的经营现金流	2 166 660	2 166 660	2 166 660	2 166 660	2 166 660
现值（以15%为折现率，美元）	7 262 980				

这些假设产生了12 800 000欧元的销售额和1 205 550欧元的净收入。根据净收益调整折旧和净营运资本（基础案例中为0），得到1 805 550欧元或者2 166 660美元（在1.20美元/欧元的汇率下）的经营现金流。泰鼎公司管理层通过未来5年内对全部自由现金流以15%为折现率得出现值来评估子公司的价值。基准分析得出泰鼎（德国）公司的现值是7 262 980美元。

2014年1月1日，在任何商业活动还未开始之前，欧元不可预期地从1.200 0美元/欧元下降到了1.000 0美元/欧元。经营风险取决于汇率中的未预期变化是否能够导致销售量、销售价格和经营成本的未预期变化。

当欧元贬值时，泰鼎（德国）公司可能维持它在本地的销售价格不变，也可能提高本地的价格，因为现在竞争性的进口商品在欧洲的价格变高了。公司可能选择保持出口商品的价格不变，这个价格可能是以外汇计量的，也可能是以欧元计量的，或者以它们中间的一种货币计量（部分通过）。公司采取的措施在很大程度上取决于管理层对需求价格弹性的估计，包括管理层对竞争对手的反应的预估。在成本方面，泰鼎（德国）公司可能提高价格，因为其进口了更加昂贵的原材料和零部件，或者因为所有德国的本地商品价格已经上升，劳动者需要更高的工资来补偿本地的通货膨胀。

泰鼎（德国）公司的本地销售量和成本也可能部分取决于欧元贬值对需求的影响。从这个意义上来讲，欧元的贬值最初使得德国的商品价格变得更加有竞争力，在促进德国商品出口的同时，还刺激了进口竞争部门对欧洲商品的购买，因此德国的国民收入应该增加。这个假设的前提是欧元贬值带来竞争性价格的效应不能立刻被高的本地通货膨胀所抵消。因此，泰鼎（德国）公司可能因为价格和收入效应在本地销售更多的商品，同时因为价格效应在国际上销售更多的商品。

为了解释这些后贬值效应对泰鼎（德国）公司的经营风险的影响，请仔细思考下面四个简单案例。

- 案例1：贬值，没有任何变量发生变化。
- 案例2：销售量增加，其他变量保持不变。
- 案例3：销售价格上升，其他变量保持不变。
- 案例4：销售价格、成本和销售量增加。

为了计算每一种情况下价值的变化，我们将使用5年的时间跨度来衡量现金流由于美元/欧元汇率变化所引起的任何变化。

1. 案例1：贬值，没有任何变量发生变化

假定未来五年内，销售量、销售价格和经营成本未发生变化。那么未来一年以欧元计价的利润将像预期的一样，经营活动的现金流仍是1 805 550欧元。因为所有以欧元计价的结果都一样，所以净营运资本没有发生变化。然而，汇率发生变化，意味着以美元计价的经营现金流下降为1 805 550美元。这个系列的经营现金流的现值是6 052 483美元，当以美元计

价为 1 210 497 美元时，泰鼎（德国）公司的价值下降。

2. 案例 2：销售量增加，其他变量保持不变

假设随着欧元的贬值，欧洲内部的销售量增加 40%，达到 1 400 000 单位（假设有其他的变量保持不变）。此次贬值使得德国制造的电信零件比进口更加具有竞争力。另外，出口量增加，因为德国制造的电信零件在那些货币没有贬值的国家变得更加便宜。以欧元计价的销售价格保持不变，因为泰鼎（德国）公司的管理层并没有发现德国本地的经营成本发生变化，同时它发现现在是增加市场份额的很好的机会。

泰鼎（德国）公司的净收入增加至 2 107 950 欧元，第一年的预期现金流是 2 504 553 欧元，净营运资本增长了 203 397 欧元（使用增长的现金流的一部分）。接下来的 4 年中，每年的经营现金流是 2 707 950 欧元。泰鼎（德国）公司的现值比最低值 8 900 601 美元增加了 1 637 621 美元。

3. 案例 3：销售价格上升，其他变量保持不变

假设以欧元计价的销售价格从每单位 12.80 欧元增加到了 15.36 欧元，保持了同等美元的价格没有发生变化（欧元的价格变化抵消了其贬值效应），其他所有变量保持不变。

	之前	之后
欧元价格	12.80 欧元	15.36 欧元
汇率	1.20 美元 / 欧元	1.00 美元 / 欧元
美元价格	15.36 美元	15.36 美元

另外假设虽然价格增加了，但销售量保持不变（底线是 1 000 000 单位），也就是说，消费者支付了相同的美元价格，本地的成本未发生变化。

泰鼎（德国）公司在贬值的情况下比先前变好了，因为钉住国际价格的销售价格上涨了。然而，销售量并未下降。每年净收入增加至 3 010 350 欧元，2014 年经营性现金流增加至 3 561 254 欧元（扣除营运资本增加的 49 096 欧元），接下来的 4 年，经营性现金流每年为 3 610 350 欧元。泰鼎（德国）公司的价值增加至 12 059 761 欧元。

4. 案例 4：销售价格、销售量和成本增加

表 11-3 说明了最后一个案例，它是可能的结果的综合。价格增加了 10%，为 14.08 欧元，每单位的直接成本增加了 5%，为 10.00 欧元，销量增加 10%，为 1 100 000 单位。收入增加超过成本，泰鼎（德国）公司的净收入增加至 2 113 590 欧元。2014 年经营性现金流增加至 2 623 683 欧元（扣除净营运资本的增加后），接下来 4 年的经营性现金流为 2 713 590 欧元。泰鼎（德国）公司的现值目前是 9 018 195 欧元。

表 11-3 泰鼎（德国）案例 4：销售价格、销售量和成本增加

假设	2014	2015	2016	2017	2018
销量（单位）	1 100 000	1 100 000	1 100 000	1 100 000	1 100 000
单位销售价格（欧元）	14.08	14.08	14.08	14.08	14.08
单位直接成本（欧元）	10.00	10.00	10.00	10.00	10.00
德国公司税率	29.5%	29.5%	29.5%	29.5%	29.5%
汇率（美元 / 欧元）	1.000 0	1.000 0	1.000 0	1.000 0	1.000 0

（续）

利润表	2014	2015	2016	2017	2018
销售收入（欧元）	15 488 000	15 488 000	15 488 000	15 488 000	15 488 000
已售产品直接成本（欧元）	−11 000 000	−11 000 000	−11 000 000	−11 000 000	−11 000 000
现金经营费用（固定，欧元）	−890 000	−890 000	−890 000	−890 000	−890 000
折旧（欧元）	−600 000	−600 000	−600 000	−600 000	−600 000
税前利润（欧元）	2 998 000	2 998 000	2 998 000	2 998 000	2 998 000
所得税费用（欧元）	−884 410	−884 410	−884 410	−884 410	−884 410
净收入（欧元）	2 113 590	2 113 590	2 113 590	2 113 590	2 113 590
用于估值的现金流					
净收入（欧元）	2 113 590	2 113 590	2 113 590	2 113 590	2 113 590
加折旧（欧元）	600 000	600 000	600 000	600 000	600 000
净运营资本的变化（欧元）	−89 907	0	0	0	0
以欧元计价的自由现金流	2 623 683	2 713 590	2 713 590	2 713 590	2 713 590
以美元计价的经营现金流	2 623 683	2 713 590	2 713 590	2 713 590	2 713 590
现值（以15%为折现率美元）	9 018 195				

11.2.2 其他可能性

如果销售收入的任何一部分是以其他货币形式发生的，那么情况将会不一样。泰鼎（德国）公司可能保持外币形式的销售价格不变，同时有效提高了欧元等值价格。或者，它可以保持欧元计价的价格不变，这样就降低了外币销售价格，以期增加销售量。当然，它也可以将自己置于这两种极端情况之间。根据弹性和对外对内销售的比例不同，总的销售收入可能会增加或者减少。

如果部分或者全部的原材料都是进口的，并且以硬通货支付，那么随着欧元的贬值，欧元经营成本将会增加。另一种可能性是本地（非进口）的欧元成本会在贬值后增加。

11.2.3 损失的衡量

表 11-4 总结了在简单的案例中，考虑欧元价值在从 1.20 美元/欧元下降为 1.00 美元/欧元的暂时和长远变化情况下，泰鼎（德国）公司的价值变化。这些案例通过衡量现有资产价值的变化，以衡量其未来 5 年经营现金流的现值，从而评估经营风险。

表 11-4 泰鼎（德国）的价值随欧元贬值的变化汇总

案例	汇率（美元/欧元）	价格（欧元）	销量	成本（欧元）	价值（美元）	价值变化（美元）	价值变化百分比
基准	1.20	12.80	1 000 000	9.60	7 262 980	—	
案例1：贬值	1.00	12.80	1 000 000	9.60	6 052 483	(1 210 497)	−16.7%
案例2：销售量增加	1.00	12.80	1 400 000	9.60	8 900 601	1 637 621	22.5%
案例3：销售价格上升	1.00	15.60	1 000 000	9.60	12 059 761	4 796 781	66.0%
案例4：销售价格、销售量和成本增加	1.00	14.08	1 100 000	10.00	9 018 195	1 755 215	24.2%

在案例 1 中，在欧元贬值的情况下其他变量未发生变化，泰鼎（德国）子公司的价值因汇率百分比的下降而下降了 16.7%。在案例 2 中，销售量增加了 40%，价格竞争力增强，泰鼎（德国）公司的价值增加了 22.5%。在案例 3 中，汇率的变化完全导致了更高的销售价格，从而导致子公司的价值大幅度增加了 66%。在案例 4 中，三个收入驱动因素同时增长，最后

导致子公司价值增加了 24.2%，可能距离"最终实现的成果"还有一定距离，但是很明显，子公司的管理层还有很多可能性需要去缩小。最后，虽然经营风险的测量事实上很难，但是也不是不可能，值得公司在渐进的财务管理中付出时间和努力。⊖

11.3 经营风险的战略管理

经营风险和交易风险管理的目标都是预期并且影响汇率的未预期变化对公司未来现金流的影响，而不是仅仅抱着乐观的态度。为了实现这个目的，管理层可以使公司的经营和融资多样化，也能改变公司重要的经营和融资的政策。国际金融实务 11-2 强调了管理意识的挑战之———固定汇率。

国际金融实务 11-2

固定汇率是否会增加新兴市场的公司货币风险

长久以来人们认为，当公司知道汇率不能或者不会改变时，它们就会开展业务，就好像货币风险不会发生一样（至少主要货币相对本土货币来说比较稳定）。正如印度对货币风险的一项研究指出："这些结果支持了挂钩汇率导致道德风险和增加金融脆弱性的假设。"

道德风险是指当一方（代理人、个人或企业）知道或相信另一方能够处理、适应或确保公司冒险行为的负面影响时，其将承担更多的风险。换句话说，一家公司在知道其他人会承担后果时，它会冒更大的风险。在固定或有管理的汇率制度下，"其他人"是指中央银行，它告诉所有承担交叉货币合同义务的人，汇率不会改变。

虽然大多数新兴市场对这种具体做法的研究仍然很少，但在未来几年内它可能会成为一个重要问题，因为许多新兴市场成为主要国际资本流动的对象——所谓的金融全球化。如果这些市场中的商业公司没有意识到打开国内外资本流动之门的风险可能对该国汇率产生影响，那么这些公司可能会在未来的几年中疯狂地尝试。

管理层在战略层面上管理经营风险的关键是在平价情况中能够及时认识到不均衡，且能够适时地采取措施来应对。如果一家公司在国际上实现其经营和融资的多样化，那么这项任务就能更好地完成。经营活动多样化就是使销售、生产设施的地点和原材料多样化。融资活动的多样化就是在多个资金市场以及多于一种货币的形式上融资。

多样化策略使得公司能够主动或者被动地根据管理层的风险偏好，来应对外汇、资金和产品市场上出现的不均衡情况所带来的机会。这种策略并不要求管理层来预测不均衡情况，而仅仅是当它发生时认识到它。这确实要求管理层考虑竞争者是如何根据针对自身的经营风险来应对的。通过这些信息可以知道哪些公司受益于或者受害于不均衡的情况。

11.3.1 经营活动的多样化

经营活动的多样化对于管理经营风险而言是一个事先定位公司的结构化策略。思考一

⊖ 注意，根据具体情况，要求净营运资本必须按照销售水平第一年的变化情况进行调整。

个例子,即购买力平价出现了短暂的不均衡。虽然不均衡可能是无法预测的,但管理层经常能在发生时及时地辨认出它们发生的特征。例如,管理层可能注意到了公司位于不同国家的厂房的比较成本的变化,也可能观察到了一个地区相对于另一个地区的毛利润和销售量的变化,这取决于价格和收入弹性以及竞争者的反应。

认识到国际竞争态势中短暂的变化使得管理层能够改变其经营策略。管理层可能会改变原材料、零件和产成品的来源。如果存在多余的生产能力,那么一个国家的生产可能会加强,另外一个国家可能会减少。由于不均衡的条件,公司的产品在价格上更加有竞争力,从而使得出口市场的成果更加显著。

即使管理层并没有积极地改变正常的经营活动来应对汇率的变动,公司也会获得有益的组合效应。公司现金流的不确定性可能会通过生产、来源和销售的多样化而减弱,因为不均衡条件下汇率的变动可能会增加公司在一些市场上的竞争力,同时也可能会减弱其在其他市场上的竞争力。这种情况下,经营风险就被中和了。

相对于国际多样化的跨国公司,纯粹的本地公司即使没有外币现金流也会全面受到外汇经营风险的影响。例如,它可能会在本地市场上受到来自在货币贬值国生产产品的企业的强烈竞争。

一家纯粹的本地公司并没有机会像跨国公司那样应对国际不均衡。实际上,一家纯粹的本地公司由于自身内部缺乏比较数据,因此无法认识到不均衡的存在。而当外部数据可以从公开的资源中取得的时候,再采取措施就太晚了。即使本地公司能够认识到不均衡的存在,它也无法迅速地进入那些以前从未进入过的外国市场进行生产和销售。

制约因素的存在可能会限制生产地点多样化的可行性。一个特定行业的技术可能需要规模经济。例如,像英特尔这样的高科技公司更倾向于坐落在其可以方便访问高科技供应商、劳动力受过高等教育以及拥有一所或者多所顶尖大学的地方。他们的研发工作与最初的生产和销售活动密切相关。

11.3.2 融资活动的多样化

如果一家公司能够多样化它的融资渠道,那么它将能够通过暂时偏离国际费雪效应而获利。如果利率差异不等于汇率的预期变动,那么就存在降低公司资本成本的机会了。然而,为了能够转变融资渠道,公司应该在国际投资大环境中享有很高的声誉,也有很稳固的银行合约支持。当然这又一次不适用于本地公司。

我们将在第12章描述融资渠道的多样化,尽管面额币种不同,但是可以降低公司的资本成本和增加资本的可得性。从细分市场之外筹措资本的能力对于驻扎在新兴市场中的公司而言尤其重要。

11.4 经营风险的主动管理

经营和交易风险可以部分通过采取可以抵消预期外汇风险的经营或者融资政策来管理。五种常用的主动管理政策为:①匹配现金流;②风险共担合约;③背对背贷款或平行贷款;④货币互换;⑤合约方法。

11.4.1 匹配现金流

抵消一种货币的预期连续的长期风险的方法是获得该种货币面值的贷款。图11-4展示了一个不断出口商品到加拿大的美国公司所面临的风险。为了能够在加拿大市场中进行有效的竞争，公司所有的出口商品都是以加拿大元开票销售的。这个政策使得公司每月都收到加拿大元的收据。如果这些出口的商品是持续的供应关系的一部分，那么从长期来看，加拿大元是相对可以预期和稳定的。这种一系列交易风险当然可以持续地通过远期合约或者其他套期保值手段来控制，如第9章中讨论的一样。

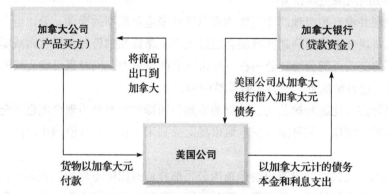

风险：向加拿大出售货物会带来加拿大元流入的外汇风险
套期保值：加拿大元债务支付通过要求偿还债务（加拿大元流出），作为金融性套期保值的方式

图11-4 债务融资作为金融性套期保值

但是，如果公司想持续使用加拿大元来做长期用途又该怎么办呢？如果美国公司要在加拿大元市场上获取部分的债务资金，那么它可以使用相对来说可以预期的从出口销售中获得的加拿大元现金流来支付加拿大元债务的本金和利息，这样现金流就匹配了。这家以美元为本的公司已经通过创造金融现金流出抵消了经营现金流入的风险。因此，它不需要积极地通过例如远期合约之类的合约性金融工具来管理风险。这种形式的套期保值，有时候又称匹配，当现金流在一定时间内相对稳定并且可以预期时，它在减小货币风险方面很有效。

潜在的匹配策略有很多。另一种策略就是美国公司应该去寻找潜在的加拿大原材料供应商来代替美国或其他外国的公司。这样公司不仅拥有了经营性的加拿大元现金流入——应收账款，同时拥有了经营性的加拿大元现金流出——应付账款。如果这些现金流在大小和时间上大体一致，那么这个策略就是一个自然套期保值策略。自然指的是公司赖以生存的经营活动。

第三种策略经常被称为货币转换，也就是用加拿大元支付外国的供应商。例如，如果美国公司从墨西哥进口零部件，那么这些墨西哥公司本身可能希望用加拿大元作为支付货币，因为它们的跨国现金流网中缺少加拿大元。

11.4.2 风险共担合约

另外一种管理那些存在持续买卖关系的公司的长期现金流风险的方法是风险共担。风险共担是一种合约，规定了买者和卖者同意共同承担货币波动对他们之间支付事项的影响。如果两家公司基于产品的质量和供应的稳定性而非对于货币市场的一时兴趣建立长期的合作关系，那么用一个合约来共同分担货币风险则是很合适的。

如果福特汽车在北美的经营部门每个月都从马自达（日本）进口自动化零部件，每年都如此，那么汇率的主要波动在一方受益的情况下会损害另一方的利益（福特是马自达的主要股东，但是它并没有控制马自达的经营部门，因此风险共担合约是非常合适的。它们两家的交易既是公司之间的也是公司内部的交易。风险共担合约可以稳固这种合作关系）。一个潜在的解决方法就是福特和马自达公司同意福特购买的所有产品都以日元现在的汇率结算，只要发票日期的即期汇率为 115 日元 / 美元～ 125 日元 / 美元。如果支付日期的汇率位于这两个值之间，那么福特愿意支付任何存在的交易风险（因为它使用的支付货币是一种外币）。然而如果支付日期的汇率位于这个区间之外，那么福特和马自达将共同承担风险。

比如，福特在 3 月应支付给马自达 25 000 000 日元。如果发票日期的即期汇率是 110 日元 / 美元，那么日元相对于美元升值了，导致福特公司购买自动化零部件的成本增加了。由于汇率没有位于合约中约定的汇率区间，马自达将同意支付从 5 日元（115 日元 –110 日元）/ 美元差价中导致福特用日元支付所增加的数额。福特汽车的支付数额如下

$$\left[\frac{25\,000\,000\text{日元}}{115.00\text{日元/美元} - \dfrac{5.00\text{日元/美元}}{2}}\right] = \frac{25\,000\,000\text{日元}}{112.50\text{日元/美元}} = 222\,222.22\text{美元}$$

福特公司支付的日元数额将使用 112.50 日元 / 美元汇率，节省了 5 050.51 美元。在 110 日元 / 美元的即期汇率下，福特在 3 月的成本是 227 272.73 美元。福特和马自达之间的风险共担合约使得福特可以支付 222 222.22 美元，比没有风险共担节省了 5 050.51 美元（节省是相对于增加的成本来讲的，并非真正的成本减少）。因此，双方都因为汇率超过特定区间的变动产生了成本和获益。注意，如果即期汇率增加到了 130 日元 / 美元，那么马自达公司将很容易从这个合约中受益。

风险共担合约的目的是减少多变的和不能预测的汇率变动对于双方的影响。当然，一种货币相对于另外一种货币的持续升值将会要求双方重新协商这个合约，但是合约的最终目的是缓解货币对于持续的商业关系的压力。这些风险共担合约已经在世界市场中被使用了将近 50 年。20 世纪 60 年代，当汇率在布雷顿森林体系下相对稳定时，这些合约变得很稀有。但是当 70 年代回归到浮动汇率制后，拥有长期的买卖关系的公司重新使用之前维持互利共赢的长期贸易往来的一些老方法。

11.4.3 背对背贷款或平行贷款

背对背贷款，又称平行贷款或者信用互换，发生在两个位于不同国家的公司计划在一定时间段内互相借入对方货币的时候。在约定好的终止日期，它们归还借来的货币。虽然即期汇率可能被用于决定互换的资金量的参照汇率，但是这个活动是发生在外汇交易市场之外的。这样的互换创造了一个完全覆盖型的对于汇率损失的套期保值，因为每个公司在自己的账本上都显示借入了一种它要归还的相同货币。在有法律管制或者预期法律管制时背对背贷

款被用于向一个国家或者从一个国家转移投资基金。

图11-5 诠释了典型的背对背贷款的结构。一个位于英国的母公司，想向它位于荷兰的子公司投资，并发现了一个想在英国进行投资的荷兰公司。为了完全规避汇率风险，英国母公司借给了在英国的荷兰子公司英镑，同时荷兰母公司借给了在荷兰的英国子公司欧元。这两笔贷款拥有在现行即期汇率下相等的金额和一个特定的到期日。到期日那天，两笔贷款将被归还给原始借款者，这次交易也没有必要使用外汇交易市场。任何贷款都没有外汇交易风险，也都不需要得到管理投资性外汇交易的政府机构的许可。

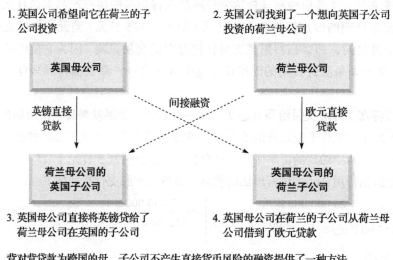

图11-5 使用背对背贷款进行货币套期保值

在背对背贷款中，母公司并不需要做出担保，因为每一项贷款都带有当另外一项贷款违约时抵消的权利。为了防止两国间即期汇率的变动，双方可以再签订一份维持本金比价的合约。例如，如果英镑在30天内贬值超过6%，那么英国母公司可能不得不为荷兰母公司的英国子公司提供更多的英镑以维持两个贷款本金的比价。相似的条款能够在欧元贬值的情况下保护英国公司。虽然这个平价条款可能导致双方在合约期间出借的本币数额发生变化，但是它并不增加外汇交易风险，因为在到期日所有的贷款都以相同的出借货币偿还。

阻碍背对背贷款广泛使用的原因有两个。首先，公司很难找到需要特定货币、数量和时间的合作伙伴。其次，一方可能在到期日无法归还借款的风险是存在的，尽管风险已经最小化了，因为每一个参与者对于贷款都有100%的担保，虽然是以另外一种货币形式存在的。这些劣势导致了货币互换的快速发展和广泛应用。

11.4.4 货币互换

货币互换类似于背对背贷款，但是它并不出现在公司的资产负债表中。我们在第5章中简单介绍过，在国际金融上互换的应用有多种多样的方式，注意在特定例子中恰当地使用。

在货币互换中，一家公司和互换交易商或者互换银行约定在一段时间内交换相等数量的两种货币。货币互换的到期日有很多，双方可以谈判商量，最多为30年。互换交易商或互换银行在互换合约中扮演着中间人的角色。第 7 章详细介绍了货币互换的结构。

一个典型的互换交易首先要求两个公司分别在自己享有盛誉的货币市场上借入资金。例如，一个日本公司一般在本地市场上借入日元。然而，如果这个日本公司出口商品到美国，并且赚取了美元，它可能希望构建一个匹配现金流的套期保值策略，这样可以用赚来的美元来支付日常的美元债务。然而，如果这个日本公司在美国市场上并没有声誉，它可能无法获得美元债务。

从图 11-6 可以看到，日本公司可以通过参加货币互换从而有效借到美元。日本公司可以将它的日元面值的债务支付与一个拥有美元债务支付的公司互换。通过互换，日本公司支付美元，收获日元。这样日本公司就可以不用真正借入美元而获得美元债务。同时，美国公司实际上进入了互换交易的反方向——支付日元和收获美元。互换交易商是中间人。互换交易商是在"盲目"的基础上组织互换活动的，也就是说，最初的公司并不知道谁是互换交易的另一方——对手方。最初的公司将交易商或者银行作为它的对手方。因为互换交易市场被世界主要的货币交易中心银行主导，对手方的风险可以承受的范围内。互换交易商的业务是组织互换活动，交易商一般可以为需要的互换安排货币种类、数量和时间。

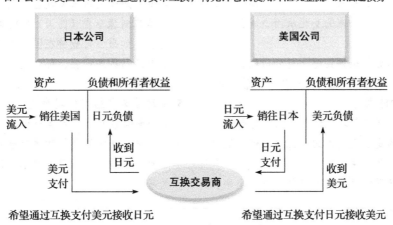

图 11-6 使用货币互换

美国的会计将货币互换作为一种外汇交易来对待，而不是作为债务，并且将一段时间后的反向互换作为一种远期外汇合约。远期外汇合约可以和资产相匹配，但是它们不在资产负债表中体现，而是在附注中体现。结果就是避免了折算风险和经营风险，而且资产负债表中既没有长期应收账款，也没有长期负债。

11.4.5 合约方法：为不能套期保值的条款进行套期保值

一些跨国公司现在尝试使用合约策略来对冲经营风险。像默克（美国）一样的很多公司使用长期的货币期权头寸来抵消不利汇率变动带来的损失。这种被许多公司用来应对战略风险或者竞争性风险的套期保值策略似乎在传统理论面前示威。

公司套期保值那些不能被套期保值的风险的能力取决于其预测力：①对公司未来现金流的预测；②对公司竞争者对于汇率变动的反应的预测。尽管许多公司的管理者可能认为他们可以预测自己的现金流，但是很少有公司实际上可以准确预测竞争者的反应。

默克公司就是一个例子，公司的管理层认为可以做到以上两点。由于药品行业产品小众的特性，公司拥有相对可以预测的长期收入流。作为一个出口国外市场的美国公司，市场中不同产品的销售水平是相对可以预测的，价格经常被政府所管制。因此，默克公司可以准确预测其未来 5～10 年的外币形式的长期净现金流。默克公司拥有一个相对非多样化的经营结构，高度集中在研究、发展和生产成本发生的地方。默克公司管理者认为默克没有真正的替代者，但是采取了合约套期保值来抵消长期未预期的汇率风险变动的影响。默克购买了场外交易市场的长期看跌期权，标的物为外币相对于美元的价值，目的是避免汇率变动带来的潜在损失。

许多公司发现实时测量外汇风险敞口是非常困难的。利用合约对冲来对冲操作风险，其真实有效性仍然是一个重要的问题。事实上，即使汇率变动发生了，看跌期权的损益也发生了，公司还是趋于劣势。专门用于购买合适规模的看跌期权的资金并没有用于经营活动的潜在多样化，而多样化经营活动从长期来看能更加有效地维持公司的全球市场份额和国际竞争力。

本章小结

1. 经营风险衡量的是未预期的汇率变动带来的未来经营活动现金流的变化从而造成公司价值的变化。
2. 从四个层面分析未预期变化对公司期望现金流的影响：①短期；②中期：均衡；③中期：非均衡；④长期。
3. 经营风险的战略管理强调了公司经营部门的结构，目的是创造货币的匹配现金流。这种方法叫作自然套期保值。
4. 经营风险管理的目标是参与和影响汇率未预期变动对于公司未来现金流的影响，而不是被迫应对像泰鼎（德国）公司案例中描述的变动。如果公司能够在国际上实现其经营和融资活动的多样化，那么这个任务可以很好地完成。
5. 主动政策包括匹配现金流、风险共担合约、背对背贷款和货币互换合约。
6. 合约方法（比如期权和远期合约）偶尔被用于对冲经营风险，但是成本高而且可能没有效果。

案例研究

丰田公司在欧洲的经营风险⊖

2002 年 1 月，丰田汽车欧洲制造商遇到了一个问题。更确切地说，是新总裁丰田章男先生遇到了问题。他正要去丰田公司的日本总部去解释欧洲汽车制造和销售经营的持续亏损问题。丰田汽车的首席执行官奥田浩志先生希望章男先生提出一个能够逐步减少以至于最终消除在欧洲的亏损问题的解决方案。这个情况很紧急，因为丰田汽车欧洲制造商是丰田汽车的主要分公司中唯一一个亏损的企业。

丰田和汽车制造

按销售量来说，丰田汽车公司是日本第一大汽车制造商、世界第三大制造商（销售 550 万辆或者每 6 秒销售一辆汽车），但是在欧洲大陆的销售量名列第八。全球的汽车制造商和其他产业一样，最近几年随着利润的缩小，对规模经济与范围经济的推崇和国际销售的减

⊖ Copyright © 2005 Thunderbird School of Global Management. All rights reserved. This case was prepared by Professor Michael H. Moffett for the purpose of classroom discussion only, and not to indicate either effective or ineffective management.

慢,一直持续经历着合并。

丰田公司也不例外。它已经开始继续合理化它的区域生产链条,增加北美本地的制造量。2001年,超过60%的丰田北美销售额是由本地制造的。但是丰田在欧洲的销售远远达不到这个水平。丰田大部分销往欧洲的汽车和卡车仍然是在日本生产的。2001年,只有26%的汽车欧洲销售额是在欧洲制造的(包括英国),剩余的都是从日本进口的(见图11-7)。

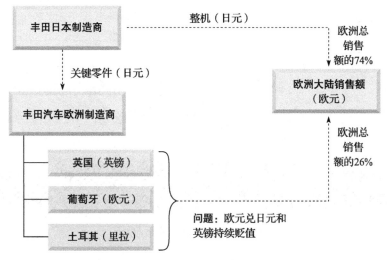

图 11-7　丰田汽车的欧洲货币经营结构

丰田汽车欧洲生产商在2000年销售了634 000辆汽车。欧洲是丰田的第二大外国市场,仅次于北美。丰田汽车欧洲制造商希望欧洲的销售量有显著提高,计划扩张欧洲的制造厂,到2005年的销售量能达到800 000辆。但是在2001年财政年度中,公司报告了98.97亿日元(8 250万美元,汇率是120日元/美元)的经营损失。丰田汽车欧洲制造商在英国有三个装配工厂,在土耳其有一个,在葡萄牙有一个。2000年11月,丰田汽车欧洲制造商公开宣布由于欧元走弱,它在未来两年内都不会有利润。

丰田汽车对欧洲市场引入了一个新的车型——雅力士,事实证明它很成功。雅力士汽车是一款超小型的带有1 000cc引擎的车辆,在2000年已经销售了超过180 000辆。虽然雅力士是专门为欧洲市场设计的,但是在日本生产的决定早已经做出了。

货币风险

丰田汽车欧洲制造商持续的经营损失的一个原因就是受到了欧元贬值的影响。1999～2000年的两年内,欧元兑日元和英镑在贬值。如图11-7所示,在欧洲大陆销售的大部分汽车的成本基本都是以日元计算的。图11-8展示了欧元相对于日元的贬值。

当日元相对于欧元升值时,成本以欧元计价就显著提高了。如果丰田希望在欧洲市场上保持价格竞争力,它必须吸收大部分汇率变动的影响,在整车和对欧洲制造中心出口的主要零件上都遭受利润的减少。而在日本生产雅力士汽车的决定仅仅是恶化了这个问题。

管理层的反应

丰田汽车的管理层并没有消极地坐以待毙。2001年,他们在法国城市瓦朗谢讷建立了装配工厂。截至2002年1月,丰田汽车在欧洲总销售量中只占一小部分,丰田公司决定扩张它的生产能力和资本,以在2004年占欧洲销售量的25%。雅力士汽车的生产线计划在2002年移到瓦朗谢讷。然而依然存在的问题是它只是一个装配工厂,这意味着许多昂贵的汽车配件都是在日本或者英国生产的。

章男先生在奥田浩志先生的许可下，也为英国的制造商发起了一个本地采购和制造的项目。丰田汽车欧洲制造商希望从日本进口主要零件以减小英国公司的经营风险。但是，如图 11-9 所示，欧元相对于英镑持续贬值，降低了这个解决方法的效用。

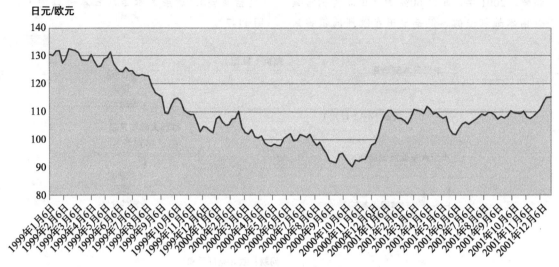

图 11-8　每日汇率：日元/欧元

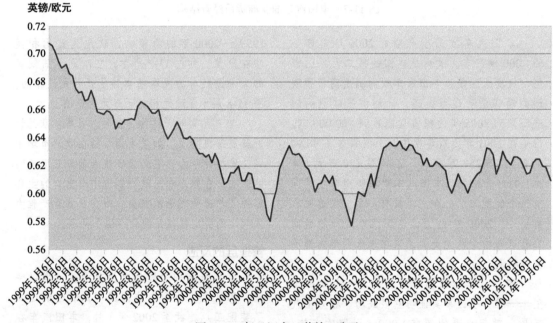

图 11-9　每日汇率：英镑/欧元

讨论题

1. 你认为丰田公司为什么这么久才将大部分制造业务转移到欧洲？
2. 如果英镑加入欧洲货币联盟，这个问题会得到解决吗？你认为可能性如何？
3. 如果你是章男先生，你将如何将你的问题和解决办法分类？短期问题是什么？长期问题是什么？
4. 你有什么方法推荐给丰田欧洲公司来解决其持续经营损失问题？

思考题

1. 定义。为下面的术语下定义：①经营风险；②经济风险；③竞争风险。
2. 未预期汇率变动。
   （1）为什么未预期的汇率变动会带来经营风险，而预期到的汇率变动不会？
   （2）解释用来分析未预期的汇率变动的时间范围。
3. 宏观经济的不确定性。什么是宏观经济的不确定性？它是如何扩大经营风险的范围的？
4. 战略反应。经营风险与交易风险管理的目标是参与和影响汇率未预期变动对于公司未来现金流的影响。存在哪些战略选择政策使管理层管理这些风险？
5. 管理经营风险。在战略层面管理经营风险的关键在于，当不均衡条件发生时，管理层能够识别并有效地应对。这个任务如何更好地实现？
6. 经营活动多样化。
   （1）跨国公司如何使经营活动多样化？
   （2）跨国公司如何使融资活动多样化？
7. 主动管理经营风险。通过采取抵消预期外汇风险的经营和融资策略，可以部分管理经营风险和交易风险。四个最常用的主动策略是什么？
8. 匹配货币现金流。
   （1）解释匹配货币现金流如何抵消经营风险。
   （2）列举匹配货币现金流的案例。
9. 风险共担。对于有持续的买卖关系的公司而言，管理经营风险的一个可以选择的安排就是风险共担。解释风险共担如何操作。
10. 背对背贷款。解释背对背贷款如何对冲外汇经营风险？
11. 货币互换。解释货币互换如何对冲外汇经营风险。货币互换的会计优势是什么？
12. 合约对冲。默克是一家采用合约对冲来应对经营风险的跨国公司。
    （1）默克如何完成这个任务？
    （2）为了使对冲经营风险的合约套期保值合理化，默克需要制定什么假设？
    （3）你对于合约对冲的有效性如何看？说明理由。

练习题

1. 吉德马吉斯特时装公司。吉德马吉斯特时装公司总部在纽约，从一个总部在阿根廷布宜诺斯艾利斯的稳定和长期的供货商阿库尼亚皮革制品公司进口皮大衣。支付是以阿根廷比索结算的。2002年1月，当比索与美元的平价被打破时，比索一直贬值到2002年10月的4.0比索/美元。比索的前景是继续贬值。由于吉德马吉斯特和阿库尼亚都希望继续它们长期的合作关系，它们签订了一个风险共担合约。只要发票日期的即期汇率在3.5比索/美元和4.5比索/美元之间，吉德马吉斯特将以即期汇率支付。如果汇率落在这个范围之外，它将和阿库尼亚共同承担差价。风险共担合约的期限是6个月，以后汇率将被重新估计。吉德马吉斯特同意在未来6个月内按照现行即期汇率4.0比索/美元从阿库尼亚以8 000 000比索或者2 000 000美元进口皮大衣。
   （1）如果汇率迅速变动到了6.0比索/美元，那么对于吉德马吉斯特来说6个月的美元进口成本是多少？
   （2）在6.0比索/美元汇率下，阿库尼亚皮革制品公司出口到吉德马吉斯特时装公司的比索销售额是多少？
2. 莫纳罗亚。莫纳罗亚公司是赫尔希的澳大利亚坚果子公司，在夏威夷希洛同名火山的斜坡上种植，在世界范围内出口坚果。日本市场是它最大的出口市场，平均年销售额以日元计算是1 200 000 000日元。按照现在的汇率125日元/美元计算，也就是9 600 000美元。每年的销售都相对平均分布。它们在莫纳罗亚公司的资产负债表上是

250 000 000 日元的应收账款。为每位顾客提供的信贷天数是 60 天。每月收到现金大约 100 000 000 日元。

莫纳罗亚希望对它的日元应收账款进行套期保值，但是它的顾客和交易都太多了，不可能为每一个应收账款出售合约。它不想使用期权，因为对于这个特殊用途来讲成本太高。因此，它已经决定使用匹配现金流法来借入日元。

(1) 莫纳罗亚公司应该借入多少日元？
(2) 日元贷款的支付条款是什么？

3. 默里出口（A）。默里出口（美国）公司为许多中国码头工厂出口重型起重机设备。现在的销售量是每年 10 000 辆，每辆车售价为 24 000 美元的等值人民币。人民币的交易价格是 8.20 元/美元，但是一个中国香港的咨询机构预测人民币下周将贬值到 9.00 元/美元，这之后将保持至少 10 年不变。默里出口公司接受了这个预测，它面临着在迫近的贬值面前做出定价的决策。它可能：①保持相同的人民币价格，实际上销售了更少的美元价格，这样中国的产量不会减少；②保持相同的美元价格，增加人民币的销售价格来抵消人民币贬值带来的影响，销售量将下降 10%。直接成本是美元销售价格的 75%。

(1) 这个定价策略的短期（一年）影响是什么？
(2) 你推荐哪个方案？

4. 默里出口（B）。假定事实情况和问题 3 一样。另外，财务管理层认为如果它保持相同的人民币销售价格，销售量在接下来的 8 年中会每年增加 12%。美元成本不会发生变化。10 年后，默里出口公司的专利就到期了，将不再向中国出口。人民币贬值到了 9.20 元/美元以后，预期不会进一步贬值。如果默里出口公司增加人民币销售价格以保持美元销售价格不变，未来 8 年间每年销售额将只会增加 1%，最初的基数是 9 000 单位。同样美元成本也没有发生变化，8 年后默里出口公司将停止对中国的出口。默里出口公司的加权平均资金成本是 10%。在这些条件下，默里出口公司应该怎样定价？

5. 迈凯伦汽车。迈凯伦公司生产英国风格的跑车，很多都出口到了新西兰，结算货币是英镑先令。位于新西兰的分销商卖出跑车得到新西兰元。新西兰的分销商不能承担所有的外汇交易风险，除非迈凯伦能够共担一些外汇风险，否则不销售迈凯伦汽车。迈凯伦同意在给定年限内的销售额将按照新西兰元和英镑的基础即期汇率来计价，这个汇率是年限开始的即期中间汇率。只要实际的汇率在基础汇率 ±5% 之内，将以英镑先令支付。也就是说，在这种情况下，新西兰的分销商承担了所有外汇交易风险。然而如果发货那天的即期汇率落在了 ±5% 的范围之外，迈凯伦将与其平等承担（50/50）实际即期汇率和基础汇率间的差价。现在的年基础汇率是 1.640 0 新西兰元/英镑。

(1) 在现在的即期汇率下，新西兰进口者必须独立承担风险的汇率范围是什么？
(2) 如果迈凯伦在即期汇率是 1.700 0 新西兰元/英镑时，向新西兰分销商出口了 10 辆跑车，每一辆跑车的发票成本是 32 000 英镑，那么分销商的成本以新西兰元计算为多少？迈凯伦会收到多少英镑？这与迈凯伦预期的每年 32 000 英镑的销售额相比有多大变化？
(3) 如果迈凯伦在即期汇率是 1.650 0 新西兰元/英镑时，对新西兰分销商出口了相同的 10 辆跑车，那么分销商应该支付多少新西兰元？迈凯伦能收到多少英镑呢？
(4) 像这样的风险共担合约是否将交易一方的货币风险转移到了另一方呢？
(5) 为什么这样的风险共担合约对迈凯伦公司有利？为什么对新西兰分销商也有利？

6. 泰鼎（德国）公司——所有国内的竞争者。使用表 11-2 和表 11-3 中泰鼎（德国）公司的分析，欧元面临贬值。如果泰鼎（德国）公司在一个有主要竞争者且几乎成熟的国内市场经营，那么其价格、成本和销量怎么变化？

7. 泰鼎（德国）公司——所有国外的竞争者。泰鼎（德国）公司现在在国际市场上竞争，大部分竞争者是国外的。你认为由于欧元贬值,泰鼎公司的经营风险会怎么样?

8. **哈雷–戴维森的风险共担。** 哈雷–戴维森(美国)在报告中指出与它的子公司和独立的国外分销商使用了风险共担合约。由于这些国外公司大部分在本地市场销售,获得的是本地的货币,哈雷公司希望通过允许它们使用本地功能货币来支付从哈雷公司(美国)购买的商品,以减轻它们的货币风险问题。

1月1日美元和澳大利亚元的即期汇率是1.305 2澳大利亚元/美元。假设哈雷在汇率为1.300 0澳大利亚元/美元的年份,使用这个汇率作为中间汇率或者基础汇率。哈雷同意只要订单日期的即期汇率在中间汇率±2.5%的范围内,则使用这个确切的汇率来计算所有出口到澳大利亚分销商的商品价格。如果汇率落在了这个范围之外,但是仍然在中间汇率±5%的范围内,哈雷则与分销商共同平等承担(50/50)新的即期汇率和中间汇率的差价。

(1) 列表详细说明哈雷所使用的固定汇率和风险共担上下边界的实际汇率。

(2) 如果哈雷公司对澳大利亚出口了一种摩托车,发票价格是8 500美元。订单日期的汇率是1.344 2澳大利亚元/美元。那么澳大利亚元的价格是多少?

(3) 如果哈雷公司对澳大利亚出口了相同的摩托车,订单日期的汇率是1.294 0澳大利亚元/美元,那么卖给分销商的澳大利亚元价格是多少?

9. **惠普打印机有限公司(A)。** 美国的惠普打印机有限公司(HP)向巴西出口打印机,巴西货币雷亚尔的汇率是3.40雷亚尔/美元。对巴西的出口每年为50 000台打印机,每台价格是200美元等值的雷亚尔价格。据称,雷亚尔将在两周内贬值到4.00雷亚尔/美元。如果贬值发生了,那么预期雷亚尔在未来10年内汇率保持不变。

如果接受这个预测,HP公司面临着必须在任何实际贬值发生前制定价格决策的问题,HP可能选择:①保持相同的雷亚尔价格,实际上以更少的美元卖出,这样在巴西的销售额就不会改变;②保持相同的美元价格,提高巴西雷亚尔的价格来补偿贬值的损失,销售量将下降20%。美国的直接成本是美元销售价格的60%。每个定价策略的短期(1年)影响会是什么?

10. **惠普打印机有限公司(B)。** 假定和问题9中有相同的事实。HP也认为如果它保持相同的巴西雷亚尔价格,在未来的6年内每年销售量将增加10%,成本并不发生变化。6年后,HP的专利到期了,它将不再对巴西出口。当巴西雷亚尔贬值到4.00雷亚尔/美元后,预期不再进一步贬值。如果HP提高雷亚尔价格来保持美元价格的不变,销售量在未来6年内每年只增加4%,最初的基数为40 000台。美元成本仍然不变。6年后HP停止向巴西出口。HP的加权平均成本是12%。在这些条件下,你对HP的定价政策有什么建议?解释你的建议。

第四部分
PART 4

公司全球化融资

第 12 章

全球视角下资本成本及其易得性

> 资本必须由自身利益驱动，不能被仁慈所诱惑。
>
> ——沃尔特·白芝浩（1826—1877）

学习目标

1. 研究一家总部设在流动性差和资本市场分割的国家的公司，其如何实现全球视角下资本成本最小化和资本易得性最大化。
2. 分析资本成本和资本易得性之间的关系。
3. 评估市场流动性和分割程度对资本成本的影响。
4. 比较跨国公司和国内同行业公司之间的加权平均资本成本。

一家企业如何才能在国际资本市场中实现资本成本的最小化和资本易得性的最大化？又为何这么做呢？国际资本市场的资本更廉价吗？本章主要探讨以上问题，最后以案例研究诺华公司作为总结，该案例详细介绍了最具影响力的企业财务策略之一。

12.1 金融全球化及其策略

全球资本市场的融合使许多企业能够在本土资本市场外获得新的和更廉价的资本。这些企业也因而能够接受更长期的项目并且在资本改良和资本扩张方面投下重金。如果一家企业处在缺乏流动性且分割的资本市场中，它能够通过实施设计精良的战略来实现企业更低的资本成本和更广的资本易得性。资本成本及其易得性维度的策略如图 12-1 所示。

一家只能在高度缺乏流动性的本土证券市场筹集长期债务资本与股本资金的企业将面临相对较高的资本成本和相对受限的资本用途。这将降低其在全球市场和相对进入本土市场的外国企业的竞争力。这类企业既包括常驻于新兴市场的企业，通常这些新兴市场的资本市场都尚未成熟，也包括那些规模太小以至于无法参与全球性资本市场的企业。许多家族式企业也归属此类，因为它们并不选择证券市场来筹集长期资本以满足需求。

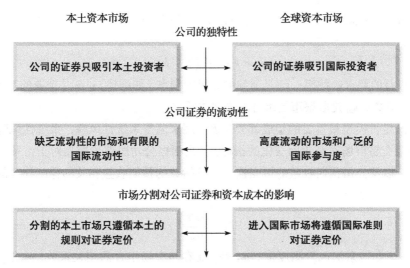

图 12-1 资本成本及其易得性维度的策略

位于只有小规模资本市场的工业国家的企业通常会选择在本土稍具流动性的证券市场筹集债务及权益资本。这类企业的资本成本及其易得性要比另一些企业好，后者所处的国家通常拥有缺乏流动性的资本市场。尽管如此，如果这些企业能够涉足拥有高度流动性的全球市场，它们也能够在筹资方面强化自身的竞争力。

位于具有分割资本市场国家的企业有必要设计出一种战略，以在筹资方面摆脱对此类市场的依赖。如果某一证券在 A 市场的必要收益率不同于与其具有相同报酬和风险的可比证券在其他市场的必要收益率，我们就称 A 市场是分割市场。资本市场之所以会分割，出于几个原因：过度的制度管制、预知的政治风险、外汇风险、缺乏透明度、信息不对称、任人唯亲、内幕交易以及其他市场不完善性因素。受到这些因素制约的企业必须规划出一个方案以避开此类有限制的资本市场并考虑在海外筹集长期资本。

12.1.1 资本成本

国内公司通常通过评估其资本所在的位置和对象来确定资本成本。在对公司感兴趣的投资者、愿意并且能够购买其股票的投资者，以及从国内银行和债务市场筹集的公司可用债务方面，成本明显不同。

企业通常采用债务与股本的各自成本、权重来计算企业最优长期资本结构中的加权平均资本成本，公式如下

$$k_{\text{WACC}} = k_e \frac{E}{V} + k_d (1-t) \frac{D}{V}$$

式中，k_{WACC} 是资本的加权平均税后成本；k_e 是经风险调整的权益成本；k_d 是债务的税前成本；t 是边际税率；E 是企业权益的市值；D 是企业债务的市值；V 是企业资产的总市值（权益＋债务）。

12.1.2 权益成本

对于企业的权益成本，可以使用**资本资产定价模型**（capital asset pricing model，CAPM）

进行估计，资本资产定价模型将权益成本定义为无风险利率和公司特定利差的总和，具体公式如下

$$k_e = k_{rf} + \beta_j (k_m - k_{rf})$$

式中，k_e 是权益的要求收益率；k_{rf} 是债券的无风险利率（如国债）；β_j 是企业的系统风险（不可分散风险）系数；k_m 是股票市场组合的预期收益率。

资本资产定价模型最重要的组成部分是 β_j，用来测量系统性风险，系统性风险是衡量公司收益如何随交易市场的变化而变化的指标。β 是根据公司股票预期相对于市场指数的总可变性的函数，以及公司预期收益的可变性与市场指数的预期收益相关的程度计算的。具体公式如下

$$\beta_j = \frac{\rho_{jm} \sigma_j}{\sigma_m}$$

式中，β_j 是 j 证券的系统风险测度值；ρ_{jm} 是 j 证券与市场组合的相关系数；σ_j 是 j 证券收益率的标准差；σ_m 是市场收益率的标准差。

当企业收益率的波动性小于市场组合的波动性时 β 小于 1，二者相等时 β 等于 1，否则 β 大于 1。CAPM 模型分析假设估计出的必要收益率能够度量投资者做权益投资时所需要的回报。如果权益投资回报没有达到预期收益，CAPM 假设个人投资者将清仓。

CAPM 最大的挑战是，要让 β 最有用，它应该是未来而不是过去的指标。潜在投资者关心的是未来公司的收益将会如何变化。不幸的是，由于未来是未知的，任何公司对权益成本的估计都是基于最近的、过去的证据。

12.1.3 负债成本

公司举债通常有两种形式，最常见的举债方式是商业银行贷款，另外是在债券市场发行债券，如票据和债券。估计债务成本通常需要以下几项：未来几年的利率水平、企业债务的构成以及收入所得税率。根据在债务结构中所占权重的不同，加权平均计算债务的税前成本 k_d，接着考虑所得税效应后，即乘以 $(1-t)$，得到企业的税后成本 $k_d(1-t)$。

当企业的新项目与现有项目处在同一风险等级时，经风险调整过的折现率可用加权平均资本成本来表示。如果新项目的经营风险、财务风险与现有项目相比均不同，那么折现率就要使用项目自身的必要收益率。

12.2 国际投资组合理论和分散化

从全球市场筹集资金对公司的潜在好处基于国际投资组合理论，即国际分散化的好处。在判定公司全球市场融资的成本和能力之前，我们先简要地回顾这些原则。

12.2.1 组合风险的降低

投资组合的风险用组合的 β 值来衡量，即组合收益的方差与市场方差之比。随着投资者提高组合中证券的数量，组合的风险最初会大幅下降，然后渐渐趋近市场系统风险的水平。任何组合的风险都可以归结为系统性风险（市场风险）和非系统性风险（单个证券的风险）

两类。提高投资组合中证券的数量可以降低非系统性风险，但不能改变系统性风险。一个完全分散化的国内资产组合的 β 值为 1.0，这就是标准国内金融理论。

图 12-2 描述了通过国内和国际分散投资而获得的额外收益。图 12-2 中位于下方的曲线刻画了增加外国证券以后的投资组合。它具有像国内投资组合那样的总体的风险形状，但具有更小的 β 值。这意味着国际投资组合的市场风险低于国内组合。出现这种情况的原因是外国股票的收益与国内股票的收益并不完全相关。

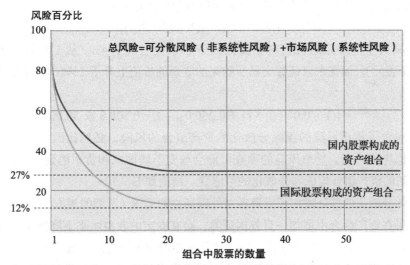

当投资组合分散化时，资产组合收益的方差相比市场收益的方差（β 值），降低到系统风险的水平。当投资组合在国际上分散化时，组合的 β 值，即不能分散的系统性风险会降低

图 12-2 组合风险通过在国际上分散化而降低

12.2.2 外汇风险

无论是证券组合或是跨国公司一般业务的资产组合的外汇风险，都可以通过国际分散化来降低。构造国际分散化的资产组合与构建传统的国内证券组合既有相同点又有不同点。两者的构造原则是相同的，因为投资者都是试图将不完全相关的资产组合在一起从而降低组合的总风险。此外，将过去不可投资的外国资产加入投资组合，重新计算组合的期望收益和风险，使投资者挖掘到了更多潜在的投资机会。

然而，当投资者在国外市场购买以某种外币标价的资产时，构建国际分散化的投资组合就与国内资产组合具有不同之处。因而，通常情况下投资者实际上获得了两种额外的资产——标价货币和实质上购买的资产，原则上这是同一种资产，但从期望收益和风险方面来讲却是两种。

日本股票的例子。一个案例可以用来描述有关管理国际分散化的投资组合和货币风险的困难之处。例如，2002 年 1 月 1 日，一个美国投资者用 1 000 000 美元购买了在东京证券交易所（TSE）流通的股票。当时的即期汇率是 130.00 日元/美元，因而这 100 万美元相当于 130 000 000 日元。该投资者用这些日元购买了每股价格为 20 000 日元的股票，共 6 500 股，并持有这些股票一年。

2002 年年底，该投资者以每股 25 000 日元的市价出售了这 6 500 股股票，每股上涨了

5 000 日元，共获得收益 162 500 000 日元。

该投资者需要将这些日元兑换回美元，此时的即期汇率是 125.00 日元/美元，因而投资者获得 1 300 000 美元。因此这笔投资的总收益率为

$$\frac{1\,300\,000\,美元 - 1\,000\,000\,美元}{1\,000\,000\,美元} \times 100\% = 30.00\%$$

总的美元收益率实际上是在日元上的收益（此时为正）和股票投资收益（也为正）的总和。所以总的美元收益率可以用这两个收益率以百分比的形式表示：

$$R^{美元} = [(1 + r^{日元/美元})(1 + r^{股价,日元})] - 1$$

在这个案例中，日元的价值对于美国投资者来说上升了 4%（从 130.00 日元/美元到 125.00 日元/美元），而在东京证券交易所购买的股票的价值上升了 25%。所以总的美元投资收益率为

$$R^{美元} = [(1 + 0.040\,0) \times (1 + 0.250\,0)] - 1 = 0.300\,0\,或\,30.00\%$$

显然，包含了货币风险的国际分散化的资产组合的风险，必然比国内投资的风险更复杂。然而你也应该看到，货币风险的存在可能会改变不同国家和货币的证券之间的相关性，从而提供了新的资产组合构成和分散化的可能性。结论如下。

（1）国际分散化的好处增加了投资者对外国证券的需求（所谓的买方）。

（2）如果在资产组合中增加一只外国证券，会在既定的收益水平下降低组合的风险，或者在既定的风险水平下增加期望收益，那么这只证券增加了组合的价值。

（3）可以为资产组合增加价值的证券会引起投资者的需求。在证券的潜在供给有限的情况下，需求的增加会提高证券的价格，从而降低发行公司的资本成本。发行证券的公司，即卖方，因此可以以更低的成本筹集资金。

12.2.3 国际资本资产定价模型（ICAPM）

资本资产定价模型的传统形式，即前面讨论的国内资本资产定价模型，假设在纯粹的国内市场中进行公司交易。因此，在权益成本计算中使用的 β 系数和市场风险溢价（$k_m - k_{rf}$）是基于纯粹的国内证券和市场选择的。但是，如果全球化开辟了全球市场，整合资源并允许投资者在全球投资组合中进行选择，那该怎么办呢？

国际资本资产定价模型（ICAPM）假设存在公司股权交易的全球市场，并且公司的 β 系数、β_j^g 和市场风险溢价（$k_m^g - k_{rf}^g$）的估计必须反映这种全球投资组合

$$k_e^{全球} = k_{rf}^g + \beta_j^g(k_m^g - k_{rf}^g)$$

无风险利率 k_{rf}^g 的价值可能不会改变（因此 $k_{rf}^g = k_{rf}$），因为美国中期国库券可能对美国投资者来说是无风险利率，无论国内还是国际投资组合。市场回报 k_m^g 将发生变化，反映出未来时期的全球市场平均预期收益。该公司的 β 系数，β_j^g 肯定会发生变化，因为它将反映出更大的全球投资组合的预期变化。然而，β 系数将如何变化取决于其他变化。

12.2.4 样本计算：泰鼎资本成本

泰鼎首席财务官玛利亚·冈萨雷斯希望以两种形式计算公司的加权平均资本成本，即传统的资本资产定价模型和国际资本资产定价模型。

玛利亚按照美国政府 10 年期国债利率将无风险利率（k_{rf}）假设为 4%。市场投资组合的预期收益率（k_m）假定为 9%，即由分散化的国内投资者持有的市场投资组合的预期收益率。泰鼎对其自身系统风险的估计——β 系数相对国内投资组合为 1.2。那时泰鼎的权益成本为

$$k_e = k_{rf} + \beta(k_m - k_{rf}) = 4.00\% + 1.2 \times (9.00\% - 4.00\%) = 10.00\%$$

泰鼎的债务成本（k_d）。我们通过观察泰鼎未偿还债券和银行债务的当期收益估算的债务税前成本为 8%，然后使用 35% 作为美国的企业所得税税率，泰鼎的税后债务成本就是

$$k_d(1-t) = 8.00\% \times (1 - 0.35) = 8.00\% \times 0.65 = 5.20\%$$

泰鼎的长期资本结构是 60% 的股权（E/V）和 40% 的债务（D/V），其中 V 是泰鼎的总市值。然后泰鼎加权平均资本成本 k_{WACC} 为

$$k_{WACC} = k_e \frac{E}{V} + k_d(1-t)\frac{D}{V} = 10.00\% \times 0.60 + 5.20\% \times 0.40 = 8.08\%$$

这是使用传统的国内资本资产定价模型估计的权益成本的资本成本。

但玛利亚·冈萨雷斯想知道这是否适合泰鼎。随着泰鼎全球化自己的业务，拥有泰鼎股票的投资者基础也在多样化。除了在纽约证券交易所上市之外，泰鼎的股票现已在伦敦和东京上市。超过 40% 的泰鼎股票现在由外国投资组合投资者持有，作为其全球分散化投资组合的一部分，泰鼎的美国投资者通常也持有全球分散化投资组合。

第二次使用国际资本资产定价模型计算泰鼎的权益成本会产生不同的结果。根据较大的全球股票市场指数（包括外国市场及其投资者）计算的泰鼎 β 系数是 0.90。较大的全球整合股票市场的预期收益率也较低，为 8.0%。而国际资本资产定价模型的权益成本低得多，为 7.60%。

$$k_e^{全球} = k_{rf}^g + \beta_j^g(k_m^g - k_{rf}^g) = 4.00\% + 0.90 \times (8.00\% - 4.00\%) = 7.60\%$$

玛利亚现在使用国际资本资产定价模型的股权成本重新计算泰鼎的加权平均资本，假设债务和股权比例相同，并且当前债务的成本也相同。现在我们估计泰鼎的加权平均成本较低，为 6.64%。

$$k_{WACC}^{ICAPM} = k_e^{全球}\frac{E}{V} + k_d(1-t)\frac{D}{V} = 7.60\% \times 0.60 + 5.20\% \times 0.40 = 6.64\%$$

玛利亚认为这是对泰鼎资本成本的更合适的估计。它与泰鼎在全球电信硬件行业的主要竞争对手完全竞争，后者主要分布在美国、英国、加拿大、芬兰、瑞典、德国、日本和荷兰。对于泰鼎而言，有利于全球资本成本和资本可得性的关键在于能够吸引和维持持有其股票的国际证券投资者。

12.2.5 ICAPM 注意事项

理论上，我们使用 ICAPM 估计个人财产的权益成本与使用 CAPM 的主要区别在于市场的定义以及该市场中的公司 β 值的计算。必须重新考虑 CAPM 模型的三个基本元素。

雀巢是一家总部位于瑞士的跨国公司，生产和销售各种糖果产品，它是国际投资者如何以不同于国内投资者的方式看待全球资本成本的一个很好的例子，这对雀巢公司估计自身的权益成本意味着什么。[⊖]雀巢的数据示例在表 12-1 中进行了总结。

⊖ René Stulz, "The Cost of Capital in Internationally Integrated Markets: The Case of Nestlé," *European Financial Management*, Vol. 1, No. 1, March 1995, pp. 11-22.

表 12-1 瑞士雀巢的权益成本

瑞士投资者的国内投资组合	瑞士投资者的全球投资组合
k_{RF} = 3.3%（瑞士债券指数收益率）	k_{RF} = 3.3%（瑞士债券指数收益率）
k_M = 10.2%（瑞士法郎的市场投资组合）	k_M = 13.7%（《金融时报》瑞士法郎全球指数）
$\beta_{雀巢}$ = 0.885（雀巢相对于瑞士市场组合）	$\beta_{雀巢}$ = 0.585（雀巢相对于FTA-瑞士指数）
	$k_{雀巢}k_{RF} + \beta_{雀巢}(k_M - k_{RF})$
必要收益率：$k_e^{雀巢}$ = 9.406 5%	必要收益率：$k_e^{雀巢}$ = 9.384 0%

资料来源：All values are taken from René Stulz, "The Cost of Capital in Internationally Integrated Markets: The Case of Nestlé," *European Financial Management*, Vol. 1, No. 1, March 1995, pp.11-22.

就雀巢而言，潜在的瑞士投资者可能会认为，瑞士法郎的无风险收益率为 3.3%，这是瑞士政府债券发行指数的收益率。同样，瑞士投资者也可能会假设瑞士法郎的市场预期收益率为 10.2%，这也是《金融时报》瑞士指数中瑞士股票投资组合的平均收益率。假设无风险利率为 3.30%，市场预期收益率为 10.2%，而雀巢的 β 系数为 0.885，则瑞士投资者预计雀巢明年的收益率为 9.406 5%。

$$k_e^{雀巢} = k_{RF} + (k_M - k_{RF})\beta_{雀巢} = 3.3\% + (10.2\% - 3.3\%) \times 0.885 = 9.406\ 5\%$$

但如果瑞士投资者持有国际分散化投资组合呢？对雀巢本身的预期收益率和 β 估计都将以不同的方式被重新定义和确定。与之前同期相比，全球投资组合指数（如《金融时报》瑞士法郎指数）显示为 13.7% 的市场收益率（而瑞士法郎国内指数收益率为 10.2%）。此外，雀巢估计其相对全球投资组合指数的 β 系数要小得多，为 0.585（与之前发现的 0.885 相反）。一位国际分散化的瑞士投资者预计雀巢将获得以下收益率

$$k_e^{雀巢} = k_{RF} + (k_M - k_{RF})\beta_{雀巢} = 3.3\% + (13.7\% - 3.3\%) \times 0.585 = 9.384\ 0\%$$

不可否认，最终并没有很大差异。然而，我们考虑到市场收益率平均值和公司 β 值的变化幅度，很明显，结果很容易变化几百个基点。正确构建投资者的投资组合以及正确描述投资者对风险和机会成本的看法对于确定公司股权资本的全球成本显然非常重要。最终，这一切都取决于具体情况——公司、国家市场和全球投资组合。

我们遵循惯例，将国际分散化投资组合描述为全球投资组合而非世界投资组合。区别很重要。世界投资组合是世界上所有证券的指数。然而，即使随着放松管制和金融一体化的趋势增加，许多证券市场仍然存在分割或受限制。投资者实际可获得的证券是全球投资组合。

事实上，有许多不同的拟议公式用于计算国家间的资本成本。随着分析扩展到快速发展的或新兴市场，计算和数据的问题急剧扩大。如果你想拓展你的阅读和研究，哈维（2005）是你的第一个选择。⊖

12.2.6 全球 β 系数

我们通过国际投资组合理论通常可以得出结论，将国际证券添加到国内投资组合中可降低投资组合的风险。虽然这个想法对于许多国际金融理论来说都很重要，但它仍然取决于各个市场中的个体公司。当使用全球股票投资组合计算时，雀巢公司的 β 系数下跌，但情况可

⊖ "12 Ways to Calculate the International Cost of Capital," Campbell R. Harvey, Duke University, unpublished, October 14, 2005.

能并非总是如此。这取决于公司、业务线、所在国家，以及它所处的国内和国际行业，全球 β 系数可能上升或下降。

研究人员经常提到的一家公司是巴西国家石油股份公司。虽然由政府控制，但该公司是公开交易的，其股票在圣保罗和纽约上市。它在全球石油市场运作，其价格和价值以美元表示。因此，其国内或本土 β 值估计为 1.3，但其全球 β 值更高，为 1.7。[⊖]这只是许多例子中的一个。

虽然看起来似乎很明显，随着市场被重新定义得越来越大，单个公司的收益应该与市场收益的相关性越来越小，但事实证明这更像是一个实证分析的案例，而不是相关性和协方差的先入为主的概念。

12.2.7 权益风险溢价

在实践中，计算公司的权益资本溢价是饱受争议的。虽然在全球商务领域，资本资产定价模型是通用的计算方法，但针对用何数值争论不断，特别是权益资本溢价。权益风险溢价指的是市场收益率超过无风险利率的那部分（$k_m - k_{rf}$）。

权益风险溢价史。金融领域的学者一致认为对于权益资本成本的计算应该具有前瞻性，即公式中相关变量的取值应该是在未来某段时间内的预期值。虽然情况如此，但金融从业者还是使用历史数据作为未来估值的基准。现在的争论始于过去发生了什么。

2001 年，迪姆松、马什、斯坦顿完成了大量研究（2003 年更新）。研究计算了 16 个发达国家在 1900～2002 这 100 多年中权益资本的风险溢价，结果发现国与国之间的票据和债券收益存在显著差别。比如，溢价最高的国家为意大利 10.3%，其次是德国 9.4%、日本 9.3%，最低的是丹麦，只有 3.8%。

对于在实践中使用何种风险溢价，该研究同样给予关注，即通过对不同美国公司所采用的风险溢价进行分析。如表 12-2 所示，假设公司的 β 值为 1（假设不同市场的市场风险相同），那么公司的权益资本成本最低为 9.000%，最高可为 12.800%。注意，作者此处使用的是几何平均收益率而非算术平均收益率。费尔南德斯和 del Campo（2010）在许多分析师和学术界所使用的年度市场风险溢价调查中发现，美国和加拿大的分析师使用的风险溢价为 5.1%，部分欧洲国家的分析师使用的数值为 5.0%，英国的分析师使用的数值为 5.6%。[⊖]

表 12-2　假定 $\beta = 1$，$k_{rf} = 4\%$ 的美国公司权益成本的另一种估计

来源	权益风险溢价 ($k_m - k_{rf}$)	权益成本 $k_{rf} + \beta(k_m - k_{rf})$	差异
伊博森	8.800%	12.800%	3.800%
金融书籍	8.500%	12.500%	3.500%
投资者调查	7.100%	11.100%	2.100%
迪姆松等人	5.000%	9.000%	基线

资料来源：Equity risk premium quotes from "Stockmarket Valuations: Great Expectations," *The Economist*, January 31, 2002.

⊖ *The Real Cost of Capital*, Tim Ogier, John Rugman and Lucinda Spicer, Financial Times/Prentice Hall, Pearson Publishing, 2004, p. 139.

⊖ "Market Risk Premium Used in 2010 by Analysts and Companies: A Survey with 2 400 Answers," Pablo Fernandez and Javier Del Campo Baonza, IESE Business School, May 21, 2010.

正确地估计权益资本成本究竟有多重要？公司每年都要在有限的资本内决定采纳还是拒绝潜在的投资方案。如果公司不能正确估计权益资本成本，甚至总成本，那么公司就无法准确估计潜在投资的净现值。

12.3 境外证券的需求：全球证券投资者的作用

过去30年证券市场逐步放松管制不仅使得境内投资者竞争加剧，也为境外竞争者打开了市场。全球范围的证券投资以及股票的跨境上市已成常态。

是什么激发了证券投资者买卖境外证券？这取决于投资者对国内投资组合理论的了解程度及扩展能力。更进一步，这还取决于投资者对降低组合风险的原理、组合收益率以及外汇风险的了解。

境内外投资者都是资产配置者。他们的目的就是要实现给定风险水平的收益最大化，或是给定收益水平的风险最小化。全球性的证券投资者相比境内证券投资者有更大的资产选择权和选择范围，并且各国证券市场并不完全相关。因此，国际分散化的投资组合通常有更高的组合收益率和更低的组合风险。

根据组合管理的投资目标，证券资产配置可以通过多种途径实现。例如依据投资证券种类的不同对组合资产加以分散。投资组合可以仅购买债券或仅购买股票，或是二者兼有。投资组合也可以通过投资行业的不同、投资企业资本规模的不同加以分散。

基于我们的分析，对组合进行分散投资时将重点关注国家、地域、发展程度以及这三者的集合。依国家对组合进行分类的一个例子就是韩国的基金。曾经境外投资者能够拥有韩国股票的唯一途径就是购买韩国基金，现在韩国对于境外拥有权的限制正在逐步放宽。另一个依据地域的例子就是亚洲基金。这些基金在20世纪90年代后期日本和东南亚的经济泡沫破灭前都表现良好。纳入了新兴市场证券的投资组合是依据发展程度的不同对组合资产分散化。它们包括不同国家、地域、发展程度的证券。

12.3.1 资本成本和其易得性之间的联系

计算泰鼎的加权平均资本成本时我们假设即使泰鼎扩张其财务资本预算，它也能够通过之前的必要收益率得到债务及权益资本。如果泰鼎能够在纳斯达克上市，进入全球投资者的视角，这便是一个合理的假设。然而对于只处在缺乏流动性或是分割资本市场的企业、小型本土企业以及家族式企业而言，这是个糟糕的假设。我们接下来将分析市场的流动性及市场分割如何影响企业的资本成本。

12.3.2 提高市场流动性

虽然对于市场流动性并未有完全一致的看法，但我们可以采用如下方法观察市场的流动性，即观察当一家企业发行新证券时，现有市价的波动程度。从国内来看，一个潜在的假设是任意时候资本的可获得量都是由境内资本市场的供求决定的。

企业应该以其最优资本结构进行筹资以实现资本规模的扩张。随着资本规模的扩张，资本的边际成本也会上升。换言之，即使维持最优资本结构，在资本的供给者停止资金供应前，企业在短期内只能从资本市场获得有限的资金。在长期情况下，由于市场流动性的存在，这或许不会是一个限制。

从全球来看，企业能够通过跨境发行证券或是通过海外子公司进入当地市场在欧洲市场筹资（货币、债券、股票）来提高市场流动性。在维持最优资本结构不变的假设前提下，如果公司受限于本土资本市场，此类活动能够提高企业短期筹资能力。

12.3.3 市场分割

如果所有的资本市场都是一体化的，具有同等预期收益率与风险的证券在经汇率风险和政治风险调整后应该有同样的必要收益率。这个结论对债券和股票市场均适用，尽管经常发生的情况是，其中一个可能比另一个一体化程度高。

市场分割是由于政府管制、机构操守、投资者认知等市场不完善因素导致的。较为重要的不完善因素包括：境内外投资者的信息不对称、透明度的缺乏、较高的交易成本、外汇风险、政治风险、公司治理差异、监管壁垒。

市场的不完善并不意味着一国证券市场是无效率的。一国证券市场在国内是有效率的，在全球可能是分割的。根据金融理论，如果某一证券市场上证券的价格反映了该证券所有可获得的信息，并且会对新信息进行快速调整，那么此证券市场便是有效率的。因此，证券的市价反映了其内在价值，任何价格的变动都是围绕着内在价值的随机游走。市场有效性理论假设交易成本低、市场上有大量的交易者、每个交易者都能够影响证券的价格。关于市场有效性的实证分析发现大部分市场都是相当有效的。

一个有效的证券市场能够根据投资者所获得的信息给市场上交易的证券进行合理估价。但是，如果它是分割的，那么外国投资者便不能参与其中。

资本的易得性取决于公司发行的债务及权益证券的流动性程度以及证券的定价机制。在实践中，这意味着企业必须制定一项能吸引国际投资者并且脱离缺乏流动性或是分割的国内市场限制的策略。

12.3.4 市场流动性和分割效应

资本市场的流动性或分割的程度对企业的资本边际成本乃至加权平均资本成本有重要的影响。资本的边际成本是企业所筹集的最后一单位货币的加权平均成本。如图 12-3 所示，它显示了从国内市场转向国际市场对资本边际成本的影响。

在图 12-3 中，曲线 MRR 表示跨国公司在不同的预算水平上所给定的资本边际收益率。将企业潜在的项目按净现值或内部收益率进行排列，可以得到企业资本需求曲线 MRR。纵轴是资金供求者所面临的收益率百分比。如果企业只能在境内筹资，将以 MCC_D 表示其在不同预算水平上的边际资本成本。必须注意的是，此处我们仍然假设企业一直将资本结构维持在最优水平上，所以财务风险不变。在只能在境内筹资的情况下，企业的最优预算规模是 4 000 万美元，此时曲线 MRR 与 MCC_D 相交，边际资本成本大约为 20%。

如果跨国公司能够在非流动性的本土资本市场外有其他的筹资渠道，边际资本成本线将向右移动，变为 MCC_F。换言之，当境内市场因其他借贷者而饱和或是短期内无法满足企业新发证券的筹资需求时，国外市场将能够实现企业的长期资金筹集需要。如图 12-3 所示，进入国际市场后,企业边际资本成本降至15%,同时可筹资规模增加了1 000万美元。其中有将近2 000万美元来自境外,3 000万美元来自境内资本市场。

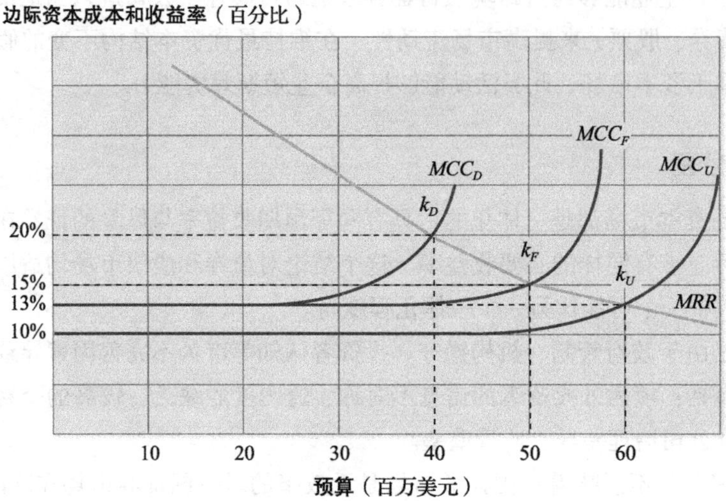

图 12-3　市场流动性、市场分割和边际资本成本

如果企业处在既缺乏流动性又有分割的市场中,但能够在其他市场上筹资,那么MCC_U将表示它自身的边际资本成本。由于能够获得更多的资金以及企业证券的国际定价的双重效应,企业的边际资本成本降至13%,最优预算规模扩大至6 000万美元。

许多关于市场分割的检测都受到一般模型所面临的问题的困扰——需要从现实中抽象出来构造检测模型。我们认为实际的检验应该观察当过去仅在境内交易的证券被外国投资者发现并在境外进行交易时,证券的价格将会发生怎样的变化。套利者的存在将使价格在两类市场中趋同。尽管如此,如果价格发生剧烈的波动,同时两类市场中证券的价格并不相关,那么国内资本市场就是一个分割的市场。

在学术界,依据案例进行检测通常被认为是偶然经验主义,因为并没有得到相应的理论或模型支持。不过,就如科学家在非控制环境下对自然进行观察能够有所收获一样,对这些案例的分析,也使我们有所启发。另外,案例研究保留了现实世界中的复杂特性,有助于我们了解影响市场一体化的各类障碍,引导我们战胜这些困难。

然而,极少有案例显示企业能够摆脱分割市场的影响。现实中,摆脱分割市场通常意味着在境外上市或是在境外发行证券,比如纽约或伦敦。在本章最后的案例研究中,我们将通过丹麦诺华公司的案例来探讨公司如何摆脱分割市场。

12.3.5　证券市场的国际化

20世纪80年代,大量欧洲企业在境外交易所交叉上市,比如伦敦和纽约,在主要的证券市场发行股权凭证和债权凭证。大部分企业都成功降低了加权平均资本成本,提高了资本的易得性。

20世纪90年代,对于跨境投资的国家限制迫于经济合作与发展组织(OECD)的压力而逐步取消。由于欧盟致力于营造一个无障碍的欧洲市场,证券市场的自由化加剧了。新兴国家和苏联解体后的东欧各国纷纷跟风效仿。新兴市场的动机是获得外国资本，从而为大型私有化筹资。

现在，虽然有些市场流动性仍有限，但市场分割已经在很大程度上降低了。许多专家认为不论好坏，全球化的证券市场已经形成。好的一面是，借助于全球化的资本成本，许多企业走向了跨国公司的道路。坏的一面在于，各国关联性提高，降低了分散化投资带来的益处。证券市场的国际化加剧了市场的波动和投机行为，正如1995～2001年的新兴市场危机，2008～2009年的全球信用危机。

1. 公司治理和资本成本

海外投资者是否愿意为公司治理情况良好的股票支付溢价？一项针对挪威和瑞典企业的研究衡量了海外（英美）董事会成员对公司价值的影响。研究结果发现：⊖

对总部位于挪威或瑞典的企业样本进行分析，研究表明，在一系列公司特有的、与公司治理相关的因素被有效控制后，那些拥有英美籍董事会成员的公司明显呈现出更高的公司价值。我们认为这种绩效上的优越反映了一个事实，即这些公司通过"进口"英美的公司治理体系，成功地打破了困在孤立的国内资本市场的局面。这种"进口"体现了公司内部自愿将自己投入国际市场，从而改善公司治理并提高自身在金融市场上的声望。

2. 战略联盟

战略联盟是由两个或两个以上期望获得协同效应的企业组成的。比如，这些公司共担发展科技的成本，追求互补的营销活动。从一系列其他的商业优势中获得规模经济效应，然而，一个总被忽视的协同效应在于财务基础强大的公司通过提供债权或股权融资，帮助财务基础薄弱的企业降低加权平均资本成本。

12.4 跨国公司和本土企业资本成本比较

跨国公司的加权平均资本成本与本土企业资本成本比较，孰高孰低？这取决于边际资本成本、税后债务成本、权益资本成本、最优债务率。

12.4.1 资本易得性

相比于本土企业，跨国公司或其他吸引国际资产组合投资者的大型企业资本的易得性能够降低其本身的权益和债务成本。另外，资本的国际化使得跨国公司即使需要筹措大量资金也能维持最优债务率。换言之，跨国公司的边际资本成本在较大的范围内都是水平的。这对于本土企业来说并不成立，它们通常依靠内部融资或商业银行的短中期贷款。

12.4.2 财务结构、系统风险、跨国公司的资本成本

理论上，由于跨国公司的现金流是国际化分散的，其应该比本土企业更能够维持高债务

⊖ Lars Oxelheim and Trond Randøy, "The Impact of Foreign Board Membership on Firm Value," *Journal of Banking and Finance*, Vol. 27, No. 12, 2003, p. 2369.

率。企业在变动的产品、金融和外汇市场中弥补固定成本的可能性随着现金流波动的降低而增大。

通过国际化分散现金流，跨国公司能够在一定程度上降低现金流的波动性，正如投资者分散投资一样。正是由于市场并非高度相关，一个市场的盈利能够弥补另一个市场的亏损。比如，在2000年，当日本经济持续低迷，美国经济高速增长时，若企业在两国均有经营活动，美国境内的净现金流入能够弥补日本子公司的现金流出。

尽管这一假设理论上很完美，实证研究却得出了相反的结论。[⊖]国际化分散现金流有其益处是建立在破产风险不变的假设上，但是跨国公司往往面临着比较高的代理成本、政治风险、外汇风险和信息不对称。这些因素导致跨国公司应该采用较低的债务率，并且面临较高的长期债务成本。而本土企业大量依赖短中期借款，利率相对较低。

更令人惊奇的是，一项研究表明，跨国公司的系统风险要比本土企业大。决定系统风险高的因素与导致债务率低的因素一致。研究还指出，国际化分散现金流所产生的高偏离度抵消了源自分散化的低相关性的好处。

系统风险用公式表达如下

$$\beta_j = \frac{\rho_{jm}\sigma_j}{\sigma_m}$$

式中，β_j是j证券的系统风险测度值；ρ_{jm}是j证券与市场组合的相关系数；σ_j是j证券（j企业）收益率的标准差；σ_m是市场收益率的标准差。如果ρ_{jm}随着分散化而降低，但这不足以抵消σ_j上升带来的影响，跨国公司的系统风险仍将增大。许多观察结果与这一结论相一致。企业往往采用高贴现率来折现境外项目的现金流。从本质上讲，它们认为境外项目风险高，为了维持市场价值，不得不在境外项目上实现高收益率。

另外一项研究表明，由于新兴市场中的跨国公司在更稳定的经济体中投资，降低了经营、财务、外汇、政治风险，因而国际化分散能够使新兴市场中的跨国公司在承担高债务率的同时降低系统风险。风险的降低弥补了代理成本增高带来的不利影响，使得跨国公司比美国本土跨国公司享有高债务率、低风险的好处。

12.5 解谜：跨国公司资本成本是否比国内同行高

由于跨国公司能够取得国际资本成本和资金来源，所以跨国公司应该比本土企业的边际资本成本低。但是实证研究发现，由于代理成本、外汇风险、政治风险、信息不对称和外国经营等其他方面的复杂性，跨国公司的加权平均资本成本通常比本土企业高。这就是谜题所在。

谜题的答案暗含在资本成本、资本易得性和项目机会三者的关系中。在项目机会增加的时候，企业需要增加资本预算直到边际资本成本增加。最优的资本预算应该在上升的边际资本成本线与下降的投资收益率线相交的地方取得。然而与低水平的最优资本预算相比，加权

⊖ Lee, Kwang Chul and Chuck C.Y. Kwok, "Multinational Corporations vs. Domestic Corporations: International Environmental Factors and Determinants of Capital Structure," *Journal of International Business Studies*, Summer 1988, pp. 195-217.

平均资本成本显然要高。

为了解释这其中的联系，图12-4展示了不同资本预算水平下的边际资本成本和收益率。假设跨国公司和本土企业有着不同的项目机会。

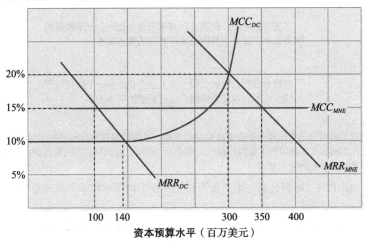

图12-4 跨国公司的资本成本和本土企业的资本成本对比

MRR_{DC} 是适度的潜在项目收益集合。它与 MCC_{MNE} 相交时，预算水平为1亿美元，收益率为15%；与 MCC_{DC} 相交时预算水平为1.4亿美元，收益率为10%。在低预算水平时，MCC_{MNE} 比 MCC_{DC} 要高，因而跨国公司的加权平均资本成本比本土企业要高，这正是实证研究所揭示的。

MRR_{MNE} 显示了跨国公司和本土企业更大规模的潜在项目集合。它与 MCC_{MNE} 相交时，预算水平为3.5亿美元，收益率为15%。与 MCC_{DC} 相交时预算水平为3亿美元，收益率为20%。在高预算水平时，MCC_{DC} 比 MCC_{MNE} 要高，因而跨国公司的加权平均资本成本比本土企业要低，这是本章前面几节所介绍的。

为了使结论更具一般性，我们必须知道在什么情况下本土企业愿意采用最优资本预算，而不考虑上升的边际资本成本。在某些时候，跨国公司或许面临同样的状况。

实证研究表明，不论是成熟的本土企业还是跨国公司，都不愿将高代理成本和破产风险与高边际资本成本和资本预算联系起来。事实上，大部分成熟企业展示了些许力争股东财富最大化的行为。它们都是风险厌恶者，也避免重回市场筹集资金。它们偏好将资本预算限制在自由现金流所能筹集的范围内。它们有所谓的啄食顺序，来决定筹资来源的优先性和筹资顺序。这种行为能够激励股东更加紧密地监督管理层。它们将管理层的报酬与公司股价（股票期权）紧密相连，还制定一系列合同安排，而这正是代理成本的一部分。

总而言之，如果跨国公司和本土企业都能将资本预算限制在不引起边际资本成本上升的筹资范围内，那么跨国公司的加权平均资本成本将比本土企业高。如果本土企业有许多具有良好增长机会的项目，并且不管边际资本成本如何变化都从事这些项目，那么跨国公司的加权平均资本成本将比本土企业低。图12-5展示了这些结论。

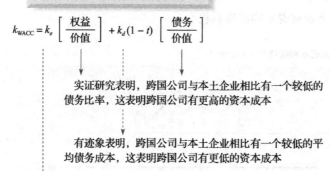

图 12-5 跨国公司与本土企业相比加权平均资本成本是高还是低

本章小结

1. 通过增加股票的市场流动性并且跳出本土分割市场，可以使得一家公司进入国际资本市场，降低公司资本成本。

2. 资本成本和资本易得性与市场流动性和分割程度关联密切。能够进入高流动性和低分割市场的公司的资本成本较低，也能获取更多的资本。

3. 公司能够通过在欧洲市场发行债务、在其他国家发行股票或通过境外子公司在当地发行证券的方式增加流动性。流动性的增加使得边际资本成本线向右变得平坦。这使得公司在同样的边际资本成本基础上能够获得更多的资本，从而进行更多的资本投资。关键是要吸引国际组合投资者。

4. 如果一国市场中证券的必要收益率不同于别国市场同样证券的收益率，就说该国市场存在分割性。

5. 资本市场的分割性是一种金融市场的不完善。这种不完善由政府管制和投资者认知决定。主要的不完善包括：①信息不对称；②较高的交易成本；③外汇风险；④公司治理差异；⑤政治风险；⑥监管壁垒。

6. 分割性导致资本成本增高，资金来源减少。

7. 如果公司处于分割市场中，它能够通过在国外筹集债务和权益资本摆脱本国市场的束缚。结果是资本成本降低、股票流动性提高和资本预算增加。

8. 跨国公司是否比本土企业资本成本低取决于最优资本结构、系统风险、资本易得性和最优资本预算。

案例研究

诺华公司⊖

诺华公司是丹麦一家生产工业酶和药品（主要是胰岛素）的跨国公司。1977 年，诺华管理层决定将财务结构国际化，吸引国际资本。做出这一决定是因为管理层意识到丹麦市

⊖ This is a condensed version of Arthur Stonehill and Kåre B. Dullum, *Internationalizing the Cost of Capital in Theory and Practice: The Novo Experience and National Policy Implications* (Copenhagen: Nyt Nordisk Forlag Arnold Busck, 1982; and New York: Wiley, 1982).Reprinted with permission.

场既缺乏流动性又与其他市场相分割。特别的是，丹麦资金的缺乏和高权益资本成本导致诺华公司的资本成本比其主要竞争对手都要高，例如礼来制药公司（美国）、麦乐斯实验室（美国，德国拜耳的子公司）和吉斯特·布罗卡德斯（荷兰）。

除了资本成本，诺华公司预测的增长机会也显示了在丹麦市场外追加新的长期资本的需要。由于诺华公司是该领域的技术领先者，不能等到内部筹资完成才进行计划的设备、厂房、研发的资本投资。否则，诺华的竞争对手将会优先抢占诺华未开发的市场。

即使在丹麦市场也能进行同样规模的股本增发，但预期收益率很高。例如，虽然诺华公司与它的竞争对手有着相似的经营和财务风险，但诺华公司现在的市盈率倍数是5，而它的外国竞争对手的市盈率倍数大部分在10左右。5倍的市盈率只有在丹麦市场才是合适的，此时它是与国内公司进行对比。

如果丹麦市场与全球市场整合，那么可以预料外国投资者将蜂拥而至，买进低估的丹麦证券。那样的话，类似于诺华这类公司将能够获得与竞争对手相应的国际资本成本。奇怪的是，丹麦政府没有任何一项禁令禁止外国投资者持有丹麦公司的股票。因此，只能将投资者的感知作为导致丹麦市场分割的主因。

丹麦股权市场之所以分割，至少有六个原因：①信息不对称；②税收；③可行的投资组合；④财务风险；⑤外汇风险；⑥政治风险。

信息不对称

丹麦的制度特征使得丹麦人和境外投资者对于对方的权益证券知之甚少。最重要的信息壁垒就是丹麦制度规定丹麦人禁止持有外国私营部门证券。因此，丹麦投资者对并无任何动力紧随外国证券市场发展的脚步，也不会将相关信息引入丹麦证券的定价。如果仅考虑丹麦本土的信息，丹麦有效证券市场中的证券可能股价定价合理，但若将国外信息包括进来，证券的定价将缺乏合理性。政府管制的另外一个不利影响就是外国的证券公司因无债券可售，而不再在丹麦设立办事处或是工作人员。这削弱了国外证券分析师对丹麦证券的分析能力。

另一项信息壁垒是追踪丹麦证券的丹麦本土证券分析师的匮乏。只有一家丹麦证券分析服务机构公开营业，发表报告。一些丹麦机构投资者雇用私人分析师，使得信息并不能公之于众。基本上也没有国外分析师追踪丹麦证券，因为它们无证券可售并且丹麦只是个小市场。

还有一些信息壁垒包括语言和会计准则上的差异。一般而言，财务信息用丹麦语发布，使用的也是丹麦的会计准则。一小部分公司，如诺华会发布英文版本，但用的也不是美国或是英国的会计准则，也未在报告中披露任何基于美、英准则的调整。

税收

丹麦的税收政策并不对私人投资购票征税，直到1981年6月税法改变后，对于持有超过两年的股票利得征收50%的所得税。持有期不到两年的股票或是以投机为目的的持有，在个人所得税层次增收，最高的税率是75%。相比而言，债券利得是不征税的。这使得债券深度折价发行，因为以面值赎回时是利得。这也是大部分个人投资者热衷于持有债券而非股票的原因。这项因素使得股票市场流动性不足，也抬高了股票相对于债券的投资收益率。

可行的投资组合

因为禁止持有外国证券，丹麦投资者在构造投资组合时只有非常有限的选择。现实中，丹麦的组合投资对象包括丹麦股票、政府债券、抵押支持债券。丹麦各股票的价格变化高度相关，因此丹麦人的投资组合面临着很大的系统风险。另外，相关政府政策引起政府债券经通货膨胀调整后的收益率较高。税收制度对个人和政府债券的净效应使得股票的必要收益率高于国际标准。

从投资组合的角度看，丹麦股票为国外投资者分散化投资提供了机会。如果丹麦股票的价格变动与世界股票价格走势并不相关，投资者在国外投资组合中加入丹麦股票可以降低组合的系统风险。另外，基于丹麦税收制度的保护，外国投资者对于股利和资本利得最高只用缴纳15%的个人收入所得税，再考虑到分散化投资所带来的益处，在其他条件相同的情况下，外国投资者对于丹麦股票所要求的收益率低于丹麦人所期望的。然而，其他情况不尽相同，外国投资者认为单买股票暗含着更多的财务、外汇、政治风险。

财务、外汇、政治风险

许多丹麦企业采用的财务杠杆水平较之英、美国家要高出许多，但与斯堪的纳维亚、德国、意大利、日本等不相上下。此外，较大部分债务都是短期的，利率也是可变利率。外国投资者如何看待丹麦企业的财务风险取决于他们在本土遵循的准则。我们了解到，当诺华1978年进入欧洲债券市场的时候，英国投资银行家摩根·格伦费尔建议诺华公司将债务水平维持在50%左右而不是丹麦传统的65%～70%的水平。

外国投资者投资丹麦证券也面临着外汇风险。外汇风险是利是弊取决于投资者所在国家的货币、丹麦克朗未来的走势以及外汇汇率对企业经营状况的影响。通过与外国投资者和银行家的接触，基于诺华经营活动的国际化，诺华管理层认为外汇风险并不是诺华价格的变动因素。诺华超过90%的销售收入来自丹麦以外的市场。

至于政治风险，丹麦被认为是一个十分稳定的西方民主国家，但外国投资者也会时不时地碰到一些问题。特别是丹麦的国家债务高得惊人，虽然这并没有体现在欧元辛迪加贷款的风险溢酬上。

国际化道路

虽然1977年的时候诺华的管理层希望脱离国内缺乏流动性又分割的资本市场，但有许多困难需要克服。在此有必要细述一下这些困难，因为这也是其他许多有相同愿望、想在国际范围内筹资的企业所面临的困境。

取消信息隔阂。诺华是一家在20世纪20年代由皮德森兄弟创立的家族企业，直到1974年它才公开发行B股并在哥本哈根股票交易所上市。A股由诺华基金会拥有，并赋予其控股投票权。尽管如此，诺华在丹麦之外的投资市场并不为人所知。为了克服此困难，诺华用丹麦语和英语两种语言版本加强了对财务和技术信息的披露。

当摩根·格伦费尔于1978年成功地组织了辛迪加集团为诺华承销了2 000万美元的可转换欧洲债券后，信息隔阂变得越来越小了。当时，诺华除了发行可转债，还在伦敦证券交易所上市发行股票以增加债券的转换性和企业影响力。这两项举措是消除信息隔阂的关键之举，也使得诺华以较优惠的条件筹集了大量的长期资本，这在丹麦市场是不可能实现的。

除了上述益处外，诺华的资本成本却因为丹麦人认为此举可能会稀释股权而增加了。1979年，诺华每股股票的价格由300丹麦克朗降至220丹麦克朗。

生物技术的繁荣。在1979年，发生了一件偶然的事。生物技术开始吸引美国投资者的注意，他们超额认购诸如基因泰克和希特斯这类创业公司发行的股票。由于之前提及的本地信息隔阂，丹麦投资者并不知晓此事，他们仍旧低估了诺华公司的价值，给其5倍的市盈率。这与许多同期的竞争者10倍和潜在竞争者30倍以上的市盈率相比，实在是太低了。

为了使自身定位为有据可循的生物技术公司，诺华于1980年4月30日在纽约市举办了一场研讨会。在这场研讨会之后，一些有经验的美国个人投资者开始在伦敦证券交易所买进诺华公司的股票和可转换证券。丹麦的投资者兴奋地过了头，以至于将其拱手相让。相较于美英投资者比较旺盛的需求，诺华公司的股价也只是缓慢攀升，在仲夏回到了300丹麦克朗的水平。但是在接下来的几个月，投资者的热情空前高涨，1980年年末，股价窜到了600丹麦克朗。境外投资者的股权占比由0上升至30%。诺华的市盈率也达到了16倍左右。这一市盈率与其竞争者相匹配，但在国内市场却甚是扎眼。从这一点讲，诺华公司在国际化资本成本方面成功了。其他的丹麦股票则仍限定在分割的资本市场。

美国市场发行股票。在1981年上半年，诺华公司为在美国发行股票以及在纽约证券交易所上市,在高盛的指导及摩根建富和哥本哈根商业银行的协助下,向美国证券交易委员会提交了一份招股说明书。这一努力过程中碰到的主要障碍是以美国会计准则编制报表以及证券交易委员会所要求的高度的信息披露。特别是行业细分报告,由于会计数据无法从内部获得,所以无论是从披露角度还是从会计角度看都是个难题。美国国内的投资障碍处理起来虽然耗时并且价格不菲,但相对还是好处理一些。

更严重的障碍来自丹麦国内一系列的政府管制和规章制约。政府管制并未让丹麦公司以市价发行股票,相反,丹麦本土企业多是以面值发行拥有优先购买权的股票。此时,诺华公司的股价由于外国投资者的热情追逐而高得离奇,以至于丹麦投资者认为诺华公司并不值境外投资者买进该股的价值。在诺华公司1981年7月发行股票前,其股价曾超过1 500丹麦克朗,之后徘徊在1 400丹麦克朗。外国投资者持股比例高达50%。

股票市场的反应。最后一项有关市场分割的证据来自1981年5月29日,当诺华公司对外宣布发行股票以筹资6.1亿美元时,丹麦投资者和境外投资者有不同的反应。在哥本哈根,诺华公司的股价次日下跌156点,接近市场价值的10%。而股票在纽约证券交易所上市交易的当天,股价立即回填了所有损失。哥本哈根的反应在缺乏流动性的市场很典型。由于新股的发行增加了8%的流通股,投资者并不相信诺华会以不稀释未来每股盈利的收益率进行投资,因而他们担忧新股发行的稀释效应。他们也担心一旦生物技术失去它的光环,在美国发行的股票最终会回流到哥本哈根。

美国投资者对于这一公告的反应也是在具备流动性、统一的市场中的典型表现。投资者认为新股的发行在大辛迪加集团的承销下,增加了市场对股票的需求。另外,营销也定向面对机构投资者,这些机构投资者之前在美国投资机构中所占比例较低,因为这些机构投资者希望股票有良好的流动性,以便在不削低股价的基础上顺利抽身。新股的发行、证交会的登记备案、纽约证券交易所的上市都给股票增加了流动性,也使诺华公司国际化了资本成本。

对诺华的加权平均资本成本的影响。在1981年及随后的年份中,诺华的股价受到在纽约、伦敦以及哥本哈根证券交易所交易的投资者的影响。这降低了诺华的加权平均资本成本、边际资本成本和系统风险。尽管如此,为了满足境外投资者的标准,诺华的理想债务率也有所降低。从本质上讲,美元变为外国投资者评定诺华价值的功能性货币。从理论上讲,诺华公司修正过的加权平均资本成本应该是它评估新的位于丹麦境内或是境外的资本投资时需要考虑的标杆。

其他效仿诺华战略的企业也会有基于外国投资者要求的各自的加权平均资本成本。一些位于新兴经济体中的企业已经经历了贸易和营运资本融资的美元化。这一现象会波及长期融资领域和影响相关的加权平均资本成本。

诺华的经历希望能为那些欲脱离缺乏流动性又分割的本土资本市场的企业提供借鉴。特别的是,地处新兴市场的跨国公司也面临着诺华曾经遭遇的障碍。它们可以引以为鉴,吸引外国投资者的目光。然而,有一点必须注意,诺华有着良好的营运业绩,在胰岛素和工业用酶两大领域有着强大的市场基础。这持续吸引着丹麦和境外投资者的目光。其他企业也必须具备这些要素才行。

证券市场的国际化。20世纪80年代,大量欧洲企业效仿诺华,交叉上市,在主要的证券市场发行股票和债券。大部分企业都成功降低了加权平均资本成本,提高了资本的易得性。

20世纪八九十年代,对跨境投资的国家限制迫于经济与合作发展组织的压力而逐步取消。由于欧盟致力于营造一个无障碍的欧洲市场,证券市场的自由化加剧了。新兴国家和苏联解体后的东欧各国纷纷跟风效仿。新兴市场常常是出于为大型私有化筹资的需要。

现在,虽然个别市场流动性仍有限,但

市场分割已经在很大程度上降低了。许多专家认为不论好坏,全球化的证券市场已经形成。好的一面是借助于全球化资本成本,许多企业走在了通向跨国公司的道路。坏的一面在于各国关联性提高,降低了分散化投资带来的益处。证券市场的国际化加剧了市场的波动和投机行为,正如1995～2001年出现的市场危机。

讨论题

1. 在分割市场中运营对诺华公司的影响有哪些?
2. 市场分割的主要原因是什么?
3. 最后,诺华公司采取了哪些措施来逃离分割市场?

思考题

1. 资本成本和资本易得性的维度。全球市场整合使得许多公司能够进入新的和相对便宜的资本市场,而不仅仅局限于本土市场。取得资本的低成本和高易得性的战略维度是什么?
2. 益处。降低资本成本,取得更多资金来源有什么好处?
3. 定义。定义如下名词。
   (1) 系统风险。
   (2) β(资本资产定价模型)。
4. 权益资本风险溢价。
   (1) 什么是权益资本风险溢价?
   (2) 要让权益资本风险溢价真正有用,应该怎么做?
5. 组合投资者。国内和国际的投资经理都是资产配置者。
   (1) 投资经理的目标是什么?
   (2) 与仅限于在国内进行资产配置的投资者相比,国际投资者的优势是什么?
6. 资产配置维度。组合资产配置可以通过不同的维度实现,这取决于投资经理的投资目标。试述之。
7. 市场流动性。
   (1) 什么是市场流动性?
   (2) 处在非流动性市场中对公司有什么弊端?
   (3) 如果公司只能在国内市场筹资,扩张时对其边际资本成本有何影响?
   (4) 如果公司能在境外筹资,扩张时对其边际资本成本有何影响?
8. 市场分割。
   (1) 定义市场分割。
   (2) 哪六种原因造成了市场分割?
   (3) 处在分割市场中对公司有什么弊端?
9. 市场流动性和分割效应。市场流动性和分割对公司资本成本有何影响?
10. 诺华公司(A)。为什么诺华公司认为它的资本成本比对手要高?为什么相对较高的资本成本给诺华公司带来了竞争劣势?
11. 诺华公司(B)。诺华公司认为丹麦资本市场与全球资本市场分割,细数造成市场分割的丹麦资本市场的六大特征。
12. 诺华公司 A/S。
    (1) 为了国际化资本成本,诺华公司的策略是什么?
    (2) 什么说明了诺华公司的策略是成功的?
13. 新兴市场。有人建议处在缺乏流动性和分割市场中的企业采用诺华公司的策略,以国际化资本成本。成功的先决条件有哪些?
14. 跨国公司和本土企业的资本成本对比。理论上,因为现金流的分散性,跨国公司比本土企业能承担更高的债务比重。然而,近期的实证研究显示了相反的结论。研究显示,跨国公司的β值比本土企业高。
    (1) 根据实证研究,为什么跨国公司的债务比重比本土企业低?
    (2) 根据实证研究,为什么跨国公司的β值比本土企业高?
15. 谜题。为了解释在什么条件下跨国公司的债务比重和β值会超过或是低于本土企业。解释并绘制图表进行分析。
16. 新兴市场中的跨国公司。除了增加流动性和逃离本土市场,为什么新兴市场中的跨国公司还要通过上市和出售权益进一步降低资本成本?

练习题

1. **库拉索岛制药有限公司。** 库拉索岛制药有限公司的债务资本成本为7%,无风险利率为3%。市场组合的预期收益率为8%,公司的实际税率为25%。最优资本结构为60%的债务和40%的权益资本。
   (1) 如果公司的预期β值为1.1,那么公司的加权平均资本成本为多少?
   (2) 如果公司受到全球能源市场持续盈利预期的影响,β值只有0.8,那么公司的加权平均资本成本为多少?

2. **科尔顿管道有限公司。** 科尔顿管道有限公司是美国一家大型天然气管道公司。公司为了实现扩张目的需要筹资1.2亿美元。科尔顿公司希望资本结构能够维持在50%的债务和50%的权益资本。公司的联邦和州政府所得税总和为40%。科尔顿公司发现能以如下成本在美国本土市场筹资。无论是债务还是权益资本,均以2 000万美元的倍数进行筹资。表中的成本是筹集一半债务和一半权益资本时各自的总成本。

	国内权益资本成本	国内债务资本成本
筹集资本不超过4 000万美元	12%	8%
筹集资本为4 000～8 000万美元	18%	12%
筹集资本超过8 000万美元	22%	16%

   一家伦敦银行建议科尔顿公司可以在欧洲市场筹集资本,在其他条件不变的情况下,相应的资本成本为

	欧洲市场权益资本成本	欧洲市场债务资本成本
筹集资本不超过4 000万美元	14%	6%
筹集资本为4 000～8 000万美元	16%	10%
筹集资本超过8 000万美元	24%	18%

   筹集的总资本的增加会影响相应的资本成本的变化。这意味着科尔顿公司如果在欧洲市场以6%的利率借款2 000万美元,那么必须同时筹集2 000万美元的权益资本。另外的债务如在美国市场筹集则成本为12%,如在欧洲市场成本则为10%。对于权益资本的筹集也是如此。
   (1) 计算每筹集4 000万美元资本时,公司所面临的最低平均资本成本。其中债务和权益资本分别筹集2 000万美元。
   (2) 如果科尔顿分公司计划筹资6 000万美元,那么此项资本该如何筹集?加权平均资本成本又为多少?

3. **泰鼎公司资本成本。** 目前,玛利亚估算出无风险利率为3.60%,公司的信用风险溢价为4.40%,国内β值为1.05,国际β值为0.85,公司的资产负债率为30%,其他数值与样本估算:泰鼎公司资本成本一节中的数值保持一致。根据国内CAPM和ICAPM,计算如下数值。
   (1) 泰鼎公司的权益资本成本。
   (2) 泰鼎公司的债务资本成本。
   (3) 泰鼎公司的加权平均资本成本。

4. **泰鼎和股权风险溢价。** 使用"样本计算:资本成本"一节中泰鼎使用成本的原始加权平均资本成本数据,根据CAPM和ICAPM,计算在下列股权风险溢价估计比率下的加权平均资本成本。
   (1) 8.00%。
   (2) 7.00%。
   (3) 5.00%。
   (4) 4.00%。

5. **克什米尔公司资本成本。** 克什米尔公司是印度班加罗尔最大、最成功的特色商品公司。它尚未进入北美市场,但正在考虑通过一家全资子公司在美国建立制造和分销设施。它已经接洽了两家不同的投资银行顾问,高盛和纽约银行,以估计数年后其美国子公司在美国证券交易所上市时的资本成本。我们使用两家顾问的以下假设计算债务、股权和克什米尔(美国)的WACC。

假定	符号	高盛投资公司	美国纽约银行
安全性与市场之间的相关性估计	β	0.90	0.85
估计企业收益的标准差	ρ_{jm}	24.0%	30.0%
估计市场收益的标准差	σ_j	18.0%	22.0%
无风险利率	k_{rf}	3.0%	3.0%
估计在美国市场的债务成本	k_d	7.5%	7.8%
估计市场收益,具有前瞻性	k_m	9.0%	12.0%
企业税率	t	35.0%	35.0%
债务比例	D/V	35%	40%
权益比例	E/V	65%	60%

6. **嘉吉公司资本成本。** 美国嘉吉公司一般被认为是世界上最大的私人控股公司。该公司总部位于明尼苏达州明尼阿波利斯市,过去5年的平均销售额超过1 130亿美元。虽然公司没有公开交易的股票,但为了对新的投资建议做出比率决定,计算其加权平均资本成本非常重要。假设无风险利率为4.50%,有效税率为48%,市场风险溢价为5.50%,首先估算公司A和B的加权平均资本成本,然后对你认为与嘉吉相当的WACC进行估计。

	公司 A	公司 B	美国嘉吉公司
公司销售额	105亿美元	450亿美元	1 130亿美元
公司 β 值	0.83	0.68	??
信用评级	AA	A	AA
加权平均债务成本	6.885%	7.125%	6.820%
债务占总资本的比率	34%	41%	28%
国际销售 / 销售	11%	34%	54%

7. **The Tombs。** 假设你和你朋友去了当地一家酒吧,The Tombs,参加每周的国际金融辩论。本周的主题是股权成本是否会比债务成本便宜。该组织选择了20世纪90年代中期的巴西作为辩论的主题。其中一个小组成员从书中撕下了一张数据表,并把它作为分析的主题。

拉里认为:"这完全取决于预期和所得。你可以谈论股票投资者的期望,但他们往往发现股票投资多年来的所得有时是如此之小,甚至有时是负的,实际上,股票的资本成本比债务成本更低。"

莫尔打断了他的叙述,说:"你没有抓住重点。资本成本是投资者要求的风险补偿。如果最终没有得到这个补偿,那么投资者会把他的资本抽出并迅速撤离。"

科里是一名理论家。她说:"这与实证结果无关,它涉及风险调整收益的基本概念。股票投资者知道,只有在向债权人支付了所有补偿后,才能获得收益。因此,他们的收益面临的风险总是高于债务工具,而且正如资本资产定价模型所述,股票投资者将其预期收益设定为一个经过风险调整的变量,高于无风险利率。"

巴西经济	1995 年	1996 年	1997 年	1998 年	1999 年
通货膨胀率(IPC)	23.20%	10.00%	4.80%	1.00%	10.50%
银行贷款利率	53.10%	27.10%	24.70%	29.20%	30.70%
汇率(雷亚尔 / 美元)	0.972	1.039	1.039	1.207	1.700
股票回报(圣保罗 Bovespa)	16.0%	28.0%	28.0%	33.5%	151.9%

此时,拉里和莫尔只是盯着科里,并且暂停了谈话,点了更多的啤酒。请你使用巴西数据表,评论本周在 The Tombs 的辩论。

Genedak-Hogan

请使用下表，回答问题 8 ~ 问题 10。Genedak-Hogan（G-H）是一家美国企业集团，它正在积极讨论其运营的国际分散化对其资本结构和资本成本的影响。该公司正在计划减少分散化后的合并债务。

假设	符号	分散化之前	分散化之后
G-H 与市场的相关性	ρ_{jm}	0.88	0.76
G-H 收益的标准差	σ_j	28.0%	26.0%
市场收益的标准差	σ_m	18.0%	18.0%
无风险利率	k_{rf}	3.0%	3.0%
为国际化提供额外的权益风险溢价	RPM	0.0%	3.0%
估计 G-H 在美国市场的债务成本	k_d	7.2%	7.0%
市场风险溢价	$k_m - k_{rf}$	5.5%	5.5%
企业税率	t	35.0%	35.0%
债务比例	D/V	38%	32%
权益比例	E/V	62%	68%

8. Genedak-Hogan 权益成本。高级管理层正在积极讨论分散化对其股权成本的影响。所有人都认为未来公司的收益与参考市场收益的相关性会更低，财务顾问认为市场将评估额外的 3.0% 风险溢价，以使基本 CAPM 成本国际化。请计算 Genedak-Hogan 在其运营的国际分散化之前和之后的权益成本，其中有包含和不包含假设的额外风险溢价两种，并对讨论进行评论。

9. Genedak-Hoga 的加权平均资金成本。在国际分散化之前和之后计算 Genedak-Hogan 的加权平均资本成本。

（1）降低债务成本会降低企业加权平均资本成本吗？你如何描述国际分散化对其资本成本的影响？

（2）将假设的风险溢价加到问题 8 中引入的股权成本（国际分散化导致股权成本增加 3.0%），公司的 WACC 是多少？

10. Genedak-Hogans WACC 和有效税率。在扩展国际业务时，许多跨国公司具有更强的控制和降低有效税率的能力。如果 Genedak-Hogan 能够将其综合有效税率从 35% 降低到 32%，那对加权平均资金成本会产生什么影响？

第 13 章

全球筹集股权和债务

> 做你想做的，资本处于危险之中。对受托人投资可以要求的是，他应忠实地履行自己的职责，并行使合理的自由裁量权。他应观察谨慎之人如何处理他们的事务，不是关注投机，而是关注他们对资金的永久处置，考虑可能获得的收入以及投资资本可能安全的处理方式。
>
> ——《谨慎人规则》，塞缪尔·普特南法官，1830

学习目标

1. 设计一个在全球获取股权资源的战略。
2. 分析公司在外国股票市场上交叉上市的动机和目标。
3. 分析在外国股票市场发行新股票的公司的动机和目标。
4. 通过在海外交叉上市和出售股权，了解进入外国股票市场面临的诸多障碍。
5. 检验可用于在全球股票市场中获取股权的各种金融工具。
6. 将最优融资结构理论扩展到跨国企业。
7. 分析实践中在跨国公司背景下决定外国子公司财务结构的因素。
8. 评估可用于外国子公司融资的各种内部和外部资金来源。
9. 确定不同国际债务工具的相关特征，这些工具可以为跨国公司本身及其外国附属机构提供资金。

第 12 章分析了为什么进入全球资本市场应该降低企业的资本成本，增加获得资本的机会，并通过克服市场分割来改善股票的流动性。追求这一崇高目标的公司，尤其是来自分割或新兴市场的公司，必须首先设计一种吸引国际投资者的财务战略。它包括选择进入全球资本市场的不同途径。

本章重点关注处于流动性较低、分割市场或新兴市场的企业。它们需要利用流动性与非分割市场来获得全球成本和资本可用性。坐落在大型和高度工业化国家的公司已经可以进入国内流动性和非分割市场。虽然它们在国外拥有资产和债务，但不太可能对其资本成本的可用性产生重大影响。事实上，对于这些公司来说，在国外寻找资金往往是需要为大型海外收购提供资金，而不是为现有业务提供资金。

本章首先设计了一个在全球范围内获取股权和债务的财务战略，然后分析跨国公司及其子公司的最优融资结构，从而最大限度地降低了资本成本，探讨企业在全球筹集资金的可能性。本章以案例研究——巴西国家石油公司和资本成本为例，高度审视国际市场如何根据国内市场和行业的不同对跨国公司区别对待。

13.1 设计获取全球资本战略

设计获取全球资本战略要求管理层就长期的财务目标达成一致，然后在各种不同路径中进行选择。图 13-1 是获取全球资本成本和可用性的不同路径。

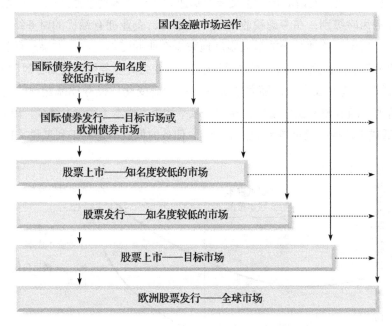

图 13-1　获取全球资本成本和可用性的不同路径

资料来源：Oxelhiem, Stonehill, Randøy, Vikkula, Dullum, and Modén, *Corporate Strategies in Internationalizing the Cost of Capital*, Copenhagen: Copenhagen Business School Press, 1998, p. 119. Reprinted with permission.

通常，投资银行作为官方顾问，有助于公司选择路径和实施方案。投资银行家与潜在的外国投资者需要即时保持联系。他们还可以帮助企业解决问题，克服必须满足的各种制度要求和障碍。他们的服务包括建议是否、何时以及在何处交叉上市。如果需要发行股权或债务，他们通常会准备所需的招股说明书，帮助解决定价问题，并维持售后市场以防止股价跌破初始价格。

大多数公司在国内金融市场筹集初始资本（见图 13-1）。然后，它们都很想跳过中间步骤直接到达底部，变成全球市场中最优惠的资本。众所周知，在国内市场上筹集资金的大多数公司都是为了吸引外国投资者。请记住，从第 12 章开始，诺华公司根据投资银行家的建议，从可转换的欧元债券问题开始同时交叉上市股票和债务，尽管诺华在财务和业绩方面已有出色的记录。

图 13-1 展示大多数公司应该开始在国外采购国际债券。它可以选择一个知名度较低的

国外市场，随后可能会在目标市场或欧洲债券市场发行国际债券。下一步可能是在一个不那么有声望的市场中交叉上市并发行股权，以吸引国际投资者的注意。然后可能在伦敦（伦敦证券交易所）、纽约证券交易所、泛欧证券交易所或纳斯达克证券交易所等具有高度流动性的外国股票交易所交叉上市。最后是在一个著名的目标市场上发行定向股票，或在全球股票市场中发行欧洲股票。

13.2 最优财务结构

经过多年的争论，金融理论家现在同意公司有最优的财务结构，实际上，他们在如何确定这个结构上意见一致。所谓的传统主义者与莫迪利亚尼和米勒学派之间的争论以妥协告终：对于给定的业务风险级别，在考虑税收和破产成本时，企业拥有最优的财务结构，由债务和股权的特定组合决定，这种组合能最大限度地减少企业的资本成本。如果新项目的业务风险与现有项目的风险不同，则债务和股权的最优组合将变为对业务风险及财务风险的权衡。

图 13-2 说明了资本成本如何随着债务的使用量而变化。债务比率定义为总债务除以总资产的市场价值，随着债务比率增加，税后加权平均资本成本（k_{WACC}）减少，因为与高成本股权相比（k_e）低成本债务的权重较大 $[k_d(1-t)]$。债务的低成本是由于利息税（$1-t$）的减免。

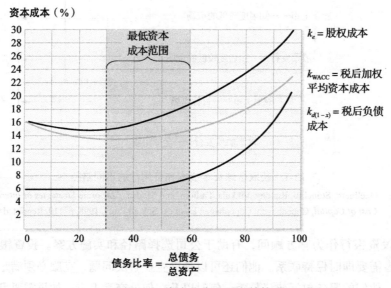

图 13-2 资本成本和财务结构

部分抵消更多债务的有利影响是股权成本（k_e）的增加，因为投资者认为这存在更大的金融风险。随着债务比率的增加，税后加权平均资本成本（k_{WACC}）继续下降，直到财务风险严重到投资者和管理层都认为存在真正资不抵债的危险。这个结果导致新债务和股权成本急剧增加，从而增加了加权平均资本成本。U 形曲线的最低点，定义了使资本成本最小化的债务比率范围。

大多数理论家认为，低点实际上是一个相当广泛的区域，涵盖了广泛的债务比率，在图 13-2 中为 30%～60%，其中资本成本几乎不存在差异。他们还普遍认为，至少在美国，这一区域的范围和特定公司的债务比率在该范围内的位置取决于3个变量：①竞争行业；②销售和经营收入的波动；③资产的抵押价值。

13.3 最优财务结构与跨国企业

国内的最优财务结构理论需要通过对4个变量进行修改，以适应跨国公司的情况。这些变量是：①资本可用性；②现金流的多样化；③外汇风险与债务成本；④国际证券投资者的期望。⊖

13.3.1 资本可用性

第12章表明，与大多数国内公司相比，全球市场中的资本准入可以使跨国公司降低股权和债务成本。它还允许跨国公司维持其所需的债务比率，即使必须为此筹集大量新资金。换句话说，跨国公司的边际资本成本在相当大的资本预算范围内是不变的。对于大多数小型国内公司而言，这种说法并非如此，因为它们无法进入国家股票或债务市场。它们必须依靠内部生成的资金或从商业银行中短期借款。

在资本市场缺乏流动性的国家的跨国公司与小型国内公司的情况几乎相同，除非它们获得了全球成本和资本可用性。它们必须依靠内部产生的资金和银行借款。如果需要筹集大量新资金来为增长机会提供资金，那么从最大限度地降低资本成本的角度来看，它们不得不借入更多资金。这相当于说它们的边际资本成本在更高的预算水平上增加了。

13.3.2 现金流的多样化

正如第12章所解释的那样，理论上存在这样的可能性：跨国公司比国内公司更不利于支持更高的债务比率，因为它们的现金流是国际化的。如果现金流的变化最小化，企业在产品、金融和外汇市场的不同条件下承担固定费用的概率会增加。

通过在国际上实现现金流多元化，跨国公司可能能够实现与投资组合投资者在国际上多元化其安全资产所获得的现金流变化相同的收益。各国之间的收益并不完全相关。相比之下，德国国内公司无法享受国际流动多元化的好处。相反，它需要完全依靠自己的国内业务净现金流入。德国公司的金融风险将高于跨国公司，因为德国国内现金流的变化不会被世界其他地方的正现金流所抵消。

正如第12章所讨论的那样，多元化的论点受到实证研究结果的挑战，即美国的跨国公司实际上的债务比率低于国内同行。跨国公司的债务代理成本更高，政治风险、外汇风险和信息不对称也更高。

13.3.3 外汇风险与债务成本

当公司发行以外币计价的债务时，其有效成本等于以公司本身货币偿还本金和利息的

⊖ An excellent recent study on the practical dimensions of optimal capital structure can be found in "An Empirical Model of Optimal Capital Structure," Jules H. Van Binsbergen, John R. Graham, and Jie Yang, *Journal of Applied Corporate Finance*, Vol. 23, No. 4, Fall 2011, pp. 34-59.

税后成本。这一数额包括按外币计算的名义本金和利息，并根据任何外汇收益或损失进行调整。

例如，如果一家总部位于美国的公司以 5.00% 的利息借入 1 500 000 瑞士法郎一年，并且当年瑞士法郎从 1.500 0 瑞士法郎/美元的初始汇率升值至 1.440 0 瑞士法郎/美元，那么这笔债务的美元成本是多少？初始借款的美元收益按当前现货汇率 1.500 0 瑞士法郎/美元计算

$$\frac{1\,500\,000\ 瑞士法郎}{1.500\,0\ 瑞士法郎/美元} = 1\,000\,000\ 美元$$

在一年结束时，这家总部位于美国的公司负责偿还 1 500 000 瑞士法郎再加上 5.00% 的利息，总共 1 575 000 瑞士法郎。但是，这笔还款必须以 1.440 0 瑞士法郎/美元的结束即期汇率计算

$$\frac{1\,500\,000\ 瑞士法郎 \times 1.05}{1.440\,0\ 瑞士法郎/美元} = 1\,093\,750\ 美元$$

贷款偿还的实际美元成本不是以 5.00% 瑞士法郎利息支付，而是 9.375%

$$\frac{1\,093\,750\ 美元}{1\,000\,000\ 美元} - 1 = 0.093\,75 \approx 9.375\%$$

由于瑞士法郎兑美元升值，美元成本高于预期。这个总的本国货币成本实际上是债务总成本和外币价值百分比变化的结果。我们可以通过 1 加上瑞士法郎利息费用 $k_d^{瑞士法郎}$，再乘以 1 加上瑞士法郎/美元汇率的百分比变化 s 来计算一家美国加利福尼亚公司借入瑞士法郎的总成本变动百分比

$$k_d^{美元} = [(1 + k_d^{瑞士法郎}) \times (1 + s)] - 1$$

此处，$k_d^{瑞士法郎}$ = 5.00% 且 s = 4.166 7%。当本国货币是美元时，瑞士法郎兑美元的汇率变动百分比是

$$\frac{S_1 - S_2}{S_2} \times 100\% = \frac{1.500\,0\ 瑞士法郎/美元 - 1.440\,0\ 瑞士法郎/美元}{1.440\,0\ 瑞士法郎/美元} \times 100\% = 4.166\,7\%$$

结合名义利率和汇率变动百分比的总成本百分比是

$$k_d^{美元} = [(1 + 0.050\,0) \times (1 + 0.041\,667)] - 1 = 0.093\,75 \approx 9.375\%$$

资本总成本百分比为 9.375%，而不仅仅是 5% 的外币利息支付。当美国收入税率为 34% 时，这种以瑞士法郎计价的债务的税后成本是

$$k_d^{美元}(1 - t) = 9.375\% \times 0.66 = 6.187\,5\%$$

该公司将以美元作为上述外汇交易损失报告该债务额外的 4.166 7% 成本，并且可以出于税收目的扣除。

13.3.4 国际证券投资者的期望

第 12 章内容强调了这样一个事实，即获得全球成本和资本可用性的关键是吸引及留住国际证券投资者。这些投资者对公司债务比率和整体财务结构的期望是基于过去 30 年发展起来的全球规范。由于大部分国际投资组合投资者都位于最具流动性和不分割的资本市场，例如美国和英国，他们的期望往往占据并超越单个国家的标准。因此，无论其他因素如何，

如果公司想要在全球市场筹集资金，它必须采用接近美国和英国规范的全球规范。债务比率高达60%似乎是可以接受的。较高的债务比率更难以向国际投资组合投资者出售。

13.4 在全球范围内募集股权

一旦跨国公司制定了财务战略并考虑了理想的目标资本结构，它就会继续在国内市场之外使用各种融资途径和工具筹集资金，无论是债务还是股权。

表13-1描述了三个关键要素，用于理解公司在筹集股权资本时所面临的问题。虽然商业媒体通常不会明确区分，但股票发行和股票上市之间存在根本区别。筹集股权资本的公司最终寻求股票发行，即表13-1中描述的IPO或SPO。这会产生现金收益，用于资助和执行业务。但是，通常必须在发行之前先上市，股票在交易所进行交易，从而在特定的国家市场上获得名称识别、可见性，希望为发行做好准备。

表 13-1 股权途径/活动和属性

股票发行
- 首次公开募股（IPO）——向私人公司的公众首次出售股份
- IPO筹集资金，通常需要承销商
- 上市后公开发行（SPO）——随后出售上市公司的额外股份，筹集额外股本
- 欧洲股票——同时在两个或多个市场和国家首次出售股票
- 定向发行——由上市公司向特定目标投资者或公共或私人市场（通常在不同国家）出售股份

股票上市
- 上市公司的股票在交易所上市购买或出售，通常会聘请一家投资银行公司来创建股票市场
- 交叉上市是公司股票在不同国家市场的交易所上市，旨在将公司股票的潜在市场扩大到更大的投资者群体
- 存托凭证（DR）——银行发行的公司股份的所有权证明，代表对相关外国证券的索赔。在美国，它们被称为美国存托凭证，并在全球范围内出售

私人配售
- 向私人投资者出售证券（股权或债务）。私人投资者通常是养老基金、保险公司或高净值私人实体等机构
- 144A规则私募配售是指在美国证券交易委员会注册向美国合格的机构买家（QIB）出售证券。QIB是非银行公司，在自行决定的基础上拥有并投资1亿美元以上
- 私人股本大型有限合伙企业、证券投资者或私人投资者对公司的私募股权投资。他们的目的是让主体公司保持私有化，重振业务，然后在1～5年内公开或私下出售

也就是说，发行不一定是公开的。无论公有或私人公司，都可以向私人投资者发行（请注意，私募可能是指股权债务）。私募可以采取多种不同的形式，投资者的意图可能是被动的（例如，144A规则投资者）或主动的（例如私募股权，投资者打算控制和改变公司）。

除了筹集股权资本外，上市公司也在追求更大的市场知名度，并吸引越来越多的潜在投资者。预计随着时间的推移，不断增加的投资者将导致更高的股价——提高股东的收益。私营公司的目标更为独特：以尽可能低的私人成本筹集更多的股权数量。正如第4章所讨论的那样，工业化市场的所有权趋势倾向于更多的私有制，而来自新兴市场国家的许多跨国公司对上市表现出越来越大的兴趣。

图 13-3 提供了当今跨国企业可用的四种主要股权替代方案。希望在本土市场之外筹集股权资本的公司可以采取公共途径或私人途径。公共途径包括定向增发或发行欧洲股票。在过去十年中使用频率更高的是私人途径——私募、私募股权或战略联盟下的私有股权出售。

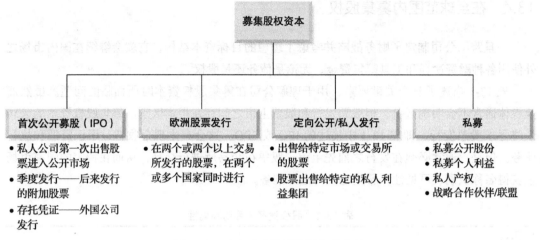

图 13-3 在全球市场募集股权的方法

1. 首次公开募股（IPO）

私营公司通过首次公开募股（IPO）转为公有制。大多数首次公开募股都是由投资银行服务提供商组成的证券包销和辛迪加集团发起的。它们根据公司所处的国家与证券交易所协助公司准备所需的监管备案和披露。该公司将在 IPO 日期之前的几个月内发布招股说明书。招股说明书将描述公司的历史、业务、经营和融资结果、相关业务、财务或政治风险以及公司未来的业务计划，所有这些都是为了帮助潜在买家对公司进行评估。

公司首次发行股票通常占公司所有权的 15% ～ 25%（尽管近年来的数字仅有 6% ～ 8%）。该公司可能会跟随 IPO 进行额外的股票销售，被称为增发，即更多的公司股权在公开市场上出售。在公开市场上交易的股票的总份额通常被称为公共发行或自由发行。

一旦公司上市，它就会受到更高层次的公众监督。这种审查源于政府安全监管机构和个别证券交易所要求的详细的公开披露和财务申报。这种持续披露并非无足轻重，无论是成本还是竞争影响。财务披露可以被视为泄露了客户、供应商、合作伙伴和竞争对手在与公司的关系中可能使用的大量信息。私营企业在这个领域具有明显的竞争优势。

与公开交易公司股票的一个额外区别是，它们只会在发行时为公司筹集资金。虽然股价的每日上涨和下跌推动了这些股票所有者获得的收益，但每日股价变动并不会改变公司的资本。

2. 欧洲股票发行

欧洲股票或欧洲股票发行是同时在多个国家/地区进行多次交换的首次公开募股。几乎所有的欧洲股票发行都是由一个国际集团所发行的。在这种情况下，"欧元"一词并不意味着投资者位于欧洲，也不意味着股票是以欧元计价的。它是世界上任何地方发售的国际证券的统称。欧洲股票通过尽可能多的不同的投资者来筹集更多的资金。高调的欧洲股票发行的两个例子是英国电信和著名的意大利奢侈品生产商 Gucci。

最大和最引人注目的股票发行是与国有企业私有化浪潮同时出现的。1984 年 12 月，英国电信私有化时，撒切尔政府创建了这种模式。发行规模非常大，除了出售给国内投资者之外，也向外国投资者出售，目标是筹集资金并确保发行后的全球流动性。

欧洲股票私有化特别受国际投资组合投资者的欢迎，因为大多数公司的规模都非常庞大，在私有化时具有优秀的信用评级和有利可图的准政府垄断。英国私有化模式如此成功，以至于其他公司纷纷效仿，比如 1996 年德意志电信首次公开募股 130 亿美元。

国有企业——来自新兴市场的政府所有企业已成功实施了大规模的私有化计划。Telefonos de Mexico 在 1991 年完成了 20 亿美元的欧元股票发行，并继续在纽约证券交易所上市。

1993 年，阿根廷国有石油公司 YPF Sociedad Anónima 出售了 30 亿美元的伊朗股票，这是非流动性市场上的公司发行的规模最大的欧洲股票之一。其约 75% 的股份分布在阿根廷以外的地区，仅在美国就有 46%。它的承销团体代表了一个虚拟的世界领先的投资银行。

3. 定向公开发行股票

定向公共发行股票或定向发行被定义为针对单个国家/地区的投资者并由该国家的投资机构全部或部分承销。该发行可能会，也可能不会以目标市场的货币计价，并且通常与目标市场上的证券交易所的交叉上市相结合。⊖

定向发行可能需要为目标国外市场的收购或主要资本投资提供资金。对于那些处于较小的资本市场并且已经超越市场的公司来说，这是一个特别重要的股权来源。

Nycomed 是一家规模较小但备受推崇的挪威制药公司，它就是这种定向发行和交叉上市相结合的一个例子。该公司的商业策略是收购其他有前途的公司（欧洲的主要公司和拥有相关技术、人员或利基市场的美国公司），利用其在制药领域的某些利基市场和复杂的技术知识。收购部分以现金支付，部分以股份支付。该公司通过在国外出售两批定向发行股票来资助其收购战略。1989 年，它在伦敦证券交易所交叉上市，并从外国投资者那里筹集了 1 亿美元的股权。Nycomed 在伦敦证券交易所上市并发行股票，在纽约证券交易所上市，并从美国投资者那里筹集了 7 500 万美元。

国际金融实务 13-1 提供了另一个定向发行的例子，在这种情况下，瑞典和挪威的上市公司发行了欧洲股票，以推动石油产权收购的发展。

国际金融实务 13-1

瑞典 PA 资源的计划定向股票发行

定向公开发行股票的一个例子是 2005 年发布的 PA 资源（PAR.ST），这是一家瑞士石油和天然气储备收购和开发公司，于 2001 年首次在挪威奥斯陆证券交易所上市，PAR 宣布 2005 年可能私人配售 700 万股专门针对挪威和国际投资者（非美国投资者）的股票。发行股票的收益预计将部分用于该公司在北海和突尼斯进行的石油与天然气储备收购。

⊖ 诺华（见第 12 章）在 1981 年发行的股票是一个成功定向发行股票的例子，它既提高了诺华股票的流动性，又降低了其资本成本。

据报道，此次定向发行在发布后获得超额认购，就像在美国以外定向发行一样，要约表示证券不会在美国发行或出售，因为该证券没有也不会根据美国 1933 年的《美国证券法》在美国注册。

13.5 存托凭证

存托凭证（DR）是由银行发行的可转让证书，代表在外国托管银行以信托方式持有的托管股票的底层流通份额。全球存托凭证（GDR）是指在美国以外交易的证券，美国存托凭证（ADR）是指在美国交易并以美元计价的证书——对于在美国境外注册并且想要在美国证券交易所上市的公司而言，主要的方式是通过 ADR 计划。一家在世界上任何地方注册并且想要在任何国外市场上市的公司，都是通过 GDR 计划完成的。

美国存托凭证在美国以与任何股票相同的方式出售、注册和转让，每个美国存托凭证代表多个或部分基础外汇。这允许美国存托凭证以适合美国市场的每股价格（通常低于每股 20 美元）进行交易，即使外国股票的价格直接转换为美元是不合适的。许多美国存托凭证，如图 13-4 中展示的 Telefonos de Mexico 的美国存托凭证，已成为多年来美国最活跃的证券之一。

图 13-4　Telefonos de Mexico 的美国存托凭证

第一个美国存托凭证计划是在 1927 年为一家英国公司——塞尔福里奇百货公司（英国著名零售商）实施的。股票由摩根大通发售，这些股票在纽约商品交易所上市，后来几年转变为美国股票交易所。与许多金融创新一样，存款收据的创建是为了打破监管限制。在这种情况下，英国政府禁止英国公司在没有英国转让代理人的情况下，在国外市场上注册其股票。实质上，存托凭证在国外创造了合成股份，因此不需要对英国以外的股票进行实际注册。

13.5.1 美国存托凭证原理

图 13-5 是美国存托凭证的发布过程，在这种情况下，美国投资者购买巴西上市公司的股票——美国存托凭证。

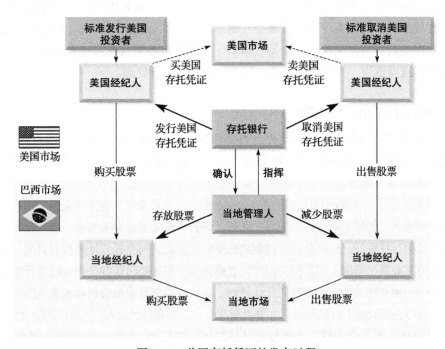

图 13-5 美国存托凭证的发布过程

资料来源：Based on *Depositary Receipts Reference Guide*, JPMorgan, 2005, p. 33.

（1）美国投资者指示其经纪人购买巴西上市公司的股票。
（2）美国经纪人联系巴西的当地经纪人（通过经纪人的国际办事处或直接联系）下订单。
（3）巴西经纪人购买了所需的普通股，并将其交给巴西的托管银行。
（4）美国经纪人将从投资者那里收到的美元兑换成巴西雷亚尔，向巴西经纪人支付购买的股票。
（5）在股票被交付给巴西托管银行的同一天，托管人将其存款通知美国存托银行。
（6）在收到通知后，美国存托银行向美国经纪人发行并交付巴西公司股票的存托凭证。
（7）然后，美国经纪人将存托凭证交给美国投资者。

存托凭证现在像其他普通股一样持有和交易。除了刚刚描述的过程之外，美国经纪人有可能通过购买现有的存托凭证获得美国投资者的存托凭证，而不需要重新发行。图 13-5 还描述了出售或取消美国存托凭证的替代过程机制。

创建美国存托凭证后，它们可以像美国其他证券一样在美国市场上交易。美国存托凭证可以通过简单地从现有的美国存托凭证持有人（卖方）转移给另一个存托凭证持有人（买方）来出售给其他美国投资者。这被称为市场内交易。此交易将以与任何其他美国交易相同的方式结算，并在交易日后的第三个工作日以美元结算，通常通过美国存托信托公司（DTC）。市场内交易占今日所有存托凭证交易的近 95%。

美国存托凭证可以换取相关的外国股票，反之亦然，因此在调整转移成本后套利可以使任何给定股票的外国和美国价格相同。例如，一个市场的投资者需求将导致价格上涨，随之将导致其他市场的价格也会上涨/套利，即使投资者没有那么看好股票。

美国存托凭证向美国股东传递了某些技术优势。外国公司支付的股息将转移到其托管银行，然后转到发行美国存托凭证的银行。开证行以美元兑换外币股息，并将美元股息发送给美国存托凭证持有人。美国存托凭证是注册形式，而不是持票人形式。所有权转移根据美国法律和程序进行。通常情况下，交易成本低于在本国市场买入或卖出底层股票时的交易成本，并且结算速度更快。预扣税更简单，因为它由存托银行处理。

13.5.2 美国存托凭证计划结构

上一节描述了美国投资者希望购买巴西公司股票而导致巴西公司股票发行存托凭证（本例中为美国存托凭证）。但存托凭证计划也可以从巴西公司的角度来看，作为其接触美国投资者的财务战略的一部分。

美国存托凭证计划在赞助和认证级别方面存在差异。公司希望其股票在美国上市或在交易的外国公司的要求下，创建了有偿的美国存托凭证。该公司向美国证券交易委员会和美国银行申请注册与发行美国存托凭证。外国公司支付创建此类赞助性的美国存托凭证的所有费用。如果外国公司不寻求将其股票在美国上市，但美国投资者感兴趣，那么美国证券公司可能会开始创建美国存托凭证——一种非赞助性的美国存托凭证计划。美国证券交易委员会仍要求未经批准的美国存托凭证，以获得公司股票上市的批准。非赞助程序只占所有存托凭证程序中相对较小的一部分。

美国存托凭证差异化的第二个维度是认证级别，详见表13-2。三级承诺水平的区别在于披露程度、列出备选方案、筹集资金的能力（发行新股）以及实施计划的时间的不同。

表13-2 美国存托凭证分级

类型	描述	披露程度	列出备选方案	筹集资金的能力	实施计划的时间
一级	场外交易的美国存托凭证计划	无，本国标准	场外市场	—	6周
一级GDR	规则144A/GDR计划	无	未列出	是的，对合格机构投资者来说可用	3周
二级	美国存托凭证计划列表	详细的《萨班斯-奥克利法案》	美国股票交易所	—	13周
二级GDR	规则144A/GDR计划	无	金融交易所	无	2周
三级	美国存托凭证计划列表	严谨的《萨班斯-奥克利法案》	美国股票交易所	是的，公共开放	14周
三级GDR	规则144A/GDR计划	欧盟招股说明书和美国144A规则	伦敦、卢森堡、美国门户网站	是的，对合格机构投资者来说可用	2周

一级存托凭证计划。 一级计划是最容易和最快的程序。一级计划允许外国证券被美国投资者购买并持有，无须在美国证券交易委员会注册。这是成本最低的方法，但可能对流动性产生的有利影响最小。

二级存托凭证计划。 二级计划适用于希望在美国股票交易所上市现有股票的公司。它们必须符合美国证券交易委员会的完整注册要求和特定交换规则。这也意味着需要将其财务账户与美国通用会计准则下的财务账户进行核对，大大提高了成本。

三级存托凭证计划。三级计划适用于在美国发行的新股权的出售，以筹集股本。它需要在美国证券交易委员会注册，并提交一份详尽的股票招股说明书。这是成本最高的选择，但对于希望在全球最大的资本市场筹集资金并可能为所有股东带来更多回报的外国公司来说，这是最有成效的选择。

13.5.3 如今的 DR 市场：谁、什么、哪里

近年来新兴市场快速增长，部分由于这些国家的公司能够在全球市场上上市并发行新股。它们希望获得更多可负担资本的资金，以及许多所有者希望将现有价值货币化的愿望，导致新兴市场公司大量涌入存托凭证市场。

谁。 今天全球存托凭证计划的参与者是来自世界各地的主要跨国公司，但近年来参与该计划的公司已经转向工业化国家。例如，2013 年最大的问题来自 BP、沃达丰、荷兰皇家壳牌和雀巢等知名跨国公司，还包括俄罗斯的卢克石油公司和俄罗斯天然气工业股份公司以及中国台湾的台积电公司。2012 年和 2013 年，石油和天然气行业显然是规模最大的，紧随其后的是制药和电信行业。值得注意的是，近年来，市场明显处于下滑状态。

什么。 如今的全球存托凭证市场在 IPO 和后续发行（IPO 后的额外股权发行）之间是相当均衡的。事实上，IPO 继续构成存托凭证股权筹集活动的大部分。

哪里。 鉴于当今新兴市场公司在存托凭证市场的主导地位，存托凭证市场的位置由纽约和伦敦主导并不奇怪。截至 2013 年年底，来自超过 86 个国家的赞助存托凭证计划已超过 2 300 个。在这 2 300 个项目中，只有一半以上是 ADR，其余的是在伦敦和卢森堡证券交易所之间分配的 GDR 计划。

比参与存托凭证市场的计划数量更重要的是公司通过 DR 计划筹集的资金。图 13-6 区分了通过 IPO 和 FO 筹集的股权资本。作为筹集资金的途径，存托凭证市场被证明非常有成效。同样显而易见的是，2000 年和 2006～2007 年的股票发行做得更好。

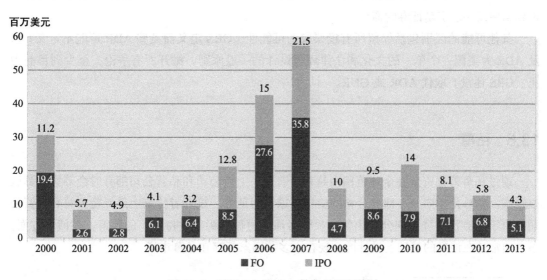

图 13-6　通过 FO 和 IPO 筹集的股权资本

资料来源："Depositary Receipts, Year in Review 2013," JPMorgan, p. 5. Data derived by JPMorgan from other depositary banks, Bloomberg, and stock exchanges, January 2014. Reprinted with permission.

13.5.4　全球注册股票（GRS）

全球注册股票（GRS）是在无须转换的情况下跨境和跨市场交易的股票份额，其中在本国交易所的一股等于在外国交易所的一股。相同的股票在不同的证券交易所上市，但以交易所的货币列出。理论上，GRS 可以与跟随"太阳"进行交易，因为它们在全球范围内全天候开盘和收盘。股票以电子方式进行交易，消除了发行股票所需的特殊形式和存托凭证。

GRS 和 GDR 之间的差异可以在以下示例中看到。假设一家德国跨国公司股票在法兰克福证券交易所上市，目前这些股票的交易价格为每股 4.00 欧元。如果当前即期汇率为 1.20 美元/欧元，则这些股票将在纽约证券交易所上市，每股 4.80 美元。

$$4.00 \text{ 欧元} \times 1.20 \text{ 美元/欧元} = 4.80 \text{ 美元}$$

这将是标准的 GRS。但每股 4.80 美元是纽约证券交易所和美国股市的极低股价。

然而，如果这家德国公司的股票在纽约以美国存托凭证的形式上市，它们将被转换为对目标市场具有战略定价的价值。美国的战略价格意味着股价通常在 10～20 美元。价格范围长期以来最大限度地考虑买家的兴趣和流动性。然后构建美国存托凭证，以便每个 ADR 代表公司在国内市场上的四股，或者

$$4.80 \text{ 美元} \times 4 = 19.20 \text{ 美元/股}$$

这种区别是否重要？显然，与存托凭证相比，GRS 与普通股更为相似，它可以更容易地进行比较和分析。但如果目标定价在像美国这样的关键市场中非常重要，那么美国存托凭证为外国公司提供了更好的机会以获得更好的存在和活动。⊖

基于全球化的力量，支持 GRS 反对 ADR 的人有两种基本论据。

（1）投资者和市场都将继续增加它们对证券的渴望，这些证券在市场上越来越相同，这些市场具有类似商品的特征，只能通过当地交易所的面额货币来兑换。

（2）管理跨国市场安全交易的法规将继续趋向于一套共同的全球原则，消除了针对当地市场属性或要求定制证券的需要。

其他可能的区别包括保留所有投票权的可能性（GRS 定义而某些 ADR 可能不定义）以及 ADR 为美国一个单一的文化和法律环境设计的一般原则。抛开所有争论，至少到目前为止，GRS 还没有取代 ADR 或 GDR。

13.6　私募

通过私募筹集资金在全球范围内越来越普遍。上市公司和私营公司都有时会筹集私募股权资本。私募是指向一小部分合格的机构买家出售证券。投资者传统上是保险公司和投资公司。由于证券没有登记向公众出售，投资者通常遵循"买入并持有"的政策。在债务方面，条款通常是在谈判的基础上设计的。现在大多数国家都存在私募市场。

⊖ GRS 不是一项新的创新，因为它们与多年来美国、加拿大不同地区的跨境贸易结构相同。在纽约证券交易所泛欧交易所上市的超过 70 家加拿大公司。当然，有人可能会认为美元和加元的近乎平价多年来也是如此。

13.6.1 SEC 规则 144A

1990 年，美国证券交易委员会批准了 144A 规则。它允许合格的机构买家（QIB）在没有先前的持有期限限制且不需要在美国证券交易委员会注册的情况下购买私人证券。

合格的机构买家（QIB）是一个实体（银行或储蓄和贷款除外），拥有并投资于非关联公司的 1 亿美元证券。银行、储蓄和贷款必须符合此条件，但也必须具备最低净资产 2 500 万美元。美国证券交易委员会估计存在大约 4 000 家 QIB，主要是投资顾问、投资公司、保险公司、养老基金和慈善机构。同时，美国证券交易委员会修改了其规定，允许外国发行人通过美国证券交易委员会 144A 规则发行进入美国私募市场，即使它们没有在美国证券交易委员会注册。为了解决这些问题，建立了一个名为 PORTAL 的交易系统，以支持股权的分配并创造一个流动的二级市场。

由于美国证券交易委员会的注册已被确定为希望在美国境内募集资金的外国公司的主要障碍，因此美国证券交易委员会 144A 规则证明对股票和债务证券的外国公司具有吸引力。瑞典跨国工程公司阿特拉斯·科普柯是第一家利用 SEC 144A 规则的外国公司。它通过 ADR 股权配售在美国筹集了 4 900 万美元，作为其 1990 年 2.14 亿美元欧洲股的一部分。从那时起，外国发行人每年在美国私募股权筹集数十亿美元。但是，这似乎不会对流动性或股票价格产生有利影响。

13.6.2 私募股权基金

私募股权基金通常是机构和富有投资者的有限合伙企业，例如大学捐赠基金，它们在最具流动性的资本市场筹集资金。最出名的是，它们购买了国有企业的控制权，并将其私有化，改善管理，然后在 1～3 年后再转售。它们以各种方式转售，包括将公司卖给其他公司、转售给其他私募股权基金，或再次公开上市。私募股权基金本身往往非常庞大，但是也可能利用大量债务为其收购提供资金。这些替代方案需要收取 2% 的资产加上 20% 的利润作为管理费。股票基金取得了很大的成功。

许多成熟的新兴市场家族企业即使遵循本章所述的策略，也不太可能获得全球资本和资本可用性。虽然它们可能会持续盈利并且不断增长，但它们对于外国投资者来说仍然缺乏管理深度，无法为全球化战略的前期成本提供资金。对于这些公司，私募股权基金可能是一个解决方案。

私募股权基金与传统风险投资基金不同。后者通常主要在高度发达国家运作。它们通常投资于初创公司，其目标是在同样高流动性的市场上通过 IPO 来退出投资。新兴市场的风险投资非常稀少，部分原因是在一个非流动的市场上通过 IPO 退出投资非常困难。虽然私募股权基金同样面临这一问题，但它们似乎有更长的投资期限。投资者投资于成熟且盈利的公司，通过更好的管理和与其他公司的合并来使公司发展壮大。

13.7 外国上市与发行股票

根据图 13-3 展示的全球市场中的不同途径，公司需要选择一个或多个股票市场来交叉上市并出售新股票。要去哪里主要取决于公司的具体动机以及东道国股票市场接受公司的意愿。通过交叉上市和出售其股票，在外汇交易中，公司通常会尝试完成以下一个或多个目标：

- 提高现有股票的流动性，支持在国外市场发行股票的二级市场的流动性；
- 通过克服分割、缺乏流动性的国内资本市场的错误定价来提高其股价；
- 增加公司对其客户、供应商、债权人和东道国政府的知名度与政治接受度；
- 为在东道国市场上收购其他公司的股票建立流动性二级市场，并补偿当地管理层和外国子公司的员工。⊖

13.7.1 提高流动性

外国投资者通常通过普通的经纪人渠道获得公司股票，即使这些股票没有在投资者本土市场上市或者没有以投资者的首选货币进行交易。交叉上市是鼓励此类投资者继续持有和交易这些股票的一种方式，从而改善二级市场的流动性。这通常是通过 ADR 完成的。

在资本市场缺乏流动性的国家注册的公司，其增长速度往往超过这些市场，并被迫在海外筹集新的股权。承销商通常需要在市场上的股票交易所上市，以确保这些资金的筹集，继而确保股票发行后的流动性。

本章的第 1 节建议企业首先在缺乏流动性的市场中交叉上市，然后在该市场中进行股权发行（见图 13-1）。然而，为了最大限度地提高流动性，理想情况下公司应该在更具流动性的市场中交叉上市并发行股权，并最终发行全球股票。

为了使流动性最大化，期望在最具流动性的市场中交叉上市和 / 或出售股权是可取的。然而，股票市场在近几年受到两种主要力量的影响，这两种力量正在改变其行为和流动性的股份化和多样化。

股份化是一个持续的过程，通过这个过程，一些交易所的小型控制席拥有者放弃了他们的专属权力。结果，交易所的实际所有权变得越来越公开。多元化代表了产品（衍生品、货币等）和外国公司 / 股票上市的日益多样化。这增加了许多交换的活动和盈利能力，同时提供更全球化的组合，以降低成本和增加服务。

证券交易所。在证券交易所方面，纽约和伦敦显然是最具流动性的。纽约证券交易所和泛欧交易所的合并，泛欧交易所本身就是阿姆斯特丹、布鲁塞尔和巴黎证券交易所的合并，这扩大了纽约证券交易所对纳斯达克（纽约）和伦敦证券交易所的领先优势。由于许多外国公司选择从东京交易所退市，东京在过去 20 年中在全球交易价值方面略有下降。现在很少有外国公司在东京上市。德意志交易所（德国）拥有相当流动的国内股票市场，但交易外国股票的流动性水平要低得多。另外，对于位于欧盟的公司来说，这是一个合适的目标市场，特别是那些采用欧元的公司而言。它也被用作已经在伦敦证券交易所、纽约证券交易所或纳斯达克交叉上市的公司的补充交叉上市地点。

为什么纽约和伦敦占据主导地位？它们提供了全球金融公司所追求的东西：大量的技术

⊖ 最近的交易扩张机会的例子是科斯莫斯能源。继该公司在美国首次公开募股之后，2011 年 5 月（纽约证券交易所代码：KOS），该公司在加纳证券交易所上市。该石油公司在加纳取得重大发现，几乎所有收入都来自加纳。

人员、随时可以获得的资金、良好的基础设施、有吸引力的监管和税收环境以及低水平的腐败。英语越来越被公认为全球金融语言，这也是重要因素之一。

电子交易。 近年来，大多数交易所都在大力发展电子交易。事实上，美国股票市场现在是一个由 50 个不同场所组成的网络，通过一个公开报价和销售价格的电子系统连接起来。这种向电子交易的转变具有广泛的影响。例如，专家在纽约证券交易所场内的作用已大大降低，同时专业公司的就业率相应下降。专家不再负责确保股票的有序流动，但它们对于为交易量较小的股票制造更具流动性的市场仍然很重要。同样的命运降低了做市商对伦敦证券交易所（LSE）的重要性。

电子交易使对冲基金和其他高频交易商能够占领市场。高频交易者现在占日交易量的 60%。相反，纽约证券交易所控制的交易量从 2005 年的 80% 下降到 2010 年的 25%。交易立即由计算机执行。买入和卖出订单之间的差价现在是小数点，低至每股一便士，而不是 1/8 美分。流动性大幅增加，但价格出现意外波动的风险。例如，2010 年 5 月 6 日，道琼斯平均指数一度下跌 9.2%，但最终在当天收盘时回升。在此期间，单日交易 190 亿股票被买入并卖出。

13.7.2 促进股票和股价

虽然交叉上市和股权发行可以同时进行，但它们的影响是可分离的，并且本身就是重要的。

交叉上市。 仅仅在国外证券交易所交叉上市对股价有利吗？它取决于市场的细分程度。如果公司的国内资本市场是分割的，该市场重视公司或其行业而不是国内市场，那么该公司理论上可以通过在国外市场上的交叉上市获益。这正是诺华在 1981 年在纽约证券交易所上市时遇到的情况（见第 12 章）。但是，大多数资本市场正在与全球市场更加融合，即使是新兴市场也不像几年前那样细分了。

股票发行。 众所周知，新股票发行的同时进行交叉上市对股票价格的影响比仅交叉上市更有利。之所以出现这种情况，是因为新股会立即扩大股东基础。承销商在股票发行前的营销努力会产生更高的知名度。承销商至少支持首次公开发行价的努力也会降低投资风险。

13.7.3 提高知名度和政治接受度

跨国公司在拥有大量实际业务的市场中，它们的商业目标是提升企业形象，宣传商标和产品，获得更好的本地新闻报道，并更熟悉当地金融界，以便在当地筹集资金。

政治目标可能包括满足本国公司外国合资企业在当地的所有权要求。母公司股份的本地所有权可能会提供一个平台，用于宣传公司的活动及支持东道国。

13.7.4 建立流动二级市场

为公司股权建立当地流动性市场可能有助于收购融资以及为子公司创建基于股票的管理层薪酬计划。

收购融资增长。那些遵循收购增长战略的公司总是在寻找创新的现金替代品来为这些收购提供资金。如果这些股票具有流动的二级市场，那么提供这些股票作为部分支付将更具吸引力。在这种情况下，如果目标公司的股东更愿意用现金而不是换股，他们可以通过简单的方式将他们的收益转换为现金。但是，股票交换通常比免税交换更具吸引力。

补偿管理层和员工。如果跨国公司希望使用股票期权及购买补偿计划作为当地管理层和员工补偿计划的一部分，那么在流动性的二级市场上进行本地上市将提高此类计划的感知价值。它应该减少本地受益人的交易和外汇成本。

13.7.5 交叉上市和在国外发行股票的障碍

虽然公司可能决定在国外交叉上市和/或出售股权，但仍存在某些障碍。最严重的障碍是未来承诺提供全面透明的经营业绩和资产负债表披露以及持续的投资者关系计划。

披露义务和投资者关系。交叉上市的决定必须与对充分披露和持续投资关系计划的暗示增加的承诺相平衡。对于英美市场的公司来说，在国外上市可能不会成为一个障碍。例如，美国证券交易委员会在美国上市的披露规则是如此严格和昂贵，以至于任何其他市场规则仅仅是儿童游戏。然而，非美国公司在美国交叉上市之前必须仔细考虑披露要求。不仅披露要求令人叹为观止，美国监管机构和投资者还要求即时的季度信息。因此，外国公司必须为其美国股东维持一个代价高昂的持续投资者关系计划，包括频繁的"路演"和耗时的个人与高层管理人员的参与。

信息披露是一把双刃剑。美国的思想学派认为，全球范围内对经营业绩和财务状况的更全面、更透明、更标准化的财务披露趋势将具有降低股权资本成本的理想效果。正如我们在 2002 年和 2008 年所观察到的那样，由于缺乏完整准确的披露和透明度，投资者纷纷转向美国政府债券等更安全的证券，导致美国股市下跌。这一行动增加了资本公司的股权成本。

反对的思想流派认为美国要求的信息披露是一个繁重而昂贵的负担。它阻隔了许多潜在的利益相关者，从而缩小了以合理的交易成本为美国投资者提供的证券选择范围。

13.8 全球债权融资

国际债务市场为借款人提供各种不同的到期日、还款结构和面额货币。市场及其许多不同的工具因资金来源、定价结构、到期日以及与其他债权和权益工具的从属关系或联系而不同。

图 13-7 概述了以下几节中描述的三种基本类别，以及今天在国际债务市场上发行或交易的主要组成部分。如图 13-7 所示，国际市场上三种主要的债务融资来源是国际银行贷款和银团贷款、欧洲票据市场和国际债券市场。

13.8.1 国际银行贷款和银团贷款

国际银行贷款。传统上，国际银行贷款来自欧洲货币贷款市场。欧洲美元银行贷款也被称为欧洲美元信贷或欧元信贷。后一个标题更广泛，因为它包含欧洲货币贷款市场的非美元

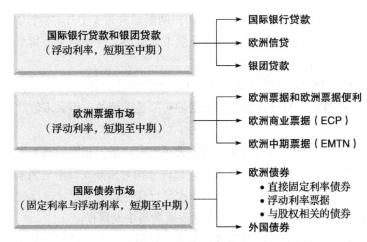

图 13-7　国际债务市场及其组成

贷款。吸引存款人和借款人到欧洲货币贷款市场的关键因素是该市场内的利率差。存款和贷款利率之间的差异通常小于 1%。

欧洲信贷。欧洲信贷是向跨国公司、主权政府、国际机构和以欧元货币计价的银行提供的银行贷款，并且由贷款所在国家的其他国家的银行提供。欧元兑美元的基本借入利率长期以来一直与伦敦银行同业拆借利率（LIBOR）挂钩，伦敦银行同业拆借利率是适用于伦敦银行间贷款的存款利率。欧洲信贷是短期和中期的贷款，到期日为 6 个月或更短。大多数欧洲信贷都是固定期限，没有提前还款的规定。

银团贷款。银团贷款使银行能够在一些银行中分散大额贷款的风险。银团贷款很重要，因为许多大型跨国公司需要超过单一银行贷款限额的信贷。银团信贷由代表其客户的牵头银行安排。在最终确定贷款协议之前，牵头银行寻求一组银行的参与，每个参与者提供所需总资金的一部分。牵头银行将与借款人合作确定总信贷额、浮动利率基数以及参与银行管理的基本利率、到期日和费用结构的利差。银团信贷的定期费用由两部分组成。

（1）贷款的实际利息费用，通常表示为基于 LIBOR 等浮动利率基数的基差点。

（2）对任何未使用部分支付的承诺费——借款人通过 LIBOR 支付的差价——被视为风险溢价，反映了适用于借款人还款能力的一般业务和财务风险。

13.8.2　欧洲票据市场

欧洲票据市场是用来描述欧洲货币市场中短期和中期债务工具的总称。虽然存在大量差异化金融产品，但它们可分为承销便利和非承销便利两大类。承销便利用于以不同形式出售欧洲票据，非承销便利用于销售和分销欧洲商业票据（ECP）和欧洲中期票据（EMTN）。

欧洲票据和欧洲票据便利。国际货币市场的一个重大发展是建立了承销便利，用于出售短期、可转让的本票——欧洲票据。发行安排包括循环承销便利、票据发行便利和备用票据发行便利。这些便利由国际投资银行和商业银行提供。欧洲票据是一种比银团贷款便宜得多的短期资金来源，因为证券化和承销形式使流动性较强的二级市场迅速建立，从而使票据直接与投资大众进行交易。银行最初为其承销和配售服务收取了大量费用。

欧洲商业票据（ECP）。欧洲商业票据（ECP），与在世界各地的国内市场上发行的商业票据一样，是公司或银行的短期债务（非承销）。期限通常为1个月、3个月和6个月。该票据通常打折出售或偶尔以规定的票息出售。虽然市场能够支持任何主要货币发行的票据，但超过90%的未偿票据都是以美元计价的。

欧洲中期票据（EMTN）。欧洲中期票据市场有效地弥合了ECP与较长期和不太灵活的国际债券之间的期限差距。尽管许多这些票据最初都是承销的，但大多数欧洲中期票据现在都是非承销的。

欧洲中期票据市场的快速增长直接紧跟在美国国内市场上相同的基本工具之后，当时美国证券交易委员会制定了证券交易规则#415，允许公司为债务发行申请储架登记。一旦获得此类登记，公司可以持续发行票据，无须为每次发行获得新的登记。这反过来又允许公司通过比普通债券更便宜和更灵活的发行机制来销售短期与中期票据。

欧洲中期票据的基本特征与债券类似，本金、到期日、息票结构和利率具有可比性。欧洲中期票据的典型期限从最短9个月到最长10年不等。息票通常是每半年支付一次，票面利率与类似的债券相当。然而，欧洲中期票据具有三个特征：①欧洲中期票据是一种融资工具，可以在一段时间内连续发行，而不像一次性销售的债券；②因为欧洲中期票据是连续出售的，为了使偿债（息票赎回）易于管理，息票按照设定的日历日期支付，无论发行日期如何；③欧洲中期票据以相对较小的面额发行，从200万美元到500万美元不等，使得中期债务收购比国际债券市场通常需要的大额最低限额灵活得多。

13.8.3 国际债券市场

国际债券市场拥有丰富的创新工具，这些工具由富有想象力的投资银行家创建，他们不受管理国内资本市场的常规控制和监管的约束。实际上，国际债券市场在向国际借款人提供的资金数量和成本方面可与国际银行市场相媲美。所有国际债券属于两个通用分类，即欧洲债券和外国债券。这两类债券之间的区别在于借款人是国内还是外国居民，以及发行债券是以当地货币还是以外币计价。

欧洲债券。欧洲债券由一家国际银行和其他证券公司承销，并且仅在发行债券的国家以外的国家销售。例如，一家美国公司发行的以美元计价并出售给欧洲和日本投资者（但不向美国投资者出售）的债券是欧洲债券。

欧洲债券由跨国公司、大型国内公司、主权政府、政府企业和国际机构发行。它们同时提供给许多不同国家的资本市场，但不向债券计价货币国家的资本市场和居民发行。几乎所有的欧洲债券都是无记名形式的，具有赎回条款（证券发行人在到期之前赎回债券的能力）和偿债资金（公司需要积累资金以确保偿还债务）。

提供新债券的辛迪加可能由来自多个国家的承销商组成，包括欧洲银行、美国银行的外国分行、离岸金融中心的银行、投资和商业银行以及非银行证券公司。欧洲债券有三种类型。

（1）直接固定利率债券。直接固定利率债券的结构与大多数国内债券一样，具有固定的息票，设定到期日，以及最终成交时的全额本金偿还。票息通常每年支付一次，而不是每半年支付一次，主要是因为债券是不记名债券，年度票息赎回对持有人来说更方便。

（2）浮动利率票据。浮动利率票据通常每半年支付一次票息，由可变利率基数决定。典型的息票利率将设置在 LIBOR 的一些固定点上。与大多数可变利率计息工具一样，这种结构旨在让投资者将更多的金融投资的利率风险转移给借款人。尽管许多浮动利率票据具有固定的到期日，但近年来许多债券都是永久性的，没有本金偿还，具有股权相关特征。

（3）与股票相关的债券。与股票相关的国际债券在几乎所有价格和支付特征上都与固定利率债券相似。其附加的特征是，它可以以每股特定价格（或者每个债券的股票数量）在到期前转换为股票。因为股权转换功能的附加价值，借款人能够以较低的票面利率发行债券。

外国债券。 外国债券由来自一个国家的成员组成的辛迪加承销，主要在该国境内出售，并以该国的货币计价。然而，发行人来自另一个国家。由瑞典公司以美元计价并由美国投资银行家在美国出售给美国投资者的债券是外国债券。外国债券有绰号：在美国销售的外国债券是扬基债券；在日本销售的外国债券是武士债券；在英国销售的外国债券是斗牛犬债券。

13.8.4 欧洲债券市场的独有特征

虽然欧洲债券市场与欧洲美元市场几乎同时发展，但这两个市场存在的原因各不相同，每个市场都可以独立存在。欧洲债券市场的存在归功于几个独特的因素：缺乏监管干预、不太严格的信息披露、优惠的税收待遇和评级。

1. 缺乏监管干预

各国政府经常严格控制以当地货币计价并在本国境内出售的外国证券发行人。但是，一般而言，政府对以外币计价的证券的限制较少，并且在其市场内向这些外币持有者出售。实际上，欧洲债券的销售额超出了单一国家的监管范围。

2. 不太严格的信息披露

欧洲债券市场的披露要求远低于美国证券交易委员会对在美国出售债券的要求。美国公司经常发现，欧洲债券发行的注册成本比在国内发行的成本要低，而且将新发行的债券推向市场需要更短的时间。由于美国证券交易委员会不希望承担向美国证券交易委员会注册所需的成本和披露，因此非美公司通常更倾向于使用欧洲美元债券而非在美国境内销售的债券。但是，美国证券交易委员会放宽了对某些私募（第 144A 条规则）的披露要求，该规定已有所改善，提高了美国国内债券和股票市场的吸引力。

3. 优惠的税收待遇

欧洲债券提供税收匿名和灵活性。欧洲债券支付的利息通常不需要缴纳预扣税。正如人们所料，欧元债券利息并不总是向税务机关报告。欧洲债券通常以无记名形式发行，这意味着所有者的姓名和居住地并不登记在册。为了获得利息，持票人从债券上剪下一张息票，并将其交给发行债券的银行机构，由其作为支付代理人。欧洲投资者习惯于无记名债券提供的隐私性，并且非常不愿意购买记名债券，因为记名债券要求持有人在收到利息之前透露他们的名字。因此，无记名债券的地位通常与避税有关。

债务资本的获取显然受到法律和税收环境以及基本社会规范的影响。实际上，甚至宗教也在资本的使用和可用性方面发挥作用。国际金融实务 13-2 说明了西方人很少见到的一个领域——伊斯兰金融。

国际金融实务 13-2

伊斯兰金融

穆斯林，伊斯兰教的追随者，现在占世界人口的 1/4 左右。世界上以穆斯林为主的国家的 GDP 约占全球 GDP 的 10%，占新兴市场的很大一部分。伊斯兰法律涉及包括商业在内的从业者的个人和组织行为的许多方面。伊斯兰金融是我们感兴趣的具体领域，它对穆斯林施加了一些限制，这些限制对穆斯林企业的资金和结构产生了巨大影响。

伊斯兰金融的形式与伊斯兰教本身一样古老。所有伊斯兰金融的基础都在于原则，取自《古兰经》。遵守这些原则会导致对商业和金融实践的限制：

- 钱生钱是不被允许的；
- 禁止赚取利息；
- 应分享利润和损失；
- 投机（赌博）是被禁止的；
- 投资应仅支持清真活动。

对于商业行为而言，了解伊斯兰教法禁止赚取利息的关键是要明白，传统西方投资的盈利能力来自与承担风险相关的回报。例如，传统的西方银行可能会向企业提供贷款。双方一致同意，无论借款人的盈利能力如何，银行都将获得本金和利息。事实上，债务在返还股本之前就得到了清偿。同样，一个将钱存入西方银行的个人，无论银行的盈利能力和银行的相关投资如何，他们都将收取存款的利息。

但是，根据伊斯兰教法，伊斯兰银行不能向存款人支付利息。因此。实际上，伊斯兰银行的存款人是股东（很像西方的信贷），他们获得的收益是银行投资盈利能力的函数。他们的收益无法固定或保证，因为这会破坏分享利润和损失的原则。

最近，在欧洲和北美开设了许多伊斯兰银行机构。穆斯林现在可以在不违背伊斯兰原则的情况下购买房屋。买方选择该房产，然后由伊斯兰银行购买。银行转而以更高的价格将房子转售给潜在买家。买方可以在数年内偿还购买款项。虽然按照西方的思想，购买价格的差异是隐性利益，但这种结构确实符合伊斯兰教法。不幸的是，在美国和英国，差异并非如此，对于房主来说，这并不是一种可以抵扣税款的费用，因为利息可以抵扣。

4. 评级

评级机构，如穆迪和标准普尔（S&P），为选定的国际债券提供评级，并收取一定的费用。穆迪对国际债券的评级意味着与美国发行人的国内债券相同的信誉。穆迪将其评估限制在债券发行人根据债券的最初条款获得必要货币以偿还债券的能力。该机构不包括因汇率变动而对投资者造成的风险评估。

穆迪根据债券发行人的要求对国际债券进行评级。基于财务报表和从债券发行人处获得的其他材料，进行初步评级，然后通知有机会发表评论的发行人。在穆迪确定其最终评级后，发行人可能决定不公布评级。因此，不成比例的大量公布的国际评级属于最高类别，因为获得较低评级后可能不会公布。

欧洲债券购买者不仅仅依赖债券评级服务或财务报表的详细分析。发行公司及其承销商的一般声誉是获得优惠条件的主要因素。因此，规模较大、知名度较高的跨国公司、国有企业和主权政府能够获得最低的利率。如果公司名称更为公众所知，可能是因为它们制造消费品，通常被认为比同样合格的公司具有优势，而那些公司的产品知名度较低。

本章小结

1. 设计获取资本战略需要管理层设计长期财务战略。然后，企业必须在各种不同路径中进行选择，以实现其目标，包括在哪里交叉上市、在何处发行新股权，以及以什么形式发行。
2. 国内最优融资结构理论需要通过四个变量进行修正，以适应跨国公司的情况：①资本可用性；②现金流多样化；③外汇风险；④对国际投资者的期望。
3. 跨国公司的边际资本成本在相当大的资本预算范围内是恒定的。对于大多数小型国内公司来说，这种说法并不适用，因为它们无法进入全国股票或债券市场。
4. 通过在国际上分散化现金流，跨国公司能够减少现金流的变化，就像投资者分散化其所持有的证券来减少现金流的变化一样。
5. 当一家公司发行以外币计价的债券时，其有效成本等于以公司本身货币支付本金和利息的税后成本。这笔金额包括外币所占的本金和利息的最终成本，并根据任何外汇收益或损失进行调整。
6. 在寻求全球股权来源时，公司可以选择各种不同的股权途径，包括欧洲股票发行、直接在外国发行、存托凭证计划和私人配售。
7. 无论美国还是全球，存托凭证计划为来自既定工业国家市场以外的公司提供了一种非常有效的方式来改善现有股票的流动性，从而提供新股。
8. 私募是市场中不断增长的一部分，允许新兴市场的公司在最大的资本市场上筹集资金，而且披露和成本有限。
9. 债务市场提供不同期限、还款结构和面额货币的借款。市场及其许多不同的工具因资金来源、定价结构、到期日以及与其他债务和权益工具的从属关系或联系不同而有所差异。
10. 市场上三种主要的债务融资来源是国际银行贷款和银团贷款、欧元票据市场和国际债券市场。
11. 货币市场有两个重要的目的：欧洲货币存款是一种有效且方便的市场手段，用于控制公司流动性；欧洲货币市场是银行短期贷款的主要来源，为企业营运资金需求提供资金，包括进出口融资。

案例研究

巴西国家石油公司和资本成本[⊖]

巴西国家石油公司在新兴市场遭遇了一种常见的风险，这是一种高成本的资本成本。尽管被广泛认为是深水技术的全球领导者（能够在海洋表面以下一英里处钻探和开发石油与天然气田），除非能够制定降低资本成本的战略，否则它将无法利用其真正的组织竞争优势。

许多市场分析师认为，这家巴西公司应该采取一些墨西哥公司采用的策略，并摆脱困境。如果巴西石油公司要收购许多独立的北美石油和天然气公司之一，那么它可能会从完全"巴西"转变为在资本市场眼中的部分"美国人"，并且可能将其加权平均资本成本（WACC）提高到 6%～8%。

巴西石油股份是一家综合性的油气公司，

⊖ Copyright © 2008 Thunderbird School of Global Management. All rights reserved. This case was prepared by Professor Michael H. Moffett for the purpose of classroom discussion only and not to indicate either effective or ineffective management.

由巴西政府于 1954 年成立，是巴西的国家石油公司。该公司于 1997 年在圣保罗公开上市，并于 2000 年在纽约证券交易所（纽约证券交易所股票代码：PBR）上市。尽管是上市公司，但巴西政府继续与控股股东保持一致，占总股本的 33%，占有表决权股份的 55%。作为巴西的国家石油公司，该公司的唯一目的是减少巴西对进口石油的依赖。然而，这种焦点的副作用是缺乏国际多元化。该公司的许多批评者都认为，巴西和单一的国际业务，导致了没有竞争力的资本成本。

多样化需求

巴西石油股份于 2002 年成为巴西最大的公司，也是拉丁美洲最大的上市石油公司。然而，它的运营并不是国际化的。对国际投资者来说，这种固有的国际多元化缺乏是显而易见的，他们给公司分配了与其他巴西公司相同的国家风险因素和溢价。结果 2002 年的资本成本比其他公司高出 6%，如图 13-8 所示。

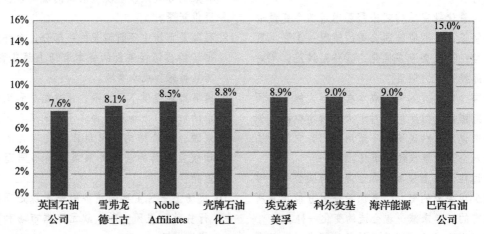

图 13-8 巴西石油股份公司无竞争力的资本成本

资料来源：MorganStanley Research, January 18, 2002, p. 5.

巴西石油股份开始实施全球化战略。2001 年 12 月，阿根廷的雷普索尔 -YPF 和巴西石油股份完成了价值 5 亿美元的经营资产交换。在交易所，巴西石油股份获得了 Eg3 S.A. 服务车站连锁店 99% 的股权，而雷普索尔 -YPF 获得了 30% 的炼油厂股权，10% 海上油田的股份，以及巴西 230 个加油站的燃料销售权。该协议包括对货币风险的 8 年担保。

2002 年 10 月，巴西石油股份收购了阿根廷的佩莱斯康潘（佩康）。佩康在 2002 年 1 月的阿根廷金融危机之后迅速发挥作用。虽然佩康拥有重要的国际储备和生产能力，但贬值的阿根廷比索，一个主要以美元计价的债务组合，以及阿根廷政府的多项监管措施阻碍了持有和利用硬通货资源的能力，公司迅速采取行动，寻求偿还其财务结构。巴西石油股份利用了这个机会。佩康的所有权由原控制家族所有者和他们的基金会持有 58.6%，其余 41.4% 公开上市。巴西石油股份公司已经从家族购买了控股权，即 58.6% 的全部权益。

在接下来的 3 年里，巴西石油公司专注于重组大部分债务（以及通过佩康收购而获得的债务）以及对自身增长的投资。但是，该公司在实现金融结构复兴方面进展缓慢，到 2005 年，该公司又重新讨论了一项新的股权发行，以增加公司的股权资本。⊖但成本是多少？公司的资本成本是多少？

国家风险

图 13-8 展示的是世界上主要石油和天然

⊖ 到了 2005 年，公司的财务状况显示出极大的动态。公司的总资金得到了充分发挥：债券 40 亿美元；巴西国家发展银行（债券由巴西经济发展机构赞助）30 亿美元；项目融资 50 亿美元；其他 40 亿美元。

气公司的资本成本,包括2002年的巴西石油公司资本成本。这种比较只有在所有资本成本都以共同货币(在这种情况下为美元)计算时才会发生。长期以来,全球石油和天然气市场一直被视为是以美元计价的,并且在这些市场中运营的任何公司,无论在世界何处运营,都被视为以美元作为功能货币。一旦该公司在美国股票市场上市,其资本成本的美元化就变得更加被接受。

但是,对于巴西企业而言,以美元计算的资本成本是多少?巴西有很长的历史,有高通货膨胀、经济不稳定、货币贬值等风险(取决于法律制度)。全球市场对巴西国家风险的看法的主要指标之一是主权利差,即巴西政府在全球市场上必须支付的美元资金的额外收益或成本,高于美国财政部为借入美元资金支付的成本。如图13-9所示,巴西主权债券在过去10年中一直高位振荡。⊖汇率有时低至400个基点(4.0%),或近两年高达2 400个基点(24%)。在2002年金融危机期间,首先进行真实估价,然后是浮动估价。这仅仅是巴西政府所付出的代价。对于巴西公司如巴西石油来说,这种主权债务如何反映在债务和股权成本上?

图13-9 巴西主权扩散

资料来源: JPMorgan's EMBI+ Spread, as quoted by Latin Focus, www.latin-focus.com/latinfocus/countries/brazilbisprd.htm, August 2005.

估计巴西石油公司以美元计算的债务成本($k_d^{美元}$)的其中一种方法是:巴西政府根据私人企业信贷利差调整美元资金成本。

$k_d^{美元}$ = 美国国债无风险利率 + 巴西主权利差 + 巴西石油公司信用利差

$k_d^{美元}$ = 4.000% + 4.000% + 1.000% = 9.000%

如果使用财政部10年期债券利率(收益率)估算美国国债无风险利率,则2005年8月的基准利率可能为4.0%。如图13-9所示,巴西的主权债券息差似乎是400个基点,或者增加了40%。即使巴西石油公司的信贷息差仅为1.0%,该公司目前的债务成本也将会是9%。这笔费用显然高于世界上大多数石油巨头的债务成本,这些石油巨头在2005年年底可能只支付5%的债务。

巴西国家石油公司的股权成本同样受到国家经风险调整后的无风险利率的影响。使用资本资产定价模型(CAPM)的简单表达

⊖ 图13-9中显示的主权利差指标是由摩根大通在其新兴市场债券指数加(EMBI+)指数中计算得出的。这是从业者最广泛使用的国家风险衡量标准。

来估算公司的成本或股本资本（以美元计）（$k_e^{美元}$）：

$$k_e^{美元} = 无风险利率 + (\beta_{巴西石油公司} \times 市场风险溢价)$$
$$= 8.000\% + 1.10 \times 5.500\%$$
$$= 14.05\%$$

该计算采用与之前的债务成本相同的无风险利率，其中 β（纽约证券交易所基础）为 1.10，市场风险溢价为 5.500%。即使有相对保守的假设（很多人认为公司的 β 系数实际上更高或更低，而且市场风险溢价为 6.0% 或更高），公司的股权成本为 14%。

最后，企业加权平均资本成本（WACC）可以按照下式计算

$$WACC = \left(\frac{债务}{资本} \times k_d^{美元} \times (1 - 税率)\right) + \frac{股权}{资本} \times k_e^{美元}$$

假设长期目标资本结构为 1/3 的债务和 2/3 的股权，有效的公司税率为 28%（在扣除特殊税收优惠、附加费以及对巴西石油和天然气行业的激励措施之后），巴西石油公司的加权平均资本成本估计略高于 11.5%：

$$WACC = (0.333 \times 9.000\% \times 0.72)$$
$$(0.667 \times 14.050\%) +$$
$$= 11.529\%$$

尽管巴西国家石油公司努力使其资本成本国际化，为什么它的资本成本仍远高于其全球竞争对手？与其他主要全球公司相比，该公司不仅加权平均资本成本高，而且在评估许多潜在投资和收购时，这与用作基本贴现率的高资本成本相同。

许多为巴西国家石油公司提供咨询服务的投资银行公司指出，该公司的股价与巴西的新兴市场债券指数 + 主权利差（见图 13-9）具有非常高的相关性，这个值多年来徘徊在 0.84 左右。同样，巴西国家石油公司的股价在历史上也与巴西雷亚尔/美国（以美元汇率计算）成反比。2000~2004 年，这种相关性平均为 0.88。最后，巴西国家石油公司被视为石油公司还是巴西公司也存在问题。

巴西国家石油公司的股票表现似乎与巴西股票市场的相关性更高，基于历史交易模式的信贷利差，这表明对巴西市场方向的看法对于该公司做出投资决策非常重要。如果按照历史趋势持续下去，那么巴西风险认知改善应该会提高巴西国家石油公司的股价表现。

——"Petrobrás: A Diamond in the Rough," JPMorgan Latin American Equity Research, June 18, 2004, pp. 26-27.

讨论题

1. 巴西国家石油公司的资本成本为何如此之高？是否有更好的方法或其他方法来计算加权平均资本成本？
2. 使用主权利差的方法能否弥补货币风险？
3. 巴西市场走向的观点表明，潜在的投资者会考虑巴西在其投资决策中的相对吸引力。这种看法在公司资本成本的计算中是如何体现的？
4. 成本是否真的成为像巴西国家石油这样的公司的竞争力和战略的相关因素？企业的资本成本是否真的具有竞争力？

思考题

1. 制定在全球范围内获取股权资本的战略。图 13-1 描述了全球化资本成本和可用性的不同途径。为什么获取股权的战略途径始于债务？
2. 存款收据定义。定义以下术语。
   （1）美国存托凭证。
   （2）全球存托凭证。
   （3）赞助存托凭证。
   （4）非赞助存托凭证。
3. 美国存托凭证。区分在美国交易的美国存托凭证的三个承诺水平。
4. 外国股票上市。给出一个公司可能会在流动

性很强的证券交易所上市和出售其股票的五个理由。
5. 在国外交叉上市。美国公司在国外交叉上市的主要原因是什么？
6. 交叉上市的障碍。在国外交叉上市有哪些主要障碍？
7. 替代工具。有哪五种可用于在全球市场上获取股权的替代工具？
8. 定向公开发行股票。
   （1）什么是定向公开发行股票？
   （2）定向公开发行股票的一些动机是什么？
9. 欧洲股票公开发行。什么是欧洲股票公开发行？
10. 根据SEC规则144A的私募。
    （1）什么是SEC规则144A？
    （2）根据美国证券交易委员会144A规则，外国公司为何可以选择在美国出售其股权？
11. 私募股权基金。
    （1）什么是私募股权基金？
    （2）私募股权基金与传统风险投资公司有何不同？
    （3）私募股权基金如何筹集自己的资金，这一行动如何为其提供优于当地银行和投资基金的竞争优势？
12. 最优资本结构目标。简单来说，寻求最优资本结构的目标是什么？
13. 改变债务比例。随着公司资本结构中的债务从无债务增加到债务的很大比例（例如60%），债务成本、股权成本和资本总加权平均资本成本往往会发生什么变化？
14. 资本的可用性。资本的可用性如何影响跨国企业的最优资本结构理论？
15. 边际成本。定义边际加权平均资本成本。
16. 多元化的现金流。如果一家跨国公司能够使其现金流入来源多元化，以便能够接收来自几个国家和几种货币的资金流，那么你认为多元化会增加还是减少其加权平均资本成本？
17. 借款后成本。许多国家的许多公司以名义成本借款。例如，德意志银行以9.59%的名义成本借入了，但后来债务的收益率为7.24%；与此同时，泰国王国借入的名义成本为8.70%，但后来发现债务的市场收益率为11.87%。是什么导致了这些变化，以及管理层可以做些什么来从中受益（如德意志银行所做的那样），而不是遭受损失（如泰国王国所做的那样）？
18. 地方规范。讨论跨国公司的外国子公司应符合东道国的资本结构规范还是其母公司的规范？
19. 2002年1月，阿根廷政府摆脱了将比索与美元挂钩的货币发行局制度，并将其从1.000 0比索/美元贬值至1.400 00比索/美元。这导致一些以美元计价债务的阿根廷公司破产。美国或欧洲的母公司是否应该挽救其阿根廷子公司，否则由于阿根廷政治和经济管理不善，子公司将在2002年1月之前的四五年内破产。假设母公司尚未签订正式协议以保证其阿根廷子公司的债务。
20. 内部融资。子公司的内部融资和外部融资有什么区别？列出三种类型的内部融资和三种可用于外国子公司的外部融资。
21. 欧洲美元存款。当这些存款的自然地点是美国境内的银行时，为什么任何个人或公司都希望将美元存入美国以外的银行？
22. 国际债务工具。银行借款一直是企业和政府短时间内借入资金的长期方式。那么，与银行借款相比，以下各项的优势是什么？
    （1）银团贷款。
    （2）欧洲票据。
    （3）欧洲商业票据。
    （4）欧洲中期票据。
    （5）国际债券。
23. 欧洲债券与外国债券。欧洲债券和外国债券之间有什么区别？为什么存在两种类型的国际债券？

练习题

1. **巴西国家石油公司加权平均资本成本。** 摩根大通拉丁美洲股票研究部门在 2004 年 6 月 18 日的报告中对俄罗斯卢克石油公司和巴西国家石油公司进行了以下加权平均资本成本计算。评估计算中使用的方法和假设。假设两家公司的税率为 28%。

	巴西国家石油公司	卢克石油公司
无风险利率	4.8%	4.8%
主权风险	7.0%	3.0%
股权风险溢价	4.5%	5.7%
市场权益成本	16.3%	13.5%
β	0.87	1.04
债务成本	8.4%	6.8%
债务/资本比率	0.333	0.475
加权平均资本成本	14.7%	12.3%

2. **UNIBANCO：巴西国家石油公司加权平均资本成本。** 2004 年 8 月，UNIBANCO 估计巴西国家石油公司加权平均资本成本为 13.2%（以巴西雷亚尔计）。评估计算中使用的方法和假设。

无风险利率	4.5%	税后债务成本	5.7%
β 值	0.99	税率	34%
市场溢价	6.0%	债务/总资本	40%
国家风险溢价	5.5%	加权平均资本成本（巴西雷亚尔）	13.2%
权益成本（美元）	15.9%		

3. **花旗集团所罗门美邦（美元）：巴西国家石油公司加权平均资本成本。** 花旗集团在其覆盖范围内定期对巴西国家石油公司进行以美元为基础的现金流量（DCF）估值。DCF 分析需要根据公司的加权平均资本成本使用贴现率。评估以下巴西国家石油公司在 2003 年实际和 2004 年估算加权平均资本成本中使用的方法和假设。

资本成本要素	2005 年 7 月 28 日		2005 年 3 月 8 日	
	2003 年实际	2004 年估计	2003 年实际	2004 年估计
无风险利率	9.400%	9.400%	9.000%	9.000%
杠杆 β 值	1.07	1.09	1.08	1.10
风险溢价	5.500%	5.500%	5.500%	5.500%
权益成本	15.285%	15.395%	14.940%	15.050%
债务成本	8.400%	8.400%	9.000%	9.000%
税率	28.500%	27.100%	28.500%	27.100%
税后债务成本	6.006%	6.124%	6.435%	6.561%
债务/资本比率	32.700%	32.400%	32.700%	32.400%
权益/资本比率	67.300%	67.300%	67.300%	67.600%
加权平均资本成本	12.20%	12.30%	12.10%	12.30%

4. **花旗集团所罗门美邦（雷亚尔）。** 在 2003 年 6 月 17 日的一份报告中，花旗集团所罗门美邦以巴西雷亚尔计算了巴西国家石油公司的加权平均资金成本，评估此次计算中使用的方法和假设。

无风险利率（巴西 C-债券）	9.90%
杠杆 β 值	1.40
市场风险溢价	5.50%
权益成本	17.60%
债务成本	10.00%
公司税率	34.00%
长期债务利率（占资本的百分比）	50.60%
加权平均资本成本（按巴西雷亚尔计算）	12.00%

5. **西班牙对外投资银行：巴西国家石油公司加权平均资本成本。** 2004 年 12 月 20 日，西班牙对外投资银行采用了一种相当创新的方法来处理国家和货币风险，这是巴西国家石油公司的报告内容，请评估在资本成本计算中使用的方法和假设。

资本成本	2003年估计值	2004年估计值
美国10年风险利率（美元）	4.10%	4.40%
国家风险溢价	6.00%	4.00%
巴西国家石油公司溢价调整	1.00%	1.00%
巴西国家石油公司无风险利率（美元）	9.10%	7.40%
市场风险利率（美元）	6.00%	6.00%
巴西国家石油公司β系数	0.80	0.80
权益成本（美元）	13.90%	12.20%
预计10年货币贬值	2.50%	2.50%
权益成本（巴西雷亚尔）	16.75%	14.44%
税后债务风险成本（巴西雷亚尔）	5.50%	5.50%
长期股本比率（占总资本百分比）	69%	72%
长期债务比率（占总资本百分比）	31%	28%
加权平均资本成本（巴西雷亚尔）	13.30%	12.00%

6. 巴西国家石油公司加权平均资本成本比较。对巴西国家石油公司资本成本的各种估计似乎非常不同，但是为什么呢？将问题1～5的答案组织成以美元和巴西雷亚尔计的资本成本。请使用问题5中所示的2004年估算值作为比较的基础。

7. 铜山集团（美国）。铜山集团是一家私人公司，总部位于美国科罗拉多州博尔德市。借入5 000 000英镑一年，利率为7.375%。
   （1）如果英镑从过去的2.026 0美元/英镑贬值到1.946 0美元/英镑，这笔资金的债务成本是多少？
   （2）如果英镑从过去的2.026 0美元/英镑升至2.164 0美元/英镑，这笔资金的债务成本是多少？

8. 麦克杜根协会（美国）。美国联邦投资合伙企业麦克杜根协会（McDougan Associates）在汇率为1.346 0美元/欧元时借入了8 000万欧元。本金将在3年内偿还，利息为每年6.250%，每年以欧元支付。预计欧元兑美元汇率将以每年3%的速度贬值。这笔贷款的实际成本是多少？

9. 日出制造公司。日出制造公司是一家美国跨国公司，在其合并资本部门拥有以下债务组成部分。日出公司的金融员工估计他们的权益成本为20%。目前的汇率如下表所示。在扣除信贷后，全球个人所得税率为30%。计算日出公司的加权平均资本成本。计算中是否隐含任何假设？

假设	数值
税率	30.00%
10年期欧元债券	6 000 000
20年期日元债券	750 000 000
即期汇率（美元/欧元）	1.240 0
即期汇率（美元/英镑）	1.860 0
即期汇率（日元/美元）	109.00

10. Grupo Modelo S.A.B. de C.V。Grupo Modelo是一家墨西哥酿酒商，出口科罗娜、莫德罗和Pacifico等知名品种的酒类。但是，该公司以美元评估所有业务结果，包括融资成本。该公司需要借入1 000万美元或外国货币4年。对于所有问题，利息应在每年结束时支付一次。可用的替代方案如下。
    （1）以平均每年3%的价格出售日元债券。目前的汇率为106日元/美元，预计日元兑美元汇率每年将增长2%。
    （2）以每年7%的价格出售以欧元计价的债券。目前的汇率为1.196 0美元/欧元，预计欧元兑美元汇率每年将下跌2%。
    （3）以平均每年5%的收益率出售美元债券。

    你推荐Grupo Modelo采取哪种方案？为什么？

11. Petrol Ibérico。欧洲天然气公司Petrol Ibérico通过欧洲银团借款6.5亿美元，利率比LIBOR高出80个基点。贷款的LIBOR将每6个月重置一次。这笔资金将由8家主要投资银行家组成的银团提供，这些银行将收取前期费用，总额为本金的1.2%。如果LIBOR前6个月为4.00%，后6个月为4.20%，那么第一年的实际利率成本是多少？

12. 金刚建筑学。金刚建筑学由美国母公司以及马来西亚和墨西哥的全资子公司组成。其未合并资产负债表的部分选项（转换成美元）如下表所示。在合并资产负债表中该公司的债务和股权比例是多少？

	A- 马来西亚（以林吉特计）		A- 墨西哥（以比索计）	
	长期债券	11 400 000	长期债券	20 000 000
	股东权益	15 200 000	股东权益	60 000 000
	金刚建筑学（非合并资产负债表选定项目）			
	（未合并资产负债表——仅限选定项目）			
	对附属公司的投资		长期债务	12 000 000 美元
	A- 马来西亚	4 000 000 美元	普通股	5 000 000 美元
	A- 墨西哥	6 000 000 美元	留存收益	20 000 000 美元
	即时汇率			
	马来西亚	3.80 林吉特 / 美元		
	墨西哥	10 比索 / 美元		

13. 晨星航空（中国）。总部位于昆明的晨星航空公司需要 2 500 万美元，为期一年，资金用于营运资金。该航空公司有两种借款方式。
    （1）在伦敦以每年 7.250% 的利率借入以欧元计的 2 500 万美元；
    （2）在香港以每年 7.00% 的利率借入 3 900 万港币，并按即时汇率 7.8 港币 / 美元兑换这些香港货币，以美元计价。
    在哪种汇率下，晨星航空公司在借入美元和借入港币之间保持收益平衡？

14. Pantheon Capital, S. A.。如果 Pantheon Capital, S. A 通过具有以下特征的欧元中期票据筹集资金，那么每售出 1 000 美元的票据，将获得多少美元收益？
    息票率：8 月 30 日和 12 月 31 日，每半年支付 8.00%
    发行日期：2011 年 2 月 28 日
    到期日：2011 年 8 月 31 日

15. 威斯敏斯特保险公司。威斯敏斯特保险公司计划出售 200 美元的欧元商业票据，期限为 60 天，并预计每年收益率为 4.60%。该公司的直接收益是多少？

附录 13A 外国子公司的财务结构

如果我们接受这样的理论：在给定的商业风险水平和资本预算下使资本成本最小化是一个从综合跨国公司的角度应该实现的目标，那么每个子公司的财务结构只有在影响这一整体目标时才具有相关性。换句话说，个别子公司并不真正拥有独立的资本成本。因此，其财务结构不应基于最小化资本成本的目标。

公司的财务结构规范因国家而异，但对同一国家的公司而言也各不相同。这一陈述是一系列实证研究的结论，这些研究调查了推动财务结构的因素。大多数国际研究得出的结论是，特定国家的环境变量是债务比率的关键决定因素。这些变量包括历史发展、税收、公司治理、银行影响力、存在可行的公司债券市场、对风险的态度、政府监管、资本可用性和代理成本等。

地方规范

在最小化综合全球资本成本的约束下，跨国公司是否应在确定其外国子公司的债务比率时考虑不同国家的债务比率规范？出于定义目的，此处考虑的债务应仅包括从跨国公司以外的来源借入的资金。这笔债务将包括本地和外国货币贷款以及欧洲货币贷款。⊖

符合当地债务规范的外国子公司财务结构的主要优势如下：
- 本地化的财务结构减少了对债务比率过高的外国子公司的批评（按当地标准判断），往往被指责没有向东道国提供公平的风险资本。
- 本地化的财务结构有助于管理层评估相对于同一行业中本地竞争对手的股权投资收益率。
- 在由于资本稀缺而利率相对较高的经济体中，本地基金的高成本提醒管理层资产回报需要超过当地的资本价格。

本地化财务结构的主要缺点如下：
- 预计跨国公司将通过更好的资本可用性和风险分散能力比本地公司在克服国家资本市场缺陷方面具有相对优势。
- 如果跨国公司的每个外国子公司都将其财务结构本地化，那么由此产生的合并资产负债表可能显示出不符合任何特定国家标准的财务结构。
- 外国子公司的债务比率只是表面性的，因为贷方最终将母公司及其综合的全球现金流视为还款来源。

我们认为，妥协的立场是可能的。正如金融理论所暗示的那样，跨国公司和国内公司都应该尽量减少其在一定水平的业务风险和资本预算下的总体加权平均资本成本。但是，如果上述子公司可以以与其他地方相同的成本获得债务，在调整外汇风险后，对外国子公司的财务结构进行本地化应该可以降低成本，并获得上述优势。

⊖ 这个定义的原因是，对外国子公司的母公司贷款通常被东道国和投资公司视为等同于股权投资。母公司贷款通常从属于其他债务，并不会产生与外部贷款相同的破产威胁。此外，债务或股权投资的选择往往是任意的，并且需要由东道国和母公司进行谈判。

外国子公司融资

除了为外国子公司选择合适的财务结构外,跨国公司的财务管理人员还需要选择其他资金来源——跨国公司以外的资金来源来为外国子公司融资。

理想情况下,在调整外汇风险后,资金来源的选择应尽量减少外部资金的成本。公司应该选择内部资源,以便在全球范围内减少税收和政治风险,同时确保海外子公司的管理动机是最大限度地减少企业在全球范围内的合并资本成本,而不是子公司的资本成本。

内部融资来源

图 13-10 概述了外国子公司的内部融资来源。一般而言,虽然需要来自母公司的最低权益资本,但跨国公司通常会尽量减少外国子公司的股权数量,以限制损失该资本的风险。股权投资可以采用现金或实物(机器、设备、存货等)的形式。

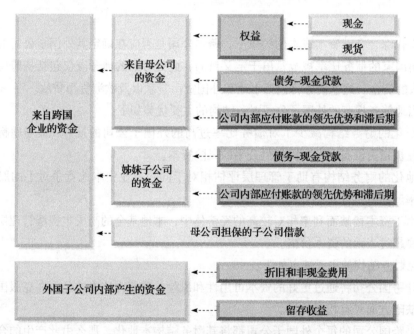

图 13-10 外国子公司的内部融资来源

虽然债务是子公司融资的首选形式,但在外国子公司的生命早期阶段,获得当地东道国债务的机会有限。如果没有被证明的经营能力和偿债能力的历史,外国子公司可能需要从母公司或有母公司担保的无关方获得债务(在已经开始运营后)。一旦子公司确定了其运作和财务能力,它就可以实际享有当地优先获得债务的权利。

外部融资来源

图 13-11 概述了跨国公司以外的外国子公司的外部融资来源。融资来源分为三类:①从母国借款;②从母国之外的国家借款;③当地股权。

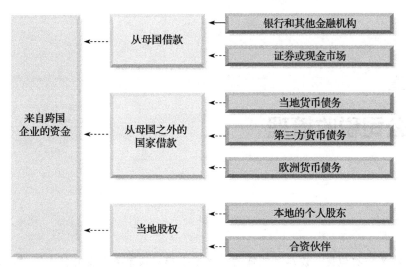

图 13-11　外国子公司的外部融资来源

从母公司所在国家的外部各方获得的债务反映了贷方对母公司本身的熟悉程度和信心，尽管母公司在这种情况下不提供偿还债务的明确担保。对于因商业活动而产生大量当地货币现金流入的外国子公司而言，本币债务特别有价值。然而，就一些新兴市场而言，本地货币债务对所有借款人（无论来自本地还是外国）来说都是供不应求的。

第 14 章

跨国公司税收管理

> 法院一次又一次地说，以尽可能低的税率来安排一项事务并没有什么不对。无论富人还是穷人，都会这样做，而且，他们这样做是很正当的。任何人都没有义务缴纳比法律要求的更多的钱：税收是强制征收而非自愿捐款，以道德的名义多征税是行不通的。
> ——勒恩德·汉德法官，Commissioner v. Newman，159 F.2d 848（CA-2，1947）

学习目标

1. 了解各国政府采用的税收制度之间的差异。
2. 比较各国企业所得税和预提税率，以及税收协定对跨国公司的影响。
3. 解释当今一些国家如何征收增值税。
4. 解释如何使用转移定价来管理企业所得税税负。
5. 比较美国公司来自国内和国外收入的税收义务。
6. 研究美国跨国公司如何通过管理海外税收抵免和赤字将全球税负降至最低。

为跨国经营做纳税筹划是国际商务中一个极其复杂又至关重要的方面。为了有效地筹划，跨国公司不仅必须了解自己在世界范围内错综复杂的业务，还要熟知不同国家税负的结构及内涵。跨国公司纳税筹划的首要目标是使公司的全球税负最小化。然而，公司只有充分认识到应以业务范围为基础来进行决策，不能仅为削减税负而推行复杂的政策，这个目标才能实现。前面的章节已指出，税负对公司的净收入和现金流有重大影响，这主要是通过影响其对外投资决策、财务结构、资本成本、汇率管理及财务控制来实现的。

本章概述了跨国公司在全球范围内的税收应用，美国是如何对其跨国公司的全球收入征税的，以及美国的跨国公司是如何筹划其全球税负的。我们将分四部分来介绍，第一部分介绍整体的国际税收环境。第二部分将阐释转移定价。第三部分将描述美国是如何对跨国公司的收入征税的，尽管我们以美国作为例子，但我们的目的并不是围绕着美国做文章，美国的大多数做法与其他国家有相似之处，对这些做法略微修改可以适应特定的国家体系。本章的第四部分将对避税港子公司以及国际离岸金融中心进行探讨，最后的案例研究对谷歌公司当前的全球税务战略进行了讨论。

14.1 税收原则

下面我们将会解释国际税收环境中最重要的方面以及影响跨国公司的具体特征。然而在我们解释跨国公司税收实务的细节之前，非常有必要先介绍两个基本的税收原则：税收道德和税收中性。

14.1.1 税收道德

跨国公司不仅面临涉外税收的困扰，还面临着道德问题。在许多国家，纳税人（无论公司还是个人），都不是自愿遵从税法的，这就是税收道德。规模较小的国内公司和个人是主要的违反者。跨国公司必须决定是否要向税务机关完全披露其信息，或者采取入乡随俗的做法。鉴于大多数外国子公司在当地的突出地位以及政治敏感性，它们往往会采取完全披露的方法。然而也有些公司认为，如果它们不像国内的竞争对手一样避税，就会对它们的竞争地位产生不利影响。这个问题显然没有标准答案，因为商业道德在某种程度上是从文化传统和历史发展中衍生出来的。

对于跨国公司违反当地税法的行为，一些国家会实施看似武断的惩罚性税收处罚。外国公司有时认为，和当地企业相比，对其财产或财富的估值过高。那么接下来的问题就变成了如何应对惩罚性或者歧视性的税收罚款。

14.1.2 税收中性

当政府决定征税时，它不仅要考虑税收的潜在收入以及税收的征收效率，还要考虑拟议税收对私人经济行为的影响。例如，美国政府对国外收入征税绝不仅仅是为了增加收入，而是有多重目标。这些目标包括：

- 中和可能有利于（或不利于）美国在发达国家中进行私人投资的税收激励；
- 为在发展中国家的美国私人投资提供激励；
- 通过消除人工避税天堂的优势以及鼓励资金汇回，来改善美国的国际收支状况；
- 增加税收收入。

理想的税收应该不仅能有效地提高税收收入，而且能尽量降低对经济行为的负面影响。一些理论家认为，理想的税收对私人决策的影响应该是完全中性的，并且在纳税人之间是完全公平的。这就是税收中性原则。然而，其他理论家认为，应通过积极的税收政策来支持国家层面的政策目标，例如国际收支平衡或在发展中国家的投资，而不是税收中立和公平。大多数税收制度折中了这两种观点。

对税收中性的一种看法是要求跨国公司在母国经营时，取得的每一美元、欧元、英镑或日元利润所承担的税负应等于公司海外业务等值利润的税负。该政策被称为国内税收中性。对税收中性的另一种看法是要求跨国公司每个国外子公司承担的税负等于其在同一国家竞争对手的税负。该政策被称为国外税收中性。跨国公司更支持第二种解释，因为它更关注单个公司在单个国家市场上的竞争力。

税收公平（tax equity）同样难以定义和衡量。理论上，公平的税收是指对在相同的税收管辖范围内境况相似的纳税者施加同等的税负。对于国外的投资收入，美国财政部认为，由于美国使用国籍原则来界定税收管辖权,同属于美国的国外子公司和国内子公司应处于相同的税收管辖范围内。因此,从国外经营中取得的一美元应该与国内的一美元在同一时间以相同的税率纳税。

14.1.3 国家税收环境

尽管国家税务机关的基本目标是增加税收收入,但人们普遍认为,税收会影响跨国公司的经济决策。各国之间的税收协定以及不同的税制、税率和税收惯例都会导致跨国公司在国际市场上处于一个不公平的竞争环境。不同的利润分类(例如,已分配利润和未分配利润)、税率差异以及完全不同的税收制度,都是跨国公司在进行纳税筹划时需要考虑的重要因素。

各国通常沿用以下两种基本原则构建税收制度:全球原则和属地原则。这两种方法都试图决定哪些公司(外国公司或国内公司)或者哪些收入(来源于国外收入或国内收入)需要由东道国税务机关征税。

1. 全球原则

全球原则(worldwide approach),也称居住地原则或国别原则,即不考虑收入来源(国内或国外),征税对象仅限于在东道国注册的公司的收入所得。一个既从国内也从国外取得收入的跨国公司会发现其收入要全部由东道国的税务机关征税。

例如,美国会对总部设在美国的公司征税,而不管其收入来源于美国国内还是国外。在美国,普通的来自国外的收入只有在汇回母公司时才被征税。然而,与所有的税收问题一样,这里存在着许多前提条件和例外。主要的问题是,这并没有涵盖在美国经营的外国公司的收入。于是,像美国这样的国家就对在其法律管辖内的外国企业应用属地税收原则,这样就能对在其境内的外国企业征税了。

2. 属地原则

属地原则(territorial approach)又称税源地原则,重点在于对公司在东道国法律管辖内所取得的收入征税,而非依据公司的注册地。像德国这样遵循属地原则的国家,就对国内外的企业在本国取得的收入同等征税,原则上不对从国外所赚得的收入征税。如果本地企业在国外取得了收入,却没有被收入来源国征税,那么属地原则就与全球原则一样,会在覆盖面上有一个大缺陷。在这种情况下,如果企业没有在外国的税收管辖范围内,税务机关会将征税范围扩展到此类公司的国外收入。再次提出,这两种税收方法的结合对于收入的全面覆盖是必要的。

如表14-1所示,美国是经济合作与发展组织中仅有的五个利用全球原则的成员国之一。属地原则的主导地位迅速增长,10年前经济合作与发展组织中有一半以上的国家还在运用全球原则,而在2009年,日本和英国都转向了属地原则。

表14-1 经济合作与发展组织成员国的税收制度

属地原则				全球原则
澳大利亚	法国	日本	斯洛伐克共和国	爱尔兰
奥地利	德国	卢森堡	西班牙	韩国

(续)

属地原则				全球原则
比利时	希腊	荷兰	瑞典	墨西哥
加拿大	匈牙利	新西兰	瑞士	波兰
捷克共和国	冰岛	挪威	土耳其	美国
丹麦	意大利	葡萄牙	英国	
芬兰				

资料来源:"Special Report: The Importance of Tax Deferral and a Lower Corporate Tax Rate," Tax Foundation, February 2010, No. 174, p. 4.

3. 递延纳税

如果完全按字面意思理解全球原则的话,那么许多跨国公司将会失去**递延纳税**(tax deferral)的特权。跨国公司的外国子公司会向东道国缴纳公司所得税,然而许多母国会推迟对来源于外国的该收入征收额外所得税,直到它们被汇回母公司,这被称为递延纳税。例如,对于在海外注册的美国子公司的某些国外收入,其所得税可以推迟到当收入汇回母公司时才征收。然而,递延企业所得税是受到高度限制的,并且在过去30年里已经成为许多税法修订的主题。

在之前的一次美国总统选举中,这一特权多次受到质疑。不少候选人都认为,递延纳税会刺激美国的制造业和服务业将其业务外包到海外,也就是所谓的海外外包公司。美国的就业岗位就会流失,税收也会减少,从而使得美国政府已经很庞大的财政赤字进一步扩大。

14.1.4 税收协定

国际上的双边税收协定大部分是仿效经济合作与发展组织的范本制定的,这些税收协定提供了减少重复征税的方法。税收协定通常约定一国的居民企业在另一个国家取得的收入是否要征税,以及如果要征税如何征收。税收协定是双边的,双边签约国需详细约定在两国之间对何种收入应用何种税率。

对于主要通过向另一国出口而不是设立"常设机构"开展业务的公司来说,通过税收协定确定的个别双边税收管辖权尤为重要。一家仅从事出口业务的企业不希望它的任何其他全球收入被进口国征税。税收协定定义了什么是"常设机构"以及什么是基于税收目的的有限参与。税收协定通常还会降低签约国双方之间的预提税税率,而协定本身的谈判可以作为开放和扩大两国之间商业关系的论坛。

14.1.5 税收种类

如果直接对收入征税,则将其称为直接税;如果依据公司其他可衡量的业绩来征税,则称为间接税。表14-2列举了当今世界很多国家或地区的企业所得税税率。

表14-2 一些选定国家或者地区的企业所得税税率

国家或地区	税率(%)	国家或地区	税率(%)	国家或地区	税率(%)
阿富汗	20	阿根廷	35	澳大利亚	30
阿尔巴尼亚	10	亚美尼亚	20	奥地利	25
安哥拉	35	阿鲁巴	28	巴哈马	0

（续）

国家或地区	税率（%）	国家或地区	税率（%）	国家或地区	税率（%）
巴林	0	印度	33.22	波兰	19
孟加拉国	27.5	印度尼西亚	25	葡萄牙	25
巴巴多斯	25	伊朗	25	卡塔尔	10
白俄罗斯	24	爱尔兰	12.5	罗马尼亚	16
比利时	33.99	马恩岛	0	俄罗斯	20
百慕大	0	以色列	24	圣马丁岛	34
波黑	10	意大利	31.4	萨摩亚	27
博茨瓦纳	25	牙买加	33.33	沙特阿拉伯	20
巴西	34	日本	40.69	塞尔维亚	10
保加利亚	10	约旦	14/24/30	新加坡	17
加拿大	28.3	哈萨克斯坦	20	斯洛伐克	19
开曼群岛	0	朝鲜	24.2	斯洛文尼亚	20
智利	20	科威特	15	南非	34.55
中国大陆	25	拉脱维亚	15	西班牙	30
哥伦比亚	33	利比亚	20	斯里兰卡	35
哥斯达黎加	30	立陶宛	15/5/0	苏丹	10/15/30/35
克罗地亚	20	卢森堡	28.80	瑞典	26.3
塞浦路斯	10	中国澳门	12	瑞士	11.6～24.4
捷克	19	马其顿	10	叙利亚	28
丹麦	25	马来西亚	25	中国台湾	17
多米尼加	25	马耳他	35	坦桑尼亚	30
厄瓜多尔	24	毛里求斯	15	泰国	30
埃及	20	墨西哥	30	突尼斯	30
爱沙尼亚	21	黑山	9	土耳其	20
斐济	28	莫桑比克	32	乌克兰	23
芬兰	26	荷兰	20/25	阿联酋	0/20/55
法国	33.33	新西兰	28	英国	28
德国	29.37	尼日利亚	30	美国	40
直布罗陀	10	挪威	28	乌拉圭	25
希腊	24	阿曼	12	瓦努阿图	0
危地马拉	31	巴基斯坦	35	委内瑞拉	34
根西岛	0	巴拿马	0	越南	25
洪都拉斯	35	巴布亚新几内亚	30	也门	20
中国香港	16.5	巴拉圭	10	赞比亚	35
匈牙利	19	秘鲁	30	津巴布韦	25.75
冰岛	20	菲律宾	30		

资料来源：*KPMG's Corporate and Indirect Tax Rate Survey, 2011*. The Netherlands Antilles tax regime has been dismantled.

1. 所得税

许多政府将个人和公司所得税作为其主要收入来源。在全球范围内，企业所得税税率差别很大，征收形式各异。例如，一些国家对已分配收益（通常较低）和未分配收益（通常较高）按不同税率征收企业所得税，以激励企业向其所有者分配更高比例的收益。如表 14-2 所示，企业所得税税率从 0 起步，例如巴哈马、开曼群岛、根西岛、马恩岛、巴拿马和瓦努阿图等离岸避税天堂，企业所得税税率为 0；巴拉圭和卡塔尔为 10%；波兰为 19%；而美国的税率高达 40%，日本高达 40.69%。

这些差异反映了全球税收环境的迅速变化。在过去的十几年里，企业所得税一直在更广泛的范围内保持快速下降，如图 14-1 所示，目前低税率主要集中在非经济合作与发展组织成员国。无论好坏，高度工业化的国家始终不愿像许多新兴市场国家那样积极地降低企业所得税税率。就像对商业企业盈利能力的其他负担一样，企业所得税税率已成为许多国家用来促进国外投资的竞争因素。截至 2011 年，全球平均企业所得税税率在过去的 50 年里首次降至 23% 以下。

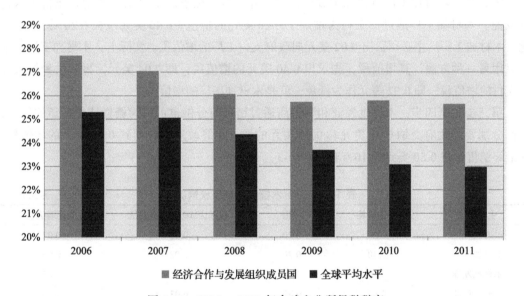

图 14-1　2006～2011 年全球企业所得税税率

资料来源：*KPMG Corporate and Indirect Tax Survey, 2011*, p. 23.

2. 预提税

一国居民在其他国家税收征管范围内取得的被动收入（例如股利、利息、特许权使用费）通常会在其他国家缴纳预提税。预提税制度存在的原因其实很简单：政府意识到大多数国际投资者都不会向他们所投资的每个国家提交纳税申报表，因此政府就希望能保证最低限度的税收收入。正如"预提"这个词所指的，这部分税收是公司从支付给投资者的款项中扣缴的税款，然后将扣缴的税款交给税务机关。预提税是双边税收协定的主要内容，税率通常介乎 0 至 25% 之间。

3. 增值税

增值税是一个非常重要的税种。增值税是在商品生产和销售的各个阶段征收的一种国家销售税，税额与该阶段的增加值相关。总的来说，生产资料如厂房及设备不属于增值税的征收范围。一些基本必需品如药品和其他健康相关费用、教育和宗教活动以及邮政服务通常免征增值税或者税率较低。

欧盟所有成员国、西欧大部分非欧盟国家、许多拉丁美洲国家、加拿大，以及除此之外的其他国家，都将增值税作为其获得收入的主要间接税。下面通过一个例子来说明增值税的计算。

本例说明了一根木栅栏的生产和销售过程中增值税是如何计算的。假设增值税率是10%。

第一步：种树人将做栅栏的树卖给木材加工厂，取得销售收入0.20美元。与种树的时点相比，种树人增加了0.20美元的价值。当从木材加工厂得到0.20美元时，种树人必须留出0.02美元向政府支付增值税。

第二步：木材加工厂将树加工成栅栏柱，并将每个柱子以0.40美元的价格出售给木材批发商。木材加工厂通过加工行为增加了0.20美元的价值（0.40美元减去0.20美元）。因此，木材加工厂厂主必须留出0.02美元向政府支付工厂的增值税。实际上，木材加工厂厂主可以用另一种方法计算增值税，先求出0.40美元的增值税，即0.04美元，再减去种树人已经支付的增值税，即0.02美元作为抵免，就是木材加工厂的增值税。

第三步和第四步：木材批发商和零售商通过销售与分销也可以为栅栏柱创造新的价值，它们分别要向政府交纳0.01美元和0.03美元的税，最终政府累计得到0.08美元的增值税，即最终销售价格0.80美元的10%（见表14-3）。

表14-3 出售木栅栏的增值税情况 （单位：美元）

生产阶段	销售价格	增值	税率为10%的增值税	累计增值税
种树人	0.20	0.20	0.02	0.02
木材加工厂	0.40	0.20	0.02	0.04
木材批发商	0.50	0.10	0.01	0.05
木材零售商	0.80	0.30	0.03	0.08

4. 其他国家税收

除增值税外还有许多种国家税收，这些税在不同的国家重要程度各不相同。营业税（某些国家的证券买卖税）和较高的未分配利润所得税（企业留存收益的所得税率较高）就是其他国家税收的例子。财产税和遗产税也被称为转移税，它们以多种方式实施，在增加税收的同时实现预定的收入和财富的再分配。在现实中公共服务有很多烦琐的收费，这些费用实际上是用户税。有时外汇买卖实际上是隐性税收，因为政府从中赚取收入，不仅仅是为了国际收支平衡而调节进出口。

5. 外国税收抵免

为避免对同一收入重复征税，大部分国家对支付给东道国的所得税给予税收抵免。不同的国家就如何计算税收抵免以及对抵免税额的限制都不同。通常情况下，外国税收抵免也适用于支付给其他国家的股息、特许权使用费、利息以及汇回母公司的其他收入等所支付的预提税。增值税和其他销售税不能获得外国税收抵免，但可作为一项费用在税前列支。

税收抵免是对应收税款的直接减免。它与可抵扣费用不同，后者是在计算适用税率之前扣减应纳税所得额。100 美元的税收抵免可以减少 100 美元应缴税款，然而 100 美元的可抵扣费用是先减少 100 美元的应税收入，进而减少 $100 \times t$ 美元的应缴税款，t 为税率。所以同样 1 美元的税收抵免比 1 美元可扣除费用更有价值。

如果没有外国税收抵免，东道国政府和母国政府的连续征税将会导致较高的累计税率。例如，我们假设一个跨国公司的全资外国子公司在当地的税前收入为 10 000 美元，并将用全部税后收入支付股利，东道国的所得税率为 30%，母国的税率为 35%，假设没有预提税。表 14-4 显示了有税收抵免和没有税收抵免时的总税负。

表 14-4　外国税收抵免　　　　　　　　　　　（金额单位：美元）

	无税收抵免时	有税收抵免时
税前国外收入	10 000	10 000
减　税率为 30% 的国外税收	-3 000	-3 000
作为股利支付给母公司的金额	7 000	7 000
减　母国税率为 35% 的税收	-2 450	
减　补缴税额（在税收抵免后）		-500
税后利润	4 450	6 650
两个税收管辖权共得总税收	5 450	3 500
实际总税率（总税负 ÷ 国外收入）	54.5%	35.0%

如果没有税收抵免，首先是东道国征 30% 的税，然后是母国对剩余的收入再征 35% 的税，则实际税额占初始税前收入的比例高达 54.5%，这会造成很多跨国公司与外国当地企业相比丧失竞争力。有税收抵免的效果，就是总税额占初始税前收入的比例不超过各司法管辖区最高的单一税率。在表 14-4 的例子中，在有税收抵免的情况下，实际总税率为 35.0%，相当于母国较高的税率（如果在母国获得这些收入，也按这个税率征税）。

在表 14-4 中，税收抵免制度下的 500 美元额外母国税，是使总税负（已经支付的 3 000 美元加上额外的 500 美元）达到但不超过税前国外收入 10 000 美元的 35% 所需的金额。

然而问题是，如果这家公司将国外的收入汇回母公司，它需要缴纳更多的税款。如果将这些收入留在国外，就能够推迟对这部分国外收入征收额外的母国税，直到将这些收入汇回母国，即可以享受所谓的递延。正如国际金融实务 14-1 所示，这促使美国等一些国家尝试定期提供税收优惠政策，以将利润汇回母国。

国际金融实务 14-1

离岸利润和股利汇回

据估计，总部位于美国的跨国公司在海外有 1 万亿美元的未汇回利润。由于美国的企业所得税税率高于其他国家,将这些利润汇回美国将会带来高额的额外税负,因此为了促进这些利润的回流,美国政府于2004年通过了《国土投资法》。该法案在2005年打开了一扇机会之窗,即汇回的利润所承担的额外税负仅5.25%。

如图14-2所示,这次的税法变化达到了预期的影响,刺激了股利的汇回。2005年,股利汇回大幅增加,从2004年的600亿美元增至3 600多亿美元。在临时修订的税收政策到期后,汇回的股利又出现了回落的趋势。

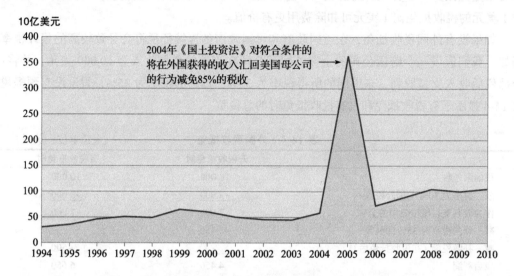

图14-2　1994～2010年美国股利汇回情况

资料来源:Bureau of Economic Analysis, Joint Committee on Taxation, Congressional Research Service.

最初税收政策变化明显的政治动机是通过美国的公司创造就业机会。然而,有证据表明,美国母公司将汇回的股利用于达到多种目的,比如通过分红和股票回购将资金返还给股东,而不是创造新的就业机会。随着另一项旨在将超过1万亿美元的离岸利润汇回美国的减税政策的讨论,同样的争论再次升温。

14.2　转移定价

转移定价是跨国公司对从其附属公司转移到外国子公司的商品、服务和技术的定价,它是从一个外国子公司移出资金的首要方法。这些成本直接计入外国子公司利润表的商品销售成本中。对跨国公司来说,转移定价是个尤其敏感的问题。即使是纯粹的国内企业,也很难就关联单位之间交易的最好的定价方法达成共识。对跨国公司来说,管理层必须权衡相互冲突的各个方面,比如资金配置和所得税。

14.2.1　资金配置效应

希望从特定国家转出资金的母公司,可以在政府法规允许的范围内,在向该国子公司出售商品时收取一个更高的价格。外国子公司也可以通过反向操作来获得融资,即降低转移价格。外国子公司对母公司或姊妹子公司的进口支付就可以将资金转移出该公司。资金可以通过较高的转移定价在销售国累积。转移定价还可以用来在姊妹子公司中转移资金。在全球范围内的众多分支机构使得公司内部可以自由切换供应商，从而为转移资金提供渠道。

14.2.2 所得税效应

设立转移价格的主要考虑因素就是所得税效应。通过转移定价来最小化高所得税税率国家应税收入和最大化低所得税税率国家应税收入，从而影响企业的全球总利润。为了降低高税率环境中子公司的应税利润，母公司可以设定较高的转移价格来增加子公司的成本，进而减少其应税收入。

如表14-5所示，该虚拟案例展示了所得税效应。假设德国的企业所得税税率为45%，那么泰鼎欧洲子公司就是在一个相对较高的税收环境中经营。假设美国的企业所得税税率为35%，那么泰鼎美国子公司的税率就比较低，这促使泰鼎公司有动机将泰鼎美国子公司生产的货物高价卖给泰鼎欧洲子公司。

表 14-5 所得税效应　　　　　　　　　（金额单位：千美元）

	泰鼎美国子公司	泰鼎欧洲子公司	两子公司合计
低标价政策			
销售收入	1 400	2 000	2 000
减去商品销售成本①	（1 000）	（1 400）	（1 000）
毛利润	400	600	1 000
减去营业费用	（100）	（100）	（200）
应纳税所得额	300	500	800
减去所得税	35%（105）	45%（225）	（330）
净收入	195	275	470
高标价政策			
销售收入	1 700	2 000	2 000
减去商品销售成本	（1 000）	（1 700）	（1 000）
毛利润	700	300	1 000
减去营业费用	（100）	（100）	（200）
应纳税所得额	600	200	800
减去所得税	35%（210）	45%（90）	（300）
净收入	390	110	500

①泰鼎美国子公司的销售价格是泰鼎欧洲子公司的商品销售成本。

如果泰鼎公司采用高标价政策，以170万美元的高价出售商品，那么同样的80万美元的税前合并收入就会更多地分配给低税率的泰鼎美国子公司而少分给高税率的泰鼎欧洲子公司。需要注意的是，泰鼎公司（即母公司）必须采取直接改变每个子公司盈利能力的转移定价政策。结果，在总销售额不变的情况下，总税负降低了3万美元，合并净收入增加了3万美元，达到了50万美元。

泰鼎公司当然更偏好于从美国向德国销售产品，采取高标价政策毋庸置疑，政府税收机构也意识到了转移价格操纵定价导致的收入扭曲。关于转移定价的合理性，包括费用和特许权使用费以及商品的定价，有一系列的法规和法院判例。如果政府税务机关不接受转移定价，那么应纳税所得额将高于公司计算的收入，并且应纳税额也会增加。

《美国国内税收法案》第482条是典型的限制自由设定转移价格的法律条款。该法条规定，美国联邦税务局可以重新分配相关公司之间的总收入、税收扣减、税收抵免以及关联企业间的津贴，以避免逃税行为或者更恰当地反映收入分配。根据这条法规，纳税企业承担着证明税务局在收入再分配方面存在任意性或不合理性的举证义务。这种"除非证明清白否则有罪"的有罪推定原则意味着跨国公司必须对其转移价格背后的逻辑和成本保持良好的文件记录。根据法规，"正确的价格"是反映公允交易的价格，也就是说，向可比较的不相关客户销售相同的商品或服务的价格。

美国联邦税务局提供了三种建立公允价格的方法：可比的公允价格、转售价格以及成本加成。这三种方法都被经济合作与发展组织财政事务委员会推荐给成员国使用，在某些情况下，可以混合使用这三种方法。

14.2.3 管理激励和评估

当一个公司有多个分散的利润中心时，各中心之间的转移定价会扰乱对管理绩效的评估。这个问题不是跨国公司独有的，它在国内商界关于"集权还是分权"的争辩中也是一个备受关注的问题。然而在美国国内实例中，在公司层面上的少量协调就可以缓解任何利润中心将其利润次优化为公司利益所造成的一些扭曲。此外，在大多数国内情况下，公司可以提交单一的（针对该国家的）合并纳税申报表，因此从纳税的角度来看，关联公司之间的成本分配问题就不那么重要了。

在跨国公司的情况下，协调常常受到沟通渠道长且效率低的阻碍，还需要考虑影响国际定价和单独征税的特殊变量。即使有最好的意图，一个国家的经理也很难知道当以谈判价从另一国的关联公司购买产品时对公司整体来说什么是最好的。如果公司总部确定了转移价格和采购方法，那么分散式利润中心系统的一个主要优势就消失了：当地的管理层失去了为自身利益而工作的动力。

为了说明这点，如表14-5所示，转移价格的提高使公司在世界范围内的收入增加：泰鼎公司的收入增长了19.5万美元（从19.5万美元增长到39万美元），而泰鼎欧洲子公司的收入仅下降了16.5万美元（从27.5万美元降至11万美元），净利润为3万美元。那么泰鼎欧洲子公司的经理应该因为他们"差强人意"的表现而丧失奖金（甚至工作）吗？奖金通常是由整个公司的方案决定的，而这种方案部分参考了子公司的盈利能力，但是在这个案例中，泰鼎欧洲子公司的利润为了公司整体利益被"牺牲掉了"。这样看来，任意改变转移价格会在业绩评价方面产生问题。

具体来说，从高税率的泰鼎欧洲子公司向低税率的泰鼎美国子公司转移利润改变了单个公司或两个公司的如下方面：

- 进口关税（只针对进口商）和利润水平；

- 对外汇风险敞口的评估,例如,由于现金和应收账款金额的变化而导致的风险资产敞口;
- 流动性测试,例如流动比率、应收账款周转率、存货周转率等;
- 经营效率,以毛利润占销售收入或者总资产的比率来衡量;
- 所得税;
- 盈利能力,以净收入占销售收入或投资资本的比率来衡量;
- 股利支付率,随着净利润的变动,固定的股利意味着变动的股利支付率(或者,如果股利支付率保持不变,则股利会因为转移价格的变动而改变);
- 内部增长率,以留存收益占当前所有者权益的比率来衡量。

14.2.4 对合资伙伴的影响

合资企业在转移定价方面存在着特殊问题,因为从跨国公司的全局角度来看,最大化当地企业利润来服务当地股东可能会是次优的选择,但这往往是不可调和的利益冲突。事实上,如果当地的合资伙伴向当地政府控诉跨国公司的转移定价政策,这些跨国公司可能就会被视为潜在的"特洛伊木马"。

14.3 泰鼎公司的税收管理

图14-3总结了泰鼎公司将股利收入从泰鼎德国子公司和泰鼎巴西子公司汇回美国时面临的主要税收管理问题,泰鼎公司从其两家海外子公司取得的股利汇款能够创造两种不同的税收抵免头寸。

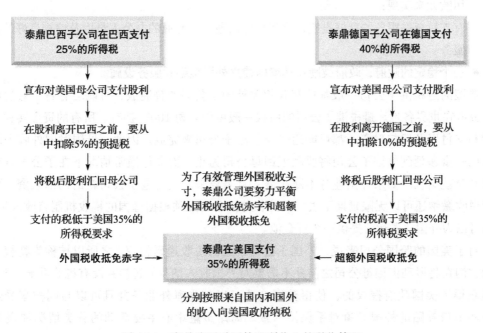

图14-3 泰鼎公司对国外股利收入的税收管理

- 由于德国的公司所得税税率（40%）高于美国（35%），汇给美国母公司的股利会导致超额外国税收抵免。任何在德国和美国之间适用的股利预提税只会增加超额外国税收抵免的数额。
- 由于巴西的公司所得税税率（25%）低于美国（35%），汇回美国母公司的股利会造成外国税收抵免赤字。如果对巴西汇回美国的股利征收预提税，可以减小赤字，但不能彻底消除它。

泰鼎公司的管理者会管理这两笔股利汇款，以使税收抵免赤字和超额税收抵免平衡。最直接的方法就是调整每个外国子公司所分配的股利，使得在适用了所得税和预提税后，来自泰鼎德国子公司的超额外国税收抵免正好完全匹配来自泰鼎巴西子公司的外国税收抵免赤字。除此之外，还有许多管理泰鼎公司全球税务负担的方法，即所谓的资金重置，按照这种方法，公司会努力构建全球业务框架，使其能够在低税率的环境中记录利润，正如本章章末的案例谷歌公司所示。

14.4 避税港子公司和国际离岸金融中心

许多跨国公司拥有外国子公司，将它们作为再投资或者资金汇回母公司的避税港。避税港子公司被归为国际离岸金融中心，它们产生的部分原因就是某些国家对外国收入递延纳税的许可。避税港子公司通常设立在满足如下要求的国家中：

- 较低的税率，包括对居民企业取得的外国投资或销售收入征收的税额，以及对支付给母公司的股利征收的预提税；
- 有一种稳定的货币，可以方便地将资金换入或换出，这项要求可以通过允许和促进使用欧元来实现；
- 有支持金融服务的良好设施，比如良好的通信、专业的办公人员以及信誉良好的银行服务；
- 一个稳定的政府，政府鼓励在其境内建立外资金融和服务设施。

典型的避税港子公司一般都拥有其相关外国子公司的普通股，可能会有若干避税港子公司分散在世界各地。避税港子公司的股权一般由母公司100%拥有。所有的资金转移，包括股利支付以及股权融资，都可能通过避税港子公司来完成。因此，母国对国外收入的税收可以一直递延到外国子公司将股利汇回母公司为止，而非像通常情况下在子公司宣布支付股利时就纳税。如果外国业务不断扩展并且需要来自避税港子公司新的内部融资，那么这项税收缴纳还可以无限延期下去。因此，跨国公司无须根据母国的税收机制将收入汇回，从而可以为外国业务运营提供一个资金池。

对于美国的跨国公司来说，外国子公司享受的税收递延特权（之所以被称为特权，是因为它们在将股利汇回母公司之前并不需要对外国收入纳税）起初并没有税收漏洞。相反，它是获得了美国政府授权的，使得美国企业可以扩张海外业务并且可以与同样享受递延纳税和出口补贴的外国竞争对手保持一致。离岸金融中心主要活动的分类情况如表14-6所示。

表 14-6　离岸金融中心的主要活动

离岸金融中心为国外用户提供金融管理服务，以换取外汇收入，其优势在于极低的税率、极少的行政手续、保密性和自由裁量权。离岸金融中心允许富有的国际客户将潜在的税负降至最低，同时保护他们的资产免受政治、财政和法律风险的影响。离岸金融服务有很多工具，包括：

- 离岸银行业务，可以为公司或银行办理外汇业务。这些业务不受资本、公司、资本利得、股利、利息税或外汇管制的控制。
- 国际商业公司，通常为免税的有限责任公司，用于经营业务或通过发行股票、债券或者其他工具筹集资金。
- 离岸保险公司，用来最小化税负并管理风险。
- 资产管理和保护，允许处在银行体系脆弱或者政治不稳定的国家中的个人或银行将其资产存放在海外，以防范本国货币和银行的崩溃。
- 纳税筹划，跨国公司可以通过离岸中心进行交易，通过转移定价将税负降至最低。个人可以通过信托和基金来利用离岸中心提供的有力的税收制度。

离岸金融中心提供的税收优惠和保密性可以用于合法目的，但也被用于非法目的，包括洗钱和逃税

不幸的是，一些美国公司将递延纳税的原意曲解为逃税。从关联子公司购买或者销售货物和服务的转移定价被人为操纵，使得所有的交易收入都流入避税港子公司。即使这些货物或服务从未实际上进入过避税港国家，但这种操纵依然可以通过合法化避税港子公司对货物和服务的所有权来完成。毋庸置疑，进出口国家税务当局都对这种缺乏应税所得的交易感到很沮丧。

1962 年《美国国内税收法案》的目的之一是在不破坏那些出于商业与经济动机而非税收动机建立的外国制造和销售子公司所享有的税收递延特权的同时，消除出于逃税目的而设立的"空壳公司"的税收优惠。尽管税收动机已经被消除，但一些企业发现这些子公司仍可作为国外业务的财务控制中心，这在本章的案例研究中有详细说明。

本章小结

1. 各国通常沿用两个基本原则之一来构建它们的税收制度：全球原则和属地原则。这两种方法都试图确定哪些外国或国内公司（通过公司注册）或哪些外国或国内收入需要由东道国税务机关征税。

2. 现存的一系列双边税收协定提供了减少重复征税的手段。其中很多条约都是根据经济合作与发展组织的范本制定的。

3. 税收协定通常规定一国的居民企业在另一国取得的收入是否征税，以及如果征税，应当如何征税。税收协定是双边的，双边签约方需要约定在它们之间对何种收入使用何种税率。

4. 增值税是在商品生产或销售的各个阶段征收的一种国家销售税，税额与该阶段的增值额成比例。

5. 转移定价是关联公司之间买卖商品、服务和技术的定价。较高或较低的转移价格都会对所得税、资金配置、管理激励和评估，以及合资伙伴产生影响。

6. 美国将外国收入与国内收入区分开来，对这两种收入分别征税，其中一种收入的税收赤字/税收抵免不得用于另一种收入的税收赤字/税收抵免。如果美国的跨国公司从企业所得税税率（或合并收入和预提税）高于美国的国家取得收入，则可抵扣的总税额将超过美国对该笔外国收入征收的税额，其结果是超额外国税收抵免。

7. 所有的公司都希望在全球范围内管理它们的纳税义务，这样它们就不会在国外收入上支付比国内收入更多的税收成本。

8. 跨国公司会设立外国子公司作为再投资和汇回资金的避税港。避税港通常设立在公司所得税税率较低、货币稳定、拥有金融服务设施以及一个稳定的政府的国家。

案例研究

谷歌、税以及"不作恶"⊖

> 这就是资本主义啊。
> ——埃里克·施密特(Eric Schmidt),谷歌前CEO,2012

谷歌,这家在互联网搜索引擎方面占据主导地位的公司,以鼓励所有雇员遵守公司的行为准则"不作恶"而闻名。谷歌在全球的税收策略一直受到严格的审查,近年来谷歌的总体税率,即全球税前利润的税率一直维持在22%左右。谷歌2012年在英国创造了55亿美元的收入,但是只向英国税务机关缴纳了5 500万美元的税。算上在其他国家和其他市场支付的特许权使用费,谷歌百慕大分公司在2012年取得了88亿英镑的特许权使用费,但这些收入是免税的。谷歌并没有犯法,它只是简单地将构建了全球业务,从而合法地减少了全球税务负担。

谷歌百慕大子公司

谷歌的离岸税收策略被称为"爱尔兰-荷兰三明治",通过将其许多专利权、特许权和其他知识产权的所有权重新定位在位于爱尔兰等低税收环境下的子公司(见图14-4),然后在各种形式的服务和日常开支上建立高转移价格,从而将大部分利润留在了接近于零税收环境的百慕大。

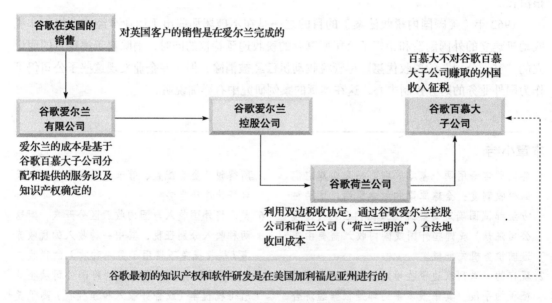

图14-4 谷歌的全球税收结构

谷歌的税收策略是完全合法的。谷歌同美国联邦税务局经过多年的谈判,最终获得了他们的同意,这就是所谓的预约定价协议。该协议尚未公布,但它确立了谷歌各子公司之间被允许的转让价格和转移形式,从而最小化谷歌公司的全球税负。

其他常设机构

但是谷歌的税收结构和策略不仅仅是美国税务当局关心的问题,该公司大量的销售额

⊖ Copyright © 2014 Thunderbird School of Global Management. All rights reserved. This case was prepared by Professor Michael H. Moffett for the purpose of classroom discussion only and not to indicate either effective or ineffective management.

却有如此低的税收负担，这让英国税务局感到沮丧。

如图14-4所示，谷歌全球税收结构的核心是常设机构。常设机构规则允许谷歌这样的公司在爱尔兰等低税率国家建立税基，同时在法国等税率较高的国家大量开展业务。原则上，公司不按"在何处开展业务"征税，而是按"在哪里与客户完成交易"征税，即最终签署合同的国家或司法管辖区。就谷歌而言，这意味着它在整个欧盟的大部分销售都是在爱尔兰完成的。

谷歌当然不是唯一这样做的公司。据估计，在美国排名前50的软件、互联网和计算机硬件公司中，75%的公司使用类似的常设机构来帮助它们避税。从表14-7中就可以看出，苹果公司也一直密切关注这个话题。

表14-7 苹果公司以及税收

苹果公司不使用税收伎俩。苹果公司并没有将自己的知识产权转移到离岸避税天堂，并利用它将产品卖回美国，以此来避免美国的税收。苹果公司不使用外国子公司的循环贷款来支持美国国内业务。苹果公司在加勒比海的小岛上不持有现金，没有在开曼群岛开立银行账户。苹果公司拥有大量的海外现金，因为它的大部分产品都是在美国以外的地方销售的。 ——苹果公司首席执行官蒂姆·库克在美国参议院常设调查委员会做证，2013年
美国参议院的一个委员会在一份报告中指出，苹果公司利用爱尔兰都柏林的预定中心作为其复杂税收战略中心，该中心为苹果公司节省了440亿美元的"其他应税离岸收入"。苹果公司利用在爱尔兰的非税居民子公司获得了其全球非美国收入的大部分收入。人们还怀疑，苹果公司与爱尔兰达成了一项税收优惠协议，就是将爱尔兰账面利润的实际税率降至2%以下，大大低于12.5%的法定税率。实际上，最终，苹果公司的国际业务在任何国家都是不纳税的。
2013年4月，苹果公司发行了全球历史上最大的单笔债券（规模约170亿美元），紧张的局势进一步加剧。这些资金将资助一项550亿美元的股票回购计划。但通过从美国市场借钱（该公司可享受每年3.08亿美元的税收减免），而不是从其大约1300亿美元的海外储备资金中提取现金，该公司避免了额外的92亿美元的美国税收

不合法、不公平、不道德

最近几年，关于谷歌、苹果以及其他许多跨国公司在全球范围内获取了巨大利润，却只支付较低税额的争论愈演愈烈。与此同时，许多跨国公司一直以20%~30%（占合并税前收入的百分比）的高实际税率纳税。这是一个不公平的竞争环境，那些无法在全球范围内以数字化的方式转移产品和资产的传统制造商认为这样对它们来说是不公平的。

苹果和谷歌等大多数跨国公司可能并没有任何违反法律的行为。它们只是很好地学习了所有的规则，并尽可能以最佳方式为股东追求回报。非法活动被称为逃税，但是避税通常是指企业为承担远低于政府预期的税负而采取的极端激进的策略和结构。后一类包括使用离岸避税天堂。现在的问题是，它们是否会从公平或道德的理念出发，追求公司的非财务利益或责任。

讨论题

1. 企业所得税是根据利润支付的，你如何理解谷歌通过使用"爱尔兰－荷兰三明治"的税收策略获取的"利润"？
2. 对税法做哪些修改，可以将谷歌的应缴税款转移到英国境内？
3. 你是否相信谷歌或苹果等公司会缴更多的税？这样会使它们成为更好的公民还是糟糕的公司？你认为什么是更好的平衡或者妥协？

思考题

1. 税收道德。
   （1）税收道德的含义是什么？
   （2）假如你的公司在俄罗斯有一家子公司。讨论你是应该遵守俄罗斯的税法还是像有些竞争对手一样违反当地的法律？
2. 税收中性。
   (1) 如何定义税收中性？
   (2) 国内税收中性和国外税收中性的区别是什么？
   (3) 一国出台外国收入税收政策的目的是什么？
3. 全球原则和属地原则。各国通常依据两种基本原则之一来构建税收制度：全球原则或属地原则。解释这两种方法以及它们之间的区别。
4. 递延纳税。
   (1) 递延纳税的含义是什么？
   (2) 为什么一国会允许某些外国收入递延纳税？
5. 税收协定。
   (1) 什么是双边税收协定？
   (2) 双边税收协定的目的是什么？
   (3) 大部分税收协定涵盖了哪些政策？
6. 税收种类。可以根据是否直接对收入征税来划分税收种类，直接对收入征收税称为直接税。根据公司其他可衡量的绩效特征来征税，称为间接税。请区分下列税收为直接税、间接税还是其他税种。
   (1) 一个日本子公司对其营业收入支付的企业所得税。
   (2) 由于石油开采以及将石油运往全球市场而支付给沙特阿拉伯的特许权使用费。
   (3) 美国母公司收到的来自伦敦的银行存款利息。
   (4) 美国母公司贷款给墨西哥子公司得到的利息。
   (5) 美国母公司收到的比利时全资子公司偿还的贷款本金。
   (6) 对在美国境内生产和销售的香烟征收的消费税。
   (7) 西雅图公司总部大楼支付的物业税。
   (8) 对红十字国际委员会难民救济的直接捐款。
   (9) 递延所得税，作为对美国母公司合并所得税的扣除。
   (10) 德国支付给英国母公司的股利预提税。
7. 外国税收抵免。什么是外国税收抵免？为什么要给予外国收入税收抵免？
8. 增值税。请回答下面的问题。
   (1) 什么是增值税？
   (2) 尽管已经被提议无数次要征收增值税，美国却从没采纳过。增值税已在其他国家广泛应用，为什么美国对增值税如此反对？
9. 转移定价的动机。什么是转移定价，政府可以调控它吗？跨国公司在设立转移定价时的动机和面临的困难是什么？
10. 姊妹子公司。在 Able 国的 Alpha 子公司面临 40% 的所得税率，在 Baker 国的 Beta 公司却只面临 20% 的所得税率。目前，每个子公司从对方国进口的商品和服务的货币价值完全等于向对方出口的价值。公司管理层用平衡公司内部贸易的方法来降低成本，包括外汇交易成本（买卖差价）。两个子公司都是有利可图的，它们都能以与支付给国外姊妹子公司近乎相同的价格在国内购买所有的部件。你认为这种情况是最优的吗？
11. 正确的定价。《美国国内税收法案》第 482 条明确了恰当的转移价格的使用，而价格恰当与否的举证责任由纳税公司承担。决定恰当的转移价格的指导方针是什么？
12. 税收协定。税收协定如何影响跨国公司的运作和结构？
13. 被动收入。为什么美国税务当局对海外产生的被动收入和主动收入征税不同？

练习题

1. 雅芳公司的国外收入。雅芳是美国一家有着广泛的产品系列的直销公司。雅芳在 100 多个国家拥有领先的市场，涉及美容、时尚和家居用品等系列。作为财务培训的一部分，公司要求实习生对虚拟的子公司利润和分配进行电子表格分析。请借助如

表14-5的分析并利用下表建立你的基本分析框架。

基础值	情况1	情况2
外国公司所得税税率	28%	45%
美国公司所得税税率	35%	35%
国外股利预提税率	15%	0%
美国对外国公司的所有权	100%	100%
外国公司的股利支付率	100%	100%

（1）公司支付的总纳税额是多少？包括国内和国外的税收。

（2）美国母公司支付的实际税率是多少？

（3）如果外国公司所得税税率变为45%，并且股利没有预提税，那么公司支付的总纳税额和实际税率是多少？

（4）如果这笔收入是美国的一个分公司赚得的，应支付的总税额和实际税率是多少？

2. Pacific Jewel Airlines（中国香港）。Pacific Jewel Airlines是一家美国航空货运公司，它在中国香港有一家全资子公司。这家子公司刚刚为圣佛朗西斯科的母公司做了一项长期规划报告，报告中估计了2011～2014年的预期收益和股利支付率如下：

（单位：百万美元）

Jewel 中国香港子公司	2011	2012	2013	2014
息税前利润（EBIT）	8 000	10 000	12 000	14 000
减　利息支出	(800)	(1 000)	(1 200)	(1 400)
税前利润（EBT）	7 200	9 000	10 800	12 600

目前中国香港对此类收入的公司所得税税率为16.5%。中国香港对汇给美国母公司的股利不征预提税（根据中国香港－美国双边税收协定）。美国公司所得税税率为35%，母公司希望每年将75%的净利润用于发放股利。

（1）计算中国香港子公司在2011～2014年度可以用于分配的净利润。

（2）每年预计汇给母公司的股利是多少？

（3）在美国对股利征税后，预计每年的税后总股利为多少（扣除中国香港和美国的税负之后）？

（4）每年对外国收入的实际税率是多少？

3. 德国Kraftstoff公司。Kraftstoff是一家生产电子燃料汽化器设备的德国公司，主要为几家德国大型汽车公司供货，比如奔驰、宝马以及欧宝等。像如今的许多德国公司一样，这家企业也在修订财务政策，因为如果它想在德国国内或国外上市的话，就要提高财务信息的披露程度。

Kraftstoff公司的主要问题在于德国公司所得税法对留存收益和分配给股东的收益分别征收45%与30%的税率。

（1）如果Kraftstoff计划将50%的净收入派发股利，那么总的净收入和总的公司所得税是多少？

（2）如果Kraftstoff尝试按照40%～60%的股利支付率派发股利，哪一种股利更优，管理层会用什么参数和价值来说服股东呢？

Chinglish Dirk

利用以下材料回答问题4～6。Chinglish Dirk公司（中国香港）向它的全资母公司Torrington Edge（英国）出口剃刀片。中国香港的税率是16%，英国的税率是30%。Chinglish按如下方式计算每集装箱货物的利润（以英镑为单位）。

构建单位转移（销售）价格	Chinglish Dirk（英镑）	Torrington Edge（英镑）
直接成本	10 000	16 100
管理费用	4 000	1 000
总成本	14 000	17 100
合意的价格加成	2 100	2 565

(续)

构建单位转移（销售）价格	Chinglish Dirk（英镑）	Torrington Edge（英镑）
转移价格（销售价格）	16 100	19 665
利润表		
销售收入	16 100 000	19 665 000
减　总成本	(14 000 000)	(17 100 000)
应税收入	2 100 000	2 565 000
减　税收	(336 000)	(769 500)
税后利润	1 764 000	1 795 500

4. Chinglish Dirk（A）。Torrington Edge 公司的管理层考虑在公司内部重置利润。如果 Chinglish Dirk 的标价上涨 20% 而 Torrington Edge 的标价下调 10%，那么 Chinglish Dirk 和 Torrington Edge 公司的利润会各自怎样变化，两者的合并利润会如何变化？这种重置方式对合并纳税的影响是什么？

5. Chinglish Dirk（B）。受到了问题 4 的分析结果的鼓励，Torrington Edge 希望继续在中国香港重置利润。然而它面临着两个约束：第一，为了保持竞争力，每箱剃刀片在英国的最终销售价必须为 2 万英镑或者更低；第二，英国税务当局为该公司规定了最高转移定价（从中国香港）为 17 800 英镑。你会建议 Torrington Edge 公司设置多少市场价格加成组合？这种转移定价会对合并税后利润和总税额产生什么影响？

6. Chinglish Dirk（C）。为了抓住所有潜在的税收重置机会，Torrington Edge 希望在问题 4 的背景下重新分配管理费用。如果管理费用可以在两个公司之间重新分配，但总费用仍是每箱 5 000 英镑，在中国香港保持最低每箱 1 750 英镑的管理费。这次费用重新分配对合并税后利润和总税额的影响是什么？

第 15 章

国际贸易融资

> 财务报表就像淡雅清香的香水，需要慢慢闻而非匆匆吞咽。
>
> ——亚伯拉罕·布瑞勒夫

学习目标

1. 了解国际贸易如何改变国内企业的供应链和一般价值链，从而开始贸易的全球化过程。
2. 识别进出口业务交易的关键因素。
3. 了解进出口业务中的三个关键单证，即信用证、汇票、提单是如何结合起来为交易融资和管理风险的。
4. 确定典型国际贸易交易的单证顺序。
5. 了解不同阶段及阶段成本如何影响出口商进入国外市场的能力，以及在信贷条件和定价方面的潜在竞争。
6. 了解出口商在管理贸易风险和融资方面可获得哪些资源。
7. 研究各种贸易融资方案。

本章的目的是介绍国际贸易是如何融资的。这一内容与国内贸易公司（即进出口公司）和跨国公司（即与相关和无关实体进行贸易的公司）有直接的实际关联。

本章首先解释现存的贸易关系的类型，然后阐述贸易困境，即出口商想在出口之前获得支付，而进口商在收到货物之后才愿意付款。接着介绍现行国际贸易协定的好处、贸易交易的要素，以及为达成交易和融资所需要的各种单证。然后确认国际贸易的风险，即货币风险和违约风险。接下来介绍几种重要的贸易单证，包括信用证、汇票和提单，然后总结典型贸易交易需要的单证。最后，比较各种类型的短期应收账款融资，讨论福费廷在长期应收账款中的运用。本章最后的案例研究"克罗斯韦尔国际和巴西"说明了出口为何需要管理、营销和金融一体化。

15.1 贸易关系

正如我们在第 1 章讨论的，国内公司首要进行的全球活动是商品和服务的进出口。本章的目标是分析国内公司的国际贸易阶段，企业开始从国外供应商处进口商品和服务，并出口到外国买家。在泰鼎公司的案例中，该贸易阶段始于墨西哥的供应商和加拿大的买方。

贸易融资与所有公司进行的传统价值链活动有许多共同点。所有公司都必须寻找供应商，以获取自身在商品生产或服务提供过程中所需的大量商品和服务。泰鼎公司的采购部门必须清楚每个潜在的供应商是否都能够及时、可靠地按照要求的质量规范生产产品，以及为了保持竞争力，在产品和工艺的持续改进过程中供应商是否将与泰鼎公司保持合作。所有这些都必须在可以接受的价格和付款条件下进行。如图 15-1 所示，这些问题同样存在于潜在的消费者当中，因为消费者的持续购买对于泰鼎公司的运营和成功至关重要。

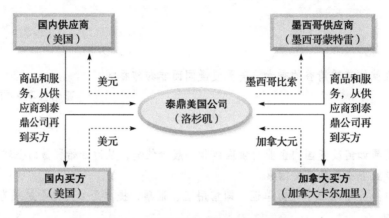

图 15-1　贸易融资：商品和资金流动

理解进出口商关系的本质对于理解行业中进出口融资的方法至关重要。图 15-2 展示了进口/出口关系的三种类别：非关联未知、非关联已知、关联。

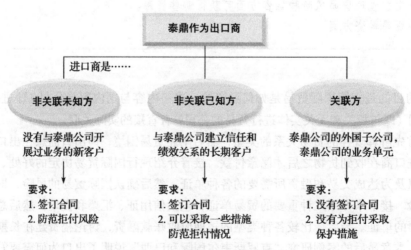

图 15-2　可替代的国际贸易关系

- 非关联未知方是指泰鼎公司此前没有与其开展过业务的外国进口商。在这种情况下，双方需要签订详细的销售合同，标明业务协议的具体责任和预期效果。泰鼎公司还须寻求保险以防进口商无法及时全额付款。
- 非关联已知方是指泰鼎公司以前与其开展过业务的外国进口商。在这种情况下，双方仍需要签订详细的销售合同，但是具体条款、运输或者提供服务的内容可能定义得明显宽松一些。根据关系紧密的程度，泰鼎公司可以寻求第三方保险以防进口商违约。
- 关联方（有时称为内部贸易）是指外国进口商为泰鼎公司的附属业务单元，如泰鼎巴西子公司。由于双方都是同一跨国公司的一部分，所以双方之间的交易通常不签订合同，也不签订保险条款。然而，事实并非总是如此。在各种国际贸易环境下，为了使泰鼎公司的利益最大化，应详细说明交易条件，并尽可能防止任何政治或国家层面的干扰，从而确保交易完成。

国际贸易必须解决一个贸易困境。假设一个进口商和一个出口商彼此打算开展贸易，由于双方距离遥远，不可能一手交钱一手交货。进口商倾向于如图 15-3 上部所示的付款方式，图下部是出口商喜欢的付款方式。

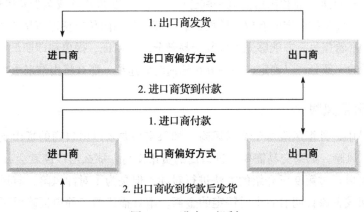

图 15-3　进出口机制

选择一家信用度较高的银行作为中介，可以解决对国外的陌生人不信任的两难困境。简易流程如图 15-4 所示。在这个例子中，在出口商对银行信任的前提下，进口商会取得银行代为付款的承诺。银行承诺付款的文件，称为信用证。之后，出口商把商品运到进口商所在国。通过一份被称为提单的单据，银行获得商品的所有权。出口商要求银行支付货款，银行付款。要求付款的票据，称为即期汇票。支付货款之后，银行把货物所有权转给已开立信用证的进口商。接下来，依照协议，进口商偿还银行贷款。

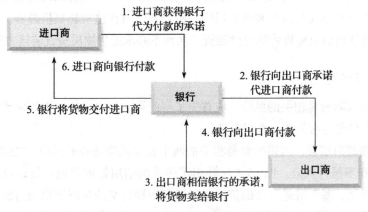

图 15-4　作为进出口中介的银行的交易流程

跨国公司会经常与非关联方开展贸易，因此公司的财务主管必须熟悉以上三种基本单证。单证系统提供了一个短期资金来源，即使与姊妹公司的贸易往来，也是如此。

15.2 单证体系的好处

三种主要单证以及它们之间的相互影响将会在本章的后面部分进行介绍。国际贸易业务中的单证形成了一个体系，这一体系经过几个世纪的发展和改进，旨在帮助进口商与出口商防范不履行风险和外汇风险，同时也提供了一种融资方式。

15.2.1 防范不履行风险

如前所述，一旦进口商和出口商就条款达成一致，在获得货款或至少获得付款承诺之前，出口商倾向于保留商品的法定所有权。然而，进口商在收到商品或获得商品的所有权之前不愿意付款。每一方都希望另一方能够先完成其交易部分。信用证、提单和即期汇票都是这个精心构建的单证体系的一部分，以确定如果一方在任何时候违约，那么将由谁来承担经济损失。

15.2.2 防范外汇风险

在国际贸易中，外汇风险源于交易风险。如果交易要求以出口商的货币支付，那么进口商就承担着外汇风险。如果交易需要用进口商的货币支付，那么出口商就会有外汇风险。

交易风险可以通过第9章介绍的方法进行对冲，但是为了对冲风险，有风险的一方必须确定在特定日期或者该日期前后支付特定的金额。本章描述的三种单证确保了支付的数量和支付时间，为有效对冲奠定了基础。

在没有未履行的定期装运协议且买卖双方没有持续关系的情况下，偶发性的国际贸易中不履行风险以及外汇风险是最重要的风险。当进出口关系具有经常性时，例如产成品每周或每月运往最终装配地或者国外零售商的情形，当两个国家的货币都是强势货币时，在开立普通信用证之后，出口商可能会允许进口商赊销。

15.2.3 贸易融资

大多数国际贸易都涉及时滞问题，在存在时滞的情况下，就会出现资金紧张同时货物在途的问题。如果没有不履行风险和外汇风险，银行愿意对在途货物提供融资。银行可以根据关键单据为在途货物以及待售货物提供融资，从而不必承担货物质量或装运方面的风险。

15.2.4 不履行风险

为了理解与国际贸易相关的风险，应首先了解此类交易中事件发生的先后顺序。图 15-5 概述了与单一出口交易有关的一系列事件。

从财务管理的角度看，与国际贸易相关的两个首要风险是外汇风险（之前在第9章和第10章讨论过）和不履行风险。图 15-5 反映出了传统的信用管理问题：出口商报价，签订出口合同，运输货物，基于对进口商的信任或者银行根据提交的单据做出的付款承诺，出口商交付货物。如图 15-5 所示，当融资开始时，进口商的不履行风险就存在了。

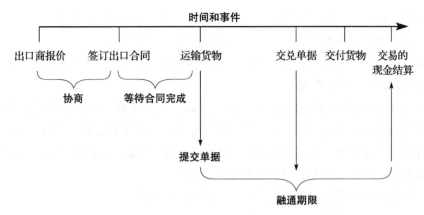

图 15-5 贸易交易时间轴和结构

在许多案例中，分析国外客户信誉的最初任务与分析国内客户的程序类似。如果泰鼎公司与某外国客户未曾有过业务往来，但是该客户在其本国是一家大型知名公司，那么泰鼎公司可能会简单地要求一份关于那家公司的银行信用报告。泰鼎公司也可以咨询其他与该公司有过业务往来的公司。如果这些调查显示该外国客户（和该外国客户所在的国家）是完全可以信赖的，那么泰鼎公司可能会像对国内客户那样在一定的信用额度内向外国客户赊销货物。这是成本最低的出口方式，没有繁杂的单证手续，也不需要向银行缴费。然而，在与新公司或未知公司建立常规的贸易关系之前，泰鼎公司必须面对出口不付款或进口不履行的可能性。拒付风险可以通过使用信誉良好的银行签发的信用证来消除。

15.3 关键单证

以下所述的三个关键单证：信用证、汇票和提单，经过几个世纪的发展和修订，形成了一个体系，用来保护进口商和出口商免受交易的不履行风险，同时提供一种融资手段。这三个关键单证是这个精心构建的体系的一部分，该体系旨在确定如果一方在任何时候违约，将由谁承担经济损失。

15.3.1 信用证

信用证是银行在进口商（申请人或者买方）的要求下开出的单据，银行承诺在出示信用证规定的单据后向出口商（信用证受益人）付款。信用证有效地减少了拒付风险，因为银行同意见票付款而不是见货付款。图 15-6 展示了进口商、出口商和开证行三方的关系。

受益人（出口商）和申请人（进口商）就交易达成一致后，进口商向当地银行申请开立信用证。银行基于对进口商信用状况的评估，或者要求进口商事先提供现金

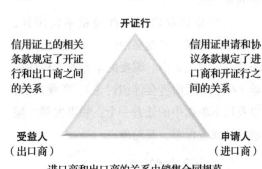

图 15-6 信用证涉及的各方

存款或其他抵押品,开立信用证并且留存一份销售合同。进口商银行希望知道交易类型、涉及的金额以及汇票需要随附哪些单据,这些单据将根据信用证开具。

如果进口商银行对申请人的资信状况满意,将会开立信用证,并承诺如果货物与信用证里面载明的条款相符,银行将会付款。

信用证的本质是开证行对指定票据付款的承诺,该承诺必须随附凭信用证开立的汇票。信用证并不是对标的交易的保证。事实上,信用证是一个独立的交易,可能独立于其基于的任何销售合同或其他合同。为了构成真正的信用证交易,开证行必须具备以下几个要素:

- 开证行必须对开具信用证收费或获取其他商业补偿;
- 银行的信用证必须包括特定的到期日或者确定的期限;
- 银行的承诺必须有规定的最高金额;
- 银行的付款义务仅在提交指定单据时才生效,而且不得要求银行确定有争议的事情或法律问题;
- 银行的客户必须无条件地以与银行相同的付款条件偿还银行。

信用证根据是否可撤销和是否保证兑付进行分类。

1. 不可撤销信用证与可撤销信用证

不可撤销信用证要求开证行承兑与信用证相符的汇票,未经各方同意,特别是未经受益人(出口商)的同意,开证行不得修改或者撤销信用证。可撤销信用证在支付之前可随时撤销或者修改,它是付款的手段而非付款的保证。

2. 保兑信用证与不可保兑信用证

保兑信用证由一家银行开出,可由另一家银行保兑,在这种情况下,保兑银行可承兑与信用证相符的汇票。不可保兑信用证是指只有开证行有义务承兑汇票。当出口商对国外银行的付款能力存在顾虑时,它就会要求国外银行开立由国内银行提供保兑的信用证。当出口商对国外银行的财务资信状况不确定或者国外的政治经济状况不稳定时,就会产生这种疑虑。图15-7是信用证的本质图。

大部分商业信用证都是跟单信用证,这就意味着某些单据必须包含在根据信用证条款开出的汇票中。需要的单据通常包括提单(在本章后面将会详细讨论)、商业发票,以及以下单据中的任意一个:领事发票、保险凭证或者保单、装箱单。

> **东方银行**
> (开证行)
>
> 日期:2011年9月18日
> 信用证号码:123456
>
> 东方银行兹向琼斯公司(出口商)开立不可撤销的跟单信用证,金额为500 000美元,见票90天后凭东方银行汇票付款,信用证号码123456。
>
> 汇票应附带以下单据:
> 1. 商业发票一式三份
> 2. 装箱单
> 3. 已装船清洁提单
> 4. 由买方支付的保单
>
> 到期时,东方银行将按汇票票面金额向该汇票持有人支付。
>
> 授权签字

图15-7 信用证的本质

3. 信用证的优缺点

信用证的首要优点就是能减少风险,出口商可以基于银行的付款承诺而不是依靠企业的付款承诺出售货物。因为银行比进口商更了解外汇条件和规则，所以出口商在以外汇结算的交易中将处于更加安全的位置。如果进口国在交易过程中改变其外汇规则，为防止国内银行在国际上名誉受损，该国政府就会对尚未兑现的信用证加以保兑。当然，如果信用证经过出口商当地银行的保兑，那么出口商就可以避免外汇资金冻结所带来的任何问题。

对于出口商来说，基于不可撤销信用证的订单更容易在母国获得出口前融资。如果出口商的交货信誉良好，当地银行就可能会提供资金帮助其加工和运输货物。只要货物按照信用证条款发出，出口商就可以拿到货款，所得资金可用来偿付出口前融资。

信用证的另外一个优点就是对于进口商来说，除非信用证中规定的所有条件都已经实现，否则在单据到达港口或机场之前，进口商不需要支付货款。

信用证的主要缺点是进口商在当地银行开立信用证需要支付费用，并且有可能会减少进口商在该银行的信用额度。事实上，对于出口商来说，机械地要求进口商开立信用证是有竞争劣势的，尤其是在进口商资信状况良好且进口国的经济政治状况不令人担忧的情况下。不过，总体来说，信用证的价值从贸易开始以来就已经得到很好的确定，详见国际金融实务 15-1。

国际金融实务 15-1

佛罗伦萨：贸易融资的发源地

国际贸易的商业银行业务大多起源于意大利的一个内陆城市佛罗伦萨。在 13 世纪晚期和 14 世纪早期，当贸易活动在欧洲和地中海兴起时，银行业务就在威尼斯和佛罗伦萨两地开始发展了。

当时，贸易仍处于萌芽阶段，天主教会在贸易的许多方面都有禁令，包括能够带来利息的贷款——高利贷。虽然高利贷现在是指一种收取超额利息的非法行为，但当时这个术语是指任何收取利息的行为。

佛罗林是一种小金币，于 1252 年在佛罗伦萨首次铸造。以这个城市命名，佛罗林在接下来的一个世纪里，作为一种在欧洲进行贸易的手段而繁荣起来。商人在长凳上进行交易，最终产生了 banco 这个词，意思指的是保管钱财的安全场所，即银行。

但是金币很重，如果一个商人需要从一个城市或国家转移到另一个城市或国家做生意，金币的重量就是相当大的，而且有可能被抢劫。所以商人创造了第一个金融衍生工具，即银行汇票，这是一种可以从一个城市带到另一个城市的交换凭证，并在其家乡银行账户上被确认为佛罗林的信用。付款保证在三个月内是有效的。当然，随着银行的成立，首先出现的是破产。从一开始，无论是贷款、交换凭证的有效性，还是货币的价值，都是涉及风险的工具或者活动，当时在意大利语中称作风险（risque）。

15.3.2 汇票

汇票也称为**汇单**（bill of exchange，B/E），是国际贸易中通常用来付款的工具。汇票是出口商（卖方）发出的一个指令，要求进口商（买方）或者其代理人在特定的时间支付特定的金额，它表示出口商对进口商的正式付款要求。

开出汇票的个人或公司称为出票人。出票人通常是出售和运输货物的出口商，汇票所针对的一方称为受票人。受票人要承兑汇票，即根据条款支付所要求的金额。在商业交易中，受票人也是买方，这种汇票被称为商业汇票。如果受票人是买方的银行，这种汇票叫作银行汇票。银行汇票通常根据信用证的条款开具。汇票可以作为不记名票据开立，也可以指定付款对象。这个人被称为收款人，可以是出票人自身，也可以是其他当事人，比如出票人的银行。

1. 可转让工具

如果使用得当，汇票可以成为可转让工具。因此，它为商品的国际流动提供了便利的融资工具。要成为可转让工具，汇票必须符合以下要求（《美国统一商法法典》，第3104（1）条）：

- 由出票人出票和背书；
- 包含一个无条件的承诺或指令来支付确定的金额；
- 按要求在未来固定或确定的日期支付；
- 按指定人或持票人付款。

如果汇票是依据上述要求开具的，收到汇票的人通过背书就成为汇票的法定持有者。这使得持票人拥有收款的法律特权，而不管付款人和出票人是否会由于交易而产生分歧。如果付款人拒付汇票，则前背书人或出票人必须向当前持票人付款。对可转让工具持有人权利的明确规定极大地促进了各种形式的汇票被广泛接受，包括个人支票。

2. 汇票的种类

汇票有两种：即期汇票和远期汇票。即期汇票提示付款人见票即付，付款人必须立即付款或者拒绝承兑。远期汇票允许延期付款。当被提示付款时，付款人在汇票正面签字或盖章作为汇票承兑的标记。一经承兑，远期汇票就变成了承兑方（买方）的付款承诺。当汇票由银行开具和承兑时，它就成了银行承兑汇票，当这种汇票由商业企业开具和承兑时，它就变成了商业承兑汇票。

汇票上的时间段就是汇票期限。汇票作为一种可转让工具，必须在未来某个固定或确定的时间付款，因此它对汇票持有人颇具吸引力。例如，"见票后60天付款"就是一个固定的时间，它精准地确定了汇票承兑的时间。由于货物到达的日期不能提前知道，"货到付款"这种支付方式就是不确定的。实际上，货物是否能够到达根本就是无法保证的。

3. 银行承兑汇票

当汇票由银行承兑时，就变成了银行承兑汇票。它要求银行在汇票到期时必须无条件付款。本质上，银行承兑汇票类似于可转让的银行定期存单（CD）。银行承兑汇票的持有人无须等到汇票到期日才清算投资，它可以在货币市场上出售承兑汇票。在货币市场上，此类票据经常交易。贴现金额完全取决于承兑银行或保兑银行的信用等级。银行承兑汇票的总成本与使用其他短期金融工具的总成本的比较将会在本章后面加以分析。

15.3.3 提单

国际贸易融资的第三个关键单证就是提单。提单是由运输货物的公共承运人签发给出口商的。提单有三个作用：收据、合同和物权凭证。

作为收据，提单表明承运人已经收到单据上所述的货物。承运人不负责确定集装箱中的货物是不是合同中规定的货物，提单上的货物描述通常很简短。如果提前支付运费，提单上通常印有"运费已付"或"运费已提前支付"的字样。货物是由收货人付费的，这种运费支付方式在国际贸易中并不常见，承运人在收到运费之前对货物持有留置权。

作为一种合同，提单表明承运人有义务提供一定的运输服务，以换取一定的费用。公共承运人不得在提单中加入特别条款，以免除其过失责任。如果无法向指定港口交货，提单可注明替代港口，或者可以指明将货物运回至出口商，并由出口商支付费用。

作为物权凭证，提单用于在将货物交给进口商之前获得付款或书面付款承诺。提单还可以作为抵押品，在装运之前或者装运期间以及进口商最终付款之前，由当地银行向出口商提供融资。

提单通常用来按出口商的指示向出口商支付货款，当货物交给承运人之后，出口商仍拥有商品的所有权。在收到货款前，商品的所有权始终属于出口商。此时，出口商可以对可转让的提单进行不记名背书，使之成为不记名票据，或者进行记名背书将提单直接背书给付款方（通常是银行）。最常见的程序是银行根据已背书的指示提单附带的跟单汇票预付货款。在支付汇票后，出口商银行将单据通过银行结算渠道转发给进口商银行。进口商银行在进口商付款后（即期汇票）或承兑后（向进口商发送标有 D/A，即承兑交单的远期汇票）或在商定付款条件后（根据信用证的规定由进口商银行开立汇票）向进口商发放单证。

15.4 典型贸易中的单证

贸易的方式多种多样，下面我们仅通过一个假设的例子来说明各单证间的相互作用。假设泰鼎美国公司收到加拿大买家的订单。对泰鼎公司来说，这是一个出口方融资的跟单信用证交易，出口商通过由买家银行承兑远期汇票的方式拿到货款。这笔交易的流程如图 15-8 所示。

（1）加拿大买家（图 15-8 中的进口商）向泰鼎公司（图 15-8 中的出口商）下订单，询问泰鼎公司是否愿意凭信用证装运。

（2）泰鼎公司同意凭信用证装运，并详细说明了相关信息，比如价格和交易条款。

（3）加拿大买家向它的开户银行 Northland 银行（图 15-8 中的 Y 银行）申请开立泰鼎公司为受益人的信用证，以购买泰鼎公司的货物。

（4）Northland 银行开出以泰鼎公司为受益人的信用证，并将信用证寄给泰鼎公司的开户银行 Southland 银行（图 15-8 中的 X 银行）。

（5）Southland 银行收到信用证后，通知泰鼎公司。Southland 银行可能会，也可能不会对信用证进行保兑。

（6）泰鼎公司将货物运至加拿大买家。

（7）泰鼎公司准备一份远期汇票并将它交给 Southland 银行。该汇票是根据 Northland 银行的信用证开给 Northland 银行的，并附有所需的其他单据，包括提单。泰鼎公司对提单空白背书（使它成为无记名单据），以便使货物所有权和票据持有人保持一致，此时的票据持有人是 Southland 银行。

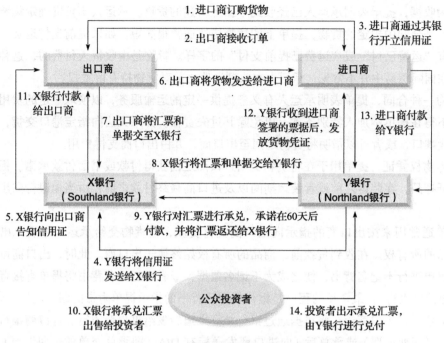

图 15-8 典型国际贸易的交易流程

（8）Southland 银行将汇票和单据交给 Northland 银行进行承兑。Northland 银行对汇票盖章和签名（使其成为银行承兑汇票），获得单据的所有权，并承诺在到期日支付已承兑的汇票，比如 60 天。

（9）Northland 银行将已承兑汇票退还给 Southland 银行。另一种选择是，Southland 银行要求 Northland 银行对汇票进行承兑和贴现。如果是这种情况，Northland 银行应该将扣除贴现费用后的承兑金额汇给 Southland 银行，而不是将已承兑汇票退还给 Southland 银行。

（10）Southland 银行收到已承兑汇票，现在是银行承兑汇票，可以有以下选择：其一，将已承兑汇票在公开市场上折价出售，投资者一般是将多余现金做短期投资的公司或金融机构；其二，持有承兑汇票，将其纳入自己的投资组合。

（11）公司如果 Southland 银行将该承兑汇票向 Northland 银行贴现（已在步骤 9 中提及），或将其在当地货币市场贴现，那么 Southland 银行将把扣除所有费用和贴现利息后的所得款项支付给泰鼎公司。另外一种可能是，泰鼎公司自己拥有承兑汇票，持有 60 天，并将其呈交托收。然而，一般情况下，出口商倾向于立即收到承兑汇票的贴现现金，而不是等到承兑汇票到期时再收到稍微多一点的现金。

（12）Northland 银行通知加拿大买家单据已到，加拿大买家签署一份票据或按其他商定的计划在 60 天内向 Northland 银行支付货款。而后，Northland 银行向加拿大买家发放单证，以便其能立即拥有货物的所有权。

（13）60 天后，Northland 银行收到来自加拿大买家的现金，以支付即将到期的承兑汇票。

（14）在同一天，即承兑后的第 60 天，到期承兑汇票的持有人出示该承兑汇票要求支付，得到承兑汇票的面值。持有人可将它直接交给 Northland 银行要求兑付，或将其交回

Southland 银行，并指示 Southland 银行通过银行渠道进行托收。

虽然这是一个典型的涉及信用证的交易，但在现实的国际贸易中，很少有交易像上述案例一样典型。贸易，更具体地说是国际贸易，需要管理层始终保持灵活性和创造性。管理层面临的一个典型挑战是，为了实现战略目标，典型的流程应在何时、在什么基础上进行妥协？

15.5 帮助出口融资的政府计划

大多数出口导向型工业化国家的政府都有专门的金融机构，以便为本国的出口商提供某种形式的补贴信贷。这些出口金融机构提供的条件通常比一般私营部门提供的条件好。因此，为了创造就业机会并保持技术优势，国内纳税人正在向外国买家提供销售补贴。最重要的通常是提供出口信用保险的机构以及为出口进行融资的进出口银行。

15.5.1 出口信用保险

那些坚持以现金或者信用证支付货款的出口商很可能会失去订单，从而导致订单流向那些提供更优惠的信用条件的其他国家的竞争者。出口信用保险可以使信用条件变得更有利，它为出口商或出口商银行提供担保，如果国外客户违约，保险公司将会对大部分损失进行赔付。由于出口信用保险的有效性，商业银行愿意为出口业务提供中长期（5～7年）融资。进口商更愿意出口商购买出口信用保险，以补偿进口商的违约风险。这样，进口商就不需要为开立信用证付费，也不会减少其信用额度。

国家之间通过延长信用交易的保险期限来增加出口的竞争，可能引发信用战和不稳妥的信用决策。为防止这种情况，一些主要贸易国于1934年联合起来创建了伯尔尼联盟，旨在建立关于出口信用条款的自愿性国际协议。伯尔尼联盟对许多商品提出了最长信用期限的建议，例如，重型生产资料（5年）、轻型生产资料（3年）、耐用消费品（1年）。

在美国，出口信用保险是由外国信用保险协会（FCIA）提供的，这是一家非法人私营商业保险公司协会，与进出口银行合作经营。外国信用保险协会提供了一系列政策，以保护美国出口商免受外国债务人因商业和政策风险而导致的拒付风险。商业风险损失是指因买方破产或长期拖欠付款而造成的损失，政策风险则来源于政府的行为造成的损失，这一损失不受买卖双方控制。

15.5.2 进出口银行和出口融资

美国进出口银行是美国政府的另一个独立机构，成立于1934年，其使命是刺激和促进美国的对外贸易。有趣的是，进出口银行在成立之初是为了促进对苏联的出口。1945年，进出口银行重新获得特许，以"帮助融资及促进美国与任何外国、外国机构或外国国民之间的进出口和商品交换"。

进出口银行通过各种贷款担保和保险计划为美国出口提供融资，它为美国银行向外国借款人发放的中期（181天～5年）和长期（5～10年）出口贷款提供担保。进出口银行的中长期直接贷款业务都来源于私人资金。实质上，进出口银行向美国以外的借款人借出美元，而这部分美元用于购买美国的商品和服务。这些贷款的收益将支付给美国的供应商，而贷款的本息将以美元形式偿还给进出口银行。进出口银行要求私人资金参与这些直接贷款，目的是：①确保它是对私人出口融资来源的补充而非竞争；②更广泛地传播资源；③确保私人金融机构继续提供出口信贷。

另外，美国进出口银行还为租赁交易提供担保，向美国公司为其非美国客户准备大型基建项目的施工、规划以及可行性研究提供资金，并为出口商、银行或者其他需要为美国货物寻找融资的机构提供咨询。

15.6 贸易融资方案

为了向国际贸易应收账款提供融资，公司使用与国内贸易应收账款相同的融资工具，再加上一些仅用于国际贸易融资的专门工具。表15-1列出了主要的短期融资工具及其大概成本或收益。

表15-1 主要的短期融资工具及其大概成本或收益

融资工具	3个月期的成本或收益
银行承兑汇票①	年化收益率为1.14%
商业承兑汇票①	年化收益率为1.17%
保理	浮动利率，但比银行信贷成本高得多
证券化	浮动利率，与银行贷款成本不相上下
银行授信额度	4.25%上浮几个基点（若有出口信用保险，则上浮基点数较少）
商业票据①	年化收益率为1.15%

①以上融资工具与3个月可转让银行定期存单（1.17%）存在可替代性。

15.6.1 银行承兑汇票

本章前面已经做过介绍，银行承兑汇票适用于为国际和国内贸易应收账款提供融资。如表15-1所示，银行承兑汇票的收益率与其他货币市场工具类似，比如可转让银行存单。然而，对公司而言，开立和贴现银行承兑汇票的总成本取决于接收该公司汇票的银行收取的佣金。

由国际贸易产生的银行承兑汇票的最初持有人是出口商，银行在加盖"承兑"字样后交给出口商。出口商可能持有汇票直至到期，然后进行托收。例如，一张面值为100 000美元、3个月后到期的银行承兑汇票，到期时出口商的所得是票面金额减去银行每年1.5%的承兑佣金。

（单位：美元）

银行承兑汇票的票面金额	100 000
减去3个月的佣金（年佣金率1.5%）	− 375 （=1.5%×3/12×100 000）
3个月后出口商收到的金额	99 625

此外，出口商也可选择贴现，也就是将承兑汇票折价卖给银行，以便立即获得现金。出

口商收到的金额是：票面金额减去承兑佣金和市场贴现率下的贴现利息。假设年贴现率如表 15-1 所示为 1.14%，则出口商将获得：

（单位：美元）

银行承兑汇票的票面金额	100 000
减去 3 个月的承兑佣金（年佣金率 1.5%）	− 375 （=1.5% × 3/12 × 100 000）
减去 3 个月的贴现利息（年佣金率 1.14%）	− 285 （=1.4% × 3/12 × 100 000）
出口商贴现收到的金额	99 340

因此，银行承兑汇票融资的年化总成本如下。

$$\frac{佣金 + 贴现利息}{实收款项} \times \frac{360}{90} = \frac{375 + 285}{99\,340} \times \frac{360}{90} = 0.026\,6 \text{ 或 } 2.66\%$$

贴现银行可在自己的投资组合中持有承兑汇票，赚取 1.14% 的年贴现收益率，也可将其转售给汇票市场中的投资者。购买银行承兑汇票的投资者为贸易融资提供了资金来源。

15.6.2 商业承兑汇票

商业承兑汇票与银行承兑汇票相似，区别在于前者的承兑主体是某家商业公司，如通用汽车承兑公司，而不是银行。商业承兑汇票的成本取决于承兑公司的信用评级加上它收取的佣金。与银行承兑汇票类似，商业承兑汇票以某一贴现率折价卖给银行和其他投资者，这一贴现率相对于货币市场上的其他工具来说具有竞争力（见表 15-1）。

15.6.3 保理

专业公司被称为保理商，以无追索权或追索权的方式折价购买应收账款。无追索权保理是指保理商承担其购买的应收账款的信用风险、政策风险和外汇风险。追索权保理是指保理商可以返还不可收回的应收账款。由于保理商必须承担评估每一笔应收账款信用的成本和风险，保理成本通常相当高，比优惠利率上浮几个基点的贷款利率还要高。

无追索权应收账款保理的总成本与承兑汇票的构成相似。保理商收取佣金以补偿无追索权风险，通常为 1.5%～2.5%，外加从初始收益中扣除的利息作为折扣。另外，出售无追索权应收账款的公司避免了评估其客户信用的成本，也不需要在资产负债表上反映为这些应收账款融资而借入的债务。此外，公司还避免了这些无追索权应收账款的汇率风险和政策风险。国际金融实务 15-2 举例说明了保理业务成本。

国际金融实务 15-2

保理业务实践

在第一次全球信贷危机以及随后的全球经济衰退期间，美国制造业可能遭受了重大损失，现金短缺。某公司的销售额、利润以及现金流都在下滑，同时这家公司还面临高额的债务。然而，这家公司有一些新的销售协议。该公司正考虑将其规模最大的一笔销售收入以 500 万美元的价格保理给一家日本公司。应收账款在 90 天后到期。与保理商洽谈后，报价如下：

	（单位：美元）
应收账款的票面金额	5 000 000
无追索权费（1.5%）	−75 000
保理费（2.5% 每月 ×3 个月）	−375 000
销售净收入（现已收到）	4 550 000

如果该公司对应收账款进行保理，那么这笔应收账款的净值就变成455万美元，占票面金额的91%。虽然乍一看成本很高，但是该公司可以立即获得现金，而不必等到90天以后才收到货款。它也不必为收取应收账款而负责。如果这家公司能够在最初的销售报价中考虑到保理成本，那就更好了，或者，它可以为装船后10天内支付现金提供折扣。

15.6.4 证券化

贸易融资中应收账款证券化是对银行承兑汇票和保理很有吸引力的补充。公司可将出口应收账款出售给一个法人实体来实现应收账款证券化，这个法人实体以一系列出口应收账款为基础资产创建有价证券。证券化的优势是可以将应收账款从出口商的资产负债表中移除，因为这些应收账款是以无追索权的方式出售的。

应收账款通常折价出售，折价金额取决于以下4个因素：
- 出口商的历史托收风险；
- 信用保险成本；
- 确保投资者获得理想现金流的成本；
- 融资规模和服务费用。

如果交易规模大并且历史信用记录和违约率已知，那么证券化是成本效益较高的融资方式。大型出口商也可建立自己的证券化实体，尽管启动成本很高，但它可以持续使用。小型出口商可利用金融机构提供的证券化实体，以节省高额的设立成本。

15.6.5 银行授信额度

公司的银行授信额度通常可用于融资，融资额最高可达某个固定上限，如应收账款的80%。出口应收账款可列入银行授信额度融资。然而，收集和评估外国客户的信用信息有一定的难度。如果公司为出口应收账款购买出口信用保险，则可大大降低这些应收账款的信用风险。该保险使银行授信额度能够覆盖更多的出口应收账款，并降低覆盖范围内的贷款利率。当然，任何外汇风险都必须通过第9章描述的交易风险方法来处理。

银行授信的融资成本通常是基准利率上浮几个基点，以反映公司特定的信用风险，通常情况是100个基点等于1%。在美国，借款人还应在贷款机构维持一笔补偿性存款余额。在欧洲及其他许多地方，借款是以透支形式进行的。透支协议允许公司以其授信额度为上限透支其银行账户，利率仅根据透支借款金额在基准利率的基础上上浮几个基点。在这两种情况下，使用授信额度的银行借款总成本都高于承兑汇票融资，如表15-1所示。

15.6.6 商业票据

公司可发行商业票据（例如无担保本票）来满足其短期融资的需求，包括国内和出口应收账款。然而，只有那些信用评级较高的大型知名公司才能进入国内或欧洲商业票据市场。如表 15-1 所示，商业票据的利率较低。

15.7 福费廷：中长期融资

福费廷是一种专门消除进口商不付款风险的专门技术，在出口商认为进口公司和（或）其政府开设信用账户的风险过高的情况下使用。该名称来源于法语 " àforfait"，指"丧失或放弃一项权利"。

15.7.1 包买商的作用

福费廷的实质是出口商无追索权出售银行担保本票、汇票或从其他国家的进口商处收到的类似单据。出口商将票据折价出售给名为包买商的专门金融机构，从而获得现金。包买商在交易执行前安排整个操作事宜。尽管出口公司对交付货物的质量负责，但在交易时，它收到了一笔明确且无条件的现金付款。进口商不付款的所有政治和商业风险都由担保银行承担。相信客户会付款的小出口商发现，福费廷很有价值，因为它能够缓解现金流问题。

在苏联时期，这项技术的专业知识主要集中在德国和奥地利的银行，它们利用福费廷为向东欧"苏维埃联盟"国家出售资本设备提供资金。英国、斯堪的纳维亚、意大利、西班牙和法国出口商现在已经采用了这一技术，据报道，美国和加拿大的出口商使用福费廷的速度缓慢，可能是因为它们怀疑这种技术过于简单并且缺乏复杂的单证。尽管如此，现在有一些美国公司专门从事这项技术，美国福费廷协会（AFIA）已经有超过 20 名成员。通过福费廷融资的主要出口目的地是亚洲、东欧、中东和拉丁美洲。

15.7.2 典型的福费廷交易

一个典型的福费廷交易包括五个当事人，如图 15-9 所示，其步骤如下。

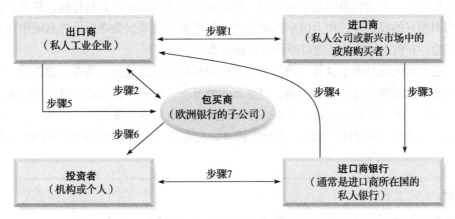

图 15-9 典型的福费廷交易

步骤 1：达成协议。进口商和出口商同意在一段时间内（通常是 3～5 年）支付一系列进口产品的款项。这项技术已为长达 10 年或短至 180 天的业务提供了帮助。正常交易的最小规模为 10 万美元。进口商同意根据项目交付或完成的进度定期付款。

步骤 2：做出承诺。包买商承诺以固定的贴现率为交易提供融资，并在出口商将相应的本票或其他指定票据交至包买商时付款。商定的贴现率以欧洲市场的资金成本为基准，通常是交易平均期限的 LIBOR 利率，再加上一定的风险溢价，以反映交易中的预计风险。风险溢价的影响因素包括交易规模和期限、国家风险以及担保机构的质量。例如，在一个 5 年期的交易中，假设每半年支付 1 次，共支付 10 次，贴现率将根据 2.25 年的 LIBOR 利率来确定。贴现金额通常会加到交易的开票金额上，因此融资成本最终由进口商承担。另外，包买商每年收取 0.5%～6.0% 的承诺费，从其承诺融资之日起到收到根据融资合同发行的贴现票据止。这笔费用通常也会加到开票金额上去，从而转嫁给进口商。

步骤 3：保证或担保。进口商通过发行一系列以项目交付或完成进度为依据的本票来进行支付，通常期限为 6 个月或 12 个月。这些本票首先被送到进口商银行，在那里由进口商银行背书（即担保）。在欧洲，这种无条件担保被称为保证，英语为"backing"。此时，进口商银行成为所有票据后续持票人眼中的第一债务人。银行担保必须是不可撤销的、无条件的、可分割的、可转让的。因为美国银行不做背书担保业务，所以美国的交易由备用信用证提供担保，它与背书担保类似，但更麻烦。例如，信用证通常只能转让一次。

步骤 4：票据交付。进口商将已背书的本票交至出口商。

步骤 5：贴现。出口商"无追索权"地背书票据，并向包买商贴现，得到商定的款项。货款通常在票据出示两天后收到。通过"无追索权"背书票据，出口商免除了对票据未来付款的任何责任，获得了贴现收益，无须担心进一步的付款困难。

步骤 6：投资。福费廷银行可将票据作为投资持有至到期，也可在国际货币市场上将其背书再贴现。包买商的这种后续销售通常无追索权。主要的再贴现市场在伦敦、瑞士，以及为与拉丁美洲开展贸易而发行票据的纽约。

步骤 7：票据到期。在到期日，持有票据的投资者可将票据呈交给进口商或进口商银行，得到款项。进口商银行的承诺使票据具有了价值。

实际上，包买商既是货币市场中的公司（例如，短期融资的贷款人），又是涉及国家风险的金融交易专家。作为货币市场中的公司，包买商将贴现票据进行分割打包，并将其转售给有不同到期偏好的投资者。作为国家风险专家，包买商评估票据最终由出口商或出口商银行支付的风险，并制定同时满足进口商和出口商需求的协议。

福费廷技术的成功源于这样一种信念，即商业银行的保证或担保是可以信赖的。尽管商业银行是最常见也是首选的担保机构，但在某些情况下，政府银行或政府财政部门也出面提供担保。有时，大型商业企业在没有银行担保的情况下也可成为债务人。福费廷技术的另一个方面是，背书银行的保证被视为"表外"债务，在评估银行财务结构时往往会被忽略。

本章小结

1. 国际贸易发生在以下三类中：非关联未知方、非关联已知方以及关联方。
2. 关联方之间的国际贸易通常不需要合同或安排外部融资。非关联方之间的国际贸易通常需要合同和某种类型的外部融资，例如，通过信用证进行融资。
3. 多年来，已经建立了为国际贸易进行融资的方法。这种基本方法基于信用证、提单和汇票这三种主要单证之间的相互关系。
4. 在信用证中，进口商银行以自身信用代替进口商的信用，并承诺一旦相关单据被提交，银行就会进行支付。出口商可以基于进口银行的承诺而非进口商的承诺进行交易。

5. 出口商通常凭提单装运，将提单附在要求进口商银行付款的汇票上，并通过出口商银行向进口商银行提交这些单据以及任何其他附加单据。

6. 如果单据齐全，进口商银行或者立即支付该汇票（即期汇票）或者承兑该汇票（远期汇票）。在后一种情况下，银行承诺在未来进行支付，此时进口商银行通过持有提单获得了货物的所有权，并把货物发放给进口商。

7. 如果使用即期汇票，出口商可立即得到支付。如果使用远期汇票，出口商则收到承兑汇票，即银行承兑汇票。出口商可以持有银行承兑汇票直至到期或者将其在货币市场上贴现售出。

8. 出口商进入国外市场的总成本包括贸易融资的交易成本、进出口国所适用的进出口关税以及国外市场的渗透成本，包括分销费用、库存费用以及运输费用。

9. 出口信用保险为出口商（或出口商银行）提供保障，如果国外买方不支付货款，保险公司会赔偿其主要损失。

10. 贸易融资除了运用与国内应收账款融资相同的工具外，还附加了一些专门用于国际贸易融资的手段。银行承兑汇票是短期融资中比较常见的工具，其总成本可与其他货币市场工具相比，如可转让银行存单。

11. 其他国内短期融资工具包括商业承兑汇票、保理、证券化、银行授信额度（通常被出口信用保险所覆盖）以及商业票据。

12. 福费廷是一种能够提供中长期融资服务的国际贸易技术。

案例研究

克罗斯韦尔国际和巴西[⊖]

克罗斯韦尔国际是一家总部位于美国的生产商和分销商，专营包括儿童纸尿裤在内的医疗保健产品。这家公司已经开始与巴西的医疗保健产品经销商 Material Hospitalar 的总裁莱昂纳多·索萨进行接触。索萨对克罗斯韦尔公司的主要产品"宝贝纸尿裤"感兴趣，但只有当双方就价格和支付条款达成共识并签订协议时，贸易才能进行。

出口到巴西

克罗斯韦尔公司出口业务负责人杰夫·马蒂厄按照双方初步的意向将预估的出口成本和价格汇总在一起，以便与索萨商讨。克罗斯韦尔公司需要了解产品到达消费者整个供应链的成本与价格。马蒂厄认为，对于克罗斯韦尔公司希望渗透的市场，公司所做的任何安排都必须为巴西市场的消费者提供公平且具有竞争力的价格，这一点至关重要。"宝贝纸尿裤"在巴西的首次定价如表 15-2 所示。

克罗斯韦尔公司打算向巴西经销商出售基本款纸尿裤产品，每箱售价 34.00 美元，向迈阿密码头交货，即船边交货（FAS）。这意味着卖方，即克罗斯韦尔愿意承担纸尿裤到达迈阿密港口前的全部相关成本。装船费、运费以及相关单据费用，一共是每箱 4.32 美元，成本小计为每箱 38.32 美元，称为 CFR（成本加运费）。由于货物在到达目的港口之前存在潜在损失，保险费用即出口保险为每箱 0.86 美元，因此总成本，即到岸价格 CIF（成本、保险和运费）为每箱 39.18 美元，折合为 97.95 巴西雷亚尔，假设汇率为 2.50 雷亚尔/美元。综上所述，到岸价格 CIF 为 97.95 雷亚尔，这是货物达到巴西时出口商向进口商收取的价格。这个价格是这样计算的：

$$CIF = FAS + 运费 + 出口保险$$
$$= (34.00 美元 + 4.32 美元 + 0.86 美元) \times 2.50 雷亚尔/美元$$
$$= 97.95 雷亚尔$$

[⊖] Copyright © 1996, Thunderbird School of Global Management. All rights reserved. This case was prepared by Doug Mathieux and Geoff Mathieux under the direction of Professors Michael H. Moffett and James L. Mills for the purpose of classroom discussion, and not to indicate either effective or ineffective management.

表 15-2 "宝贝纸尿裤"产品出口价格

向巴西的出口成本和定价	每箱	费率和计算过程
迈阿密港口每箱 FAS 价格	34 美元	
运费、装船费和单据费用	4.32 美元	每集装箱 4 180 美元 /968=4.32 美元
巴西桑托斯港每箱 CFR 价格	38.32 美元	
出口保险	0.86 美元	CIF 的 2.25%
巴西港口的 CIF 价格	39.18 美元	
以巴西雷亚尔计价的巴西港口 CIF 价格	97.95 雷亚尔	2.50 雷亚尔 / 美元 ×39.18 美元
巴西进口成本		
进口关税	1.96	CIF 的 2.00%
商船维修费	2.70	运费的 25.00%
港口仓储费	1.27	CIF 的 1.30%
港口装卸费	0.01	每集装箱 12 雷亚尔
附加手续费	0.26	仓储费和手续费的 20.00%
报关费	1.96	CIF 的 2.00%
进口许可费	0.05	每集装箱 50 雷亚尔
地方运输费	1.47	CIF 的 1.50%
经销商的实际总成本	107.63 雷亚尔	
经销商的成本和定价		
仓储成本	1.47	CIF 的 1.50%× 月
纸尿裤库存融资成本	6.86	CIF 的 7.00%× 月
经销商的利润	23.19	价格的 20.00%+ 仓储费 + 融资费
零售商的实际价格	139.15 雷亚尔	
巴西零售商的成本和定价		
工业产品税（IPT）	20.87	零售价格的 15.00%
商品流通服务税（MCS）	28.80	价格的 18.00%+IPT
零售商的成本和加成	56.65	价格的 30.00%+IPT+MCS
消费价格	245.48 雷亚尔	
给消费者的纸尿裤价格	每箱	每片
小号	352	0.70 雷尔亚
中号	256	0.96 雷亚尔
大号	192	1.28 雷亚尔

注："宝贝纸尿裤"将通过集装箱运输。每个集装箱可容纳 968 箱。以上成本和价格是按每集装箱计算的，有些成本和费用是按集装箱估价后分摊到每一箱上的。

经销商从港口和海关仓库取得纸尿裤的实际成本也必须根据索萨的实际成本计算。表 15-2 所列的各种费用和税将"宝贝纸尿裤"的到岸成本增至每箱 107.63 雷亚尔。不仅如此，经销商承担的仓储费用为每箱 8.33 雷亚尔，这使总成本上升至每箱 115.96 雷亚尔。经销商加上 20% 的分销服务费（23.19 雷亚尔）后，产品最终的价格增至每箱 139.15 雷亚尔。

最后，零售商（超市或者其他消费保健品零售者）将费用、税和收益加成后，该产品的最终上市价格为每箱 245.48 雷亚尔。这个最终报价可以让克罗斯韦尔公司与 Material Hospitalar 评估"宝贝纸尿裤"在巴西市场上的价格竞争力，并为双方的进一步谈判提供依据。

"宝贝纸尿裤"将通过集装箱运输，每个集装箱可容纳 968 箱纸尿裤。表 15-2 的成本和价格是按每箱计算的，一些成本和费用是按每集装箱估价之后分摊到每箱的。

马蒂厄向索萨提供了如表 15-2 所示的出口报价、一份代理协议大纲（供索萨在巴西市场上代理销售克罗斯韦尔公司的产品），同时还提供了支付和信用条款。克罗斯韦尔公司提供的支付和信用条款是索萨要么预付现金，要么使用保兑的不可撤销信用证并附带 60 天期限的远期汇票。

克罗斯韦尔公司还要求索萨提供财务报表、银行资信证明、外国公司资信证明、区域销售能力描述以及对"宝贝纸尿裤"产品的销售预测，这些要求对于克罗斯韦尔公司来说十分重要，被用来考量 Material Hospitalar 能否成为其在巴西市场上可靠、值得信赖、有能力的长期合作伙伴和公司代表。接下来商讨的重点是双方之间寻求共识并致力于增强"宝贝纸尿裤"产品在巴西市场上的竞争力。

克罗斯韦尔公司的建议

克罗斯韦尔公司向 Material Hospitalar 提出的销售建议（至少在初次装运时）是装运 10 个集装箱，每个集装箱 968 箱，巴西到岸价格为每箱 39.18 美元，以美元支付，发票总金额为 379 262.40 美元。支付条款规定，需要由美国的银行为 Material Hospitalar 开立保兑信用证，附加 60 天的远期汇票，于装船日将汇票与其他单据一起交由银行承兑。从装船日起算，60 天后卖方或买方银行将收到买方或卖方银行支付的货款。

克罗斯韦尔公司期待的结果会怎样？假设 Material Hospitalar 获得了信用证，并已经由克罗斯韦尔公司的美国银行保兑，那么克罗斯韦尔公司就会在签署初步协议后发货，按图 15-10 中的描述，假设 15 天后发货。

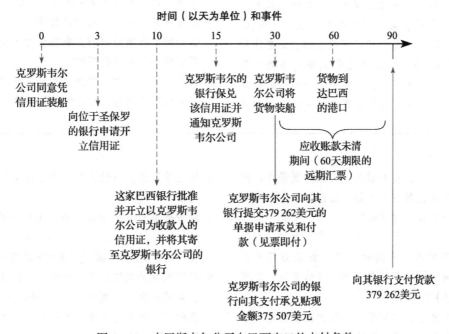

图 15-10　克罗斯韦尔公司向巴西出口的支付条款

装船之后，克罗斯韦尔公司就对货物失去了控制，此时它会将装船时获得的提单与其他所需单据一并提交给其银行要求付款。在保兑信用证下，如果单据齐备，克罗斯韦尔公司的银行会为克罗斯韦尔公司提供两种选择。

（1）等远期汇票 60 天到期后获得全部货款 379 262.40 美元。

（2）贴现，提前获得货款，假设年贴现率为 6.00%（60 天的贴现率为 1.00%），那么克罗斯韦尔公司将实际获得货款：

$$\frac{379\ 262.40}{(1+0.01)} = \frac{379\ 262.40}{1.01}$$

$$= 375\ 507.33(\text{美元})$$

因为票据以美元计价，所以克罗斯韦尔公司不用担心汇率风险。又由于其银行已对信用证进行了保兑，这就能够防范 Material Hospitalar 未来无法按期付款的风险。

Material Hospitalar 未来会面临怎样的状况？它会在第 60 天或之前收到货物，并将收到的货物通过分销渠道送至零售商处。依照与零售商之间达成的支付条款，Material Hospitalar 从零售商那里要么收到现金，要么收到付款协议。由于 Material Hospitalar 使用 60 天的远期汇票和巴西银行开立的信用证，因此它需要在第 90 天（装船交单的第 30 天+60 天远期汇票）向巴西银行支付全部货款 379 262.40 美元。Material Hospitalar 总部位于巴西，使用外币美元支付意味着这家公司承担着汇率风险。

克罗斯韦尔公司和 Material Hospitalar 的顾虑

这两家公司面临的困扰是纸尿裤的价格过高，每箱 245.48 雷亚尔，折合每片（小号）是 0.70 雷亚尔。其在巴西市场上优质纸尿裤的主要竞争对手是肯高公司（日本）、强生（美国）和宝洁（美国），它们的超薄纸尿裤价格都比较便宜（见表 15-3），因为这些竞争对手的产品都在巴西国内生产，由此避免了一系列的进口税费。相比而言，这些税费使得克罗斯韦尔公司纸尿裤的到岸价格大大提高了。

表 15-3　巴西市场竞争性纸尿裤的价格

（单位：巴西雷亚尔）

公司（国家）	品牌	不同尺寸纸尿裤的价格		
		小号	中号	大号
肯高（日本）	莫妮卡	0.68	0.85	1.18
宝洁（美国）	帮宝适	0.65	0.80	1.08
强生（美国）	塞姆普雷	0.65	0.80	1.08
克罗斯韦尔（美国）	宝贝	0.70	0.96	1.40

讨论题

1. 在克罗斯韦尔公司进军巴西市场的价值链中，价格、支付货币以及融资之间是如何相互联系的？利用图 15-10 进行归纳。
2. 在克罗斯韦尔公司的价值链中，索萨的重要性如何？在索萨履行义务的能力方面，克罗斯韦尔公司有什么担忧？
3. 如果克罗斯韦尔公司想进入巴西市场，就需要采取降价措施，对此你有什么建议？

思考题

1. 非关联买方。对于新的非关联外国买方，出口商为什么要使用有别于已经合作多年的非关联外国买方的单证？
2. 关联买方。出于什么原因，出口商在进行公司内部贸易，向其母公司或姊妹公司出口时，使用标准国际贸易票证（信用证、汇票和提单）？
3. 关联方贸易。如何解释公司内部贸易多于非关联买方与卖方之间的贸易的现象？
4. 单证。请解释信用证与汇票之间的区别，它们又是如何联系在一起的？
5. 风险。汇率风险与违约风险之间的主要区别是什么，在日常的国际贸易中又是如何处理这些风险的？
6. 信用证。确定信用证涉及的各方及其责任。
7. 保兑信用证。为什么出口商坚持使用保兑信用证？
8. 编写硬盘出口的流程。请列出在未保兑信用证、见票即付条款下，将计算机硬盘从马来西亚槟城出口到加利福尼亚圣何塞所需的步骤。
9. 编写木材从波特兰出口至横滨的流程。请列出在使用保兑信用证、120 天远期汇票支付条款下，将木材从波特兰出口至日本横滨所需的步骤。
10. 政府信贷。很多政府都建立了相关机构，帮助出口商应对拒付风险，有的还同时提供政府信用。这种由政府建立并支持的机构实际上将信用风险从私人银行分散到了全体纳税人，为什么这样的安排会惠及该国的公民？

练习题

1. Nikken 微系统（A）。假设 Nikken 微系统公司向 España 电信公司出售价值 70 万欧元的网络服务器，付款期限为 3 个月，付款方式为 España 电信公司商业承兑汇票。年承兑费率为汇票面值的 1.0%，且该汇票的年贴现率为 4%。请问在这种融资方式下，以欧元计价的年化总成本率是多少？

2. Nikken 微系统（B）。在第 1 题中，假设 Nikken 微系统在贸易中偏好以美元支付而非欧元，它将会面临两种选择：①立即以欧元卖出汇票，然后以 1.00 美元／欧元的即期汇率将欧元兑换成美元；②持有汇票至到期，同时以 1.02 美元／欧元的汇率卖出 3 个月欧元远期外汇合约。
   (1) 在第一种方法中，将商业承兑汇票贴现得到的美元净收益是多少？
   (2) 在第二种方法中，3 个月后得到的美元净收益是多少？
   (3) 在两种方法中，使得美元净收益相等的盈亏平衡投资利率是多少？
   (4) Nikken 微系统应当采取哪种方法？

3. Motoguzzie（A）。Motoguzzie 向澳大利亚出口大型发动机摩托车（排量超过 700cc），开具美元计价发票。悉尼进口批发商已经从 Motoguzzie 购买了 300 万美元的货物，6 个月后付款。悉尼特许银行开具银行承兑汇票，年费率为 1.75%。已知 Motoguzzie 的加权平均资本成本为 10%。如果 Motoguzzie 持有银行承兑汇票至到期，其年化总成本率为多少？

4. Motoguzzie（B）。在第 3 题中，假设美国银行愿意以 6% 的年贴现率购买 Motoguzzie 公司的银行承兑汇票，那么当收到 300 万美元的澳大利亚应收账款融资时，Motoguzzie 的年化总成本率又是多少？

5. 丰田 Nakatomi。丰田 Nakatomi 从丰田（美国）购买汽车，然后将其销售给美国消费者。有一位叫作 EcoHire 的汽车租赁商，以批发价从丰田 Nakatomi 购车，并在 6 个月后付款。Ecohire 已经购入了价值 20 万美元的汽车，并以现金支付了 4 万美元，余款将于 6 个月后支付，作为促销手段，信用期内不计利息。该汇票由 Alliance Acceptance 承兑，年费率为 2%。丰田 Nakatomi 将承兑后的 EcoHire 的应收账款出售给富国银行，年化贴现率为 3%。

(1) 丰田 Nakatomi 的年化总成本率是多少？
(2) 包括现金首付在内，丰田 Nakatomi 的净现金收入是多少？

6. Umaru 石油的福费廷业务。尼日利亚的 Umaru 石油公司从位于得克萨斯州休斯敦市的 Gunslinger 钻井公司购买了价值 100 万美元的石油钻井设备。Umaru 石油公司必须在 5 年内支付这笔款项，每年 3 月 1 日支付 20 万美元。

苏黎世银行——瑞士的一家包买商，同意对这 5 张面值 20 万美元的票据进行贴现。3 年期 LIBOR 加上 200 个基点，贴现率大约为 8%。从承诺融资之日起到收到根据融资合同发行的实际贴现票据之前，苏黎世银行每年向 Umaru 石油公司收取 2% 的额外承诺费。20 万美元的本票将在每年的 3 月 1 日到期。

Umaru 石油公司发行的本票将由它的银行——拉各斯城市银行背书，收取 1% 的费用，然后交付给 Gunslinger 钻井公司。Gunslinger 钻井公司对票据进行无追索权背书，并向苏黎世银行贴现，以获得 20 万美元的本金。苏黎世银行对票据进行无追索权再贴现，出售给国际货币市场上的投资者。到期日，投资者将这些票据提交给拉各斯城市银行进行托收。如果拉各斯城市银行拖欠付款，投资者将从苏黎世银行托收票据。

(1) 2011 年 3 月 1 日，Umaru 石油公司发行的第一张 20 万美元票据到期，其年化总成本率是多少？
(2) 什么原因促使 Umaru 石油公司使用这种相对昂贵的替代方案进行融资？

7. Sunny Coast 公司（A）。Sunny Coast 公司向香港传媒公司出售价值 10 万美元的电影和 DVD 组合产品，6 个月后付款。Sunny Coast 公司有以下两种融资方案：①使用银行授信额度融资，年利率为基准利率 5% 加上 150 个基点，Sunny Coast 公司需要维持不低于贷款面值 20% 的最低存款额，银行不为最低存款额支付利息；②使用银行授信额度，但购买出口信用保险，费率为 1%，由于降低了风险，银行贷款利率降至 5%，并且不用附加任何基点。
(1) 每种方案的年化总成本率是多少？
(2) 每种方案的优势和劣势是什么？
(3) 你推荐哪种方案？

8. Sunny Coast 公司（B）。一家保理商向 Sunny Coast 公司报价，以 16% 的年贴现率加上 2% 的无追索权费率购买香港传媒公司的进口应收账款。
(1) 这个保理方案的年化总成本率是多少？
(2) 与第 7 题中的融资方案相比，保理融资的优势和劣势是什么？

9. Whatchamacallit 体育（A）。Whatchamacallit 体育公司正考虑向韩国首尔的潘氏家族企业出售价值 10 万美元的滑雪设备，6 个月后付款。由于 Whatchamacallit 体育找不到有关潘氏家族企业的良好信用信息，为了防范信用风险，Whatchamacallit 体育考虑采取如下的融资手段：
由潘氏家族企业的银行为潘氏企业开具信用证，并承兑 Whatchamacallit 体育面值 10 万美元的 6 月期汇票。承兑费为 500 美元，由 Whatchamacallit 体育支付，同时降低潘氏企业 10 万美元的信用额度。面值 10 万美元的银行承兑汇票将以 2% 的年贴现率在货币市场上售出。请问，Whatchamacallit 体育使用银行承兑汇票融资的年化总成本率是多少？

10. Whatchamacallit 体育（B）。Whatchamacallit 体育还可以以 1.5% 的费率向 FCIA 购买出口信用保险。以潘氏企业的授信额度，以 6% 的年利率，对潘氏企业的 10 万美元应收账款进行融资，并且不需要维持最低存款余额。
(1) Whatchamacallit 体育融资的年化总成本率是多少？
(2) 潘氏家族企业的成本是多少？
(3) 与第 9 题银行承兑汇票方案相比，本题的融资方案有什么优势和劣势？你认为哪种方法更好？

11. 秘鲁的 Inca 啤酒厂。秘鲁利马的 Inca 啤酒厂收到了来自西班牙阿利坎特进口公司 1 万箱的啤酒订单。马德里银行将为阿利坎特进口公司开具信用证。信用证规定，马德里银行承兑 Inca 啤酒厂根据信用证条款开具的汇票，90 天后，马德里银行支付 720 000 美元的货款。

已知 3 个月银行承兑汇票的年贴现率是 8%，Inca 啤酒厂估计其加权平均资本成本为每年 20%。在贴现市场出售银行承兑汇票的佣金是其票面价值的 1.2%。如果 Inca 啤酒厂将银行承兑汇票持有至到期，它将收到多少现金？你认为 Inca 啤酒厂应该将银行承兑汇票持有至到期，还是马上在美国银行承兑汇票市场上出售贴现？

12. Swishing 鞋业公司。北卡罗来纳州达勒姆的 Swishing 鞋业公司收到了来自英国南安普顿 Footware 有限公司的 50 000 箱运动鞋订单，付款方式为英镑。伦敦银行将为 Footware 有限公司开具信用证。信用证规定，货款价值为 400 000 英镑，伦敦银行在对南安普顿 Footware 有限公司根据信用证条款开具的汇票进行承兑的 120 天后，支付该货款。

目前伦敦银行 120 天承兑汇票的贴现率为 12%，Footware 公司估计其加权平均资本成本为 18%。银行承兑汇票再贴现市场的佣金为 2%。
(1) 与马上贴现银行承兑汇票相比，持有承兑汇票至到期，会让 Swishing 鞋业公司获益吗？
(2) Swishing 鞋业公司在这次交易中是否还有其他风险？

13. 出口。假如英国对进口到英国的鞋子征税 10%。第 12 题中的 Swishing 鞋业公司发现，如果在爱尔兰生产鞋子，将其进口至英国，则无须缴纳任何进口税。那么，Swishing 鞋业公司在决定继续从北卡罗来纳州进口还是在爱尔兰生产时，应考虑哪些因素？

第五部分 PART 5

国际投资决策

第16章

对外直接投资和政治风险

> 相较于授之以渔，人们更喜欢授之以鱼。
>
> ——西奥多·莱维特，哈佛商学院

学习目标

1. 阐述关键竞争优势是如何支持对外直接投资战略的创立和维系的。
2. 论述OLI范式是如何为全球化战略提供理论基础的。
3. 识别跨国公司选择投资地点时必须考虑的因素和影响。
4. 阐明在管理和竞争视角下对外投资的可选方案。
5. 了解如何对对外投资风险进行界定和分类。
6. 从公司层面、国家层面和全球层面分析企业对外直接投资的特有风险。

公司通过开展对外直接投资（FDI）而发展成为跨国公司的战略决策，是从自我评价开始的。自我评价需要回答一些问题，例如，公司竞争优势的本质是什么，公司进入海外市场时应该采用何种商业模式并承担何种风险，以及公司面临哪些宏观和微观层面的政治风险。本章探讨了这些与自我评价相关的问题，以及衡量和管理在现有工业市场和最有前途的新兴市场中跨国公司面临的政治风险的方法。本章最后的案例研究——"来自新兴市场的企业竞争"，强调了新兴市场在全球经济中竞争力变得日益复杂，以及未来最具竞争力的跨国公司中有多少可能来自新兴市场。

16.1 保持并转移竞争优势

在决定是否进行海外投资时，管理层首先要判断公司在国内市场中是否具有可持续的竞争优势，以便进行有效的竞争。这种竞争优势应当是公司特有的、能够在海外复制的并且可以用来消除公司未来在海外运营时可能面临的潜在的不利影响（如外汇风险、政治风险和持续增长的代理成本）。

我们对成功地进行海外投资的公司进行了观察，发现这些公司拥有6个竞争优势：①规模经济和范围经济；②管理和营销技能；③高度重视研发工作，由此拥有先进的科技；④融资能力；⑤差异化产品；⑥在国内市场的竞争力。

16.1.1 规模经济和范围经济

规模经济和范围经济可以在生产、营销、融资、研发、运输和采购等方面得到发展，并且所有这些领域都因为规模的扩大而具有竞争优势，无论规模源于国际业务还是国内业务。生产经济源于大规模自动化工厂和设备的使用，以及全球专业化分工带来的资源的合理配置。

例如，像福特公司这样的汽车制造商就会合理利用全球专业化分工来提高其经济效益。它在一个国家生产发动机，在另外一个国家生产变速器，在第三个国家生产车身，在第四个国家完成组装，而这些地点的选择往往由比较优势决定。当公司规模足够大时，市场经济就产生了。此时，公司能够使用最有效的广告媒体来建立全球品牌知名度，同时创建全球分销、仓储和服务系统。金融经济源于各种金融工具和资金的使用，如欧洲股票和债券市场。由于建立实验室和聘用科研人员有最小规模门槛的限制，因此通常只有大型公司才会开展内部研发。运输经济发生在那些可以整车或整船装载货物的公司。采购经济来自规模采购所带来的数量折扣和市场影响力。

16.1.2 管理和营销技能

管理技能不仅包括从人员和技术两方面管理大型产业组织的能力，还包括现代分析技术及其在业务领域的应用。大多数实证研究发现，跨国公司在国外建厂之前已经向当地出口过产品。通过进口、许可证或者对外直接投资，跨国公司积累了在国外采购原材料和人力资本方面的经验。通过这种方式，跨国公司能够在一定程度上应对东道国公司的本土优势。

16.1.3 先进的科技

先进的科技包括先进的科学技术和工程技术两个方面。先进的科技不是跨国公司所特有的，而是那些发达工业国家公司所具有的优势，它们在获取军事和太空技术的副产品方面具有天然的便利。实证研究已经证实了科技对跨国公司的重要性。

16.1.4 融资能力

公司的融资能力体现在其能否以全球资本进行融资和保持资本的可得性两个方面。这是影响公司开展对外直接投资和其他国际经营活动所需资金来源的一个关键因素。处于流动性较好且未被分割的市场中的跨国公司，通常具有这方面的优势。然而，那些处于小型工业化国家或新兴市场国家的跨国公司，仍然可以采取积极的战略去寻求外国投资组合和企业投资者。

中小型企业往往缺乏吸引国外（也可能包括国内）投资者的特征。它们因为规模过小或不具备足够的吸引力而不能以全球资本成本进行融资。这就限制了它们为对外直接投资进行融资的能力，并且其较高的边际资本成本也迫使公司放弃了许多能够带来更高预期收益率的国外项目。

16.1.5 差异化产品

公司通过生产和销售差异化产品打造自己的特有优势。这些产品通过研发创新或大量的营销支出来获得品牌知名度。此外，公司通过研发和营销还能持续推出一系列新的差异化产品。对于竞争者来说，模仿这些产品既困难又昂贵，而且总会面临时间上的滞后性。在为国内市场研发了差异化产品之后，公司可能会决定在世界范围内销售这些产品，这一决定符合公司将巨额研发和营销支出的回报最大化的愿望。

16.1.6 在国内市场的竞争力

相比于竞争不太激烈的国内市场中的公司，竞争激烈的国内市场中的公司更具有竞争优势。这种现象叫作"国家竞争优势"，是由哈佛大学教授迈克尔·波特提出来的，如图16-1所示。[⊖]

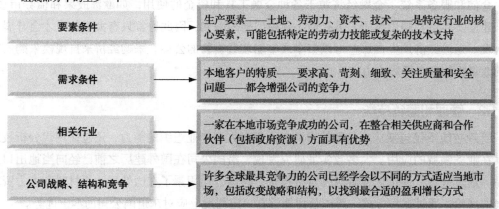

图 16-1 国家竞争优势

资料来源：Based on concepts described by Michael Porter in "The Competitive Advantage of Nations," *Harvard Business Review*, March–April 1990.

公司获得生产要素（如土地、劳动力、资本以及技术）的难易程度也部分决定了其能否从行业的竞争中脱颖而出。那些要么天生具备这些要素，要么能够创造这些要素的国家，很可能会催生出既有国内竞争力又有国际竞争力的公司。例如，如果一家公司所在的国家或地区的劳动力受教育程度较高，那么该公司就能够在高科技行业获得相对的竞争优势；如果一家公司所在的本国市场的消费者非常精明并且要求苛刻，那这就能够促使公司改进其营销手段、生产工艺以及质量控制。在这一点上，日本就是一个很好的例子。

在产品和供应商数量众多的行业中，公司将更具竞争力。例如，位于精英中心（如旧金山湾区）的电子公司，其周围都是高效和有创造性的供应商，它们有机会接触到最前沿的教育机构。

一个高度竞争的国内市场能够促使公司根据特定行业和国家环境的变化来调整其运营及控制战略。日本公司在存货管理方面就开发了准时制生产方式（JIT），而实行准时制生产方

⊖ Michael Porter, *The Competitive Advantage of Nations*, London：Macmillan Press，1990.

式的关键在于鼓励大量的分包商和供应商在公司最终装配厂附近生产。

在某些情况下，东道国市场较小且竞争程度不高，但那里的跨国公司依然发展了由外国子公司提供服务的全球化市场。寡头垄断行业的全球竞争取代了国内竞争。例如，许多位于斯堪的纳维亚半岛、瑞士以及荷兰的跨国公司就属于这一类，这些公司还包括诺和诺德（丹麦）、海德鲁（挪威）、诺基亚（芬兰）、爱立信（瑞典）、Astra（瑞典）、ABB（瑞典/瑞士）、罗氏制药（瑞士）、荷兰皇家壳牌（荷兰）、联合利华（荷兰）和飞利浦（荷兰）等。

尽管新兴市场国家缺乏具有竞争力的本国市场，但也在目标市场培育了一批雄心勃勃的跨国公司。其中一些虽然是石油、农业和矿产等自然资源领域的传统出口商，但它们正逐步向跨国公司转型。通常，它们从销售代理、合资公司和战略联盟模式开始其海外业务。比如，巴西国家石油公司、阿根廷的YPF石油公司和墨西哥的Cemexs水泥公司等；另一类是近来进行私有化的通信公司，比如，巴西的Telebrás公司和墨西哥的Telefonos公司；还有一类公司最初是电子元件制造商，后来不断地发展并成功转向了全球市场，比如韩国的三星和中国台湾的宏碁电脑。

16.2 OLI 范式和国际化

OLI范式（Buckley和Casson，1976；Dunning，1977）旨在构造一个全面的框架来解释为什么跨国公司选择对外直接投资而非许可生产经营制、合资公司、战略联盟、管理合同制或者产品出口等替代模式来进行海外扩张。[⊖]

OLI范式指出，第一，公司必须在其国内市场具有竞争优势。"O"代表所有权优势，如果公司希望在对外直接投资中获得成功，其竞争优势就必须可以被顺利地转移至国外。第二，国外市场的某些特质能够吸引企业得以进入。"L"代表区位优势，这将帮助公司在该国以外的市场发挥竞争优势。第三，公司必须通过控制行业和整合价值链以维持其竞争优势。"I"代表国际化优势，这使得公司选择对外直接投资而非生产经营或外包。

16.2.1 所有权优势

如前所述，一家公司必须在其本国市场具有竞争优势，这些优势必须是公司所特有的，不宜被其他公司复制，而且能够以某种形式移植到国外。比如，规模经济和融资能力都不是公司特有的优势，因为其他公司也能够获得这两种优势。某些技术可以被购买、许可或复制，即便是差异化产品，只要有足够的营销力度和合适的价格，也可能会因为稍微改变版本而失去优势。

16.2.2 区位优势

区位优势因素一般是指能够吸引公司进行对外直接投资的特质，尤其是市场本身的不完

⊖ Peter J. Buckley and Mark Casson, *The Future of the Multinational Enterprise*, London: McMillan, 1976; and John H. Dunning, "Trade Location of Economic Activity and the MNE: A Search for an Eclectic Approach," in *The International Allocation of Economic Activity*, Bertil Ohlin, Per-Ove Hesselborn, and Per Magnus Wijkman, eds.,New York: Holmes and Meier, 1977, pp. 395–418.

善及相对比较优势这两方面，这些因素包括低成本的劳动力、独特的原材料产地、被投资国规模较大的市场、对抗其他竞争对手的防御性投资以及先进的技术聚集地。

16.2.3 国际化优势

维持公司特有的竞争优势的关键因素是公司拥有专有信息，以及拥有能够通过专业的研发模式获取新信息的人力资源团队，当然只有大型的研发密集型企业才能符合这些要求。

交易成本最小化是决定国际化战略能否成功的关键因素。全资的对外直接投资子公司降低了因信息不对称和缺乏信任以及需要监测外国合作伙伴、供应商、金融机构而产生的代理成本。自筹资金不需要遵守由当地或合资伙伴提供资金的外国子公司的具体债务契约。如果一家跨国公司拥有较低的全球运营成本和较便利的资金来源，那么它为什么要同那些资金成本较高的合资伙伴、分销商、被许可贸易人以及当地银行分享这一优势呢？

16.2.4 财务战略

如图 16-2 所示，财务战略与解释对外直接投资的 OLI 范式直接相关。跨国公司财务经理可以提前制定主动型财务战略，包括从较低的全球资本成本和较高的资金易得性中取得优势所必需的战略。其他主动型财务战略还包括争取财政补贴或降低税负，以增加自由现金流，以及通过对外直接投资降低金融中介成本，并降低经营风险和交易风险。

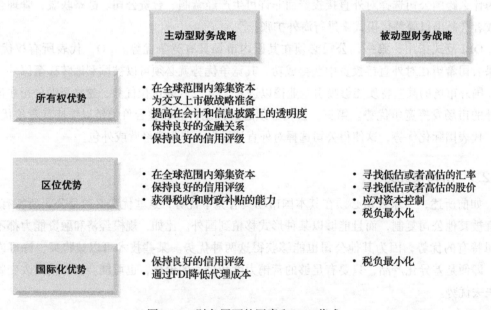

图 16-2　财务层面的因素和 OLI 范式

资料来源：Constructed by authors based on "On the Treatment of Finance-Specific Factors within the OLI Paradigm," by Lars Oxelheim, Arthur Stonehill, and Trond Randøy, *International Business Review* 10, 2001, pp. 381–398.

图 16-2 中的被动型财务战略是基于发现市场缺陷，例如，跨国公司可以利用汇率和股价间的失调。同时，被动型财务战略还包括应对资本管制，并对减少全球税负的机会做出反应。

16.3 投资地点的确定

公司首次对外投资决策有别于公司的再投资决策，会受到行为因素的影响。一家公司可以从最初的几笔海外投资中吸取教训，这些经验教训又会影响其随后的投资。

理论上，公司应当首先了解自身的竞争优势。然后，它应该在全球范围内寻找那些存在市场缺陷和能体现其自身比较优势的国家，并且这种比较优势能够带来高于公司最低预期收益率（即投资的最低可接受收益率）的风险调整收益率。

在实践中，我们观察到企业遵循企业行为理论描述的顺序搜索模式。人类的理性受限于收集和处理信息的能力，而这些信息是人们基于现实情况做出完全理性决策的必要条件，我们观察到的这些现象可以用两个相关的对外直接投资行为理论解释，分别是"行为方法理论"和"国际网络理论"。

16.3.1 对外直接投资的行为方法

分析对外直接投资决策的行为方法，以瑞典经济学家学派为代表。㊀瑞典学派不仅成功地解释了首次对外投资的决策问题，而且也解释了首次投资之后公司的再投资决策问题，以及公司在跨国经营过程中经营模式和结构变动方面的决策问题。这些经济学家对瑞典的一些跨国公司的国际化进程进行了分析，他们发现这些公司更倾向于在心理距离较近的国家进行首次海外投资。心理距离较近的国家指的是同瑞典的文化、法律和经济社会环境类似的国家，例如挪威、丹麦、芬兰、德国和英国等。这些公司的首次投资规模一般比较保守，目的是最小化国外不确定环境带来的风险。当这些公司有了首次投资的经验之后，它们才愿意在心理距离更远的地区投资，增大投资规模，并承担更大的风险。

16.3.2 网络视角下的跨国公司

随着瑞典跨国公司的不断发展壮大，它们越来越多地参与到国际活动中来，这就是我们常说的网络视角。如今，每个跨国公司都被视为国际网络的一部分，而跨国公司的母公司和它旗下的外国子公司都是网络上的节点，管理模式也从集权化转变成分权化，争夺资源的竞争不仅存在于外国子公司之间，子公司与母公司之间也同样存在资源竞争，公司的投资战略和再投资决策也会因此受到影响。许多跨国公司利用竞争的内外部网络结成了"政治联盟"，母公司及其旗下子公司都已融入所在国的供应商和消费者关系网中。同时，它们还是其所在行业的全球网络中的一员。此外，每个子公司同样是其母公司下属分支机构网络中的一员。更为复杂的是，母公司可能已经成为一个跨国企业，股东分布在世界各地。㊁

Asea Brown Boveri（ABB）公司就是由两家分属于瑞典和瑞士的公司通过国际化而演变成为一家跨国公司的例子。1991年，瑞典的ASEA公司和瑞士的Brown Boveri公司合并成立ABB公司，而这两家公司在电子工程行业已经是国际化的大公司。ABB的外国子公司有

㊀ Johansen, John, and F. Wiedersheim-Paul, "The Internationalization of the Firm: Four Swedish Case Studies," *Journal of Management Studies*, Vol. 12, No. 3, 1975; and John Johansen and Jan Erik Vahlne, "The Internationalization of the Firm: A Model of Knowledge Development and Increasing Foreign Market Commitments," *Journal of International Business Studies*, Vol. 8, No. 1, 1977.

㊁ Forsgren, Mats, *Managing the Internationalization Process: The Swedish Case*, London: Routledge, 1989.

上百家，这些子公司都处在一个分权化的管理体系之中。ABB 扁平的组织架构和国际化的股东结构增强了公司本地经营的主动性、迅速反应能力和对外直接投资分散化决策能力。虽然制定公司总体发展战略是母公司的责任，但是国外子公司在相关决策中也起着非常重要的作用。作为全球网络中的成员，子公司的经营行为反过来也会受到其所在地和全球工业网络中的成员的巨大影响。尽管跨国公司在进行规划和分析时都兼顾了对外直接投资，但仍然存在不少挑战。

16.4 国外投资模式

企业在全球化进程中会做出一系列的决策，包括生产产品的地点选择、知识产权和生产机器设备归属权等问题。图 16-3 是企业对外直接投资的实施步骤。

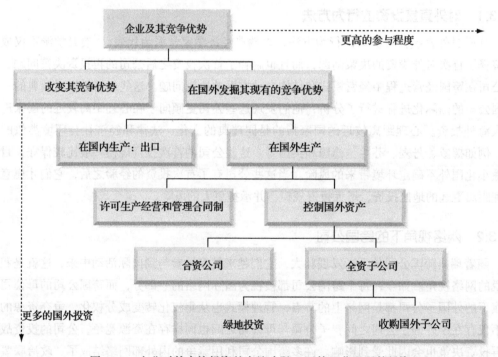

图 16-3 企业对外直接投资的实施步骤：国外经营和国外投资

资料来源：Adapted from Gunter Dufey and R. Mirus, "Foreign Direct Investment: Theory and Strategic Considerations," unpublished, University of Michigan, 1985. Reprinted with permission from the authors. All rights reserved.

16.4.1 出口商品模式与国外生产模式

将商品在国内生产然后出口的出口商品模式有许多优点。出口商品模式可以有效地避免对外直接投资、合资、战略联盟以及许可生产经营所面临的风险，其政治风险也是最低的，对国外关联公司的监管和评估等代理成本也可以完全避免，并且，出口商品模式的前期投资通常也低于其他外资参与模式。虽然公司依然会面临外汇风险，但事实上，如果大量的进出口贸易发生在跨国公司及其国外子公司、分公司之间，那么出口贸易的风险会大大降低。

出口商品模式也存在缺点。公司不能像直接投资那样有效地将其研发成果加以内化和利用。此外，公司还面临着被模仿者和竞争者抢占市场的风险，因为这些模仿者和竞争者在海外拥有低成本、高效率的生产渠道与分销渠道。如果这些公司能够成功地占领国外市场，那么这些公司也能够将产品从国外卖回国内市场，最后可能会占领国内市场。因此，我们必须注意到，防御性对外直接投资往往是为了防止国内市场被掠夺，以及在竞争对手开始之前抢占国外市场。

16.4.2 许可生产经营和管理合同制

许可生产经营是国内企业广泛使用的贸易模式，它使得公司不需要投入大量的资金就能够从国外市场获取利润。由于在国外生产产品的工厂都是当地的企业，因此许可生产经营模式的政治风险被降到最低。近几年来，许多东道国的企业都希望跨国公司在进行投资的时候能够分块出售它们的服务（分拆服务），而非仅采用对外直接投资模式（打包服务）。这些国家希望本土公司能够通过管理合同制获得先进的管理技能、生产知识及要素市场，并通过许可生产经营模式获得其所需要的技术。

许可生产经营模式的边际投资收益可能高于对外直接投资，但许可费可能低于对外直接投资的利润。这是采用许可生产经营模式的主要缺点，其他缺点还包括：

- 质量控制可能会出现问题；
- 获得许可证的公司可能会在第三国市场上成为竞争对手；
- 获得许可证的公司可能会不断地改进技术，最后反过来侵占本国市场；
- 可能丧失未来采用对外直接投资模式进入获得许可证的公司所在国的机会；
- 技术被剽窃的风险；
- 高昂的代理成本。

跨国公司一般不会对独立的企业授予许可生产经营权。相反，获得许可生产经营权的往往是这些跨国公司的外国子公司或合资公司。许可费能够将研发费用分散到各个相关的运营机构，这也是利润汇回的一种方式，而且这种方式比传统的股息更容易被东道国所接受。

管理合同制与许可生产经营模式有相似之处，即在避免较大的国外投资规模和风险的情况下获得国外收入。由于解除与公司管理者的合同相对容易，因此管理合同制的政治风险也相对较低。管理合同制通常在国际咨询和工程公司的海外业务中使用。

与对外直接投资相比，许可生产经营和管理合同制是否更具有成本效益，取决于东道国为这些分拆服务所支付的价格。如果价格足够高，许多公司更倾向于在某些不完善的市场上利用分拆服务的方式获得利润，尤其是考虑到这种方式具有较低的政治风险、外汇风险和商业风险。但是在实际中，公司还是更倾向于采用对外直接投资的方式，因此我们猜测公司采用分拆服务模式获得的收益可能比较低。

为什么分拆服务取得的收益相对较低呢？答案可能是对外直接投资能够提供一套完整的专业技能和运营模式，因此能够带来协同效应。先进的管理往往在整个组织机构的层面才能有效地发挥，而这不能简单地依靠将许可生产经营或管理合同制等模式复制到国外去。另外，技术进步是一个动态、持续的过程，而许可生产经营所取得的只是某一时点的技术。更重要的是，小规模的公司很难通过复制或者购买而获得规模经济。从定义上来看，规模经济必须在较大的运营规模中才能够体现,一家运营规模较大的企业在一个较小的市场中很难达到其在较大的规模市场中的规模经济。

尽管存在上述缺点,一些跨国公司还是成功地销售了其分拆服务,例如,向石油输出国组织国家销售先进的管理技能和技术。但是,在这个例子中,石油输出国组织国家都愿意也能够为获得分拆服务而支付足够高的价格(该价格接近跨国公司采用对外直接投资模式所能取得的回报),同时只获得分拆服务所带来的较低的收益。

16.4.3　合资公司与全资子公司

合资公司是指与国际市场上其他公司共同拥有一家外国公司的所有权。如果母公司仅占外国公司的小部分股权,那么这家外国公司就成为此母公司的国外联营公司。如果母公司占有的股权高于50%(并因此获得了控制权),那么这家外国公司就成为此母公司的国外子公司。这里的合资公司是指属于母公司的国外联营公司,而非国外子公司。

跨国公司在东道国找到合适的合作伙伴,共同出资建立合资公司的战略是可行的,且具有如下优势。

- 本地合作伙伴熟悉当地的风俗习惯以及政府部门。如果一家跨国公司采取新设企业100%股权的模式,它可能需要几年的时间才能获得此类信息。绿地投资就是从零开始的。
- 本地合作伙伴,无论在高层管理或是中层管理方面,都会更加有效。
- 当东道国要求外国公司与本地公司共同设立合资公司而非单独设立全资子公司时,母公司100%持股的愿望就不太容易实现。
- 本地合作伙伴的人脉资源和声誉能够使得跨国公司更快、更好地融入东道国市场。
- 本地合作伙伴可能拥有更适合在当地使用的某些技术,并且这些技术很可能在未来得以在世界范围内推广。
- 如果跨国公司在国外投资的目的是在当地生产销售,那么当地企业部分持股更有利于提升跨国公司的公共形象,促进销售增长。

尽管合资公司有上述优点,但仍没有全资子公司那样普遍存在。这是因为跨国公司担心本地合作伙伴会在某些关键决策中与其意见相悖。事实上,本地公司基于当地情况制定的决策往往不符合跨国公司的全球化整体战略。可能存在的某些障碍和冲突如下。

- 如果合作伙伴选择不慎,可能会提高跨国公司所面临的政治风险。本地合作伙伴必须是可靠的、具备良好商业道德的。否则,合资公司的风险将会增加。
- 在是否派发现金红利,以及公司再投资时是利用留存收益还是外部重新融资等财务问题上,本地合作伙伴和跨国公司可能会产生分歧。
- 产品转移定价或同关联企业进行交易可能会存在潜在的利益冲突。
- 跨国公司的筹融资也存在问题。跨国公司并不能证明其在一国筹集到的廉价或可用的资金投资给另一国的合资公司是正当的。
- 跨国公司在全球范围内合理安排生产的能力可能会被削弱,因为公司的全球性战略决策可能会与本地合作伙伴的利益产生冲突。
- 如果参股的合资公司是上市公司,公司就必须履行财务信息披露义务。如果公司设立的是全资子公司，就无须履行披露的义务。相关信息披露使那些不需要披露的竞争者在制定战略方面具有优势。

对股权价值进行评估是非常困难的。本地合作伙伴应当为自己的股份支付多少钱？技术应该如何定价？在土地国有的情况下，土地又该如何定价？同时，外国投资者和本地合作伙伴所承担的资本机会成本、预期收益率都不一样，对未来业务的增长模式、外汇风险和政治风险的判断也不一样，并且，合资公司中的股份是每个投资者所持有的投资组合中的一部分，这些资产对每个投资者的投资组合回报和风险的影响是不同的。

16.4.4　战略联盟

观察的角度不同，战略联盟的含义就不同。在跨境战略联盟中，有一种形式是两家公司互换股权。如果其中一家公司互换股权的主要目的是将其部分股权交给稳定、友善的投资者管理，那么这种战略联盟就是一种"收购壁垒"。如果采用这种模式，它只是另一种形式的证券投资而已。

从更广的角度来看，除互换股权外，战略联盟还包括与合作伙伴共同建立合资公司、开发和生产产品或提供服务。在汽车制造业、电子工业、通信行业、飞机制造业等领域，有很多战略联盟的例子。这类战略联盟尤其适合高科技行业，这些行业的研发成本较高，并且对于它们来说，及时引进新技术非常重要。

第三层次的战略联盟包括联合营销和服务协议，具体是指合作伙伴在某些市场上互相代表对方的一种模式。这种模式被认为与20世纪20～30年代的卡特尔模式非常相似，由于卡特尔模式降低了市场竞争，因而国际公约和许多国家的法律对卡特尔联盟都是明令禁止的。

16.5　评估政治风险

跨国公司如何评估政治风险？例如，从公司角度来看，政府的某些政策是属于歧视还是财富剥夺？那么，公司首先要对其可能面临的政治风险进行定义和分类。

16.5.1　政治风险的定义和分类

为了能够对政治风险进行识别、评估和管理，跨国公司需要对政治风险进行合理的定义和分类。在宏观层面，跨国公司需要评估东道国的政治稳定程度及其对外国投资者的态度。在微观层面，跨国公司要分析自身的经营行为是否同东道国当前的政治意图相悖。然而，在政治风险评估中，最难的部分是预测东道国目标优先事项的变化，实施重新排序的优先权的新法规，以及这些变化可能给公司带来的影响。

图16-4将跨国公司所面临的政治风险进一步细分为三个层次，分别为公司层面特有风险、国家层面特有风险和全球层面特有风险。

（1）公司层面特有风险又被称为微观风险，是指影响跨国公司项目层面或公司运营层面的政治风险。由于跨国公司与东道国政府之间存在目标不一致的问题，因此治理风险是主要的公司层面特有风险。

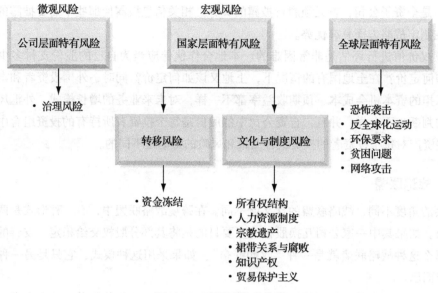

图 16-4 政治风险的分类

（2）国家层面特有风险又被称为宏观风险，是指能够影响跨国公司项目或公司运营的来自国家层面的特有的政治风险。国家层面特有政治风险主要有两类，分别是转移风险和文化与制度风险，文化与制度风险来源于所有权结构、人力资源制度、宗教遗产、裙带关系与腐败、知识产权以及贸易保护主义等。

（3）全球层面特有风险是指那些源于全球层面的能够对跨国公司项目或公司运营产生影响的政治风险，例如恐怖袭击、反全球化运动、环保要求、贫困问题以及网络攻击等。

这种分类方法同传统分类方法有很大的不同，传统的分类方法是将风险分为经济风险、金融风险、政治风险、社会风险和法律风险。然而，我们更偏向于本书提出的风险分类体系，因为这种分类能够更简单地将我们识别到的政治风险与目前使用的战略结合起来以管理风险。

16.5.2　评估公司层面特有风险（微观风险）

从跨国公司的角度看，评估东道国的政治稳定程度仅仅是评估政治风险的第一步。之所以进行风险评估，是为了预测政治方面的变化对公司经营业务的影响。事实上，东道国政策与监管的变化给不同的外国公司所带来的影响是不一样的。例如，没有人会认为肯德基国外连锁店会与福特汽车国外工厂面临着相同的风险。

对公司层面的政治风险进行分析，需要公司内部的专业政治风险分析师为公司定制风险评估报告。人们认为，外部的专业风险分析师很少会对某一国家的宏观风险的程度持有一致的看法，因此对于公司来说，为其进行量身定做的风险分析就显得更为必要了。

16.5.3　评估国家层面特有风险（宏观风险）

宏观政治风险分析仍然是一个新兴的研究领域。学术界、企业界和政府的政治学家对国家层面风险的研究为跨国公司、政府对外政策的制定以及国防等领域提供了相关支持。

政治风险研究通常包括考察一国历史上局势是否稳定、当前是否有骚乱或者动荡的迹象和经济稳定指标，以及文化与宗教活动变化趋势方面。数据来源通常包括当地的报刊、广播、电视、外交出版物、某些杰出的专家顾问，以及联系近期在东道国开展业务的商人和进行实地访问等。

尽管有上述多种方法，但是商业企业、外交以及国防部门对国家层面特有风险的预测是参差不齐的。无论我们对政治还是经济发展趋势进行预测，均是基于历史数据进行的，很难预测那些灾难性事件的发生和变化。谁预测到了菲律宾前总统费迪南德·马科斯的下台？谁预测到了东欧剧变？谁预测到了1998年印度尼西亚前总统苏哈托的倒台？如国际金融实务16-1所述，2011年埃及公众抗议事件提醒企业注意风险，以及市场对感知到的脆弱性的反应。

国际金融实务 16-1

Apache 受到埃及抗议活动的冲击

发生于2011年1月和2月的埃及抗议活动使得Apache公司（纽交所证券代码：APA）价值损失数十亿美元。这家总部位于美国的石油勘探和生产公司，在埃及拥有大量的股权和业务。2011年年初，席卷埃及的政治动荡导致市场开始倾销Apache的股票。在此期间，虽然石油和天然气的生产业务并没有中断，但Apache在埃及疏散了所有的外籍工人。2011年，埃及业务占Apache收入约30%，占总产量的26%，占已探明的石油和天然气储量的13%。

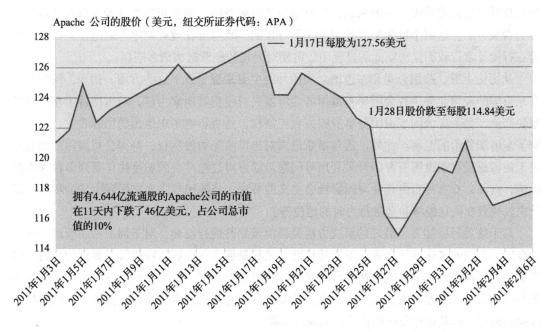

尽管预测国家风险的难度很大，但是跨国公司仍然需要努力应对未来政治局势可能出现的不确定性。许多机构定期提供最新的国家风险评级。

16.5.4 评估全球层面特有风险（宏观风险）

全球层面特有风险比前两个层面的政治风险更加难以预测。没有人能够预测到2001年

9月11日恐怖分子会袭击纽约世贸大楼和华盛顿五角大楼。但是从另一个角度来说，这次恐怖袭击带来的结果是能够预测的，那就是在全球范围内打击恐怖主义。尽管如此，我们仍然希望公司能够对未来可能会突然发生的恐怖袭击进行预测。许多位于美国的跨国公司，不仅会面临基地组织的威胁，还可能面临许多未知利益集团的威胁。这些利益集团利用恐怖主义或暴民行动来推动各种各样的事务，如反全球化、环境保护甚至是无政府状态。因为存在对恐怖行为进行预测的强烈需求，所以我们期待看到一些新型指数，类似于对国家层面特有风险进行评估的指数，可以用来评估恐怖主义威胁的各种类型、它们所在的位置和潜在的攻击目标。

16.6　公司层面特有政治风险：治理风险

跨国公司在公司层面特有的政治风险包括外汇风险和治理风险。在第9章和第10章中，我们已经详细分析了各种经营风险和外汇风险。在本章中，我们主要分析治理风险。

治理风险评估是根据跨国公司在东道国法律框架和政治环境下进行有效经营与管理的能力来衡量的。然而，对于跨国公司来说，分析治理风险的方法同我们分析综合盈利能力的方法类似。我们在把公司看作一个整体来考虑的同时，还要从公司的各部门、各分支机构的角度来进行分析。

最重要的一种治理风险来源于跨国公司子公司层面，体现为公司的经营目标与东道国政府调控目标之间的冲突。一般来说，政府是为公民服务的，而公司是为其股东以及其他利益相关者服务的。这两个群体的有效需求是不一样的，政府处在规则制定者的地位。因此，政府在行使日常行政和立法职能的过程中，可能对公司的经营施加诸多限制。

从历史上看，跨国公司和东道国之间的冲突主要来源于以下这些方面。例如，跨国公司在东道国的经营业务是否会阻碍东道国的经济发展或侵犯其国家主权，是否把持了东道国的重要产业，是否应该同东道国分享股权或者控制权，是否影响了东道国的国际收支，是否影响了东道国货币的汇率？此外，还包括东道国对出口市场的控制权，跨国公司雇用的高管和员工的国籍及对东道国资源的开采利用等问题。双方对这些冲突的态度往往受到多种因素的影响，例如，双方对自由企业与国家社会主义的看法，当前民族主义或国际主义的程度，以及宗教观点在决定经济和金融行为时的地位等。

对于这种目标冲突，最好的解决方法是提前预测并进行协商。对于同上一届管理层签订的合约，不同的文化往往会采取不同的标准，尤其是那些在往届政府监管下签订的合约。尽管如此，相较于对未来可能存在的分歧采取视而不见的态度，提前针对这些可能性进行预先谈判可以为未来双方的共赢打下一个良好的基础。预先谈判的内容包括投资协议、购买投资保险和担保，以及设计公司经营战略以降低风险。

16.6.1　投资协议

投资协议规定了外国投资者和东道国的权利与义务。当前，许多国家希望通过引进外资来推动本国经济的发展，同样，许多跨国公司也希望到合适的地区进行投资。因此，可供双方选择的合作伙伴数量众多，双方之间的协商就显得十分必要。

投资协议应该涵盖财务管理方面的相关规定，具体包括以下内容：
- 公司资金流出的规定，如红利、管理费用、版税、专利费用、贷款等的支付；
- 设置转移价格的规定；
- 向第三国市场出口的权利；
- 履行兴建或资助能够产生社会或经济效益的项目的义务，比如学校、医院或者退休养老院；
- 税收，包括税率、税种以及费率基准确认的方法；
- 能否参与以及如何参与东道国的资本市场，尤其是进行长期贷款；
- 外资是全资拥有子公司还是部分拥有子公司（即是否同东道国进行合资）；
- 价格控制（如果存在的话）是否适用于在东道国进行销售的外资公司；
- 原材料和相关零件的采购要求，是必须在东道国国内采购，还是可以从国外进口；
- 是否允许雇用国外的高管和技术人才，雇用他们是否需要交额外的费用，他们将其个人资产带入东道国是否需要缴纳关税；
- 争议时进行仲裁的规定；
- 关于撤资的相关规定也应该在协议中体现，涉及如何对公司进行估值，以及谁有资格收购该公司等内容。

16.6.2 投资保险和担保：海外私人投资公司（OPIC）

跨国公司通常可以利用投资保险和担保将其承受的政治风险向东道国国内的保险机构转移。许多发达国家都开展了此项保险业务，为国内投资者在发展中国家开展的投资业务进行承保。

美国的投资保险和担保业务是由一家美国国有公司——海外私人投资公司（OPIC）提供的。OPIC为美国私人资本和技术参与并推动欠发达地区的社会与经济发展提供了便利，是美国对欠发达地区提供经济支持的一种途径。OPIC承保的政治风险有以下四种，它们各自的含义如下。

（1）汇兑风险，它是指被保险者不能将获得的利润、专利费或其他收入及其投资资本金兑换成美元的风险。

（2）征用风险，它是指东道国政府采取某些手段征用公司的资产长达一年，使得投资者或者子公司不能对其资产行使有效支配权的风险。

（3）战争、革命、政变和内乱风险，OPIC对被保险者因这些风险事件的发生所导致的实物资产损失提供承保；OPIC有时也承保因战争导致的外国子公司不能按期偿还贷款的风险。

（4）经营收入波动风险，它是因东道国政治暴力事件导致公司名下资产受到损坏并引起经营收入降低的风险，OPIC为此项风险承保并对公司损失提供补偿。

16.6.3 对外直接投资决策之后的经营战略

虽然投资协议规定了外国投资者和东道国的相关权利与义务，但是随着周围环境的改变（可能是经济环境的变化，也可能是东道国国内政治环境的变化），协议往往会因此而修改。如果公司依然机械地理解和严格执行最初的投资协议，它们会发现东道国可能首先在协议之外的领域对公司施压，然后可能会依据其国内的政治形势对投资协议进行重新阐释。因此，大部分跨国公司会基于自身的利益尽可能地去适应东道国相关政策的变化。跨国公司适应能力的关键是预测东道国政策的变化，并采取相应的措施使自己的价值观持续地与东道国保持一致。这种观点的前提条件是东道国为了追求自身国家利益采取理性的政策，并且跨国公司能够主动减少同东道国的目标冲突。如果跨国公司能够仔细地对东道国产品、售后、营销、财务、组织架构以及人力资源等方面的政策进行分析并执行，那么在未来与东道国的谈判中，跨国公司的谈判地位可能会得到提升。

16.6.4 当地采购

东道国政府可能会要求跨国公司在当地采购原材料和零件，以最大化产品附加值收益并促进当地的就业。从跨国公司需要适应东道国政策目标这个角度来看，当地采购策略能够降低政治风险，这是与其他因素权衡后的结果。当地的罢工或者暴动可能会使公司的经营受到影响。例如，质量控制失效和当地规模不经济导致价格上升，以及不可靠的物流体系等问题，都会给跨国公司带来不利影响。通常，跨国公司采用当地采购，在降低其面临的政治风险的同时可能会使财务风险和运营风险上升。

16.6.5 厂址选择

跨国公司对生产设施的选择应该能够最小化公司选址带来的风险。在不同的生产阶段，选址目标是不一样的，具体可以分为资源导向型、市场导向型和自由选择型。例如，石油资源一般集中在波斯湾、俄罗斯、委内瑞拉和印度尼西亚，我们无法选择开采地址。但是，炼油厂的选址要求就相对宽松，因为可以非常容易地把炼油设备搬到其他地方或其他国家。石油公司在进行炼油厂选址的时候，都会尽可能地将工厂建在政治稳定的国家或者地区如西欧或者一些小的岛屿上。尽管这样可能会比在产油区附近设厂成本要高，但降低了政治风险和金融风险。

16.6.6 控制

对运输、技术、市场、品牌和商标的控制，是管理多种政治风险的关键。

运输。对运输的控制是降低政治风险的一个重要手段。跨国公司如果控制了跨国输油管道、油轮、矿砂船、冷藏船和铁路，就能够在双方谈判中占据强有力的位置。

技术。对关键专利及其流程的控制也是降低政治风险的一种可行方法。如果东道国因缺乏专业技术人员或不能适应技术的变革而无法运营工厂，它就不太可能会废除与跨国公司签订的投资协议。当跨国公司能够稳步改进技术时，其对技术的控制效果更佳。

市场。对市场的控制是提高跨国公司谈判地位的一个常用战略。国际石油巨头依然统治着石油市场，它们只要采取行动，就能够产生与 20 世纪 70 年代 OPEC 成员国提高原油价格类似的效果。OPEC 对石油公司的控制，限制了其成员国控制石油市场的能力。在近几年中，OPEC 成员国也建立了一些自己的营销渠道，比如科威特在欧洲兴建了大规模的 Q8 连锁加油站。

对产品出口市场的控制，也成为跨国公司与东道国谈判能力的来源。跨国公司希望能够依据自身情况（例如生产成本、交通、关税壁垒、政治风险和竞争等因素）来选择其想要进入的市场。一般来说，跨国公司最大化其长期利润的销售模式往往同东道国最大化其出口和产品附加值的目标相悖。有人认为，如果这些公司是东道国的本地公司，那么东道国就能够出口更多的商品。但也有人持相反的论调，他们认为本地公司的生产缺少规模经济，从而难以开拓国际市场并获得市场份额。

品牌和商标。 对品牌和商标的控制效果同技术控制非常相像。品牌和商标能够给予跨国公司垄断地位，不管所谓的品牌是否具有实质性的价值，但在消费者眼中就是价值的代表。能够生产出国际品牌并打入市场，对于本地公司来说是非常有价值的，因此，这也是跨国公司谈判优势的重要来源。

16.6.7 较低的股权投资比例

跨国公司的子公司可以采用低股权比例、高东道国债务比例的资本结构。如果跨国公司采用向东道国大型银行进行债务融资的模式，那么东道国采取的任何影响公司财务稳定的措施，都会给东道国债权人带来影响。

16.6.8 多渠道借款

如果跨国公司在国外只能通过债务方式融得资金，它们不仅会从母国银行贷款，还会从不同国家的银行贷款。例如，如果跨国公司的债权人是位于东京、法兰克福、伦敦和纽约的银行，那么这些银行所属的国家为了维护国内银行的利益，自然也希望借款人财务稳定。又如，一家跨国经营的美国公司从多国银行获得贷款，即使东道国同美国关系恶化，东道国也不太可能会采取对该公司不利的措施，因为公司的债权人涉及许多其他国家。

16.7 国家层面特有风险：转移风险

国家层面特有风险会影响所有在东道国国内经营的公司，不管是本土公司还是外国公司。图16-5对当前来源于不同国家的政治风险进行了分类。国家层面特有的政治风险主要是转移风险和文化与制度风险。本节主要讨论转移风险。

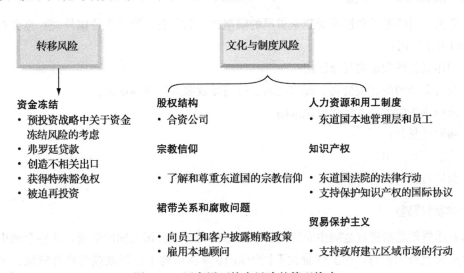

图16-5 国家层面特有风险的管理战略

16.7.1 资金冻结

转移风险是指东道国对跨国公司资金的自由进出施加限制的风险。当东道国政府遭遇外汇短缺,又不能通过借款或对外直接投资获得外汇资金时,东道国很可能会采取限制外汇流出的措施,也就是我们所说的资金冻结。从理论上来说,转移风险并不是专门针对外国公司的,它适用于所有公司,但在实践中,外国公司会因为其外资背景而面临更多的转移风险。根据外汇短缺程度的不同,东道国可能会要求所有资金的汇出必须经过政府的批准,以使东道国能够对稀缺的外汇资源进行调控,优先考虑必需品用汇而非奢侈品。在某些极端的例子中,政府可能会禁止将本币兑换成外币,完全冻结外汇,严禁资金外流。其余模式均是介于这两种模式之间的,包括对股息、分期偿还的债务、特许权使用费以及其他服务费用的汇出规模和时间的限制。

跨国公司可以采取三个步骤以应对资金冻结的风险:

- 在进行投资之前,跨国公司应当分析资金冻结对预期投资回报的影响、本地的财务结构,以及分支机构之间应如何采用合理的关联机制;
- 在经营过程中,跨国公司应能够采用多种方式转移资金;
- 如果资金被冻结不能汇出,这些资金应当在东道国进行再投资以避免因通货膨胀或外汇贬值而带来的实际价值降低的风险。

16.7.2 预投资战略中关于资金冻结风险的考虑

管理层应在投资预算分析中考虑资金冻结风险,暂时性资金冻结会降低拟投资项目的期望净现值和内含收益率。然而,是否进行投资取决于预期收益率(即使资金冻结)是否大于同一风险类别投资的必要收益率。预投资分析还包含最小化资金冻结影响的相关措施。例如,采用本地融资模式代替母公司股权融资、互换协议以及其他技术,减少未来需要换汇的风险敞口。预先对子公司内部采购和内部销售进行相关安排,可以最大限度地降低资金冻结带来的风险。

16.7.3 解冻被冻结资金

当跨国公司的汇兑和汇款受到东道国的限制时,如何将其资金汇往国外呢?至少有以下六个措施可以使用:

- 利用其他的渠道将资金汇出;
- 在跨国公司的相关公司、部门之间进行商品或服务的转移定价;
- 采用预先付款或者延迟付款策略;
- 弗罗廷贷款;
- 创造不相关出口;
- 获得特殊豁免权。

1. 弗罗廷贷款

弗罗廷贷款是指通过金融中介机构发放的母公司与子公司之间的借贷。这些金融中介机构常常是大型跨国银行。弗罗廷贷款不同于第 10 章所讲的平行贷款或背靠背贷款,平行贷款和背靠背贷款是指商业机构通过银行之外的其他金融中介对贷款进行冲销。弗罗廷贷款又称中介贷款。

直接贷款发生在公司内部，母公司或者子公司直接向需要资金的子公司发放贷款，借款公司在将来还本付息。而在弗罗廷贷款中，"借出款项"的母公司或者子公司将这笔资金存入某家大银行，例如伦敦的一家银行，然后由这家银行将等量资金贷给需要资金的东道国子公司。从伦敦这家银行的角度来看，这笔贷款是无风险的，因为银行取得的贷款抵押物是100%的存款。实际上，正如中介贷款的字面意思，银行只是作为公司之间贷款的中介。贷款子公司支付给银行的利息一般略高于银行向母公司支付的存款利息，从而为银行创造了支出和利润的差额收益。

中介贷款一般选择中立国银行，该银行远离贷款公司和借款公司所在国家的司法管辖。当东道国和跨国公司母国之间出现政治动荡时，使用中介贷款可以使东道国子公司向外偿付的机会大大增加。政府当局一般不会阻止本地的外国子公司向中立国的银行偿还贷款，相反，政府很有可能阻止其向母公司偿还贷款。阻止公司向跨国银行还款会损害东道国国家的国际信用形象，而阻止跨国公司向其母公司还款则不会对东道国国际信用形象带来太大的影响，东道国政府还能在国内得到利益。

2. 创造不相关出口

另一种解决资金冻结问题的方法就是创造不相关出口，这能使子公司和东道国同时获益。东道国严格控制货币汇兑是因为它不能持续有效地获得足够的外汇。如果跨国公司能够将生产出来的产品从东道国向外出口，这就给跨国公司提供了一条潜在的资金转移渠道。在新增加的出口中，有部分商品可以利用当前的产能生产而不需要新增投资，尤其是那些能够利用现有的设备生产出来的商品。另一部分出口可能需要再投资或新的资金，但如果再投资的资金由已经被冻结的资金组成，那么从机会成本的角度来看也几乎没有损失。

3. 获得特殊豁免权

如果跨国公司采用以上战略都失败了，而其在东道国的投资对于东道国的经济发展又十分重要，那么跨国公司就可以要求东道国政府给予其一定的特殊豁免权，将部分资金解冻并汇出。相较于成熟行业，政府更加偏好电信、半导体制造、仪器制造、制药或者其他研发和高科技行业。偏好和优惠的程度取决于政府与企业双方的谈判能力，如果任何一方存在对协议条款不满意的情况，都可以自由退出协议。

4. 自我实现预言

在跨国公司寻求将冻结资金汇出，或者使用本章介绍的任何一种方法来为资金寻找"出路"的过程中，公司面临的政治风险可能会加大，最终可能会导致公司的资金由部分冻结转为全部冻结。只要跨国公司采取的行动妨碍了东道国出于政治控制的潜在意图，自我实现预言就很可能会发生，无论这家公司的行动多么合法。世界各国的政府机构以及当地报纸和电视台的编辑部，都会把跨国公司及其子公司当作潜在的替罪羊。

5. 被迫再投资

如果资金被冻结不能汇出，跨国公司会谋求将这些资金进行再投资。在这种情况下，跨国公司会寻找本地的投资机会，在可接受的风险下最大化其投资收益。

如果资金管制预测是暂时性的，跨国公司会选择投资东道国的货币市场工具。不幸的是，在许多国家，此类工具的数量或流动性都不充分。有时候，东道国的政府债券、银行存款或其他短期金融工具的收益率被人为地保持在较低水平，甚至低于通货膨胀或汇率变动水平。因此，在资金冻结期间跨国公司会遭受损失。

如果投资于债券、银行定期存款或向其他公司拆借等短期或中期投资组合都不可行的话，那跨国公司只能考虑投资生产设施了，这通常也是东道国实施外汇管制的一个目的，即使外汇管制的存在可能会对增加外国投资产生反作用。跨国公司被迫再投资的例子有很多，例如在秘鲁，一家航空公司被迫投资了其他航空公司的酒店和维护设施；在土耳其，一家鱼罐头公司被迫投资建厂生产罐头容器；在阿根廷，一家汽车制造商垂直收购了一家变速器制造公司，而这家被收购的公司原本是该汽车制造商的供应商。

如果缺乏投资生产设施的机会，跨国公司可以购买在未来经过通货膨胀调整后仍有升值可能的资产。这类资产一般包括土地、写字楼或者是可以出口到全球市场的商品。如果资金冻结的机会成本很低，那么存货投资模式也是一种可取的选择。

16.8 国家层面特有风险：文化与制度风险

当发达国家的跨国公司投资新兴市场时，常常会因文化与制度的差异带来严重的风险，这些差异主要涉及以下几个方面：
- 股权结构；
- 人力资源和用工制度；
- 宗教信仰；
- 东道国可能存在裙带关系和腐败问题；
- 知识产权；
- 贸易保护主义；
- 法律责任。

16.8.1 股权结构

从历史上看，许多国家都曾要求跨国公司在当地设立子公司时应当与当地公司或公民共享股权。因此，合资公司就成为跨国公司在这些东道国设立子公司的唯一方式。之前，日本、墨西哥、中国、印度和韩国对合资公司中本国股份应占大多数的要求比较严格，不过最近几年，这些国家已经逐渐废除或者修改了这个要求。然而，在某些特定的行业中，跨国公司仍然不能设立全资子公司，甚至只能作为占少数股权的股东。这些行业一般都与国防、农业、银行业或者其他被视为支柱性的产业相关。

16.8.2 人力资源和用工制度

跨国公司常常被要求雇用一定比例的东道国劳动力，禁止雇用大量的外国员工，并且，由于东道国的劳动法和工会规定，跨国公司解雇当地员工也比较困难。这使得跨国公司不能灵活应对经济周期下行的风险，对跨国公司及其当地竞争对手都会产生影响，这就是我们所说的国家层面特有风险。文化差异也会对跨国公司的人力资源政策带来影响。例如，在许多中东国家，女性管理者是很难被当地雇员或管理层所接受的。

16.8.3 宗教信仰

在一些情况下，东道国的政治氛围和商业模式均是与当地的宗教信仰密不可分的，那么跨国公司的经营策略就极可能与当地的宗教信仰发生冲突。尽管存在宗教差异，但仍然有许多跨国公司在新兴市场经营成功了，尤其是在自然资源（例如石油、天然气、矿产以及林业资源）开采行业。这些跨国公司成功的策略就在于其主动了解并尊重东道国的宗教传统。

16.8.4 东道国可能存在裙带关系和腐败问题

在许多重要的国外投资中，跨国公司都必须面对当地的裙带关系和腐败问题。印度尼西亚在苏哈托执政时期，国内的裙带关系和腐败问题就非常严重。尼日利亚、肯尼亚、乌干达以及许多非洲国家在第二次世界大战后脱离殖民统治，都曾有过严重的裙带关系和腐败问题。

腐败问题不仅存在于新兴市场，也存在于某些发达国家，如美国和日本。事实上，美国曾颁布了一部反贿赂法案，任何被发现有贿赂外国政府官员行为的美国高官都会受到法律制裁。而这部法律的出台背景，就是美国的一家飞机制造公司企图对一位日本政府高级官员进行贿赂的事件。

跨国公司也会陷入进退维谷的困境。假如，它们在当地的竞争对手有贿赂等腐败行为，它们是否也应当有这种行为呢？目前普遍的反应都是，绝对不能。大多数跨国公司都建立了一套在全球范围内开展业务时应当遵循的准则和规范。这些准则和规范是具有普遍适用性的，而非仅适用于特殊情况。无论竞争对手如何，跨国公司都应当坚定地遵循自己的准则，即使这可能导致其丧失某些商业机会。

16.8.5 知识产权

许多跨国公司和个人的知识产权都曾被东道国的某些公司侵犯过。知识产权是一种排他性的权利，授予购买者独家使用专利技术或版权的权利。例如，专利技术可能是某种独创性产品、独家生产加工技术、某种处方药的生产工艺等。受版权保护的例子有电脑程序、教育资料（课本）以及娱乐产品（如音乐、电影和绘画）。

跨国公司和个人必须通过法律途径保护知识产权。然而，在有些国家，法庭在审理知识产权保护案件时并不能公平地对待原被告双方，这就往往使得跨国公司处在不利的地位。在这些国家，采用司法程序的成本往往都很高，并且存在腐败。

目前，大部分国家已经通过了旨在保护知识产权的《知识产权协定》（TRIPS）。协定签署之后，东道国政府是否能够尽职尽责地杜绝侵犯知识产权的盗版行为还有待观察。然而，使知识产权保护变得更为复杂的是，受到保护的实际项目和相同项目的通用版本之间仅存在细微的差别。

16.8.6 贸易保护主义

贸易保护主义是指东道国政府通过关税或者其他进口限制，抵御外国竞争者，试图保护国内的特定行业。这些特定行业主要包括国防工业、农业和幼稚产业。

1. 国防工业

就连美国这个开放市场的坚决拥护者也不会欢迎外国公司来购买美国重要国防供应商的产品。许多其他国家对国防工业也持有类似的态度,例如,法国就一直想要保持其独立的国防实力。

2. 农业

农业是另外一个敏感行业。任何跨国公司在日本都不会愚蠢地尝试购买农业资产,例如大米加工设备。日本一直努力保持其在粮食生产上的自给自足。农业属于典型的为经济建设与发展提供基础产品的"大地"产业,因而大部分国家都会为了其民众的口粮而对这个行业进行保护。

3. 幼稚产业

传统的贸易保护主义者认为,国家应当为本国的新兴产业提供保护以抵御国外的竞争者。但是,保护幼稚产业并非针对跨国公司而主要是通过控制进口实现的。事实上,大部分国家都鼓励跨国公司在东道国投资新兴产业。有时,东道国会在跨国公司经营的头几年将其认定为"幼稚产业"。被认定为"幼稚产业",能够使跨国公司享受税收方面的补贴,得到东道国在基础设施建设、员工培训等方面提供的帮助。东道国尤其希望吸引能够帮助其扩大出口的跨国公司,无论出口对象是跨国公司位于其他国家的子公司,还是其他不相关的公司。

4. 关税和非关税壁垒

国家实施贸易保护的传统方法是通过关税和非关税条例实现的。在过去的几十年中,大量的国际谈判和国际条约已经大大降低了各国关税的总体水平,但是,仍然存在许多非关税壁垒。非关税壁垒通过财政成本以外的因素限制进口,而且往往难以识别,因为它们是作为健康、公共安全或公共卫生要求颁布的。

5. 应对贸易保护主义的策略

跨国公司抵御东道国贸易保护主义的能力十分有限,因此,跨国公司非常支持通过区域一体化来降低贸易保护主义的影响。最好的区域一体化的例子有欧盟、《北美自由贸易协定》和拉美共同市场。区域一体化的目的是取消区域内部的关税和非关税贸易壁垒,并且允许劳动力自由迁徙。

16.8.7 法律责任

尽管出于善意的目的,跨国公司仍然会经常面临意想不到的法律责任。国际金融实务16-2 阐述了为什么美国的一家制药公司 Hospira 由于存在潜在的法律责任以及可能导致的或有负债而最终决定取消其在意大利的对外直接投资项目。

国际金融实务 16-2

2011 年的毒品、公共政策和死刑

对外直接投资可能是一件非常棘手的事情,来自美国的制药公司 Hospira 就深有体会。Hospira 是一家来自美国伊利诺伊州森林湖的制药公司,于 2009 年年中暂停了其在美国北卡罗来

纳州生产的硫喷妥钠，并打算将其所有产品的生产转移至意大利。Hospira 的新闻稿如下。

Hospira 关于硫喷妥钠（Pentothal™）退出市场的声明

2011 年 1 月 21 日，伊利诺伊州森林湖——Hospira 今天郑重宣布退出硫喷妥钠市场，不再尝试恢复产品生产。

Hospira 曾打算在其意大利工厂生产硫喷妥钠。在过去的一个月里，我们与意大利当局就美国在死刑程序中使用硫喷妥钠进行了持续对话，强调在死刑中使用硫喷妥钠是 Hospira 从未纵容过的方法。意大利的意图是我们应当对产品控制到最终用户，以防止该产品在死刑中使用。这些讨论和内部审议，以及与批发商的对话（主要是产品的分销商）使我们确信我们无法防止药物被转移至司法部门并用于死刑程序。基于这种认知，我们认为一旦产品被用于死刑，我们无法承担意大利当局要求的责任。这些让我们的员工或工厂承担的责任，并不是我们能够承担的风险。

鉴于产品的这些问题，包括政府的要求和将药物推向市场的挑战，Hospira 决定退出市场。出于我们无法控制的原因，Hospira 被迫退出市场，使得许多使用该药物获得良好治疗效果的客户无法再取得该产品，对此我们深表遗憾。

资料来源：Hospira.com.Reprinted with permission.

这一消息令医疗行业感到沮丧。硫喷妥钠曾经是一种被广泛使用的麻醉剂，如今只适用于各种特殊情况。该药物在某些特定情况下被当作首选，原因是它不会导致血压严重下降，包括老年人康复、心脏病患者或者孕妇剖腹产这些特殊情况下的治疗，均可能面临低血压的威胁。接下来，市场面临的问题是，次优解决方案必须足够好才可以。

16.9 全球层面特有风险

近些年来，跨国公司面临的全球层面特有风险逐渐被人们重视。图 16-6 对全球层面特有风险以及应对策略进行了归纳。近年来，最著名的全球层面特有风险事件是 2001 年 9 月 11 日恐怖分子袭击纽约世贸双塔。世贸双塔里进驻了许多跨国公司，这些公司在 "9·11" 恐怖袭击中伤亡惨重。除了恐怖袭击外，其他全球层面特有风险还包括反全球化运动、环保要求、发展中国家贫困问题，以及对计算机信息系统的网络攻击等。

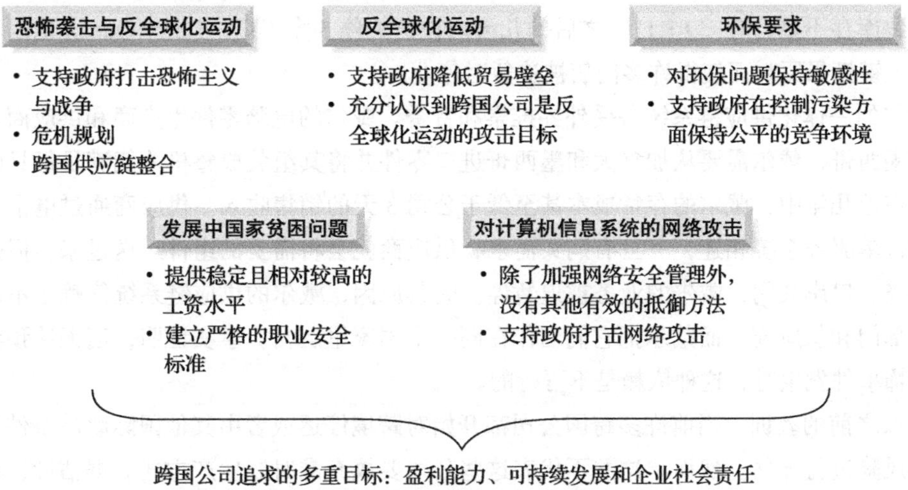

恐怖袭击与反全球化运动	反全球化运动	环保要求
・支持政府打击恐怖主义与战争 ・危机规划 ・跨国供应链整合	・支持政府降低贸易壁垒 ・充分认识到跨国公司是反全球化运动的攻击目标	・对环保问题保持敏感性 ・支持政府在控制污染方面保持公平的竞争环境

发展中国家贫困问题	对计算机信息系统的网络攻击
・提供稳定且相对较高的工资水平 ・建立严格的职业安全标准	・除了加强网络安全管理外，没有其他有效的抵御方法 ・支持政府打击网络攻击

跨国公司追求的多重目标：盈利能力、可持续发展和企业社会责任

图 16-6　全球层面特有风险及应对策略

16.9.1 恐怖主义与战争

"9·11"恐怖袭击事件和随后的阿富汗战争几乎给世界上每个人都带来了影响，世界范围内的恐怖袭击事件仍在上演，并且未来的恐怖袭击，尤其是针对跨国公司及其员工的恐怖袭击，可能会更加严重。正如我们之前所提到的，由于外国子公司在一定程度上代表了其母国，因此这些外国子公司面临的战争、种族冲突和恐怖主义风险更加严重。

1. 危机规划

跨国公司对于恐怖主义几乎无计可施。对冲、分散化战略、保险等对于恐怖袭击来说毫无作用。跨国公司必须依靠政府的力量同恐怖主义进行斗争，来保护它们的外国子公司（现在甚至连母公司也需要相关国家和部门的保护）。作为回报，政府希望跨国公司在资金、物质以及精神上给予支持，并为其反恐立法以及征讨恐怖组织基地的行动制造声势。

跨国公司往往会在危机中损失巨大。几乎每一年都有国家遭受种族冲突、战争或恐怖袭击。因为跨国公司往往代表的是它们的母国，所以在危机中，这些公司往往会成为被孤立和攻击的对象。

2. 跨国供应链整合

为了进一步提高生产效率，许多跨国公司开始采用准时制生产方式（JIT），以维持接近零库存的库存管理系统。专注于存货周转率的管理，也就是专注于存货在生产阶段流转的速度。公司希望存货只在生产需要的时候才被送抵工厂，这样就使得跨国公司只需在生产周期中安排少量资本就能够获得更高的利润。但是，如果跨国公司采用跨国供应链模式，那么其精心优化的供应链体系可能会面临非常严重的政治风险。

3. 供应链中断

结合戴尔电脑、福特汽车、Dairy Queen、苹果电脑、Herman Miller 和 The Limited 等公司在"9·11"恐怖袭击后的情况，我们可以看到，"9·11"带来的一个直接后果就是使得所有进出美国的航班被迫停飞，并且美国的陆地口岸（与墨西哥和加拿大接壤）和海上口岸都被关闭，一些特定地点在短期内不会重新开放。福特汽车因重要零件不能从加拿大及时进口而导致库存不足，在"9·11"之后的几天内被迫关停 5 家工厂。Dairy Queen 也因不能及时获得关键糖果原料而使得许多门店被迫暂时停业。

戴尔的一体化供应链系统备受外界推崇和赞誉。戴尔的电脑零件生产商和供应商位于加拿大与墨西哥，戴尔需要从加拿大和墨西哥进口零件并将其组装成整机才能满足每日的销售需求。在近几年中，戴尔的存货成本甚至低于公司 3 天的销售收入。供应商通过电子系统同戴尔的订单服务系统相连，一旦有购买需求，供应商就会将需要的组件运送过来。但是由于飞机停飞、口岸关闭，戴尔的业务被迫暂停。究其原因，戴尔的供应链系统依赖于不同国家的业务部门和供应商，而戴尔把它们当作在同一个国家里运营。事实证明，当无法预测的灾难性恐怖事件发生时，这种依赖是不可行的。

吸取之前的教训，当前许多跨国公司都开始对跨境停运或者由其他国际政治事件导致的供应链风险进行评估。然而，这并不代表这些公司要放弃准时制生产方式。据估计，在过去的几十年中，准时制生产方式的推广使美国公司每年能够在存货成本方面节约将近 10 亿美元。现在,在后"9·11"时期,跨国公司开始对供应链中断的风险与损失同准时制生产方式产生的收益进行权衡。

为了避免重蹈覆辙,制造商、零售商和供应商采取了一系列应对措施。

- 存货管理。制造商开始考虑持有更多的存货,以缓冲供应中断和生产线中断带来的风险。同时,零售商考虑其存货补给的时间和频率。这并非要求跨国公司需要持有所有的零件存货,而是要求公司应该着重关注对生产和服务非常关键的某些零件,尤其是那些只能从国外进口的关键零件。
- 外包。当前制造商对重要原料和零件的来源有了更多选择的余地。尽管外包战略会因为供应商地理位置的不同而不同,但是企业现在也试图同周围联系紧密的供应商合作,将其面临的跨国风险最小化,以降低未来停运所带来的损失。
- 交通运输。零售商和制造商现在开始重新评估它们的跨国物流安排。运输方式的选择与货物的价值、体积和重量相关,但是由于航班常常会因劳工纠纷、恐怖分子甚至公司破产等因素停飞,许多跨国公司也开始反思如何平衡航空运输的高成本、高速度与其脆弱的运送体系三者之间的关系。

16.9.2 反全球化运动

在过去的几十年中,越来越多的团体站出来反对贸易壁垒降低和区域一体化,《北美自由贸易协定》和欧盟成为反对运动的中心。因为担心北美自由贸易区的开放会吸引大量墨西哥居民前来就业,从而抬高美国失业率,《北美自由贸易协定》受到了美国劳动组织的反对。对欧盟的指责主要集中在新成员国的加入可能会造成文化认同感的丧失,损害各国主权,以及权力过度集中于布鲁塞尔的大型官僚管理机构。同时还包括对欧元的指责,欧盟在2002年年中发行了欧元,欧盟15个成员国中有12个国家将其作为本国唯一法定货币,使得本国货币退出流通。

在2001年世界贸易组织年会召开的过程中,西雅图出现了骚乱,这些骚乱反映了反全球化运动已经愈演愈烈。然而,反全球化运动势力并不是造成这些骚乱的唯一原因,也不是后续发生在魁北克、布拉格的骚乱的唯一原因。其他对全球化充满敌意的组织和个人,例如环保人士,甚至无政府主义者,也都加入反全球化运动中来宣扬他们的主义。

跨国公司仍没有有效的措施来应对反全球化运动。事实上,它们从一开始就被指责助长了这个问题。同样,跨国公司必须依靠政府和危机规划来应对这些风险。

16.9.3 环保要求

跨国公司经常被指责将其环保问题转嫁到他国。这些指责包括跨国公司在其母国可能受到比较严格的环保要求,从而将生产活动转移到那些环保条件较为宽松的国家,还包括跨国公司的经营活动加快了全球变暖,实际上几乎所有国家的所有公司都在全球变暖的问题上受到指责。这种指责是基于某些行业的生产模式和消费者的偏好,例如高能耗的大型汽车和SUV。

同样地,环境保护问题需要靠政府立法和实施污染控制标准来解决。2001年,大部分国家签署了《京都议定书》,旨在阻止全球变暖。值得注意的是,美国拒绝签署此议定书,但是承诺会以自己的战略方法同全球变暖做斗争。美国反对议定书中允许新兴市场国家遵循较少限制标准的条款，此条款会使经济负担落在大多数工业化国家身上，尤其是美国。

16.9.4 贫困问题

跨国公司会在一些收入分配极端不均的国家或地区开设分支机构。这些国家的公民两极分化十分严重，一极是精英阶层，他们接受良好的教育，善于沟通交流，并有良好的工作能力；而另一极的人口所占比重很大，他们生活在贫困线以下，受教育程度较低，缺乏社会和经济基础以及政治权力。

跨国公司雇用精英阶层来管理其在东道国的业务，一方面可能会加剧这种分化；另一方面，跨国公司也给那些原本失业和生活在贫困线以下的人提供了相对稳定且收入较高的工作。虽然有很多跨国公司被指责为血汗工厂，但是相对于东道国国内的其他竞争者来说，跨国公司提供的工作条件是相对较好的。

16.9.5 网络攻击

互联网的高速发展滋生了新一代的骗子和骗术，这在一定程度上扰乱了互联网的秩序，已经成为一个全球的共性问题。跨国公司组织架构庞大，信息系统复杂，因而网络攻击可以对其造成十分严重的损失。

当前，跨国公司对于网络攻击还没有有效的应对策略，并且跨国公司应对国外网络攻击的方法与国内基本一致。它们必须再次依靠政府来控制网络攻击。

本章小结

1. 一家公司想要进行海外投资，必须在国内市场有可持续的竞争优势，此竞争优势应该非常明显并且可复制，以抵消海外经营带来的劣势。
2. 竞争优势主要来源于大规模生产带来的规模经济和范围经济、管理和营销技能、先进的科技、融资能力、差异化产品和在国内市场的竞争力。
3. OLI 范式试图构建一个统一的框架来解释为什么跨国公司选择对外直接投资而非其他的模式来开拓国外市场。
4. 财务战略直接同 OLI 范式相关，包括主动型财务战略和被动型财务战略。
5. 投资决策除了与公司的历史发展阶段相关外，还与经济因素和行为因素相关。
6. 我们可以从国际网络视角来观察国际化程度最高的公司。母公司及其子公司都是国际网络中的一员。国际网络将全球行业中的公司联系起来，尤其是网络中的跨国公司与东道国的供应商及消费者。
7. 出口商品模式可以规避政治风险，但仍面临汇率风险。在此模式下，跨国公司不需要进行大量的前期投资，但是公司会面临最终失去市场的风险，尤其是模仿者和竞争者，它们在海外拥有高效率、低成本的生产渠道和分销渠道。
8. 想要进行海外投资的公司（除了在海外建立全资子公司之外）还有其他选择，如合资公司、战略联盟、许可生产经营、管理合同制和传统的出口商品模式。
9. 合资公司能否成功的关键在于跨国公司是否能够找到合适的合作伙伴。此外，合资公司和跨国母公司之间在决策过程中可能出现冲突从而引发其他问题。基于以上两个原因，在东道国成立全资子公司成为跨国公司最普遍的选择。

10. 政治风险可以分为三个层面：公司层面、国家层面和全球层面。公司层面特有风险，即微观风险，是指影响跨国公司项目和运营层面的风险。国家层面特有风险，即宏观风险，是起源于国家层面通过项目或运营对跨国公司产生影响的风险。全球层面特有风险是起源于全球层面通过项目或运营影响跨国公司的风险。
11. 管理目标冲突的主要方法有投资协议谈判、购买投资保险和担保，以及在生产、物流、营销、财务、组织架构和人事上进行战略优化。
12. 主要的国家层面特有风险是转移风险，体现为资金冻结风险以及文化与制度风险。
13. 文化与制度风险来源于东道国在合资公司股权结构、人力资源和用工制度、宗教信仰、裙带关系和腐败问题、知识产权、贸易保护主义和法律责任等方面的相关政策规定。
14. 对文化与制度风险进行有效的管理，要求跨国公司了解东道国的文化与制度同母国的差异，了解东道国的法律制度，支持保护知识产权的国际协议和支持政府推进区域一体化的政策。
15. 当前最主要的全球层面特有风险体现为恐怖主义与战争、反全球化运动、环保要求、贫困现象和网络攻击。
16. 为了应对全球层面特有风险，跨国公司必须采取措施建立相关防控机制以保护雇员和财产的安全以及供应链的通畅。但是，保护公民和公司免受全球层面特有风险的威胁主要还是要依靠政府。

案例研究

来自新兴市场的企业竞争

波士顿咨询集团（BCG）认为新兴市场企业成功解决了与企业成长密切相关的三个重大权衡，即交易量与利润率、快速扩张与低杠杆率、增长和股息分配。因此，平均而言，自2005年以来，这些新兴市场企业的销售额的增长速度是现有全球同行业的3倍。同时，这些企业也将债务股本比降低了3个百分点，并且股息收益率也在逐年增长。

——《紧随其后：发展中国家的公司正在迅速赶上它们的老对手》，出自《经济学人》，2011年1月22日，第80页

无论是国有企业或是私营企业、新公司或是老公司、处于初创阶段或成熟阶段的企业，几乎所有公司的领导在最近几年都听到了同样的威胁，即新兴市场的竞争对手即将到来。除了上述威胁外，还有其他一些力量阻止公司前进，这些力量包括以合理的成本筹集资金的能力；进入规模更大或利润更高的市场的能力；对品牌知名度和认同度的市场竞争能力；开拓国际市场的能力。也有一些市场的预测者，例如权威专家和咨询顾问等，他们认为这些新兴的竞争对手已经存在了。

BCG 2011年发布了一份分析报告，将这些企业认定为全球挑战者。⊖这些企业来自快速发展的经济体，这些经济体正在重组现有的经济秩序。BCG列出了100家全球性企业的名单，这些企业中大部分来自巴西（13家）、俄罗斯（6家）、印度（20家）和中国（33家）以及墨西哥（7家）。这些企业都具备创新意识，并且积极发展，同时也有配套的财务支持体系。

全球挑战者为股东创造价值的能力也是有目共睹的。2005~2009年，这些企业平均每年实现22%的股东收益率；而它们在全球的同行，那些来自发达国家并且在业务种类上具有可比性的上市公司的股东总收益率仅为5%。根据BCG的说法，这些企业之所以能够实现高收益率，主要是因为它们已经能够有效地解

⊖ Companies on the Move, Rising Stars from Rapidly Developing Economies Are Reshaping Global Industries," Boston Consulting Group, January 2011.

决新兴企业三大权衡问题。这种战略性的权衡结果就是财务政策的独特性。

三大权衡问题

三大权衡问题也被称为企业竞争力的三大财务维度，即经营、筹融资和回报。

权衡1：交易量 vs. 利润率。传统商业思维模式类似于沃尔玛的经营策略，通过较大规模以及较大市场的销售量取胜，但它同时又要求极低的价格，这会给规模竞争者带来较低的利润回报。能够产生较高利润率的产品和服务通常来自专业的细分市场，因为这类市场的产品和服务定价较高。BCG认为，全球挑战者之所以能够同时兼顾交易量和利润率，有赖于极低的原材料和劳动力等直接成本，再加上发达国家市场的前沿科技和管理策略。

权衡2：快速扩张 vs. 低杠杆率。全球大公司拥有的一个关键优势就在于它们的融资渠道。成熟的市场经济体带给公司的优势在于它提供了多样化且成本不高的融资渠道。来自新兴市场的公司往往因为没有合适的融资途径而制约了其扩张的步伐。只有当这些公司进入全球最大的资本市场，拥有大量的债权和股权提供者，它们才足以对其当前的国家或地区之外的市场构成威胁。过去，融资就意味着要面临更高的债务水平以及与之相关的风险，并且要承担更高的杠杆率。

但是这些全球挑战者再次搞定了这个权衡，它们找到了一种方法，按比例增加股权和债务，因此能够在不增加资本结构风险的前提下实现增长。最常见的解决方案通常是在伦敦和纽约获得更多的负担得起的股本。

权衡3：增长 vs. 股息分配。金融理论一直在强调成长型企业和价值型企业为投资者带来的机遇与挑战之间的关键区别。成长型企业通常是规模较小的企业，它们处于初创阶段，基于新技术或者新服务形成独特的商业模式。它们有着巨大的上升潜力，但需要更多的时间、更多的经验和更广的发展空间，最重要的是，需要更多的资本。这些公司的投资者知道企业面临的风险很高，因此，他们的关注点在于资本的预期收益率，而非股息分配率。同时，投资者也知道，这些公司通常是规模非常小的公司，其相应业务的发展能够迅速体现在股价的大幅度波动上。为此，公司必须能够灵活反应，快速处理，而且不能负债累累。

价值型企业是对成熟的或者老字号的、规模较大的、运行良好的全球竞争者的一个礼貌称呼。价值型企业的新业务发展、新市场或者新技术的开拓，很难迅速且明显地反映在股价上。根据代理理论，这些公司的投资者并不相信管理层能够为了收益而去承担很多的风险，因此，他们宁愿公司承担一些人为的财务负担来保证管理层的勤勉。这些财务负担通常是较高的债务水平和不断增长的股息分配率。同时，这两个指标作为重要的财务预警指标，要求管理层对偿还债务的成本和现金流量保持警惕，并且随着时间的推移能够产生足够的盈利来支付股息。

全球挑战者也摆脱了这个权衡，它们提供的股息越来越高，股息收益率也与拥有更强大、稳定的现金流的成熟企业相似。鉴于全球挑战者已经拥有较大的规模和较强的盈利能力，这个权衡是三个权衡中最容易实现的。

持续性问题

许多人仍存有疑问：假设全球挑战者能够克服传统的财务权衡问题，那它们是否能克服来自不同市场的众多企业所带来的战略挑战？正如经济学家所说："所有的这一切都令人印象深刻，但这些权衡已经被解决，似乎不太可信。"⊖

许多新兴市场和迅速发展经济体的分析师认为，这些公司不仅了解新兴市场，而且具备持续的创新能力和稳健的财务体系。还有一些人认为，在这些新兴企业身上，这三个因素更有可能同时发生。然而，很显然，这些新的全球参与者大多来自规模较大的欠发达市场和服务能力不足的市场，这些市场为其快速发展奠定了有力的基础。

⊖ Nipping at Their Heels: Firms from the Developing World Are Rapidly Catching Up with Their Old-World Competitors," *The Economist*, January 22, 2011, p. 80.

许多公司快速部署的战略之一是战略合作、合资，或者换股协议。㊀在每一种形式下，这些公司都获得了竞争优势、全球合作伙伴以及拥有技术和进入市场的机会，而其自身却没有大幅增长。

尽管采用了上述合作方式，但这并没有直接解决一个持续存在的争论，即企业能否以多元化跨国企业集团的形式在不同的市场上成长为不同的企业？尽管这是过去采用的一种策略，但在当今并不完全适用。

讨论题

1. 根据财务准则，这三大权衡是如何相互关联的？
2. 你是否相信这些新兴市场企业已经真正解决了这些权衡问题，或者是它们在目前的发展阶段受益于其他竞争优势？

思考题

1. 开展跨国经营。公司从完全国内经营阶段发展到跨国经营阶段，需要考虑：①公司的竞争优势；②生产地点；③对外国分支机构的管理控制模式；④公司在跨国经营中投入的资金规模。请解释上述四个因素对成功开展跨国经营的重要性。
2. 市场不完善。跨国公司会利用产品市场、生产要素市场或者金融资产市场的不完善来获利，而大型跨国公司能够更好地利用这些不完善。跨国公司的主要竞争优势是什么？
3. 竞争优势。在决定是否进行海外投资时，公司管理层必须首先确定公司是否具有持续的竞争优势，使其能够在国内市场进行有效竞争？请问这种竞争优势有哪些必要的特征？
4. 规模经济和范围经济。请简要解释规模经济和范围经济是如何在生产、营销、财务、研发、物流和采购等阶段中发展的？
5. 国内市场的竞争性。相较于竞争程度较弱的市场，位于高度竞争市场中的公司，其竞争优势更加明显。请解释"国家竞争优势理论"的含义。
6. OLI范式。OLI范式试图建立一个全面的框架，来解释跨国公司为什么选择对外直接投资而非其他模式来进行跨国经营。请分别解释OLI范式中"O""L"和"I"的含义。
7. 公司财务与OLI的关系。财务战略与OLI直接相关。
   （1）请解释主动型财务战略与OLI的关系。
   （2）请解释被动型财务战略与OLI的关系。
8. 投资地点。公司在做出投资地点决策时会受到行为因素的影响。
   （1）解释什么是对外直接投资行为理论。
   （2）解释对外直接投资的国际网络理论。
9. 出口商品模式 vs. 国外生产模式。同国外生产模式相比，出口商品模式有什么优缺点？
10. 许可生产经营和管理合同制 vs. 国外生产模式。同国外生产模式相比，采用许可生产经营和管理合同制有什么优缺点？
11. 合资公司 vs. 全资子公司。同建立全资子公司相比，建立合资公司有什么优缺点？
12. 绿地投资 vs. 并购。同在目标市场并购本地企业相比，采用绿地投资模式进行对外直接投资有什么优缺点？
13. 跨国战略联盟。对于不同人来说，"跨国战略联盟"有不同的含义，请问具体是什么？
14. 治理风险。
    （1）治理风险的含义是什么？
    （2）最重要的一种治理风险是什么？
15. 投资协议。投资协议规定了外国投资者和东道国的权利与义务。请问投资协议中应该包括的主要财务管理方面的政策是什么？
16. 投资保险和担保：海外私人投资公司。
    （1）什么是海外私人投资公司？
    （2）哪些政治风险属于海外私人投资公司

㊀ Big Emerging Market Mergers Create Global Competitors," Gordon Platt, *Global Finance*, July/August 2009.

17. 对外直接投资决策后的经营战略。下面列出的经营战略都可以降低政治风险带来的损害，请具体解释。
    （1）当地采购。
    （2）厂址选择。
    （3）技术控制。
    （4）较低的股权投资比例。
    （5）多渠道借款。
18. 国家层面特有风险。请给出下列术语的定义。
    （1）转移风险。
    （2）资金冻结风险。
19. 资金冻结。阐述公司在面对资金冻结风险时可以采用的策略。
20. 文化与制度风险。请列举除贸易保护主义之外的主要文化与制度风险。
21. 管理文化与制度风险的策略。请说明跨国公司可以采用哪些策略来应对第20题中提到的文化与制度风险。
22. 贸易保护主义。
    （1）定义贸易保护主义，并举出一些有代表性的受保护行业。
    （2）你如何评价对"幼稚产业"进行保护的争论。
23. 应对贸易保护主义。
    （1）一国进行贸易保护所采取的传统方法是什么？
    （2）有哪些主要的非关税贸易壁垒？
    （3）跨国公司应该如何应对东道国的贸易保护？
24. 全球层面特有风险。来源于全球层面的政治风险有哪些？
25. 管理全球层面特有风险。跨国公司应如何应对第24题中的全球层面特有风险？
26. 美国反贿赂法案。美国颁布了反贿赂法案，禁止美国公司对他国政府官员或商界人士实施贿赂，即使在那些贿赂常态化的国家和地区也不允许。一些美国公司声称，这项法案使其在与东道国内企业或其他不受此类法律限制的外国公司的竞争中处于不利地位。请对美国反贿赂法案的道德意义和实用性进行讨论。

第17章

国际资本预算和跨国收购

鲸鱼只有浮出水面时才可能被捕杀，海龟只有在伸出脖子时才能够向前移动，但是投资者无论怎么做都会面临风险。

——查尔斯·A. 贾菲

学习目标

1. 将国内资本预算分析扩展至评估一个新的国外项目。
2. 分析潜在的国外投资时，区分项目视角和母公司视角。
3. 根据风险情况调整国外项目的资本预算。
4. 运用实物期权对现金流折现分析法进行补充。
5. 使用项目融资来评估大型全球项目并提供资金。
6. 了解跨国收购原则。

本章详细描述了投资国外生产性资产时应遵守的原则和可能面临的问题，即国际资本预算。首先，我们描述了对国际项目进行预算的复杂性。其次，通过一个假设案例——墨西哥的西麦斯公司在印度尼西亚进行投资，分别从项目视角和母公司视角详述对项目价值的评估，同时也对实物期权分析进行了尝试。再次，对当前项目融资方法的使用情况进行了探讨。最后是对跨国收购各个阶段的分析。本章包含一个案例研究，Elan与皇家医药公司，这是一起发生在2013年夏天的恶意收购事件。

尽管在国外特定地点进行投资的决策，可能是基于战略、行为和经济上的综合考虑，但具体项目应该是合理的，所有的再投资决策都应该经过传统的财务分析。例如，一个美国公司可能在国外有一个具备高生产效率的投资机会，但是根据现金流折现这种传统分析框架，公司需要综合考虑工厂类型、劳动力和资本的组合、设备类型、融资方法及其他项目变量来做出决策。同时，它还需要考虑此项目对综合净收益、其他国家子公司现金流以及母公司市场价值的影响。

对国外项目的国际资本预算与国内资本预算使用相同的理论框架，但是有几个显著区别。其中，预算的基本步骤如下：

- 识别初始投资额和风险投资额；
- 评估项目存续期的现金流，包括对项目终值和残值的估计；
- 选择适当的折现率来计算未来现金流的现值；
- 使用净现值、内部收益率等传统财务预算指标来确定潜在项目的可接受性及先后次序。

17.1 国际项目预算的复杂性

国际项目的资本预算比国内项目要复杂得多，主要包括以下几方面原因。

（1）要将母公司现金流从项目现金流中区分出来，这两类现金流有助于我们从不同角度分析项目的价值。

（2）母公司现金流通常取决于融资形式，因此我们无法像开展国内资本预算那样，很明确地把现金流从融资决策中独立出来。

（3）新项目为某个国外子公司带来的额外现金流，可能部分或全部来自另外一个子公司。这一结果仅从单个子公司的角度看是有利的，但对集团总现金流的增长没有任何帮助。

（4）由于税收制度差异、法律和政治对资金流动的限制、当地的商业规范，以及金融市场和机构运作方式的不同，母公司必须确认汇款金额。

（5）从子公司到母公司之间的一系列非财务性支付，例如，许可证费用以及向母公司支付的进口货物款项，可以产生现金流。

（6）管理层应当预测不同国家通货膨胀率的差异，因为这有可能导致竞争地位的变化，从而造成一段时期内现金流的波动。

（7）管理层必须对预期之外的汇率变动保持警惕，因为它会直接影响本地现金流的价值，也会对外国子公司的竞争地位产生间接影响。

（8）利用分割的国家资本市场可能会导致额外的资金收益或损失。

（9）运用东道国政府补贴贷款会使资本结构复杂化，并增大了母公司为了贴现的目的确定加权平均资本成本的难度。

（10）管理层必须对政治风险进行评估，因为政治事件会大幅降低预期现金流的价值和可用性。

（11）确定项目的终值非常困难。潜在购买者可能来自东道国、母国或者其他国家，或来自私营企业或公共部门，不同的立场使得它们对收购项目的估值有着较大的分歧。这样，项目的终值更加难以确定。

由于国内外项目使用相同的资本预算框架，因此有一套相同的决策标准至关重要。所有国际项目的复杂性，必须量化为对预期现金流和折现率的修正。尽管很多公司在实践中做出的修正比较随意，但是利用市场上可获取的信息、理论推断或者简单的常识，都会使公司的决策少一些任意性、多一些合理性，从而做出更合理的选择。

17.2 项目视角与母公司视角的估值

从母公司视角分析国际项目有强大的理论支持。母公司现金流最终是向股东分配股利、在世界其他地区再投资、偿还全公司债务。流向母公司和其他子公司的项目现金流大都是融资现金流而非经营现金流，通常，两者的区别并不重要，因为它们几乎是相同的，但在某些情况下，两者之间会出现巨大差别。例如，被永久禁止汇回或者"强制再投资"的资金是不能用来向股东分配股利或者偿还母公司债务的。因此，股东认为这些受限制的盈利并不能提高公司价值，而且债务人在计算利息覆盖率和其他偿债能力指标时，也会忽略这部分资金。

从项目视角进行评估也有一些作用，但应把它排在母公司视角之后。在对与东道国项目相互竞争的外国项目进行评估时，我们必须关注外国项目在当地的收益。对任何项目而言，在东道国政府债券可以自由交易的情况下，项目收益率应当不低于与项目期限相同的东道国政府债券的收益率。东道国政府债券收益率通常代表当地的无风险利率，包含预期通货膨胀率的风险溢价。如果项目的收益率低于政府债券收益率，那么母公司应该选择购买东道国的政府债券而非投资一个风险更大的项目，或者，最好投资于其他地方。

跨国公司只有在同一项目上比本土竞争对手获得更高的风险调整回报时才应该进行投资。如果无法从国外项目中获得更多的收益，股东会倾向于购买当地公司的股票，并让这些公司承揽当地项目。除了这些理论依据之外，对过去35年的情况进行的调查显示，在实践中，跨国公司一直是同时从母公司视角和项目视角对国际项目进行评估的。

众多调查都关注项目收益，这表明最大化报告期内的合并每股净收益是公司的一个重要财务目标。只要国外收益的流动性不受限制，它们就可以与母公司及其他子公司的收益合并计算。正如前面所说，美国企业必须将控股50%以上的外国子公司合并计算。如果股权占比为20%~49%，则为联营公司，在对联营公司进行合并计算时，母公司应当按照其投资比例计算收益。如果股权占比不足20%，通常不必合并计算。即使是临时冻结的资金，一些很成熟的跨国公司也不会将其排除在财务考虑之外，这些公司在寻求国际投资机会时眼光是非常长远的。

如果资金流动受限的国家的再投资收益率不低于母公司的必要收益率（经过预期汇率变化的调整），暂时的转移限制也许对资本预算结果的影响不大，因为项目未来现金流会随着强制再投资产生的收益而增加。由于大型跨国公司的投资项目通常是一系列项目的组合，因此，公司层面的流动性并不会因其中几个项目的资金冻结而被削弱，可以通过选择其他资金来源来满足所有的计划资金需求。另外，从长期的历史角度来看，资金暂时受限并不意味着永远不能汇回。然而，坐等资金限制放开有可能会让人心力交瘁，而且，即使这些受限资金在东道国进行再投资可以在一定程度上保护其真实价值，但价值仍有可能因受限时期的通货膨胀和未预期到的货币贬值而降低。

总之，绝大多数公司更倾向于从母公司和项目两个视角对国外项目进行估值。母公司视角的估值结果与传统的资本预算中净现值的含义更加接近，而项目视角的估值结果可以为合并每股净收益的估值提供参考。所有的调查都表明，合并每股净收益是管理层主要的关注点之一。为了具体说明国际资本预算的复杂性，我们编写了西麦斯公司在印度尼西亚市场进行国际直接投资的案例，并对其进行分析。

17.3 说明性案例：西麦斯进军印度尼西亚⊖

墨西哥的西麦斯公司正打算在印度尼西亚（以下简称"印尼"）苏门答腊岛建造一家水泥制造厂。这个"印尼水泥"（Semen Indonesia，在印尼语中"semen"代表"水泥"）项目是西麦斯公司完全控股的绿地投资项目，总产能预计达到每年2 000万吨。尽管按照亚洲的生产标准该产能是偏高的，但是西麦斯认为，这样的生产规模能够最有效地利用公司最新的水泥生产技术。

西麦斯公司开展该项目有三个主要驱动因素：①公司想在东南亚这个相对较新的市场中占据一席之地；②亚洲基础设施建设的增长潜力和长期发展在更长的时期内对公司是很有利的；③由于印尼卢比在近几年贬值，印尼很有可能发展成一个良好的"加工再出口"地区。

西麦斯作为世界第三大水泥生产商，是一个总部设在新兴市场但在全球范围内展开竞争的跨国公司。公司在全球市场上抢占市场份额和资本。与石油市场等其他商品市场相同，国际水泥市场也采用美元计价。出于这个原因，西麦斯公司与它在德国和瑞士的主要竞争对手不同，它将美元作为功能性货币。

西麦斯的股票在墨西哥和纽约（OTC：CMXSY）挂牌，已经成功地在墨西哥以外的地区筹集到了美元资本，其中包括债务资本和权益资本。随着美元股票换手率在总交易中所占的比例迅速增长，投资者将会更加国际化，因此，西麦斯的成本和资本的可用性也会更加国际化，并将由美元投资者主导。最终，印尼水泥项目的现金流和资本成本也将使用美元进行估值。

17.3.1 项目概览

图17-1详细描述了西麦斯的印尼投资项目的完整的国际资本预算分析流程。从图17-1的左上角开始，母公司投入美元资本，按照顺时针方向，印尼子公司开展建设和运营，随后产生现金流，现金流通过一系列的方式最终以美元的形式流回母公司。首先，要为印尼水泥公司编制一套以印尼卢比计价的财务试算表，下一步，要分别从项目和母公司视角开展两种资本预算。

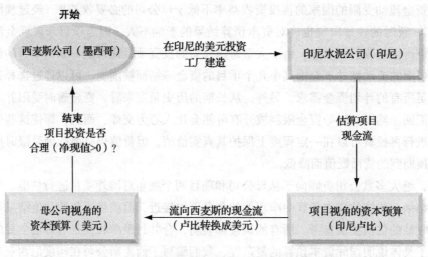

图17-1 印尼投资项目的国际资本预算分析流程

⊖ 西麦斯是真实存在的公司，但是此处描述的绿地投资是虚构的。

印尼水泥项目需要一年时间进行厂房建设，并在建成后的第一年正式投入运营。同时，印尼政府刚刚放松对重工业的管制，允许国外投资者控股国内重工业企业。

以下分析基于这样的假设：在印尼水泥项目持续阶段，卢比兑美元的汇率始终遵循购买力平价理论。这是西麦斯公司对其国外投资做出的一项标准财务假设。

如果我们假设初始的即期汇率为 10 000 卢比/美元，印尼和美国在项目存续阶段的年通货膨胀率分别为 30% 和 3%，那么就可以利用购买力平价计算公式来预测未来的即期汇率。例如，项目第一年的预期即期汇率应为：

$$即期汇率（第一年）= 10\,000\ 卢比/美元 \times \frac{1+30\%}{1+3\%} = 12\,621\ 卢比/美元$$

如表 17-1 至表 17-4 所示的财务报表均基于上述假设。

1. 资本投资

根据目前工业国家的评估，在产能全部发挥的情况下，建造新的水泥制造厂的成本大致为 150 美元/吨，但是西麦斯坚信，它可以在苏门答腊岛以 110 美元/吨的成本建造一个拥有领先的生产技术和先进的装运设备的工厂（见表 17-1）。假设工厂的产能为每年 2 000 万吨，在工厂建设阶段的平均汇率为 10 000 卢比/美元，建造总成本为 22 万亿卢比，这其中包括 17.6 万亿卢比的厂房和设备成本。如果采用直线法进行折旧，假设折旧年限为 10 年，则每年的折旧额为 1.76 万亿卢比。相对较短的折旧期限是印尼税务当局吸引国外投资者的政策之一。

表 17-1 印尼水泥公司项目的投融资情况（如果没有特别标明，金额数字省略了 000）

投资		融资	
平均汇率	10 000 卢比/美元	权益	11 000 000 000
达到最大产能的成本	110 美元/吨	负债：	11 000 000 000
最大产能	20 000 万吨	卢比负债	2 750 000 000
投资额（以美元计价）	2 200 000	美元负债（以卢比计价）	8 250 000 000
投资额（以卢比计价）	22 000 000 000	总计	22 000 000 000
工厂和设备投资占比	80%		
工厂和设备成本（以卢比计价）	17 600 000 000	注：债务本金（以美元计价）	825 000
设备折旧年限	10 年		
年折旧额（以卢比计价）	1 760 000 000		
西麦斯的资本成本			
无风险利率	6.000%	西麦斯的 β 值	1.50
风险溢价	2.000%	权益风险溢价	7.000%
债务成本	8.000%	权益成本	16.500%
企业所得税税率	35.000%	权益比例	60.0%
税后债务成本	5.200%	**加权平均资本成本**	**11.98%**
债务比例	40.0%		
印尼水泥项目的资本成本			
无风险利率	33.000%	印尼水泥项目的 β 值	1.000
风险溢价	2.000%	权益风险溢价	6.000%
卢比债务成本	35.000%	权益成本	40.000%
印尼公司的企业所得税税率	30.000%	权益比例	50.0%

（续）

投资		融资	
税后美元债务成本	5.200%	加权平均资本成本	33.257%
美元债务成本（换算成卢比）	38.835%		
税后美元债务成本（换算成卢比）	27.184%		
债务比例	50.0%		

当美元成本被换算成卢比时，假设购买力平价成立，计算期内美国和印尼的通货膨胀率分别为3%和30%

印尼水泥公司（以卢比计价）	金额	融资占比	资本成本	税后成本	加权成本
卢比负债	2 750 000 000	12.5%	35.000%	24.500%	3.063%
西麦斯负债	8 250 000 000	37.5%	38.835%	27.184%	10.194%
总负债	11 000 000 000	50.0%			
权益	11 000 000 000	50.0%	40.000%	40.000%	20.000%
总融资	22 000 000 000	100.0%		加权平均成本	33.257%

2. 融资

这笔大额投资中有50%来自股权融资，股权资金全部来自西麦斯公司。剩余50%为债权，其中的75%源于西麦斯公司，另外25%来自印尼政府安排的银团贷款。西麦斯公司自身以美元计价的加权平均资本成本预计为11.98%。就这个项目而言，以印尼卢比计价的当地加权平均资本成本预计为33.257%。我们将在本章的后面部分详述。

表17-2清晰地表述了包括偿付计划在内的债务结构。作为推动经济发展规划的一部分，印尼政府提供了期限为8年、年利率为35%、等额分期偿付的卢比贷款，利息费用可以全额抵减应纳税所得额。

表 17-2 印尼水泥公司的偿付计划和汇兑损益

即期汇率（卢比/美元）	10 000	12 621	15 930	20 106	25 376	32 028
项目年度	0	1	2	3	4	5
印尼贷款（单位为100万卢比，年利率为35%，期限8年）						
贷款本金	2 750 000					
利息支付		(962 500)	(928 921)	(883 590)	(822 393)	(739 777)
本金支付		(95 939)	(129 518)	(174 849)	(236 046)	(318 662)
总支付		(1 058 439)	(1 058 439)	(1 058 439)	(1 058 439)	(1 058 439)
西麦斯贷款（单位为100万美元，年利率为10%，期限5年）						
贷款本金	825					
利息支付		(82.50)	(68.99)	(54.12)	(37.77)	(19.78)
本金支付		(135.13)	(148.65)	(163.51)	(179.86)	(197.85)
总支付		(217.63)	(217.63)	(217.63)	(217.63)	(217.63)
分别使用计划汇率和支付时点即期汇率将西麦斯贷款由美元计价转换为卢比计价（单位为100万卢比）：						
计划汇率（10 000卢比/美元）						
利息支付		(825 000)	(689 867)	(541 221)	(377 710)	(197 848)
本金支付		(1 351 329)	(1 486 462)	(1 635 108)	(1 798 619)	(1 978 481)
总支付		(2 176 329)	(2 176 329)	(2 176 329)	(2 176 329)	(2 176 329)
实际汇率（支付时点的即期汇率）						
利息支付		(1 041 262)	(1 098 949)	(1 088 160)	(958 480)	(633 669)
本金支付		(1 705 561)	(2 367 915)	(3 287 494)	(4 564 190)	(6 336 691)

（续）

即期汇率（卢比/美元）	10 000	12 621	15 930	20 106	25 376	32 028
项目年度	0	1	2	3	4	5
总支付		（2 746 823）	（3 466 864）	（4 375 654）	（5 522 670）	（6 970 360）
以卢比计价的西麦斯贷款现金流（单位为100万卢比）						
总的实际现金流	8 250 000	（2 746 823）	（3 466 864）	（4 375 654）	（5 522 670）	（6 970 360）
现金流的内部收益率	38.835%					
西麦斯贷款的汇兑损益（单位为100万卢比）						
利息汇兑损失		（216 262）	（409 082）	（546 940）	（580 770）	（435 821）
本金汇兑损失		（354 232）	（881 453）	（1 652 385）	（2 765 571）	（4 358 210）
总的负债汇兑损失		（570 494）	（1 290 535）	（2 199 325）	（3 346 341）	（4 794 031）

注：西麦斯向印尼子公司提供的贷款是以美元计价的，因此这笔贷款需要用美元而不是用卢比来偿付。当贷款协议达成时，即期汇率为10 000卢比/美元，这是在计算"计划"的本息偿付时使用的汇率。然而，根据购买力平价理论，卢比预期会贬值。因此，由于需要更多的卢比来偿付美元本息，在实际支付时，"实际"汇率会导致汇兑损失。这项贷款的汇兑损失会在印尼水泥公司的损益表中体现出来。

其中，大部分债务资金是由母公司西麦斯提供的，西麦斯将其从财务子公司筹集的资本转借给印尼水泥公司，这笔贷款是以美元计价的，期限为5年，年利率为10%。因为债务要通过印尼水泥公司的卢比收益进行偿付，所以损益试算表中包含了支付美元债务的预期成本。如果卢比和美元之间的汇率遵循购买力平价，那么这笔美元贷款以卢比计价的税前成本为38.835%。我们通过使用卢比全额偿付美元债务的内部收益率可以得到这一结果（见表17-2）。

3. 收益

假设印尼当地的水泥市场由于亚洲金融危机出现萎缩，所有的销售都要依赖出口。那么，预期每年的产量只有2 000万吨产能的40%（即800万吨）。生产的水泥在出口市场上的价格为58美元/吨（到岸价）。同时要注意的是，作为保守的基准分析，我们假设价格没有随时间提高。

4. 成本

1999年，水泥生产的现金成本（人工、原材料、能源等方面的成本）预计为11.5万卢比/吨，随后每年大致按照30%的通货膨胀率递增。第一年的其他生产成本为2万卢比/吨，随后也将按照通货膨胀率增长。由于所有的产品都要出口，因此要将2.00美元/吨的装卸费用和10.00美元/吨的运输费用考虑在内。需要注意的是，这两项成本通常以美元计价，但为了编制印尼水泥公司的损益表，需要把它们转换成以卢比计价。这两项成本会按照美元通货膨胀率（3%）增加。

表17-3是印尼水泥公司的利润表，这是衡量任何来源的业务收益的传统财务报表。假设第一年的产能利用率为40%，第二年为50%，以后各年均为60%，管理层认为做这种假设是必要的，因为印尼国内现存的水泥生产商此时的产能利用率均值为40%。

表17-3 印尼水泥公司利润表[⊖]

即期汇率（卢比/美元）	10 000	12 621	15 930	20 106	25 376	32 028
项目年度	0	1	2	3	4	5
销售量		8.00	10.00	12.00	12.00	12.00

⊖ 表中数据皆为原书数据。

(续)

即期汇率（卢比/美元）	10 000	12 621	15 930	20 106	25 376	32 028
项目年度	0	1	2	3	4	5
售价（以美元计价）		58.00	58.00	58.00	58.00	58.00
售价（以卢比计价）		732 039	923 933	1 166 128	1 471 813	1 857 627
总收入		5 856 311	9 239 325	13 993 541	17 661 751	22 291 530
减 现金成本		(920 000)	(1 495 000)	(2 332 200)	(3 031 860)	(3 941 418)
减 其他生产成本		(160 000)	(260 000)	(405 600)	(527 280)	(685 464)
减 装卸费用		(201 942)	(328 155)	(511 922)	(665 499)	(865 149)
减 运输费用		(1 009 709)	(1 640 777)	(2 559 612)	(3 327 495)	(4 325 744)
总生产成本		(2 291 650)	(3 723 932)	(5 809 334)	(7 552 134)	(9 817 774)
总毛利		3 564 660	5 515 393	8 184 207	10 109 617	12 473 756
总毛利率		60.9%	59.7%	58.5%	57.2%	56.0%
减 许可证费		(117 126)	(184 787)	(279 871)	(353 235)	(445 831)
减 综合行政管理费		(468 505)	(831 539)	(1 399 354)	(1 942 793)	(2 674 984)
息税折旧及摊销前利润（EBITDA）		2 979 029	4 499 067	6 504 982	7 813 589	9 352 941
减 折旧和摊销		(1 760 000)	(1 760 000)	(1 760 000)	(1 760 000)	(1 760 000)
息税前利润（EBIT）		1 219 029	2 739 067	4 744 982	6 053 589	7 592 941
减 西麦斯负债利息		(825 000)	(689 867)	(541 221)	(377 710)	(197 848)
减 负债的汇兑损失		(570 494)	(1 290 535)	(2 199 325)	(3 346 341)	(4 794 031)
减 当地负债利息		(962 500)	(928 921)	(883 590)	(822 393)	(739 777)
税前利润（EBT）		(1 138 965)	(170 256)	1 120 846	1 507 145	1 861 285
减 所得税（30%）		—	—	—	(395 631)	(558 386)
净利润		(1 138 965)	(170 256)	1 120 846	1 111 514	1 302 900
净利润（100 万美元）		(90)	(11)	56	44	41
销售利润率		−19.4%	−1.8%	8.0%	6.3%	5.8%
利润分配		—	—	560 423	555 757	651 450
留存收益		(1 138 965)	(170 256)	560 423	555 757	651 450

注：EBITDA=计入利息、税收、折旧、摊销金额前的利润；EBIT=计入利息、税收金额前的利润；EBT=税前利润。当年损失产生的税额抵减可以递延至下一年支付税款之时。由于第一年净利润为负，因此没有分配股利，2000～2003 年，股利支付率为 50%。所有的计算结果都是准确的，但是由于报告中小数点的位置和取整的情况，加起来有可能不太精确。由于之前年度递延下来的税额抵减，第三年的税额为 0，第四年的税率不到 30%。表中数据除了特殊说明，金额单位均为 100 万卢比。

当年损失产生的税额抵减可以递延到下一年支付税款之时。由于第一年净利润为负，因此没有分配股利。2000～2003 年，股利支付率为 50%。

利润表中的额外费用支出包括子公司向母公司支付的许可证费（为销售收入的 2.0%），以及为了使印尼项目正常运营而产生的每年 8.0% 的综合行政管理费（每年增长 1%）。汇兑损益源于偿付母公司提供的以美元计价的贷款，数值与表 17-2 底部的数值一致。总体来看，子公司的经营利润随着产能利用率的增加而增长，在其运营的第四年（2000 年）由负转正。

17.3.2 项目视角的资本预算

表 17-4 是从项目视角对印尼水泥项目进行的资本预算。我们通过对如下变量加总：息税折旧及摊销前利润（EBITDA）、重新计算的税收、净营运资本的变化（为了支持销售增长

而必须维持的应收账款、存货、应付账款水平之外的账户余额加总）和资本投资，得出净现金流，即通常所说的自由现金流。

表 17-4　印尼水泥公司的资本预算：项目视角

（金额单位：100 万卢比）

即期汇率（卢比/美元）	10 000	12 621	15 930	20 106	25 376	32 028
项目年度	0	1	2	3	4	5
息税前利润（EBIT）		1 219 029	2 739 067	4 744 982	6 053 589	7 592 941
减　税收重计差额（30%）		(365 709)	(821 720)	(1 423 495)	(1 816 077)	(2 277 882)
加　折旧摊销		1 760 000	1 760 000	1 760 000	1 760 000	1 760 000
净经营现金流		2 613 320	3 677 347	5 081 487	5 997 512	7 075 059
减　净营运资本的变化		(240 670)	(139 028)	(195 379)	(150 748)	(190 265)
初始投资	(22 000 000)					
项目终值						21 274 102
自由现金流	(22 000 000)	2 372 650	3 538 319	4 886 109	5 846 764	28 158 896
净现值（折现率33.257%）	(7 606 313)					
内部收益率（IRR）	19.1%					

注：折现率为印尼水泥公司 33.257% 的加权平均资本成本。IRR = 内部收益率，即使项目净现值为 0 的折现率。表中的数据是准确的，四舍五入到最接近的"百万"。

需要注意的是，资本预算中使用的是息税前利润（EBIT），而不是包含折旧和利息的税前利润（EBT）。折旧和摊销属于非现金支出，因此必须被加回，从而贡献了正的现金流。资本预算中需要计算现金流的现值，折现率包括债务成本（即利率），而我们并不希望在现金流和折现率中对债务的利率因素重复考虑。因此，税金应在 EBITDA 的基础上重新计算。⊖在该计算中，公司用来折现的资本成本也考虑了债务利息的抵减效应。

22 万亿卢比是初始营运资本。尽管印尼水泥行业的平均应收账款周转天数为 50～55 天，存货平均周转天数为 65～70 天，但印尼水泥行业的应付账款和贸易信用的周转天数也相对较长，大约为 114 天。随着销售的增长，印尼水泥公司预期它的投资周转天数大致将增加 15 天。同时，我们还需要两个要素来完成项目视角的资本预算，即项目终值和 33.257% 的折现率（公司的加权平均资本成本）。

项目终值

项目终值代表水泥制造设备在第五年，也就是表 17-4 中的最后一年后的持续价值。与金融理论中所有资产的价值一样，这一价值是该资产预期未来产生的所有自由现金流的现值。我们通过把印尼水泥公司的永续净经营性现金流（NOCF）折现得到其终值。计算时的关键指标如下：公司在第五年产生的净经营性现金流、净经营性现金流的预期增长率（g）以及公司的加权平均资本成本（k_{WACC}）。

$$项目终值 = \frac{NOCF_5(1+g)}{k_{WACC}-g} = \frac{7\,075\,059 \times (1+0)}{0.332\,57 - 0} = 21\,274\,102\text{（百万卢比）}$$

⊖ 这是利润表和资本预算的一个重要区别，利润表编制过程中考虑了利息费用和预期汇兑损失，公司前两年净利润为负，因此不需要支付所得税。但是建立在 EBITDA 基础上的资本预算并没有包含这些融资费用和汇兑损失，所以得到了一个正的税收支付额。

即约21.274万亿卢比。这里假设 $g = 0$，也就是说，净经营性现金流5年之后不再增长。虽然不一定是真实情况，但由于预测期非常长，西麦斯需要保守估计未来现金流。项目视角的资本预算结果显示，项目的净现值为负，与33.257%的资本成本相比，内部收益率仅为18.6%。这是项目可以为当地投资者带来的以卢比计价的收益。显然，从项目视角来看，这项投资不应该进行。

17.3.3 将现金汇回西麦斯

表17-5展示了印尼的预计投资项目可以向西麦斯贡献的所有增量收益。正如在"项目视角与母公司视角的估值"中所描述的那样，一个外国投资者对项目收益的评估取决于其实际取得的以本币计价的现金流。对于西麦斯公司而言，这就意味着它必须对项目持续期内的税后美元现金流的流入和流出以适当的资本成本折现，以此来衡量该项投资。

表17-5 印尼水泥公司的资金汇回和资本预算：母公司视角

（金额单位：100万卢比或100万美元）

即期汇率（卢比/美元）	10 000	12 621	15 930	20 106	25 376	32 028
项目年度	0	1	2	3	4	5
汇回的股利						
收到的股利（以卢比计价）		—	—	560 423	555 757	651 450
减　预扣税款		—	—	(84 063)	(83 364)	(97 717)
净股利汇回（以卢比计价）		—	—	476 360	472 393	553 732
净股利汇回（以美元计价）		—	—	23.69	18.62	17.29
汇回的许可证费						
收到的许可证费（以卢比计价）		117 126	184 787	279 871	353 235	445 831
减　预扣税		(5 856)	(9 239)	(13 994)	(17 662)	(22 292)
净许可证费汇回（以卢比计价）		111 270	175 547	265 877	335 573	423 539
净许可证费汇回（以美元计价）		8.82	11.02	13.22	13.22	13.22
汇回的债务本息						
收到的承诺利息（以美元计价）		82.50	68.99	54.12	37.77	19.78
减　预扣税额（10%）		(8.25)	(6.90)	(5.41)	(3.78)	(1.98)
净利息汇回（以美元计价）		74.25	62.09	48.71	33.99	17.81
本金汇回（以美元计价）		135.13	148.65	163.51	179.86	197.85
本息总额（以美元计价）		209.38	210.73	212.22	213.86	215.65
资本预算：母公司视角（单位：100万美元）						
股利收入		—	—	23.7	18.6	17.3
许可证费收入		8.8	11.0	13.2	13.2	13.2
债务本息收入		209.4	210.7	212.2	213.9	215.7
总收入		218.2	221.8	249.1	245.7	246.2
初始投资	(1 925.0)					
项目终值						664.2
自由现金流	(1 925.0)	218.2	221.8	249.1	245.7	910.4
净现值（折现率为17.98%）	(903.9)					
内部收益率	−1.12%					

注：公司用以计算净现值的折现率为：加权平均资本成本＋国外投资风险溢价，即11.98% + 6.00% = 17.98%。

我们分两步从母公司视角进行资本预算。

第一步，根据印尼政府的规定将税额进行预扣除调整，并将剩余现金流转换为美元后独立出来（国际资金转移的法定预扣税率取决于双边税收协定，但是单个公司有可能通过与政府税务机关谈判来降低税率。在印尼水泥项目的案例中，股利的预扣税率为 15%，利息支付为 10%，许可证费为 5%）。由于这些汇回的收益在印尼已经交过税，因此墨西哥政府不再对其征税。正如第 14 章所述，美国确实对来源于国外的汇回收入征收了所得税。

第二步，母公司视角的资本预算将会站在西麦斯的立场，综合考虑美元税后现金流和初始投资额来计算该项目的净现值。表 17-5 展示了该预计投资项目可以向西麦斯贡献的所有增量收益。这种母公司视角资本预算的特殊之处是初始投资额仅包括西麦斯自身投入的 19.25 亿美元（11 亿美元的股本投入和 8.25 亿美元的贷款），并不包括 2.75 万亿卢比（2.75 亿美元）的印尼贷款。

17.3.4 母公司视角的资本预算

最终，正如表 17-5 所示，母公司视角的资本预算包含了所有的预测现金流。印尼水泥公司在运营中产生的现金流均是以税后的美元计价的，包括股利、许可证费、债务偿还和项目终值。

为了对汇回母公司的现金流进行估值，西麦斯必须按照公司的资本成本率进行折现。由于西麦斯把美元作为它的功能性货币，因此使用美元来度量其资本成本。正如第 12 章所述，加权平均资本成本的一般计算公式为：

$$k_{wacc} = k_e \frac{E}{V} + k_d (1-t) \frac{D}{V}$$

式中，k_e——风险调整后的股权成本；

k_d——税前债务成本；

t——边际税率；

E——公司股权市值；

D——公司债务市值；

V——公司股票总市值 ($E+D$)。

西麦斯的股权成本可以用资本资产定价模型来计算：

$$k_e = k_{rf} + (k_m - k_{rf}) \beta_{西麦斯} = 6.00\% + (13.00\% - 6.00\%) \times 1.5 = 16.50\%$$

式中 k_e——风险调整后的股权成本；

k_{rf}——无风险利率（美国中期国库券的收益率）；

k_m——美国股票市场预期收益率（大盘股收益率）；

$\beta_{西麦斯}$——西麦斯自身风险对市场风险的敏感度。

在该计算中，假设当前的无风险利率为 6.00%，美国股票市场的预期收益率为 13.00%，西麦斯公司的 β 值为 1.5，计算结果显示的股权成本，即西麦斯股权投资的必要收益率为 16.50%。

这项投资将会在母公司内部进行融资，其资本结构与公司自身一致，即 40% 的债务和 60% 的股权。西麦斯公司当下的债务成本为 8.00%，有效的税率为 35%，当把股权成本和其

他组成部分结合起来考虑时,就得到了西麦斯公司的加权平均资本成本:

$$k_{wacc} = k_e\frac{E}{V} + k_d(1-t)\frac{D}{V} = 16.50\% \times 60\% + 8.00\% \times (1-35\%) \times 40\% = 11.98\%$$

一般情况下,西麦斯公司会按照加权平均资本成本,即 11.98% 对未来现金流进行折现,以评估潜在项目的收益率。然而,该印尼投资项目还包含了一系列正常情况下国内项目中不存在的其他风险。

如果西麦斯投资项目的风险水平与公司本身大体相同,那么 11.98% 的折现率是恰当的。然而,西麦斯的通常做法是:在计算国内新建投资项目的价值时,要增加 3% 的资本成本溢价。对于国际项目,这一数额则为 6%(这些都是公司要求的溢价,并且这些溢价在不同公司之间也会存在很大差异)。因此,印尼水泥公司流回西麦斯的现金流对应的折现率为 11.98% + 6%,即 17.98%。根据项目基准分析的结果,投资项目净现值为负,内部收益率为 –1.12%。这说明,从母公司视角来看,该项投资是不可行的。

大部分公司要求新项目的收益率要高于投入的资本成本,因此为了甄选能够在账面上增加股东收益的潜在项目,要求超出资本成本 3%~6% 的必要报酬率溢价是常见的。净现值为 0,意味着投资是可接受的,但是净现值大于 0 仅表明财富的现值预期会增加公司和股东的价值。正如前面所说的,对于国外项目,我们必须根据代理成本、汇率风险和成本对资本成本进行调整。

17.3.5 项目视角的敏感性分析

截至目前,项目调查小组为预测收益率做了一系列的"最大似然估计",现在需要对最有可能出现的结果进行敏感性分析。在度量收益率对政治风险和外汇风险的敏感性以及对经营风险与财务风险的敏感性时,使用的概率方法是相同的。与预测他们更为熟悉的经营风险和财务风险相比,很多决策者认为没有必要来猜测他们不熟悉的政治和外汇风险发生的可能性。因此,他们通常的做法是通过在一系列假设情景中模拟项目净现值和收益的变化,来分析其对政治和汇率风险的敏感性。

1. 政治风险

如果印尼政府对向西麦斯支付的股息和许可证费用施加限制,会产生什么后果?从西麦斯的角度来看,受限资金对收益率的影响取决于资金受限的时间、受限资金的机会成本以及资金被允许汇回西麦斯的时间。我们可以对受限资金做出多种场景假设,并参照表 17-5 那样对现金流进行分析,从而发现其对西麦斯收益率的影响。

如果印尼政府征用印尼水泥公司,会产生什么影响?影响将主要取决于以下几个因素:
- 征用是在印尼水泥公司开始运营后第几年发生的?
- 印尼政府支付的补偿金的额度,以及西麦斯在征用后多久才能收到这些补偿金?
- 当征用发生时,公司还有多少对印尼债权人的未清偿债务?作为担保人的母公司西麦斯,是否要偿付这些债务?
- 征用对税收的影响。
- 是否忽略未来现金流。

许多征用最终都会对之前的所有者进行一定形式的补偿。补偿或者来自与东道国政府的协商，或者来自母国政府的政治风险保额赔付。通过协商达成协议需要时间，而且最终的补偿有时会在未来更长一段时间内分期支付。因此，补偿金的现值通常会比名义价值低很多，而且，大多数关于补偿金的协商是基于征用发生时公司的账面价值而非市值。

征用对税收的影响取决于墨西哥政府所确定的资本损失的时间和数额。损失数额的确定通常是基于印尼投资项目未得到补偿部分的账面价值。问题在于，出于税收目的的冲销发生的时间并不确定，尤其是在谈判拖延了很长时间的情况下。从某种角度来看，完全没有补偿希望的征用，比拖延很久的谈判导致公司"失血过多而死"的情况要略好一些。例如，20世纪60年代初发生在古巴的事件，前一种情况意味着收益与损失的一次性冲销，从而使税盾作用及早发挥。后一种情况则意味着连续多年收益递减，而法律和其他方面的成本依然发生，没有收到减税的效果。

2. 外汇风险

项目调查组根据购买力平价理论预测印尼卢比兑美元汇率的贬值率（根据基准分析，年均贬值率约为20.767%）。如果印尼卢比的贬值速度比预测得更快，会怎样？尽管它将使得未来汇回现金流的美元价值更低，但仍然有必要对营运风险敞口进行分析，进而确定更廉价的卢比是否能够增加印尼水泥公司的竞争力。例如，由于印尼水泥公司向中国台湾地区的出口是以美元计价的，卢比兑美元贬值就会使出口销售的卢比收入增加，这在一定程度上抵消了印尼水泥公司从母公司购买进口组件而产生的汇兑损失。当今有许多公司都与印尼水泥公司采用相似的财务策略，它们的现金流入和流出均以外汇计价，采取部分自然对冲来应对汇率变动带来的风险。

如果卢比兑美元升值又会如何呢？我们需要进行与上述分析相同的营运风险敞口分析。在该案例中，我们预测它可能会对公司在印尼当地的销售收入以及向西麦斯支付的股利和许可证费用等转换为美元后的价值有积极影响。然而，值得注意的是，卢比的升值可能导致印尼水泥公司在印尼国内与其他国家公司之间的竞争加剧。这些公司的成本结构目前较低，从而可能减少印尼水泥公司的销售收入。

3. 其他敏感性变量

以下因素也可能影响西麦斯公司的项目收益率：项目预期终值、产能利用率、印尼水泥公司支付的许可证费用金额、项目初始成本的规模、在当地筹集的营运资本的金额以及墨西哥和印尼两国的税率等。由于西麦斯能够控制其中一部分变量，因此，印尼水泥项目对公司的价值仍有可能提高，并成为可被接受的项目。

17.3.6 母公司视角的敏感性分析

当从母公司视角分析国外项目时，源自"国外"位置的额外风险可以用两种方法来衡量：调整折现率或者调整现金流。

1. 调整折现率

第一种方法是把所有的国外风险都看作同质的，通过调整国内项目的折现率来得到适用于国外项目的折现率，从而反映国外项目中所包含的更高的外汇风险、政治风险、代理成本、信息不对称以及在运营中可能产生的其他不确定性。然而，调整折现率适用于国外项目以反映这些不确定性，并不能使项目的净现值与实际在险价值或风险随时间变化所导致的价值波动成比例地变化。另外，把所有的风险统一归入折现率中，还有可能使我们忽略与未来不确定性相关的更多信息。

以外汇风险为例，由于经营风险的存在，汇率的变化对未来现金流会有潜在的影响。由于产品销售地和原材料采购地的差异，汇率的影响方向也会存在差异，有可能减少，也有可能增加净现金流入。提高适用于国外项目的折现率是基于外币比预期贬值幅度更大的假设，但它忽略了外币贬值对提高项目的竞争地位产生的有利影响。贬值导致的销售量的增加有可能抵消当地货币价值的降低，最终带来销售收入的增加。提高折现率这种处理方法，还有可能忽略外币升值的可能性（双边风险）。

2. 调整现金流

第二种方法，我们通过调整预期现金流将国外风险包含在内，同国内项目一样，国外项目折现率的风险调整只针对整体业务与财务风险，而现金流的评估则是通过情景模拟分析完成的，即预测项目在不同的经济环境中所产生的能够流向母公司的现金流。

至于未来国外投资项目产生现金流的时间和金额的确定性，就像莎士比亚所描述的"梦想的东西"那样不切实际。由于主要投资项目中经济因素的复杂性，分析师必须要清楚地意识到预测现金流是具有主观性的，因此，进行审慎分析是很有价值的。

3. 两种方法的缺陷

然而，在很多案例中，调整折现率或调整现金流都不是最优的方法。例如，政治不确定性会对整个项目产生威胁，而不仅仅是年均现金流。潜在的损失部分取决于母公司投资中未收回部分的终值，而该终值又取决于项目的融资方式、是否获得政治风险保障以及投资期限的确定。此外，如果预测政治环境即将恶化，那么任何投资项目都是不可行的。政治不确定性通常与更远的将来可能发生的不利事件有关。然而，这在当前是不可预测的。因此，根据政治风险来调整折现率，有可能使近期现金流现值的预测值小于实际值，而远期现金流现值与之相反。

4. 投资者的反应

除了预期的政治风险和外汇风险之外，跨国公司有时还有这样的顾虑，即在国外开展项目投资可能会提高公司整体的资本成本，原因是投资者认为国外投资存在风险。如果一个公司最近几年在伊拉克、伊朗、塞尔维亚或者阿富汗有大量投资，这种担心就不无道理。但是，如果国外投资项目位于加拿大、西欧、澳大利亚、拉丁美洲和亚洲等有大量国际直接投资的地方，投资种类多并且分布均衡，那么这种担忧就不足为虑了。这些国家和地区用相同的标准对待国外投资项目，而且实证证明，位于这些国家和地区的投资项目不会增加母公司的资本成本。事实上，有些研究还表明，投资者在这些项目上的必要收益率有可能低于国内项目。

5. 跨国公司实践

过去35年对跨国公司的研究调查显示，它们中有一半采用的是调整折现率法，另一半采用的是调整现金流法。近期一项调查显示，更多的公司开始采用调整折现率法。然而，该调查同时发现，在评估国外项目时开始更多地采用多因素方法进行分析，包括调整折现率、

调整现金流、实物期权分析和定性分析等。㊀

17.3.7 组合风险分析

金融领域中的风险可以分为两类：①单一证券风险（预期收益率的标准差）；②作为证券组合的一部分的单一证券风险（β 值）。为了进入当地市场而开展的国际投资，即市场寻求型投资的收益率与当地市场的收益率或多或少有些关系，因此采用基于组合的方法来评价项目的发展前景是比较合适的。而资源寻求型和产品寻求型的国外投资的收益率往往与母公司和其他地区子公司的收益有关，与当地市场收益率关系不大。西麦斯在印尼水泥项目中的投资既是市场寻求型的，也是产品寻求型的（以出口销售为目的），因此，公司用哪种方法来评估这项可能的国外投资，也许是它需要做出的最重要的分析决策，因为不同的标准对项目的可行性会产生显著的不同的影响。

当与东道国当地公司进行比较时，我们应该忽略项目的实际融资能力或者受母公司影响的融资能力。因为对于当地投资者和跨国公司所有者而言，这些能力可能不同。另外，项目对于当地投资者的风险也许与国外的跨国公司感知到的风险是不同的，因为后者有机会利用市场的不完善来获利，而且，当地的投资项目有可能是跨国公司国际分散化投资组合项目中的一个，而当地投资者进行该项投资，它可能要独立承担风险，很难发挥国际分散化投资的优势。由于分散化可以降低风险，因此跨国公司就可以比当地投资者要求更低的收益率。

所以，项目在当地使用的折现率取决于当地独立的投资者拥有该项目时所要求的收益率。综上，用当地折现率对项目产生的现金流进行折现只是粗略地衡量了印尼水泥公司作为独立的当地企业的价值，而不是绝对估值。

17.3.8 实物期权分析

长久以来，包括印尼水泥项目估值在内的众多资本预算及估值所使用的未来现金流折现的方法，都存在一些争议。与公司目前的业务活动相比，那些期限长、未来几年现金流回报或风险水平更高的投资项目，往往被传统现金流折现分析法（DCF）所拒绝。更重要的是，当跨国公司评价竞争性项目时，现金流折现分析法不能将某一投资项目可能提供的战略选择考虑在内，这就引出了实物期权分析法。实物期权分析是期权理论在资本预算决策中的应用。

实物期权是考虑投资价值的另一个思路。它的核心是结合了决策树分析和纯粹的期权估值。当管理者需要根据投资目标在决策时点做出不同的选择并且各个选择对项目价值的影响有显著的差异时，这种分析方法非常适用。这种广泛的潜在结果是实物期权理论的核心。这些价值跨度被称为波动性，而波动性是期权定价理论的基本要素。

实物期权估值能够让我们进行一系列的管理决策分析，这些决策实际上是许多资本投资项目的特征，主要包括：
- 是否延期的选择；
- 是否放弃的选择；
- 是否改变生产能力的选择；

㊀ Tom Keck, Eric Levengood, and Al Longield, "Using Discounted Cash Flow Analysis in an International Setting: A Survey of Issues in Modeling the Cost of Capital," *Journal of Applied Corporate Finance*, Vol. 11, No. 3, Fall 1998, pp. 82–99.

- 是否开业或停业（转换业务）的选择。

实物期权分析是从积极的角度来看待现金流的未来价值，而现金流折现分析则是从消极的角度来看待未来现金流（对未来现金流打了折扣）。实物期权分析非常适用于期限很长或在将来某个日期才开始投资的项目，它在很长一段时间内通过收集信息来支持投资决策的行为。管理层通过积极（主动寻找）和消极（观察市场情况）的方式来寻求信息、了解情况，之后，利用其掌握的内容做出更好的决策。

17.4 项目融资

国际金融当今的热点之一就是项目融资。项目融资是对长期资本项目的融资安排，这些项目规模大、期限长、风险通常也比较高。然而，项目融资是一个非常宽泛的概念，因为很多形式和结构都可以归属于这个定义。

项目融资并不是新事物，它可以追溯到几个世纪之前，并且早期应用在很多著名的国际企业的运营中。例如荷兰东印度公司和英国东印度公司，这些进口商以每次航运为一个项目单位，为亚洲风险贸易进行融资，这使每次航运的融资成为相互独立的风险投资。当货物顺利返回并向地中海和欧洲地区成功出售后，投资者就会得到相应的回报。如果一切顺利，投资于该航运的投资者会一次性收到全部款项。

如今，项目融资被跨国公司广泛运用于中国、印度以及其他新兴市场的大型基础设施建设项目中。尽管每个项目都有各自的特点，但是它们中的绝大多数都是高杠杆交易，债务融资占总融资额的 60% 以上。出于以下两个原因，股权融资在项目中所占的比例很小。首先，项目的投资规模较大，单一投资者甚至联合投资者通常无力为其提供融资；其次，很多项目通常都包括政府出资，例如发电厂、堤坝、高速公路的建设，以及资源的开发、生产和分配。

然而，如此高水平的负债为偿付带来了很大的现金流压力。因此，项目融资通常要包含可以降低风险水平的其他措施，以使项目债权人确信其到期可以偿付从而进行投资。银行家不是天然的企业家，也不会从项目融资中分享企业回报。一些基本特征对项目融资的成功至关重要。

17.4.1 项目相对于投资者的可分离性

项目是独立的法人实体，它独立于投资者自身的法律和经济责任。这不仅保护了权益投资者的财产，也为债权人衡量该单一项目的风险提供了一个可控的平台。项目具备以自身产生的现金流来偿付所有债务的能力，从而确保了债务的到期还本付息将完全由该项目自动完成，而不是取决于跨国公司内部管理层的决策。

17.4.2 期限长、资本密集型的单一项目

该单一项目不仅应该可分离，与所有者的财务资源成比例，而且在建设、运营与规模（生产能力）方面也要有自己独立的业务范围。项目规模是最初确定的，在项目期限内几乎不会改变。

17.4.3 第三方承诺使现金流具有可预测性

油田或发电厂生产同质的产品，如果有一个确定的第三方提供担保和支付承诺，则可以

产生可预测的现金流。另外，项目通常会使用附带通货膨胀价格调整条款的长期供应合同，来控制一段时间内生产中的非财务成本，从而确保利润是能够预测的。长期合同中净现金流入的可预测性消除了该类项目中大部分的经营风险，从而在资本结构中债务融资占比较高的情况下仍然可以避免财务困境。

项目收入流的可预测性对保证项目融资至关重要。为了确保有足够的现金流，合同条款中通常会包括以下内容：项目产出的数量和质量；能够保证项目在支付营运成本和偿付债务后有可预测利润的产品定价公式；明确说明允许合同发生巨大变化的情形，例如不可抗力或者发生逆转的经营状况。

17.4.4 项目具有确定期限

即使是长期投资，项目也必须有一个明确的结束时点，在该时点所有的债务和权益都会被偿付。由于项目是独立投资，其现金流直接用于支付资本成本，而不是进行成长性的再投资或投资于其他项目，因此各种类型的投资者都需要这样的保证，即项目的收益会在有限的期限内支付。在这类项目中没有资本增值，只有现金流。

一些在过去 30 年中得以开展的最大型的投资都是项目融资的案例，比如英国石油公司对北海的投资，以及跨阿拉斯加输油管工程。后者是由俄亥俄州标准石油公司、大西洋富地公司、埃克森石油公司、英国石油公司、美孚石油公司、菲利普斯石油公司、联合石油公司和阿美公司合资经营的。每个项目都耗资 10 亿美元以上，这是任何一个单独公司都难以承担的资本支出。然而，通过合资经营就能够管理资本中高于正常水平的风险。

17.5　跨国兼并和跨国收购

正如图 17-2 中所展示的，企业开展跨国并购（兼并和收购）活动的驱动因素包括宏观方面的全球竞争环境，以及微观方面能够推动企业价值上升的行业和企业层面的因素。全球竞争环境变化的主要因素包括技术变革、监管变革以及资本市场变革，这些都为跨国公司提供了新的商机，而这正是它们所积极追寻的。

图 17-2　企业开展跨国并购活动的驱动因素

全球竞争环境是个体参与竞争的基础，为竞争提供了土壤。跨国公司基于各种驱动因素进行跨国兼并和收购。正如图17-2所示，这些驱动因素都是跨国公司的战略选择，目的是捍卫和提升其全球竞争力。

不同于绿地投资，跨国收购具有许多显著的优势。首先，也是最基本的，跨国收购周期短。绿地投资通常会需要较长的时间进行实体建设和组织架构发展，而通过收购现有公司，跨国公司缩短了开展业务、提升公司在市场上的竞争力的时间。其次，收购也许是跨国公司获得竞争优势的一种经济有效的方式，例如获得技术、目标市场中的品牌价值以及物流和分销优势，同时消除本地竞争对手。最后，就跨国收购而言，国际经济、政治和外汇环境可能会导致市场不完善，从而使目标公司价值被低估。

然而，跨国收购也是存在缺陷的。与所有的收购一样，无论是国内收购或者跨国收购，都存在支付费用过多或融资成本过高的问题。企业文化的融合也可能会带来冲突。收购后管理的显著特征就是缩小规模，使得公司在管理上获得规模经济和范围经济。同时，当员工试图保住自己的工作时，也会对公司产生非生产性的影响。在国际上，如果东道国政府对定价、融资、就业保障、市场细分进行干预，以及存在常见的民族主义和偏见，就会进一步加大收购的难度。事实上，跨国公司能否成功完成跨国收购，也是对其进入新兴市场能力的考验。

17.5.1 跨国收购流程

尽管金融领域有时把跨国收购视为估值问题，但它比简单地确定要支付的价格更为复杂，内容也更为丰富。如图17-3所示，该流程的起点正是之前所述的战略驱动因素。

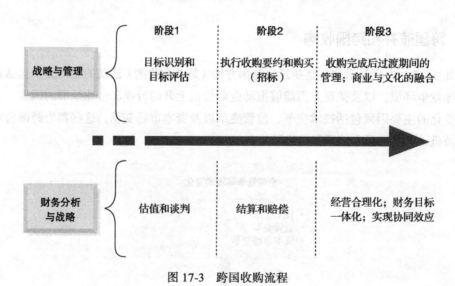

图17-3 跨国收购流程

在全球任何地方完成收购，其流程都有三个共同点：①目标识别和目标评估；②执行收购要约和购买（招标）；③收购完成后过渡期间的管理。

1. 阶段1：目标识别和目标评估

识别潜在的收购目标需要明确的企业战略和重点。

目标市场的识别要先于目标公司的识别。选择进入高度发达的市场，就有机会选择公开交易的公司,这些公司拥有相对明确的市场以及公开披露的财务和经营数据。在这种情况下,尽管目标公司管理层可能会建议其股东拒绝收购要约,但要约收购仍然是公开进行的。如果有足够多的股东接受要约,那么收购公司就有可能获得足够多的所有权影响力或者控制权来改变目标公司的管理。在这个相互博弈的过程中,目标公司董事会应继续采取与保护股东权利相一致的措施。董事会可能需要在此过程中对管理层进行强有力的监督,以确保管理层的行为与保护和建立股东价值相一致。

目标识别完成后,就开始目标评估环节。在当今的全球商业行为中,各种估值技术被广泛应用,每种技术都有其优点。除了现金流折现分析模型和乘数定价模型外,还有针对特定行业的方法,这些方法关注业务环节中最重要的价值要素。完成对目标公司的各种替代性估值,不仅有助于收购公司更全面地了解完成交易必须支付的价格,而且有助于确定价格是否具有吸引力。

2. 阶段2:执行收购要约和购买(招标)

一旦确定了收购目标,并完成了目标估值,就可以进入获批环节。从获得管理层的批准和目标公司的所有权到获得政府监管机构的批准,再到最终确定补偿方案,就是收购战略的完整执行过程。这个过程会非常耗时并且操作复杂。

获得目标公司的批准,一直以来都是商业史上一些最著名的收购交易的亮点。这里的关键点在于,收购能否得到目标公司管理层的支持。

尽管可能不是"典型交易",但许多收购通过友好的方式进行得相对顺利。收购公司接近目标公司的管理层,努力说服他们相信收购业务的逻辑(获得他们的支持有时是困难的,但是向目标公司管理层保证他们不会被换掉,通常是非常具有说服力的)。如果获得了目标公司管理层的支持,那么他们就会建议股东接受收购公司的要约。在这个阶段,偶尔会出现的一个问题是,具有影响力的股东可能原则上或者基于价格原因反对收购要约,由此可能认为管理层没有采取适当的措施来保护和建立股东价值。

当目标公司管理层不支持收购时,收购过程就会呈现出截然不同的状态,这就是所谓的恶意收购。收购公司可以选择在没有获得目标公司支持的情况下,直接向目标股东进行收购。在这种情况下,要约收购是公开的。尽管目标公司管理层可能会建议其股东拒绝收购要约,但如果有足够多的股东接受要约,收购公司可能会获得足够多的股权影响力或控制权以改变管理。在这个相互博弈的过程中,目标公司董事会将继续采取与保护股东权利相一致的措施,正如在阶段1中,董事会可能需要在此过程中对管理层进行强有力的监督,以确保管理层的行为与保护和建立股东价值相一致。

监管机构可能是交易执行的主要障碍。如果收购涉及一家被认为对国家安全至关重要的行业的公司,或者有人担心合并会导致垄断和反竞争,那么收购可能需要获得监管机构的严格审批。

霍尼韦尔国际公司(由霍尼韦尔美国公司和美国联合信号公司合并而成)2001年拟被通用电气(美国)收购案,就是监管机构关于行业批准的一个分水岭事件。通用电气在获得了公司管理层、股东以及美国监管机构的批准后,开始着手寻求欧盟内部的批准。但时任通用电气CEO兼总裁杰克·韦尔奇没有预料到的是,合并遭到了欧盟当局的强烈反对。欧盟不断要求出售合并公司内的特定业务以减少反竞争效应,韦尔奇认为资产变现将破坏收购带来的大部分增值收益,因此撤回了收购申请。这个案例对随后几年的跨国并购影响深远,因为来自欧盟这样强大的经济体监管当局的阻力可能就预示着监管力度和范围的变化。

跨国收购阶段 2 的最后一步,即补偿结算,就是向目标公司股东支付价款。收购价款通常以收购公司的股份或者现金的形式进行支付。如果需要交换股票,一般需要确定收购公司与目标公司股份交换的比例(例如,两股收购公司的股票交换三股目标公司股票),并且交换股票,股东通常是不交税的,因为在非税交易中,所有权的份额只是被其他股份代替了而已。

如果以现金形式支付,这与股东在公开市场出售股票是一致的,会产生资本损失或收益(在收购情况下希望是收益)以及税务负担。由于边际税率的存在,股东更愿意采取股份交换方式,以方便他们选择是否以及何时产生税务支出。

支付形式取决于各种因素,包括现金的可得性、收购规模、收购的友好程度以及收购公司和目标公司的相对估值。在该阶段,可能出现的最具破坏性的力量之一是监管延迟及其对两家公司股价的影响。如果监管机构的批准时间拖得过长,股价下跌的风险就会增加,并可能会改变交换股票的吸引力。

3. 阶段 3:收购完成后过渡期间的管理

尽管投资银行的工作主要集中在收购交易的估值和招标环节,但收购完成后过渡期间的管理可能才是收购交易三个阶段中决定成败的关键。收购公司前期支付的金额可能会过低或者过高,但如果收购后没有进行有效管理,就会导致丧失全部的投资回报。收购后管理是交易动机得以实现的阶段,例如更加有效的管理、新组合产生的协同效应,或是以先前无法达成的成本和效率进行注资,这些行为都必须在交易后进行有效实施。然而,最大的障碍通常是企业文化的融合。

企业文化和个性的冲突既是跨国收购面临的最大的风险,也是最大的潜在收益。虽然不像市盈率或者股票溢价那样容易衡量,但是最终这个价值要么符合利益相关者的预期,要么背离其预期。

17.5.2 跨国收购中的外汇风险

跨国收购业务的开展给跨国公司带来了许多具有挑战性的外汇风险和风险敞口。如图 17-4 所示,随着招标和谈判过程在招标、融资、交易(结算)以及运营阶段的演变,任何与跨国收购相关的外汇风险都会发生变化。

与跨国收购各个阶段相关的时间和信息方面的各种风险,都会增加外汇风险管理的难度。如图 17-4 所示,随着跨国收购各个阶段的完成以及合同和协议的达成,与各阶段相关的不确定性会随时间的推移而减少。

初始投标如果以外币计价,则会给投标人带来或有外汇风险。随着谈判的开展、监管要求和批准的获得以及竞争性投标人的出现,这种或有外汇风险会逐渐增加。尽管存在各种对冲策略,但购买外汇看涨期权是最简单的一种方式。期权的名义本金是估计的买价,但从保守型策略来说,其到期日可能会比投标展期、监管和谈判迟延所需的时间长很多。

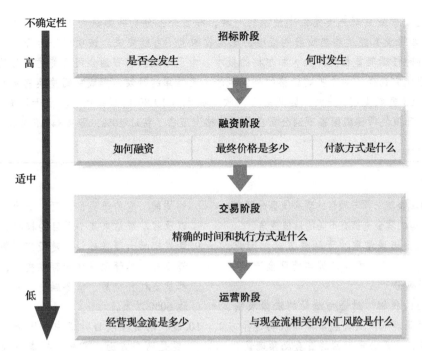

图 17-4 跨国收购中的外汇风险和风险敞口

一旦投标人成功赢得收购,风险就会从或有外汇风险转变为交易风险。尽管交易结算的确切时间仍存在许多不确定性,但汇率风险发生的可能性在很大程度上已经被消除。接下来,就可以使用远期合约和外汇期权的组合来管理与跨国收购相关的汇率风险。

当收购完成后,风险主体从跨国公司转变为跨国公司的全资境外子公司,跨国收购的外汇风险和风险敞口也从基于交易的现金流风险敞口转变为跨国公司结构的一部分,因而从那时起就成为跨国公司经营风险的一部分。与跨国公司的外汇风险管理一样,时间就是跨国公司最大的敌人。然而,正如国际金融实务 17-1 所示,事情并非总朝着最坏的方向发展。

国际金融实务 17-1

挪威国家石油公司收购瑞典埃索公司

挪威国家石油公司于 1986 年收购了瑞典埃索公司(埃森克美孚的全资子公司),这是历史上最具有挑战性的跨国收购案例之一。首先,挪威国家石油公司是挪威的国营石油公司,因此,这是一家国营企业对另一个国家的私营企业进行的收购。其次,如果收购完成,拟议中的融资将会增加瑞典埃索公司的偿债义务(包括本金和利息的偿还),从而会降低公司未来多年在瑞典的税务负担。因此,这种跨国交易的特点可以描述为瑞典政府向挪威政府进行的价值转移。

由于投标、谈判以及监管审批期限存在延长的可能,因此交易的外汇风险较高且范围较广。挪威国家石油公司是挪威的一家石油公司,其计价基础是挪威克朗(NOK)。由于全球石油行业是以美元计价的,因此美元也是这家公司的功能性货币。瑞典埃索公司虽然是一家瑞典公司,但它是美国跨国公司埃克森美孚的全资子公司,其最终的投标出价以及现金结算均是以美元计价的。

1985 年 3 月 26 日,挪威国家石油公司和埃森克美孚达成协议,同意以 2.6 亿美元的价格出售瑞典埃索公司,或者以当时 9.5 挪威克朗/美元的汇率兑换成 24.7 亿挪威克朗(假如按照当今的标准,这是挪威克朗兑美元汇率最低的一次,许多外汇分析师都认为美元在当时被严重高估了)。但是如果没有经过瑞典政府的批准,此次收购也不可能完成。该项程序历经9个月,最终还需要获得时任瑞典首相奥洛夫·帕尔梅的批准。由于挪威国家石油公司将美元视为其真正的经营货币,因此它选择不对冲收购价格的外汇风险,到结算的时候,挪威克朗兑换美元的汇率已经升值,为7.65挪威克朗/美元,因此最后的收购成本为19.89亿挪威克朗。由于没有采用对冲,挪威克朗的升值使得挪威国家石油公司在购买价格上节省了将近20%,即4.841亿克朗。

本章小结

1. 母公司的现金流必须与项目的现金流区分开来,这两种类型的现金流都有不同的估值视角。
2. 母公司现金流通常取决于融资方式,因此,不能像国内项目资本预算那样将现金流与融资决策明确分开。
3. 由于不同的税制、对资金流动的法律限制、当地的商业规范以及金融市场和机构运作方式的差异,向母公司汇回的资金必须确认。
4. 从子公司流向母公司的现金流可以通过一系列非财务性支付,包括支付许可费和从母公司进口产品等。
5. 通货膨胀率对竞争力有着重要影响,从而在一段时间内会引起现金流的变化,因此必须对不同国家的通货膨胀率进行预测。
6. 从项目视角对国外项目进行分析时,对风险的分析应侧重于敏感性分析,以及与项目执行有关的外汇风险和政治风险分析。
7. 当从母公司视角对国外项目进行分析时,至少可以通过两种方式对国外风险进行衡量,这两种方式是调整贴现率和调整现金流。
8. 实物期权是一种完全不同的投资价值分析方式。它的核心是决策树分析同期权定价之间的均衡,它给予我们迟延、放弃、调整规模以及启动或结束某个项目的权利。
9. 新兴市场大型基础设施建设广泛使用项目融资方式。尽管项目之间存在差异,但大多数都是高杠杆交易,债务融资占总融资的比例达60%以上。
10. 股权融资在项目融资中占比很小,原因主要是两个方面。首先,投资范围单一,很难吸引个人投资者甚至集合投资者;其次,这类项目中众多的投资主体都涉及政府,例如发电厂建设、堤坝建设、高速公路建设,以及资源开发、生产和分配等。
11. 世界上所有的企业收购都有三个共同点:①目标识别和目标评估;②执行收购要约和购买(招标);③收购完成后过渡期间的管理。
12. 跨国收购在最终结算时需要获得管理层、股东以及监管机构的批准与合作。
13. 跨国兼并、收购和战略联盟都面临着相似的挑战:它们必须根据目标公司在市场上的预期表现来评估企业价值,在评估过程中要充分考虑战略、管理以及财务等各项因素。

案例研究

Elan 与皇家医药公司[⊖]

我们同 Elan(ELN)共存了很长时间。我们一直很欣赏它的技术及其科学家们。有时,我们讨厌它之前的管理层,或者是任何把它从上升的科学(特别是神经科学)城堡变成了濒临破产的公司的人,所有有价值的东西都难以维持它的生存需要。当时,是药物 Tysabri 的出现拯救了它,它在治疗复发缓解型多发性硬化症方面是首屈一指的。我们确信这种药物就

⊖ Copyright © 2014 Thunderbird School of Global Management. All rights reserved. This case was prepared by Professor Michael H. Moffett for the purpose of classroom discussion only.

像亚伦之杖，会吞噬所有的恶魔。
——《百健艾迪公司为 Tysabri 支付了 32.5 亿美元：我们是离开还是留下？》
Seeking Alpha，2013 年 2 月 6 日

Elan 的股东（Elan 公司，在纽交所的股票代码为 ELN）当时面临着艰难的选择。Elan 的管理层向股东提出的四条建议，均是为了保护自己免受来自非上市公司皇家医药公司（美国）的恶意收购。如果股东投票支持四项举措中的任何一项，都将阻止皇家医药公司的收购，从而使 Elan 得以保持独立，并继续遭受一个近年来没有给公司带来信心的管理团队的控制。所有的选票必须在 2013 年 6 月 16 日 24 点前提交。

玩家们

Elan 公司是一家总部位于爱尔兰都柏林的全球生物制药公司。Elan 专注于治疗神经疾病药品的研发和销售，包括阿尔兹海默症、帕金森症、多发性硬化症和克罗恩症等自身免疫性疾病。但随着时间的推移，该公司已将其大部分业务分拆、抛售或者关停。到 2013 年的春天，Elan 成了一家只有两项资产的公司：一大笔现金和对 Tysabri 的永久性收益权。Tysabri 是一种药物，用于治疗多发性硬化症，是由 Elan 与百健艾迪公司共同研发的。

Elan 问题的解决方案是将其对 Tysabri 的产权转让给合作伙伴百健艾迪公司。2013 年 2 月，Elan 将其对 Tysabri 50% 的产权出售给百健艾迪公司，以换取 32.9 亿美元的现金以及对 Tysabri 的永久性收益权。在这之前，Elan 仅基于其对 Tysabri 50% 的产权获得收益，但专利收益权协议的签署是基于 100% 的产权资产。专利收益权是一种阶梯式的费率结构，第一年为全年销售额的 12%，之后每年均为 18%。当全球销售额超过 20 亿美元时，特许权使用费将增加至销售额的 25%。

Elan 在 2013 年 2 月签订的销售协议的墨水还没干，就有美国的一家私营公司——皇家医药公司与其接洽。该公司表示愿意以每股 11 美元的价格收购 Elan。Elan 公开确认了该提案，并表示会考虑该提案以及其他可能的战略选择。

皇家医药公司（RP）是一家私人控股公司（由私募股权公司持有），它的盈利模式是收购已经面市的或处于研发后期的医药产品的收益权。它的商业模式允许这些知识产权的所有者将其收益权货币化，以寻求其他的业务发展机会。皇家医药公司也接受这样的风险，即它为资产收益权支付的价格实际上会随着时间的推移而增加。皇家医药公司拥有的是收益权，它既不经营，也不营销。

2013 年 3 月，厌倦了等待的皇家医药公司迫不及待地直接向 Elan 的股东发表声明，鼓励他们接受皇家医药公司以每股 11 美元的价格收购 Elan 公司的提案。随后，Elan 对皇家医药公司进行了回应，称其提案为"有条件的和机会主义的"。

Elan 的防守

Elan 的领导层面临着来自股东的巨大压力，他们需要向股东解释为何现在不应该将股份转让给皇家医药公司。5 月，Elan 开始详细阐述一系列重新定位公司的举措。展望未来，Elan 描述了四项极为复杂的战略方案，目的是实现公司多元化发展，以超越现有的两种资产组合。Elan 公司目前正处于拟被收购的要约期，根据爱尔兰《证券法》的规定，Elan 公司的四项战略方案均需获得股东的批准。但是，这从一开始就被认为是难以实现的，公众会认为这些措施仅仅是为了阻止收购。

皇家医药公司向 Elan 的股东发表了公开信，对 Elan 的管理层是否能够真正实现股东利益最大化提出了质疑。随后，皇家医药公司又将其要约收购价格提升至每股 12.5 美元，并附带或有价值权（CVR）。或有价值权意味着如果 Tysabri 的销售额能达到目标，那么每股收购价将额外增加 2.5 美元。这项或有价值权要求截至 2015 年 Tysabri 的销售额需达到 26 亿美元，到 2017 年达到 31 亿美元，同时，皇家医药公司也明确表示，如果股东批准了管理层提出的四项战略方案，那么收购要约将会失效。

价值之争

截至 2013 年 5 月，Elan 拥有 17.87 亿美元的现金、对 Tysabri 的收益权、少量有市场

前景的渠道产品以及每年 1 亿～2 亿美元的管理费收入。Elan 的管理层希望可以充分利用现金以及每年的收益权收入来开拓新的业务，但是，皇家医药公司只想在收购 Elan 后获得现金和收益权，然后关停 Elan。

Elan 价值之争的核心就在于 Tysabri 这项收益权的价值，这意味着需要对其未来 10 年的销售额进行预测。图 17-5 展示了皇家医药公司对销售额提出的质疑，它指出 Elan 对自己的价值选择性高估了，而皇家医药公司的最新报价是基于"华尔街共识"（一家来自华尔街的投行机构）的数字。

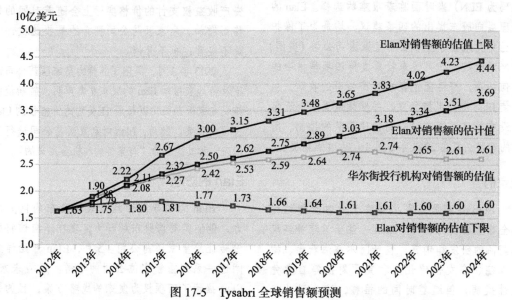

图 17-5　Tysabri 全球销售额预测

资料来源："Royalty Pharma's Response to Elan's Tysabri Valuation," Royalty Pharma, May 31, 2013, p. 4.

预测生物技术产品的收益权收入与预测任何其他产品的销售收入没有什么不同，其中，售价、竞争、监管、政策、持续变化的人口以及社会环境都会对其未来的全球销售量产生影响。也就是说，有一系列需要关注的因素。

首先，Tysabri 专利在 2020 年到期（最初的专利申请是在 2000 年）。皇家医药公司所推崇的"华尔街共识"预测 2020 年 Tysabri 的全年销售额将达到峰值 27.4 亿美元。在接下来的几年里，销售额将会持续下滑。其次，具有竞争力的产品已经进入市场。春天，百健艾迪公司终于获得了美国药物管理局（FDA）的批准，可以口服治疗复发缓解型多发性硬化症，而且，这还仅仅是即将上市的几种新疗法中的一种。皇家医药公司指出，过去两个季度新患者人数增量下降，对 Tysabri 未来销售额的激进的预测可能是不切实际的。

综合上述以及其他原因，皇家医药公司辩称，保守的销售额预测对股东的决定——是采纳管理层的战略方案还是接受皇家医药公司的报价至关重要。如表 17-6 所示，皇家医药公司基于保守的销售额预测对 Elan 进行了估值，评估基于以下七个关键假设：

- Tysabri 所能实现的全球销售额是估值的最高水平，这是基于"华尔街共识"预测的；
- Elan 的营业费用将保持相对平稳，从 2013 年 7 500 万美元的水平逐年增加 1%～2%；
- 到 2017 年，Elan 的净经营亏损以及爱尔兰公司的合并将其有效税率降至每年 1%，随后，其爱尔兰公司的税率仍然较低，维持在每年 12.5% 的水平；
- 在 2017 年专利到期之前，每年的折现率为 7.5%，之后会上升至 10%；
- 永续价值（终值）的计算基于 2024 年的收入，假设折现率为 12%，并以 2% 或 4% 的年增长率来计算，因为 Tysabri 的销售额在未来会下降；
- 根据 Elan 的最新消息，截止到 2013 年 5 月 29 日，其已发行的股票总数为 5.18 亿股；
- 根据 Elan 的最新消息，其全部货币资产为 17.87 亿美元。

表 17-6 对 Elan 估值：Tysabri 的未来收益权收入及现金流

百万美元	利率	2012年实际值	2013	2014	2015	2016	2017	2018	2019	2020	2021	2022	2023	2024
全球销售额		1 631	1 884	2 082	2 266	2 418	2 530	2 591	2 643	2 742	2 744	2 653	2 609	2 611
年均增长率			15.5%	10.5%	8.8%	6.7%	4.6%	2.4%	2.0%	3.7%	0.1%	-3.3%	-1.7%	0.1%
收益权收益	18%													
≤20亿美元	25%		151	360	360	360	360	360	360	360	360	360	360	360
>20亿美元				21	67	105	133	148	161	186	186	163	152	153
合计			151	381	427	465	493	508	521	546	546	523	512	513
支出			(75)	(77)	(78)	(80)	(81)	(83)	(84)	(86)	(88)	(90)	(91)	(93)
税前收入			76	304	349	385	412	425	437	460	458	433	421	420
减税额	1%		(1)	(3)	(3)	(4)	(4)	(53)	(55)	(57)	(57)	(54)	(53)	(52)
净收入			75	300	345	381	407	372	382	402	401	379	369	367
WACC	12.5%		7.5%	7.5%	7.5%	7.5%	7.5%	7.5%	7.5%	10.0%	10.0%	10.0%	10.0%	10.0%
折现系数			1.000 0	0.932 0	0.865 3	0.805 0	0.748 8	0.696 6	0.648 0	0.513 2	0.466 5	0.424 1	0.385 5	0.350 5
净收入现值			75	280	299	306	305	259	248	206	187	161	142	129
永续价值	-2%													2 999
折现系数														0.350 5
永续值现值														1 051

	合计	每股(美元)	占比
净现值(累计)	3 647 美元		
流通股(百万)	518		
每股总价值		7.04 美元	
现金	1 787	3.45	
每股现金价值		3.45	
每股合计价值		10.49	

永续增长率(2%)	合计	每股(美元)	占比
折现值(2013~2020)	1 977	3.82	54.2%
折现值(2021~2024)	619	1.19	17.0%
永续价值(2024年后)	1 051	2.03	28.8%
Tysabri 价值合计	3 647	7.04	100.0%
现金	1 787	3.45	
Elan 价值合计	5 434	10.49	

永续增长率(4%)	合计	每股	占比
折现值(2013~2020)	1 977	3.82	56.8%
折现值(2021~2024)	619	1.19	17.8%
永续价值(2024年后)	883	1.70	25.4%
Tysabri 价值合计	3 479	6.72	100.0%
现金	1 787	3.45	
Elan 价值合计	5 266	10.17	

注：根据2013年5月29日"皇家医药公司对Elan公司Tysabri估值的回应"，前12个月支付的收益权费率为12%，永续价值（终值）的计算假设净收入按照2%永续增长，并按照10%贴现。假设截至2013年5月29日，已发行的5.18亿股票与Elan公司所述相同，Elan的税前亏损结转将至2017年的1%。从2018年开始，收益权收入的税率为12.5%。皇家医药公司认为，Tysabri的专利权到期后，加权平均资本成本从2020年开始由7.5%增至10.0%。

基于终值可能会下滑的假设，最终的基础估值为每股10.49美元或者10.17美元。在大多数估值中，总销售额是所有未来预计现金流的最大的单一驱动因素。预计5.18亿股的出售，是Elan在2013年5月中旬之前大量股票回购计划的结果。需要注意的是，皇家医药公司十分明确地将总估值拆分为三个部分：①专利期内；②专利到期后；③永续价值。它认为，在专利到期后，Tysabri的销售风险将会显著提高。

市场估值。在收到皇家医药公司收购要约的前一个交易日，Elan的股价为每股11美元。在接下来的交易日中，市场会考虑像皇家医药公司这样的收购者的有效报价以及收购的概率。Elan在2013年1~6月的股价波动如图17-6所示。

图17-6　Elan公司的股价（2013年1月2日~6月12日）

Elan的管理层已经将其提议交给了股东，他们希望采取的一系列举措必须得到股东的批准。临时股东大会将于6月17日（星期一）举行，届时，将会公布股东投票结果（所有投票截止到前一个星期五）。

在临时股东大会召开前，这场博弈就已经完全被公开了，用一位记者的话说"这是非常愚蠢的"。在《金融时报》的一篇社论中，Elan的一位前董事会成员杰克·舒勒说道："我对凯利·马丁（Elan的CEO）以及其他董事会成员能够为股东利益着想没有任何信心，我希望股东们能够意识到他们唯一的选择是将公司出售给出价最高的人。"Elan的现任非执行董事长随后回应道："我注意到，自舒勒先生离职后，Elan的股价已经翻了3倍，董事会和管理层持续专注于创造价值，并将继续为股东利益最大化服务。"

股东们必须尽快做出决定。

讨论题

1. 根据图17-5中Tysabri的预计销售额，以及表17-6中的现金流折现模型，你认为Elan的价值应当是多少？
2. 你认为在对Elan进行估值时还有什么其他

需要考虑的因素？
3. 你对股东的建议是什么？是同意管理层提出的反对皇家医药公司的要约，还是拒绝管理层的提议，从而有可能促进皇家医药公司要约的实现？

思考题

1. **资本预算的理论框架。** 国外项目资本预算的理论框架与国内项目相同，那么国内项目资本预算的基本步骤是什么？
2. **国外项目的复杂性。** 国外项目的资本预算相比国内项目来说要复杂得多，造成这种复杂性的因素是什么？
3. **项目视角和母公司视角的价值评估。**
   （1）为什么需要从项目和母公司两个视角对项目进行估值？
   （2）两种视角中的哪一种与传统资本预算中的净现值方法给出的结果比较一致？
   （3）两种视角中的哪一种给出的结果与对合并每股净收益产生的影响比较一致？
4. **现金流。** 资本项目既能产生经营现金流，也能产生融资现金流。为什么国内项目的资本预算中重点关注经营现金流，而国际项目重点关注融资现金流？
5. **风险调整后收益。** 拟议的国外项目的预期内部收益率应该与下列收益率相比吗？
   （1）母国其他可替代项目的收益率。
   （2）当地同行业或面临同风险的公司在项目中的收益率。
   （3）以上两者。请给出答案，并说明理由。
6. **禁止汇回现金流。** 在对国外投资项目进行评估时，跨国公司应该如何评估被东道国政府禁止汇回母公司所在国的现金流？
7. **东道国通货膨胀。** 跨国公司应该如何将东道国的通货膨胀因素纳入其对项目的估值中。
8. **权益成本。** 一个国外子公司没有独立的资本成本，然而为了计算可比较的东道国当地公司的折现率，分析师应通过计算得到假设的资本成本。作为这一过程的一部分，分析师可以用传统的公式来估算子公司的代理股权成本。定义公式中每一个变量的含义，并说明与跨国公司相比，东道国当地公司以上变量的数值有何不同。
9. **分析视角。** 项目视角分析和母公司视角分析中所使用的现金流有何不同？
10. **外汇风险。** 外汇风险的敏感性因素是如何包含在国外项目的资本预算分析中的？
11. **征用风险。** 征用风险是如何包含在国外项目的资本预算分析中的？
12. **实物期权分析。** 实物期权分析是什么？与传统的资本预算理论相比，它怎样帮助公司做出更好的投资决策？

练习题

1. **Natural Mosaic。** 美国的Natural Mosaic公司正在考虑向印度投资5 000万卢比来建造一个独资瓷砖制造厂，其产品主要向欧洲市场出口。5年之后，该子公司将以1亿卢比的价格卖给印度投资者。下表为印度业务的利润表，预计每年将产生700万卢比的现金流，具体计算见下表。

（单位：卢比）

年销售收入	30 000 000
减 现金营运支出	(17 000 000)
总收入	13 000 000
减 折旧额	(1 000 000)

（续）

息税前利润	12 000 000
减 印度税收额（税率50%）	(6 000 000)
净利润	6 000 000
加 折旧额	1 000 000
年现金流	7 000 000

初始投资发生在2011年12月31日，现金流发生时点确定为之后每年的12月31日。印度子公司75%的会计收益将作为费城复合材料公司的年现金红利。

美国和印度的公司所得税税率分别为40%与50%。因为印度的税率比美国高，所以汇回费城复合材料公司的红利在美国不用重复交税，最终出售时免交资本利得税。费城复合材料公司在国内项目中使用的加权平均资本成本为14%，但对于该印度投资项目，加权平均资本成本会在此基础上提高6%以应对更大的风险。下表是费城复合材料公司对未来6年的12月31日卢比对美元汇率的预计值：

年份	汇率	年份	汇率
2011	50 卢比/美元	2014	62 卢比/美元
2012	54 卢比/美元	2015	66 卢比/美元
2013	58 卢比/美元	2016	70 卢比/美元

该项目的净现值和内部收益率各是多少？

2. 格雷诺耶物业。美国格雷诺耶物业公司预期将在未来3年内收到来自其法国合资公司的现金红利。第一笔红利将要在2011年12月31日支付，预计为72万欧元。在接下来的两年中，红利的年预期增长率为10%。2010年12月31日的即期汇率为1.360 3 美元/欧元。格雷诺耶物业公司的加权平均资本成本为12%。

（1）如果预计欧元兑美元每年升值4%，欧元红利现金流的预期现值是多少？

（2）如果预计欧元兑美元每年贬值3%，欧元红利现金流的预期现值是多少？

3. 洪都拉斯的Carambola公司。Slinger Wayne是美国的一家私募股权公司，正在考虑向洪都拉斯的Carambola工具生产商提供投资额。Slinger Wayne预计Carambola在2012年将产生1 300万洪都拉斯伦皮拉的自由现金流，而且该自由现金流将会以每年8%的固定增长率持续增长。

但是，像Slinger Wayne这样的私募股权公司，并不打算长期经营一家公司。它计划在第三年底以Carambola当年自由现金流10倍左右的价格卖掉该公司。当期的即期汇率为14.8伦皮拉/美元，但与美国2%的通货膨胀率相比，洪都拉斯的年预期通货膨胀率高达16%。Slinger Wayne对Carambola这类国际投资要求的收益率至少为每年20%。

（1）如果伦皮拉在之后3年的投资期中币值保持稳定，那么Carambola的价值是多少？

（2）根据购买力平价理论，如果伦皮拉的价值随时间变化，那么Carambola的价值是多少？

4. 南美Finisterra。南美Finisterra公司位于墨西哥的下加利福尼亚州，生产速冻食品，在美国加利福尼亚州和亚利桑那州很受欢迎。为了更贴近美国市场，Finisterra公司考虑将部分生产转移到南加利福尼亚州。在加利福尼亚州的运营开始于项目的第一年，并有下列特征：

条件假设	金额
第一年产品销售单价	5美元
年均价格增长率	3%
第1年产销量	100万美元
年单位销售额增长率	10%
第一年的产品生产成本	4美元
年均生产成本增长率	4%
年综合行政管理费用	10万美元
年折旧费	80 000美元
加权平均资本成本	16%
折现率	20%

加利福尼亚工厂将其80%的账面利润以年现金股利的形式汇回Finisterra公司。墨西哥政府对国外公司的红利汇回加总计税，并允许抵免在东道国已经支付的税收。Finisterra在第一年至多应该在项目上投入多少美元？

5. Doohicky设备。Doohicky设备公司是一家给个人电脑设计零部件的公司。到目前为止，其零部件制造部分已经分包给其他公司，但是出于质量控制的原因，Doohicky公司决定在亚洲自己制造零件。通过分析，公司将选择范围限制为两种可能性：马来西亚的槟榔屿和菲律宾的马尼拉。目前，只有预计税后现金流的数额是可得的。虽然大多数经营现金流是以马来西亚林吉特或者菲律宾比索的形式流出的，但一些额外的美元现金流出是必需的，如下表所示：

预计现金流（税后）——槟榔屿子公司	2012	2013	2014	2015	2016	2017
净现金流（林吉特）	（26 000）	8 000	6 800	7 400	9 200	10 000
美元现金流出	—	（100）	（120）	（150）	（150）	—
预计现金流（税后）——马尼拉子公司						
净现金流（比索）	（56 000）	19 000	18 000	20 000	21 000	20 000
美元现金流出	—	（100）	（200）	（300）	（400）	—

马来西亚林吉特兑美元的汇率为3.8林吉特/美元，菲律宾比索兑美元的汇率为50比索/美元。Doohicky公司预计马来西亚林吉特兑美元的汇率将按每年2%的速率升值，菲律宾比索按照每年5%的速率贬值。假如Doohicky公司加权平均资本成本为14%，哪个子公司更具优势？

6. Wenceslas炼油公司。Wenceslas炼油公司是一家私营公司，正考虑在捷克投资一家更接近欧洲顾客的公司。该公司在捷克投资的初始投资额为2.5亿捷克克朗，按照即期汇率32.5克朗/美元换算，即为500万美元。这笔初始投资将全部用于购买固定资产，并在未来10年中采取直线法折旧。另外，还需要增加1亿克朗用于营运资本。

基于资本预算的目的，Wenceslas假定在第3年年底出售时是持续经营的，出售价格为税后固定资产的账面价值（不包含营运资本），并假设所有的自由现金流能够尽快汇回美国。在对该企业进行评估时，现金流预测如下表所示：

假设	第0年	第1年	第2年	第3年
初始投资（捷克克朗）	250 000 000			
即期汇率（克朗/美元）	32.5	30	27.5	25
单位需求量		700 000	900 000	1 000 000
单价		10 美元	10.3 美元	10.6 美元
固定现金营业费用		1 000 000 美元	1 030 000 美元	1 060 000 美元
折旧		500 000 美元	5 00 000 美元	500 000 美元
营运资本投资（捷克克朗）	100 000 000			

可变制造成本预计为销售额的50%。在此期间，不需要向美国子公司投入额外的资金。捷克对资金的汇入没有任何限制。捷克公司的税率为25%，美国公司的税率为40%，两个国家都允许对其他国家缴纳的税收进行税收抵免。Wenceslas的平均加权资本成本为18%，公司的目标为实现现值最大化。那么这项投资对于Wenceslas公司来说有吸引力吗？

7. Hermosa Beach元件公司（美国）

根据以下信息回答问题（1）~（4）。

位于加利福尼亚州的Hermosa Beach元件公司，每年出口24 000套低密度灯泡到阿根廷，它的进口许可证在5年内将会失效。灯泡在阿根廷的销售收入以阿根廷比索计价，兑换为美元后，相当于每套60美元。在美国，该产品的直接制造成本和运输费用总共为每套40美元。这种灯泡在阿根廷的市场是相对稳定的，既不会增长也不会收缩，并且Hermosa在市场中占据绝对优势。

阿根廷政府邀请Hermosa开设一家灯泡生产企业，这样就可以利用本地制造代替进口。如果Hermosa进行这项投资，可以在运营5年后将建筑物和设备按照账面净值加上净营运资本出售给阿根廷的投资者（净营运资本为流动资产减去当地债务融资额）。同时，当地政府允许Hermosa将每年的净收入和折旧基金汇回美国。Hermosa按照传统以美元对所有的国外投资进行了评估。

投资。Hermosa以美元计价的2012年预期现金流出为：

	（单位：美元）
建筑物和设备	1 000 000
净营运资本	1 000 000
总投资	2 000 000

所有投资现金流将于2012年投出，并且所有营运现金流将发生在2013年年底至2017年年底。

折旧和投资回收。建筑物和设备在未来5年里按照直线法计提折旧。在第5年年末，100万美元的净营运资金也将被汇回美国，这可能是工厂的剩余账面净值。

灯泡的售价。本地制造的灯泡将以阿根廷比索的形式卖出，相当于每套60美元。

每套灯泡的制造成本。原材料如下：

在阿根廷购买的原材料	20美元/套
从美国赫莫萨海滩进口的原材料	10美元/套
总可变成本	30美元/套

转移价格。母公司出售的原材料转移价格为10美元/套，包括5美元的直接和间接费用，以及为Hermosa Beach带来的5美元税前利润。

税收。阿根廷和美国的企业所得税税率为40%。无论在阿根廷还是美国，阿根廷子公司的销售不征收资本利得税。

折现率。Hermosa按照15%的折现率评估所有的国内外项目。

(1) Hermosa：基准分析。评估Hermosa在阿根廷的投资。Hermosa的管理层希望以美元计价进行基准分析（隐含的假设是汇率在项目的整个生命周期内保持稳定）。分别创建项目视角的资本预算和母公司视角的资本预算。你能从你的分析中得出什么结论？

(2) Hermosa：收入增长模拟。根据问题(1)的分析结果，Hermosa希望探究能使年销售量增加4%的影响因素。阿根廷的通货膨胀率预计平均每年为5%，所以销售价格和原材料成本将分别以每年7%与6%的增长率增长，这是合理的。尽管阿根廷的原材料成本预期会增长，但未来5年内美国的原材料成本预期不会发生变化。从项目视角和母公司视角对该项方案进行评估，是否可以接受收入增长模拟情景下的该方案？

(3) Hermosa：收入增长和销售价格模拟。除了问题(2)中采用的假设外，Hermosa还希望评估这个项目在第5年年末以阿根廷分公司利润数倍的价格进行出售的前景。Hermosa认为6倍是当时公司市场价值的保守估计。请从项目视角和母公司视角的资本预算进行评估。

(4) Hermosa：收入增长、销售价格和外汇风险模拟。Melinda Deane是Hermosa的一个新晋分析师，刚刚MBA毕业。她认为使用美元对阿根廷项目的潜在盈利和现金流进行评估是一个根本性错误，应该首先使用阿根廷比索进行估算，然后再将汇回美国的现金流换算成美元。她认为正确的方法是使用2003年年末的即期汇率，即3.5阿根廷比索/美元，并假设它会随着购买力的变化而变化（她假设美国通货膨胀率为每年1%，阿根廷通货膨胀率为每年5%）。她还认为，Hermosa应当使用能够反映阿根廷资本成本的风险调整折现率（她预计为20%），而母公司视角的资本预算的风险调整折现率应该为18%，这是考虑到国际项目的外汇风险，因此它会比其他低风险项目要求一个更高的预期收益率。这些假设和变化是如何对Hermosa的投资建议产生影响的？

部分练习题参考答案

第1章 跨国公司财务管理：机遇与挑战

6.（1）14.77 美元。

（2）美国 =30.5%，巴西 =27.1%，德国 =40.1%，中国 =2.4%。

（3）69.5%。

9. 升值：+13.9%，贬值：–13.9%。

第2章 国际货币体系

6. 1.139 8。

7. 贬值：–41.82%。

9. 若 20%，6.76；若 30%，6.24。

第3章 国际收支平衡

	2000	2001	2002	2003	2004	2005	2006	2007	2008	2009	2010	2011	2012
1	–4 813	1 786	–5 431	15 369	18 031	13 372	–9 596	17 784	–4 915	–4 439	17 479	28 762	–5 212
2	289	–259	–201	–433	–678	542	869	588	–3 098	–1 351	–4 345	–9 142	–11 717
3	452 4	1 527	–5 632	–15 802	–18 709	12 830	–8 727	–17 196	–8 013	–5 790	13 134	19 620	16 929
4	–15 103	–8 721	–17 385	–30 674	–40 066	–41 032	–41 504	–58 031	–47 786	–44 999	–37 177	–33 635	–57 036

第4章 财务目标和公司治理

1.（1）25.000%。

（2）33.333%。

（3）股息收益率 =8.333%，资本利得收益率 =25.00%，总投资收益率 =33.333%。

2.（1）64.23%。

（2）4.19%。

（3）71.12%。

第5章 外汇市场

1.（1）4.72。

（2）21 243。
10.（1）获利 26 143.79。
（2）损失 26 086.96。

第 6 章　利率平价条件

4.（1）1.094 1。
（2）1.115 5 和 948.19。
7. 抵补套利的盈利潜力为 −0.042%，因此北野武应该借日元，投资收益率更高的货币美元，以赚取抵补套利 55 000 美元的利润。

第 7 章　外汇衍生品及互换

1.（1）49 080.00 美元。
（2）38 920.00 美元。
（3）9 080.00 美元。
4.（1）萨利应该购买新元看涨期权。
（2）0.650 46 美元。
（3）总利润 = 0.050 00 美元，净利润 = 0.049 54 美元。
（4）总利润 = 0.150 00 美元，净利润 = 0.149 54 美元。

第 8 章　外汇汇率决定

1. −7.79%
6.（1）85 000。
（2）−32.0% 和 −15.0%。
8. −13.79%

第 9 章　交易风险

2. 外汇损失为 921 400 000 美元。
10. 不进行套期保值：可能发生各种结果；
　　远期市场套期：2 16049.38 美元；
　　货币市场套期：212 190.81 美元；
　　如果银行允许扩大业务范围，远期市场套期是更好的选择。

第 10 章　折算风险

1.（1）折算损失为 2 400 000 美元。
（2）损失在合并资产负债表上累计，如果子公司以外币为功能货币，则不通过合并收益。
5. 净风险暴露为 21 000 美元。

第11章 经营风险

3. ①相同的人民币价格：33 913 043 美元。
   ②相同的美元价格：54 000 000 美元（更推荐此策略）。
7. 8 900 601 美元。

第12章 全球视角下资本成本及其易得性

1.（1）6.550%。
  （2）5.950%。
8. 多元化前：10.529%。
   多元化后：12.038%。

第13章 全球筹集股权和债务

1. 巴西国家石油公司：14.674%。
   卢克石油公司：12.286%。
2. 13.23%。

第14章 跨国公司税收管理

1. 情况 1：38.8%。
   情况 2：45.0%。
4. 合并纳税额减少 11.17%。

第15章 国际贸易融资

3. 11.765%。
5.（1）5.128%。
  （2）196 000.00 美元。

第16章 外国直接投资和政治风险

本章无练习题。

第17章 国际资本预算和跨境收购

1. 投资净现值（项目视角）：11 122 042；投资净现值（母公司视角）：−201 847。
4. 3 555 346 美元或 28 442 771 比索。

术 语 表

absolute advantage 绝对优势 一个个体或国家使用与其他组织相同的投入,却能产出更多产品或服务的能力。

absolute purchasing power parity 绝对购买力平价 一种理论,该理论认为两种货币之间的汇率等于这两种货币的购买力之比。

affiliated 联营 商业中,两家公司之间的一种合作模式,它通常意味着一方对另一方拥有部分但非控制性的股权或所有权。

agency theory 代理理论 在实施公司战略和经营过程中,协调股东和管理层利益而带来的成本与风险。

all-in cost 总成本 与贷款或债务相关的总成本,包括利率和费用。

American depositary receipt(ADR) 美国存托凭证 由美国银行发行的,代表对外国证券收益要求权的所有权凭证。ADR 的交易被用来代替实际存托股票的交易。

American option 美式期权 一种可以在到期日和到期日之前的任意时间执行的期权。

American terms 美元标价法 美元的外汇报价法,表示为 1 单位非美元货币对应的美元数额。

anticipated exposure 预期风险 一种外汇风险,发生的可能性很高,但在合同签署之前该风险是不确定的。

appreciation 升值 由于汇率上升,一种货币与其他挂钩货币或黄金相比价值上升,也称为价值重估。

arbitrage 套利 一种基于商品(包括外汇)的交易策略。利用同一商品在不同市场的价格差异,以某一价格买入,同时以更高的价格在另一个市场卖出,以获得无风险收益。

arbitrageur 套利者 进行套利操作的个人或公司。

arm's-length price 公平价格 买方与无关联的卖方自由达成的交易价格,实际上就是自由市场价格。市场价格被税务机关用来判断关联公司之间转移定价的适当性。

ask 要价 外汇、证券和商品的卖价,也称要约价格。

asset market approach 资产市场法 一种策略,用来决定外国人是否愿意持有货币形式的债权,这取决于一系列投资考虑或驱动因素。

at-the-money(ATM)平值期权 一种期权,其执行价格与标的货币的现货价格相等。

aval 保兑 担保的一种形式,第三方对全部债务背书,承诺在原债务人未履行债务的情况下代为支付信用证金额及利息。

backlog exposure 未结订单风险 对于交付服务和运输货物来说,它是指从合约签订到合约履行期间存在的风险。

back-to-back loan 背对背贷款 一种贷款形式,不同国家的两家公司在一段特定时间内借入对方货币,并在约定的到期日偿还对方货币。有时,这两笔贷款会借助中介银行渠道。背对背融资也被称为链接融资。

balance of payments(BOP)国际收支平衡表 用来衡量本国居民和外国居民之间发生的所有国际经济交易。

balance of goods and services 商品和服务账户 国际收支平衡表中经常账户的一个子账户,用来描述商品和服务交易的进出口净头寸。

balance of trade（BOT） 贸易余额 国际收支平衡表中的一个子项目，用来衡量商品出口与进口的货币价值的差额。

balance sheet hedge 资产负债表套期 一种会计战略，要求企业在合并资产负债表上有等量的外币资产和负债。

bank draft 银行汇票 银行付款的支票或由银行担保付款的支票。

bank for international settlements（BIS） 国际清算银行 位于瑞士巴塞尔的一家银行，行驶欧洲中央银行职能。

bankers' acceptance 银行承兑汇票 银行以背书的形式承诺在汇票到期时无条件汇款。

basic balance 基本余额 在国际收支平衡表中，商品与服务进出口、单边转移和长期资本流动构成的基本差额。

basis point 基点 一个百分点的一百分之一，通常用于利率价差的报价或描述证券收益率的变化。

bearer bond 不记名债券 不登记所有者的公司或政府债券。持有债券意味着所有权，剪下债券上附带的息票即可兑付利息。不记名债券的优点是易于转让，方便用于债务抵押，所谓纳税人的匿名性，意味着政府很难跟踪利息以征收所得税。不记名债券在欧洲很常见，但美国很少发行。不记名债券的替代形式是记名债券。

beta 贝塔 希腊字母表的第二个字母，在资本资产定价模型中用于风险的统计度量。贝塔的值是给定资产的回报和市场投资组合的回报之间的协方差，再除以市场组合收益率的方差。

bid 买入价 外汇或证券的买入价格。

bid-ask spread 买卖价差 出价与报价之间的差额

bill of exchange（B/E） 汇票 要求某一方（如进口商）在规定时间内向持票人支付一定金额的书面指令。

bill of lading（B/L） 提单 公共承运人与托运人之间签署的将货物运输到指定目的地的合同。提单也是货物收据，通常是可转让的，这意味着由特定一方签署的提单，其所有权是可以背书转让的。

blocked funds 资金冻结 一国因外汇管制而不能自由兑换成外汇的货币资金。

Bretton woods conference 布雷顿森林会议 1944年在美国新罕布什尔州的布雷顿森林召开的一个国际会议，会议签署了《布雷顿森林协议》，该协议1945~1971年有效。由此，国际货币体系创立。

BRIC 金砖四国 一个经常使用的缩写，代表四个最大的新兴市场国家，即巴西、俄罗斯、印度和中国。

cable 英镑/美元汇率 美元兑英镑的交叉汇率。

call 看涨期权 一种期权，该期权赋予持有人权利但无义务在特定时间以特定的价格购买外汇或其他金融产品。

capital account 资本账户 国际收支平衡表账户的一部分。在国际货币基金组织的修订格式下，资本账户度量资本转移和资本收购以及非生产资产与非金融资产的处置。在传统定义下，资本账户仍然被许多国家用来度量公共和私人部门的国际借贷与投资。

capital asset pricing model（CAPM） 资本资产定价模型 一个理论模型，涉及资产回报与风险的关系，其中风险是资产对投资组合波动性的贡献，风险和回报都以竞争的、高效的金融市场为前提。

capital budgeting 资本预算 一种分析方法，用于确定长期资产或项目投资是否可行。

capital control 资本控制 政府对跨境资本流动所实施的限制、要求、税收或禁止措施。

capital flight 资本外逃 由于政治风险，资金从一个国家流出。

capital markets 资本市场 买卖证券的各国金融市场，包括各种类型的长期债券、股票或者证券收益权。

capital mobility 资本流动 私人资本在国家之间自由流动，以便寻找最有希望的投资机会。

carry trade 利差交易 一种投资策略，借入低利率货币，投资高利率货币。该策略也被称作外汇套利交易，它是针对外汇风险的一种投机操作，而不是管理或对冲。

cash flow return on investment（CFROI） 投资

现金流收益率 一种衡量企业绩效的方法，分子等于持续经营业务的利润减去现金税负和折旧，分母等于现金流投资，即资本的重置成本。

certificate of deposit（CD）存单 银行签发的可转让定期存单。

CIF（cost, insurance, and freight）到岸价格 包括成本、保险费和运费

clearinghouse 清算所 各成员之间用来清算金融债务的机构

clearinghouse interbank payments system（CHIPS）清算所同业支付系统 位于纽约的计算机清算所，用于成员银行间的外汇（大部分为美元）结算。

commercial risk 商业风险 在银行业中，由商业事件而不是政治事件导致的外国债务人无法偿还债务的可能性。

common market 共同市场 由两个或两个以上的国家以条约形式组建的协会，同意清除所有的贸易壁垒。最著名的是欧洲共同市场，现称为欧盟。

comparative advantage 比较优势 一种理论，该理论认为如果每个国家专门生产相对生产率最高的产品，并且进口其他国家生产的相对生产率最高的产品，那么每个人都能获益。该理论支持自由贸易观点。

concession agreement 特许协议 外国公司和东道国政府之间的谅解备忘或合同，用来制定外国公司在该国经营的规则

consolidated financial statement 合并财务报表 将具有全球业务的母公司和子公司视为一个独立的企业，把母公司和子公司的财务账户合并形成的报表。内部之间的债权债务关系在合并中会被抵消。

consolidation 合并 在跨国公司会计背景下，以某一记账本位币编制财务报表的过程，此时须将以外币计量的子公司的报表进行合并。

contagion 传递 危机从一个国家向邻国扩散，并且投资者认为其他国家也具有相同的情形。

contingent foreign currency exposure 或有外汇风险 由另一家公司决策的不确定性导致的最终决策风险，比如投资决定、业务中标或施工投标。

contingent value right（CVR）或有价值权 赋予被收购公司股东的一种权利，承诺当特定事件发生时，给予股东额外的现金或者股份。或有价值权与期权类似，因为二者要求的到期日均与或有事件发生的日期有关。

continuous linked settlements（CLS）持续联系结算 一家美国金融机构，它可以为会员提供外汇结算服务。

contractual hedge 合约对冲 外汇套期保值协议或者合约，通常使用金融衍生品如远期合约或者外汇期权。

convertible bond 可转换债券 可以转换为一定数量普通股的债券或者其他固定收益类权证。

convertible currency 可兑换货币 货币可自由兑换成其他货币，不存在任何政府限制。

corporate governance 公司治理 通过确定和控制组织的战略方向与绩效来平衡利益相关者之间的关系。

corporate wealth maximization 公司财富最大化 公司的目标是所有财富最大化而不仅仅是股东财富最大化。财富不仅包括经济财富，还包括公司的技术、营销以及人力资源等。

cost of capital 资本成本 按照现行市场利率通过发行债券、增加负债等方式筹集资金的加权平均成本，通常用百分比表示，也可称为加权平均资本成本（WACC）。

cost of carry 持有成本 指融资成本，主要指为构建资产（如存货）等筹集资金所需偿付的利息费用。

counterparty 交易对手 交易的相反方，既包括持有金融工具的对手方，也包括履行义务的对手方。

counterparty risk 对手风险 潜在的风险就是交易对手方可能无法按照合同规定履行相关的义务。

country risk 国家风险 在银行业，东道国发生意外事件影响客户或者政府的偿债能力的可能性。国家风险通常被划分为主权风险和外汇风险。

country-specific-risks 国家层面特有风险 国家层面影响跨国公司的政治风险，例如转移风险（资金冻结）以及文化与制度风险。

covered interest arbitrage (CIA) **抵补套利** 投资者获得无风险收益的过程：①借入某种货币资金；②将该借款兑换成外汇；③按照外国市场利率进行外汇投资；④在借入资金进行初始投资的时点卖出远期外汇合约，到期时收回投资收益；⑤用远期出售的外汇投资偿还原有借款；⑥维持剩余利润余额。

covered transaction **对冲交易** 外汇风险被对冲。

covering **套期保值** 在远期外汇市场或者货币市场上的一种交易形式，主要是为了保护未来现金流的价值。套期保值还有一种说法叫对冲交易。

crawling peg **爬行钉住汇率制度** 一种外汇汇率制度，指汇率会根据通货膨胀的程度进行频繁的调整。

credit enhancement **信用增级** 为了获得更高的信用评级进行资产重建或者将不同程度风险类别的资产进行重组的过程。

credit risk **信用风险** 在更新贷款的时候，借款人的信用价值被贷款人重新分类的可能性。

crisis planning **危机规划** 教育管理层或者其他员工如何应对危机事件。

cross-border acquisition **跨国收购** 一家公司收购国外的另一家公司。

cross-listing **交叉上市** 在两个或者两个以上交易所上市的普通股。

cross rate **交叉汇率** 两种货币之间的汇率，由这两种汇率同第三种货币的汇率进行推算。通俗来说，它经常被用来指一对特殊的货币汇率，例如欧元/日元的交叉汇率，而日元/美元和美元/欧元是更常见的货币汇率报价。

cryptocurrency **加密货币** 利用密码学技术与原理创建和交换的货币，其中最早的和最负盛名的加密货币之一就是比特币。

cumulative translation adjustment(CTA) account **累计折算调整账户** 编制外文资产负债表时的一个条目，是外币换算调整后的加项或者减项。

currency basket **货币篮子** 由特定数量的多种货币组成的投资组合的价值，可以作为设置另一种综合货币市场价值的基础，也被称为通货混合。

currency board **货币发行局制度** 一个国家的中央银行规定货币的供应变动与外汇储备变动保持一致。

currency swap **货币互换** 一种交易形式，指交易双方在一开始互换一定数量的两种货币本金，然后根据合同约定按期偿还，偿还的金额包括利息费用和可能的资本摊销。在货币互换中，现金流动与现货和远期外汇市场交易类似。

currency switching **货币转换** 一个公司使用其在商业活动中收到的外汇与位于第三方国家的第三方企业进行结算。

current account **经常账户** 国际收支平衡表的一个子账户，表示一国与其他国家之间货物、服务以及经常性转移（如礼物或赠予的款项）的净流动。

current rate method **现行汇率法** 以母公司记账本位币编制国外子公司财务报表时所用的方法，所有的资产和负债都按资产负债表日现行汇率进行折算。

current/noncurrent method **流动与非流动法** 以母公司记账本位币编制国外子公司财务报表时所用的方法，所有的流动资产和负债都按资产负债表日现行汇率进行折算，非流动资产和负债按照历史汇率进行折算。

deductible expense **可抵扣费用** 企业产生的被税务机关视为可以抵扣企业所得税的费用。

demand deposit **活期存款** 它是指与需要一定期限才能支取的定期存款相比，不需要任何事先通知就可以随时存取和转让的一种银行存款。活期存款未必会产生利息，它与定期存款是相反的。

depreciation **折旧** 市场驱动带来的货币价值的变化，导致货币贬值或购买力下降。

derivative **衍生品** 它是一种资产，是标的资产由于价值变化而衍生出来的。

devaluation **货币贬值** 政府或者中央银行实行的政策使得与另一种货币或者黄金挂钩的现货外汇价值下跌。

dim sum bond market **点心债券市场** 在中国香港发行的以人民币计价的债券市场。

direct intervention 直接干预 为了影响本国货币的价值，当地财政或者货币管理局直接介入买卖本土货币。

direct quote 直接标价法 用本币表示一单位外币的价格，直接标价法只有在特定的国家才有意义。

direct tax 直接税 它是由被征税人直接支付给政府的一种税费。

directed public share issue 定向公开发行股票 针对某个国家的投资者所发行的股票，并且该国的投资机构负责全部或者部分的股票承销业务。

dirty float 有管理的浮动汇率制度 政府不时地干预外汇市场，从而影响其货币价值的一种浮动汇率制度。

discount 贴现/折价 在外汇市场上，远期价格比现货价格更便宜。它的反义词是溢价。

dividend yield 股息收益率 当期分配的股利占股票初始价值的比例。

dollarization 美元化 使用美元作为本国的官方货币。

draft 汇票 无条件的书面命令，可以要求一方（如进口方）在指定日期支付给出票人确定的金额，也称为汇票，个人支票是汇票的一种类型。

dual-currency basket 双货币篮子 利用由两种外币组成的指数或者一篮子货币来衡量或管理一个国家自身的货币价值。

dumping 倾销 以低于在本国或者第三方国家销售的价格在另一国销售产品的手段，它在《关贸总协定》中属于差别定价的一种特殊情况。

economic value added（EVA） 经济附加值 一个常见的衡量企业财务绩效的指标，它的计算过程是税后净营业利润减去资本投资成本（包括股权和债务）。EVA是思腾思特公司的商标。

effective exchange rate 有效汇率 通过计算双边汇率的加权平均值来衡量某一外币价值变动的指数。权重反映的是每个国家与本国交易的重要性。

effective tax rate 有效税率 实际支付的税费占实际税前收入的比例。

efficient market 有效市场 价格能够充分反映相关信息的市场，该术语常用于外汇市场和证券市场。

equity issuance 股票发行 向公众发行上市公司的所有权股份。

equity listing 股票上市 公司股票在股票交易所上市。

equity risk premium 权益资本风险溢价 投资者期望的平均年市场收益率与无风险收益率的差额。

euro 欧元 1999年1月，由欧盟的11个成员国组成的欧洲货币体系所采用的一个独立的新的货币单位，替代各自原来的货币。自1999年以来，欧元的使用范围随着欧盟的扩张也不断扩大。

Eurobank 欧洲银行 接收该银行所在国家以外的其他国家的定期存款并提供货币贷款的银行或者银行部门。

eurobond 欧洲债券 以外国货币为单位，在本国外汇市场上进行买卖的债券。例如，以美元计价的债券在初始发行时面向美国以外的投资者。

euro-commercial paper(ECP) 欧洲商业票据 在国际货币市场上销售的短期票据（期限有30天、60天、90天、120天、180天、270天以及360天）。

eurocredit 欧洲信贷 向跨国公司、政府机构、国际机构、欧元区以及广义上贷款发行国之外的国家提供贷款。

eurocurrency 欧洲货币 一国本币在另一国储蓄。

eurodollar 欧洲美元 存储在美国境外银行的美元，欧洲美元是欧洲货币的一种。

euronote 欧洲票据 在欧洲货币市场上流通的中短期债务工具。

European Central Bank（ECB） 欧洲中央银行 主导欧洲货币联盟的货币政策，它的目标是维护欧元稳定，降低通货膨胀。

european currency unit (ECU) 欧洲货币单位 在欧元之前，由欧洲货币体系设计的一种复合货币，作为储备货币的计价单位。ECU可以作为大量金融工具和金融负债的计价标准。

European Economic Community (EEC) 欧洲经济共同体 欧洲经济共同体最初由奥地利、比利时、丹麦、芬兰、法国、德国、希腊、爱尔兰、意大利、卢森堡、荷兰、葡萄牙、西班牙以及英国组成。1994年1月1日正式更名为欧盟。随着时间的推移，欧盟的成员国不断增加。

European Free Trade Association (EFTA) 欧洲自由贸易联盟 非欧盟成员的欧洲国家之间相互开展贸易没有关税。

european monetary system (EMS) 欧洲货币体系 1979年由15个欧洲国家首次建立的货币体系，包括汇率体系和货币系统的关联体系。EMS为欧元的产生奠定了基础。随着时间的推移，EMS的成员国持续增加。

european option 欧式期权 只能在到期日执行的期权。

european terms 欧式标价法 外币与美元的折算价，表示为1美元相当于多少外币。

european union (EU) 欧盟 1994年1月1日，欧洲经济共同体正式更名为欧盟。

eurozone 欧元区 将欧元作为官方货币的国家。

exchange rate 汇率 使用其他国家的货币表示本国货币的价格。

exchange rate mechanism (ERM) 汇率机制 EMS成员国货币兑其他成员国货币的汇率在一定的范围内波动。

exchange rate pass-through 汇率传递 汇率波动对进出口商品价格波动的影响程度。

exercise price 期权执行价 与执行价格（strike price）一致，期权合同中约定的买入或者卖出标的资产的汇率。

export credit insurance 出口信用保险 为出口商或者出口银行提供的保证，当国外客户出现支付违约时，保险公司会承担大部分损失。

Export-Import Bank (Eximbank) 进出口银行 美国政府金融机构，专营本国进出口业务。

expropriation 征用 政府依法征用土地，并根据国际法的规定，向被征用土地的所有者提供合理的补偿或者等值货币。

factoring 保理 保理商等专业机构以无追索权或以有追索权为基础折价购入应收账款。

fair value 公允价值 一个项目或者一项资产经评估后的真实市场价值。

FAS（free alongside ship） 船边交货 卖方的报价包括商品在到达指定港口装船前的所有运输成本。

fiat currency 法定货币 价值受到政府监管的资金或者货币，法定货币与商品货币和金银不同，它的价值与贵金属或者其他实物商品无关。

financial account 金融账户 国际收支平衡表的一个子账户，根据国际货币基金组织修订的规则，金融账户主要计量包括对外直接投资、组合投资以及其他金融项目在内的长期金融资产流动。

financial derivative 金融衍生品 一种金融工具，例如期货合约或者期权，其价值是从标的资产（例如股票或者货币）中衍生出来的。

financing cash flow 融资活动现金流 来自企业融资活动的现金流，包括支付的利息和股息分配。

firm-specific risks 公司层面特有风险 影响跨国公司项目层面或者公司运营层面的政治风险。跨国公司与其东道国政府之间的目标冲突所导致的治理风险是主要的企业层面特有风险。

Fisher effect 费雪效应 指两个或两个以上国家之间的名义利率应当等于实际收益率加上对预期通货膨胀的风险补偿。

fixed exchange rates 固定汇率制度 外汇汇率与主要国家（例如美国）的货币、黄金或者国际货币基金组织的特别提款权等一篮子货币挂钩。

flexible exchange rates 弹性汇率 不受政府干预，汇率是由公开市场的供需关系决定的。

floating exchange rates 浮动汇率制度 与固定汇率制度相反，采用浮动汇率制度的国家会根据其判断以及市场上的一系列经济指示信号对外汇汇率进行周期性调整。

floating-rate note (FRN) 浮息票据 利率与LIBOR挂钩的中期债券，每季度或者每半年调整一次。

FOB（free on board） 离岸价格 出口方的报价包含将货物装卸到指定地点的车船运输费。

follow-on offering (FO) 后续发行 IPO之后的股票增发。

forced delistings 强制退市 证券交易所通常会要求在其交易所上市的市值跌至最低水平以

下的股票从公开交易中退出。

foreign bond 外国债券 由国外企业或者政府发行的，在另一个国家的资本市场中销售并以该国家的货币计价的债券。

Foreign Corrupt Practices Act of 1977 美国1977年《反海外腐败法》 美国的一部法律，用来惩处向海外行贿或者具有其他不当行为的企业及其高管。

Foreign Credit Insurance Association (FCIA) 外国信用保险协会 由私营商业保险公司组成的非法人组织，与向美国企业提供出口信用保险的进出口银行开展合作。

foreign currency intervention 外汇干预 政府或者中央银行为了改变公开市场上货币价值采取的行为或者政策。它既包括中央银行通过买卖货币而实施的直接干预，也包括通过改变利率来改变国外投资者对国内货币的投资心态而采取的间接干预。

foreign currency option 货币期权 一种金融合约或者金融衍生品，持有者有权在到期日按照特定汇率买入或者卖出特定数量的外国货币。

foreign currency translation 外币折算 为编制合并财务报表，将子公司的外汇账户换算成母公司记账本位币的过程。

foreign direct investment (FDI) 对外直接投资 由母公司控制，在国外购置实物资产，如厂房和设备。FDI有别于对外证券投资。

foreign exchange broker 外汇经纪人 组织双方开展外汇交易的个人或公司，但其自身不作为交易方，只从中赚取佣金。

foreign exchange dealer (or trader) 外汇交易员 从一方买入外汇（以买入价）再卖给另一方（以卖出价）的个人或企业。外汇交易员是两笔交易的委托人，赚取买卖差价。

foreign exchange intervention 外汇干预 为管理或调整货币相对于其他货币的价值，货币管理局通过买卖货币的方式主动参与外汇市场的行为。

foreign exchange rate 外汇汇率 一个国家的货币相对于另一种货币或者金银等商品的价值。

foreign sales corporation (FSC) 国外销售公司 根据美国税法的规定，它属于国外企业的一种类型，其向美国公民或者出口企业提供的销售收入可免征收或者延迟缴纳税费。

foreign tax credit 外国税收抵免 一家国内公司在国外向外国政府缴纳所得税，可抵免在国内应缴纳的所得税。

foreign tax neutrality 国外税收中性 跨国公司的每个国外子公司所承担的税负等于东道国竞争者所承担的税负。

forfaiting(forfeiting) 福费廷 无追索权的中期出口融资方法，常用于东欧进口融资。第三方专业金融机构为融资提供担保。

forward contract 远期合约 在未来指定日期以指定的远期利率交易不同国家的货币的协议。

forward differential 远期差价 即期利率与远期利率的差额，用百分比表示。

forward discount 远期贴水 见远期差价。

forward exchange rate or forward rate 远期汇率 未来某个时点的外汇结算价，常用于远期交易中。

forward premium 远期升水 见远期差价。

forward rate agreement (FRA) 远期利率协议 基于名义本金的银行间利率买卖合约。

forward transaction 远期交易 经商议后在未来某个特定日期结算的外汇交易，通常是交易日后的一个月、两个月或者三个月。

free cash flow 自由现金流 经营活动产生的现金流净额减资本支出。

free float 公众持股量 公司公开交易股票的一部分，由公众投资者而不是发起人（承销商）、公司管理者、控制性权益投资人或政府持有。

free-trade zone 自由贸易区 一个国家中外国商品可自由进入的区域，通常是为了刺激加工制造、库存以及产品集装。这些商品只有在离开免税区到该国家其他地方时才承担相应的税务义务。

freely floating exchange rates 自由浮动汇率制度 汇率是由自由市场决定的，没有政府干预，与有管理的浮动汇率制度相反。

fronting loan 弗罗廷贷款 母公司和子公司之间利用大型国际银行等金融中介进行的贷款，目的是减少政治风险。相比子公司向母公司偿还贷款，政府当局大概更希望子公司向银行偿还贷款。

functional currency　功能货币　在编制财务报表时，外国子公司运作以及产生现金流的经济环境中所流通的货币。

futures, or futures contracts　期货或期货合约　在交易所交易的合约，要求任何商品都按照固定标准在未来进行交付，例如外汇期货，有固定的时间、地点以及价格。

General Agreement on Tariffs and Trade (GATT)　《关税及贸易总协定》　政府用于管理其贸易政策、协商更低的国际关税壁垒以及解决贸易争端的规则框架。

Generally Accepted Accounting Principles (GAAP)　美国通用会计准则　财务会计准则委员会（FASB）批准的适用于美国企业的会计准则。

global depositary receipt (GDR)　全球存托凭证　它与美国存托凭证（ADR）类似，是一种银行寄存单据，代表外国企业在多个国家的股份。国际银行的国外分支是股票的实际持有机构。股票与国内股票的交易一致，但是由存托银行在全球范围内销售。

global registered shares (GRS)　全球注册股票　与普通股票类似，全球注册股票的优势在于其可以在全球的股票交易所以多种货币进行交易。

global reserve currency　国际储备货币　见储备货币。

global-specific risks　全球层面特有风险　根植于世界范围内的政治风险，如恐怖主义、反全球化运动、环保要求、贫困问题以及网络攻击等。

gold standard or gold-exchange standard　金本位或金汇兑本位制　一种货币体系，在这种体系中，货币是根据其黄金含量来定义的，国家之间的支付失衡是用黄金来解决的。

greenfield investment　绿地投资　投资新设（而不是收购）一个外国子公司，抛开字面意思，从本质来说，就是一种从未开发过的从"绿地"开始的投资。

hard currency　硬通货　一种可自由兑换的货币，在可预见的未来预计不会贬值。

hedge accounting　套期保值法　一种会计程序，指定收入中对冲工具所产生的收益和损失，同时表明对冲对商品价值变动的影响。

hedging　对冲　购买合约（包括远期外汇）或者有形货物，用其未来的升值抵消另一份合约或者货物价值的下降，它通过保护所有者免受损失来降低风险。

historical exchange rate　历史汇率　在会计核算中，资产或者负债发生时的实际汇率。

holder　持有者　所有者。

home currency　本币　企业注册成立时所使用的货币，财务报表记账所使用的货币。

hurdle rate　最低预期收益率　为了批准接受投资，企业对潜在的新投资所要求的收益率。该利率的形成是根据公司目前的债券和股权成本。在某些情况下，企业在计算特定投资的最低资本收益率时会要求增加资本成本溢价或者额外的保证金。

hybrid foreign currency options　混合外汇期权　买看跌期权的同时卖出看涨期权（或者相反），从而使整体成本比直接买卖单边成本要低。

hyperinflation countries　超级通货膨胀国家　通货膨胀率极高的国家。根据美国FASB第52号准则的规定，3年来累计通货通胀率达到或者超过100%的国家就被认定为超级通货膨胀国家。

IMM（international monetary market）　国际货币市场。

impossible trinity　三元悖论　理想货币包含汇率制度的稳定性、资本自由流动性和货币的独立性三个属性。

in-house bank　内部银行　如果跨国公司对本地银行的规模需求太大或者业务需求太复杂，就会建立内部银行。内部银行并非一个独立的公司，它执行现有财政部门的所有职能。作为一个独立的实体，内部银行办理联营企业或者附属公司之间的关联业务。

in-the-money (ITM)　实值期权　不考虑保险费用，如果立即执行期权，就能够盈利。

indication　告知　货币或者其他金融资产的行情报价表，通常以买入价和卖出价的形式出现。

indirect intervention　间接干预　中央银行或者

其他货币当局实施的以影响一个国家货币供需的措施，调整利率是最常见的间接干预方式。

indirect quote 间接标价法 用外币表示一单位本币的价格。

initial public offering (IPO) 首次公开发行 向公众初次发售代表公司所有权的股份。通过IPO，发行企业为业务进一步发展筹集资金。

integrated foreign entity 综合外国实体 作为母公司的扩展公司而经营的实体，其现金流和主要商业链都和母公司高度相关。

intellectual property rights 知识产权 法律所授予的对专利技术以及创意材料版权的独家使用权，大多数国家已经批准了保护知识产权的全球条款。

interest rate futures 利率期货 见期货或期货合约。

interest rate parity (IRP) 利率平价 一种理论，认为债券市场风险和期限相似的不同国家之间的利率差异应该等于外汇远期汇率的升水或贴水率，但取相反符号。

interest rate risk 利率风险 企业因固定利率或浮动利率类有息债务而面临的风险，它通常指企业因借入浮动利率类负债所引起的利率变化。

interest rate swap 利率互换 对手方基于一笔基础名义本金互换不同类型利率（如浮动利率与固定利率）的一种交易。

internal bank 内部银行 公司内部充当资本交易、货币交易或者执行不良关联公司义务的一个业务单元。

internal rate of return (IRR) 内部收益率 资本预算的一种方法，通过预期未来现金流入量的现值与目前现金流出的现值计算折现率。

International Bank for Reconstruction and Development 国际复兴开发银行 由成员国所有并向成员国提供发展贷款的国际发展银行。

international CAPM (ICAPM) 国际资本资产定价模型 国内资本资产定价模型与国际版本的主要差异在于对市场的定义以及对市场中公司β系数的重新计算。

international Fisher effect 国际费雪效应 一种理论，认为即期汇率的变动幅度应该与两国间利率之差相同，但方向相反。

International Monetary Fund (IMF) 国际货币基金组织 成立于1944年的一个国际组织，其职能在于维持汇率稳定，并向遭遇国际收支困难的国家提供临时融资。

international monetary market (IMM) 国际货币市场 芝加哥商品交易所的一个分支，专门从事货币以及金融期货交易。

International Swaps and Derivatives Association (ISDA) 国际互换与衍生工具协会 纽约贸易协会针对场外衍生品成立的协会。ISDA为全球范围内适用于金融衍生品交易的金融服务提供条款支持。

intra-firm trade 内部交易 跨国公司中有相同业务的单位之间的商品或者服务交易。

intrinsic value 内在价值 期权被立即执行时的经济价值。

investment agreement 投资协议 同时阐明了外国投资主体和东道主政府的特定权利与义务的一项协议。

investment grade 投资级 通常由穆迪、标准普尔、惠誉等机构实施的信用评级，代表借款人在任何商业环境或者市场条件下的还款能力。等级表示为BBB-（由信用评级机构评定）或者更高级别。

J-curve J曲线效应 一个国家的货币贬值后，该国贸易平衡的调整路径。由于现有合同的存在，贸易状况首先会恶化，然后由于有竞争力的价格条件而逐渐改善。

joint venture (JV) 合资公司 通常由来自不同国家的两个或两个以上的企业控股的商业主体。

lag 延期 延期是指金融支付义务履行的时间比预期或者要求得晚。

law of one price 一价定律 它是指如果完全相同的产品或者服务可以在两个不同的市场上销售，并且两个市场在销售成本或者运输成本上不存在任何限制，那么产品的价格在这两个不同的市场上应该完全一致。

lead 提前 提前是指金融支付义务履行的时间比预期或者要求得早。

legal tender 法定货币 法律指定的或者法制体系认可的能够有效履行金融义务的支付媒介。

lender of last resort 最后贷款人 能够最终应对金融危机下的资金周转或者个别机构资金短缺的金融机构，最后贷款人通常情况下指国家的中央银行。

letter of credit (L/C) 信用证 银行签发的一种票据，承诺在收到信用证中规定的单据时向受益人付款。

liquid 流动性 将资产按照或者接近其市场公允价值变现的能力。

location-specific advantage 区位优势 能够吸引国外投资者向特定区位投资的比较优势。

London Interbank Offered Rate(LIBOR) 伦敦银行间同业拆借利率 伦敦银行间贷款适用的存款利率。LIBOR是许多国际利率交易的参考利率。

long position 多头头寸 外汇资产超过外汇负债的部分，与之相反的是空头。

Maastricht treaty 《马斯特里赫特条约》 12个欧盟国家签订的条约，该条约规定了引入欧洲单一货币（即欧元）的计划和时间表。

macroeconomic uncertainty 宏观经济的不确定性 操作风险对关键宏观经济变量的敏感性，如汇率、利率和通货膨胀率。

managed float 有管理的浮动汇率制度 国家允许其货币汇率在一个给定的范围内波动。

margin 保证金 确保金融交易或者信贷融资安全的存款。

mark-to-market 逐日盯市 期货合约价值根据其市场价值进行每日结算，并且每日用现金支付所有的价值变动。合约价值会根据当日的收盘价进行重新评估。需要支付的金额被称为追加保证金。

market capitalization 市值 上市公司的总市值，其计算方法是所有的流通股股数乘以每股市场价格。

market liquidity 市场流动性 公司在不降低现有市价的前提下能够发行新债券的程度，以及证券价格变动导致股票交易数量变动的程度。

market segmentation 市场分割 国内市场中要求的投资收益率的差异。如果所有的资本市场是充分整合的，那预期收益和风险相似的证券在对外汇风险和政治风险调整后应该有相同的投资收益率。

matching currency cash flows 匹配货币现金流 一种抵消预期的货币连续长期汇率风险的方法，就是购买以这种货币计价的债务。

merchant bank 商业银行 通过各种市场或者传统技术方法帮助企业或者政府融资的银行，欧洲商业银行与清算银行是存在区别的，清算银行更倾向于关注大多数人的银行存款和余额结算。

monetary assets or liabilities 货币性资产或负债 资产为现金或者现金等价物（例如应收账款），或者负债以现金形式支付。

money market hedge 货币市场套期保值 利用外币借款减少外汇交易或者记账风险。

money markets 货币市场 不同国家的金融市场购买或者出售各种类型（包括银行贷款）的短期债务工具。

moral hazard 道德风险 出于对当局或者相关组织的保护，以及二级保险的存在或支持，个人或者组织需要比正常情况下承担更多的风险。

mortgage backed security (MBS) 抵押贷款支持证券 由住宅或者商业地产抵押贷款组成的衍生债券。

multinational enterprise (MNE) 跨国公司 子公司、分支机构或者附属机构在国外经营的企业。

natural hedge 自然对冲 使用可抵消的或者相匹配的公司经营活动现金流来对冲汇率风险。

negotiable instrument 可转让工具 由出票人签发的纸质汇票或者本票，它包含了一个无条件的承诺或者支付订单，需要在将来确定的某一天支付订单或者向持票人支付确定金额的资金。即便付款人和票据的出票人存在分歧，可转让票据的持票人仍有权利获得付款。

net international investment position 净国际投资头寸 一个国家对外金融资产和金融负债的净差额，其中对外的判定标准为所有权的国籍。一个国家的对外负债既包括政府的公共债务和私人债务，也包括其合法居民持有的公共和私人债务。

net present value 净现值 资本预算的一种方法，用未来现金流入的现值减去未来现金流出的现值。

net working capital (NWC) 净营运资本 应收账款加上存货减去应付账款。

nominal exchange rate 名义汇率 实际的外汇牌价，与根据购买力进行调整的实际汇率不同。

non-deliverable forward (NDF) 无本金交割远期外汇交易 外汇远期或者期货合约基于外汇远期汇率与即期汇率的差额结算，并且以贸易者的货币结算。例如，一份关于人民币的远期合约以美元结算，而不是人民币。

non-tariff barrier 非关税壁垒 除了海关关税以外的限制措施，例如进口配额、自愿出口限制、差额关税及特殊卫生条款。

North American Free Trade Agreement (NAFTA) 《北美自由贸易协定》 允许加拿大、美国和墨西哥之间进行自由贸易与投资的条约。

note issuance facility 票据发行便利 一份协议，银行业的辛迪加通过该协议表示愿意接受借款人的短期票据，并将其在欧洲货币市场转售。贴现率通常与LIBOR挂钩。

notional principal 名义本金 期货合约、远期合约、期权合约及互换等衍生品合约的总货币价值。

offer 卖出价 交易者愿意卖出外汇、证券或者商品的价格，也被称为ask。

official reserves account 官方储备账户 一国官方货币当局持有的总储备资产，如黄金、特别提款权及主要货币。

offshore finance subsidiary 离岸金融子公司 由位于另一个国家的公司所有的离岸金融子公司。离岸金融子公司通常位于免税区或者保税区，确保母公司在开展国际投融资活动时免受东道国的税收以及规章的制约。

OLI paradigm OLI范式 尝试创建一个框架来解释为什么跨国公司选择对外直接投资而不是通过替代模式服务国外市场，例如许可生产经营制、合资公司、战略联盟、管理合同制或产品出口。

open account 赊销 销售的一种方式，指在收到货款之前进行装船或者运送。支付通常在发货30～90天后完成，取决于企业及国内惯例。

operating cash flows 经营活动现金流 企业中由贸易活动产生的主要现金流，尤其是收益、折旧及摊销及净营运资本的变动。

operating exposure 经营风险 不可预期的汇率变动导致预期现金流的潜在变动以及由此导致的国外附属机构价值的潜在变动，也被称为经济风险。

option 期权 提供交易的权利但不提供义务的金融衍生品合约。在外汇交易中，期权合约赋予买方在指定的时间内以固定单位价格购买或出售一定数量外汇的权利，没有义务。买权被称为看涨期权（calls），卖权被称为看跌期权（puts）。

order bill of lading 指示提单 一种船运文件，表示货物的所有权归属于文件所有者。

Organization of Petroleum Exporting Countries (OPEC) 石油输出国组织 由大多数原油生产国组成的联盟，成立的目的是对生产定额进行分配和控制，以影响国际市场的原油价格。

out-of-the-money (OTM) 虚值期权 在不考虑期权成本的情况下，如果不立即执行就无法盈利的期权。

outright quotation 直接标价法 每单位外币等于多少单位的本币。

overseas private investment corporation (OPIC) 海外私人投资公司 为确保美国企业能够应对各种政治风险而成立的美国国有保险公司。

overshooting 超调 金融市场中的一种行为，是指对价格变化的主要市场调整"过度"或者超时，即其价值在经历了很长时间的调整之后才稳定下来。市场走势类似于过度反应。

over-the-counter(OTC)market 场外交易市场 交易股票、期权（包括外汇期权）或者其他通过电子交易的金融合约的市场。场外交易市场没有实际的位置或者地址，在这一点上它有别于在交易所进行的有组织的交易。

overvalued currency 货币被高估 外汇价值（例如在外汇市场上的价值）比本身价值要高的货币。由于"价值"是一种主观概念，高估也是一种观点，例如1欧元的实际购买力为1.1美元，但1欧元在货币市场上的价值是1.2美元（汇率为1.2美元/欧元），那么欧元就被高估了。反义词为货币被低估。

owner-specific advantage　所有权优势　企业在其所在国应具有竞争优势，这种竞争优势必须是企业特有的，不容易复制，并且要能够转移到国外子公司。

panda bond　熊猫债券　由外国借款人在中国市场发行的以人民币计价的债券。

parallel loan　平行贷款　背对背贷款的另一种说法，指两个不同国家的公司分别在一定时期内借入对方国家的货币，并在到期后以另一种货币偿还。

parity conditions　平价条件　在国际金融中，为即期外汇汇率、远期外汇汇率、利率以及通货膨胀率提供均衡的一套基本经济关系。

pass-through or pass-through period　传递或传递期　汇率变动传递到产品或服务市场价格变动所需要的时间。

plain vanilla swap　香草互换　利率互换协议，参与互换的双方采用同一种货币将固定利息支付换成浮动利息支付。

points　基点　价格变动的最小单位，在报价中跟在数字之后。

political risk　政治风险　一国的政治事件对该国家公司利润产生影响的可能性。

portfolio investment　组合投资　不同于对外直接投资，组合投资是指购买外国股票和债券。

possessions corporation　属地公司　美国的一种公司形式，是位于美国属地（如波多黎各）的另一家美国公司的子公司，在税收方面将其视为国外公司。

premium　溢价　在外汇市场上，期货交易价格超过现货价格的部分，反义词为折价。

price elasticity of demand　需求价格弹性　每单位产品价格变动导致需求数量变动的百分比。

private equity　私募股权　由未公开交易的公司股票组成的资产。

private placement　私募　面向小部分合格的机构投资者定向销售证券的行为。

project financing　项目融资　长期资本项目的融资安排，长期资本项目是指范围大、周期长并且通常伴有高风险的项目。

prospectus　招股说明书　一份充分披露潜在风险以及拟公开发行股票收益率的文件。招股说明书中通常包括相关材料信息，如公司业务描述、财务报表、高管以及董事的简介、详细的薪酬信息、所有的未决诉讼、实物资产清单以及其他财产信息。

protectionism　贸易保护主义　旨在抑制或者禁止进口外国商品和服务的政治倾向或政策。与其相反的是自由贸易主义。

psychic distance　心理距离　企业往往首先投资那些与其具有相似的文化、法律和制度环境的国家。

public debt　公债　由政府机构或者监管当局发行的债务。

purchasing power parity　购买力平价　一种理论，该理论认为在国际贸易中商品的价格在所有国家应当是一致的，因此两种货币之间的汇率应当等于商品在两国的价格的比率。

puts　看跌期权　卖出外汇或者金融合约的期权。

qualified institutional buyer (QIB)　合格的机构买家　拥有或者投资非关联方的证券至少1亿美元的实体机构（银行或其他储蓄机构不包括在内）。

quotation　报价　在外汇交易中，交易商愿意买卖外汇的价格（报价和要价）。

real exchange rate　实际汇率　根据某一时间基点（通常是一个月或者一年）的相对价格水平变化进行及时调整的外汇指数。同时作为真正的有效汇率，它被用来衡量购买力调整后的汇率变动。

real option analysis　实物期权分析　期权理论在资本预算决策中的应用。

reference rate　参考利率　用于标准化报价、贷款协议或者金融衍生品估值的利率。

registered bond　记名债券　债券形式的公司或者政府债券，在记名债券中，债券和发行者的记录中登记债券持有人的姓名，并且向债券持有人支付利息。

relative purchasing power parity　相对购买力平价　一种理论，假设两国之间的即期汇率一开始处于平衡状态，则从长远来看，两国之间通货膨胀率的任意变动会被即期汇率同等但方向相反的变动所抵消。

repositioning of funds 资金重置 资金从一种货币或一个国家转移到另一种货币或另一个国家。跨国公司面临着各种各样的政治、税收、外汇以及流动性限制，这些限制约束了它在零成本的情况下轻松转移资金的能力。

repricing risk 重新定价风险 当重新签订金融合约时，支付利率或收益利率会随之发生变动的风险。

reserve currency 储备货币 政府或者中央银行作为资源资产或货币使用的并用于市场干预以影响本国货币的市场价值的货币。

residential approach 居住地原则 东道国税务机关对本地企业在全球范围内获得的收入征收所得税，不考虑收入来源地或来源国家。

revaluation 法定升值 与其他货币或者黄金挂钩的外汇价值的增加，也被称为增值。

risk 风险 实际结果与预期结果不一致的可能性。实际结果既可能优于预期，也可能比预期差（双边风险），尽管在日常习惯中，风险通常指不利的结果（单边风险）。

rules of the game 游戏规则 在19世纪大部分时间里和20世纪初，国际金本位制下的汇率决定机制。所有国家均非正式地同意遵守以相对于黄金固定的、预先确定的价格买卖本国货币的规则。

risk-sharing 风险分担 合同中标明买卖双方同意共担汇率变动对双方支付的影响。

roll-over risk 展期风险 再融资债务的风险，例如将商业票据等短期债务重新发行。

samurai bond 武士债券 由外国借款人在日本发行的以日元计价的债券。

Sarbanes-Oxley Act 《萨班斯-奥克斯利法案》 2002年通过的用来规范美国公司治理的法案。

SEC RULE 144A SEC规则144A 允许合格的境外机构无须在SEC注册即可在美国私募市场发行证券。

securitization 资产证券化 使用可兑换的债券（例如在市场上流通的票据和债券）替换不可流通的贷款（例如直接银行贷款），通过这种方式，风险就可以分散在众多投资者当中，每个投资者都可以通过买卖可流通的债券增加或减少其所承担的风险。

selling short (shorting) 卖空 卖方出售不属于自己的资产。前提是卖方认为在销售合同到期前能够以较低的价格购买该资产以履行合约。

shareholder wealth maximization(SWM) 股东财富最大化 公司的目标是在一定风险水平下使股东的回报最大化。

SIBOR 新加坡银行间同业拆借利率

sight draft 即期汇票 见票即付（例如提交给银行时）的汇票。

sovereign debt 主权债务 政府当局或机构的债务义务。

sovereign risk 主权风险 东道国政府可能单方面拒绝履行其境外债务或阻止本国公司履行其境外债务的风险。主权风险通常被视为政治风险的一部分。

special drawing right (SDR) 特别提款权 国际货币基金组织认定的国际储备资产，它是由五种货币构成的一篮子货币的加权平均汇率。

speculation 投机 利用对期货价格的预期来获取利润的方法。

spot rate 即期利率 在即期交易中，外汇期货能够买（报价）卖（要价）的价格。

spot transaction 即期交易 在下一个交易日结算（支付）的外汇交易。

spread 价差 报价（买价）和要价（卖价）之间的差额。

stakeholder capitalism model (SCM) 利益相关者模型 另一种说法为企业财富最大化。

state-owned enterprise (SOE) 国有企业 由政府所有（全部或者部分）或者控制的任何组织或者商业活动。

statutory tax rate 法定税率 法律规定的税率。

strategic alliance 战略联盟 两家公司之间除了兼并或者收购之外的一种正式的关系，形成战略联盟是两家公司出于在某些方面能够互补的考虑，以便获得协同效应。

strike price 期权执行价 期权合同中约定的汇率。

subsidiary 子公司 在东道国注册并且母公司控股50%及以上的外国公司。未注册的外国公司称为分支机构。

swap 互换 同时买卖外汇或者证券，在购入立即执行的外汇或者证券的同时，卖出同等金额的远期外汇或者证券。互换包括利率互换、货币互换及信用互换。

swap rate　互换利率　远期外汇的报价以远期汇率与即期汇率差额的点数表示。

syndicated loan　银团贷款　由两家或者两家以上的银行向大型跨国公司或者政府提供的大额贷款。银团贷款不允许每个参与银行向单一借款人过度放贷，以维持多样化经营。

systematic risk　系统性风险　在投资组合理论中市场本身的风险，系统性风险是无法分散的。

tariff　关税　进口商品的纳税义务，可以按照成本的百分比（从价征收）或者每单位进口产品的具体数量征收（从量征收）。

tax deferral　递延纳税　跨国公司的国外子公司向东道国支付企业所得税，在收入汇回母公司之前，母公司所在国如美国推迟对来源于国外的收入额外征收所得税。

tax haven　避税港　一个国家采取免税或者低税率的税收结构来吸引国外投资或者国际金融交易。

tax morality　税收道德　跨国公司决定是否遵循当地税务机关的要求进行充分披露或者入乡随俗。

tax neutrality　税收中性　在国内税制下，跨国公司在东道国取得的收入所承担的税负应当等于其在国外取得等量收入所缴纳的税负。国外税收中性原则是指国外子公司的税负应等于东道国竞争对手的税负。

tax on undistributed profits　未分配利润所得税　一种所得税，适用于进行收益分配的留存收益（分红）。

tax treaties　税收协定　一种双边税收协定，为减少双重征税提供手段。

technical analysis　技术分析　根据历史价格和成交量数据预测未来。

TED spread　息差　息差是指3个月利率互换指数或者3个月LIBOR利率与90天美国国库券利率的差值。它有时作为信贷危机或者银行信贷质量恶化的指标。

tender　投标　出价出售或者购买。

tenor　合约期　合约或者债务的期限；贷款偿还期限。

tequila effect　龙舌兰酒效应　用来描述1994年墨西哥比索危机如何通过传染效应快速蔓延到其他拉美货币以及债券市场。

terminal value (TV)　终值　一个项目或者投资在一段时间内各个时间点的连续价值，它表示在增长率持续不变的情况下，现金流在未来某个时间点的价值。

territorial approach　属地原则　企业的所得税由东道国的法律管辖，而非依据公司的注册地。

time draft　远期汇票　允许延期支付的汇票。远期汇票会传递给汇票上记载的付款人。一旦接受，远期汇票就成了付款承诺。见银行承兑汇票。

total shareholder return (TSR)　股东总回报　衡量公司绩效的指标，基于股票溢价以及当前股息的和。

tranche　承销　股票的分配，通常由预期的承销商将其销售给指定地点的投资者。

transaction exposure　交易风险　汇率变动引起未到期的金融负债价值波动的可能性。

transfer pricing　转移定价　跨国公司对从其附属公司转移到国外子公司的商品、服务和技术的定价。

translation exposure　折算风险　该风险衡量的是编制合并报表时将外国子公司的财务报表折算为统一的报告货币时可能引发的所有者权益的改变。

transparency　透明度　描述当前投资者和潜在投资者通过公司披露的信息与公布的财务报表了解公司的真实情况和价值驱动因素的程度。

triangular arbitrage　三角套汇　利用货币汇率之间的轻微不平衡，将货币A转换为货币B，再将货币B转换为货币C，再将货币C转换为货币A的套利过程。

Triffin dilemma　特里芬难题　当一国货币作为储备货币时，国内货币体系政策和货币政策之间的潜在矛盾。

unaffiliated　非关联方　一个独立的第三方。

unbiased predictor　无偏估计　认为远期汇率是未来即期汇率的无偏预测。

uncovered interest arbitrage (UIA)　非抵补套利　投资者在某个国家以相对较低的利率借入甲货币，并在另一个市场上将其转换成能够提供更高利率的乙货币的过程。由于投资者未出售可提供较高利率的乙货币远期，因此该交易存在风险。

undervalued currency 货币被低估 外汇价值（如在外汇市场上的现值）低于自身价值的货币。"价值"是一个相对概念，被低估也是主观的。假如1欧元的"真实"价值相当于1.3美元的购买力，但其现行市价相当于1.2美元（现行汇率为1.2美元/欧元），则认为欧元被低估了。反义词为货币被高估。

unsystematic risk 非系统性风险 在投资组合中，借由种类的多样化可以消除的风险。

value date 交割日 银行间外汇交易结算的日期。

value-added tax 增值税 在消费品生产或者销售的每一个环节按照增值额的一定比例征收的一种国家销售税。

volatility 波动率 在有持续报价的期权中，每日价格波动的标准差。

weighted average cost of capital (WACC) 加权平均资本成本 不同来源资本按比例加权后的成本，该成本作为新的投资项目可接受的最低投资收益率。

wire transfer 电汇 资金的电子汇兑。

working capital management 营运资本管理 企业的净营运资本（应收账款＋存货－应付账款）管理需求。

worldwide approach 全球原则 指企业无论在哪个国家取得收入，其所得税均应向东道国缴纳的原则。

writer 期权卖方 出售方。

Yankee bond 扬基债券 美国以外的借款人在美国国内发行的以美元计价的债券。

推荐阅读

中文书名	原作者	中文书号	定价
货币金融学(商学院版，第4版)	弗雷德里克 S. 米什金 哥伦比亚大学	978-7-111-54654-2	79.00
货币金融学(商学院版，第4版·英文版)	弗雷德里克 S. 米什金 哥伦比亚大学	978-7-111-60658-1	109.00
《货币金融学》学习指导及习题集	弗雷德里克 S. 米什金 哥伦比亚大学	978-7-111-44311-7	45.00
投资学（第10版）	滋维·博迪 波士顿大学	978-7-111-56823-0	129.00
投资学（第10版·英文版）	滋维·博迪 波士顿大学	978-7-111-39142-5	128.00
投资学习题集（第10版）	滋维·博迪 波士顿大学	978-7-111-60620-2	69.00
公司理财（第11版）	斯蒂芬 A.罗斯 MIT斯隆管理学院	978-7-111-57415-6	119.00
期权、期货及其他衍生产品（第10版）	约翰.赫尔 多伦多大学	978-7-111-60276-7	169.00
《期权、期货及其他衍生产品》习题集	约翰.赫尔 多伦多大学	978-7-111-54143-1	49.00
债券市场：分析与策略（第8版）	弗兰克 法博齐 耶鲁大学	978-7-111-55502-5	129.00
金融市场与金融机构（第7版）	弗雷德里克 S. 米什金 哥伦比亚大学	978-7-111-43694-2	99.00
现代投资组合理论与投资分析（第9版）	埃德温 J. 埃尔顿 纽约大学	978-7-111-56612-0	129.00
投资银行、对冲基金和私募股权投资（第3版）	戴维·斯托厄尔 西北大学凯洛格商学院	978-7-111-62106-5	129.00
收购、兼并和重组：过程、工具、案例与解决方案（第7版）	唐纳德·德帕姆菲利斯 洛杉矶洛约拉马蒙特大学	978-7-111-50771-0	99.00
风险管理与金融机构（第4版）	约翰.赫尔 多伦多大学	978-7-111-59336-2	95.00
金融市场与机构(第6版)	安东尼.桑德斯 纽约大学	978-7-111-57420-0	119.00
金融市场与机构(第6版·英文版)	安东尼.桑德斯 纽约大学	978-7-111-59409-3	119.00
货币联盟经济学（第12版）	保罗·德·格劳威 伦敦政治经济学院	978-7-111-61472-2	79.00